世界政党政治发展研究报告 (2021—2022)

RESEARCH REPORT ON THE DEVELOPMENT OF WORLD PARTY POLITICS

周淑真 ◎ 主编

图书在版编目（CIP）数据

世界政党政治发展研究报告.2021—2022／周淑真主编.--北京：当代世界出版社，2022.9
ISBN 978-7-5090-1672-5

Ⅰ.①世… Ⅱ.①周… Ⅲ.①政党-研究报告-世界-2021-2022 Ⅳ.①D564

中国版本图书馆 CIP 数据核字（2022）第 119917 号

书　　名：	世界政党政治发展研究报告（2021—2022）
出 品 人：	丁　云
策划编辑：	刘娟娟
责任编辑：	刘娟娟　徐嘉璐
装帧设计：	武晓强
版式设计：	韩　雪
出版发行：	当代世界出版社
地　　址：	北京市地安门东大街 70-9 号
邮　　编：	100009
邮　　箱：	ddsjchubanshe@163.com
编务电话：	（010）83907528
发行电话：	（010）83908410（传真） 13601274970 18611107149 13521909533
经　　销：	新华书店
印　　刷：	北京新华印刷有限公司
开　　本：	710 毫米×1000 毫米　1/16
印　　张：	34.5
字　　数：	474 千字
版　　次：	2022 年 9 月第 1 版
印　　次：	2022 年 9 月第 1 次
书　　号：	ISBN 978-7-5090-1672-5
定　　价：	108.00 元

如发现印装质量问题，请与承印厂联系调换。
版权所有，翻印必究；未经许可，不得转载！

绪 言

在《世界政党政治发展研究报告（2021—2022）》即将出版之际，有必要向广大读者介绍三方面的问题：一是 21 世纪 20 年代世界政党政治的新变化、新特点；二是本书的任务由来和撰写过程；三是本书的框架结构和主要特点。

一、21 世纪 20 年代世界政党政治的新变化、新特点

在人类社会进入 21 世纪第三个十年的当今世界，政党的存在决定着一个国家的内政外交和社会经济生活，政党政治已经成为各国普遍的政治现象。据统计，目前全世界 200 多个国家和地区中，除十几个是严格的君主制或政教合一无政党外，绝大多数国家和地区都存在着政党，实行政党政治，政党决定着一个国家内政外交的基本走向。政党的确立和发展已经成为现代国家发展的一个重要条件，以政党为主角的现代政治已经成为世界各国普遍的政治形式。政党政治的运行质量对国家的兴衰成败起着决定性作用。政党政治由政党的地位和作用、政党的政治理念、政党相互间关系、政党制度的结构形式、政党制度在宪政体制下的运行方式所构成，是一个国家政治文明的关键性因素。冷战结束后的 30 年间，经济全球化和世界多极化快速发展，

世界政党格局和政党体制发生了很大变化，各国政党、政党制度和政党政治出现了许多新特点、新趋势。政党数量迅速增加，政党类型增多，代表不同意识形态和社会阶级利益的各类政党力图在各国国内政治和国际政治生活中发挥独特作用。政党之间力量此消彼长，兴衰发展变化速度加快，传统的左翼和右翼政党步履维艰。在世界近代史上最早产生政党的英美等国，其政党政治运行方式和质量特征正在发生变化，世界政党政治进入动荡与调整的时期。

（一）世界各国政党数量持续增加

冷战结束后的 30 年间，苏联和东欧地区的许多国家和非洲大陆国家的政党由一变多，现在仍然处于持续变化状态。20 世纪 80 年代末 90 年代初，在苏联解体、东欧剧变之后的短短几年间，世界上掀起一股多党制浪潮，各式各样、大小不一的政党如雨后春笋般涌现，主要集中在苏联、东欧和非洲地区，2000 年左右世界上存在的 5300 多个政党中，有三分之一是这一时期建立的。此后，经过十多年的大浪淘沙和分化组合，政党数目又发生了很大变化。到 2010 年左右，全世界政党有 6000 多个。根据笔者对世界各地区及各国政党政治发展状况的研究，结合中华人民共和国相关网站对各国政党的介绍，以国家注册和进入国家议会的政党数目为标准，截至 2021 年，全世界政党总数约上万个。

例如，独联体目前由 9 个国家组成，继格鲁吉亚和土库曼斯坦退出后，乌克兰也于 2014 年宣布启动退出程序。但传统上，由于地理空间及地缘政治方面的相关性，人们仍将乌克兰、土库曼斯坦、格鲁吉亚作为研究后苏联空间的对象国。这 12 国在 2021 年共有政党 708 个。其中，俄罗斯现有政党共 8 个，在 2021 年国家杜马选举中，统一俄罗斯党、俄罗斯联邦共产党、公正俄罗斯-爱国者-为了真理党、俄罗斯自由民主党、新人党 5 个政党进入国家杜马，形成了统一俄罗斯党的一党居优地位。2019 年，乌克兰有 365 个合法注册的政党，其中有 50 多个政党较为活跃。2021 年，摩尔多瓦有 20 多个正式注册的政党。在欧洲，除去位于欧洲的独联体国家之外的 37 国中，共有政党 937 个，其中，东欧 12 国和波罗的海 3 国共 15 个国家中，政党数量为 710 个。

非洲政党数量在 20 世纪 80 年代末总共只有 130 多个，但在 20 世纪 90 年代中期一度膨胀到超过 1300 个。此后不断分化组合，到 2021 年，除了在习惯上被列在中东地区的埃及、突尼斯、摩洛哥、阿尔及利亚等北非国家之外，非洲大陆其余 46 国共有政党 2999 个。例如，肯尼亚注册政党有 50 多个，埃塞俄比亚现有 70 多个注册政党，安哥拉全国现有 77 个合法政党和 8 个政党联盟。

同时，在亚洲一些国家特别是南亚国家，政党数目也在不断攀升。截至 2021 年 9 月，印度注册政党共计 2858 个，然而，能在议会上下两院占有席位的政党不足 40 个。巴基斯坦现有政党约 200 个。孟加拉国政党数量逾 100 个，其中在选举委员会正式注册的政党有 40 个。南亚国家政党繁多，政党碎片化现象严重，主要原因是在族群、民族、宗教、种姓、语言、地域等诸多因素的影响下，每一利益群体均声称拥有组织代表其利益的政党的权利。这使得在南亚多数国家中，经选举产生的政权很多时候无法代表全体国民利益，甚至会出现以某一族群、某一区域的利益诉求凌驾于其他族群甚至国家整体利益之上的情况。这种选举政治难免会引发部分南亚国家不断出现政局动荡、族群冲突、政治暴力。

(二) 传统左、右翼政党势弱，新型政党不断出现

在世界近代历史上，欧洲各国较早产生政党，传统的政党是在资本主义充分发展、社会阶级分化的基础上产生的，因此左、右翼的区分是识别欧洲传统政党的标识。

如在法国，法国大革命即是多党制的发端。现在的第五共和国实行半总统半议会制多党制，近年来，法国政党格局和政治生态发生深刻变化。2017 年，中间派政党共和国前进党领袖马克龙当选总统，标志着传统左翼政党社会党和传统右翼政党共和国人党两大政党对垒和轮流坐庄的传统政治格局被打破。共和国前进党源于 2016 年 4 月马克龙领导创建的"前进"运动。在 2017 年总统选举中，马克龙和极右翼政党领导人玛丽娜·勒庞进入第二轮投票，最终马克龙获胜，5 年后两人再次对决。曾在法兰西第五共和国历史上驰骋政坛数十年的左翼社会党和右翼共和国人党，继续远离总统宝座，而且距离越来越远。

在实行典型多党制的意大利，其政党政治格局在冷战结束后的 30 年间几度发生重大变化。从 1946 年意大利共和国成立到 20 世纪 90 年代初，活跃在意大利政治舞台上的主要政党有 7 个，包括传统右翼的意大利天主教民主党和传统左翼的意大利共产党、意大利社会党。20 世纪 90 年代初，意大利政党发生重大分化组合，7 个主要政党名称完全改变，意大利天主教民主党、意大利社会党等不复存在，传统左翼的意大利共产党分化为意大利左翼民主党和意大利重建共产党。2007 年，活跃在意大利政治舞台上的有自由人民党（前身是由贝卢斯科尼在 1994 年建立的意大利力量党）、民主党、北方联盟（现为联盟党）、中间联盟、意大利价值党和自治运动 6 个政党。2008 年，欧债危机爆发，极大冲击了意大利政党政治格局，政党之间分化组合不断，政党名称变化不定。到 2021 年，意大利的主要政党虽然还是 6 个，但党名又有不同，分别是五星运动、民主党、联盟党（前身为北方联盟）、意大利力量党（2013 年解散自由人民党，恢复意大利力量党）、意大利兄弟党和意大利活力党。

冷战结束后的 30 年间，世界范围内已出现过几千个新的政党，类型多种多样，包括民族主义政党、宗教主义政党、民粹主义政党、绿党和极右翼政党，甚至出现一些家族党、部族党、军人党、退休者党或者专业性质的政党。

国际媒体通常认为，当代世界典型的极右翼政党非法国的国民联盟莫属。国民联盟原名"国民阵线"，成立于 1972 年 10 月，2018 年 6 月 1 日正式更名"国民联盟"。1986年议会选举中首次进入国民议会。它代表极端民族主义思潮,强调"要把法国从欧洲控制和世界主义中拯救出来"。现任主席玛丽娜·勒庞于2011年1月当选。近年来在欧债危机爆发、法国经济复苏乏力、失业率居高不下、难民危机和恐怖主义接踵而至的影响下,国民阵线借机大打移民、安全、就业牌,民意支持持续冲高,接连进入2017年和2022年总统选举中的第二轮选举。

意大利的五星运动则是具有浓厚民粹主义色彩的非传统政党,目前也是主要执政党。该党2009年10月成立,创始人为著名喜剧演员格里洛,擅长媒体运作,提倡网络民主。2021年,五星运动进行内部改革,格里洛担任该党担保人,前总理孔特出任党首,并发布新党章。

在当今世界不仅新的类型的政党不断出现,而且政党的组织方式也在发生变化。如乌克兰独立以来,政治体制几经转换,在总统制和议会制之间来回切换。乌克兰在2014年危机后,开始实行总统制,但是乌克兰政治局势的动荡并未就此结束,寡头对政党的操控、国外势力的干涉以及街头政治骚乱都是其政治局势不稳的重要原因。在这样的情况下,乌克兰政党的政治功能呈衰弱的趋势,政党发展缺乏稳定的制度环境,政党多而散,呈现出碎片化格局。于2016年4月13日正式注册的乌克兰人民公仆党,主要领导人和创始人是现任乌克兰总统弗拉基米尔·泽连斯基。人民公仆党,党名来源于喜剧《人民公仆》,泽连斯基是该剧的主角。在2019年乌克兰第9届最高拉达的选举中,共有6个政党进入议会。其中人民公仆党以43%的得票率在议会中共获得254个席位。人民公仆党是纯粹为竞选而组织的政党,但它成立后很快成为执政党,这是传统意义上的政党政治学理论很难解释清楚的。

(三) 自2016年特朗普赢得美国大选和英国举行"脱欧"公投后,西方国家政党政治发生了新的变化

英国、美国作为产生政党最早的国家和最早实行两党制的国家,政党和政党制度形式曾产生示范效应,为不少后发国家所仿效和学习。100多年来,英美两国政党政治素来是学者们认识和研究政党政治的范例，但是近几年美英两国政党和政党政治的表现，颠覆了人们以往的认知。

美国政党政治的异变为外界所关注始于2016年总统大选。备受关注的"特朗普现象"暴露出美国国内族群矛盾走向难以调和的地步，尤其是"白人至上主义"思潮的兴起，在种族意义上开始对美国社会造成撕裂。在特朗普任期内，以阶层和种族矛盾为代表的社会问题传导至政治层面，从而导致美国民主、共和两党间斗争呈现"高烈度"的特征。2020年总统大选使两党间矛盾进一步升级甚至走向白热化，反映出美国政党政治正发生重大变化的现实。政党的竞争方式和竞争手段、新旧政权交替的方式、传统的左右翼政党发展态势、政党政治的运行机制都在发生改变。美国的民主、共和两党不再向中间靠拢去整合民意，而是比拼极端和"互黑"；竞选和政权交接过程不再和平，而是充满冲突对立和恶斗厮打，媒体在参与动员选民时不再中立，社交媒体效能胜于传统媒体。2020年美国总统大选是一个多世纪以来选民投票率最高的一次选举，也是党争极其激烈、社会极端分裂的一次选举。尽管民主党候选人拜登最终登上了总统宝座，同时在国会参众两院获得了微弱的政治优势，形成一党同时控制府会的"一致政府"格局，但自2021年1月拜登出任总统以来，两大政党极端对立，社会共识荡然无存，身份政治、否决政治大行其道，政治极化撕裂社会，政党恶斗盛行。执政的民主党对内以进步主义的社会价值观如族群、跨性别、性取向等作为选人用人和制定政策的依据，加深社会的混乱和对立；对外以意识形态划线，试图借外部刺激甚至制造外敌来解决内部矛盾，并由此达到在与共和党缠斗中致胜的目的，其结果是扭曲和拖累美国的经济发展。政党极化、"否决政治"和政治衰败显示美国陷入了宪政危机，美国政党政治的颓势已经显现。

2016年英国的"脱欧"公投实际上表露出执政的保守党欠缺对国家社会的责任担当。此后，不同政治力量围绕"脱欧"议题展开了错综复杂的博弈，呈现出政党博弈白热化、政治格局碎片化、政治运行无序化的演变趋势；4年之内举行了2次议会选举、经历了3任首相，用了5年的时间才从程序上基本完成脱离欧盟。这一过程充分表明：西方代议制民主的固有弊端、政党沉迷选票政治的消极影响、民粹主义和地方主义政党对社会共识的破坏，都对英国政党政治的演变产生了深刻的影响。"脱欧"之后的英国政党政治面临着政治认同、公众信任与国家治理等多方面的现实挑战。

各政党对于竞争对抗与妥协合作两者的适度把握，政党之间相互包容并形成一定的共识，是政党政治运行的必备条件。然而近年来美英政党政治逐渐异化和蜕变，不再是温和的两党制，而是越来越背离民主制度的内核和制度设计的初衷。应该说传统意义上政党是社会力量的整合载体和工具，但现在不少西方国家政党已经演变成社会分化的工具，无法实现社会整合并形成一定的共识，这是西方政党政治所面临的严峻问题。

以上政党政治发展的主要新特点说明，在世界大变局加速演进和世纪疫情交相叠加的背景下，政党政治是充满变数、不断演变发展的政治领域。当代世界到底有多少政党、政党在所在国的地位作用、不同政党在扮演着什么样的角色、各国政党政治特点有哪些新变化，是人们在日常生活中经常提出并进行追问的问题。通过深入研究和回答这些问题，对于人们在百年未有之大变局中了解国际政治，了解不断发展着并对世界各国兴衰成败产生决定性影响的政党政治，是学术界迫切而重要的一大任务。同时，对于中国共产党更好地担负起为人民谋幸福、为人类谋进步的历史责任，并通过政党间协商合作促进国家间协调合作，在全球治理中更好发挥政党应有的作用，以构建人类命运共同体，有着重要的意义和价值。

二、"世界政党政治发展研究报告"的任务由来和写作过程

组织编写"世界政党政治发展研究报告"是浙江（嘉兴）中外政党研究中心的重要任务。浙江（嘉兴）中外政党研究中心成立于2020年10月，

是由嘉兴市委市政府和嘉兴学院协同共建的实体化科研平台。自成立以来，中心按照"高水平、有特色"要求，主动承担"资政建言、理论创新、社会服务"三大使命，致力于建设成为"一带一路"沿线发展中国家左翼政党研究新型高端智库、中外政党学术交流基地、新时代中国共产党新型政党制度国际传播平台。中心坚持突出特色、错位发展的研究思路，结合嘉兴政治优势，聚焦"一带一路"沿线发展中国家左翼政党研究：一是重点研究"丝绸之路经济带"沿线中东欧7国的政党；二是重点研究"21世纪海上丝绸之路"沿线我国周边发展中国家左翼政党；三是中外政党比较研究，充分展示中国共产党新型政党制度的优越性，传播中国共产党治国理政的先进经验。

在中外政党研究中心多项工作任务中，组织撰写"世界政党政治发展研究报告"是一项重要任务。2021年是中国共产党成立100周年，在国际国内两个大变局之下，编写出版《世界政党政治发展研究报告（2021—2022）》，掌握世界各国政党及政党政治发展最新情况和态势，对党的决策有重要的参考作用，对党的对外联络工作意义重大，同时也为国内学术界和社会大众提供开拓视野的参考书。它的创新意义在于为国内提供一本系统的、有权威性的，对每年世界各国政党和政党政治发展作出深刻研究的学术报告，填补这方面的空白。在中联部世界政党研究所的鼓励下，浙江（嘉兴）中外政党研究中心经过精心策划组织，并征求政党研究中心学术委员会意见后，确定了各章目录，同时邀请长期从事相关方面、领域及国别研究的专家学者负责撰稿。30多位专家学者经过半年左右的研究鏖战，精心施工，如期完成稿件。在大家的共同努力下，从观点分析到人名、地名的确认无误，经数月多次往返修改订正、锤字炼句的辛勤劳动，终于使得这一工程进入付梓出版阶段。

三、本书的框架结构和主要特点

《世界政党政治发展研究报告（2021—2022）》共十四章，第一章系统梳理总结了各地区主要国家政党政治在连续性特征基础上2021年以来的最新发展与年度特征，全面归纳概括提炼其核心观点，勾勒世界政党政治发展的总体形势和基本特征。第二章至第十二章是按照国家地区对世界各国政党政治的连续性特点、年度发展演变现状和基本特征进行阐述。其中第七章是对发展中国家左翼政党的研究，特别是对越南、老挝和古巴共产党的研究，因此不免与国家所在地区政党政治的研究有所重复。由于中国共产党刚成立百年，因此有第十三、十四两章的设计，一是百年交汇之际党的对外工作发展与研究，二是国外政党看中国共产党的百年奋斗历程。

《世界政党政治发展研究报告（2021—2022）》主要特点如下：

一是资料新，论据实。在互联网等新媒体技术高度发达的当今世界，每年各国政党政治的发展有浩如烟海的资料和数据，报告通过由表及里、由此及彼的考证和去伪存真的客观分析，掌握运用世界各国政党政治发展的翔实资料与数据，深入论说各国别、各地区政党政治的最新发展，力求做到深刻透彻，论证有力。

二是叙事客观，论点突出。学者们在夹叙夹议中阐述自己鲜明的理论观点，同时对国内外的相关理论观点予以介绍，作出概括归纳，秉持实事求是的态度，力求进行恰如其分的表述和评价。

三是结构合理，逻辑性强。各章首先对这一地区国家政治制度和政党政治进行分类概括，指出这些国家政党和政党政治历史发展的基本特点；其次是对2021年以来政党发展现状进行介绍；三是分析这些国家2021年以来发生的新情况新问题，如选举政治制度下政党的轮替，主要政党在政治纲领、政策主张等方面大的变动和调整等；最后对这些新进展进行评价，得出理论观点与结论，并对该地区政党政治的发展态势作出预测或者判断。

世界各国政党政治的发展因选举或换届存在一定的制度性和规律性，相信世界各国政党政治发展研究将会对政界、学术界，以及关心关注国家和国际大势的读者研究相关学术提供参考。

周淑真

2022 年 7 月

目录 CONTENTS

绪言

第一章 2021年世界政党政治发展总体形势和基本特征／1
周淑真

第二章 东北亚地区国家政党政治发展与研究／38
郭定平　冯斐斐　张　磊

第三章 东南亚地区国家政党政治发展与研究／67
许利平　周方冶　潘金娥　方　芸

第四章 南亚地区国家政党政治发展与研究／109
胡仕胜 等

第五章 中东与非洲国家政党政治发展与研究／152
沈晓雷　朱泉钢　孟　瑾

第六章 拉丁美洲地区国家政党政治发展与研究／196
袁东振

第七章 发展中国家左翼政党政治发展与研究／237
马　赛

第八章　独联体国家政党政治发展与研究 /278
康晏如　李晓华

第九章　中东欧国家政党政治发展与研究 /318
鞠　豪

第十章　美国、加拿大和英国政党政治发展与研究 /351
孙润南

第十一章　大洋洲国家政党政治发展与研究 /393
郭春梅　等

第十二章　欧洲国家政党政治发展与研究 /432
林德山　等

第十三章　百年交汇之际党的对外工作发展与研究 /471
余科杰　张志超　高　壮

第十四章　国外政党看中国共产党的百年奋斗历程 /507
赵　超　冯　瑾

后记 /537

第一章
2021年世界政党政治发展总体形势和基本特征

周淑真[*]

2021年是世界政党政治发展中的关键一年，是百年未有之大变局加速演变之年，深刻而宏阔的时代之变和世纪疫情相互叠加。2021年是中国共产党成立100周年，中国共产党的领导执政水平和治国理政能力、中国人民历史性地解决了绝对贫困和共同富裕得到发展中国家政党的普遍赞赏。社会主义国家的执政党稳定发展，发展中国家左翼政党发展持续，欧洲左翼政党开始复苏。以美国为代表的传统西方大国突出表现为政党恶性竞争，以民主程序吞噬了民主实质。爬梳在世界进入新动荡变革期的2021年世界各国政党的纷繁现象，研究世界各国政党治乱兴替新情况，归纳概括各大洲地区和国家政党政治的基本特征，对参与本书撰写的专家学者来说，是一项具有重大意义的艰巨工作；对广大读者来说，可以透过世界各国政党发展演变新现象和基本特征的逻辑，观察和分析国际政治、国际关系和世界大势，从而深刻理

---

[*] 周淑真，浙江（嘉兴）中外政党研究中心主任，中国人民大学国际关系学院教授、博士研究生导师。

解人类命运共同体的重大意义。

在当今世界，政党是大多数国家政治舞台上的主角，它们决定着国家内政和外交的基本走向。政党和政党政治对国家兴衰成败十分重要。这一总研究报告首先在各章基础上，在连续性特征基础上，系统梳理总结各地区主要国家政党政治2021年以来的最新发展与年度特征，力图全面反映提炼核心观点，勾勒世界政党政治发展的总体形势和基本特征，以及世界左翼政党发展的基本状况。政党政治发展是一个国家政治生活中充满生气的领域，从来没有静止的形态，没有终极的模式，这是研究世界政党政治的年度发展形势及其主要特征的意义和价值所在。

2021年是新冠肺炎疫情肆虐的第二个年头，疫情防控是对各个国家政党治国理政能力的检验。东方国家所实施的隔离和封锁政策，最大限度地遏制了疫情的蔓延和发展。而在以三权分立和多党轮流执政为主要特征的不少西方国家，政党之间的对立与对抗因疫情不断升级，导致社会治理能力和治理效率低下。新冠肺炎疫情是2021年世界政党政治面对的重要内容，也是仍在持续发展并引发不少国家内部冲突的重大诱因。因其普遍存在并仍在发展中，本研究报告不进行单列。

一、东北亚地区日、蒙两国政党格局延续

东北亚地区的日本和蒙古国这两个国家目前都是实行多党制，但是在历史发展演变、政党政治形态、政党执政方式等方面均存在较大差异。

日本政党政治在2021年既维持了战后长期形成的以自民党为主的政治格局，又延续了进入21世纪以来自民党与公明党联合执政的特点。2021年9月，日本众议院的第一大党自民党举行总裁选举，岸田文雄胜出，接替菅义伟成为首相。随即在众议院选举中，自民党赢得议会多数席位，以自民党为中心与公明党联合执政的格局没有变化，且有可能长期维持。

目前自民党发生新的动态：一是近些年一系列政治与行政改革已在很大程度上改变了传统派阀政治的制度环境和运作逻辑，派阀政治的单一视角已经不能完全解释自民党政治；二是岸田内阁在政策上既保持与安倍政权一定的连续性，但也逐渐与安倍政权保持一定的距离；三是2022年正值中日邦交正常化50周年，但鉴于目前中美日关系的复杂严峻以及日本国内总体的保守态势，岸田内阁能否在对华政策上有积极作为有待观察。

在蒙古国，2021年正值蒙古人民党建党100周年。100年来人民党在性质和地位上发生了根本改变，尽管也曾经历改名事件和重组风波，但仍然是蒙古国政坛最有实力的执政党。蒙古国的政党政治，主要体现为以人民党和民主党两大党为首的政党和政党联盟竞选国家大呼拉尔议员进而组阁执政和竞选总统的进程。人民党在2020年6月以议会绝对多数巩固执政地位，奥云额尔登于2021年1月被任命为政府总理并当选为党主席，人民党前主席兼总理呼日勒苏赫于6月当选总统。人民党在组织上实现了真正意义上的党政（执政党、议会、政府和总统）合一。而民主党因为近年来党内发生数次分裂而落败。2021年是人民党政府的施政政策转向务实性、稳定性和统一性的一年，全面执政的人民党在未来几年能否通过有效的政党政治，为国家和社会制度的继续转型带来新气象，人们拭目以待。

二、东南亚地区国家政党政治动荡与变革相互交织

2021年，东南亚国家政党政治表现为动荡与变革相互交织，发展之路充满曲折，个别国家出现了暴力活动。东南亚国家政党政治具有复杂性和多样性特点，根据政治权力结构及运作方式，东南亚国家可划分为共产党执政、一党居于优势地位、多党轮流坐庄、政党作用较弱等四类模式。

越南、老挝是共产党执政模式。

在越南，2021年越南政治运行总体平稳、政治生态表现活跃。越南共产

党召开十三大，实现政治权力的平稳交接，开启越南"两个一百年"国家发展远景目标实施进程。

在老挝，老挝人民革命党面对新冠肺炎疫情的重重考验，科学决策、有效组织，克服疫情带来的困难，保持了政治稳定、社会安定和经济发展。2021年1月老挝人民革命党召开党的十一大以来，继续加强思想和组织建设，提高执政能力，保持政局稳定，革新路线不断深化和推进。

新加坡、柬埔寨是一党居于优势地位模式。

新加坡2020年7月举行第13届国会选举，人民行动党毫无意外地继续保持了一党执政优势，但却是执政以来获得民选议席比例最少的一届国会。

柬埔寨现有40多个政党，其中人民党在2018年的选举中包揽了所有国会议席。人民党主席洪森，除在首届政府中出任第二首相外，迄今已5次连选连任首相，从而事实上确立了柬埔寨政党政治的一党居于优势地位模式。

符合多党轮流坐庄模式的是泰国、马来西亚、印尼、菲律宾。

泰国现有注册政党80多个，2019年国会选举后，拥有众议院议席的政党多达26个。2019年军方"还政于民"的大选过后，泰国政党政治结构性张力进一步加剧，不仅原本的因贫富分化、城乡分化、地区分化引发的"红黄冲突"未曾弥合，而且受社交媒体与经济增长放缓影响，代际分化开始成为新的政治极化与冲突来源。保守阵营支持的国民力量党、他信派系的为泰党，以及新生代支持的新兴资本集团塔纳通派系"新未来党/前进党"，构成了新时期的三角政治博弈。巴育政府若解散国会提前大选，或将成为政治光谱左中右各派力量分化重组的重要节点。

印尼实行总统制。印尼政治权力结构的显著特征是世俗阵营处于主导地位，伊斯兰集团拥有重要影响力与话语权，同时在历史上有崇拜强人的文化传统，个人权威对印尼政党的兴衰有明显影响。现印尼人民代表会议中有9个政党，初步形成世俗/宗教阵营分野、左中右立场制衡、核心政党协调的运作方式。目前来看，印尼政党政治运作较为平稳，但社交媒体中西方意识形态的传播、极端伊斯兰运动的持续渗透，都在不断侵蚀印尼政党的多元协商能力。随着佐科总统任期步入下半场，印尼政坛也将迎来新一轮盘整。尽管政治权力结构发生变化可能性不大，但是各政党兴衰存在不确定性，很可能引发部分政治势力的极端化倾向。

在马来西亚，2021年8月21日，来自巫统的伊斯迈尔·沙必里在国家皇宫宣誓就任马来西亚新一届总理。这是2018年大选以来第三次政权更迭，体现了马来西亚政党政治格局的新变化。马来西亚曾在建国后的60多年里保持一党居于优势地位的模式。随着经济社会发展，政治多元化趋势日益明显，巫统领导的执政联盟政治优势逐步衰退并在2018年国会选举后失去执政地位。马来西亚现有注册政党40多个。巫统、土著团结党、祖国斗士党的相互竞争，曾经边缘化的伊斯兰阵营、华人阵营，以及沙巴和沙捞越等地方政治势力不再是依附力量，开始拥有更多的话语权。与此同时，曾经被马哈蒂尔压制的世袭苏丹势力，也开始强势回归，甚至在总理更替问题上拥有了重要话语权。马来西亚的行政权掌握在总理领导的内阁手中。总理通常由政党或政党联盟推举产生，这样各大政党的合纵连横成为一种政治常态。2018年以来马来西亚3年更替了3位总理，执政联盟稳定性持续下降。2021年11月20日，马六甲举行地方选举。以巫统为代表的国民阵线获得压倒性胜利，大大增强了其重整士气、赢得未来大选的信心。虽然现任政府为联合政府，巫统不能像过去那样搞"一言堂"，但以巫统为代表的国民阵线掌握了大量行政资源，只要巫统不出现大的分裂，国民阵线就有很大可能获得未来大选胜利。

菲律宾现有100多个政党，多数为地方性小党。长期占据核心圈层主导地位的是传统家族集团，从总统、国会参众两院议员再到最高法院法官，三权分立下的各个系统都与传统家族集团存在千丝万缕的紧密联系；而地方的政治、经济与社会资源主要为160多个传统家族所垄断。菲律宾政党的兴衰沉浮，很大程度上取决于各大政治家族在权力博弈过程中的合纵连横。菲律宾实行总统制，总统拥有很强的国家资源调配能力，在任期间能对各派政治家族特别是地方势力产生重要影响，但是总统任期6年且不得连选连任，从而使得菲律宾政党随着总统更替呈现周期性波动。家族政治、政党政治与金钱政治相互交织的菲律宾大选，对于菲律宾政党政治发展具有举足轻重的影响。

东南亚国家符合政党作用较弱模式的是缅甸与文莱。

缅甸政党政治发展相当曲折。2020年11月8日多党制大选中，民盟以396席绝对优势胜出，获得了民选议席的83%，但军方和巩发党认为大选存在舞弊行为，指责大选不公，要求展开调查，并推迟召开新一届联邦议会会议，民盟方面予以拒绝。2021年2月，缅甸军方扣押总统温敏、国务资政昂山素季及民盟部分高级官员，宣布实施紧急状态，以国防军总司令敏昂莱为首的国家管理委员会接管国家权力，缅甸政党政治进入"暂停期"。同年7月，重新组建的缅甸联邦选举委员会宣布废除2020年选举结果，8月，国家管理委员会行政委员会改组为看守政府，由敏昂莱担任总理，并宣布下一届大选筹备工作将于2023年8月结束，并于当年年底前举行自由、公正的多党制民主大选。缅甸政治格局从"双头政治"，即军方与民选政府分权治理重新回到"单极政治"，即军方占绝对主导的时期。军方再次接管政权后国内局势呈现不稳定状态，暴力冲突不断，工人罢工、学生罢课、商人罢市、医生罢医等现象层出不穷。缅甸的发展前景有赖于军方管控好国内局势并推动实现向多党制民主的过渡。

文莱是伊斯兰君主制国家，宪法规定苏丹为国家元首和宗教领袖，拥有立法、行政和司法等全部国家权力。由于政治权力结构限制，除非文莱出现重大政治社会变革，否则政党政治很难进一步发展。

三、南亚地区国家无大选呈平静状态但多国政治有波澜

南亚地区政党政治历经二战后 70 余年的发展演化，如今除阿富汗之外的南亚国家都实行多党民主，政党政治、选举政治和议会政治成为这一地区唯一共通的政治文化，且独具鲜明特色，即政党高度族群化、区域化、阶层化，家族政治普遍流行。选举政治拥有广泛群众性，动辄数十上百甚至数百个政党同台竞技。多党政治带来的主要问题是政治版图的碎片化及"选票至上"的政治逻辑，这种选举政治往往引发南亚国家政局动荡、族群冲突、政治暴力，并迫使幕后的特殊利益集团出手止乱，同时南亚小国政党政治易受印度的干扰。

2021 年南亚政党政治版图的基本特征：

一是由于新冠肺炎疫情防控的需要以及南亚国家都没有全国性大选，因此多数国家呈现少有的政治平静。

二是一党独大现象在多国表现抢眼，政治反对派难以发挥有效作为。在印度，印度人民党如日中天，最大反对党国大党已难望其项背。在斯里兰卡，2021 年全年政局平稳，执政党人民阵线党执政地位稳固，在野党则仍处于败选后的重组期。在孟加拉国，人民联盟自 2018 年连续第三次赢得大选以来，执政优势不断巩固。

三是传统老党颓势明显，不论是经历过殖民斗争风雨洗礼的百年老党，如印度的国大党和巴基斯坦的穆斯林联盟，还是成长于建国进程中已有丰富议会斗争历练的斯里兰卡自由党和统一国民党、孟加拉国民族主义党，它们都不同程度地失去了往日的辉煌。

四是特殊利益集团仍是政局走向的关键决定者。这些特殊利益集团超越了族群、地区、领域和阶层，一方面，特殊利益集团的利益诉求往往通过支持执政党来获得有效保障或推进；另一方面，执政党的政治生存环境又往往

得益于获取这些特殊利益集团台前幕后的支持。甚至可以说台上的执政党是幕后特殊利益集团的"政治代理人"或"代治者"。印度人民党的母体组织国民志愿服务团就是这样的特殊利益集团。

五是国内政治多有波澜。2021年南亚地区各国虽无全国大选，但国内政治多有波澜。印度政坛的地方选举掀起激烈的政党斗争与街头政治运动。莫迪领导的印人党，围绕地方选举进行了一系列政治操弄。印度农民全国性大规模抗议活动持续多年，迫使莫迪政府不得不做出让步。印度教与伊斯兰教等少数教派的冲突加剧，有些政府部长竟然公开宣称接管清真寺、约束穆斯林，引起前所未有的教派、族群对立。巴基斯坦反对党联盟连续在全国组织反政府抗议活动，俾路支、信德省议会在预算和相关政策问题上向联邦政府叫板。孟加拉国反对党虽受压制，但始终未放弃抗争并不断以反贪腐、民主、经济民生等议题向政府发难。尼泊尔政党争斗内讧不断，使得社会政治形势始终处于波动状态。

2021年在南亚地区最引人注目的事件是8月间美军在占领阿富汗20年后从阿富汗撤军。8月15日，塔利班重返首都喀布尔，民选总统加尼当天出逃，阿富汗伊斯兰共和国正式结束。8月19日，塔利班宣布国号依然为其上次执政（1996—2001年）时的"阿富汗伊斯兰酋长国"。随后，阿塔组建了非包容性的"新政权"[1]，垄断所有部长职位，阿政党政治遭到空前挤压。在可预见的将来，阿富汗政党很难看到发挥政治作为的希望。

从南亚政党政治发展来看，首先是家族式政党出现危机先兆，成为南亚传统大党衰败的主因之一。如斯里兰卡人民阵线党的拉贾帕克萨家族、孟加拉国两大党人民联盟的哈西娜和孟加拉国民族主义党的卡莉达·齐亚家族，下一代接班人多旅居海外，面临国内曝光度不足的问题，严重制约他们对国内民意的影响力和党内派系的控制力。其次是南亚政坛极端化、激进化意识

---

[1] 阿富汗塔利班称之为"临时政府""看守政府"，而非"正式政府"。

形态大有进一步上扬态势。这既与莫迪及印度人民党近两年不断推动"印度教民族主义"政治议程密切相关,更与阿富汗塔利班时隔20年重返喀布尔恢复"阿富汗伊斯兰酋长国"的政治现实密切相关。

四、中东国家政党政治发展的延续性高于变化性

中东国家的政党政治伴随着国家发展进程不断演变,并与国家的政治发展双向互动。虽然政党政治在大多数国家不是国家权力政治的核心载体,但其重要性不容忽视。除海湾君主制国家外,中东各国政府和统治精英仍然承认、重视并利用政党政治的作用,以维护其统治地位和国家政治稳定。

中东国家政党类型具有显著的多样性,在不同国家政党政治具有明显的差异性。

一是一党独大制。此类国家包括阿尔及利亚(独大党是民族解放阵线)、叙利亚(独大党是复兴党)。

二是有限多党制。在一些君主立宪制国家,主要是摩洛哥和约旦,虽然存在着广泛的多党竞争,但受到国王权力的制约。

三是开放多党制。在中东地区越来越多的国家实行开放多党制。其中,土耳其和以色列的多党竞争十分激烈,并形成了西式民主模式。这些国家的政党政治经历了相对充分的社会动员、利益分化和制度建设,发展相对成熟。伊拉克、黎巴嫩、伊朗的政党竞争激烈,但具有明显的教派和派系特征,使得民众依赖于宗教精英,弱化了政党政治的力量。利比亚、苏丹、也门等发生动乱的中东国家,虽然实行多党制,但囿于国内安全状况等原因,这些国家的政党政治目前作用不大。

四是无党制。中东大约有三分之一的国家实行无党制,即不允许政党存在。在海湾君主制国家沙特、阿联酋、阿曼、巴林、卡塔尔和科威特,政府不允许政党存在。

中东国家政党政治具有自身的特殊性，政党政治的聚合和竞争深受宗教因素影响，这是由中东地区宗教的重要性决定的。此外，中东地区的左翼政党整体偏弱，而经济因素的作用有所上升。

2021年中东国家政党政治的新发展：

2020年12月底，以色列联合政府预算案未能通过，导致以色列议会解散。2021年3月23日，以色列举行了两年之内的第四次大选，政党整体格局变化不大，右翼政党仍处于明显的优势地位，阿拉伯政党有新的突破。八党联盟组成以色列新政府，阿拉伯政党首次成为政府执政成员。

2021年6月12日，阿尔及利亚举行国民议会选举，投票率只有23%，创历史新低。选举结果使不同政党之间的权力对比发生变化，但是2019年开端的希拉克运动对国家的民主转型影响有限。

2021年9月8日，摩洛哥举行众议院选举，政党生态重新洗牌，其核心标志是伊斯兰主义政党力量的下降。在摩洛哥的国家权力格局中，国王仍然是核心，而政党政治只能在王权主导下有限运行。

2021年10月10日，伊拉克进行了2003年以来的第五次全国议会大选，选举结果使政党权力对比发生变化，但仍然延续了伊拉克2003年以来的"族群-教派政党体系"。此次选举41%的低投票率，显示出民众并不相信能够通过自己的选票改变国家政治状况。但在此过程中青年党崛起，显示出伊拉克青年人的力量，以及民众对新政党的兴趣。

2021年中东国家政党政治的发展特征：

一是延续性要高于变化性。具体来讲，以色列的政党政治相对成熟，议会选举成功变更了国家权力格局，结束了内塔尼亚胡连续12年的执政；阿尔及利亚提前进行议会选举，主要是试图通过政党政治缓解希拉克运动持续抗议带来的政治压力；摩洛哥王室利用政党政治，以合法途径确保亲皇室的自由派政党击败长期执政的公正与发展党；伊拉克的政党政治实现了族群-教派精英对国家资源分配权限的新一轮调整。近两年埃及重新重视政党的作用，打造亲政府的祖国未来党。可以说，政党政治在中东仍然有着重要的政治作用。

二是教俗之争仍然是中东多数国家政党竞争的重要议题，而经济、政治改革议题的重要性将不断上升。

三是民众求变心态明显，青年因素在政党政治中的作用有所上升。一些反映中东社会结构变化的政党将发挥更大作用，例如青年政党和民兵型政党的地位可能上升。

从中东地区政党政治发展前景来看，土耳其、以色列的多党竞争仍将高度制度化运转，而突尼斯多党制遭遇挫折，其前景有待观察。伊拉克和黎巴嫩的族群-教派多党竞争体制仍将持续，但将面临越来越严重的民众抗议。基于国家政体和政府形式判断，中东地区主导性政党政治模式仍将是一党独大制和有限多党制，政党制度在可预见的时间内仍将延续。海湾君主制国家仍将采取无党制，但会缓慢推动政治开放以应对经济社会结构的变化。

五、非洲国家政党政治发展处于调试期

自20世纪90年代以来，特别是近10年来，非洲国家政党政治的主要特征表现为：多党选举已实现制度化，但选举制度还有待成熟；政党数量不断增多，政党间竞争日趋激烈；族群政党长期存在，政党的纲领性逐步增强。

据不完全统计，2016年前后，撒哈拉以南非洲国家合法政党数量约2300个（不含索马里、马达加斯加和冈比亚），平均每个国家有50多个政党，其中7个国家政党数量超过100个。[1] 非洲国家的政党体制可分为一党主导型和非一党主导型，其中后者又可分为碎片化型和朝野势均力敌型。

---

[1] 钟伟云：《非洲的政党政治：回顾与反思》，载《西亚非洲》，2016年第5期，第91页。

在一党主导型政党体制中，执政党通常可以长期占据主导地位，当前属于这类政党体制的国家有博茨瓦纳、纳米比亚、南非、坦桑尼亚、多哥、乌干达、莫桑比克、安哥拉、喀麦隆、刚果（布）、吉布提、埃塞俄比亚、赤道几内亚、加蓬、毛里塔尼亚、卢旺达和津巴布韦。在非一党主导型政党体制中，碎片化型政党体制要更为普遍，其主要特征是没有政党能够单靠自己的力量赢得选举，须通过组建联盟的方式参加选举并组建政府，这类国家有圣多美和普林西比、塞内加尔、马达加斯加、马拉维、肯尼亚、马里、尼日尔和贝宁。属于朝野势均力敌型政党体制的国家相对较少，主要有佛得角、加纳、毛里求斯和塞拉利昂等，从当前来看，这些国家基本形成了较为稳定的两党或三党竞争体制。[1]

族群政党长期存在是非洲国家政党的主要特征。族群政党是以族群、地域或语言为基础建立的政党，选民以族群投票的方式选择属于同一族群的政党，而无法在不同政党之间以施政效果或政策取向进行选择，对非洲国家政党政治的负面影响乃至冲击很大。非洲国家逐渐认识到，要想构建成熟与稳定的政党体制，就必须以阶级或阶层为基础建立政党，以意识形态、政党纲领或社会经济议题差异等作为竞选策略和动员手段。在这一思想的指导下，各国政党的纲领性逐步增强，他们一方面开始注重加强党的组织建设，另一方面在选举动员中越来越关注共识性议题，如发展经济、促进就业、免除税收、加强教育和医疗等公共服务，且承诺会贯彻落实此类共识性议题决策。[2] 津巴布韦执政党津民盟作为以国内最大民族绍纳族为主要支持者的政党，是非洲政党中由族群政党逐步向加强政党的纲领性建设转变的较为典

---

[1] 钟伟云：《非洲的政党政治：回顾与反思》，载《西亚非洲》，2016年第5期，第91—94页；王学军：《20世纪90年代以来非洲政治发展与政党现代化》，载《西亚非洲》，2021年第3期，第33页；Alexander Stroh, "Political Parties and Party Systems", in Gabrielle Lynch and Peter VonDoepp, eds. *Routledge Handbook of Democratization in Africa*, New York: Routledge, 2019, pp.233-236.

[2] Jaimie Bleck and Nicolas Van de Walle, "Valence Issues in African Election: Navigating Uncertainty and the Weight of the Past", *Comparative Political Studies*, Vol.46, No.11, 2013, pp.1394-1421.

型的例子。

2021年共17个撒哈拉以南非洲国家举行选举，包括议会选举和总统大选。其中，赞比亚实现党际权力更替，民主形象得以巩固。尼日尔首次实现民主过渡，军人干政传统尚未褪去。埃塞俄比亚因受新冠肺炎疫情等因素的影响推迟议会选举，执政党繁荣党取得压倒性的胜利并组建新政府，总理阿比获得连任。科特迪瓦、中非共和国、刚果（布）、吉布提、贝宁、乍得等国总统通过选举得以继任，大多数国家能通过宪政方式实现统治权力的平稳过渡。另外，索马里总统选举多次被推迟，引发社会骚乱。

就非洲国家政党政治发展前景而言，2022年非洲将有14个国家举行总统和国民议会选举，其中需重点关注的为安哥拉、肯尼亚、马里和索马里的总统选举。从当前来看，安哥拉执政党安哥拉人民解放运动获胜的可能性较大；马里和苏丹两国现在仍处于政治过渡期，如能在2022年按期举行选举，将为其未来政党政治发展奠定良好基础。非洲国家政党政治发展总体仍将处于调试与巩固期。一方面，困扰非洲政党政治发展的选举骚乱和族群政治等问题仍将长期存在；另一方面，随着各国选举的持续推进，非洲国家政党政治的制度化、规范性与竞争性将会得到进一步深化与巩固，尤其是随着多国政党逐步从族群政党向全国性政党转型并逐步加强政党的纲领性建设，它们在非洲各国国家治理中的作用将进一步凸显。加强与非洲国家政党之间在治国理政层面的交流，将会成为中非合作的一项重要内容。

六、拉丁美洲国家政党政治格局发生变化

拉美地区是最早产生政党的发展中地区，已有近200年政党历史，政党政治发展相对连贯。随着政治改革不断推进，拉美国家民主体制渐趋完善，政党运行规则日益清晰，政府体制趋于成熟，民主的多样性进一步发展，维护民主的共识增强。这既是拉美政治发展的成就和基本趋势，也是拉美民主

转型的重要特征。但拉美一些国家政治和政治体制有明显缺陷，在民主质量、制度可信性、政党合法性等方面仍面临许多难题，政党发展具有分散化与碎片化特点，政党历来数量多、种类全，涵盖左中右、温和激进保守各种倾向。

2021年拉美国家政治体制大体正常运转，政治议程基本按预定轨道发展，政党活动、政党竞争和执政党更迭在现有体制和制度框架下有序进行。有十几个拉美国家举行各类选举，其中厄瓜多尔、秘鲁、尼加拉瓜、智利、洪都拉斯、巴哈马、圣卢西亚7国举行大选，多国出现执政党更迭；萨尔瓦多举行议会选举，墨西哥和阿根廷举行议会中期选举，巴拉圭、玻利维亚、委内瑞拉等举行地方选举。这些选举虽竞争激烈，个别国家对选举结果甚至一度产生争议，但选举基本正常进行；有些国家选举过程虽有波折，但并没引发剧烈动荡。选举进程和结果改变了一些国家国内政治力量对比。

一是拉美多国大选出现执政党更替，有些国家实现"左""右"翻转。玻利维亚左翼政党"争取社会主义运动"党（MAS）重新上台执政。厄瓜多尔2021年大选终结了左翼党连续执政14年的历史，创造机会运动与基督教社会党（PSC）组成的右翼竞选联盟候选人吉列尔莫·拉索以52%的得票率获胜就任总统。厄瓜多尔执政党的更迭和左右轮替，意味着政府政策的重要调整。秘鲁发生执政党更迭，左翼政党取得执政地位。左翼的自由秘鲁党候选人佩德罗·卡斯蒂略在6月6日总统选举的第二轮投票中险胜，就任秘鲁总统。此次大选是秘鲁左翼和右翼党派间的较量，关系到未来国家政治、经济和社会发展方向，竞争极为激烈。圣卢西亚和巴哈马相继发生执政党更迭。智利于2021年11月21日举行四年一度的大选，在12月19日的第二轮选举中，由共产党等左翼力量组成的"尊严制宪"联盟候选人加夫列尔·博里奇（Gabriel Boric）以出乎意料的优势赢得总统大选，执政党发生更迭。35岁的博里奇成为世界上最年轻的总统之一。洪都拉斯大选于2021年11月28日举行，自由与重建党总统候选人西奥马拉·卡斯特罗（Xiomara Castro）

以压倒性优势赢得大选，不仅出现执政党更迭，也改变了国民党和自由党两党长期轮流执政的局面。尼加拉瓜于2021年11月7日举行大选，执政的桑地诺民族解放阵线（FSLN）领导人、现任总统奥尔特加以75%的得票率第五次当选总统，也是第三次连选连任。执政党虽得以连续执政，但执政压力明显增大。

二是议会或地方选举改变了拉美国家国内政治力量的对比，使政党政治格局发生重大变化。萨尔瓦多议会选举后，执政联盟的地位得到巩固，传统政党影响力进一步削弱。墨西哥中期选举削弱了执政党的优势地位和影响力，政府将遭遇反对派更强有力的制约。未来3年，洛佩斯总统的执政道路会更加艰难，其推进的宪法改革等重大改革措施将遭遇反对派更多掣肘。智利的选举削弱了右翼执政联盟的地位，也极大削弱了传统政党的影响力。玻利维亚执政党在地方选举中失利，执政环境更加艰难。阿根廷执政党在议会中期选举中失利，执政压力增大。委内瑞拉举行地方选举，执政党和反对派的矛盾和冲突有所缓和，双方的争夺将更多地以选举竞争等相对和平方式进行，斗争的烈度会有所下降，国内局势将进一步趋缓。

需要指出的是，拉美地区国家一些长期执政的左翼政党努力改善执政环境，应对治理难题。委内瑞拉统一社会主义党与反对派开展对话，努力缓解国内矛盾。古巴共产党于2021年正式完成最高领导层新老交替，努力化解社会矛盾和执政压力。

2021年拉美国家政党政治主要特点：

一是传统政党继续呈现衰败之势，拉美政党政治版图或将重塑。不少曾长期执政的传统政党丧失执政地位，有些一蹶不振，还有一些甚至销声匿迹。那些仍处于执政地位的传统政党控制国家政治生活的能力也大大下降，这种现象在墨西哥、委内瑞拉、哥伦比亚、秘鲁、厄瓜多尔、乌拉圭等拉美主要国家都有不同程度发生。

二是一大批新型政党相继崛起或政治素人频出，持续冲击拉美政坛。拉美传统政党相对衰落与新型政党崛起相伴而生，许多国家的新型政党刚建党不久就取得执政地位，秘鲁、哥斯达黎加、危地马拉、萨尔瓦多、厄瓜多尔等国家都出现类似现象。

三是政党兴衰频率加快，政党生命周期明显缩短。一些新兴政党在政治组织、思想建设方面严重缺失，执政业绩不佳，在短暂兴盛后政治影响力便迅速下降，如秘鲁可行党、秘鲁民族主义党、"为了变革的秘鲁人"党，以及厄瓜多尔"1·21爱国社团"等在执政期结束后影响力迅速减弱，有些政党甚至从此销声匿迹，成为拉美政治发展进程的匆匆过客。危地马拉、厄瓜多尔等国家也有很多类似政党。

四是政党作为政治组织的职能弱化，越来越多的政党沦为选举机器。许多党就是为参加某场选举而建立的。这类政党既无明确纲领和原则，也无长远发展设想，往往只会凭借空洞的口号，通过宣传造势吸引民众，达到短期政治目的，把参加选举和在选举中获胜作为主要目标和任务；选举一旦结束，政党作为选举机器的职能便宣告完成，之后往往会出现分裂，领导人脱党现象也屡见不鲜。危地马拉、巴西等部分拉美国家的一些国会议员就职后便脱离本党，改换国会党团，公职成为个人利益交换和个人政治前途的砝码。因政治和思想建设缺失，2021年拉美地区多个政党内部出现矛盾，甚至发生分裂。

五是政治两极化和政党碎片化趋势明显。政党和政治发展的两极化增加政党间达成共识的难度，进而加大体制改革的难度；同时随着政党格局的变动，固有的多元性和分散化特点进一步发酵，政党数量进一步大幅增加，在立法机构中拥有席位的政党数量众多，增加政府决策和执政难度，削弱国家治理效能。

六是政党的代表性危机加重，执政党的合法性基础受到损害。许多传统政党的思想和理念不能与时俱进，失去政治感召力，渐渐丧失凝聚大众的功能，丧失民众信任。许多政党缺乏必要的自我监督和外部监督机制，党的领导层日益脱离群众，引起人们的不满和愤慨。许多政党组织建设严重缺失，内斗不止，党的声誉和威信下降。21世纪以后拉美地区出现的一些新政党在思想、制度和组织方面有与传统政党类似的缺陷。

2022年拉美国家政党和政党政治新动向值得关注。尼加拉瓜、洪都拉斯和智利新政府分别在2022年1月和3月就职。政府换届特别是发生执政党更迭的国家，政府政策会发生重要调整和变化。2022年拉美地区的一些重要选举包括：哥斯达黎加（2月）、哥伦比亚（4月）、巴西（10月）大选。这些选举不仅会改变相关国家国内政治力量对比，也会对地区政治格局产生重大影响。

七、左翼政党：在发展中国家稳步发展和在欧洲复苏

当代世界左翼政党划分为三个部分：一是社会主义国家的执政党；二是欧洲传统民主社会主义政党，如社会党、社会民主党、工党；三是拉美国家左翼政党。其他还有西方国家如美国、加拿大、英国的共产党，还有发展中国家如南非的共产党，总的来说，这些政党成员少而力量有限。亚洲国家如印度的共产党主要是地方性政党。在当代世界的66个百年政党中，左翼政党或中左翼政党有40多个，这是世界政党政治发展中值得研究的重要现象。

（一）2021年社会主义国家共产党稳步发展

2021年，越南、老挝、古巴三个社会主义国家在稳定中发展，各自召开了党的代表大会。概括来说，一是三国的共产党领导集体都实现了新老交替，权力平稳交接，党内普遍建立了一个更加年轻的领导班子，这有利于各国共产党自身的进一步发展。二是三国的共产党基本保持现有政策的延续性，越南、老挝、古巴都继续贯彻改革路线；都强调坚持社会主义道路，都制定了自身的发展目标，这对于三国发展而言都具有积极意义。三是三国的共产党都高度重视党的建设，重视党的理论和经验的总结。马克思主义政党

的优势是高度重视理论工作和党的自身建设，三国共产党继续保持和发扬这一优良传统，在基层组织建设、干部队伍建设、理论经验总结等方面都投入很多精力，取得一些成果。四是三国的共产党在治国理政的进程中都遇到一定的挑战。古巴共产党面临的突出问题仍然是美国的敌对态度和全方面打压。古巴2021年国内形势比较严峻，经济、政治、新冠肺炎疫情多重压力叠加，给古巴共产党带来不小挑战。因此，如何战胜各自面临的挑战，有效解决突出问题，成为三国共产党继续前进的关键。

（二）拉美国家左翼政党开始打破均衡状态的政治版图

拉美国家有相当多的左翼政党。2021年，拉美国家政治议程基本按预定轨道发展，政党活动、政党竞争和执政党更替在现有体制和制度框架下进行。有些形势和特点具有延续性，如传统政党影响力持续下降，新型政党继续崛起，政党发展碎片化趋势进一步加剧。一些长期执政的左翼政党努力改善执政环境，应对治理难题，如古巴共产党完成最高领导层新老交替，努力化解社会矛盾和执政压力；委内瑞拉统一社会主义党与反对派开展对话，努力缓解国内矛盾。拉美地区政治版图中的左翼包括在委内瑞拉、古巴、尼加拉瓜、玻利维亚执政的革命左翼和在墨西哥、阿根廷执政的左翼。2021年，虽然拉美国家的大选、议会选举和地方选举等各类选举竞争激烈——个别国家选举过程甚至有波折，但并未引发激烈动荡。随着2021年秘鲁左翼政党候选人卡斯蒂略在大选中获胜，智利由共产党等左翼力量组成的"尊严制宪"联盟候选人博里奇赢得总统大选，尼加拉瓜桑地诺民族解放阵线（FSLN）领导人、现任总统奥尔特加连续执政，洪都拉斯自由与重建党的总统候选人西奥马拉·卡斯特罗赢得大选，拉美政治版图发生了新变化，原本的均衡状态被打破。选举结果不仅改变了各国国内政治力量对比，也对地区政治格局产生了重要影响，改变了一些国家的政策趋势。如果在接下来的哥伦比亚、巴西大选中延续这种趋势，2022年拉美地区将会出现有利于左翼的政权更迭。

拉丁美洲共产党坚定社会主义信念，坚持对资本主义特别是新自由主义的批判立场，对于拉美地区的右翼政党及其政府始终持反对态度，认为本国要实现真正有利于劳动人民的发展，必须走社会主义道路。同时各国共产党基本认同议会斗争是本党当前斗争的主要方式。因此各国共产党都比较重视发动群众参与本国选举，试图通过选举使得本党能够参与执政。随着左翼在南美地区的回归，各共产党在选举中大多出现了向好的趋势。

（三）欧洲传统左翼政党的复苏

社会党、社会民主党和工党一般被认为是传统左翼政党，主要分为温和左翼和激进左翼。

温和左翼以社会民主党为代表，它们常常也被称之为中左翼。其主要支持力量既包括了作为其传统主体的工人阶级，也包括众多的中间阶级以及一些带有激进意识的社会精英。在20世纪90年代以后，这类力量在政治立场上日益表现出中间化特征，表现在思想意识上就是去意识形态化，往往体现为去社会主义意识形态化。进入21世纪，尤其是2008年国际金融危机爆发以来，欧洲政党政治出现一种明显失衡，主要表现为左翼政治的相对式微、社会民主党的影响力急剧下滑，以及右翼保守主义势力的明显强势。但近年来这种状况有所改变，从执政的角度来看，社会民主党有稳住阵脚的迹象。经历2021年的选举变化后，欧洲各国政坛的左右大致处于一种平衡状态。目前，除北欧四国（丹麦、芬兰、瑞典、挪威）外，社会民主党还在德国、西班牙、葡萄牙和马耳他处于领导执政地位。在一些国家，左翼政党尤其是社会民主党止住了下滑趋势，出现了有限复苏的迹象，德国社会民主党在2021年大选中的逆转对于自身以至于整个欧洲左翼政党复苏有一定的象征意义。但是社会民主党未能明确自己的政治定位，它在两种政治战略之间摇摆：一方面，它从20世纪60年代以后一直坚持面向更广泛选民，尤其是新中间阶级的全方位战略；另一方面，在政策方式上向左回调，重归阶级政治战略，成为社会民主党复兴的一种自然选择。但在众多欧洲国家，社会民主党事实上已不再是一个阶级的党，而是一种典型的"全方位"的党，所以不宜把德国社会民主党在 2021 年联邦议会选举中获胜并组成三党联合政府过分渲染成一种传统社会民主主义的复兴。因为一方面，从主观上看，当下社会民主主义力量的主导者并没有全面复兴传统左翼政治方式的意图。在德国，尽管社会民主党成功实现了逆转，但选民对默克尔领导的德国既有的总的经济政策框架是认可的，而朔尔茨本人作为领导者之所以被选民认可，并非凭借其传统左派的形象，而是其务实沉稳的风格，在某种意义上，人们认为他更多体现的是一种默克尔方式的继续。而且在党内，朔尔茨也属于中间派而非左派。另一方面，在既有的碎片化结构下，左翼政策的全面复兴是不现实的。社会民主党明显缺少必要的政治授权。在德国现有的三党联合框架下，不增税、控制债务是自由民主党首要的政策目标，社会民主党很难在与其联盟的同时实施一项全面的社会保障计划。在瑞典，安德松虽然提出了三项优先计划，即打击种族隔离和暴力犯罪，加快应对气候变化进程从而创造绿色就业机会，以及收回对福利的控制权，但作为一个少数党政府——社会民主党在议会 349 个总席位中只占有 100 席——它要想获得相应的立法支持是非常困难的。在政策方面，最艰巨的挑战是如何控制已经深度私有化的福利体制。在整个社会经济深受新自由主义政治议程影响，而既有的政治体系又处于一种脆弱平衡的基础上，一种全面的左翼矫正计划是不现实的。

激进左翼是一些站在社会民主党左边的力量，他们坚持传统左翼对资本主义的批评精神，以及对社会主义或民主社会主义的承诺。在冷战结束后他们日益表现出对资本主义既有民主体制的认可。作为当代欧洲激进左翼重要来源的一些共产党，日益表示出一种由体制外向体制内转变的趋向。与欧洲社会民主党影响力整体下滑不同，欧洲激进左翼在进入 21 世纪，尤其是 2008 年后普遍出现了新的发展。他们在改变欧洲左翼政治格局的同时，也为欧洲进步主义政治带来了新的内容。如希腊激进左翼联盟（SYRIZA）、梅朗雄领导的"不屈的法兰西"、德国左翼党、瑞典左翼党、挪威社会主义左翼党、丹麦红绿联盟，以及芬兰左翼联盟，他们或是执政，或是议会中的关键少数，在进入21世纪后都有明显的发展且保持稳定，常常成为组成左翼联合政府（或红绿政府）的关键角色。

八、俄罗斯联邦等独联体国家弱政党政治格局持续发展

自苏联解体以来，独联体国家政党政治一直处于转型过渡进程中，呈现出复杂多变的特点，政党法和议会选举规则的修改与修订频繁。部分国家的国家政权组织形式仍处于不稳定的变化之中，政党的发展总体上缺乏成熟和稳定的政治环境。在这些国家中，除了摩尔多瓦、格鲁吉亚属于半总统半议会制，亚美尼亚属于议会制外，其余国家均实行总统制，这在相当程度上决定了这些国家总体上的弱政党政治格局。2021年，该地区有5个国家（俄罗斯、哈萨克斯坦、吉尔吉斯斯坦、亚美尼亚、摩尔多瓦）举行了议会选举。

俄罗斯联邦是总统制国家。2021年7月，在司法部正式注册登记的政党有32个。2021年是俄罗斯第8届国家杜马选举年，共有5个政党跃过5%门槛进入国家杜马。统一俄罗斯党支持率有所下降，但仍保持着一党独大局面。这说明俄罗斯人对普京及统一俄罗斯党的领导仍有信心。统一俄罗斯党领导对俄稳定发展发挥着积极作用，将为2024年俄罗斯联邦总统选举的顺利举行和普京连任奠定基础。俄罗斯联邦共产党在逆境中前行，稳中有进，在第8届国家杜马选举中获得18.93%的得票率，与上一届13.34%的得票率相比进步明显。进入国家杜马的还有"公正俄罗斯–爱国者–为了真理"党、俄罗斯自由民主党和"新人党"。

乌克兰独立以后实行多党制，政党政治是在动荡的政治环境中逐渐发展的，伴随着频繁的总统换届、颜色革命、地区内乱、乌克兰危机、外国势力干涉以及寡头操纵，寡头政治成为其政治体制的重要特征和国家治理困境的关键因素。截至2021年1月1日，乌克兰国内共有365个合法注册的政党，

其中有 50 多个活跃政党。2019 年第 9 届最高拉达的选举共有 6 个政党进入议会。"人民公仆"党作为执政党组建政府，弗拉基米尔·泽连斯基出任总统。泽连斯基政府将加入北约写入了乌克兰宪法，乌克兰成为以美国为代表的北约与俄罗斯冲突的前沿。

在白俄罗斯，苏联解体后逐渐形成了强总统、弱政党的政治格局，政党在国家政治生活中的作用与影响较小。到 2020 年，在白俄罗斯司法部门正式登记注册的政党为 15 个，白俄罗斯共产党是当今白俄罗斯国内的主要政党之一。2020 年白俄罗斯总统选举后爆发了旷日持久的抗议示威运动，国家政治局势持续动荡。面对危机，以卢卡申科总统为首的白俄罗斯执政当局做出让步，并于 2021 年 7 月公布了宪法修正案草案，修宪公投于 2022 年 2 月进行。

哈萨克斯坦是总统制国家。哈萨克斯坦自 2019 年卡瑟姆若马尔特·托卡耶夫上台后，开启了涉及政治、经济、社会各个领域的全方位改革。2021 年 1 月举行了议会下院选举，执政党"阿马纳特"党（时名"祖国之光"党）继续保持一党独大地位，党主席为前总统纳扎尔巴耶夫。11 月，纳扎尔巴耶夫将党主席职务移交给现任总统托卡耶夫。"光明道路"民主党是哈萨克斯坦政坛中的右翼政党，是现政权的建设性反对派。受新冠肺炎疫情影响，2020 年哈萨克斯坦经济停止多年来的正增长，工业、农业和服务业均受到较大影响，居民消费价格指数和通货膨胀率持续走高，失业人数骤增。虽然托卡耶夫政府采取了一系列措施，如减免企业税收、为弱势群体提供一定支持等，但效果甚微。在这种形势下，各种反对派趁势活跃起来，对哈萨克斯坦的政治稳定造成隐患。2022 年 1 月 1 日，哈萨克斯坦大幅提高天然气价格，这成为后续爆发大规模抗议活动的导火索，对哈萨克斯坦权力过渡的稳定性产生了消极影响。

独联体各国 30 年来的政党政治进程特点主要有五点。一是政党的发展缺乏稳定的政治环境，政党制度也没有完全定型，仍处于转型与过渡时期。

二是社会转型的需要在一定程度上决定了该地区多数国家选择强有力的总统制作为本国的政权组织形式,这在客观上导致政党在国家政治生活中的作用被削弱;此外,该地区政党自身存在发展不足、纲领模糊、群众基础薄弱、分支机构与基层组织缺失等问题,政党很难发挥其表达社会群体利益与诉求的功能。三是执政党一党独大的现象比较普遍。无论是在 2021 年举行了议会选举的俄罗斯、哈萨克斯坦、亚美尼亚,还是 2021 年之前进行议会选举的国家,选举结果几乎都呈现出执政党一党独大的现象。四是苏联解体后,该地区各国的共产党在总体上经历了全面被禁、恢复重建、强势崛起、挫折分裂、重新整合几个发展阶段;现仍面临多重困境,发展举步维艰。五是政治动荡风险犹存。在世界经济不景气的大环境下,该地区一些国家临诸多困难,经济改革和发展规划推进受阻,这成为该地区局势不稳定的因素之一。此外,权力交接过程中存在的风险、潜在的和现实的地区战争与冲突风险、以美国为首的西方(北约)和俄罗斯在地缘政治领域的博弈,均是未来该地区政治不稳定的潜在威胁因素。

九、中东欧国家政党斗争激烈、政府稳定性低

中东欧国家在剧变转型后,仿照西欧国家建立多党竞争的议会制民主成为政治改革的核心内容,政体为议会民主制,议会是国家最高权力机构,政府是国家权力执行机关。政党数量经历了由升到降的过程,政党政治逐渐由混乱走向有序,政党规模趋于稳定,左右翼政党轮流上台执政成为国家的政治主线。但与此同时,政党斗争激烈、政府更替频繁的问题一直存在。在全球化和欧洲一体化不断受挫的背景下,民粹主义政党在中东欧国家日益崛起,成为影响中东欧政党政治稳定与发展的重要因素。

对于把执掌国家权力作为根本目标的中东欧政党来说,只有在议会选举中获得更多的选票,才有可能获得组阁或者进入政府的机会。因此,四年一

届的议会选举是各大政党关注的重中之重。从组织竞选到选举结果公布的这一过程，真实地反映了各国政党政治生态与权力结构。在选举结束后的执政周期内，执政党与反对党的斗争博弈，是导致政党兴衰的重要原因。在联合执政十分流行的中东欧国家，执政联盟内部的互动与摩擦同样值得关注。面对反对党的施压和执政联盟内部的争斗，中东欧国家的政府常常发生更迭。旧政府下台与新政府重组的过程也往往成为政党博弈和斗争的又一个高潮期。

在2021年有10个中东欧国家的政府出现更替或重组。捷克、阿尔巴尼亚和保加利亚3个国家举行了议会选举。但其中只有阿尔巴尼亚社会党再次在选举中获胜。保加利亚在一年之内举行了三次议会选举，2021年12月13日，保加利亚议会正式批准成立新一届政府，宣告这一年来的政治混乱暂告结束。在捷克，民粹主义政党的崛起是近年来捷克政坛中一个重要的政治现象，其代表是ANO2011运动（意为"不满意公民运动"），在2013年的众议院选举中，该党第一次参加全国大选就异军突起，并连续两届进入联合政府。2021年的捷克众议院选举中，"在一起"中右翼政党联盟获得了27.8%的选票，ANO2011运动获得了27.1%的选票，两党的支持率之差不足0.7个百分点，这是捷克自转型以来议会第一大党和第二大党得票率差距最小的一次。海盗党/市长联盟获得了15.6%的选票，最终"在一起"中右翼政党联盟与海盗党/市长联盟组成联合政府。无论选举如何曲折，捷克与保加利亚的政府更替都是通过正常的议会选举实现的。另外几个国家的政府变更则另有原因：罗马尼亚和斯洛伐克政府变换的主因是执政联盟的内部矛盾；拉脱维亚的政府重组源自执政党"国家属于谁"党自身的分裂与混乱；爱沙尼亚的拉塔斯政府因为腐败问题而下台；北马其顿的扎埃夫政府则是所属政党在地方选举失利后辞职。总体来看，中东欧国家政党斗争激烈、政府稳定性较低、政府更替频繁，而联合执政是中东欧国家政府更替频繁的重要原因。2021年下台的7国政府都是联合政府。作为一种重要的政府类型，联合政府在议会民主国家中并不罕见。然而，在中东欧国家，联合政府的数量之多、比例之高都更为惊人。

对于中东欧国家的政党来说，2021年在新冠肺炎疫情仍在蔓延的背景下，要求取消或放松管控措施的群体性事件此起彼伏，经济恢复和新冠疫苗接种工作推进缓慢。执政联盟各党派之间针对谁应为疫情和随之而来的经济困难负责争论不休，执政党与反对党则为了如何有效控制疫情而摩擦不断。同时，民粹主义政党已在中东欧国家崭露头角，但因为自身的意识形态、组织架构与行事风格等问题，它们在进入议会，甚至在进入政府后都遭遇了不同程度的困境。这些都是中东欧国家政党政治面临的挑战。

十、美、加、英政党政治发展及渐变特征

鉴于美国、加拿大、英国具有相类似的政党政治和政党制度及相近的历史文化，且近年来英、加追随美国价值观外交结成小圈子，因此把这三个国家放在这一章来论述。

（一）美国政党极化、否决政治与恶性党争

美国是一个总统制、三权分立和联邦制国家。美国的两党制最早萌芽于建国之初，后来几经分化组合，逐渐形成民主党和共和党轮流执政的局面。长期以来，温和两党制是美国两党制的重要特征，但是从2016年特朗普在美国总统选举中获胜开始，这一特征发生了转变，两党制逐渐向极化发展。

2021年1月20日，民主党人拜登开始了为期4年的总统任期，美国政党政治的极化和两党斗争之激烈世所罕见。早在特朗普任期内，两党便发生严重的党争，2020年大选中，面对新冠肺炎疫情的冲击，两党党争愈加激烈，且集中在公共卫生、疫情政策、外交等领域。两党为了各自私利，既没有妥协，又丧失了原则，共识和协商渐成奢望，甚至在大选中出现席卷民主、共和两党的严重族群对立，两党势同水火。2021年，美国政党恶斗主要

表现在：

第一，冲击国会山造成200余年来国会大厦首次被占领。2021年1月6日，党争乱象以一场极度的政治分裂危机开场。数千名美国民众聚集在华盛顿国会山，并强行闯入国会大厦，以阻止美国国会联席会议确认民主党人拜登当选总统。事件造成5人死亡，140多人受伤，是自1814年白宫遭英军纵火焚烧以来华盛顿最严重的暴力事件，200余年来国会大厦首次被占领。

第二，枪支暴力和种族歧视是美国社会极化的两大痛点。在2020年疫情暴发初期，美国人除了忙着囤积卫生纸和食物以外，还购买了大量的枪支弹药。在之后发生的黑人弗洛伊德被跪杀及国会大厦被特朗普支持者占领等事件都加剧了美国社会的撕裂。形形色色的人拿着枪支或是炫耀或是自保，这无形中都让美国社会变得更加危险。民主党主张控枪，共和党坚决反对，双方一直僵持不下。还有2020年8月25日威斯康星州抗议活动中当街开枪，造成2人死亡、1人受伤的里滕豪斯案件。里滕豪斯在2021年11月19日被无罪释放，审判结果不仅在美国社会引发了争议，也使美国两党出现了更为严重的分歧和对立，共和党议员支持判决结果，而民主党方面却对判决结果表示反对。与其说这是一次法律判决，还不如说是一次政治宣判。

第三，否决政治下的债务上限谈判是两党政治博弈的重要工具。美国债务上限谈判的一波三折，两党党争和相互否决导致美国政体出现系统性紊乱、制度失灵、政治氛围紧张等政治衰败现象。政治衰败导致美国社会内部分裂严重、民族种族矛盾加深、国家内部动荡、国内经济衰退，以及民众对国家信心下降。同时，美国参、众两院议员在政治中追求自身和党派利益导致了两党愈发严重的否决政治，精英驱动民众模式自上而下地强化了政党之间的相互否决，这种否决体制成为常态并影响社会经济发展。

近年来，美国政党政治发生着重大变化，政党的竞争方式和竞争手段、新旧政权交替的方式、传统的左右翼政党发展态势，以及政治运行机制都在发生改变。传统主流政党不再是向中间靠拢去整合民意，而是比拼极端和

"互黑";政权交接过程不再和平,而是充满冲突对立和恶斗厮打;动员选民方式上,社交媒体胜于传统媒体。2020年美国大选是一个多世纪以来选民投票率最高的一次选举,也是党争极其激烈、社会极端分裂的一次选举。尽管民主党人同时在国会参众两院获得了微弱的政治优势,形成一党同时控制府会的"一致政府"格局,但2021年拜登关于重大政策事项的提案在参众两院一项也未通过。拜登政府面对的是更趋极化的两党博弈、更趋显著的党内分化与更趋复杂的政党重组。当今,美国的政党极化加剧否决体制,民主程序反噬民主实质。选举政治发展成为建立在资本基础上的"富人游戏",选举规则损害公平。政党极化、否决政治带来的行政低效和治理混乱,供应链阻断和物价飞涨,以及在阿富汗撤军和价值观外交等问题上的拙劣表现,使美国民众对美国政党政治愈发反感,对美式民主前途愈发沮丧。2021年是民主党拜登任期的第一年,但他的支持率创造了历史新低。

(二)加拿大的两党竞争与政治平庸

加拿大在2021年8月15日解散联邦议会,提前开启了为期36天的第44届联邦议会选举。选举结果为特鲁多领导的自由党赢得158席,反对党保守党获119席。自由党虽比上届增加1席,但远未达到组成多数政府所需的170席。与上届相比,自由党和保守党的支持率分别下降0.5%和0.6%,但各自的得票率仍超过30%,总体变化不大。

自由党和保守党在理念政策上有重大分歧。在2015年联邦大选中,特鲁多曾带领处境不佳的自由党横扫执政6年的保守党,组建了多数政府。在第一个4年任期内,特鲁多在内政外交政策中秉持进步主义理念,提出要"真正变革",即进一步弘扬加拿大多元文化主义理念,作为"五眼联盟"国家、七国集团成员,加拿大不再完全执行其二战后的典型中等国家的国际参与理念,而是依托多边框架,在诸如人权、劳工保护、女性平权、移民和难民等问题上提出了更有进步主义色彩的政策主张和政策议程。积极主张提高企业所得税、对富人增税,对利润超过10亿加元的企业加征所得税,向石油生产商增设减排目标等。特鲁多进一步向移民和难民敞开怀抱，2018年推出"百万移民计划"，计划2021年前每年接收35万新移民、3年引入100万新移民。特鲁多还主张积极应对气候变化，批评特朗普否认气候变化的说法及政策，推出碳排放税政策以减少加拿大碳排放量等。

特鲁多带有进步主义色彩的理念和政策主张引发反对党的不满和社会争议，保守党提出相对保守的政见，如对移民和难民的态度要更为谨慎，希望收紧相关政策；反对特鲁多试图加强枪支管控的政策；反对碳排放税政策并主张取消碳税，由各省自行决定。其他政党如人民党，甚至提出"对移民说不"等口号。伴随着这次大选，两大主要政党党争加剧，加拿大社会出现了"该往何处去"的争论，由此导致选情胶着而激烈，甚至招致"美国干预"。选举结果更被认为暴露出了加拿大"前所未有的裂痕"。此次选举中，两党民调势均力敌，双方为打击对方也"火力全开"，相互攻讦之恶劣历史罕见。

尽管自由党胜选，特鲁多明确表态将单独执政，拒绝组建联合政府，但其对此次选举带来的政治分裂心知肚明，深知未来并不轻松。作为稳定性不强的少数派政府，国家政策制定和推行的低效、仍旧肆虐的新冠肺炎疫情和经济下行的压力，加剧了自由党面临的内外挑战，其中对内的"主义之争"可能长期持续，如何重建国内共识是眼前难题；对于加拿大选民关注的事项如生活费用、医疗保健、疫情后复苏计划和未来经济计划，自由党难以提出有效的政策措施。如何与美国这个相邻大国相处，是外交政策的主要难题。

因此，2021年加拿大政党政治的特征是大党优势犹存，两党格局仍在，民族利益和地方利益的影响逐渐显著，选民对于主要政党的认同度逐渐降低。对内采取进步主义理念的政策主张和政策议程，对外追随强邻大国亦步亦趋，反映出加拿大政党政治进入一个相对平庸的时代。

（三）英国两党的衰弱和竞争格局的式微

英国是西方国家政党政治的代表，是政党竞争体制的发源地，是典型的议会制的两党制。近年来两大党的相对衰落显示其两党制正在发生变化，即两党竞争格局式微和第三党逐渐崛起。

2016年6月，在时任英国首相卡梅伦主持下，英国举行了"脱欧"公投，在参与投票的选民中，有51.89%支持"脱欧"，卡梅伦被迫辞职。此后，尽管前后两任首相特雷莎·梅和鲍里斯·约翰逊均与欧盟达成过"脱欧"协议，但协议都未能获得英国议会批准，"脱欧"陷入僵局。不同政治力量围绕"脱欧"议题展开了错综复杂的博弈，政党政治呈现出政党博弈"白热化"、政治格局"碎片化"、政治运行"无序化"的局面。

2019年提前大选是"脱欧"议题倒逼的结果。保守党领袖约翰逊在大选中胜利的主要原因在于"脱欧"问题久拖不决，已经耗去英国民众的最大耐心，保守党竞选纲领直指完成"脱欧"，迎合了大部分民众厌倦"脱欧"问题陷入长期政治拉锯战的心理。在2019年大选后占据议会绝对多数席位的保守党可以同时掌控内阁行政权和议会立法权，恢复"行政权-立法权"的协同机制。按照常理，保守党重新将行政权放在英国政治的主导地位，使政府提出的政策和立法可以在议会高效通过，从而提高政府执政能力和治理能力，改善政府的治理绩效，形成良性循环。但是保守党的执政力不从心。社会撕裂下的政党对抗、在"脱欧"期间发生的金融危机和政治危机，特别是随之兴起的种族主义、民粹主义，这些问题在"脱欧"进程中持续发酵。英国"脱欧"之后，政党政治将面临政治认同危机、公众信任危机和政府治理低效等国家治理方面的多重现实挑战。2021年，受"脱欧"后新旧规定交替、新冠肺炎疫情反复、供应链遭遇瓶颈、劳工短缺、能源价格飙升等一系列因素的干扰，英国港口拥堵，物流延误，导致进口"更昂贵、更不灵活、更慢"，不仅严重影响经济复苏，而且给民众，特别是低收入家庭带来巨大影响。同时英国政治的不确定性提升，表现为：其一，英国虽然已完成"脱欧"，但面临苏格兰会否"脱英"的问题。2021年5月苏格兰议会选举中，主张"脱英"的苏格兰民族党赢得多数议席，党魁斯特金表示，在苏格兰度过疫情危机之后将寻求举行第二次独立公投。其二，当前执政的约翰逊政府在应对疫情、通胀、"脱欧"、阿富汗撤军等问题上饱受质疑，民意支持率下滑，保守党内阁对外竭力维护"英美特殊关系"，加大向欧洲之外地区拓展，"脱欧"似乎使英国失去了发展方向。

  以往的研究多把英国作为政党政治的典范，但是近几年来，这样的形象在发生变化。执政党失灵、政府失能开始成为英国政党政治的特征。就保守党内部而言，理念分歧而导致的步调不一是最大的问题。英国与其他欧洲国家不同，在英国政治中，"'欧洲'一直是个问题"，对欧洲问题的不同立场源于基本政治理念的分歧，影响保守党内部的团结。因此，如何结束党内分裂，加强党内建设，维持党内团结，是保守党内阁的当务之急。就政党间关系而言，保守党不仅要一如既往地面对反对党工党的挑战，而且要妥善处理与其他政党的关系。进入 21 世纪，由于金融危机、欧债危机、难民危机等事件的推动，民粹主义、分离主义兴起，为其他政党越来越多地提供了生存和发展空间，如独立党作为右翼民粹主义政党，将英国脱离欧盟作为党的目标，反对英国留在欧盟既是独立党的核心主张，也是其存续的合法性所在；同时还有主张"脱英"的苏格兰民族党极力推动苏格兰地区独立。因此面对新冠肺炎疫情持续搅动政局和地区分离主义的难题，在全国层面如何更好地回应选民与社会的需求，是摆在保守党和工党两大政党面前不可回避的现实问题。如果两大政党无法满足社会的需求，在意识形态和组织体系方面都无法适应社会的快速变迁，只是在现有的政策框架之内做"零敲碎打"式的改变，那么就不能吸引和争取广大民众的支持，无法形成社会共识，势必导致政党失灵、政府失能，引发国家治理危机，那么选民们便会将选票投给第三党来表达不满，英国两党竞争格局的式微会继续发展，两大党衰落和第三党的崛起就难以避免。

第一章 2021年世界政党政治发展总体形势和基本特征

十一、大洋洲国家政治差异性大、澳新两党制基本稳定

大洋洲现有16个独立国家，由于历史文化、社会发展等原因，各国间政治差异性较大——既有二元君主制、议会君主制国家，又有议会共和制、总统共和制国家；既有主权独立国家，又有外交、国防由他国掌握的自由联系国。单就政党政治而言，各国分化更为严重，既有两党制国家、多党制国家，也有无政党的国家。大洋洲国家历史上均曾遭受过殖民统治，独立后政治制度多移植前宗主国的现代民主政治体制，或实行议会君主制，或实行民主共和制。在现代民主政治体系下，地区大国澳大利亚、新西兰发展出了较为成熟的政党政治，两国均为两党制国家，长期由两大政党轮流执政，小党派亦是政坛重要平衡力量，政府更替总体平稳。而其他太平洋岛国如巴布亚新几内亚、斐济、瓦努阿图、所罗门群岛、密克罗尼西亚联邦、基里巴斯、萨摩亚、汤加等国的政党政治仍深受传统文化影响，政党起步普遍较晚，政治忠诚度不高，政府更替频繁。2021年，新冠肺炎疫情成为影响大洋洲各国政党政治的重要变量，多国政府受到冲击。

2021年，澳大利亚和新西兰都非选举之年。

在澳大利亚，联盟党与工党长期轮流执政，每届议会两大党至少联合控制70%以上的议席。小党派虽然也能在议会中赢得一席之地，但难以主导政坛，而是游走于两大主要政党之间，对政府执政发挥着一定制衡作用。近年来伴随着西方社会民粹主义、民族主义的抬头，澳大利亚极右翼的小党派崛起，成为参、众两院中一支不可忽视的力量。在澳大利亚，自由党与国家党长期以来结成联盟，号称联盟党，以与工党相对抗。

在澳大利亚除政党之间的竞争之外，各政党还存在内部的派别之争。根据澳大利亚宪法，执政党党首出任总理。近年来因执政党内部派系斗争，党首屡屡易人，总理之位也随之易主，内斗不止导致领导人更替频繁。如联盟

党在特恩布尔执政期间屡遭党内保守派挑战，2018年8月，特恩布尔在被三番五次"逼宫"后辞去党首，原国库部部长、党内中间派代表莫里森在党内选举中击败党内保守派代表达顿当选该党新领袖，继而出任总理。2019年5月18日，莫里森率领联盟党在大选中赢得连任，但因党内保守派势力强大，其施政亦被保守派裹挟。2021年澳大利亚政党政治有四大特点：一是莫里森领导的联盟党支持率高开低走，持续下滑，性丑闻导致联盟党损兵折将；二是新冠肺炎疫情卷土重来影响联盟党政府公信力；三是气候政策暴露执政联盟内部分歧；四是莫里森个人遭遇诚信危机。

新西兰为两党制国家，但小党派作用也不容小觑，是新西兰政坛关键平衡力量。自20世纪30年代起，工党和国家党便轮流执政。在新西兰，政治成熟度与国民政治参与度较高，能够定期举行选举。政府更迭平稳顺利，大多能够完成三年任期。本届政府由阿德恩率领工党并联合绿党于2020年11月组建，并已开始第二个任期。执政联盟内部不断加快磨合，施政纲领注意照顾小党派关切，民意支持率也因此持续上升、屡创新高，有效化解了国家党作为"史上最强大"反对党的压力。2021年在新冠肺炎疫情防控较为得力、对外出口量价齐增的拉动下，新西兰经济迅速复苏，成为经合组织经济体中为数不多的恢复至疫情前经济水平的国家。工党联合政府获得较稳定支持。同时，反对党国家党处于重整旗鼓期，正在加速更新换代、党团重组，并拟调整党内分工，以期凝聚党内团结，重拾民众信任，但重返执政地位尚需时日。

2022年，澳大利亚、巴新、斐济等地区重要国家将迎来大选，所罗门群岛、基里巴斯、汤加等国政府仍将面临来自反对派、传统势力等压力的考验，各国政党政治博弈持续加剧，大洋洲地区势将迎来政治活跃的一年。

十二、2021年欧盟国家政党政治发展与左翼政党的复苏

欧洲是世界政党的发源地，现代政党制度伴随着国家民主制度而产生。欧洲国家按区域可被划分为三类。第一类是西欧国家，英国、法国、德国等国政党政治大多是从19世纪开始，在20世纪初随着普选权的实现而成型，既有的左右政党结构大抵是经历两次世界大战之后成型的。第二类是南欧国家，以希腊、西班牙、葡萄牙为代表，这些国家的民主化进程是在20世纪70年代实现的，现有的政党制度也是伴随这一进程而出现，并基本遵循了西欧传统的左右结构模式。不过，在意大利，虽然其民主制度是在战后成型，但现有的政党结构是在20世纪90年代初原左右两大政党（天民党和意大利共产党）分别解体后出现的。[1] 第三类是中东欧的巴尔干地区国家和波罗的海三国，这些国家的现有民主制度和政党制度是在东欧剧变、苏联解体后出现的，经过30年的发展逐渐由混乱走向有序，政党规模趋于稳定，左右翼政党轮流上台执政成为国家的政治主线。

从国家政治体制来看，欧洲国家主要分为君主立宪制和民主共和制两类；从政府权力归属看，绝大多数国家为议会制，并有一院制和两院制两种形式；从政党政治结构看，欧洲大陆各国均为多党制。在西欧呈现为壁垒分明的左右政党结构，传统左翼由以社会民主党、工党为主要代表的中左翼政党、各种激进左翼政党以及一些极左翼政党构成；而右翼则由中右翼政党（包括基督教民主党、保守党、自由主义政党等）和极右翼政党构成。20世纪80年代后，随着绿党的崛起，左右政治光谱的结构发生改变。进入21世

---

[1] 战后意大利政坛中长期占据第一大党位置的是中右翼的天民党，而左翼的意大利共产党是主要反对党。但1991年意大利共产党解体，其主体力量转换为了信仰社会民主主义的左翼民主并成为左翼政治的主要力量，而天民党也在1994年分解为多个小党。而以贝卢斯科尼领导的意大利力量党为主体的右翼自由联盟取代了原天民党的位置，形成了新的政党结构。

纪，尤其是 2008 年国际金融危机后，由于传统主流政党社会民主党的普遍下滑甚至衰落，欧洲一些国家的政党开始出现新的结构。在希腊，激进左翼联盟崛起并取代了泛希腊社会主义运动在左翼中的地位。在法国，2017 年大选中马克龙及其领导的共和国前进党作为中间派崛起，以社会党和共和国人党[1]为代表的传统势力衰弱。在荷兰，2021 年大选中传统左翼下滑，激进与民粹势力上升。而中东欧一些在东欧剧变、苏联解体后加入欧盟的国家，由于其特殊的历史，未能形成典型的西欧式的左右政治结构。因 2021 年英国已退出欧盟，英国政党政治情况将不在本节论述。

（一）荷、挪、德大选——左翼政党逐渐走出低迷

2021 年，荷兰、挪威、德国相继举行了大选，其中，德国大选的意义尤其突出。社会民主党成为第一大党，与绿党、自由民主党合组"交通灯"模式的联合政府，社会民主党候选人朔尔茨出任总理。选民主要关注的议题以及候选人的形象特征两大因素直接影响了选举结果。2021 年大选显示了德国政治生态的变化：一是德国政党政治碎片化格局持续，虽然社会民主党最后实现了逆转并成为第一大党，但其 25.7% 的得票率也意味着没有一个党在联邦议会选举中得票率超过 30%，与第二大党联盟党总得票率相加得票率只有 49.8%，是战后第一次两大党获得不足半数选民支持的选举，而且处于第 3—5 位的绿党、自由民主党和选择党得票率都超过 10%，这种"大党不大，小党不小"的格局正是当下欧洲政党政治碎片化的典型表现；二是德国主要政党出现了一种地区分化、代际分化和职业分化的特点；三是 2021 年大选及结果遏制了社会民主党的下滑，为建立新的左右政治平衡提供了机会，同时缓解了人们对后默克尔时代德国政治变数的担忧。

荷兰在 2021 年 3 月举行了大选。领导执政的自由民主人民党（VVD）以 21.9% 的得票率和 34 个席位保持了第一大党地位，其领导人吕特再次组

---

[1] 该党为原戴高乐主义者的主要继承者，名称几经改变。

建政府,与紧随其后的六六民主党、基督教民主联盟和基督教联盟经过长达9个月的谈判,达成组阁协议。组建政府的时间之长创荷兰历史之最。

北欧国家挪威于2021年9月13日举行了议会选举,主要围绕经济不平等和气候问题展开。选举结果是以挪威工党为首的中左翼集团战胜了保守党,并结束了由保守党首相埃娜·索尔贝格领导了8年的右翼政府,工党领导人乔纳斯·加尔·斯特勒组建新政府。

挪威工党的胜利,再加上此前社会民主党在丹麦、芬兰和瑞典的执政,意味着北欧国家的集体左转,在继2001年4国社会民主党(工党)同时执政之后再次出现一个"粉红色的北欧"。加上9月的德国大选中社会民主党的胜利,许多人认为欧洲社会民主党逐渐走出低迷,并为建立新的左右政治平衡提供了机会。

(二)非选举之年欧洲国家政党之间的竞争

2021年,欧洲的许多国家并非选举之年,但也多在酝酿准备接下来的大选。其中最引人关注的是法国2022年4月的总统选举以及6月的立法选举。此次选举最大的看点是总统竞选。2021年11月,由马克龙领导的共和国前进党(LREM)为主的多个党组成了一个总统多数派竞选联盟"与公民同行!"(EC)选举联盟。传统左翼处于明显颓势,人们普遍认为2022年将重演2017年的形势,即最后的竞选依然是在马克龙与国民联盟领导人勒庞之间进行。

在意大利,政党碎片化结构下的政府以及主要政党本身都不稳定。2021年1月,伦齐领导的意大利活力党撤出对孔特(Giuseppe Conte)政府的支持,孔特辞职,欧洲中央银行前行长马里奥·德拉吉(Mario Draghi)被任命为总理,组建新的技术官僚政府,得到了除兄弟党之外议会各主要政党的支持。2021年几个主要政党也出现了领导人更替。民主党总书记尼古拉·金加雷蒂(Nicola Zingaretti)辞职,恩里科·莱塔(Enrico Letta)继任。近期党内动荡的第一大党五星运动也于8月更换领导人,前总理孔特出任党首,并发布新党章。

在奥地利，2021年10月，执政的奥地利人民党领导人、总理塞巴斯蒂安·库尔茨（Sebastian Kurz）因腐败指控而辞职。其年轻的形象和政治基调很大程度上成为奥地利乃至欧洲传统保守主义运动复兴的一种象征。这是欧洲大陆继意大利和法国的保守主义政治力量相继失去政权、德国基督教民主党大选失利受到重创之后，欧洲保守主义政治力量再度受到打击。

（三）2021年欧洲国家政党政治的基本特点

一是左右政治之间出现了一种新的相对平衡，扭转了自2008年国际金融危机爆发以来左翼政治力量的相对式微以及右翼保守主义势力的明显强势。

二是政党政治的碎片化得到进一步确认。政党结构的日益碎片化是2008年后欧洲政党政治的一个普遍趋势，它主要表现为传统主流政党政治控制能力的下降，新的政党，尤其是民粹主义政党的崛起，以及其他一些传统中小政党作为政治平衡力的作用日益突出。

三是民粹主义力量虽受到一定抑制，但民粹主义政治抬头趋势依然明显。2021年德国大选中，移民问题没有像2017年大选那样成为选民突出关注的议题，民粹主义的选择党在本次大选中也受到了一定抑制。在丹麦2021年地方市镇选举中，右翼民粹主义政党丹麦人民党从2017年的223席急剧下降到了91席。但民粹主义力量在不同的国家有不同的表现。在芬兰，右翼民粹主义政党芬兰人党在2021年的全国选举和市镇选举中席位都有所上升。在欧洲许多国家，民粹主义的政治势头正在以多种形式展现出来，除选举政治外，还通过对主流政党政治决策的实际影响而体现。

四是绿党在欧洲的整体地位加强，非常态的政治组合更为普遍。目前绿党在德国、瑞典、芬兰、丹麦、比利时、卢森堡、冰岛、奥地利和爱尔兰都参与了联合政府，这种组合已经跨越了红绿联盟的组合范围。绿党正在成为欧洲政治中保守主义与激进主义结合的代表力量。一方面是因为气候与环境问题日渐成为所有政治力量都无法回避的政治问题，另一方面是因为绿党在经济领域和社会政策领域与传统左翼政党和保守主义力量的政治主张有较大兼容性，此外与欧洲政党政治的碎片化结构也有密切关系。

第二章
东北亚地区国家政党政治发展与研究

郭定平　冯斐斐　张　磊*

东北亚地区包括中国、日本、蒙古国和俄罗斯远东地区等。由于中国和俄罗斯已经在其他部分单独论述，这里仅就日本和蒙古国的政党政治发展进行分析。一般而言，这两个国家目前都是实行多党制，但是在历史发展演变、政党政治形态、政党执政方式等方面均存在较大差异。

一、日本政党政治发展与研究

日本政党政治在 2021 年既维持了战后长期形成的以自民党为主的政治格局，延续了进入 21 世纪以来自民党与公明党联合执政的局面，又在自民党总裁选举和众议院选举中出现了一些新特点和新趋向。因此本报告将分 3

---

* 本报告由郭定平、冯斐斐、张磊合作撰写，得到了日本早稻田大学张望准教授的支持。郭定平，复旦大学国际关系与公共事务学院教授、博士生导师；陈树渠，比较政治发展研究中心主任，世界政党研究中心主任；冯斐斐、张磊，复旦大学国际关系与公共事务学院博士研究生。

个部分对日本政党政治发展与研究进行分析和讨论，首先阐述在1955年体制下和2001年体制下日本政党政治的变迁；接着重点分析2021年9月的自民党总裁选举和10月的众议院大选；最后对日本政党政治发展的特点与近期走势进行分析和讨论。

（一）战后日本政党政治的演变

日本政党政治的历史发展可以明显区分为二战前与二战后两个不同的时期。随着战后民主化改革和新宪法的实施，日本确立了议会民主政体，政党政治重新得到恢复发展。

1. 1955年体制下的政党政治

战后日本政党恢复初期，政治舞台上出现了多党林立的混乱局面，有社会党、自由党、进步党、协同党、共产党等数百个政党。经过一段时间的分化组合，政党数目逐渐减少并趋于稳定。1955年10月，社会党左右两派实现政治统一；同年11月保守的自由党和民主党宣布合并，成立自由民主党（以下简称"自民党"），由此开始了自民党连续执政38年的"1955年体制"。这种体制是日本特色的"一党优位制"或"一党独大制"，[1]它既不同于欧美国家的多党制，也不同于形形色色的一党制，而是在多党竞争的条件下，最大的在野党社会党始终无法上台执政，只有自民党一党长期单独掌握政权，从而形成一种保守政党与革新政党长期竞争和对立的状态。"1955年体制"也指自民党长期执政推动日本经济高速成长的体制，还指在此过程中自民党与政府官僚、财界利益集团形成"政、官、财"铁三角合作关系的体制。"1955年体制"的最大特点就是自民党的长期执政与政局的基本稳定。在1955年至1993年的38年中，从自民党成立时的鸠山一郎内阁到1955年体制终结时的宫泽喜一内阁，自民党一直控制国会，单独组阁，把持

---

[1] 徐万胜：《日本自民党"一党优位制"研究》，天津：天津人民出版社，2004年版，第2—4页。

政权。在此期间日本虽然曾经发生过 1959—1960 年的反安保斗争、1968 年的大学校园斗争，以及每年由工会组织的"春斗"，但是这些运动从总体来看均时空范围有限，没有动摇日本的政治大局稳定。

在自民党长期执政的情况下，从党外来看，有众多在野党对自民党形成一定的批评、制约和牵制作用，使得自民党虽然一党独大，但是不至于专制独裁。战后《日本国宪法》改变了明治宪法的一元主义权力结构，在横向上和纵向上建立了一定程度的分权体制，从而确立了多元主义的宪政框架，推动了日本政党政治的多元化发展。这种政党多元化意味着多个政党可以合法存在，并具有各种不同的发展空间和发挥自己作用的渠道，可凭借自己的力量对政治过程和政策制定产生一定的影响。特别是社会党在 1955 年合并之后，成为一股与自民党长期分庭抗礼的政治势力，出现了数十年的"保革对峙"格局，对自民党来说是不得不认真对待的反对力量。进入 20 世纪 70 年代之后，一方面由于经济高速成长和社会结构变化，另一方面由于自民党内部出现矛盾和分裂，自民党的一党优势大为减弱，到了几近丢失政权的程度。在 1976 年 12 月 5 日的众议院选举中，自民党遭到惨败，自民党自成立以来首次出现公认候选人当选者没有获得众议院过半议席，在议员总数从491 增加到 511 的情况下，自民党的当选议员人数却比上次少了 22 人，只有249 人。只是因为选举后发展无党派议员加入自民党，才达到 263 个议席，勉强维持过半数。这是继 1974 年参议院选举之后，众议院又出现执政党与在野党势均力敌的状况。[1] 这种"保革对峙"、执政党与在野党相互抗衡的格局是"1955 年体制"的一个显著特征。

从自民党内部来看，派阀林立是自民党的重要特点。派阀政治在缓解政治危机、调整党内关系和促进政策革新等方面发挥了一定的作用，客观上促

---

[1] 升味准之辅著，董果良译：《日本政治史》（第四册），北京：商务印书馆，1997 年版，第 1200 页。

进了自民党的一党优位和长期执政。在组织上，各派阀都有自己的办事处、会计、执行机关和政策研究机构；定期或不定期召开会议；有各自的政治资金来源；在大选和总裁竞选时分别提出本派候选人。因此，它是一种具有较高制度化水平的党内组织形态。王振锁认为，派阀政治之所以促进自民党长期执政，是因为自民党政权实际上是多个派阀共同参与的"拟似联合政权"，在自民党长期执政之下政权从一个派阀转移到另一个派阀，可以起到"拟似政权交替"的作用。这种钟摆式的政权交替可以阻止在野党的批评，缓解国民的不满，从而达到维持政权的目的。与此同时，通过派阀之间的相互对立和抗争，可以间接地反映舆论动向，达到自民党的政策转变与革新的目的。[1]正是因为派阀可以发挥这些作用，所以在自民党政治史上虽然屡次有人呼吁解散派阀，但是派阀政治依然长期存在。

在"1955年体制"下，日本利用有利的国际环境和高效的国家治理成功实现了经济大国的目标。随着国内外环境的变化，特别是在日本经济泡沫破灭和冷战结束之后，原来行之有效的政党体制就面临全新的环境和严峻的挑战。中曾根康弘在回顾20世纪90年代初期日本的混乱和衰退时认为，日本当时出现了三大泡沫破灭的现象，一是政治泡沫的破灭，包括自民党的分裂、金丸信腐败丑闻等，政界混乱，政局风雨飘摇；二是经济金融泡沫的破灭，出现了长期经济低迷现象；三是社会泡沫的破灭，从政界财界到警察和自卫队，到处都是贪污受贿，各种恶性犯罪大量出现，最大的问题就是教育的崩溃。[2]于是，社会各界、朝野上下要求改革的呼声空前高涨，均把各种危机与问题归咎于"1955年体制"，特别是要求改革自民党派阀政治、政府官僚主导以及各种政商勾结和利益输送等腐败现象。这种改革浪潮不仅导致了"1955年体制"的终结，也推动了一系列政治与行政改革的实施，并

---

[1] 王振锁：《战后日本政党政治》，北京：人民出版社，2004年版，第332页。
[2] 中曾根康弘：《21世纪日本の国家戦略》，东京：PHP研究所，2000年版，第84—85页。

催生了新的政党体制。

2. 2001 年体制下的政党政治

在政治与政府行政改革方面，主要是在 1994 年通过了《公职选举法修正案》《政治资金限制法修正案》《政党援助法案》《众议院议员选举区划定审议会设置法案》等政治改革的 4 项法案，1996 年桥本龙太郎上台之后大刀阔斧地进行行政改革，制定并通过了《中央省厅等改革基本法案》，于 2001 年正式生效。一系列的政治行政改革虽然未能给日本创造新的发展奇迹，但是确实产生了巨大的影响，推动了日本政党体制的变革与转型。美国著名的日本问题专家弗朗西斯·罗森布鲁丝和迈克尔·蒂斯在研究日本的政治变迁与经济重建时，把 1955—1993 年的日本政治称为"旧政治"，而把 1993 年之后的政治称为"新政治"，并认为这种新政治的典型特征就是政党更加注重纲领政策和更加集权。[1] 至于 1993 年之后日本的新政党政治体制究竟是一种什么体制，学者们进行了不同的总结和概括。有学者以 1996 年 1 月自民党总裁桥本龙太郎出任首相并组建自民党、社民党、先驱新党的三党联合政权为依据，把日本的新体制称为"1996 年体制"。[2] 与上述仅仅依据一次选举或组阁进行定义的方式不同，日本政治学者竹中治坚兼顾了法律的实施与政治的实践，把日本新的政治体制称为"2001 年体制"，因为正是从 2001 年日本开始实行新的政府行政体制，并产生了新的小泉纯一郎政权。

1993 年自民党的一党优位体制和长期单独执政结束之后，日本的政党政治出现了许多新的特点，其中最为显著的特点就是政党联合政权和政局动荡。在 1993 年日本众议院选举中，虽然自民党没有获得过半数议席，但还是众议院的第一大党，如果获得某些小党的支持与合作，便可以组成联合政

---

[1] Frances McCall Rosenbluth and Michael F. Thies, *Japan Transformed*: *Political Change and Economic Restructuring*, Princeton and Oxford: Princeton University Press, 2010, p. 96.

[2] 徐万胜：《冷战后日本政党体制转型研究——1996 年体制论》，北京：社会科学文献出版社，2010 年版，第 4 页。

权继续执政。但问题是在多党林立、议席分散,而且墙倒众人推的政治氛围下,经过一番沟通协商和讨价还价,1993年8月6日,日本新党党首细川护熙在日本特别国会的首相选举中,获得自民党以外的八党派支持而当选为首相,随后组建了日本新党、新生党、先驱新党、社会党、公明党、民社党、社民连和参议院民主改革联盟的八党派联合政权。继细川护熙的八党派联合政权之后诞生的羽田孜政权于1994年4月28日成立,仅仅存在64天就夭折了。由于社会党和先驱新党退出了先前的执政联盟,羽田孜的联合执政阵营只拥有众议院511个议席中的182席和参议院252个议席中的62席,实力严重不足。在6月23日自民党向国会提交了内阁不信任案之后,羽田首相见势不妙就宣布了内阁总辞职,成为日本近代以来最短命的内阁之一。1993年之后的几乎所有政权均为联合政权,唯一的例外是1998年7月成立的小渊惠三自民党内阁,存在至1999年1月,不足半年时间。在2009年日本民主党上台执政之后也是建立的联合政权,其执政伙伴包括社民党和国民新党。

在政局动荡和政坛演化过程中,日本政党政治总体走向保守化。原来在"1955年体制"下保守政党与革新政党的对立迅速消失,一方面是保守政党的分裂与分化,形成了更多的保守政党;另一方面是革新政党的转型与衰败,或者走向保守化,或者被边缘化。于是,主要政党之间就不存在重要的意识形态分歧或重大路线方针政策差异,政党政治斗争越来越演变为权力斗争和利益之争,这也在一定程度上加剧了政治动荡。其中最有代表性的就是社会党的转型与民主党的崛起。1955年成立的社会党在与自民党长期对峙之后,从20世纪90年代初期开始转型,在第55届社会党全国大会上决定从党纲中删除"和平、民主地实现社会主义"的表述,采纳社会民主主义路线,并号召联合所有社会民主力量,实现上台执政的目标。在1993年参加联合执政之后,社会党于1994年决定与自民党、先驱新党组成联合政权,社会党委员长村山富市于6月29日当选为第81任日本首相。由于在众议院中自民党占201席,社会党只占73席,在内阁中自民党有13名内阁成员,社会党只有6名，因此村山富市名义上是首相，实际上政府实权则操控于自民党手中。在这种错综复杂的政治斗争中，社会党实现了执政的目标，但是完全放弃了原来的革新政策主张。1994年9月，村山富市主持召开社会党第61届临时代表大会，对社会党的基本政策进行了全面修改。1996年1月，日本社会党举行第64届大会，决定将党名改为"社会民主党"，并通过了新的纲领和章程，成为社会党成立50余年来最重要的改革，实质上宣布了原来革新政党的灭亡。[1]

与革新政党的衰亡相伴随的是另一个保守政党民主党的崛起。日本民主党在鸠山由纪夫和菅直人的领导下于1996年9月28日举行成立大会，核心成员来自先驱新党和社民党。经过1998年4月与民政党、友爱新党、改革联盟等合并后，民主党的势力得到进一步增长，成为国会中仅次于自民党的第二大政党。在一些政治家的推动和政治改革措施的影响下，日本政党政治出现了朝着两大政党制发展的趋向。在2003年11月的大选中，民主党共获得177个议席，日本政党政治的两党制趋势更加明显。2009年8月30日，民主党在众议院选举中大获全胜，新增加193个议席，从而拥有众议院480席中的308席。9月16日，民主党代表鸠山由纪夫在特别国会上当选为新一届首相，民主党与社民党、国民新党建立联合政权。民主党的上台再一次成功实现了政党轮替，但是并没有结束政局动荡的局面。民主党政权的一系列改革政策，特别是打倒官僚的口号，使得政官关系不断恶化。在2011年3月11日日本东北大地震爆发后，新的民主党政权完全陷入混乱，内政外交危机加深，于是在2012年12月的大选中安倍晋三领导的自民党大获全胜，一举恢复了执政地位。随后在"安倍经济学"的经济刺激政策影响下，也由于各种反对党势力的分裂，安倍晋三维持了长达8年的长期执政，成为日本

---

[1] 吕耀东：《冷战后日本的总体保守化》，北京：中国社会科学出版社，2004年版，第79—82页。

宪政史上任期最长的首相。2020年8月28日，安倍晋三因健康原因辞职，首相由安倍政权时期的内阁官房长官菅义伟继任。

（二）2021年日本政党政治的新发展

1. 2021年自民党总裁选举

菅义伟继任首相之后，在新冠肺炎疫情持续扩散的情况下必须顶着各种压力筹备东京奥运会，新政权的运营一直处于风雨飘摇之中，随时都有倾覆的危险。在2021年夏季奥运会终于降下帷幕之后，菅义伟开始着手自民党总裁选举。9月2日，菅义伟在自民党总部与干事长二阶俊博举行会谈，准备宣布参加自民党总裁选举。不料政局马上出现戏剧性转变，次日菅义伟首相在自民党党内高层会议上明确表态将放弃参加自民党总裁换届选举，令国内外舆论界和观察家大吃一惊。原来自民党内部并不支持菅义伟连任，一方面是菅义伟出身平民阶层，党内无派系根基支持，另一方面由于疫情应对不力等原因，菅义伟内阁的支持率一路下滑，并接近危险水平。自民党精英人士普遍担心在未来的众议院选举中落败，于是决定抛弃菅义伟，然后选举新的总裁来领导自民党参加大选。

按照预定日程，自民党总裁选举于9月17日发布告示，29日投票计票。在菅义伟宣布放弃参选之后，自民党各派实力人物纷纷表示有意参加竞逐。除了原来已经宣布参选并决定与菅义伟一决雌雄的岸田文雄之外，行政改革担当大臣河野太郎很快就表示参选。自民党内在围绕参选新总裁进行一番激烈争夺之后，最终确定由岸田文雄、河野太郎、高市早苗和野田圣子4位候选人进行最后的角逐。自民党总裁的选举办法较为多样，有时是仅由国会议员选举，有时甚至完全由派阀首领内定，当然有时也会相对民主开放一些，这次实施的就是时隔3年后的党员投票。候选人首先将在相同数量的国会议员票和党员、党友票中展开竞争，如果没有人在首轮胜出，就由前两名参加主要由国会议员参加投票的对决选举。这样，社会舆论和基层党员对选举结果就有一定的影响。正式选举之前，由于各人都有自己的优势，情况相当扑朔迷离。尤其是岸田文雄和河野太郎之间，究竟鹿死谁手可谓众说纷纭。9月29日投票结果显示，在总计762人参加的第一轮投票中，岸田获256票，河野获255票，高市获188票，野田获63票。在第二轮二选一对决投票中，岸田获得257票，河野仅获170票，岸田以压倒多数战胜河野。

对于自民党总裁选举，很多人注重从派阀政治的角度进行解读。早稻田大学的张望准教授对派阀政治在本次自民党总裁选举中扮演的角色进行了独到分析。[1] 他认为，派阀政治并非解释岸田文雄胜选的唯一因素。尽管学界多从派阀政治的视角解释岸田胜选，但从各个候选人的支持者来自背景极为不同的派阀以及基层议员并未接到派阀指示这两个事实来看，派阀政治究竟在此次选举中起了多大作用仍然需要进一步剖析。派阀政治的影响与日本的选举制度密切相关，只有了解日本的选举制度才能更好地理解日本的派阀政治。通过回顾1994年前后日本选举制度的变革，可以发现在当前小选区制度和比例代表制度并立之下，派阀政治的解释视角日渐式微。实际上，从大众政治和精英政治的平衡与博弈视角就可以对自民党总裁选举进行一定的说明。在总裁选举过程中，党员为了保证自己在将来的大选中获得席位就会倾向于投票给在大众政治方面具有选举优势的候选人。在此情况下，该候选人在党员议员中的支持也会扩大，更容易连任。反之，如果该候选人在大众中支持率低，议员对其的支持率就会收窄，导致下台。由此可见，在日本选举政治中发挥重要作用的往往是制度因素而非派阀政治。从小泉政权、安倍政权以及菅义伟政权的支持率变化趋势就可以进一步说明这一点。以小泉政权为例，当时属于森派的小泉纯一郎通过"邮政民营化"和"参拜靖国神社"等选举公约推高自己在大众层面的内阁支持率，令精英政治层面的国会议员认识到只有小泉才能带领他们在国会选举中当选，这就导致当时处于党

---

[1] 以下内容来源于张望准教授在复旦大学陈树渠比较政治发展研究中心的讲座"岸田时代的日本政治与中日关系走向"（线上），郭定平主持，2021年11月2日。

内主流地位的桥本派大幅萎缩，也令自民党在 2005 年众议院大选中大获全胜。

派阀政治确实是一个基本事实，但是简单地从派阀政治的角度理解日本自民党政治也的确存在一些问题和矛盾。关于此次自民党总裁选举，对于派阀政治视角的解读聚焦于安倍晋三、麻生太郎和甘利明 3 人身上，认为是他们纵横捭阖，操控了总裁选举。但事实上，从本次选举的结果来看，岸田、河野、高市的支持者来自背景极为不同的派阀。以小林鹰之为例，作为二阶派的小林鹰之在选举中却投票给了高市早苗（无派阀），同时与甘利明（麻生派）关系密切。由此看来，仅从派阀政治视角的解释存在局限。那么，究竟是什么因素决定了选举的结果呢？一是议员的理性选择，二是河野的个人因素。议员理性选择视角关注议员在选举中的理性计算，认为议员会考虑"谁能令自己当选"而作出投票选择。派阀协调更多存在于资深议员之间，在当前日本的选举制度下，年轻议员的投票行为更可能受到理性选择的影响，"安倍电话"就是最好的例证。这也就是为什么在决选投票中更多议员转投岸田文雄。河野太郎本来希望在首轮投票中能借助党内改革派力量和年轻派议员的呼声而一举击败岸田赢得选举，但结果大失所望，首轮投票中比岸田少了一票，而第二轮选举则是自民党的国会议员投票，河野在这方面劣势尽显，最终岸田大获全胜乃情理之中。

另一个视角强调竞争对手河野太郎的个人因素。河野凭借其家族政治的影响和自己的能力表现，本来可以得到安倍晋三等党内元老的支持，但河野提出的一些大胆改革主张，包括党首任期以及内政外交政策、社会政策、经济政策的改革和允许同性恋等主张，引起了安倍等党内元老们的警惕和反感，因此他们最终疏远了与河野的关系，安倍先是派议员们改为支持高市，在高市首轮投票失利后又一致支持岸田，甚至连本来一直支持河野的麻生太郎，在关键时刻对河野的态度也较暧昧。在此情势之下，河野太郎的落败可以说是必然的。

2. 2021年众议院大选

岸田文雄当选自民党总裁之后，由于自民党在国会中占多数优势，根据日本的宪政常规，在10月4日顺利通过国会选举程序成为日本第100届首相，并组建新的内阁。由于日本议会任期即将结束，新的众议院选举必须在11月28日之前举行全国投票，岸田文雄刚刚成为新首相就必须面临即将来临的大选。如果自民党能在大选中获胜赢得多数席位，则将有助于岸田获得强有力的执政授权，不必像他的前任菅义伟那样冒着任期很短的风险执政，畏首畏尾，逡巡不前。于是，岸田文雄在成为新首相的第10天，即10月14日宣布解散众议院，重新举行大选，堪称日本宪政史上最短政权。

2021年10月31日，经过紧张的投票计票，本次众议院大选结果出炉。自民党与公明党组成的执政联盟总共赢得293席，较选前稍有减少，但取得了"绝对稳定多数"。日本众议院共465席，执政党需取得过半数233席才能成功控制国会。自民党在选前有276席，选后拥有261席，虽然有所减少，但优势仍在。在野党方面，最大的立宪民主党获得96席，较选前减少14席。日本维新会获得41席，较选前大增30席，成为国会第三大政党。总的来看，这次大选继续维持了以自民党为主的联合执政格局，但是也呈现出了日本政党政治发展的一些新的特点。

第一，自民党赢得了多数议席，但是党内代际更替的危机不容忽视。此次大选中自民党获胜得益于多方面的原因，例如，新上台的自民党总裁岸田文雄作为老牌的走稳健路线的政治家能够稳定该党支持的基本盘，在疫情控制较好的特殊情况下提前解散国会举行大选，把握了一个较好的选举时机，反对党阵营四分五裂未能形成"共斗"的强劲挑战。但是，在自民党总体获胜的背后，也出现了一些令人意想不到的危机现象，如几个自民党重量级候选人在小选区落败引起人们的广泛关注。自民党干事长甘利明、"石原"派领袖石原伸晃等实力派议员选举失利，表现出民众对"大佬政治"和派系斗争的厌恶，也给岸田文雄等新领导层敲响了警钟。

第二，保守政党继续右倾，但是真正的极右人物并不能得到民众支持。在众议院选举中自民党席位减少15席，虽然没有出现预期的"最坏情况"，但是一些民众对自民党的不满明显存在。问题在于，由于选民面前几乎不存在自民党的有效替代选项，那些厌恶自民党又疏远立场偏左的在野党（立宪民主党、共产党等）的选票就流向了立场保守、对前两者持批评态度的日本维新会。这就使得日本维新会较选前大增30席，成为2021年众议院选举的最大赢家。因此，日本众议院的修宪势力仍占据三分之二议席，具体包括自民党、日本维新会、公明党等主张在宪法中添加内容、进行实质修改的议员。本次选举前，修宪势力合计超过众议院三分之二议席的310席；如今修宪势力尽管构成有变化，但基本维持了推动相关议程所需的310席。根据上海外国语大学日本研究中心主任廉德瑰教授分析，修宪势力内部仍有较大分歧，一是自民党内不是所有人都赞成修宪；二是公明党对于修改宪法也是有条件的，不反对修改其他普通条款，但反对修改关键的第9条；三是岸田首相本人与积极主张修宪的安倍不同，岸田在这一问题上尚未表现出积极推动的态度，最终修宪的方向和力度尚需更多观察。但是，极右势力也遭到了选民的惩罚，日本前防卫副大臣、保守派政治家、"抗中保台"急先锋中山泰秀在大阪第4选区落败，且因得票率较低无法利用比例代表制"复活"，最终落选众议院议员。这位典型右翼政客在选举中受日本前首相安倍晋三和自民党政调会长高市早苗等人力挺。即便如此，也难逃最终失败的命运。

第三，自民党与公明党的联合执政继续维持，但是公明党的影响有所提升。在本次大选中公明党获得32个议席，比大选前增加了3个议席。从过去4次大选成绩来看，公明党议席始终保持在30席上下（2012年31席、2014年35席、2017年29席及2021年32席），这说明公明党政治支持基础的高度稳定性。公明党的这种稳定性，一部分来源于其支持母体创价学会的稳定支持者，另一方面也与该党拥有强大的全国性网络及其长期以来一贯坚持的和平理念有关。在可以预见的将来，自民党继续维持与公明党的联合执政应该不成问题。

（三）日本政党政治发展的特点与近期走势

2021年日本的政党政治虽然经历了自民党总裁选举和众议院选举等重大事件，但是以自民党为中心的联合执政格局却没有发生变化，且有可能长期维持。在众议院选举中议席进一步减少的在野党立宪民主党党首枝野幸男辞去党首职务，在2021年11月30日举行的代表选举中泉健太当选为新的党首，立宪民主党的传统大佬要么在选举中落败，要么在新的领导下被边缘化，因此要想在短期内东山再起、挑战自民党的执政地位相当困难。在总结和评估2021年日本政党政治发展的过程中，焦点问题主要有如下三个。

第一，自民党的派阀政治。自1994年的选举制度改革和政党资金援助制度改革以来，一个重要的特点是自民党总裁集权明显强化和首相权力一元化趋势，派阀政治日渐衰微。[1]但是，在2021年9月自民党总裁选举过程中，所谓"安麻"体制发挥威力，全力阻击河野太郎的当选，使得很多人强调派阀政治的影响。著名学者吴怀中甚至提出，自民党总裁选举的结果很大程度上源自自民党"派阀力学"的影响尤其是安倍晋三与麻生太郎的操控。[2]派阀政治是自民党的传统运作模式，自然不可能在短期内完全失去影响。"细田派"改为"安倍派"，该派议员90多人，占到自民党国会议员的四分之一。因此在分析日本政党政治时必须考虑派阀政治的影响。但是，在"1955年体制"崩溃之后进行的一系列政治与行政改革已经在很大程度上改变了传统的派阀政治的制度环境和运作逻辑。因此，分析今后的日本政党政治发展必须引入更多的视角。派阀政治的单一视角已经不能完全解释自民党政治。

第二，岸田内阁与安倍的关系。岸田内阁是不是"没有安倍的安倍政

---

[1] 郭定平：《论日本首相权力一元化》，载《东北亚学刊》，2018年第2期，第37—41页。
[2] 吴怀中：《从选举看日本政治生态流变与特性》，载《当代世界》，2021年第11期，第48—49页。

权"？岸田在领导自民党夺取众议院大选胜利之后，逐渐获得了独立执政的政治资本。通过对岸田内阁的人事安排进行分析，我们可以发现岸田时代尽管在一定程度上受安倍政权的影响，但也在刻意与安倍政权保持一定的距离。从细田派的人数、内阁官房长官、政务秘书官、新干事长的人事任命等多方面尤其可以看出岸田文雄对于安倍政权的疏远。岸田在干事长和内阁官房长官的人事安排上并没有同安倍推荐的人选保持一致，这也引起了安倍的不满。政务秘书官的人选也并非安倍的人马，而是岸田的高中校友屿田隆。新干事长的人选是竹下派的茂木敏充，这位非安倍派阀的成员既可以保持与安倍的对话，又可以有效保持与安倍的距离。岸田此举的深意可能在于"大宏池会"的构想，岸田派、麻生派以及谷垣集团的共同源头都是宏池会。如果岸田内阁支持率足够高，达到 40%—60%，三派就有可能合流，那么新的派阀总人数可达到 115 人，将超过细田派（安倍派）的 96 人。如此一来，岸田政权就更加如虎添翼了。当然，岸田文雄当政之后与安倍政权政策保持一定的连续性应该是情理之中的事情，更何况他们在争取参议院选举获胜、维持自民党执政地位方面具有共同立场和利益。

第三，岸田内阁的对华政策。日本的对华政策受到国际层面、国内层面和个人层面的多种因素影响。在国内层面，日本对中国的认知程度、与中国经济的相互依赖程度以及领导人的政权稳定性 3 个因素都会影响日本对华政策的制定，其中领导人的政权稳定性可能是最为重要的因素。2021 年诞生的岸田政权稳定性属于中等程度。岸田内阁的对华政策首先取决于他的政权稳定程度。由于岸田领导的自民党在众议院大选中获胜，维持"安定多数"，岸田在外交政策上将有一定自由度。岸田是 2014 年中日达成"四点原则共识"并重启首脑会谈的见证人，了解中方在敏感问题上的底线，加上 2022 年正值中日邦交正常化 50 周年，新政权对华实施温和色彩的外交政策客观上具备一定条件。但是，鉴于目前中美日关系的复杂严峻状态，加之日本国内总体保守态势，岸田内阁在对华政策上积极作为并推动中日关系发生根本好转可能也是不现实的。

关于岸田内阁支持率的走向和未来日本政党政治前景，一是要看2021年12月至2022年上半年日本新冠肺炎疫情防控的情况，二是要看2022年7月日本参议院选举的结果。如果岸田内阁能够顺利过了这两关，或许将实现长期执政；如果无法过关，可能会出现短命首相的情况。虽然日本以自民党为中心的联合执政格局短期内不会出现变化，但是仍然具有一定的旧态复燃的可能性，即：自民党总裁频繁更换、内阁走马灯式更迭。

二、蒙古国政党政治发展与研究

从1990年3月蒙古人民革命党宣布放弃一党执政的历史地位，并在当年7月首次议会选举中获胜掌权，到2020年6月再次以议会绝对多数巩固执政地位；从1990年4月大呼拉尔选出新设总统，到1993年6月公民首次直选总统，再到2021年6月第9次选举总统，30年间，蒙古国"设有总统的议会制"国家政体总体上趋向于稳定和巩固，尤其是经过两次修宪，具体制度得到进一步调整和完善。随着蒙古人民党政坛新星罗布桑那木斯来·奥云额尔登先后于2021年1月初被任命为政府总理和12月当选为党主席，人民党前主席兼总理乌赫那·呼日勒苏赫于6月当选总统，全面执政的人民党在未来几年必然会通过更加有效的政党政治，为国家和社会制度的继续发展带来新气象。

本报告将分4个部分对蒙古国政党政治发展与研究进行分析和讨论，首先概述蒙古国政治转型和国家政治制度，其次总结蒙古国政党政治的历史发展，再次分析2021年蒙古国政党政治的新情况，最后对蒙古国政党政治的未来走向作出展望。

（一）蒙古国政治转型和当代国家政治制度

1. 现代转型

1924年6月，成立3年的蒙古人民革命党效仿苏联社会主义制度建立了无产阶级专政的人民共和国，并在11月建立了以大呼拉尔会议为最高权力机关的国家政权。经过24年社会主义民主革命和过渡时期的建设，到1947年，蒙古国建立了全新的公有制和集体制经济。随着具有"苏联特色"的八个五年计划的依次实施，蒙古国的苏联模式也步步走向禁锢，1989年12月，在执政的人民革命党之外，出现了要求推行"多党竞选""私有经济""思想多元"的反对派组织。这一政治性事件的出现，与其说是以人民革命党为首的蒙古国各政治力量主动求变的产物，不如说是跟在苏联和美国背后亦步亦趋的结果。

就苏联因素而言，历史证明，苏联模式及教条主义路线不是真正适合蒙古国自身实际的道路。因此，通过内生力量为国家稳定和发展创造制度条件尤为重要。然而，人民革命党在长期执政过程中没有形成强大的治理国家的自主能力，因此，当20世纪80—90年代蒙古国对社会主义道路的探索出现困境时，也就没有足够的资源和经验来应对政治危机。

在制度倾向和价值选择上，蒙古国从照搬苏联模式走向借鉴欧美样板。无论是人民革命党，还是新兴政党，都盲目认为西式民主制度和市场体制才是蒙古国的未来。正如蒙古民主党前领导人巴特巴雅尔所说："只有民主才是蒙古国独立存在的保证。不民主将导致崩溃和毁灭，这是东欧剧变、苏联解体给蒙古国人最深刻的教训。"[1] 因此，他们按照美国民主基金会提供的民主实验和休克疗法来改造蒙古国，试图一劳永逸地解决自身面临的所有问题。蒙古国的改弦更张确实没有发生流血冲突，在2005年被小布什称赞为

---

[1] Judith Nordby, "Democratic Mongolia, 1991: Problems and Prospects", *Journal of Communist Studies*, Vol. 8, No. 1, 1992, p. 179.

"地区乃至世界范围内转型国家的典范",但是后遗症却长期存在,比如转型初期经济断崖式下跌,经济总量从 1990 年修宪时的 35.77 亿美元降到 1993 年最低时的 7.68 亿美元,直到 2006 年才勉强恢复到转型前水平,此外,私有化带来的贫富差距和腐败更加严重,至今仍然难以遏制。

2. 议会-内阁制度

根据 1992 年 1 月通过的蒙古国新宪法以及两次宪法修正案有关条款的规定,蒙古国实行"设有总统的议会制"。

大呼拉尔是国家最高权力机关,实行一院制,由 76 名委员组成,任期 4 年,由选民无记名直选产生。大呼拉尔行使立法权,拥有对国家政策进行讨论、制定和阐明的权力。主席和副主席人选从委员中提名,经投票选举产生。大呼拉尔下设若干常设委员会作为闭会期间的常设机构,负责具体事务的决策和监督。2019 年宪法修正案提出大呼拉尔可就具体问题增设临时监督委员会,对政策问题进行讨论和解决。政府是最高国家执行机关,贯彻和保障法律在全国范围内的实施,领导全国经济社会文化建设,并制定政策等。根据人民党党章和民主党惯例,在议会竞选获胜后,由本党党主席兼任总理。根据 2019 年宪法修正案,政府成员(16 名)由总理直接任命和罢免,最多 4 名政府成员可以由议员兼任。总理领导政府,就国家法律的实施向大呼拉尔负责并报告工作。总理提出政府集体辞职的建议,提交大呼拉尔审议通过。

自 1990 年 7 月首次多党议会选举至 2021 年,31 年间蒙古国先后任命产生 17 位总理,其中,仅有人民党两届总理完成 4 年任期。人民党 10 位总理在任时长约 22 年,民主党 8 位总理在任时长约 9 年。在 1996—2000 年间,民主党政权先后更换了 5 位总理,成为蒙古国至今最不稳定的内阁政府。民主党内阁更换频繁,除欠缺执政经验外,主要症结还在于,历经多次合并导致党内派系林立,执政联盟不稳固导致政治上不团结。两党出于对抗需要而造成政局不稳、运行不畅,必然带来施政主张的经常性变动,打击境外投资者的信心，对于经济发展显然是不利的。

3. 总统制度

总统是国家元首，国家安全委员会主席，武装力量最高统帅。总统拥有对议会通过的法律和决议的否决再议权，之后需由三分之二与会议员裁决是否继续通过。此外，总统还拥有在职权范围内依法对政府提出指导方针、发布总统令的权力。总统选举采取"两轮多数制"，候选人由议会中有席位的政党单独或联合提名，经由公民直选获得多数票（半数以上）后，由大呼拉尔确认批准。总统不得兼任大呼拉尔委员和政府成员。根据2019年宪法修正案，总统须年满50岁，任期6年，不得连任、不得重复参选。在蒙古国，总统制度是整个国家制度中极其重要的方面，总统地位和权能虽不及总统制国家的总统，但远高于议会内阁制国家的元首，具有介于总统制和议会制之间的制度特征，这是20世纪90年代初修宪时平衡国家权力的考量。经过2019年修宪，总统在政府领域中的权力进一步被限制，总理权力得到扩大，蒙古国趋向于议会内阁制的特征愈发明显。

30余年来，两大党有7位党内高层出任总统一职，人民党有4位总统，任期5届，至2021年共13年，民主党有3位总统，任期4届，至2021年共17年，其中首位总统彭萨勒马·奥其尔巴特于1991年9月退出原人民革命党加入社会民主党，并以社会民主党身份当选。综合7位总统的实际情况可以看出，他们都是蒙古国政坛各个时期威望至高的政治人物，均在党、政（议会、政府）中担任过国家级领导人，当选总统意味着最终完成政治生命的大满贯。以往的丰富经验是全面把握国家整体意志的必备条件，这与蒙古国宪法对总统的制度规定和民众对总统的政治要求是相对应的。值得注意的是，从8次公民直接选举总统来看，投票率逐届下降，从最初1993年的92.73%一直降到2021年的59.35%，表明公民参选热情在减退。

总的说来，新国家制度运行30年来，蒙古国政坛虽然时常发生波动，但尚未出现严重政治危机和变故，制度也没有遭到破坏，而是趋向于平稳和有序化，这对于一个先前缺乏民主政治经验，以及曾经在经济社会领域长期遭遇持续困难的新兴国家来说已实属不易，这与各方力量决心转向自由主义政治的意志和信念有关。然而，宪政设计的原初框架在与蒙古国现实实践的结合中还是转化为诸多乱象，在其中活动的各政党和政治人物进行着持续不断的对抗和攻伐。无论是执政党还是在野党，都希望通过修宪改进政治制度。

（二）30年来蒙古国的政党政治发展

蒙古国的政党政治主要体现为以人民党和民主党两大党为首的政党和政党联盟竞选国家大呼拉尔议员进而组阁执政，及其推荐候选人竞选总统的进程。就前者而言，可以比较清晰地分为转换、摇摆、僵持和独秀4个阶段。在这期间，蒙古国各政党几乎穷尽了组织政府的所有形式，展现出一个全景万花筒。

由于总统选举晚于议会选举一年进行，因此获胜政党在政府中一年来的执政表现和承诺兑现程度，会影响该政党总统候选人的当选。纵观30年来蒙古国政党政治，一般而言，议会和总统先后归属于两个不同政党，这在一定程度上反映了政党执政总是难以让民众满意。当然，上届政府不尽如人意的表现和总统候选人的超高影响力也是打破政党分治格局的重要影响因素。

1. 转换阶段

哥伦比亚大学罗萨比教授指出："当20世纪80年代中期戈尔巴乔夫呼吁公开性和新思维之时，蒙古人民革命党显然感到震惊。"[1] 由此可以看出，在对世界局势的判断和对国家命运的掌握上，当时蒙古人民革命党高层缺乏清醒认识和高度敏感性。事实证明，从20世纪80年代中期开始人民革命党实施的政策补救既不能弥补苏联模式退出后留下的制度真空，也不能应

---

[1] 莫里斯·罗萨比著，陈高华摘译：《蒙古人民革命党的转变》，载《国外理论动态》，2010年第4期，第24页。

对和化解苏联模式积重难返带来的风险和危机，反而促发民众期望更为激进的改革。

人民革命党政治局高层的离开和党内改革派新鲜血液的加入为西化民主革命彻底扫清了道路。新兴党派基于西方的意识形态存在，但支撑这种意识形态的市民社会在蒙古国还不存在，因此他们并不足以借此取代执政半个多世纪的人民革命党，为蒙古国提供一套政治制度；反倒是人民革命党主导的一系列立法活动为蒙古国奠定了制度基础，同时也将自身从唯一的执政党合法地转换为最有实力的竞选党，完成政治制度的整体转换。

2. 摇摆阶段

在1990年7月进行的首次多党议会选举中，人民革命党赢得430个席位中的357个席位，在1992年议会选举中，人民革命党获得76个席位中的71个席位，得以继续掌权执政，但其将部分议会和政府职位分配给新兴政治力量，以开放和包容姿态传递出对各方的接纳。人民革命党的胜利得益于其在党员和党权方面的历史积累，以及组织动员方面所具有的天然优势，也得益于其主动放弃一党执政和改变政体顺应了蒙古国民意。然而，选江山虽易、保江山尤难，人民革命党并不适应和自身亲手缔造的这个新制度打交道，问题的关键在于，新的政治制度和经济制度短期内并不适合蒙古国的真正现实，彻底的私有化和市场化导致蒙古国社会极化加速，经济持续动荡。其实，问题早在苏联模式退出后就开始产生且始终存在，新的政治和经济制度不仅不能解决任何问题，反而叠加新的历史矛盾使危机愈演愈烈，人民革命党终究要为自己4年的执政负责。

在1996年的议会选举中，新兴民主联盟不出意料地赢得50个席位上台执政，人民革命党历史上首次丧失执政地位。按照时任社会民主党总书记的总结："他们得票少，是人民不喜欢让他们继续执政下去，主要是经济问题：

私有化问题、贷款问题、腐败问题。"[1]罗萨比教授也同样指出了人民革命党执政期间出现的问题：国企资本流失导致腐败、私有化加速导致失业率攀升、贷款对象权贵化等。事实上，两个政党都不具备在转型初期执政的能力，新兴民主联盟和人民革命党分享着共同的历史和现实基础，在施政方向上并没有不同，民主联盟甚至走得更远。为了应对人民革命党，民主联盟历经两次多党合并，饱受内讧和离心等后发症的困扰。与此同时，民主联盟没有执政经验，使稍有恢复的经济局势又出现持续衰退，这一政绩单不可避免地给选民带来更大的失望。

人民革命党从中找到了对付民主联盟的钥匙，在 4 年后的议会选举中，以 70 席的压倒性优势重新夺回组阁权，组阁权以摇摆方式在两个政党间轮替，反映了在经济持续恶化面前，民众只能将不满和怒火依次排放到执政失败的政党身上，又将选票和希望投放到对立政党，在现有政党政治贫乏且同质的背景下，民众并没有选择余地。在经济坠底且长期低位徘徊的情况下，政党施政和制度转化尚处于相互适应的状态，任何一方都无法克服和改变另一方。"蒙古人民革命党与其他政党的差异主要在于个性，而不在于意识形态和施政纲领。"[2]重新执政的人民革命党短期内并不能带来新意。人民革命党从转型开始执政历经下台至此时折回到原点，这是蒙古国政党政治完成的第一个周期，特点是摇摆性，15 年来民众在两极间选择政党，这一个周期与蒙古国经济在低位徘徊是大体对应的。

3. 僵持阶段

从 2004 年开始的议会选举标志着蒙古国政党政治进入了一个新的周期，这个周期的特征是僵持性，两党势均力敌、胶着对抗。民众对政党竞选的热情和信心在持续下降，并意识到手中的选票并不能改变国家的腐败状况，也

---

[1] 思源：《蒙古国政治转型记》，载《炎黄春秋》，2010 年第 11 期，第 82 页。
[2] 莫里斯·罗萨比著，陈高华摘译：《蒙古人民革命党的转变》，载《国外理论动态》，2010 年第 4 期，第 26 页。

不能解决社会的分化难题。据 2007 年调查，"55%的人民对议会缺乏信心，68%的人民对国家机构缺乏信心，71%的人民对司法缺乏信心。"[1]

僵持特征最明显的莫过于 2004 年。上届选举大败后，新兴民主联盟于 2000 年年底与另外 3 个小党合并组成新的蒙古民主党，为进一步增强实力，2004 年 2 月蒙古民主党和另外 2 个小党组成"祖国-民主联盟"参加本届议会竞选。最终，人民革命党获得 36 席、"祖国-民主联盟"获得 34 席，双方得票相当且均不过半数，不得已组建联合政府，开创了两大党合作共享治权的先河。同样的均势也发生在 2008 年，人民革命党虽以 39 席微弱优势过半数胜出获得组阁权，但民主党获得 27 席仍然使其在议会中保持强大的制衡力量，再加上其他议会小党和独立议员的存在，给人民革命党执政前景蒙上阴影。2010 年人民革命党改名人民党后，从原人民革命党中分离出的新的人民革命党带走大量党员和选票，使人民党实力大为受损。2012 年的议会选举，选民投票更加分散，民主党得票上升，获得 32 席，成为议会第一大党，人民党获得 27 席，新的人民革命党和蒙古民族新党组成的正义联盟获得 11 席，随之产生了民主党和正义联盟组建联合政府的又一种政府构成形式。

平衡性政党结构在 3 届 12 年的僵持中完成了圆圈似的闭合。一方面，任何一个政党均无法从社会中获得压倒性多数选票，在国家中贯彻自身意志和施政纲领就显得异常艰难，执政能力也大打折扣。以民主党为例，人民革命党不满民主党在反腐和减贫方面的碌碌无为，导致 2004 年秋组建的联合政府刚满一年就被迫重组。尽管在 2012 年竞选中拿下议长和总理职位，加之此前收入囊中的总统职位，民主党几乎掌控了国家政权的各个要害，但是仍然受到其他政党的牵制，当年年底，联合执政的同盟伙伴人民革命党就因不满民主党对本党前主席那木巴尔·恩赫巴亚尔的"政治迫害"而退出联合

---

[1] 莫里斯·罗萨比著，陈高华摘译：《蒙古人民革命党的转变》，载《国外理论动态》，2010 年第 4 期，第 26 页。

政府。再加上自身内部8个派系围绕内阁职位分配产生复杂分歧，民主党始终无法摆脱执政混乱的困境。人民党也身处同样情境中，作为反制，民主党于2011年单方面退出同人民党组成的联合政府，将经济困难局面留给人民党，提前准备2012年议会选举。

另一方面，由于全球自然资源价格上涨，以资源开采和出口为主的蒙古国经济从这一阶段开始摆脱低位徘徊，逐步走上恢复发展的快车道，大部分政党都深深陷入商业和矿产的利益纠葛中。结果就是，经济发展形成的权力反过来影响政党构成和施政，资源和商业利益的斗争在国家政权中活动，政党成为中间代理人。官员经商被允许，政党候选人进入议会和内阁保护的是权贵利益，政党间角逐的背后反映的是对于自然资源的争夺。西方观察者指出："寻求大党提名的候选人必须向政党基金捐款。那些成功赢得席位的候选人往往想收回他们的投资，这只能通过从担任的政治职务中寻求私人利益来实现。"[1]

4. 独秀阶段

在2016年的议会选举中，人民党以65席的绝对优势重新回到执政舞台，民主党仅获得9席，人民革命党和独立候选人各获得1席。刚刚过去的2020年第9次议会选举，人民党获得62席，巩固了执政地位，民主党获得11席，其余3席由2个政党联盟和1个独立候选人获得。两届议会选举的席位分布结构几近相同，这标志着蒙古国政党政治结束了以僵持性为特征的阶段，进入到一个新的周期当中。国家制度转型以来，尽管人民党第二次获得连续绝对多数席位，但是这一新的阶段已完全不同于20世纪90年代初期的情形。相比转型初期的剧烈动荡，政党所处的经济和社会环境基础已相对平稳。通过两次主动修宪，人民党在处理和政权的关系方面已展现出相当的适

---

[1] Verena Fritz, "Democratisation and Corruption in Mongolia", *Public Administration and Development*, Vol. 27, No. 3, 2007, p. 198.

应性。民众对政党政治的认知和选择也更加理性，来自民众的呼声和需要在很大程度上影响着政党的竞选纲领和施政方向。

人民党在 2016 年议会选举中获得大胜，与民主党在过去 4 年执政期间的经济下滑直接相关。民主党执政期间，蒙古国经济出现了衰退趋势，反而是人民党在发展经济方面更加老道，经济数据相比更为亮眼。人民党在 2016 年执政后，蒙古国经济止跌回升，债务管理显著改善，修宪政改取得突破，首都治污稳步推进，养老保障完成兜底，新冠防疫成绩优异，从而为获得新一轮全面大胜奠定了坚实基础。

（三）2021 年蒙古国政党政治的新情况

对于蒙古国和蒙古国各政党来说，2021 年是极其重要的一年。一方面，受新冠肺炎疫情影响，蒙古国结束了连续 3 年的经济增长，下降近 6%，创转型以来（除 1992 年、1993 年外）最大跌幅，加重了失业和贫困等诸多固有问题。面对国内外更加不确定的复杂局势，遏止经济下跌势头并尽早实现经济复苏和发展，是摆在蒙古国面前的最大课题。另一方面，宪法修正案已于 2019 年 11 月通过，并在 2020 年 5 月正式生效。其中关于国家制度和政党制度的新规定，在接下来的几年内会对蒙古国政治生活产生持续影响。人民党虽然在 2020 年议会选举中巩固了自己的执政地位，但是还需要在总统选举中继续扩大自己的绝对优势，在全面执政中更充分地实现长远规划。民主党则必须努力将总统留在党内，才能守住和人民党继续抗衡的地盘。总而言之，2021 年的总统选举直接决定了各政党在今后一段时期的走向和命运。

1. 风光的人民党

2021 年正值蒙古人民党建党 100 周年。100 年来，人民党在性质和地位上发生了根本改变，尽管也曾经历改名事件和重组风波，但这些都丝毫不影响人民党仍然是蒙古国政坛最有实力的政党之一。2021 年，人民党另一个重要的任务是备战总统选举，以期再一次把议长、总理和总统等国家要职全部收入囊中。备选契机发生在 2021 年 1 月 19 日，卫生部门在疫情防控过程中对产妇和新生儿的不人道举措导致卫生部部长和副总理于次日先后被迫辞职。1月21日，国家大呼拉尔通过了呼日勒苏赫政府的集体辞职，呼日勒苏赫就此成为蒙古国历史上首位自愿辞职的总理，也是转型以来届内最短任期的总理，鉴于他在上届政府内阁中已任总理近3年，显然他此举的目的是备战年中即将举行的总统选举。正因为考虑到呼日勒苏赫是一位极其强劲的总统竞选者，所以谋求连任的民主党出身的总统哈勒特马·巴特图勒嘎在议会中极力反对总理辞职。事实上，主动辞职在转型以来的蒙古国国家政治生活中并非罕见，但大都是以退为进，为的是下一盘更大的棋局。比如，2012年1月，民主党单方面退出与人民党组成的联合政府，提前着手准备6月举行的议会选举，并最终获得相对多数选票。

仅隔一天，2021年1月22日，人民党领导委员会以100%的支持率推举奥云额尔登为第32任总理候选人，1月27日经议会审议投票，奥云额尔登以87.9%的支持率成为蒙古国新任总理，蒙古国迎来了"80后"国家级领导人。如此迅速的无缝衔接，反映了人民党在面对重大事项和人事调整问题时大大提升的应变能力和组织能力；党内的全票支持率是人民党党内高层意志集中统一的体现；议会的支持率意味着人民党对议会的高效控制，这对于确保其政令畅通是大有助益的。最终，呼日勒苏赫在6月10日当选蒙古国总统，人民党在组织上实现了真正意义上的党政（执政党、议会、政府和总统）"合一"。67.76%的得票率已远高于最近4届的50.24%—53%，甚至是历届总统中最高的，这与呼日勒苏赫总统的个人影响力和修宪后民众对总统的更高期待有关。6月25日，人民党代表会议以100%的支持率选举奥云额尔登为代理主席。至少在接下来的3年，甚至可能在更长时间内，人民党都将保持"全面"执政，这将与2012—2016年间民主党掌权以及转型初期特殊情况下人民党自己的单独全面执政形成历史对比。

2. 落败的民主党

与人民党党内高层在重大议题上的空前一致截然相反，民主党却陷入党内不和谐的隐患中。正如前文所述，为与人民党对抗，民主党历经多次合并，但它始终无法彻底解决在自身壮大过程中累积起来的内部对抗问题。2017年巴特图勒嘎当选总统后，民主党内部矛盾随即爆发，巴特赞丹和包勒德两名议员退党后另组新党，为2020年议会竞选做准备。2020年6月议会竞选大败后，民主党本应总结失败教训、重整旗鼓，并将目标放在次年巩固总统职位上，然而，民主党党内立即围绕前主席和代理主席分裂为两派，并在2021年3月分别选出各自认为合法的民主党主席，事实上形成了无法遮掩的分裂。在总统选举前夕的提名候选人环节，民主党内两派再次产生分歧，被选举总委员会否决的阿勒坦呼雅格联合本派议员以静坐绝食方式抗议。民主党在民众心目中形象大为受损。

其实，相对于多党议会竞选，由政党推荐候选人并以个人身份参加的总统选举是过去10多年来民主党的比较优势，除去转型初期悬殊的力量对比，以及首次执政带来的糟糕名声外，此次民主党在总统选举上的失败，主要的内部原因还是在于党内分裂。尽管民主党议员普日布道尔吉于2021年6月呼吁并发起了10万党员签名促团结和统一的活动，但是收效有限。民主党在连续两年的大选中颗粒无收，已陷入转型以来的最低谷。与此同时，后续国家层面的选举也会产生更多的不确定性，因为随着总统任期年限的延长，议会选举和总统选举之间原有的时间张力将不复存在，这对于民主党来说是一种抑制。不过，国家层面新的选举进度将会给两党的博弈关系带来某种转换，无形中影响着两党的发展，所有这一切还需要两党执政和国家治理的实践效果来证明。

3. 窘困的小党

2021年4月29日，有着共同历史渊源的蒙古人民党和蒙古人民革命党正式合并，与其说是强强联手，不如说是小党对大党的投靠，这一事件折射的是小党在目前蒙古国政治生态中的生存危机。回顾蒙古国 30 年政党史，虽然在《政党法》颁布之初新兴小党曾出现井喷式增长，但是真正能在政坛起作用的并不多，小党很难单独在议会选举中获得大量议席，只能游走于两大党缝隙之间，民主党的历史就是不断兼并小党的历史。小党最风光时刻出现在 2004—2016 年间，堪称黄金 12 年，它们组成政党联盟在两党僵持之时抢夺了相当大的生存空间，但是也制造了诸多乱象。近两次议会选举，小党联盟斩获的议席屈指可数，影响力越来越弱，尤其是在宪法修正案对政党的党员数量作出新的规定（不少于蒙古国公民中有选举权的 1%）后，这条制度红线让小党有可能在党员更新和党争中走向穷途。[1] 事实上，蒙古国政党中较有影响力的一部分小党是由大党高层和派系分化而来，凭借领导人个人权威和影响力组建的政党在创党主席隐退后，将难有发展壮大的机会。目前，蒙古国尚不具备从两党制走向多党制的现实基础。在人民党连续主导宪法修正案的起草和通过及"远景-2050"蓝图纲要的编制和实施的背景下，蒙古国社会对大党的需求将愈发明显。

4. 人民党政府的施政政策：转向务实性、稳定性和统一性

就任总理之前，奥云额尔登最主要的政绩是在 2019—2020 年间主持"远景-2050"的研究和制定，这是蒙古国继往开来的一件大事。参与编写的专家和学者一致认为，过去 30 年间，蒙古国出现的最大失误和不足就是政权不稳定，从而导致政策不连续的问题。这一结论对正谋求连续执政甚至长期执政的人民党来说无疑是有助益的，作为纲要制定总负责人的奥云额尔登自然深谙其中的道理。2021 年 1 月 27 日上任总理伊始，奥云额尔登就宣布保留上一届政府架构和部分内阁成员，继续推进呼日勒苏赫总理在任时的住宅、能源、基建等重点工作，并迅速开展遏制新冠肺炎疫情、竭力恢复经

---

[1] 王浩、王雅丽：《蒙古国修宪、选举与新政府组建》，载《世界知识》，2020 年 15 期，第 37 页。

济以及布局长期战略等任务。总的来看，人民党新政府推出的政策在确保务实性的同时，更加注重稳定性、兼顾统一性。

务实性体现在新政府将加强新冠疫苗接种确定为短期内首要工作，为此推出针对民众生活的各项免费、减费配套政策，鼓励民众接种疫苗，确保蒙古国的接种率全球领先。此外，新政府成立半个月就通过了"关于保护健康、提振经济的10万亿图格里克综合计划"，该计划预计实施至2023年。

执政第200天时，奥云额尔登总理在政府和境外投资者举行的磋商会上指出：该计划已见成效，蒙古国经济正在复苏，有望在年底达成增长6.9%的目标。他宣称：蒙古国政府将成立数个国家委员会来推进各项重点工作，其中包括增加出口、支持替代进口的国内生产；建设电子国家、实施"E-Mongolia"（蒙古国综合电子服务系统）来打击腐败和官僚主义；增加就业、加大扶贫工作力度、保留工作机会和岗位；增加住房、建立统一的储蓄基金和国家资源基金、扩大中产阶级；减少首都拥堵和压力、确保城乡均衡。这些重点工作或者延续呼日勒苏赫担任总理时的施政重心，或者照应在总统竞选纲领中提出的"三个转变"和公民享有资源收益等承诺，或者直面困扰蒙古国过去几十年的贫富分化和政治腐败等问题，充分彰显了人民党全面执政下谋求政治协同性和统一性的努力。

在2021年12月6日召开的第30次代表大会上，人民党进一步推出口岸复兴、能源复兴、工业化复兴、城乡复兴、绿色发展复兴、国家效率复兴共6个方面的"促进经济独立的新复兴政策"。这6项战略内容详密，着意于蒙古国历史顽疾、立足于蒙古国发展现实，也是对"远景-2050"的落实和衔接，宣告了人民党奋力建设现代化新国家的决心。

（四）蒙古国政党政治的未来走向

蒙古国政党既是国家和社会制度的缔造者，也是参与运作的最重要力量。在过去30年中，政党和国家在制度性质转换之后都经历了动荡，又在互相调适中趋向于稳定。

在 2021 年年初的总理推荐和年中的主席候选中，奥云额尔登先后两次获得党内全票拥护；在年底的主席选举中，他仍然获得绝对高票；同年 7 月 5 日，民主党议员试图在议会中弹劾政府，但由于无法达到最低议员数而以失败告终。这些都说明奥云额尔登在党内拥有极高的认同度，鲜有明确政敌存在，这对于连续和全面执政的人民党而言是难得的好兆头。与此同时，奥云额尔登也善于在党外协调和团结各方力量，化解潜在外部矛盾和冲突，这体现在他向资本方诚挚道歉和庄重承诺，邀请前总统担任顾问，以及设立历任总理理事会等方面。[1]

在总统、议长和总理等国家级领导人达成一致立场的基础上，人民党正在向外界传递联合各方力量共同实现蒙古国长远战略的愿望，对于今后的执政党和领导人来说无疑起到良好的示范效果。

---

[1] 2021 年 11 月 2 日，奥云额尔登同多位前总理举行政策咨询会，就当前国内经济和疫情形势等重大问题交流意见，并决定成立历任总理理事会，以确保国家政策连续性，助力国家长期发展规划落地。各位总理虽来自不同政党，有些甚至是党内和党间的角力对象，但是对于宏观政策的长期稳定和统一而言，他们所代表和汇集的历史政治经验是至关重要的。

第三章
东南亚地区国家政党政治发展与研究

许利平　周方冶　潘金娥　方　芸*

本报告中的东南亚地区国家包括东盟10国[1]和东帝汶。这一区域的政党政治具有复杂性和多样性特点，动荡与变革相互交织，这与东南亚自身的历史遗产和文化传统紧密相关。二战后，纷纷建立独立自主民族国家的东南亚，其政治制度出现了多次反复，是一个曲折探索过程。个别国家的政党政治还存在结构不稳定的问题，随时会陷入政治动荡，这对于2025年试图完成东盟共同体建设的东南亚国家来说，是一个不小的挑战。

2021年以来东南亚政党政治表现为动荡与变革相互交织的特点。一方面，缅甸和马来西亚政局的动荡对国内政局的稳定性产生了负面冲击；另一方面，以越南和老挝为代表的社会主义国家顺利召开五年一次的党代会，稳

---

* 许利平，中国社科院亚太与全球战略研究院研究员、东南亚研究中心主任；周方冶，中国社科院亚太与全球战略研究院副研究员；潘金娥，中国社会科学院马克思主义研究院研究部主任、研究员；方芸，云南大学国际关系学院教授。

[1] 东盟10国包括中南半岛5国，即泰国、越南、柬埔寨、缅甸、老挝，以及海岛5国即印度尼西亚、马来西亚、菲律宾、新加坡、文莱。

妥完成了领导层的权力交接，并对党内进行了变革。

由于本文是首次对年度东南亚政党政治进行梳理和分析，在此有必要对东南亚政党政治概况做一个简要介绍，然后对 2021 年以来东南亚政党政治出现的新变化做个案分析，通过"点面结合"的方法研究 2021 年以来东南亚政党政治的基本特点并预判未来的基本走向。

一、东南亚政党政治概况

东南亚国家地理上彼此紧邻，但无论是纵向的历史演化，还是横向的经济模式、社会水平、宗教信仰、族群分布等，都有所不同甚至相去甚远，这就导致东南亚各国政党政治从形式上到实质上都存在一定差异。此外，近年来，随着经济层面地区产业链的调整与发展失衡加剧，社会层面的社交媒体兴起与代际分化扩大，以及外部环境的中美地缘竞争风险上升，东南亚各国普遍面临国内政治权力结构转型压力，加剧了引发原有政党政治渐变甚至突变的风险。

针对东南亚国家纷繁芜杂的政党政治形态，有必要透过其表象，把握其内在政治权力结构及运作方式，并在此基础上理解其发展与演化逻辑。[1] 本部分以各国政治权力结构核心圈层的主导力量为着眼点，将东南亚政党政治划分为共产党执政、一党居于优势地位、多党轮流坐庄、政党作用较弱等四类模式。

（一）共产党执政模式

共产党执政模式是指共产党作为国家中唯一合法政党长期一党执政，其他政党的活动受到限制甚至禁止的模式。该模式折射的是政治权力结构的

---

〔1〕 有关政治权力结构的"同心圆"模型分析，参见周方冶：《政治环境研究的路径与方法："一带一路"视角下的东南亚国家比较研究》，北京：中国社会科学出版社，2018 年版，第 38—40 页。

"单极自律形态",[1] 其形成通常根源于对象国革故鼎新的建国历史,以及在此过程中形成的掌控核心圈层排他性主导地位的政治权力集团。不过共产党执政模式的运作得益于强制性制度保障的长期存续、经济社会建设取得的成效,以及掌握主导权的政治权力集团的凝聚力与治理能力。

目前,东南亚国家符合共产党执政模式的是地处中南半岛的越南与老挝,二者皆为社会主义国家。

1. 越南

越南共产党是越南唯一政党,以马克思列宁主义和胡志明思想作为思想基础和行动指南,成立于1930年2月,同年10月改名为印度支那共产党,1951年更名为越南劳动党,1976年改用现名。现有党员510多万人,约占全国总人口的5%左右,基层组织近5.6万个。

越南宪法第4条规定,"越南共产党是越南工人阶级的先锋队,同时也是越南劳动人民和越南民族的先锋队,是工人阶级、劳动人民和全民族利益的忠诚代表,以马克思列宁主义和胡志明思想作为思想基础,是国家和社会的领导力量。"[2] 从而在根本大法层面明确了越南共产党的执政地位。

越南采用共产党执政模式是政治权力结构演化的结果。国家独立初期,越南共产党还并不拥有绝对优势,因此在1946年颁布的第一部宪法中并未明确越南共产党是国家领导力量,而是以"民主共和国"名义将各类党派都纳入政权,直到1975年南北统一后,越南共产党地位业已稳固,才在1981年颁布的第三部宪法中明确规定"越南共产党是国家和社会的领导力

---

[1]"单极自律形态"是指在政治权力结构的"同心圆"模型下,核心圈层仅存在单一政治权力集团,且制衡圈层不存在政治权力集团的政治格局,相关讨论参见周方冶:《政治环境研究的路径与方法:"一带一路"视角下的东南亚国家比较研究》,北京:中国社会科学出版社,2018年版,第40—41页。

[2] 米良译:《越南社会主义共和国宪法(2013)》,载《南洋资料译丛》,2014年第1期,第24页。

量"。[1]

虽然越南长期以来在体制上反对多党制,但在政党政治运作过程中,还是通过各类制度与惯例安排,保持了多元化的政治协商制度,从而有效回应了不同社会力量的利益诉求。

从党外来看,祖国阵线是最重要的政治联盟组织,最初成立于1955年,南北方统一后于1977年同越南南方民族解放阵线和越南民族、民主及和平力量联盟合并,目前成员包括越南总工会、越南农民协会、胡志明共产主义青年团、越南妇女联合会、越南退伍军人协会等各领域的政治社会组织,长期发挥着重要的民主协商与政治监督作用。当前,祖国阵线在越南政治权力结构中的影响力持续提升。

不过,自越南推动革新35年以来,一方面在社会经济等领域取得重要成效,但另一方面也引发诸多新情况新问题,国内政治权力结构调整压力上升,从而使传统上的"四驾马车"开始呈现新的格局。

2021年1月25日至2月1日,越共第十三次全国代表大会在河内召开,其中最重要的成果就是选举产生了新一届中央领导集体,包括中央政治局、中央书记处、中央检查委员会、中央委员会,并在此基础上选举产生了新一届党中央总书记。

尽管在政治权力结构上,越共呈现出防范西化的"求稳"态度,但在社会经济发展方面,越共则展现出更加积极进取的姿态,提出要在2025年即越南南北统一50周年时,把越南建设成为迈向现代化工业、跨越中等偏低收入的发展中国家;到2030年即越共建党100年时,把越南建设成为拥有现代化工业的中等偏高收入发展中国家;到2045年即越南建国100年时,把越南建设成为高收入发达国家。

---

[1] 潘金娥:《越南政治权力结构特征探析》,载《当代世界与社会主义》,2017年第6期,第63页。

2. 老挝

老挝人民革命党是老挝唯一合法政党，奉行凯山·丰威汉思想，前身为印度支那共产党老挝支部。该党于1955年3月建立，原名老挝人民党，1972年召开党的二大时改为现名。现有党员约34.8万人，约占全国总人口5%左右，基层组织1.9万个。老挝宪法第3条规定，"老挝各族人民的国家主人翁权利，通过以老挝人民革命党为领导核心的政治制度来保障和实现"，从而在根本大法层面明确了老挝人民革命党的执政地位。

老挝同样设立了在党领导下的民族统一战线组织，以回应多元化政治权力结构的利益诉求。老挝宪法第7条规定，"老挝建国阵线、老挝工人联合会、老挝革命青年团、老挝妇女联合会和其他社会团体，是团结和动员各民族、各阶层人士参加保卫祖国和建设国家事业、发挥国家主人翁权利、保护其成员在自己组织中的正当权利的社会群众组织。"

2021年1月13日至15日，老挝人民革命党第十一次全国代表大会在万象召开，大会主题为"提高党的领导能力，加强全国人民团结，维护政局稳定，落实深化革新路线，推动经济社会高质量发展，提高人民生活质量，努力摆脱不发达国家状况，继续向社会主义目标迈进"。[1]

此次大会最重要的成果就是选举产生了新一届中央领导集体，顺利实现新老交替。本次当选党中央总书记兼国家主席的通伦·西苏里是前任政府总理，现年76岁；当选政府总理的潘坎·维帕万是前任国家副主席，现年70岁。据统计，新一届71名中央委员中，60岁以上的有36人，占50.70%，46岁至59岁的有35人，占49.3%，平均年龄为59岁。[2]

老挝人民革命党除了在政治上坚持稳定取向之外，在经济上也表现得稳扎稳打。目前来看，老挝人均年收入与越南相去不远，都在2700美元左右，

---

〔1〕 海贤、罗琴：《老挝人民革命党第十一次全国代表大会简析》，载《世界社会主义研究》，2021年第2期，第63—70页，第91页。

〔2〕 同〔1〕。

但是老挝人民革命党提出的 2025 年发展目标不到 3000 美元，远低于越共提出的中等偏高收入国家即至少 4000 美元的发展目标。面对 21 世纪前 20 年经济连续翻番的显著发展成就，老挝人民革命党保持了稳重，更多地考虑到当前国内外存在的新情况与新问题，不仅降低了"九五规划"增长目标，而且将重点放在夯实基础，保证绿色、稳定与可持续方面。

（二）一党居于优势地位模式

一党居于优势地位模式是指国家中存在一个以上合法政党，但是单一政党持续占据优势地位，长期一党主政甚至一党执政的模式。该模式折射的是政治权力结构的"单极自律形态"或"单极多元形态"[1]，其形成通常伴随特定政治权力集团的强势崛起。尽管在该模式的形成过程中，难免存在强制甚至暴力手段，但其存续更多取决于核心权力集团能否通过政绩、制度、观念等，有效回应其他政治权力集团的多元利益诉求。

目前，东南亚国家符合一党居于优势地位模式的是新加坡与柬埔寨。

1. 新加坡

新加坡现有注册政党 30 多个。其中，人民行动党自 1959 年以来，长期保持执政党地位。人民行动党秘书长李光耀（1959—1990 年）、吴作栋（1990—2004 年）、李光耀长子李显龙（2004 年至今）相继出任新加坡政府总理。[2]

人民行动党的政治优势发轫于以李光耀为代表的中产阶级精英与马来亚共产党的联合。1954 年参与建党的林清祥、方水双等都是马共党员。两派联合是人民行动党能在 1959 年的国会选举中击败前执政党"劳工阵线"的决定性因素。不过，两派随后分道扬镳，左派于 1961 年成立社会主义阵线，

---

[1] "单极多元形态"是指在政治权力结构的"同心圆"模型下，核心圈层仅存在单一政治权力集团，而制衡圈层存在一个以上政治权力集团的政治格局，参见周方冶：《政治环境研究的路径与方法："一带一路"视角下的东南亚国家比较研究》，北京：中国社会科学出版社，2018 年版，第 42—43 页。

[2] 1959 年至 1965 年间，李光耀出任的是新加坡自治邦总理。

并在1963年国会选举中赢得13席,初显大党对峙格局。为巩固执政地位,人民行动党以维护国家安全为名,对反对派展开全面打压,逮捕反对派议员和政治领袖,并强制解散反对派群众组织。

从1968年开始,人民行动党连续4届选举包揽所有国会议席,反对派再难与人民行动党抗衡。不过,必须指出的是,除了强制性手段,人民行动党能长期保持一党执政地位,更多的还是以政绩取胜。作为自然资源极其匮乏的城市国家,新加坡之所以能发展成为新兴工业化国家,很大程度上得益于人民行动党的有效领导。这不仅表现在经济与社会发展规划的制定层面,更体现在高效、廉政、民主的执行层面。

随着新加坡社会经济实现跨越式发展,新兴社会力量逐渐登场,开始推动政治权力结构从"单极自律形态"转向"单极多元形态",政治多元化诉求持续增加。为缓和压力,人民行动党先后创设"非选区议员"制度(国会选举中落选的最高票反对党候选人担任议员)以及"官委议员"制度(由政府遴选德高望重的民间专业人士担任议员),试图为制衡圈层的政治权力集团提供表达渠道;但从国会选举得票率来看,相关举措并未从根本上改变人民行动党优势衰退的态势。

2020年7月举行的新加坡第13届国会选举中,人民行动党再次在所有选区面临反对党挑战,共有11个政党的191名候选人以及1名无党籍人士角逐31个选区的93个议席,创下了历史纪录。尽管人民行动党毫无意外的继续保持了一党执政优势,但却是执政以来获得民选议席比例最少的一届国会。从反对党来看,1957年成立的老牌反对党工人党在这次选举中,不仅守住了上届赢取的一个集选区和一个单选区共6个议席,而且在新生代选民支持下,又拿下了一个新集选区4个议席,并在所参选的6个选区中总共获得50.5%的选票。此外,原人民行动党成员陈清木于2019年创立的前进党,也在李显龙弟弟李显扬的支持下成为选举黑马,虽然最终惜败,未能获得民选议席,但却通过"非选区议员"制度获得2个议席配额,从而使新加坡国会在继 2011 年之后再度出现三党格局。

目前来看，如何争取新生代选民支持已经成为人民行动党面临的严峻挑战。现任秘书长李显龙面临卸任交班，人民行动党的第四代领导人在失去李光耀"光环"加持后，如何应对日益多元甚至分裂冲突的政治利益诉求，将在很大程度上决定了新加坡一党居于优势地位模式的存续。

2. 柬埔寨

柬埔寨现有 40 多个政党，其中，人民党自 1979 年以来长期保持执政地位。人民党发轫于 1978 年成立的柬埔寨救国民族团结阵线。1979 年 1 月，该阵线召集政党成立大会，宣布继承人民革命党的意志，将政党成立时间定为 1951 年 6 月，并将政党前身追溯为印度支那共产党直属分支组织。[1] 20 世纪 80 年代，人民革命党曾在越南扶持下长期执掌"柬埔寨人民共和国"政权。随着冷战结束与地区局势缓和，柬埔寨冲突各方于 1991 年在国际社会斡旋下签署和平协定。为适应时代变革，人民革命党更名为人民党，删去"革命"二字，并宣布放弃马列主义单一路线。

1993 年以来，柬埔寨先后举行了 6 届国会选举。从选举设计来看，初衷是形成多党竞争，并在 1993 年首届国会选举中得到体现，但在此后的国会选举中，人民党却稳步取得绝对优势，甚至在 2018 年包揽了所有国会议席。作为人民党主席的洪森，除在首届政府中出任第二首相外，迄今已 5 次连选连任首相，在事实上确立了政党政治的一党居于优势地位模式。

柬埔寨政党政治的模式转换很大程度上取决于军政家族集团、王室-保皇派、民主派知识精英等政治权力集团之间的三方博弈，以及在此基础上形成的以军政家族集团为主导的"单极自律形态"政治权力结构。[2] 人民党

―――――――――
〔1〕 顾佳赟：《柬埔寨政党政治演进与洪森政权长期执政》，载《东南亚研究》，2020 年第 3 期，第 60 页。
〔2〕 周方冶：《政治环境研究的路径与方法："一带一路"视角下的东南亚国家比较研究》，北京：中国社会科学出版社，2018 年版，第 247—258 页。

作为"柬埔寨人民共和国"政权的核心资源继承者,掌握着柬埔寨全国80%的军警力量和地方武装,并占据着包括内政部、司法部在内的行政要害部门,同时拥有相当齐备的基层组织,现有党员578万人,约占全国总人口的三分之一。与此相对,王室-保皇派支持的奉辛比克党及民主派知识精英支持的烛光党(前身为森朗西党),其党员人数仅为几十万人,甚至更少。

(三) 多党轮流坐庄模式

多党轮流坐庄模式是指一个国家存在两个以上合法政党,但是任何政党都无法保持甚至难以取得优势地位,长期处于多党联盟与交替执政状态的模式。该模式折射的是政治权力结构的"寡头自律形态"[1]或"衡平多元形态"[2]。通常情况下,"寡头自律形态"核心圈层的政治权力集团仅对内负责就能巩固主导地位,因此凝聚力较强,更容易形成相对稳定的中大型政党,进而成为多党联盟的核心力量;与此相对,"衡平多元形态"核心圈层的政治权力集团不仅要对内负责,还要兼顾制衡圈层的多元利益诉求,因此很容易出现主导政治权力集团的派系分化现象,形成聚散不定的中小型政党,使得多党联盟面临持久的不确定性。

目前,东南亚国家中符合多党轮流坐庄模式的是泰国、印度尼西亚、马来西亚、菲律宾、东帝汶。

1. 泰国

泰国现有注册政党80多个。2019年国会选举后,拥有众议院议席的政党多达26个,创下历史新高,其中仅有1个议席的小党有12个。如果从1927年民党成立起算,泰国政党政治发展迄今已有近百年历史,但是高达

---

[1] "寡头自律形态"是指在政治权力结构的"同心圆"模型下,核心圈层存在一个以上政治权力集团,但制衡圈层不存在政治权力集团的政治格局。参见周方冶:《政治环境研究的路径与方法:"一带一路"视角下的东南亚国家比较研究》,北京:中国社会科学出版社,2018年版,第41—42页。

[2] "衡平多元形态"是指在政治权力结构的"同心圆"模型下,核心圈层与制衡圈层都存在一个以上政治权力集团的政治格局。参见周方冶:《政治环境研究的路径与方法:"一带一路"视角下的东南亚国家比较研究》,北京:中国社会科学出版社,2018年版,第45—46页。

19次的周期性政变，使得泰国始终未能形成完全契合本国国情的政党政治运作模式。时至今日，泰国政党政治运作依然存在明显的结构性张力，难以成为多元利益协调的有效平台。

长期以来，泰国政党政治的主要参与者都是把持基层票仓的地方豪强政客，并遵循"猪肉桶"原则（以预算分配为行事依据）及"眼镜蛇"策略（以跨党跳槽为谋利手段）。这就使得泰国在20世纪70年代结束军人独裁统治后的20多年里，始终难以形成稳定的大型政党。

1997年亚洲金融危机的爆发引发泰国社会对小党林立政治乱局的警醒与反思。随后，泰国在1997年颁布的新宪法中，对选举和党建等作出了有利于大党发展的制度规定。与此同时，作为新崛起的政治权力集团，以前总理他信为代表的新兴资本集团开始参与政党政治活动，并且依托民粹主义的"草根政策"，跨过地方豪强政客直接与中下层民众特别是农村民众，建立起"资本+选票"的政治联盟，从而促成了21世纪初期的他信派系"泰爱泰党/人民力量党/为泰党"的大党崛起。

从泰国的政治权力结构来看，由军人集团、王室-保皇派及曼谷政商财阀构成的保守阵营"铁三角"长期占据核心圈层，并在政党政治之外发挥着重要影响力。这在20世纪80年代体现为非民选总理，而在20世纪90年代则体现为"君主网络"对中小政党特别是民主党的深刻影响。于是，随着他信派系居于一党优势地位，新旧政治权力集团的主导权之争也就在所难免。

从2006年政变到2014年政变，泰国社会在"挺他信"红衫军与"反他信"黄衫军的持续政治冲突下，引发了多轮大规模街头运动与流血冲突。他信派系的政党被两度强制解散，他信及其胞妹英拉流亡海外，甚至连泰国宪法都在2007年与2017年两次重新颁布，旨在从选举和政党建立条件等方面对他信派系加以压制。

2019年军方举行"还政于民"的大选后，泰国政党政治结构性张力进一步加剧，不仅原本的贫富分化、城乡分化、地区分化引发的"红黄冲突"

未曾弥合,而且受社交媒体与经济增长放缓影响,代际分化开始成为新的政治极化与冲突来源。保守阵营支持的国民力量党、他信派系的为泰党,以及新生代支持的新兴资本集团塔纳通派系"新未来党/前进党",构成了新时期的三角政治博弈。

目前来看,泰国政治极化现象日趋明显,并引发新生代与保守阵营的持续性街头冲突。2022年,巴育政府有可能解散国会提前大选,或将成为各派力量分化重组的重要节点。

2. 印度尼西亚

印尼政党最初产生于荷兰殖民主义统治时代。1945年印尼独立后,政党政治曾一度相当活跃,并形成世俗民族主义、伊斯兰主义、共产主义三大阵营。不过,随着1965年苏哈托政变夺权,政党政治开始受到全方位压制。20世纪70年代初,印尼各政党在经历强制性拆解合并后,最终仅剩3个合法政党,分别是以民族主义为政治思想基础的"印尼民主党"(PDI),以伊斯兰教为政治思想基础的"建设团结党"(PPP),以及苏哈托军政府的御用工具"专业集团"(GOLKAR)。

1998年,苏哈托军政府倒台,印尼解除党禁,从而为政党政治发展敞开了大门。1999年国会选举前,印尼注册政党从党禁期间的3个猛增至145个。迄今为止,经过前后5届国会选举20多年的磨合发展,印尼政党政治已初步形成颇具可行性的多党轮流坐庄模式,特别是随着国会政党数的稳步下降,初步构建起"世俗/宗教"阵营分野、左中右立场制衡、核心政党协调的运作方式,较客观地体现了政治权力结构的"衡平多元形态",既有助于兼顾各派力量的多元利益诉求,也有利于化解政治极化风险。

从印尼政治权力结构来看,很显著的特征就是伊斯兰集团拥有重要影响力与话语权。因此,从1999年国会选举开始,奉行伊斯兰主义的政党就一直稳定保持着30%左右的选票和议席。虽然从苏哈托时期延续下来的建设团结党的得票率和议席呈持续下降趋势,但得到穆罕默迪亚(简称"穆联")

支持的国民使命党及得到"伊斯兰教士联合会"支持的民族觉醒党在得票率和议席方面都表现得相当稳健，前者影响力主要是在现代主义伊斯兰教派流传较广的亚齐与西苏门答腊等地区，后者影响力主要是在传统主义伊斯兰教派影响较深的东、西爪哇等地区。此外，从伊斯兰政党兴衰来看，既有试图复兴传统伊斯兰政党招致失败的马斯友美党，以及之后以马斯友美党继承者自居但被边缘化的星月党，也有受到中东地区穆斯林兄弟会影响并迅速崛起的公正繁荣党。

不过，印尼政治权力结构中处于主导地位的还是世俗阵营。从世俗政党的政治光谱来看，民主斗争党作为世俗民族主义集团的政治代表及苏加诺"光环"的继承者，奉行中左立场，目前占据核心圈层的中心位置；苏哈托时期延续下来的专业集团党得到传统政商集团、军人集团和技术官僚集团支持，奉行中右到右翼立场；苏哈托女婿普拉博沃创建的大印尼行动党得到传统保守势力与部分伊斯兰势力支持，奉行右翼立场，影响力正处于瓶颈期；媒体大亨巴洛创立的国民民主党得到新生代选民及新兴资本集团支持，奉行中间偏左立场，影响力有所上升。

由于印尼实行总统制，再加上崇拜强人的文化传统，因此个人权威对印尼政党的兴衰有明显影响。民主党兴衰与苏西洛的总统任期有关联，民心党崛起、被边缘化与前武装部队司令维兰托直接挂钩，即使是拥有金字招牌的民主斗争党，其近年来政治影响力的回升也在很大程度上得益于苏加诺政治遗产以及前总统梅加瓦蒂和现任总统佐科的个人魅力。

目前来看，印尼政党政治运作较为平稳，但社交媒体对西方意识形态的传播、新生代选民在社会经济发展失衡影响下产生的代际鸿沟，以及极端伊斯兰运动的持续渗透，都在不断侵蚀印尼政党的多元协商能力。随着佐科总统任期步入下半场，印尼政坛也将迎来新一轮调整。尽管政治权力发生结构性变化的可能性不高，但是各政党兴衰存在不确定性，很可能引发部分政治势力的极端化倾向。

3. 马来西亚

马来西亚现有注册政党 40 多个。从政党政治运作来看，马来西亚曾在建国后的 60 多年里长期保持一党优势模式。从 1955 年首次普选[1]开始，马来民族统一机构（以下简称"巫统"）就一直通过组织领导政治联盟的方式，长期执掌国家政权。马来西亚总理的职位历来都是巫统主席出任，尤其是前巫统主席马哈蒂尔，更是从 1981 年到 2003 年连任总理长达 22 年之久。不过，随着经济社会发展，马来西亚政治多元化趋势日益明显，巫统领导的执政联盟政治优势也逐步衰退，并在 2018 年国会选举后失去了执政地位。

从政治权力结构来看，马来西亚的政党政治变局主要源于三方面因素：

首先是马来人阵营持续分化。巫统长期掌权的政治根基在于马来人官僚资本集团与农村马来人的庇护关系。前者以政商军警等各界的上层精英为核心，依托"马来人优先"政策扶持，一方面获取国家发展红利，另一方面构建覆盖后者的庇护关系，从而对农村选票形成有效动员与组织。[2] 但是，随着社会经济发展面临"中等收入陷阱"，马来人官僚资本集团的政治主导地位开始受到质疑。1997 年亚洲金融危机后，马来人中产阶级的政治独立意识日益增强，从而为人民公正党的崛起铺平道路。与此同时，国家发展红利"存量分配"也加剧马来人官僚资本集团的派系竞争，并最终导致前总理马哈蒂尔与前副总理穆希丁另立门户，组建了土著团结党，从而分裂了巫统阵营。

其次是伊斯兰阵营影响力提高。马来西亚是政教分离的世俗国家，但伊斯兰教作为国教，拥有重要的社会影响力。2018 年国会选举，保守派的伊斯

---

[1] 1955 年大选是英属马来亚殖民地政府举行的民主选举，也是 1957 年马来亚独立前的唯一选举。

[2] 任娜：《马来西亚"新经济政策"下的种族与阶级分野》，载《东南学术》，2003 年第 5 期，第 164 页。

兰教党与开明派的国家诚信党分别获得18个和11个议席，合计占到下议院全部议席的13%。两党合计的伊斯兰阵营得票率更是高达26.6%，相较于2013年提高了近1倍。

再次是华人族群政治独立性增强。马来西亚从建国开始就面临马来人与华人族群隔阂的问题。巫统掌权时期，长期奉行"马来人优先"政策，使得华人族群在政治上被边缘化。作为华人保守力量代表的马华公会，选择依附于巫统以换取执政地位，但影响力持续下降。21世纪以来，随着新生代华人选民的政治独立意识上升，作为华人左翼中产阶级代表的民主行动党开始凝聚华人族群的政治诉求，从而成为不可忽视的政治力量。

目前来看，随着马来人官僚资本集团主导的"寡头自律形态"瓦解，马来西亚政治权力结构重组尚需时日，政党政治乱局难以在短期内结束。尽管马来人官僚资本集团依然占据核心圈层主导地位，但派系分化加剧，巫统、土著团结党和祖国斗士党的相互竞争使得马来人官僚资本集团难以有效整合政治资源；曾经被边缘化的伊斯兰阵营、华人阵营及沙巴和沙捞越的地方政治势力开始拥有更多的话语权，不再是依附力量，而是对等的政治合作者，甚至是"造王者"；与此同时，曾经被马哈蒂尔压制的世袭苏丹势力也开始强势回归，甚至在总理更替问题上拥有了重要话语权。2018年以来，马来西亚3年内更替了马哈蒂尔、穆希丁与伊斯迈尔·沙必里3位总理，并且执政联盟稳定性持续下降，很有可能在2022年解散国会提前举行大选，从而开启新一轮的政治权力洗牌。

4. 菲律宾

菲律宾现有100多个政党，多数为地方性小党。菲律宾政党政治发轫于20世纪初期的美国统治时期，最早的政党是1900年亲美政要组建的"联邦党"，主张对美合作，甚至要求菲律宾以州的身份加入美国。1946年独立建国后的26年间，菲律宾在美国影响下形成了国民党与自由党轮流执政的模式。马科斯统治时期，菲律宾先是施行党禁，而后形成了马科斯"新社会运动"党主导的一党居于优势地位的模式。1986年马科斯倒台后,菲律宾政党政治得到恢复性发展,并形成中小政党林立的多党轮流坐庄模式。由于菲律宾施行界别党制,将众议院20%议席分配给中小政党,并规定每个党最多获得3个配额议席,且大党不得参与分配,从而在体制机制上降低了大党获得国会简单多数优势的可能性。

从菲律宾政治权力结构来看,长期占据核心圈层主导地位的是传统政治家族集团。在地方,菲律宾政治、经济与社会资源主要被160多个政治家族所垄断;在中央,从总统到国会参众两院议员再到最高法院法官,三权分立下的各个系统都与政治家族集团存在千丝万缕的紧密联系。比如,1987年"人民力量革命"的首次国会选举,200名选区制众议员中就有130名来自传统政治家族,另有39名属于传统政治家族旁系亲属,仅有31名与传统政治家族不存在明显关联。[1] 2013年国会选举后,政治家族集团直接或间接把持参众两院议席比例分别高达80%与70%。[2]

菲律宾政党的兴衰沉浮很大程度上取决于各大政治家族在权力博弈过程中的合纵连横。例如,杜特尔特政府时期处于执政地位的民主人民力量党（PDP-Laban）最初是由卡加扬迪奥罗市皮门特尔家族领导的菲律宾民主党和阿基诺二世（即贝尼格诺·阿基诺）参议员组建的人民力量党合并而成,并随着阿基诺二世被刺杀以及阿基诺夫人（即科拉松·阿基诺）成为马科斯倒台后首任总统而迅速崛起,成为1987年选举的最大赢家。不过,随着党内利益分化,1988年阿基诺夫人的弟弟小何塞·佩平·科胡昂戈为首的阿基诺家族势力另组建菲律宾民主斗争党（LDP）,导致皮门特尔家族的地方势力独木难支,使得民主人民力量党在此后30多年长期被边缘化。又如,从

---

[1] Benedict Anderson, *The Spectre of Comparisons: Nationalism, Southeast Asia, and the World*, London and New York: VERSO, 1998, p. 221.
[2] Richard Javad Heydarian, "Philippine Elections: the Sound and the Fury", *The Huffington Post*, May 20, 2013.

菲律宾独立建国开始就活跃在政坛的国民党与自由党，自20世纪90年代以来也都在政治家族加盟与跳槽过程中起伏不定，至于其他在选举前后成立或解散的政党更是不胜枚举。

此外，菲律宾施行总统制，当选总统拥有很强的国家资源调配能力，因此在任期间能对各派政治家族特别是地方势力产生重要影响，但是由于总统任期为6年且不得连选连任，从而使得菲律宾政党随着总统更替呈现明显的周期性波动。例如，1992年拉莫斯创建的基督教穆斯林民主力量党，就是在拉莫斯当选总统后迎来第一轮扩张，成为国会第一大党；1998年埃斯特拉达当选总统后，该党影响力趋于下降，但在阿罗约接任总统并出任党主席后，该党影响力迎来第二轮扩张；2010年阿基诺三世当选总统，并开始打压阿罗约家族势力，该党也随即分崩离析，部分议员另立门户组建国家团结党，更多的则是跳槽到其他政党。事实上，菲律宾除了以单一家族为核心建构的中小政党，例如商业大亨爱德华多·丹丁·科胡昂戈（中文名许寰戈）于1992年创建的民族主义人民联盟能保持相对稳定之外，任何试图以联盟方式扩大政治版图的中大政党都很难摆脱忽起忽灭的政治宿命。

目前来看，随着马科斯当选总统，菲律宾再次迎来政党政治权力洗牌。马科斯担任主席的联邦党，副总统莎拉担任主席的基督教穆斯林民主力量党将得以壮大，并在国会组建多数派。各派政治家族也将开始新一轮的合纵连横，试图在未来6年谋求更多红利。

5. 东帝汶

东帝汶于2002年独立建国，是东南亚最年轻的国家，实施竞争性选举制度。2004年，东帝汶颁布了《政党法》，要求所有政党必须在司法部登记注册，以合法的身份参加选举。目前约有26个注册政党，影响较大的主要是以下两大政党。

东帝汶全国重建大会党，简称"大会党"。该党由东帝汶前总统夏纳纳创建，创建时间为2007年3月27日。该党自称有党员20万，主要包括前

"帝汶抵抗运动全国委员会"成员、其他中小政党前领导与骨干人员以及夏纳纳的追随者。该党主张改革与创新，鼓励民众广泛参与国家重大决策。重视国家经济恢复和发展，提倡权力下放，鼓励采取更加开放、灵活的经济政策。此外，还提倡政治清明和司法公正。党主席为夏纳纳，总书记为迪奥尼西奥·苏亚雷斯·巴博。

东帝汶独立革命阵线，简称"革阵"。革阵是一个由多个政党组成的政党联盟，于1974年5月20日成立，是东帝汶最早的政党之一，原名"帝汶民主协会"（ASDT），于同年9月11日改为现名。革阵由国家统一党、共和党、民主联盟、基督教民主党、帝汶民主党、帝汶社会党、帝汶民主联盟、民主千年党等政党组建而成。1975年11月28日，革阵单方面宣布成立东帝汶民主共和国。同年12月7日，印尼占领东帝汶后，部分成员流亡海外，其余在国内坚持抵抗斗争。1999年东帝汶启动独立进程后，革阵重新整合，提出恢复民主独立、巩固民族团结、建立多党民主法治国家等主张，获得国内的广泛支持，并赢得2001年8月制宪议会选举。2002年组建以该党为主的首届政府，总书记阿尔卡蒂里任总理。党主席为卢奥洛，总书记为阿尔卡蒂里。

此外，民主党、革新民主发展阵线、人民解放党、人民团结繁荣党等政党也具有一定的影响力。

（四）政党作用较弱模式

政党作用较弱模式是指政党政治活动受到限制甚至禁止，政党难以有效发挥政治作用的模式。该模式折射的是政治权力结构的"单极自律形态"或"寡头自律形态"，甚至是"无序多元形态"[1]。尽管这三类政治权力结构

---

[1] "无序多元形态"是指在政治权力结构的"同心圆"模型下，制衡圈层存在一个以上政治权力集团，但核心圈层不存在稳定政治权力集团的过渡性政治格局，参见周方冶：《政治环境研究的路径与方法："一带一路"视角下的东南亚国家比较研究》，北京：中国社会科学出版社，2018年版，第44—45页。

形态相去甚远,但相似之处在于掌握主导权的政治权力集团都诉诸政党运作之外的权力协调与利益分配路径,从而使政党政治缺乏发展空间。

目前,东南亚国家符合政党作用较弱模式的是缅甸与文莱。

1. 缅甸

缅甸政党政治发展相当曲折。1948年缅甸独立后,以吴努为首的政府施行议会民主制,采取政党政治的多党轮流坐庄模式,但却始终无法有效稳定政局,结果引发以奈温为首的军人集团政变夺权。奈温统治期间,先是通过缅甸联邦革命委员会直接掌权(1962—1974年),禁止政党活动,而后通过缅甸社会主义纲领党间接执政(1974—1988年),但从未改变军人集团政治主导地位。

由于奈温政权长期奉行"缅甸式社会主义"的计划经济体制,使得缅甸经济困顿、民生凋敝,最终引发大规模反政府运动。1988年,军人集团为缓和国内局势而发动政变,推翻了纲领党政府,成立"国家恢复法律与秩序委员会"(后改为"国家和平与发展委员会")接管国家权力,并承诺"还政于民"。

不过,1990年大选后,军人集团拒绝将政权移交胜选的全国民主联盟(以下简称"民盟"),并以"先制宪,后交权"为由,开始"边制宪,边改革"的军政府统治。2008年,军政府颁布了新宪法,并于2011年将政权移交给2010年大选中胜出的联邦巩固与发展党(以下简称"巩发党"),从而在形式上完成"还政于民"。

尽管军人集团对2008年宪法进行了有利于己的制度设计,特别是在联邦议会为军方保留了25%议席,从而在修宪和推选总统方面占据了先手优势;但在联邦议会选举中,曾被军人集团寄予厚望的巩发党却根本无力制衡昂山素季领导的民盟,连续两届选举都溃不成军。

2021年2月,缅甸军方扣押总统温敏、国务资政昂山素季及民盟部分高级官员,宣布实施紧急状态,并成立以国防军总司令敏昂莱为首的国家管理委员会接管国家权力。同年 7 月，重新组建的缅甸联邦选举委员会宣布废除 2020 年选举结果。同年 8 月，国家管理委员会行政委员会改组为看守政府，由敏昂莱担任总理，并宣布下一届大选筹备工作将于 2023 年 8 月结束，当年年底前举行自由、公正的多党制民主大选。

目前来看，民盟主导的一党居于优势地位的模式既无法体现政治权力结构的"寡头自律形态"，即军人集团与民盟·民主派同处核心圈层的客观现实，也难以回应少数民族等边缘化群体对政治权力结构进一步转型为"衡平多元形态"的主观诉求。再加上美国等西方政治势力的推波助澜，引发军人集团通过政党作用较弱模式进行重新洗牌。

2. 文莱

文莱是马来伊斯兰君主制国家，宪法规定苏丹为国家元首和宗教领袖，拥有立法、行政和司法等全部国家权力。1962 年文莱曾举行过选举，但 1970 年取消选举，议员改由苏丹任命。1984 年，苏丹宣布终止立法会，立法以苏丹圣训方式颁布。2004 年，苏丹宣布恢复立法会，但议员全部由苏丹任命。

从政治权力结构来看，文莱属于典型的"单极自律形态"，王室-保皇派垄断核心圈层，在制衡圈层缺乏政治权力集团，因此根本不存在政党政治发展的成长空间。1985 年，苏丹允许政党注册，随后出现了文莱国家民主党和文莱国家团结党。前者是文莱独立后首个政党，但因政见不同，随即于 1988 年被取缔。后者于 1986 年从国家民主党分裂而成，效忠于苏丹王室，目前是文莱唯一合法政党，现有党员不足百人，社会活动和对外交往很少，影响力有限，必要时作为民间力量配合政府工作。

目前来看，由于政治权力结构限制，除非文莱出现重大政治社会变革，否则政党政治很难进一步发展，更多情况下仅是君主制权力体系的陪衬与点缀。

二、越共十三大及其影响

2021年是越南政治生活内容丰富的一年。年初,越南共产党召开了党的十三大,通过选举实现了党中央机构的人事轮换,并在年内举行了四次中央全会,对十三大的相关决议加以贯彻落实。2021年还是越南国会的换届选举年,上半年在举行了十四届国会最后一次会议后,又进行了第十五届国会代表和各级地方议会代表(2021—2026年任期)的选举,并在下半年举行了十五届国会两次会议,选举产生了新一届越南国家领导人。此外,越南祖国阵线中央委员会也召开了全国视频会议,落实越共十三大文件精神和党中央的新指示。

(一)越南共产党召开第十三次代表大会,完成党中央的换届选举,制定国家中长期发展战略目标路线图

2021年1月25日至2月1日,越南共产党第十三次全国代表大会在河内召开。代表全国510多万名越南共产党党员的1587名代表出席了会议。大会选举产生了以阮富仲为总书记的越共十三届中央委员会(包括180名正式委员和20名候补委员)、中央政治局(18人)、中央书记处(5人)和中央检查委员会(19人);大会审议了越共十三大报告等文件,总结过去5年以及实行革新事业35年的情况,越南未来5年、10年和到21世纪中叶的发展目标任务。

从新一届越共党中央领导集体的选举结果来看,阮富仲在会后接受记者采访时表示,"人事工作经过了精心而科学地准备,严格按照程序和规定执行,保质保量选拔出了享有崇高声望、符合新时代要求的新一届中央委员会"[1]，这体现了越共中央领导集体的稳定性与延续性。

革新以来，越共领导干部按照年轻化方向进行改革，年龄成为一条不可逾越的硬杠杠，干部一到年龄限制就必须按规定退休而不再留任或晋升。根据越共领导干部岗位任职条件的一般规定，首次进入政治局者不得大于60岁，再次当选者不得大于65岁；首次进入中央者不得大于55岁，首次当选中央候补委员者不得大于50岁。[2] 然而，在党的十二大召开前，越共修改了选举规则，允许"特殊情况"的存在——超过年龄的候选人经由中央政治局提名并通过投票表决后可以突破年龄限制，时已年满71岁的阮富仲根据"特殊情况"条款得以继续留任中央政治局委员并且再次当选越共中央总书记。在十三大上，年龄问题再度被放宽，干部年轻化导向已被能力和威望导向所代替。在筹备十三大时，阮富仲多次强调干部的能力和政治素质，强调干部要德才兼备。越共十三大提出要提倡和保护"六敢干部"——敢想、敢说、敢做、敢于负责、敢于创新、敢于面对困难和挑战的干部。在新任的十三届中央委员中，50—59岁的有115名，占57.5%；60—69岁的有35名，占17.5%；40—49岁的有48名，占24%；平均年龄53.8岁，比上一届52.5岁的平均年龄高出1.3岁，反映出对越共领导干部年龄限制的逐步淡化。

（二）越共召开十三届二中、三中、四中全会，落实十三大决议精神，加强党的建设以确保政权稳定

越共十三大报告对越南未来5年、10年和到21世纪中叶的发展路线图和发展战略作出规划和部署，将到21世纪中叶的发展目标分为3个阶段：到2025年即越南南北统一50周年时，把越南建设成为迈向现代化工业、跨

---

[1] "Pháthuysú'cmạnhvà ý chívu'ò'nlêncủ adântộc", https://daihoi13.dangcongsan.vn/tin-moi/phat-huy-suc-manh-va-y-chi-vuon-len-cua-dan-toc-4614.

[2] 潘金娥：《越共十三大：总结革新史 描绘越南梦》，载《科学社会主义》，2021年第1期，第65—72页。

越中等偏低收入的发展中国家；到 2030 年即越共建党 100 年时，把越南建设成为迈向现代化工业的中等偏高收入发展中国家；到 2045 年即越南建国 100 年时，把越南建设成为高收入发达国家。报告确定了越南未来 10 年（2021—2030 年）的发展方向，以及十三届任期的 6 项中心任务和 3 大战略突破。[1]

2021 年 3 月 8—9 日，越共十三届二中全会在河内召开，主要内容有三项：一是讨论十三届党中央任期内的主要任务，其中尤其强调越共十三大提出的 6 项中心任务；二是向国会提名国家主席、政府总理、国会主席和其他重要国家机关领导人选；三是讨论第十五届国会代表和 2021—2026 年任期地方人民议会代表换届选举筹备工作。

7 月 5—8 日，越共十三届三中全会在河内召开。本次会议对 2016—2020 年经济社会发展规划、国家财政预算和公共投资计划的执行情况进行审议，并提出未来 5 年的规划；修改中央检查委员会工作条例，并增选个别领导职务。其中值得关注的是，会议决定给予原中央委员、原工贸部部长武辉煌开除党籍处分，并给予中央委员、平阳省委书记陈文南免去党内职务处分。

10 月 4—7 日，越共十三届四中全会在河内召开，主要讨论的议题包括 2021 年经济社会发展状况和 2022 年经济社会发展计划、新冠肺炎疫情的管控效果及新形势下的疫情防控举措等。会议还重点讨论党建工作，再次强调党的建设的重要意义，指出党的建设事关党和社会主义制度的生死存亡。提出要防范遏制党内"自我演变""自我转化"现象，并补充修订"关于党员若干条不准"的规定。

越共十三大后继续延续了十一大以来的重拳反腐态势。自越共十二大以

---

[1] 潘金娥：《越共十三大：总结革新史 描绘越南梦》，载《科学社会主义》，2021 年第 1 期，第 65—72 页。

来，反腐力度前所未有，反腐工作取得了斐然成绩，一些重大案件尤其引人关注。从越共十二大到十三大召开的5年间，共有超过8.7万名党员被处分，其中3200名与贪腐有关；在被处分的干部中，有113名中管干部，其中包括27名中央委员或原中央委员、4名中央政治局委员或原中央政治局委员、30多名武装力量将级军官。

2021年11月18日，越共中央防治腐败指导委员会召开常委会会议，越共中央总书记阮富仲要求各级党委和党组织本着中央委员会的新精神，严格、有效执行反消极腐败任务，要求加大委员会负责的案件调查、追诉、审理力度，争取开庭审理重大案件。

（三）完成国会换届，选举产生新一届国家领导人

越南国会和地方各级人民议会代表任期5年。2021年是国会和地方各级人民议会的换届年。5月23日，越南举行了第十五届国会代表及地方各级人民议会代表的选举，共有超过6920万名选民投票，投票率达到99.6%。越南第十五届国会代表选举共选出499名代表（原计划500名，平阳省委书记陈文南因违纪问题被终止国会代表资格），其中194人由中央机构推举，301人由地方推举，4人为自荐，选出的女性代表比例超过30%，为1976年以来最高水平，[1] 表明越南妇女的政治地位大大提高。此次选举还选出3726名省级人民议会代表、22 952名县级人民议会代表、242 312名乡级人民议会代表。

根据惯例，越共中央政治局负责提名新一届主要国家领导人，包括国家主席、政府总理和国会主席的人选，之后交由十四届国会投票表决通过后宣布上任，但仍需经新一届国会确认。

越南第十四届国会第十一次会议于3月24日到4月8日举行，选举产生新一届越南国家主席、政府总理以及国会主席等国家领导人和部分政府机关

---

[1]《越南选举产生新一届国会代表》，https://baijiahao.baidu.com/s?id=1702191783363543414&wfr=spider&for=pc。

领导人。会上，阮春福当选为新一任越南国家主席，范明政当选新一届政府总理，王庭惠当选新届国会主席。

2021年7月20日举行的第十五届国会第一次会议对十四届国会关于国家领导人的选举结果进行确认，阮春福、范明政、王庭惠当选连任并再次宣誓就职。自此，新一届国家权力的核心，即由党的总书记、国家主席、政府总理和国会主席构成的"四驾马车"全部轮换完毕。

10月20日，越南第十五届国会第二次会议召开，本次会议讨论的问题集中在2021年的经济社会发展形势和2022年的经济社会发展计划，其中重点关注新冠肺炎疫情防控问题。在此前授权政府和政府总理在必要时采取"防疫特殊措施"基础上，会议讨论新形势下"安全、灵活地适应并有效控制新冠肺炎疫情"的举措。

（四）简要评析

2021年越南政治生态表现活跃，实现了政治权力的正常更换，基本保持政治运行总体平稳。

越南近年来实行的民主化改革，出现了包括党内民主化和社会民主化的趋势。7—9月，新冠肺炎疫情在以胡志明市为中心的南部多省蔓延，中央要求当地实施封城措施，并派出军队1000多人进行部分军管，后由于工厂停工、工人失业、国家财政和经济情况难以为继，越南政府宣布从10月1日开始解封。然而，工人不愿意返回工厂上班，而是四散回到全国各地农村，其中不少人携带病毒，导致疫情在全国蔓延。12月1日，单日全国感染病例达到了14 508例，累计确诊1 252 590例，死亡25 452人。2021年10月后，越南在个别省份试点放开旅游禁令，并且采取了"与病毒共存"的抗疫方式，在新型病毒奥密克戎的威胁下，越南抗疫形势不容乐观。根据越南统计总局的报告，越南第3季度经济出现6%的负增长，导致前9个月GDP同比仅增长1.42%。越南官方公布的最新数据显示，2021年越南全年经济增长2.58%，远远低于6.5%的增速目标。

近年来，以三权分立和多党轮流执政为主要特征的西方传统政党政治衰败态势明显，社会治理能力和治理效率的低下在新冠肺炎疫情背景下更是暴露无遗。越共总书记年中发文已对西方政治制度加以揭露，并肯定了社会主义制度的优越性，说明越南党和政府已经对西方民主的弊端有了更加清晰的认识。预计，今后越南政治革新将会进一步加强党的领导，按照社会主义方向前进。

三、老挝人民革命党十一大前后新形势

党的十大以来，老挝人民革命党坚定信念，坚持革新开放的发展方向和社会主义发展目标，进一步建设全面坚强的党，建立符合实际的政府管理机制，完善法律体系，巩固人民联盟，维护了国家安全与稳定，政治改革稳步推进。面对新冠肺炎疫情的重重考验，老挝人民革命党科学决策、有效组织，克服疫情带来的困难，保持了政治稳定、社会安定和经济发展，确保了老挝人民革命党第十一次全国代表大会如期召开。2021年1月13日至15日，老挝人民革命党十一大在首都万象召开，大会的主题是"提高党的领导能力，加强全国人民团结，维护政局稳定，落实深化革新路线，推动经济社会向高质量发展，提高人民生活质量，努力摆脱不发达国家状况，继续向社会主义目标迈进"。受新冠肺炎疫情的影响，大会会期缩短，高效完成大会各项议程，听取了十届中央委员会政治报告，总结了十大以来发展成就，听取了"九五"规划草案说明的报告，选举了新一届中央领导机构，通过了党章修正案。十一大以来，老挝人民革命党继续加强思想和组织建设，提高执政能力，保持政局稳定，不断深化和推进革新路线。

（一）十大以来老挝人民革命党的思想和组织建设

1. 以马克思主义、凯山·丰威汉思想武装全党

人民革命党始终重视党的思想建设，强调马克思主义在党的建设中的指

导意义，坚定不移地坚持走社会主义道路。坚持把马克思主义的普遍原理与老挝具体实际相结合，不断进行实践探索和经验总结，逐渐系统化和理论化，形成指导老挝人民革命党建设和发展的思想体系，并于 2015 年老挝人民革命党建党 60 周年庆祝大会上首次公开提出，明确表述为凯山·丰威汉思想。2016 年，凯山·丰威汉思想被写入老挝人民革命党十大政治报告，与马列主义一道确立为党的思想理论基础。十大修订的党章中，强调了马克思列宁主义、凯山·丰威汉思想、社会主义理论对全党思想的理论指导意义。凯山·丰威汉思想的核心是准确认识和定位老挝发展阶段，重新确立老挝国家发展道路，摈弃原来直接进入社会主义的教条式的道路选择，转向继续建设和完善人民民主制度，为逐步向社会主义迈进创造各种条件。在总结自身发展经验的同时，老挝人民革命党还重视借鉴其他国家共产党的成功经验，通过与中国共产党、越南共产党举办政党理论研讨会，探讨和交流治党治国理论和经验，不断丰富自身的理论建设。

2. 加强党组织建设和作风建设

2016 年，老挝人民革命党十大对高层作出重大调整，领导班子实现顺利交接，新领导班子年龄结构更加合理，体现了老挝人民革命党干部队伍知识化的特点，既有利于稳步推进党既定的各项路线方针政策，又补充了改革进取的动力和源泉。

多效并举，推进各级党组织建设和作风建设。第一，加强和完善民主集中制，建立党内民意测评、信任投票等形式多样的民主制度，以民主制度建设促进党的领导作风向科学、务实和民主转变。第二，加强基层党支部建设，持续开展"坚强党支部"评选活动。第三，为遏制日益严重的贪腐及官僚主义，改善党的形象，于 2017 年在全党开展整风运动，以老挝人民革命党中央政治局制订的"关于在全党开展整党政治生活会的命令"等文件为指导，按照学习动员、自我总结、开展批评与自我批评、提出整改措施等步骤，在全党 2 万多个基层党组织和 30 万党员中有序进行，整风运动取得了一定的效果，党员意识和政治觉悟有所增强，工作作风有所转变。第四，发挥党员干部先锋模范作用，加强战斗力，坚决抵制党政机关和党员干部队伍中出现的消极现象，确保党始终廉洁、坚强、稳固。

3. 加强反腐工作力度

面对党内长期存在的干部腐败问题，老党中央纪律委员会相继制定多项廉洁从政和反腐的规定，2012年出台了《政治局关于党员干部禁止事项的规定》、《中央委员会和政治局关于新条件下加强纪检监督和反贪污腐败的决议》、《关于加强党委对党组织和党员监督工作的规定》、《2012—2020年国家反贪污腐败战略》（草案）及《关于领导管理干部财产和收入申报的总理令》。2014年，老挝政府为此颁布了"关于财产申报的第159号政令"，实施公务员财产公示制度，以遏制内部腐败，规定明确了需公示财产和收入的目标人群，包括高层领导干部，管理层干部，党组织、国有企业、合资企业的干部，尉级以上的军官和警察，以及从事经济工作的干部等，目标人群都必须上报自身、配偶以及其他家庭成员的财产、债务和收入，并规定价值在2000万基普以上的各类财产，如土地、房产、车辆、机械以及各类贵重物品等都必须如实申报。

以上反腐举措起到一定作用。2011—2016年，共有1806名党员受到纪律处分，其中女性171名，1007人被开除党籍。老党5年来党员人数增长较快，2016年比2011年增加了27.7%，全国党员总数达28.1万人，但组织发展工作中存在重数量轻质量的问题。[1] 与此同时，腐败造成国有资产流失，纪检部门对2011年至2016年中728个目标项目进行了检查，发现国有资产流失超过148 000亿基普（折合约18亿美元）。[2]

对此，老党中央积极整顿和纠正组织发展中存在的问题和乱象，并将建

---

[1] 陈定辉，《老挝2016年回顾与2017年展望》，载《东南亚纵横》，2017年第1期，第16页。

[2] 同[1]。

设纯洁坚强的基层组织作为"八五"期间老党基层组织建设的目标。十大将反腐列为未来 5 年党建工作重点之一,即提高纪检工作效率和权威,把预防和打击腐败作为各级党组织的主要职责。

(二) 十一大以来,继续巩固老党领导核心地位

第一,领导集体顺利交接,领导地位巩固。老挝人民革命党第十一次全国代表大会于 2016 年 1 月 18—22 日召开,768 名党员代表全国近 35 万名党员与会。[1] 大会选举产生了新一届老挝人民革命党中央领导集体,即由 81 人组成的老党十一届中央委员会(包括候补委员 10 人),其中政治局委员 13 人、中央书记处书记 9 人。[2] 十一届中央委员会新老更替体现了老党后备人才队伍建设和培养的稳定性和可持续性,十届中央委员中有 33 人继续当选,11 名十届中央政治局委员中有 9 名留任。新老结合既为党的中央领导集体注入新生力量,又保持了领导集体的战斗力。从年龄结构上看,十一届中央委员中,除通伦·西苏里年逾 70 外,60 岁以上和 46—59 岁的各占一半,平均年龄 59 岁,最低年龄 46 岁。从学历结构上看,十一届中央委员中具有硕士学位以上者 55 人,其中具有硕士学位者 27 人,具有博士学位者 28 人。[3] 中央领导班子实现顺利交接,既有利于稳步推进党既定的各项路线方针政策,又补充了革新进取的动力和源泉。

第二,修订党章,完善组织和作风建设。老党十一大通过党章修订案,旨在加强党的组织建设和对各级组织的管理,保证党员队伍的纯洁、坚强和稳定,提高党的领导能力。修订的具体内容包括:增加入党程序和党员考核制度,党纪处分中增加开除党籍,增加党员禁令,修订各级党组织书记的任职期限,细化各级党组织职责,以及明确财务管理工作的责任部门等。

---

[1]《老挝人民革命党第十一次全国代表大会决议》,http://kpl.gov.la/detail.aspx?id=57294。

[2]《老挝人民革命党第十一次全国代表大会选举产生新一届中央委员会》,载《人民报》,2021 年 1 月 18 日。

[3]《十一届党中央委员会选举情况和大会成果报告》,载《人民报》,2021 年 1 月 18 日。

第三，鉴往知来，客观评价发展成效，科学总结发展经验。老党十一大全面回顾十大以来的发展，客观评价发展成效，充分肯定成功的经验。十大以来，老挝政治稳定，国防治安队伍和力量得到巩固和增强；经济持续发展，实现年均5.8%的增长率，人均GDP 2654美元；民生得到改善；减贫工作有所突破；统战和群体组织继续发挥积极作用，促进民族和社会团结；全方位外交卓有成效；党的领导进一步强化，党员队伍凝聚力增强。这些成就的取得是老党坚定不移地实施有原则革新的结果，老挝社会主义事业建设迈上新台阶。

老挝党十一大指出：在党的统一领导下，社会主义建设不但取得巨大成就而且在实践中积累了许多值得借鉴的成功经验。老挝党十一大总结了必须坚持的四条经验：一是提高党的执政能力；二是重点加强基础设施建设和发展优势产业；三是加强人力资源开发；四是确保拟定的方针政策落实到位，计划顺利实施。

第四，深化落实革新路线、方针和政策。老党十一大全面分析和准确认识国内外形势，结合本国实际，确定未来5年发展目标，制定进一步深化落实革新路线的方针和政策。

2021—2025年的发展目标包括：继续推动国民经济持续、健康、高质量发展，未来5年实现经济年均增长4%以上，到2025年人均年收入达到2887美元；大力培育适应未来经济社会发展需要、掌握科学技术、具有创新能力的高素质专业人才；逐步提高人民群众物质和精神生活水平；保护环境，维护自然生态平衡；强化基础设施建设，发挥国家区位优势，积极主动融入国际和区域合作与交流，加快区域联通；推进法治和制度建设，推动国家治理体系现代化，保证社会公平、正义与和谐。围绕以上目标，未来5年拟开展的工作重点包括加快推进减贫工作，完善政府管理体制，实施科技创新战略，加强国际和区域合作，应对和克服新冠肺炎疫情等重大传染性疾病的影响等5个方面。

老党十一大制定了进一步落实和深化革新路线的方针政策,即完善社会主义定向的市场经济体制、加快人力资源开发、改革和完善行政管理体制和机制、巩固党的执政地位、完善干部选拔任用和管理体制、开展多层次多元外交、建设现代化国防治安力量、加强党的统治与群团工作。落实这一方针政策的具体措施包括加强"三建"工作、夯实经济发展基础、解决财政困难和公共债务问题、抑制通胀和稳定汇率、解决新冠肺炎疫情带来的就业困难问题、加强人力资源开发等。

(三)政府改革稳步推进,新一届政府顺利产生

根据宪法,政府是老挝国家最高行政管理机关,统一管理国家政治、经济、社会文化、国防、治安和外交等各方面工作。2011年以来,政府稳步推进改革,精简机构,强化职能,加强执政能力建设。2021年3月22日老挝第九届国会第一次会议召开,会议选举老挝人民革命党中央委员会总书记通伦·西苏里为新一届国家主席,选举产生了新一届政府,中央政治局委员潘坎·维帕万当选政府总理,会议还通过了一份包括19名部长在内的内阁名单。

1. 下放中央职权,加快农村全面发展

"三建"工作经验不断总结和推进。2011年,老挝党九届三中全会通过政治局"关于将省建设为战略单位、将县建设为全面坚强单位和将村建设为发展单位与中央各部门转变宏观管理职能相结合的决议,"[1] 该文件明确了老挝省、县、村三级行政机构的定位与职能,进一步明确了中央和地方行政机构职责和分工,逐步推进农村城镇化建设。"三建"工作是老党在新形势下,推动中央简政放权,加强和激发地方自主性和积极性,加快农村全面发展和脱贫步伐工作的一项新突破。设立"中央三建设试点指导委员会",为保证"三建"工作的顺利实施提供指导和保障。2012年10月1日,"三建"

---

[1] 陈定辉:《老挝:2011年发展回顾与2012年展望》,载《东南亚纵横》,2012年第2期。

工作正式启动，在全国 51 个县和 109 个村开展试点。

2016 年以来，老党在政府职能、机构设置等方面进行了一系列的改革，旨在提高政府效率。其一，除每月定期主持召开政府内阁例会听取各部门汇报、督促检查和部署重点工作外，通伦提倡政府决策要讲求民主、集中统一和透明。其二，精简机构，副总理由 5 位缩减为 3 位，分工明确且避免了交叉。其中，本通·吉玛尼兼任中央纪检委书记和国家反贪局局长，分管党政纪检监察；宋赛·西潘敦负责行政管理工作；宋迪·隆迪兼任财政部部长，分管财经计划与税收。[1] 上届政府中有两位副总理分管经济工作，工作上难免发生交叉和重复，影响了政策的实施和效果，因此，本届政府将国内经济建设和对外经济工作合二为一，由一位副总理统领，以便更好地实现内外联动，发挥优势，整合资源，实现经济快速发展。其三，树立中央政府权威，做到令行禁止；避免政出多门，以提高政府工作效率；出台严格的节俭措施，反对铺张浪费；并要求领导以身作则、做出表率。[2]

2. 国会逐步推进改革，影响不断扩大

2016 年，老挝恢复地方议会选举，以更好发挥国会重大决策和举措的审议职能。5—7 月，全国 17 个省和首都万象市依据全国选举结果，相继设置了省（市）级人民议会。根据《宪法》，省（市级）人民议会设有主席、副主席、常委会、秘书长及委员若干，首届议会主席一般由省（市）委第一副书记或常务副省长出任，同时兼任议会常委会主席。在国会的统一领导下，省级人民议会履行其职责，包括选举和免除省长、万象市市长，审议和批准副省长、万象市副市长和省（市）有关部门厅局长的任命，审议省（市）级经济社会发展规划和政府预算等。

---

[1] "Roles of Govt Leaders Spelled out", http://www.vientianetimes.org.la/sub-new/Previous_147/FreeContent/FreeConten_Roles.htm.

[2] "Govt to Rein in Spending", http://www.vientianetimes.org.la/sub-new/Previous_248/FreeContent/FreeConten_Govt248.htm.

2021年2月21日,老挝举行第九届国会代表和第二届省人民议会代表选举。此次选举将从224名候选人中选出164名第九届国会代表,从另外788名候选人中选出492名第二届省人民议会代表。老挝国家选举委员会和地方选举委员会为本次选举做了大量准备工作。选举前几周,村级行政机构印发了关于选举和候选人的资料,确保选民们充分知情。老挝全国约有428万选民,全国设置了7200个投票站,并设置移动投票点方便不便前往投票站的选民,还设有40个海外投票站供在国外的选民投票。老挝第九届国会第一次会议于3月22日在万象召开,会议选举老挝人民革命党中央委员会总书记通伦为国家主席,选举老挝人民革命党中央政治局委员潘坎为政府总理,选举老挝人民革命党中央政治局委员赛颂蓬为老挝第九届国会主席、中央书记处书记顺通等5人为国会副主席。

四、马来西亚政党政治的新格局

2021年8月21日,来自巫统的伊斯迈尔·沙必里在国家皇宫宣誓就任马来西亚新一届总理。这是2018年大选以来,马来西亚第3次发生政权更迭,体现了政党政治的新格局变化。

(一)从"一党独大"到"多党鼎立"

自1957年独立以来,巫统以"一党独大"率领多党联盟执政61年,保持马来西亚政治相对稳定,经济持续高速增长,被称为"亚洲小虎"。2018年5月9日,反对派联盟——希望联盟出人意料地在大选中击败了以巫统为核心的执政联盟——国民阵线,导致巫统失去了国会中"一党独大"的地位,成为马来西亚政治转型中最大的"黑天鹅事件"。从此,马来西亚进入了"多党鼎立"的政治格局。

在"509大选"中,希望联盟获得国会下议院113个议席,取得执政权,马哈蒂尔则以92岁高龄二度执政。希望联盟政府由隶属于希望联盟的土著团结党、人民公正党、民主行动党、诚信党以及友党沙巴民族复兴党等组成。希望联盟上台伊始,首要任务是打击贪污腐败,效果显著。比如彻查"一马公司"腐败案,重整反贪委员会,调查联邦土地发展局、朝圣基金等丑闻,并要求内阁成员申报财产等。根据"透明国际"发布的全球廉洁指数排行,2019年马来西亚排名上升10位,在180个国家中位居第51位。[1]

希望联盟执政后,许多竞选承诺没有兑现。在竞选中,希望联盟曾"承诺百日十大新政,五年六十大承诺,然而执政后,在承认华文独中统考文凭、废除南北大道通行费等诸多方面却迟迟难以落实,引起了选民极大不满,"[2] 其支持率不断下滑。根据马来西亚民意调查机构的调查,"在希望联盟执政的702天中,556项具体承诺仅完成了26项(5%),122项开始实施(22%),397项(73%)尚未启动。"[3] 大选承诺大部分没有落实,一方面在于希望联盟为拉拢选民,在大选中许下了不可能兑现的承诺;另一方面,虽然马哈蒂尔本人具有丰富的执政经验,但内阁中的绝大多数部长没有执政经验,应对国内问题时仍然以反对党身份处理,过于纠缠政治细节,忽视政府部门之间的协调与配合,造成朝令夕改,效率低下。

人民公正党的内讧为希望联盟垮台埋下了伏笔。2019年人民公正党主席安瓦尔与署理主席阿兹敏的矛盾公开化。2019年6月,阿兹敏被曝卷入性爱光碟丑闻,警方立即展开调查。安瓦尔指出,如果性爱光碟属实,阿兹敏必须辞职下台。随后,27名支持阿兹敏的人民公正党领袖联署炮轰安瓦尔。7月,阿兹敏在国会走廊公开批评安瓦尔,两人矛盾加剧。12月,阿兹敏派系集体缺席人民公正党大会。

与此同时,反对党巫统与伊斯兰教党不断走近,加强合作。2019年9

---

[1] https://www.transparency.org/en/countries/malaysia.

[2] 傅聪聪:《2019年马来西亚政治形势》,载苏莹莹、翟崑主编:《马来西亚蓝皮书:马来西亚发展报告(2020)》,北京:社会科学文献出版社,2020年版,第31页。

[3] "The Harapan Tracker", https://harapantracker.polimeter.org/.

月，两党签署《全民共识宪章》，达成 5 点共识，强调马来语、伊斯兰教、马来苏丹主权、马来人和土著的特殊地位。在此前后，两党在还在议会补选中相互合作，并取得不错成绩。

权力交接成为压垮希望联盟的导火索。2018 年大选前，希望联盟达成共识，如果大选获胜，马哈蒂尔先担任总理两年，两年后将总理职位转让给安瓦尔。然而马哈蒂尔二度上台后，虽然承诺移交权力，但对交权细节避而不谈。面对马哈蒂尔的态度，人民公正党高级领袖公开炮轰马哈蒂尔，要求他按时交权。马哈蒂尔误判形势，以为绝大部分国会议员支持他担任总理，他可以当超越党派的全民总理。2020 年 2 月 24 日，马哈蒂尔向最高国家元首阿卜杜拉递交辞呈，其所属的土著团结党退出希望联盟，阿兹敏派退出人民公正党，希望联盟最终因失去国会下议院多数席位而垮台。

2020 年 3 月 1 日，穆希丁先下手为强，立刻领导土著团结党与国民阵线、沙捞越执政联盟、伊斯兰教党等结盟，组成国民联盟政府。仓促上阵的国民联盟政府权力基础并不稳固，主要在于土著团结党与巫统存在结构性矛盾。2021 年 1 月 9 日和 12 日，先后有两名巫统国会议员公开宣布撤销对国民联盟的支持，使得国民联盟在议会的议席缩减至 109 席。国民联盟政权摇摇欲坠，理论上失去了执政的合法性。为了挽救政权，穆希丁总理以全力抗击疫情为名，建议国家最高元首阿卜杜拉宣布进入全国紧急状态。1 月 12 日，阿卜杜拉元首同意穆希丁总理的要求，宣布全国紧急状态从即日开始至 8 月 1 日，根据疫情防控而定。在全国紧急状态期间，停止一切政治活动，包括不能举行全国大选和补选。

全国紧急状态暂时规避了政治动荡的风险，但由于疫情并没有得到控制，感染病例反而不断上升，结果造成朝野共同逼宫。8 月 16 日，穆希丁无奈辞去总理职位。经过国民联盟政府各个党派讨价还价之后，来自巫统的中间派、时任副总理伊斯迈尔·沙必里赢得国会 220 议席中 114 席勉强多数支持，出任新一届内阁总理。由此，执政 17 个月的穆希丁政府成为马来西亚历史上最短命的政府。

（二）各大政党复杂关系

马来西亚实行君主立宪制。苏丹为国家元首，由吉打、吉兰丹、丁加奴、玻璃市、彭亨、霹雳、雪兰莪、森美兰和柔佛9个州的世袭统治者轮流产生。国家元首是马来族特殊地位的保障者，是伊斯兰教领袖，名义上拥有联邦政府的行政权。国家元首有权任命总理和内阁部长，但需任命国会大多数议员信任的议员为总理，并根据总理的建议任命国会中的议员为部长。

马来西亚实际的行政权掌握在总理领导的内阁手中。总理通常由政党或政党联盟推举。政党或政党联盟决定了政府的产生，为此各大政党的合纵连横成为政治上的一种常态。各大政党复杂关系主要体现在政党联盟这个平台上。

1. 国民联盟

2020年5月17日，土著团结党、伊斯兰教党、沙捞越政党联盟、沙巴团结党、沙巴立新党和民政党，同意成立政党联盟——国民联盟，并签订五点谅解备忘录。2020年3月，国民联盟获得过半国会议席取得执政地位，其主席为时任总理兼土著团结党主席穆希丁。2021年8月，随着穆希丁总理下台，国民联盟分崩离析，只剩下土著团结党、伊斯兰教党、民政党三党。

2. 国民阵线

国民阵线（以下简称"国阵"）成立于1973年，为巫统、马华公会和国大党组成的三党"联盟"的扩大版。自1957年马来亚独立，一直到2018年，该政党联盟执政马来西亚61年，前后有14个政党加入。随着2018年第14届大选的失利，国阵丢掉了联邦政府政权，沙巴和沙捞越各大政党纷纷脱离国阵，或保持中立，或成为反对派。2018年6月23日，以华人和槟城为基本盘的民政党由于没有获得第14届国会选举的任何国会议席，宣布退出国阵。现在国阵只剩下巫统、马华公会、国大党老三党和沙巴团结党，巫统在国阵中居主导地位。

3. 希望联盟

成立于 2015 年 9 月 22 日，由人民公正党、民主行动党、土著团结党和国家诚信党组成，并获得沙巴民族复兴党的支持。前身为 2008 年 4 月 1 日成立的人民联盟，其成员为民主行动党、人民公正党和伊斯兰教党。

2018 年希望联盟获得大选胜利，组成联邦政府，并获得 8 个州的执政权。2020 年 2 月 24 日，马来西亚爆发政治危机，人民公正党内部阿兹敏派系的 10 名国会议员宣布退党成为独立议员，同时土著团结党宣布退出希望联盟。此后希望联盟失去中央政权，并陆续失去柔佛州、马六甲州、吉打州及霹雳州的州政权。现在希望联盟只剩下人民公正党、民主行动党和国家诚信党 3 个政党。

4. 国家和谐联盟

2019 年 6 月 22 日，第 65 届马来西亚伊斯兰教党全国大会通过动议，正式批准该党与巫统开展政治合作，并授权党中央在适当的时候与巫统缔结正式政党联盟。9 月 14 日，马来西亚国内两个最大的马来族群政党终于正式结盟，两党领袖签署《全民共识宪章》（*Muafakat Nasional*），旨在团结马来人和穆斯林的力量，作为下一届全国大选重夺政权的战略。宪章强调：一方面要在联邦宪法框架下，全面加强伊斯兰教、马来人和土著议程；另一方面在不否认将多元宗教、族群和文化多元性作为国家政治稳定、民族和谐和国家繁荣核心的前提下，通过增扩伊斯兰教和马来族群的相应内容，建立合作。随着伊斯兰教党加入国民联盟，国家和谐联盟已经名存实亡。

此外在沙捞越有政党联盟，在沙巴也有团结联盟，但其联盟的活动范围主要在东马地区，对全国影响相对较小。但是，东马地区的政党一般对西马地区全国性政党的戒心比较重，比如东马的土著政党对巫统、土著团结党和人民公正党"东渡"到东马竞选保持高度警惕，而东马的华人政党，比如沙捞越人民联合党等则对民主行动党非常反感，甚至将其视为敌手。

总之，在上述四大政党联盟中，只有希望联盟中的政党合作没有相互交叉，具有相对稳定性，而其他三个联盟中的政党之间相互交叉。这表明，国民联盟、国民阵线、国家和谐联盟的基本盘相互重合度较高，政治理念较为相似，三个联盟中政党之间合纵连横的力度则显得更大。

（三）地方选举成为未来政局走向的风向标

2021年11月20日，马六甲举行地方选举。以巫统为代表的国民阵线获得压倒性胜利，在28个州议席中获得21席，取得单独州执政权。国民联盟获得2个议席，全部由土著团结党获得，伊斯兰教党一席未得；希望联盟获得5个议席，人民公正党一席未得，这对主席安瓦尔是一个沉重打击，其反对派领袖的领导能力受到了质疑。

从这次得票率来看，国民阵线得票率为38.41%，希望联盟得票率为35.81%，国民联盟为24.32%，其余政党和独立人士1.46%。虽然国民阵线获得了三分之二的议席，但其得票率与希望联盟只差3个百分点。受新冠肺炎疫情影响，这次投票率仅为65.85%，是希望联盟失败的重要原因。

在这次选举中，前总理纳吉布的声望有所提升，这是否意味着他将从贪腐案件中顺利脱身并重新领导巫统，还有待观察。不过，从选举结果来看，多数选民厌倦政党内斗、希望政权保持稳定则是共识，这将给以巫统为代表的国民阵线重整士气、赢得未来大选胜利增添更多的信心。虽然现任政府为联合政府，巫统不能像过去那样一言九鼎，但以巫统为代表的国民阵线掌握了大量行政资源，只要巫统不出现大的分裂，国民阵线获得未来大选胜利是大概率事件。

2021年12月18日，沙捞越举行地方选举。执政的沙捞越政党联盟获得76个议席，以绝对优势获胜。该联盟是现任中央政府参政联盟党，在国会中拥有18个议席，分量不轻。在这次地方选举中，国民阵线和国民联盟争相拉拢沙捞越政党联盟，誓言不派候选人参加竞选，全力支持沙捞越政党联盟竞选。未来大选中，争取东马的沙巴、沙捞越政党的支持对任何想获得中央政权的政党或政党联盟来说都至关重要。

五、缅甸的艰难政治转型

2021年2月1日，缅甸军方再度接管政权，缅甸的政党政治进入"暂停期"。缅甸政治格局从"双头政治"（军方与民选政府分权治理）重新回到"单极政治"（军方占绝对主导）时期。虽然缅甸军方向国际社会承诺将在2023年下半年进行选举，还政于民，但缅甸未来还面临不少不确定性因素，缅甸的政治转型进入艰难时期。

（一）军方质疑大选不公的主要理由

2020年11月8日，缅甸举行多党制大选，超过3800万选民参加投票，执政党民盟在此次大选中获得压倒性胜利，在联邦议会的476个民选议席中，以396席绝对优势胜出，获得了民选议席的83%。但是在大选之后，缅甸军方和巩发党与民盟围绕大选结果产生分歧，军方认为大选存在舞弊行为，要求展开调查，并推迟召开新一届联邦议会会议，但民盟方面予以拒绝。军方和巩发党指责大选不公，主要集中在以下几个方面。

第一，质疑提前选举。2020年11月2日，缅甸国防军总司令部发布了《2020年多党民主大选提前投票期间关于所发生事件的公告》[1]，该声明主要针对联邦选举委员会，从声明中可以明显地看出，军方对于联邦选举委员会在选举准备过程中的不足之处进行了指责。

第二，质疑选民造假。军方质疑选民身份造假。军方根据2014年全国人口普查结果推测，选民人数与联邦选举委员会公布的选民人数有巨大落差，质疑联邦选举委员会对选民身份造假。

第三，质疑大选的自由、公正性。军方认为在2010年和2015年大选期

---

[1]《2020年多党民主大选提前投票期间关于所发生事件的公告》，https://cincds.gov.mm/node/9656。

间联邦选举委员会出色地完成了宪法赋予它的职责,尤其是 2015 年大选备受国内外关注,邀请了众多国际机构作为观察员身份进行监督,而联邦选举委员会在当时的表现也是可圈可点。经过两届多党民主大选,军方认为联邦选举委员会应该具备了应对未来多党民主大选的经验。然而自投票以来的表现让缅甸军方对其能力和公正性产生了质疑。

2020 年 12 月 23 日至 2021 年 2 月 1 日,军方共发布了 30 份关于可能存在选票舞弊的调查结果。军方认为,在各镇区内、各省邦的镇区间、各省邦间存在重复计数的选票和其他舞弊的选票数量共计 10 482 116 张,未满 18 岁的投票人员 11 943 人,无身份证明投票人员 4 648 270 人,百岁及百岁以上投票人员 18 356 人。联邦选举委员会之前发布的具有投票权的公民名单也存在争议。

2021 年 7 月 26 日,联邦选举委员会发布公告称,2020 年 11 月举行的大选不合法、不公正,废除此次选举结果。

(二)缅甸政治出现转型困境的原因

这次缅甸军方再次接管政权,造成缅甸国内呈现出不稳定状态。暴力冲突不断,工人罢工、学生罢课、商人罢市、医生罢医等现象层出不穷,缅甸政治转型出现了严重的困境。其原因主要如下。

第一,宪政结构出现明显短板。针对大选争议,2008 年宪法虽有规定,但总体来说缺乏操作性。比如大选争议何时提出、何时举证和申诉、何时了结等,没有一个整体的制度性安排,这给此次选举争议酿成巨大政治风暴埋下了隐患。

第二,民盟与军方矛盾为主要矛盾。民盟与军方围绕修改 2008 年宪法问题一直存在尖锐矛盾。民盟主张修改军方政治权力、总统任职资格、修宪门槛等条款,核心是去掉军方的一些特权。比如:是否要削减军方 25% 议员,是否要取消军队的独立地位而将其纳入总统管辖下,是否要修改"总统配偶或直系亲属不能为外国人"的总统任职资格条款,以及修宪需要 75% 以上的议员同意，等等。

军方则认为，2008年宪法是保证缅甸民主转型的根本大法，需要坚决维护。军方不同意设立国务资政，对昂山素季架空国防与安全委员会表示不满。

第三，政党林立、利益碎片化。根据缅甸联邦选举委员会统计，缅甸国内登记在册的政党共有93个。2020年大选时共有91个政党参与角逐，最终有19个政党获得了民族院、人民院和省邦议会的议席（独立人士和军方不在统计之列）。

缅甸民主转型后举行了3次大选，国内目前具有参政经验的政党为33个，若开民族发展党、全孟地区民主党、钦发展党、佤民主党、克钦团结民主党、孟民族党、佤民族团结党等7个政党根据缅甸选举委员会政策、大选策略和各政党自身发展的需要先后进行了合并重组。目前缅甸国内主要的政党有民盟（NLD）、巩发党（USDP）、民族团结党（NUP）、掸族民主党（SNDP）、若开民族党（ANP）、全国民主力量党（NDF）、掸族民主联盟（SNLD）、德昂（布朗）民族党（TNP）、勃欧民族阵线（PNO）等。

缅甸国内政党林立，政党数量之多在世界上实属罕见。大多数政党的规模相对较小或影响力有限，只能依附于大党或多政党联合才能在缅甸政治生活中发挥一定的作用和影响力。除登记在册的93个政党外，还有35个政党已经被取缔。

从现存各政党的政党宣言和政治观点分析，之所以有如此宏大的政党规模，与他们各自维护的有限团体利益密切相关。大多数政党所持有的政治观点为狭隘的民族主义，只有很少一部分政党的政治观点是从整个民族或国家层面来设计。这注定大多数政党的影响力甚至生命力是有限的。

（三）未来缅甸政治转型的走向

从目前来看，缅甸的任何一支政治力量都难以撼动军方，军方仍然在缅甸政治转型中扮演"监督者"和"主导者"的角色。未来缅甸的政治转型是否顺利，取决以下几个因素。

第一，军方是否能完全控制国内局势。虽然现在军方对国内局势的管控力度比年初大大增强，但毕竟缅甸地域广阔，军方管控能力有限，只能在重点地区进行重点管控，保证基本的民生，维护国内基本盘稳定。另一方面，能否恢复受新冠肺炎疫情影响的经济是考验缅甸军方能力的重要指标。如果疫情失控，将对缅甸军方下一步政治路线图的实施带来一定打击。

第二，东盟的制约作用。东盟在缅甸政治转型中扮演着协调者的角色，在某种程度上起到制约作用。2021年4月24日，国家管理委员会主席敏昂莱应邀参加东盟特别峰会，并达成五点共识，即缅甸国内立即停止暴力活动，各方保持克制；所有相关各方进行建设性对话，为民众的利益寻找一个和平的出路；派遣一位东盟轮值主席国特使介入，帮助落实东盟秘书处提供的援助和协商共识；通过东盟灾害管理人道主义救援协调中心向缅甸提供帮助；向缅甸派遣特使和代表团，与缅甸各方进行会晤。

关于如何落实五点共识，东盟与缅甸军方有分歧，特别是东盟轮值主席国特使提出会见昂山素季等要求被军方拒绝，结果造成东盟拒绝邀请缅甸军方参加10月底举行的东盟峰会及系列会议，这是东盟成立以来的罕见事件，彰显了东盟与缅甸军方在恢复缅甸既有秩序、推进政治转型等方面的分歧和矛盾。

第三，西方的制裁作用。西方对缅甸军方及其相关企业进行了多轮制裁。这些制裁体现了西方对缅甸军方做法的极力反对。西方试图通过制裁迫使缅甸军方改变立场，尽快还政于民。由于西方在缅甸的经济影响力有限，因此西方对缅甸军方及其关联企业的制裁效果不大。但西方不会放弃对缅甸军方的施压，仍然通过盟友和联合国等多边机构，全面对缅甸军方施压，直至缅甸走上正常的政治转型之路。

2021年8月1日，缅甸国家管理委员会发布152/2021号政令，"为进一步有效地执行国家领导委员会制定的'五步走'路线图和'九项目标'，决定将国家管理委员会行政委员会改组为看守政府。"[1] 看守政府设立总理、副总理、联邦部长、联邦总检察长、看守政府办公室常务秘书职务。原国家管理委员会主席和副主席敏昂莱大将和梭温副大将分别出任总理和副总理一职。同日，敏昂莱发表电视讲话称："根据宪法第421条第2款，如果在紧急状态一年内没有完成所有工作，可以延期两次，每次六个月……，加之重新举行大选准备需要六个月，在2023年8月需要完成所有工作。"[2]

缅甸军方制定的"五步走"路线图和"九项目标"是否能够如期实现，外界存在一定的疑虑。毕竟还有两年多时间，中途存在诸多变数，缅甸的政治转型还存在一些不确定性。

综上所述，2021年以来东南亚政党政治发展之路并不平坦，充满曲折，个别国家还出现了暴力活动。2022年，菲律宾举行大选，马科斯当选总统。这是六年一度的大选，涉及18 100个职位，包括总统和副总统职位。可以看出，家族政治、政党政治与金钱政治相互交织的菲律宾大选，对于菲律宾政党政治发展具有举足轻重的影响。此外，2022年马来西亚也可能举行大选，马来西亚的政治格局是否会发生彻底改变值得关注，特别是巫统一家独大的局面是否会重现，还需经过大选的检验。2022年柬埔寨为东盟轮值主席国，柬埔寨是否能够在有效推动缅甸军方落实五点共识方面取得实质性进展，缅甸军方是否能够管控好国内局势，还存在诸多变数。

---

[1]《缅甸联邦共和国准备成立看守政府》，https：//www.mlis.gov.mm/mLsView.do;jsessionid=68F461F965EF81F1F4592179D E1E11D9? lawordSn=16616。

[2]《国家领导委员会期满半年之际国家领导委员会主席敏昂莱大将的讲话》，https：//www.seniorgeneralminaunghlaing.com.mm/。

第四章
南亚地区国家政党政治发展与研究

胡仕胜 等*

南亚地区国家政党政治源起于英印殖民统治末期的政治建设。随着南亚精英阶层参政意识的不断觉醒以及民族独立运动的逐渐兴起,自19世纪初期开始,为最大限度地稳定殖民统治,保住殖民利益,英印殖民政府开始与本土政治精英展开合作,并按英国威斯特敏斯特模式,逐渐建立起一整套政党制度、选举制度和议会制度。迄今仍活跃在南亚政坛的印度国大党成立于1885年,在英国人于1947年撤离次大陆之时,国大党已拥有半个多世纪的政治与政党斗争经验;全印穆斯林联盟[1]成立于1906年,它与国大党在殖民统治体系之内曾展开过尖锐的选举大战与党派斗争。值得一提的是,英国人在次大陆的殖民统治所催生的政党文化与议会政治最终埋葬了殖民统治,因为在南亚次大陆摆脱大英帝国殖民统治的过程中,政党议会斗争是主要路径。

---

* 本章节由中国现代国际关系研究院南亚研究所南亚政党政治课题组撰写。课题组成员包括:胡仕胜(主笔)、王世达、王海霞、林一鸣、张书剑、王瑟和徐琴。

〔1〕 1947年8月巴基斯坦独立后,全印穆斯林联盟更名为巴基斯坦穆斯林联盟。

现如今的南亚政治版图是政党斗争的直接结果。在英国殖民者决定撤离次大陆之际，国大党和全印穆斯林联盟的政治斗争日趋激烈，最终导致了1947年的印巴大分治，两大政党分别成为新生印度和巴基斯坦的缔造者；斯里兰卡于1947年举行第一次议会选举，在正式建立多党议会民主制的同时于翌年2月获得了国家独立（定国名为锡兰），成为英联邦的一个自治领地；1972年东巴基斯坦[1]独立为孟加拉国，则主要缘起于东西巴两大政党——巴基斯坦人民党和人民联盟——之间的尖锐政见分歧与党派矛盾，它使得1970年12月的全国选举[2]最终演化为一场国家分裂和民族独立运动；1975年，锡金作为一个独立的世袭王国沦为印度的一个邦，它所假借的也是政党议会斗争。[3]可以说，南亚政治版图的定型过程也是南亚政党政治不断落

---

[1] 1947年印巴分治后诞生的巴基斯坦由两大块领土组成：一块是西巴，即现在的巴基斯坦；一块是东巴，即现在的孟加拉国。

[2] 1970年12月巴基斯坦举行建国以来的第一次全国性大选。成立于1949年的人民联盟（成立时称"巴基斯坦人民穆斯林联盟"，1952年改成现名）在东巴（即现在的孟加拉国）赢得一边倒的胜利，在分配给东巴的162个国民议会席位中独得160席，在国民议会300个总席位中占比53.3%，成为第一大党，但它在西巴（即现在的巴基斯坦）却未获一席；同样的一幕也出现在西巴，巴基斯坦人民党（成立于1967年，以下简称"巴人民党"）未能在东巴赢得任何席位，但却在西巴赢得多数，在138个国民议会席位中获得81席，在国民议会300个总席位中占比27%。显然，在国民议会占据议席多数的人民联盟有权组建下一届中央政府。然而，由于选举产生的两大政党——人民联盟和巴人民党——在召开国民议会、制订新宪法等重大问题上的分歧难以弥合，导致东西巴矛盾大爆发。激烈的党争触发东巴出现大规模街头政治，巴军队强力干预，政治斗争迅速酿成内战。在印度强势干涉下，最终东西巴分裂，孟加拉国于1972年1月10日正式成立。

[3] 锡金古称哲孟雄，原属吐蕃（西藏）的一部分，9世纪成为独立部落，但境内寺院仍隶属于西藏各大寺庙。19世纪中叶，锡金沦为英国的势力范围。1890年3月17日，清政府与英国在加尔各答签署《中英藏印条约》，清政府承认锡金为英国的被保护国，并划定了藏锡边界。1918年，英国把政权还给锡金，但在锡拥有排他性特权利益。英国人撤离次大陆后，自诩为"大英帝国殖民遗产天然继承者"的新生印度强行与锡金签订了《维持现状协定》，完全继承英国人在锡特权，继续往锡金派驻专员。与此同时，印度国大党政府大力支持锡金国大党发起不合作运动，要求国王进行改革。1950年12月，通过签订《印度锡金和平条约》，印度开始全面掌控锡金的国防、外交和经济大权，将锡金变为被保护国。1968年8月，锡金首都甘托克爆发反印示威，要求废除《印度锡金和平条约》，争取政治独立。新德里急调大批军警前往镇压。1973年4月，印度强行对锡金实行军管，在持续打压主张摆脱印度控制的锡金国王及其民族党的同时力挺亲印的锡金国大党。1973年6月，受印操纵，锡金国大党在议会强行通过宪法修正案，将锡金由印度的"被保护国"变性为印度的"联系邦"。1975年4月10日，锡金国大党继续操控议会宣布废黜国王，并在4天后以"全民公投"形式正式宣布锡金并入印度；5月16日，印度议会宣布锡金正式成为印度的第22个邦。

地生根、开枝散叶的过程。

一、南亚地区政党政治主要特色

南亚政党政治历经 70 余年发展、演化,如今,政党政治、选举政治和议会政治不但成为这个地区唯一共通的政治文化,且独具鲜明特色。

(一) 议会民主制成为政治文化的主流

尽管一些南亚国家曾出现过总统制和总理制的反复变换,出现过军人政治与民选政治之间的殊死较量,出现过君权与政党之间的政治博弈,但多党民主制最终得以"一统江湖"。

英国人走后,最先在南亚正式运转议会民主制的新生国家是斯里兰卡。1947 年,斯里兰卡举行了第一次议会选举,标志着议会民主制的正式建立。此后,斯里兰卡政体虽在总理制和总统制间反复摇摆,多党选举的议会民主制却一直持续下来。

紧随其后的是印度。印度继承了殖民时期相对成熟的议会民主制。1951 年年底至 1952 年年初,印度成功举行宪法生效后的首次大选,产生了第一届人民院。在国大党这支成熟政党的引领下,印度议会民主制度自启动伊始即运行平顺。迄今为止,印度举行了 17 次全国性选举,选举政治几乎从未中断,且每次选举都能实现权力的平稳过渡。选举成为印度政党取得执政地位的唯一手段。应该说,印度是南亚地区国家中,甚至可以说是所有发展中国家中多党民主议会制运行得最为平稳的国家。

巴基斯坦的政党政治虽起步早,但却历经坎坷。由于全印穆斯林联盟主席、巴基斯坦国父真纳及其亲密战友在巴基斯坦建国后不久即相继辞世,[1]导致巴基斯坦陷入了长达9年的制宪危机,加之断断续续又有10余年的军人统治,直到1970年12月,才举行了里程碑式的国民议会选举,这是巴基斯坦独立23年以来的第一次以成人公民权为基础的直接选举。[2] 尽管其后巴基斯坦的民主政治又遭遇两次军事政变的严重干扰,但2008年随着穆沙拉夫将军辞去巴基斯坦总统一职,巴基斯坦议会民主总算迈上了较为平稳的轨道。

尼泊尔的政党政治受印度影响较大。1951年,在印度帮助下,尼泊尔结束了长达105年的拉纳专权（1846—1951年）,王权归位。与此同时,先前在印度成立的尼泊尔大会党（1947年）和尼泊尔共产党（1949年）,回到尼泊尔开启政党政治新进程。1959年,尼泊尔举行了第一次全国大选,尼泊尔大会党胜出。然而,由于尼泊尔大会党领导人与王室发生了尖锐冲突,尼泊尔国王于1960年实施党禁,实行无党派评议会体制。直到1989—1990年,受尼泊尔大会党、尼泊尔左派政党在全国范围掀起的"恢复民主人民运动"的冲击,国王被迫恢复君主立宪制下的多党民主议会制。2008年,作为党派政治运动的重要成果,尼泊尔正式结束了拥有239年历史的印度教君主制,迈入民主共和时代。然而,尼泊尔多党民主体制一直运行不畅。党派纷争经年不息,政府变更如同家常便饭。[3] 尽管如此,多党民主制度基本

---

〔1〕 巴基斯坦于1947年8月14日宣布独立建国,穆罕默德·阿里·真纳于1948年9月11日逝世；1951年10月,真纳的亲密战友阿夸特·阿里·汗被阿富汗人刺杀身亡。两人的相继离世,使巴基斯坦在建国初期的关键阶段失去了重要政治依赖。巴基斯坦也因此陷入政局频繁动荡、军人不得不频繁出手"稳局"的怪圈,严重影响了巴基斯坦多党议会民主的发展与质量。

〔2〕 杨翠柏、刘成琼编著:《巴基斯坦》（列国志系统丛书）,北京:社会科学文献出版社,2005年版,第81页。

〔3〕 从1990年尼泊尔恢复多党民主政治以来,尼泊尔政坛变幻无常。意识形态退化导致尼泊尔各大党派凝聚力不断削弱,内部分歧严重,党内派别林立,不断分化组合,并导致政局持续动荡难宁。从1990年至2018年的28年里,尼泊尔共出现25届政府、23位总理/首相。其间,尼泊尔经过长达10年的"内战"（1996—2006）、国王专权（2005.2—2006.4）、制宪（2006.4—2015.9）、废除王权建立共和（2008.5.2）、颁布新宪（2015.9）、全国和地方选举（2017.9—2018.2）、尼共合并（2018.5）、尼共正式分裂（2021.2）等若干重大政治变化。迄今,尼泊尔政党政治依然未能运行在稳定轨道上。

上深入人心，曾一度发动"人民战争"的尼泊尔共产党（毛主义）也于2006年结束"十年内战"，改行议会斗争的和平夺权建政路线。

孟加拉国自1972年独立以来一直实行议会民主制。1973年3月7日举行第一次议会选举。但孟加拉国很快陷入军人干政的血雨腥风中。直到20世纪90年代初期，孟加拉国民主政治才回归正轨。此后10余年，孟加拉国的政党政治基本还算平顺。

不丹和马尔代夫都在2008年正式走上了多党议会民主制道路。不丹是世界上唯一的藏传佛教王国。2007年8月，国民议会通过新宪法；翌年7月18日，由第五世国王吉格梅·凯萨尔·纳姆耶尔·旺楚克签署生效，正式确立不丹实行君主立宪下的多党民主制。此后，不丹先后于2008年、2013年和2018年举行了三届议会选举，依循绝对多数当选制，[1] 先后产生繁荣进步党政府（2008—2013年）、人民民主党政府（2013—2018年）和不丹统一党政府（2018—）。不丹业已形成政治权力和平更替的"愿赌服输"的民主政治文化。

马尔代夫议会于2006年6月通过实行多党政治的议案，正式认可各政党合法地位。2008年8月，正式生效的新宪法确立了多党选举制度以及立法、司法和行政三权分立制度。总统选举和议会选举分开进行。同年10月，马尔代夫举行首次政党制下的总统选举，民主党候选人纳希德击败连续执政30年的时任总统加尧姆，成为马尔代夫宪政改革后首位总统。2013年，马尔代夫举行宪政改革后的第二次总统选举，进步党候选人阿卜杜勒·亚明击

---

[1] 选举制度中设计的计票方法主要三种，即多数当选制、比例代表制和这两者的混合制。多数当选制又分为相对多数当选制和绝对多数当选制。相对多数当选制，又称简单多数当选制或一轮当选制，即只进行一轮选举，只要获得相对多数选票，政党或候选人便可当选，或占有该选区全部应选名额。南亚多数国家选举制度依循的是相对多数当选制。但不丹的选举制度所依循的是绝对多数当选制，又称过半数当选制或二轮选举制，即参加选举的政党或候选人在选区第一轮选举中，必须获得过半数选票才能当选或占有该选区全部应选名额，否则要进行第二轮选举。在第二轮选举中，只对第一轮中获票最多的两个候选人进行再投票。参见周淑真：《西方主要国家政治选举与政党制度关系分析》，载《政治学研究》，2012年第2期，第122页。

败前总统纳希德当选总统。亚明是马尔代夫前总统加尧姆的兄弟。在 2018 年总统大选中，民主党候选人萨利赫当选新一任总统。

议会民主制虽已成为南亚政治生活主流，但在阿富汗却是例外。在阿富汗伊斯兰共和国阶段（2004—2021 年），虽名义上有近百个各类政党的存在与活动，但在阿富汗无论是总统选举还是议会选举都以候选人为核心，均不以政党为基础，候选人全部以独立身份参选。在这一政治架构下，阿富汗政坛呈现明显的"强人政治"特点，也就是部落领袖、地方强人主要基于本人及其团队的国内外支持资源而参与竞选。他们能否当选，与相关政党关系不大。2021 年 8 月 15 日，塔利班重返首都喀布尔，民选总统加尼当天出逃，阿富汗伊斯兰共和国正式结束。8 月 19 日，塔利班宣布国号依然为其上次执政（1996—2001 年）时的"阿富汗伊斯兰酋长国"。随后，阿富汗塔利班组建了新政权，[1] 垄断所有部长职位，阿富汗政党政治遭到空前挤压。在可预见的将来，阿富汗政党也不会看到发挥政治作为的希望。

（二）政治碎片化现象突显

南亚政党政治的一个突出特性就是多党政治。这与南亚利益群体众多、诉求多元等密切相关，各利益群体均有通过建立政党来主张并保护自身利益的超强政治需求。基本上，选择议会民主制的国家都是动辄数十上百甚至数百政党同台竞技。多党政治带来的主要问题就是政治版图的碎片化以及"选票至上"的政治逻辑。

其中，在素有"人种博物馆""语言博物馆""宗教博物馆"之称的印度，政党之多堪为世界之冠。根据印度选举委员会的报告，印度在 1952 年第一次大选时，全国政党总数为 192 个；2009 年第 15 届人民院选举时，共有 369 个政党参选；[2] 2019 年第 17 届印度大选时，多达 2354 个政党在中

---

[1] 阿富汗塔利班称之为"临时政府""看守政府"，而非"正式政府"。
[2] V for Power, http://election.rediff.com/slide-show/2009/may/26/slide-show-15-twenty-things-you-may-not-know-about-lok-sabha-polls-2009.htm.

第四章 南亚地区国家政党政治发展与研究

央选举委员会登记注册,其中450个政党推举了8000多名候选人,共同角逐人民院543个议席。[1] 根据印度选举委员会的报告,截至2021年9月,印度注册政党共计2858个;不过,能在议会上下两院占有席位的政党即有效政党不足40个。在全国政治层面,主流政党大致上可分为印度人民党(以下简称"印人党")领导的全国民主联盟、国大党领导的团结进步阵线以及未加入两大阵营的"第三势力"。需要说明的是,除印人党和国大党两大主导力量之外,两大阵营中的成员并非固定,从属政党在两大阵营之间摇摆的情况十分常见。此外,拒绝加入两大阵营的"第三势力"亦未形成统一力量,依据选情,时聚时散,但散多聚少。印度是联邦制,印度的选举政治分两级,即人民院的全国性选举和地方邦议会选举。截至2021年11月底,在印度政治版图中,印人党及其领导的执政联盟在中央层面执政的同时还在17个地方邦执政(其中,印人党单独执政的邦有8个);国大党是最大反对党,但其单独执政的邦只有2个,联合执政的邦有4个;第三个全国性政党印度共产党(马克思主义派)[以下简称"印共(马)"]只在喀拉拉邦执政;余下邦则由地方政党执政瓜分。[2]

巴基斯坦建国以来,尽管只有巴基斯坦人民党(以下简称"巴人民党")、巴基斯坦穆斯林联盟(以下简称"巴穆盟")、巴基斯坦正义运动党(以下简称"正运党")等少数几个政党轮番执政,但政坛先后存在政党达数百个[3](也有人经过统计认为,巴基斯坦曾出现过200个左右的政党),[4] 且派系众多。然而,巴基斯坦自1988年以来的选举政治史基本表现为轮流执政的两党制,即巴穆盟(谢里夫派)与巴人民党两党轮流执政。

---

[1] "Rahul Gandhi Loses Amethi Seat in the Biggest Upset of 2019 Polls", https://www.aljazeera.com/news/2019/5/23/rahul-gandhi-loses-amethi-seat-in-the-biggest-upset-of-2019-polls.

[2] "List of Current Indian Ruling and Opposition Parties", https://en.wikipedia.org/wiki/List_of_current_Indian_ruling_and_opposition_parties.

[3] 杨翠柏、刘成琼编著:《巴基斯坦》(列国志系统丛书),北京:社会科学文献出版社,2005年版,第125页。

[4] 《巴基斯坦国别信息》,https://www.mfa.gov.cn/ce/cgkr//chn/bjstgk/t845908.htm。

但 2018 年大选后，巴基斯坦政治格局明显生变。这次大选让正运党崛起成为执政党，与巴穆盟（谢里夫派）和巴人民党形成三足鼎立之势。尽管巴基斯坦政坛还有数目众多的其他族群党派和宗教政党，但他们多数情况下只能在三大党之间通过结盟与制衡来参与国家政治生活。巴基斯坦政党政治的碎片化主要体现在地方政府层面，巴穆盟（谢里夫派）的基本盘在旁遮普省，巴人民党主要以信德为大本营，正运党的主要票仓在开普省，民族民主党主要支持基础在俾路支省，而伊斯兰促进会则主要在旁遮普省活动，统一民族运动党更是主要局限在卡拉奇市。

孟加拉国自确立议会民主制以来盛行的就是多党制政治文化。20 世纪 80 年代，孟加拉国有大小政党 161 个。[1] 经过多年的分化与改组，政党数量至今仍有逾 100 个，其中在选举委员会正式注册的政党有 40 个。[2] 孟加拉国国内还有大量不以参加选举为目标、未向选委会注册的政党。此外，孟加拉国政党还时常基于临时利益的需求而结成各式各样的政治联盟。有观察家指出，1992—2014 年间，孟加拉国国内政坛先后存在过 32 个不同的政治联盟，其中大部分均在 30 天内就分崩离析。[3] 不过，自 20 世纪 90 年代以来，孟加拉国政坛已在事实上形成了两大党对垒的格局，党派间的联盟政治基本变成两大党以削弱对方、扩大自己票仓为斗争手段的政治。[4]

斯里兰卡是南亚最早实践多党议会民主制的国家。截至 2020 年 12 月，斯里兰卡选举委员会承认的政党共有 76 个。[5] 但目前的斯里兰卡政坛主要

---

[1] 刘建编著：《孟加拉国》（列国志系统丛书），北京：社会科学文献出版社，2010 年版，第 102 页。

[2] "Political Parties", http://www.ecs.gov.bd/page/political-parties?lang=en.

[3] Ali Riaz, *Bangladesh：A Political History Since Independence*, London：I. BI. Tauris, 2016, p. 173.

[4] 同〔3〕, p. 183。

[5] "Names of Recognized Political Parties, Approved Symbols, and the List of Names, Addresses & Telephone Numbers of the Secretary of Each Party by the Election Commission upto 31st of December 2020", https://elections.gov.lk/en/political_party/political_party_list_E.html.

有四大政党，即 1946 年成立的统一国民党、1951 年成立的自由党、2015 年成立的人民阵线党、2020 年成立的统一国民力量党，后两党基本上剥离自前两大党。

尼泊尔也是一个政党林立的国家，截至 2021 年 11 月中旬，注册的政党至少有 66 个，拥有议会席位的政党有 10 个。[1] 历史上，仅左派政党因不断裂变就曾先后出现过几十个派别。[2] 尼泊尔共产党自 1949 年成立以来一直处在不断的裂变之中，虽有分化聚合，但分多合少。例如，1966 年，尼共的大分裂导致尼共至少一分为五，而这五大派别后来又分裂出几十个更小的派别。如今活跃于尼泊尔政坛的主要左派政党尼共（联合马列）、尼共（毛主义）即是其不断分化组合的产物。

马尔代夫虽为南亚最小国家，但截至 2019 年年底，马尔代夫也有 10 个政党登记在册，[3] 包括民主党、进步党、共和党、马尔代夫发展联盟、人民党、正义党等。执政党马尔代夫民主党是第一大党，拥有 5 万名党员。马尔代夫进步党是最大反对党，由前总统阿卜杜拉·亚明领导。虽然 2018 年败选，但截至 2020 年 11 月，马尔代夫进步党仍拥有 3.8 万名党员，[4] 占马尔代夫人口的近十分之一。

（三）政党高度族群化、区域化、阶层化

南亚政治的碎片化表现为政党繁多，而政党繁多的主因就是，几乎每一利益群体均拥有声称代表其利益的政党组织。这使得南亚多数国家经选举而产生的政权很多时候无法代表全体国民利益，甚至会出现某一族群、某一区

---

[1] "List of Political Parties in Nepal", https://en.wikipedia.org/wiki/List_of_political_parties_in_Nepal.

[2] 王宏纬主编：《尼泊尔》（列国志系统丛书），北京：社会科学文献出版社，2004 年版，第 152 页。

[3] "Registered Political Parties", https://www.elections.gov.mv/en/ec/political-parties/registered-political-parties.html.

[4] 《对外投资合作国别（地区）指南》，http://www.mofcom.gov.cn/dl/gbdqzn/upload/maerdaifu.pdf。

域的利益诉求凌驾于其他族群甚至国家整体利益之上的现象。这种选举政治难免会引发部分南亚国家政局动荡、族群冲突、政治暴力，并迫使幕后的特殊利益集团出手止乱。巴基斯坦和孟加拉国建国后一度出现的军人干政现象即是例证。

印度独立后，原本就基于族群、种姓、区域甚至阶层成立了诸多非全国性政党，这也是 1952 年第一次全国大选竟然有 192 个政党参选的根本原因。幸亏有国大党"一统江湖"，否则印度政坛自建国伊始便会呈现超级碎片化的政治版图。然而，随着全国性政党国大党的逐渐裂变，越来越多的各新生政党高度族群化、区域化、阶层化、种姓化。例如在 1969 年和 1987 年国大党两次重大分裂[1]的刺激下，十几个邦的国大党组织出现分裂，另立山头。特别是 1997 年，5 个地方国大党另立新党，进一步加剧了印度政坛利益格局基于族群、区域、阶层的多元化发展。同年，先是西孟加拉邦国大党脱离母体成立草根大会党，此后又有卡纳塔克等 5 个邦的地方国大党另起炉灶。据粗略统计，自 1885 年国大党成立至 1999 年，其派生出来的党派至少 19 个。[2] 国大党的衰败触发恶性循环，不断刺激国大党地方骨干产生另立山头的政治野心。地方国大党分支一有机会就转化为地方政治强人的家族党、地方党，并与先前的母党同台竞争。1969 年以来，国大党的不断裂变与地方政党的不断兴起同时发生，这本身即揭示着其间的某种关联性。

当下，印度除印人党、国大党、印共（马）等少数全国性政党之外，多数地方政党都依托于特定族群、区域、阶层而建立，这也成为印度政治版图碎片化的典型标志。特别需要指出的是，印度每个邦都至少有两三个地方主流党派，代表着地方特定利益诉求。在印度政治版图上，既有社会党、国家

---

[1] 1969 年，如日中天的国大党一分为二，裂变为组织派和主流派；1987 年，国大党（主流派）再生分裂，一派由尼赫鲁之女英迪拉·甘地领导，称为国大党（英迪拉派），而另一派则由党内领导人雷迪担纲负责，称为国大党（正统派）。

[2] 曹小冰：《印度特色的政党和政党政治》，北京：当代世界出版社，2004 年版，第 212—215 页。

人民党等代表农村低种姓利益的民粹政党，也有以德拉维达进步联盟和全印安纳德拉维达进步联盟为代表的地区族群政党，还有以大众社会党、社会党为代表的种姓政党，等等。印度实际上也可被称为"政党博物馆"。

巴基斯坦政党的民族、地域属性也较突显。巴基斯坦政党间的差异主要就体现在具体的区域利益和阶层利益诉求的分歧上。例如，巴穆盟（谢里夫派）是以谢里夫家族为核心，以旁遮普工商业家族为基本盘，主要票仓是旁遮普省北部、中部的工商业城镇居民；巴人民党以布托-扎尔达里家族为核心，以信德地主为基本盘，主要票仓是信德省农村地区。人口稠密的旁遮普、信德两省奠定了巴穆盟（谢里夫派）与巴人民党两党在全国政治中的基础性地位，巴基斯坦 1988 年以来的选举政治史主要表现为轮流执政的两党制。此外，民族民主党主要支持基础在俾路支省，执政党正义党的主要票仓是开普省的普什图群体，统一民族运动党主要在卡拉奇市开展政治活动，主要代表着印巴分治期间从印度来的穆斯林移民（如今主要生活在信德省，特别是省府卡拉奇）及其后代的群体利益。

在斯里兰卡，政党基本按民族划界，政党、民族、宗教、地域具有高度一致性，缺乏跨族际的政党。主流政党，无论是传统老党如自由党和统一国民党，还是近几年成立的人民阵线党和统一国民力量党，虽然声称是"代表全国人民利益的政党"，但其票仓仍主要集中在僧伽罗聚居区，难以在泰米尔人和穆斯林社区深植影响。而泰米尔全国联盟、穆斯林大会等少数民族政党，更是只代表各自社群乃至特定少数民族聚居区的利益，如锡兰工人大会就只代表康提地区的印裔泰米尔人的利益。主流政党为获取少数民族地区选票，往往会与少数民族政党组成政党联盟共同参与竞选。

此外，在阿富汗伊斯兰共和国存续期间（2004—2021 年），成立于反苏圣战时期的各类政党重新活跃起来，但这些政党大都基于自身民族或教派的利益诉求开展一些政治活动。例如，阿富汗伊斯兰促进会的成员多为塔吉克族、逊尼派；阿富汗伊斯兰统一党（哈利利派）代表阿富汗伊斯兰教什叶派信众及哈扎拉族利益；阿富汗伊斯兰民族运动的成员基本上是乌兹别克族；阿富汗民族解放阵线既代表普什图人利益，也代表阿富汗穆斯林中的逊尼派利益；阿富汗圣战者伊斯兰联盟代表着普什图人中更加激进的逊尼派利益；如此等等。显然，阿富汗主要政党虽均带有伊斯兰宗教色彩，但基本以民族或教派划线。

（四）家族政治普遍流行

南亚多党民主政治虽已成为主流的政治文化，且大多数国家的政党政治、选举政治和议会政治都运行了数十年，然而，一个带有前民主政治特色的家族政治仍是南亚政党政治的突出特色。南亚政治家获得声望和政治资源后基本上在家族内实行代际传承，形成大大小小的政治家族。特别是南亚诸多政党都是以名人为中心，自然趋向于家族式的统治。党的最高领导人往往动用党内资源为家族成员和亲信的从政开辟道路，权力在家族内部传递几乎成了党权交接的唯一方式。这使得南亚多数政党打上了家族政治的深刻烙印。其中，在基于种姓制度等级观念的深刻影响下，南亚——以印度为典型代表——选民有对偶像、领袖及上等人的崇拜心理，这客观上促进了政党的家族化或家族的政党化。

印度家族政治的典型代表当属尼赫鲁-甘地家族。国大党因其最高领导层长期由尼赫鲁-甘地家族成员担任而属于典型的家族党。自国大党推动印度独立建国以来，尼赫鲁-甘地家族就凭借垄断国大党领导职位而几乎掌控印度最高政治权力长达40余载，并向这个国家提供了3位政府首脑：贾瓦哈拉尔·尼赫鲁（1947—1964年）、英迪拉·甘地（1966—1977年，1980—1984年）和拉吉夫·甘地（1984—1989年）。1991年拉吉夫·甘地遇刺身亡后，国大党一度游离在尼赫鲁-甘地家族的掌控之外。但1998年，在党内大佬的一再要求下，拉吉夫·甘地遗孀、出生于意大利的索尼娅·甘地接管了国大党的帅印。索尼娅·甘地领导国大党在2004年大选中获胜，暂时阻止了这个党以及这个政治家族的继续衰落。2013年1月，索尼娅·甘地的儿子拉胡尔·甘地被任命为国大党副主席,并先后率领国大党征战 2014 年和 2019 年大选。在接连遭遇两次大选失败,特别是 2019 年丢掉了家族铁票选区之后,拉胡尔·甘地被迫辞职。尽管如此,国大党仍处在这一家族的掌控之下。索尼娅·甘地是国大党临时主席,关于大政方针她仍需咨询拉胡尔·甘地,而拉胡尔·甘地则常常问计于妹妹普里扬卡。

在印度,基于种族、地区而建立起来的非全国性政党基本上都是某个政治家族的"私产"。比如,德拉维达进步联盟、泰卢固之乡党、社会党等多数地方政党属于典型的家族式政党。活跃于泰米尔纳德邦的德拉维达进步联盟,自 1969 年以来便由卡鲁纳尼迪及其家人掌控,北方邦的社会党同样长期掌握在亚达夫家族的手中。再如,在 2004 年印度议会大选期间,印度全国 100 多个政治家族"举贤不避亲",其中既有中央部长,也有地方首脑,他们或夫妻联袂竞选,或父子兄弟翁婿叔侄共同角逐议员席位;不少地方政府出现子承父业、兄弟权力交递等现象。

此外,在印度的人民院、联邦院和地方议会中,"官二代""官三代"现象比比皆是。有数据表明,2004—2009 年的国大党政府里,国会 10 名女议员中有 7 位是由于政治家庭背景(即承袭父辈或母辈的政治生涯)的原因而获选成为议员的;约三分之二的 40 岁以下的上下两院议员均得益于家庭背景而成为"世袭式议员";在 2009—2014 年的印度人民院 543 名议员中,有 30% 是靠其父母的影响胜选。[1]

在斯里兰卡,家族政治相当强势。如斯里兰卡"国父"塞纳纳亚克本人及其儿子杜德利、外甥科特拉瓦拉均曾出任总理,自由党创始人班达拉奈克本人及其夫人西丽玛沃、女儿库马拉通加也曾多次出任总理和总统。在马欣达·拉贾帕克萨总统作为自由党领导人当政期间(2005—2015 年),整个拉

---

[1] 维尔弗里德·阿尔茨:《把政治作为家族生意》,载《欧亚杂志》(德国),2013 年第 4 期。

贾帕克萨家族几乎控制着国家与政府所有重要位置：马欣达本人担任总统，其兄恰马尔·拉贾帕克萨是议长，弟弟巴希尔·拉贾帕克萨是经济发展部部长，另一个弟弟戈塔巴雅·拉贾帕克萨为国防秘书[1]。也就是说，拉贾帕克萨家族控制军队、行政、议会、经济等实权部门。在 2019 年总统选举中，人民阵线党（拉贾帕克萨家族牵头成立）总统候选人戈塔巴雅·拉贾帕克萨以 52.25% 的选票支持率赢得大选，这标志着拉贾帕克萨家族的重新掌权。上任后，总统戈塔巴雅很快任命其兄即前总统马欣达为总理，在同年 7 月任命胞弟巴希尔入阁担任财政部部长后，总理马欣达不再兼任财政部部长而改为兼任经济政策和规划部部长；[2] 8 月，总理马欣达长子纳马尔出任青年与体育部部长并兼任发展协调观察部部长。[3] 截至 2021 年 11 月下旬，包括总统、总理在内共有 6 位拉贾帕克萨家族成员入阁。

在孟加拉国，两大政党，即人民联盟和孟加拉国民族主义党（以下简称"孟民党"）与两个政治家族密切关联。人民联盟由孟加拉国国父谢赫·穆吉布·拉赫曼于 1949 年创立。在穆吉布于 1975 年遇刺身亡后，人民联盟的领导权即由其女哈西娜出任至今。目前，哈西娜尽管宣称其家族仅包括自己和姐姐的家庭，但实际上已有 7 名哈西娜的旁系亲属当选议员。哈西娜的儿子萨吉布·瓦吉德（人称"贾伊"）及其侄子里德万·西迪基（人称"鲍比"）也已经开始参与竞选等党务活动。孟民党系孟加拉国前总统齐亚·拉赫曼于 1975 年创立。在齐亚·拉赫曼于 1981 年遇刺身亡后，孟民党领导人即由其妻卡莉达·齐亚出任；在卡莉达·齐亚于 2018 年因腐败指控而入狱服刑后，她又指任其子塔里克·拉赫曼担任代理主席；卡莉达的兄妹及其子

---

[1] 在南亚，部委秘书是公务员体系位阶最高的官员，相当于常务副部长。在这里，国防秘书的权力虽仅次于国防部部长，但得益于其在国防部的长期经营，国防秘书实权与人脉关系远高于被上面任命的国防部部长。而且，在这届政府里，国防部部长由总统兼任，国防秘书也因此成为实际上的军队领导人。

[2] "Basil Boost for Govt.", https://www.ft.lk/top-story/Basil-boost-for-Govt/26-720237.

[3] "President Reshuffles His Cabinet Amidst Health Crisis", https://www.dailymirror.lk/latest_news/President-reshuffles-his-cabinet-amidst-health-crisis/342-218362.

第四章 南亚地区国家政党政治发展与研究

女也在从政。此外，第三大党民族党党主席艾尔沙德的兄妹及妻子也均担任该党重要职务。1991年以来，人民联盟和孟民党之间的政治纷争实质上也是两大政治家族之间的代理人战争，[1] 这是孟加拉国政坛一个显著特色。两大家族间的政治缠斗迄今未息，成为国际政治社会中少有的现象。

由于巴基斯坦仍处在传统封建社会向现代资本主义社会转型之中，封建家族仍是巴基斯坦社会与政治的基本特征。在巴基斯坦东部农耕地区，政党往往与封建地主、工商业家族相结合。1972年布托政府推行土改后，消灭了大地主，造就了数量庞大的小地主阶层。特别是在旁遮普省南部地区，每个选区往往由两三个小地主家族所控制，形成一个个独立于政党存在的"可当选人"。在巴基斯坦西部地区，政党政治则深受部落社会影响。部落上层通过组建政党参与政治，利用在部落内部的权威裹挟选民参加选举，通过政治权力掌握经济社会资源来进一步加强对部落内选民的控制，这使得政党政治成为部落体制的某种变体。需要指出的是，巴基斯坦当前两大传统政党，就其属性而言，是南亚典型的家族党。谢里夫家族掌握着巴穆盟（谢里夫派），而布托家族则掌控着人民党。如今，巴人民党主席的接力棒已传到布托家族第三代传人比拉瓦尔手中。

尼泊尔家族政治现象同样突出。尼泊尔大会党自创立伊始便由尼泊尔头号家族柯伊拉腊把持。家族创始人克里希纳·普拉萨德·柯伊拉腊活跃于20世纪初，3个儿子日后均成为尼泊尔首相：长子梅·普·柯伊拉腊成为大会党创始人以及首任党主席，1951年成为家族第一位首相；次子毕·普·柯伊拉腊于1959年成为尼泊尔首位民选首相，同年在马亨德拉国王取缔政党活

---

〔1〕 两位女政客互相仇视，互有"血债"。哈西娜的父亲谢赫·穆吉布·拉赫曼（孟加拉国开国元勋）及其家人死于1975年的政变，而卡莉达的丈夫齐亚·拉赫曼又是1975年政变最终且最大的受益者（政变后先后升任陆军参谋长、军法管制期间首席执行官、国家总统，虽然至今未有证据表明齐亚·拉赫曼直接参与了1975年的政变，但哈西娜完全有理由对此提出怀疑。1981年5月，齐亚·拉赫曼总统遭暗杀，而卡莉达又怀疑是亲穆吉布（哈西娜之父）势力所为。加之因为谢赫·穆吉布·拉赫曼和齐亚·拉赫曼本身又分别是人民联盟和孟民党的创始人，这种家仇私恨在很大程度上就演化成了党派斗争的重要部分。

动后被捕入狱，后遭长期流放与软禁，直至去世；三子吉·普·柯伊拉腊被誉为现代尼泊尔国父，从政超过60年，曾4次出任首相，在终结10年内战、废除君主制、确立共和制等问题上扮演重要角色。除此之外，柯伊拉腊三兄弟的远房侄子苏西尔·柯伊拉腊在吉·普·柯伊拉腊去世后接手大会党主席职务，并在2014年2月当选尼泊尔总理。2016年苏西尔去世后，大会党主席一职不再由柯伊拉腊家族垄断，但家族成员仍担任大会党秘书长等要职，对尼泊尔政治影响力仍不容忽视。

在马尔代夫，政治家族现象也较明显。例如，赢得2013年11月全国大选胜利的亚明是前总统加尧姆的兄弟。加尧姆在2008年马尔代夫举行的首届议会选举中败给了纳希德。在被纳希德击败前，加尧姆曾统治马尔代夫长达30年。

总之，不管这些南亚国家实行何种多党民主制度，选举程序如何规范、冗长，甚至动辄如印度选举那样长达一个多月，但选举的结果基本都是在一些政治家族里打转。选来选去，始终就是那些熟悉的家族成员在政治舞台上进行着他们的政治秀，或子承父业，或女承母业，或兄弟姐妹甚至叔侄之间进行权力更替。

（五）选举政治拥有广泛群众性

由于南亚主要国家无论是摆脱殖民统治还是独立建国抑或是政权之争基本上都是遵循着议会道路，这也使得南亚民众对选举文化非常熟悉。加之南亚政党的族群化、区域化，南亚民众往往踊跃参与选举政治，甚至乐此不疲。

不仅如此，由于种姓文化不仅是印度教社会的主流文化，而且还渗透到伊斯兰教、佛教社会，受其影响的广大中下种姓、中下阶层的民众从内心深处就有这样的心理暗示，即从政就是上等种姓、高阶人士的"专利"。而且，中低阶层的选民一般都会按照上等种姓、高阶人士的意志去投票。由于南亚广大农村或多数基层政权主要控制在受教育程度较高同时又拥有较多土地的上等种姓手里,那些依赖于土地而谋生的农民以及本身就对上等种姓忌惮的下层民众等,难以拒绝对地方政治家族的服从或追随。这种服从或追随很大程度上又表现为对选举政治的广泛参与。

此外,在大众娱乐活动相对单调的南亚穆斯林社会,竞选活动往往又被民众视为一种娱乐项目而踊跃参与。于是,相比世界其他地方,特别是相较于欧美民主国家,南亚选举政治的广泛群众性相当突显,各国选民投票率高居不下。

在印度,选民参政、议政情绪高昂,它确保了印度议会民主政治的顺利推进,成就其"世界最大民主国家"的声名。自1952年以来所举行的17届大选中,平均投票率约60%,最低为55.29%,最高为67.01%,而且男女选民投票率非常接近。特别是近两次大选,投票率屡创历史新高。2014年第16届议会选举中,投票率为66.40%,2019年第17届议会选举中,投票率更是高达67.11%,[1] 9亿选民中有6亿积极参加投票。而且,为确保每一名选民的投票权,整个选举分时段进行。以2019年大选为例,从4月11日至5月19日,投票分为7个时段进行,5月23日公布选举结果。从竞选到投票整个过程热闹非凡,犹如政治嘉年华。

在巴基斯坦,尽管军政权不时"复辟",但民众依然对议会民主制度保持着整体认同。这种认同也在一定程度上迫使军政权最终不得不还政于民。自1970年第一次全国选举至今,历次选举投票率均保持高位。在1970年国民议会选举中,全国投票率平均为56.62%,许多地区的投票率甚至高达90%;[2] 2013年,全国大选投票率为55.02%;[3] 最近一次选举(2018年)中,投票率也有51.6%。[4]

---

[1] 谢超主编:《印度政治制度》,北京:中国社会科学出版社,2021年版,第413—414页。
[2] 杨翠柏、刘成琼编著:《巴基斯坦》(列国志系统丛书),北京:社会科学文献出版社,2005年版,第82页。
[3] 《2013年巴基斯坦大选》,https://zh.wikipedia.org/wiki/2013。
[4] 同[2]。

在孟加拉国,各类选举的投票率也一直保持高位。据国际民主和选举援助协会统计,自 1991 年实行议会民主制以来,孟加拉国适龄选民的注册比例逐年攀升(2014 年除外),由 1991 年的 61.52% 升至 2018 年的 78.06%。其中,议会选举投票率亦保持高企,如 1996 年、2001 年的选举投票率均在 75% 左右,2008 年投票率为 85.26%,2018 年则为 80%。[1]

在斯里兰卡,农、工、商等各行各业民众都积极通过农会、工会、行会等组织参与到国家政党政治生活中。各大政党均建立了农会、工会、青年和妇女组织,寻求团结更多民众。斯里兰卡选举政治颇具群体性的最佳体现就是,每次大选的投票率在全球范围内都处较高水平。近 20 年里,斯里兰卡历届选举平均投票率高达 75.32%,近两次总统大选尤其抢眼。2015 年 1 月举行的总统大选中,投票率高达 81.52%,而 2019 年的总统大选更是创下了 83.72% 的高投票率纪录。[2]

在尼泊尔,尽管政局动荡不宁,但民众投票热情不减。特别是自 2008 年尼泊尔迈入民主共和体制后,3 次大选的平均投票率高达 71.44%。[3]

在马尔代夫和不丹两个人口小国,选民投票热情也很高涨。自 2008 年开启多党议会民主制以来,两国都先后举行了 3 次全国性大选。其中,不丹 3 次议会选举的平均投票率为 60.82%,[4] 马尔代夫 3 次总统大选的平均投票率高达 93.25%,雄冠全球。[5]

民众高昂的参政议政热情在很大程度上避免了大规模社会暴力革命的发生。每一次成功的大选都保证了国家政权的平稳更迭和政府组建的合法性,

---

[1] "Bangladesh, Voter Turnout by Election Type", https://www.idea.int/data-tools/country-view/59/40.

[2] 统计数据见 Election Guide 网站,https://www.electionguide.org/countries/id/201/。

[3] 尼泊尔采取共和体制以来共举行了 3 次大选。其中,2008 年选举的投票率为 58.52%,2013 年为 77.57%,2017 年为 78.24%。统计数据见 Election Guide 网站,https://www.electionguide.org/countries/id/201/。

[4] 统计数据见 Election Guide 网站,https://www.electionguide.org/countries/id/201/。

[5] "Republic of Maldives", https://www.electionguide.org/countries/id/132/.

这在一定程度上体现了民主政体对社会矛盾的缓解和调节能力。实际上，定期的选举制度往往是南亚社会的最大解压阀。

值得一提的是，南亚政党政治版图的碎片化与选举政治的广泛群众性存在着较强的关联性。一方面，宗教政党化、种姓政党化、民族政党化、地区政党化、阶层政党化等在相当大程度上吸引了不同群体的选民广泛参与到选举政治中来；但另一方面，选举政治的广泛群众性也使得基于不同利益群体的南亚选举政治最终形成了利益界限日益清晰的政党政治版图，也就是说，南亚政党政治更加碎片化、多元化。因此，高投票率也并不必然产生出稳定的政治局面。各个政党出于巩固各自票仓的目的，将其所代表族群集团的利益无限放大，甚至凌驾于其他群体利益之上，凌驾到国家利益之上。这样的选举政治无疑强化了原有社会阶层分化与民族分野。从这个意义上看，"广泛群众性"或许又是选举政治的一种负资产。

还须值得注意的是，某种程度上，部分南亚国家经常出现的街头政治暴力也是选举政治"群众性"的一种体现，只不过是其极端现象罢了。

这种政治暴力曾在印度"联盟政治"盛行的1989—2009年间频繁出现，并不时拖垮联合政府；也曾在尼泊尔尖锐党争叠加激进左派武装斗争（1996—2006年）期间频频发生，并推动政府走马灯般地更换；而在巴基斯坦、孟加拉国，党派争斗也往往伴随着大规模的街头政治运动。

总之，南亚民众参与选举政治的热情非常高——不论是参与和平投票还是投身激烈的街头政治，这既与家族政治的感召力、各族群的政治身份认同与归属文化密切相关，也与选举政治中存在的贿选文化、多党对选民作出无限承诺的刺激息息相关，同时还与竞选活动娱乐化有明显关系。

（六）传统老党颓势明显

不论是经历过殖民斗争风雨洗礼的两大百年老党印度国大党和巴基斯坦穆斯林联盟，还是成长于建国进程中已有丰富议会斗争历练的尼泊尔共产党、斯里兰卡自由党和统一国民党、孟加拉国民族主义党，它们都不同程度地失去了往日的辉煌。

首先,作为南亚历史最悠久的传统大党,印度国大党的衰败成为南亚政坛的一件大事。在建国初期的 1952—1967 年间,国大党同时主导中央和地方邦两级政府,可谓一手遮天。然而,经过 1969 年的大分裂后,国大党元气大伤,大党地位明显弱化。尽管在 1967—1989 年间,国大党仍能继续在新德里执政(只有 1977—1979 年出现例外),但它在各邦的权威越来越多地受到一批基本上以种姓、区域为基础,以当地政治强人为内核的地方政党的严重挑战。随着国大党地方分支不断另立山头以及地方政党不断雄起,印度的政党政治于 1989 年迈入了联盟政治时代。这一时代的鲜明特点就是多党联合政府大量出现,政局动荡不宁。这种混乱局势与国大党的不断裂变密切相关。进入 21 世纪后,国大党的主要势力范围仅限于印度北部,在南部和东部影响力日渐薄弱。党员数量从 20 世纪 90 年代中期的 4000 万人下降至 21 世纪初的 2000 万人。[1] 截至 2021 年 11 月,国大党仅在 2 个邦单独执政,分别是旁遮普邦和恰蒂斯格尔邦(在另外 4 个邦为联合执政)。相较之下,1980 年成立的印人党却在印度教民族主义的高潮中不断壮大。21 世纪以来,印人党连续在 2014 年和 2019 年两次大选中赢得人民院过半议席,事实上终结了 1989—2009 年间的多党联盟政治格局,成为印度政治的唯一主导力量。以 2021 年 11 月印度各邦执政党为例,印人党共在 17 个邦单独或联合执政,所辖人口超过 50%(2018 年 5 月,印人党执掌邦的总人口加在一起甚至一度高达 71%)。再以近两次全国大选的结果为例,国大党的颓势与印人党的雄起形成鲜明对比。在 2014 年和 2019 年两届大选中,国大党分别赢得 45 席和 52 席,在总议席中占比分别为 8.2% 和 9.5%;相比之下,印人党则分别赢得 282 席和 303 席,在总议席中占比分别为 51.7% 和 55.5%。

---

[1] "Indian National Congress-Policy and Structure", https://www.britannica.com/topic/Indian-National-Congress.

其次，在斯里兰卡受风头劲猛的人民阵线党的不断冲击，斯里兰卡两大传统政党明显势弱。近年来，轮流坐庄约70载的斯里兰卡自由党（1946年成立）和统一国民党（1951年成立），几乎同时因内部分裂而迅速弱化。2015年总统选举后，因不满时任党主席西里塞纳与统一国民党合作，前总统马欣达（败选后辞去自由党主席一职）另立山头组建人民阵线党（SLPP），授意自由党内的大量支持者加入新党。2019年和2020年，人民阵线党相继赢得总统选举和议会选举，取得执政地位。新党的崛起往往是以老党的式微为代价的。自由党原本就不断被人民阵线党"挖墙脚"，如今更是担心与人民阵线党结成政治同盟将最终葬送自己。于是，2020年10月，自由党发言人再次强调其将在未来的选举中独立竞选，并将招募独立的选区选举负责人。[1]而另外一个传统大党统一国民党经过分裂（从统一国民党分离出统一国民力量党[2]）后更是元气大伤，在2020年议会选举中仅获1席，与5年前独得106席的风光场面形成极大反差。目前，该党仍处于败选后的调整重组期。原党首维克拉马辛哈以退为进，在2020年选举惨败后曾提出要辞去党首职位，但因统一国民党在分裂后难以找到新领袖带领本党重返政治舞台中心，故经过多次讨论后，统一国民党仍只能重新拥护维克拉马辛哈为政治核心。2021年6月，维克拉马辛哈宣誓就任该党在议会中唯一的一位议员。

再次，在孟加拉国，自2009年该国第九次大选以来，人民联盟着力将自身塑造为孟加拉国国家独立和民族解放的领导力量，而将反对党孟民党及其政治盟友伊斯兰大会党抨击为"反解放"和"宗教极端"势力；持续推进1971年孟加拉国独立战争中的"战争罪"、涉腐以及涉嫌袭击人民联盟领

---

[1] "SLFP to Contest Independently at Future Elections", https://www.dailymirror.lk/latest_news/SLFP-to-contest-independently-at-future-elections/342-223323.

[2] 在2020年议会选举中，统一国民力量党一举赢得54席，取代统一国民党成为主要反对党。

导人等案件的审判进程，利用司法打压反对党。孟民党早已群龙无首，党主席卡莉达被判入狱，无法参选，其子塔里克·拉赫曼作为代理党主席，在海外流亡已逾10年，政治盟友力量薄弱甚至推不出总理候选人。近10年来，孟民党的政治活动空间和"曝光度"锐减，且进入了一个日益边缘化的恶性循环。在2018年12月30日举行的第11届大选中，人民联盟领导的"大联盟"赢得288席，几乎通吃。其中，人民联盟单独拿下259席，而空有孟加拉国政坛最大反对党之称的孟民党仅获5席。

在巴基斯坦，不论是1906年成立的巴穆盟还是1967年成立的巴人民党也都显现出不同程度的颓势。2018年举行的国民议会及省议会选举是巴基斯坦政坛格局明显生变的分水岭。成立于1996年的正运党受军方在幕后的大力支持异军突起，表现抢眼，而传统大党巴穆盟（谢里夫派）和人民党则表现平平。在国民议会选举（272个议席需经直选产生，其余约70席须为妇女和少数族群保留）中，正运党获115席、巴穆盟（谢里夫派）获64席、巴人民党获43席。甚至在省议会选举方面，巴穆盟（谢里夫派）在自己的大本营旁遮普省也遭遇滑铁卢，获得123席，不敌正运党（获129席）。[1] 这次选举表明，巴基斯坦政坛发生了明显变局。正运党在巩固传统票仓开普省之外，竟然还能在旁遮普省和卡拉奇市突破其他政党的传统势力范围，一举成为真正的全国性大党。显然，巴基斯坦近30年选举政治中两党轮流坐庄的局面已被打破。

二、2021年南亚地区政党政治现状

2021年，出于新冠肺炎疫情防控的需要，加之南亚国家都没有全国性大

---

[1] "2018 Pakistani General Election", https://en.wikipedia.org/wiki/2018_Pakistani_general_election.

选，南亚地区呈现少有的政治平静。平常年份闹哄哄的南亚街头政治几乎绝迹，虽有一些群体因为这样或那样的原因走上街头，但疫情极大地抑制了参与群体的政治热情以及政治势力对其的有效利用。

（一）一党独大现象依然突显

2021年南亚政治版图的一个鲜明特点就是一党独大现象在多国表现抢眼，政治反对派难以发挥有效作为。

在印度，1980年成立的印人党如日中天，最大反对党国大党已难望其项背。不论是从联邦政府层面，还是从地方政府层面，国大党的政治作为都极其有限。印人党"一党独大"的印政坛格局或已定型。

一方面，从中央层面，印人党执政联盟超级巩固。经过2019年大选，印人党在人民院的政治优势继续扩大。这次大选中，印人党在席位数与得票率上均创历史最佳，在豪取303席位（占人民院总议席的55.5%）的同时，得票率从2014年的31.3%提升到37.4%。而且，印人党从北部和西部传统票仓向东部奥里萨邦、西孟加拉邦与南部卡纳塔克邦大幅拓展，持续压缩国大党和传统地方政党生存空间。另一方面，印人党在地方选举上又收复了不少失地。2021年，印度共有5个邦举行地方选举，印人党虽未斩获新邦，但维持了其在17个邦单独或联合执政的强势地位。特别值得一提的是，在2021年西孟加拉邦（人口过亿，属印度第4人口大邦，为人民院贡献42议席）的地方选举中，印人党候选人击败了草根大会党（系西孟加拉邦第一大党，2021年选举后成为该邦执政党）领导人玛玛塔·班纳吉，而且还夺得294个邦议席中的近80个席位，这一数字远多于印人党在该邦上届选举中的3个议席。印人党在这个从未执政过的邦赢得了历史性突破足见印人党这些年在西孟加拉邦拓展政治疆土的巨大成果。实际上，若无疫情干扰，印人党在莫迪总理率领下或能在西孟加拉邦夺取第一大党地位，甚至可能赢得执政地位。若从得票率来看，在2019年的全国大选中，印人党在该邦获得了37%的选票，仅次于长期经营该邦的草根大会党（38.9%）。可以想见，印人党在该邦下届选举中或能有更加出色的表现。

　　印人党的一党独大地位在很大程度上离不开其远超其他政党的财力与动员力。据新德里非营利机构"民主改革协会"报告称，2017—2018 财年印度前七大政党总收入约为 139.79 亿卢比，其中印人党一党的收入便高达 102.73 亿卢比，占七党总额的 73.5%。[1] 充足的资金使得印人党能够轻松地在印度的"选举产业"中占据垄断地位。另外，在组织动员力方面，印人党母体组织国民志愿服务团自 2014 年大选以来便全力支持印人党竞选。印人党可以利用国民志愿服务团数量庞大的志愿者（声称拥有 600 万成员）及其遍布全国的基层组织"沙卡"，在微观层面将政治动员"落实到户、落实到人"，确保将竞选材料能挨家挨户地递到每一位选民手中。此外，印人党本身的基层工作网络也非常强大。据印媒报道，为能在 2019 年大选中继续胜出，2018 年 8 月至 2019 年 3 月，印人党仅在北方邦（印度人口最多邦）就投入了约 300 万基层工作者，负责与该邦近 1.3 亿选民建立起一对一的联系。在部分地区印人党工作人员与选民的比例甚至高达 1∶30。[2] 除了投入密集的人力外，印人党无论是在全国性大选中还是在地方邦选举中都能在宣传资源的分配中实现"精准动员"。相比之下，除个别地方性政党在个别地区之外，其他诸多党派，无论是在基层组织的广度和动员能力的深度上，都远逊于印人党。

　　在斯里兰卡，经过 2019 年的总统选举和 2021 年的议会选举之后，斯里兰卡政坛进入平稳期。2021 年全年，斯里兰卡政局平稳，人民阵线党执政地位稳固，在野党则仍处于败选后的重组期。人民阵线党在政坛的超强优势难被撼动。

----

　　[1] "In 2019, IS BJP Riding a Modi Wave or a Money Wave?", https://thewire.in/politics/bjp-modi-political-funding-money.

　　[2] "BJP Laves No Stone Unturned to Ensure Big Win for Modi in Varanasi", http://economictimes.indiatimes.com/news/elections/lok-sabha/uttar-pradesh/bjp-leaves-no-stone-unturned-to-ensure-big-win-for-modi-in-varanasi/articleshow/69154566.cms.

2019年总统选举中，人民阵线党总统候选人戈塔巴雅·拉贾帕克萨以52.25%的得票率赢得大选；2020年议会选举中，人民阵线党又一举拿下议会225席中的145席，加上盟党和友党的席位，其所能掌控的席位已突破三分之二，取得压倒性胜利。2021年，尽管受新冠肺炎疫情蔓延、经济萎靡不振、粮食能源短缺等负面因素的严重冲击，人民阵线党仍凭借强势地位稳定执政，全年未有大的政治危机出现。

目前，斯里兰卡主要反对派为从统一国民党分离出的统一国民力量党。该党虽为最大反对党，但议席数与执政的人民阵线党差距较大。为彰显自身存在感、积累下次竞选的人气，统一国民力量党在舆论上不断对执政党施压，批判政府抗疫不力、推动经济复苏乏力、欺压少数民族，指责执政党集权倾向严重、对反对派进行"政治猎巫"。但该党亦未能提出比执政党更好的解决方案。因此，此轮舆论攻势虽声势较大，但未能动摇执政党的优势地位。

在孟加拉国，2021年并非大选年，人民联盟自2018年连续3次赢得大选以来，执政优势得以不断巩固，正在经历"历史最好时期"。[1] 自2008年上台以来，人民联盟政府始终打压孟民党和伊斯兰大会党，谋求长期执政，致使反对派"元气大伤"、力量孱弱，缺乏系统挑战人民联盟政府的能力。[2] 2021年2月，孟加拉国法院以20年前袭击现总理车队的罪名将50名反对派活动人士判处长达10年的监禁，其中也包含孟民党的前议员（该党在袭击发生时掌权）。[3] 此外，新冠肺炎疫情亦对激烈的政党争斗造成限制。为应对疫情，人民联盟政府借2018年颁布的数字安全法（DSA）对异

---

[1] Ali Asif Shawon, "72nd Founding Anniversary: What Key Challenges Are Ahead of Awami League Now?", https://www.dhakatribune.com/bangladesh/2021/06/23/72nd-founding-anniversary-what-key-challenges-are-ahead-of-awami-league-now.

[2] Alia Riaz, "COVID-19 Ails Bangladesh's Health, Politics and Economy", https://www.eastasiaforum.org/2021/01/05/covid-19-ails-bangladeshs-health-politics-and-economy/.

[3] "Bangladesh Jails 50 for 2002 Attack on PM Sheikh Hasina's Convoy", https://www.aljazeera.com/news/2021/2/4/bangladesh-jails-50-for-2002-attack-on-pm-sHIBkh-hasinas-convoy.

见人士和批评者进行镇压。[1]

此外，在孟加拉国2021年的地方选举中，人民联盟也在不断巩固其政治优势。2021年的地方选举被视为人民联盟在2023年大选前巩固自身地位的机会。在此次地方选举中，人民联盟攻城略地，势如破竹，如在6月和9月举行的第一阶段选举中，人民联盟提名的候选人赢得76%的席位，在11月举行的第二阶段选举中赢得58%的席位，尽管比例下降，但第二阶段剩余大量席位均被违抗人民联盟官方决定而以独立候选人身份参选的反叛候选人（rebel candidate）斩获，[2]反对党则收获寥寥。其中，孟民党以公正参选受阻为由再度抵制地方选举。[3] 由此，人民联盟在孟加拉国政坛延续10余年的"一党称雄"格局，正在引发外界对孟加拉国会否成为"一党制"国家的担忧。[4]

在马尔代夫，2019年议会选举中，执政党马尔代夫民主党获得87个议席中的65席，作为执政联盟的另一成员共和党获5席，而最大反对党马尔代夫进步党仅获5席，[5] 由此可知，执政集团拥有超强政治优势。不仅如此，在执政党推动下，进步党主席亚明于2019年11月被判入狱5年，反对党力量进一步被弱化。

---

[1] Kaveri Sarkar, "Event Recap: 'Post-Pandemic South Asia: How the COVID-19 Pandemic Will Affect Bangladesh's Politics, Economy, and Healthcare'", https://www.atlanticcouncil.org/commentary/event-recap/event-recap-post-pandemic-south-asia-how-the-covid-19-pandemic-will-affect-bangladeshs-politics-economy-and-healthcare/.

[2] "4 out of Every 10 Independent Candidates Won Chairman Posts in 2nd Phase of UP Election", https://www.thedailystar.net/news/bangladesh/elections/news/4-out-every-10-independent-candidates-won-chairman-posts-2nd-phase-election-2228431.

[3] "Bangladesh Ruling Party Set to Win Vote Boycotted by Rivals", https://apnews.com/article/elections-boycotts-bangladesh-local-elections-general-elections-17d2b70476d342c0dd899e96e4d201a0.

[4] "Is This the End of the Two-Party System in Bangladesh?", https://thediplomat.com/2018/02/is-this-the-end-of-the-two-party-system-in-bangladesh/.

[5] "Party of Exiled Former Maldives Leader Wins Historic Victory", https://www.voanews.com/a/party-of-exiled-former-maldives-leader-wins-historic-victory/4869867.html.

（二）特殊利益集团仍是政局走向的关键决定者

多党民主政治里，绝大多数政党都代表着特定族群、特定地区、特定领域、特定阶层的利益诉求。但在南亚政坛，还有一些特殊利益集团，它超越了族群、地区、领域和阶层。一方面，这些特殊利益集团的利益诉求往往通过支持执政党来获得有效保障或推进；另一方面，执政党的政治生存环境又往往得益于这些特殊利益集团台前幕后的支持。甚至可以说，一定程度上，台上的执政党是幕后的这些特殊利益集团的"政治代理人"或"代治者"。

在印度，印人党的母体组织国民志愿服务团就是这样的特殊利益集团。国民志愿服务团创立于 1925 年，主张按照"印度教传统"改造印度国家。1951 年该组织支持其成员组建印度人民联盟，后者于 1967 年大选后在北印度印地语地区建立势力范围，随后在 1977 年与其他反英迪拉·甘地的党派合并为人民党且赢得了大选。1980 年，人民党在大选中失利，原印度人民联盟成员在瓦杰帕伊、阿德瓦尼领导下另立"印度人民党"，瓦杰帕伊担任党主席。此后，印人党在选举政治中不断发展壮大。但长期以来，国民志愿服务团奉行"非政治"原则，仅在意识形态与组织上对印人党施加影响。2014 年莫迪执政后，国民志愿服务团改变了生存之道，开始对印人党政府的内政外交施加愈发明显的影响。特别是 2019 年莫迪连任后，国民志愿服务团的诸多治国理念得以由印人党政府大力推进，如废除印度宪法第 370 条取消印控克什米尔"特殊地位"、推动"重建"罗摩出生地神庙、通过《公民身份法》修正案，等等。印人党政府此番施政努力赢得了国民志愿服务团更加强大的支持。实际上，两者业已形成了共生共荣的政治关系。

一方面，国民志愿服务团成员遍布印度政治、经济、文化教育等各领域。政治上，从总理莫迪到内阁要职，大部分由国民志愿服务团出身的印人党干部把持。经济上，国民志愿服务团高级领导人、意识理论家古鲁穆尔蒂被莫迪政府任命为印度国家储备银行董事。文化教育上，政府管理的文化教育机构与绝大多数中央大学的领导职务均由亲国民志愿服务团人员把持。此外，国民志愿服务团的影响力还逐渐渗透到印度文官体系中。为维持文官系统的政治中立原则，印度内政部曾在1966年和1980年发布的两项行政命令中规定，"任何公职人员不得加入任何政党或政治组织，不得以其他方式与任何政党或组织有联系，不得参与、支持或以任何其他方式协助任何政治运动或活动。"[1]但各邦对于国民志愿服务团是否属于政治组织存在争议，多数邦仍将国民志愿服务团视作亲印人党的利益团体。但近年来，随着印人党一党独大地位的确立，在中央邦、切蒂斯格尔邦、喜马偕尔邦、哈里亚纳邦等印人党执政邦，陆续放开了对公务员加入国民志愿服务团的限制。考虑到国民志愿服务团成员与基层网络几乎遍布每一个选区，这一限制的破除意义重大。未来印度政坛出现"党国一体"的政治格局似乎也非难事。

另一方面，国民志愿服务团也逐步淡化自身"非政治"原则，越来越多地宣示其政策倾向。国民志愿服务团最高领袖莫汉·巴格瓦特多次在演讲中谈论内政外交政策。2020年10月25日印度十胜节期间，巴格瓦特在演讲中公开渲染"中国威胁论"，明确提出遏制中国、全面赶超中国是印度未来的唯一出路。2021年8月15日，巴格瓦特又在印度独立日演讲中强调摆脱对中国的经济依赖，宣称印度"如果对中国的依赖增加，就不得不向中国低头"[2]。此外，巴格瓦特还多次在演讲中呼吁政府扶持创新型中小企业，继续推进国有企业私有化，将政府转变为国家工业化的指导者而非经营者。[3]与此同时，国民志愿服务团继续在各类选举中为印人党提供充沛的人力和组织资源。2021年印度地方选举期间，国民志愿服务团再次派出大量志愿者协助印人党展开选战，利用自身组织网络为印人党拉票。

---

[1] https：//dopt.gov.in/sites/default/files/AIS_ConductRules1968.pdf.

[2] "India Will Have to Bow Before China If Dependence on It Increases：RSS Chief Mohan Bhagwat"，https：//www.indiatoday.in/india/story/will-have-to-bow-before-china-if-dependence-on-it-increases-rss-chief-mohan-bhagwat-1841160-2021-08-15.

[3] 同[1]。

在另外两个人口过亿的南亚国家孟加拉国和巴基斯坦，基于历史惯性与现实利益的考量，军方仍在政党政治中扮演或隐或现的重大作用。

自孟加拉1972年确立多党民主制度以来，军队在孟加拉国政治生活中一直扮演着举足轻重的角色，曾两度执政（齐亚·拉赫曼政权，1976—1981年；艾尔沙德政权，1982—1990年）、一度"摄政"（看守政府，2007—2008年）。军政府时期，孟军福利待遇大幅提升，利益网络不断向政治、经济、社会各领域拓展，并最终成为孟加拉国最大的特殊利益集团。目前，孟军旗下的企业遍及建筑、地产、食品、成衣、纺织、制鞋、水泥、电子、银行、酒店、旅游等国民经济各个领域。同时，民选体制对孟军约束有限。名义上国防政策由议会国防部常设委员会制定，孟军由国防部指挥，但实际上孟军实行"自我管理"。21世纪以来，随着人民联盟和孟民党之间的争斗日趋激烈，孟军再度出面收拾乱局，不但成为两党间"平衡器"，且出于维护自身政治经济利益的考虑，于2007年1月直接干政，出面支持非党派过渡政府并治理国家长达2年之久，至2008年12月底结束。通常孟加拉国非党派过渡政府运转不会超过3个月，但由于军队有意强力止乱，故果断出手让民选政治停摆2年，也让党争喧嚣停息了2年。随后，在军队支持下，哈西娜领导人民联盟于2008年12月、2014年1月、2018年12月连续赢得三届孟加拉国全国大选胜利。哈西娜曾四度出任孟加拉国总理，她也因此成为迄今为止世界上任期最长的女性总理。

军人集团在巴基斯坦的政治生活中更是占据着难以撼动的地位。这是历史与现实相互作用的结果。在英属印度时期，全印穆斯林联盟在巴基斯坦成立过程中发挥重要作用，代表着政治精英集团，但它在巴基斯坦建国后并未成为统治精英集团，反而在动荡的政治局势中不断分裂、弱化。相较之下，建国后，巴军在稳定政治、抵御外敌的过程中成长为具有特殊利益的政治精英集团。

在独立建国的70余年里，巴基斯坦有约30年的政治史都是军人执政，而在余下的40余年里，军人集团始终对巴基斯坦政治发挥着重要影响，尤其是把持外交与安全事务。军队长期干政造就了巴基斯坦政治运作的一个基本逻辑：军人政治与民选政治之间的消长制衡。具体而言，军队为限制封建地主和工商业家族在选举政治框架下权力增长而干政，封建家族对此是既利用又防范。军人干政发展到顶峰就是走上前台直接执政，但是军人执政往往面临两大难题：一是最高政治权力过渡和交接的问题（因为军队最高长官是有任期的），二是军人执政者出于自身统治需要反过头来总要限制军队权力和利益的野蛮扩张。这两大问题造成了军人统治的稳定性存在明显缺陷，易出现周期性不稳定状态：要么是最高权力无法和平交接，引发政局动荡或者被迫还政于民；要么是军人执政者因触动军人集团利益而失去军内支持并最终垮台。

巴基斯坦正运党领导人是前著名板球明星伊姆兰·汗。正运党之所以能在2018年大选中打败由两大政治家族执掌的传统大党巴穆盟（谢里夫派）和巴人民党，国内舆论普遍认为，是因为巴军在2018年大选前后发挥了重要作用。2018年7月6日，巴基斯坦法庭在大选前裁决巴基斯坦第一大党（也是当时的执政党）巴穆盟（谢里夫派）"最高领袖"纳瓦兹·谢里夫及其女儿、女婿贪腐，并处以监禁、罚款、限制参政等。此举不仅导致纳瓦兹·谢里夫无法于2018年再次竞选总理，且加剧了该党成员倒戈。巴基斯坦国内外媒体普遍认为，巴军有意利用司法打击巴穆盟（谢里夫派），扶持正运党，以加强对选举及选后政局的塑造力。巴基斯坦陆军前参谋长（巴军一号首长）巴杰瓦曾透露，巴军将不惜一切代价维护司法权威。巴军还加大舆论管控力度，如屡次揭露军政矛盾的英文大报《黎明报》称其发行受到巴军干扰。[1]

---

［1］ "Timeline: The Three-Time Rise and Fall of Pakistan's Nawaz Sharif", https://www.reuters.com/article/pakistan-politics-timeline-idINKBN1JW1O4.

正是由于军方的作用，巴基斯坦政坛的两党轮流执政格局正被三足鼎立之势取代。正运党通过2018年大选一举成为全国性大党，不但出面在联邦政府层面组阁，而且除在开普省继续掌权外还在巴穆盟（谢里夫派）的政治大本营旁遮普省建立了正运党政府。

正运党执政之后，巴军继续支持以伊姆兰·汗为首的政府，打压反对党的倒幕活动。例如，2020年9月，巴穆盟（谢里夫派）、巴人民党和伊斯兰神学会（法兹鲁派）联合其他小党组建"巴基斯坦民主运动"，发动大规模抗议示威，要求正运党政府下台。但军队始终采取实质性支持政府的态度，导致反对党运动后继乏力。2021年4月，以巴人民党退出"巴基斯坦民主运动"为标志，反对党政治活动陷入低潮。可以说，没有军队的支持，正运党政府很可能早在2020年就被反对党搞乱甚至搞垮。

（三）选票逻辑压倒一切

只要是选举政治，选票就是指挥棒。"一切为了选票"是政党政治的核心诉求。越是多党同台竞技，选票争夺战就越是激烈。这在多党民主政治盛行的南亚是常态。2021年印度政党特别是莫迪领导印人党的政治操作，经典地阐释了选票逻辑至上的政治文化现象。

2021年的印度政坛，虽无全国性大选，但本年度和来年度的地方选举却也能掀起激烈的政党斗争与街头政治运动。特别是莫迪领导的印人党，更是围绕地方选举进行了一系列政治操弄。

上半年，围绕5月前后的5邦（西孟加拉邦、阿萨姆邦、泰米尔纳德邦、喀拉拉邦和本地治里）地方选举特别是围绕西孟加拉邦（印度第4人口大邦，人口近亿，为人民院贡献42个议席）的地方选举，印度各党派特别是执政的印人党纷纷为5邦地方选举预热，无视疫情威胁，频繁组织大规模群众集会。其中，西孟加拉邦为印人党竞选重头戏，为此，莫迪及其心腹、内政部部长阿米特·沙阿精心安排了西孟加拉邦地方选举。为让选民能充分投票（当然，也部分考虑了疫情防控需求），他们将西孟加拉邦选举进程切分为8个时间段，为期1个月。如此切分西孟加拉邦选举，其目的即在于方便印人党组织数十万人次的选举集会。实际上，印人党筹划了由党内大佬亲自上阵的100场大型竞选集会：总理莫迪20场、内政部部长阿米特·沙阿30场、印人党主席纳达50场。此外，莫迪还在喀拉拉邦举行了5场竞选活动，在泰米尔纳德邦和阿萨姆邦又分别举行了7场竞选集会。[1] 这么多的竞选集会让年初明显缓和[2]的疫情迅速恶化，随着竞选活动的白热化，感染人数也在迅速攀升。与此同时，在印度第二波新冠肺炎疫情暴发前夕，印人党的各级政府为造势需要，甚至允许印度教重大节日大壶节如期举行。[3] 印人党政府虽已将大壶节由原本的3个月庆祝活动压缩为1个月（正式开始于4月1日，结束于4月26日），但先后仍有多达2500万印度教徒参加了大壶节的圣浴活动。其中，数百万信徒由全国各地纷纷前往北方邦圣地哈里达瓦尔的恒河进行圣浴，仅4月14日这一天就有多达140万人。结果，竞选集会叠加宗教节庆使得印度成为全球最大规模的新冠病毒"培养皿"。莫迪及印人党的选票策略不仅催生了更具传染性、更具破坏力的新冠肺炎病毒德尔塔变体，而且直接导致印度4月上旬暴发大规模疫情。至5月上旬，印度疫情更是屡创新高，日均新增新冠确诊病例连续10天保持在30万例以上。

---

[1] "PM Modi Likely to Address over 20 Rallies and Amit Shah 50 in Poll-Bound Bengal", https：//theprint.in/politics/pm-modi-likely-to-address-over-20-rallies-and-amit-shah-50-in-poll-bound-bengal/614497/.

[2] 仅从2021年1—2月每日新增确诊病例数来看，印度疫情确实大为缓和，由2020年9月的9万例降至2021年1—2月间的2万例。2021年1月28日莫迪总理在达沃斯世界经济论坛上发言称，"印度不仅打败了新冠肺炎病毒，而且还建立起充沛的基础设施来应对它。"3月7日，联邦卫生部部长哈什公开宣布，"我们印度处在抗击这场新冠肺炎疫情的最后收官阶段。"现在再看2021年年初印度政客的这些言论，不得不使人猜想，这种过于自信的言辞恐怕也是竞选预热的一部分。

[3] 大壶节又称为圣水沐浴节，是印度教大集会，据称也是人类社会最大规模的节庆活动之一。相传印度教的神明和群魔为争夺一个装有长生不老药的大壶而大打出手，结果壶被打翻，有4滴长生不老药滴落到人间4座城市（安拉阿巴德、哈里德瓦尔、乌贾恩、纳西克）。印度教徒相信，在这4座城市，特别是在恒河、亚穆纳河与传说中的萨拉斯瓦蒂河3条圣河汇合处（安拉阿巴德以东）沐浴，能清洗旧日罪孽，带来莫大吉祥。每隔12年举行全礼1次，轮流在上述印度4座城市中举行；每6年在安拉阿巴德和哈里德瓦尔举行半礼；每3年1次小礼。2021年，哈尔德瓦尔举行半礼。大壶节举行的日期长则3个月，短则1个月。据称，2013年的一次活动预计有1亿人次参加。2021年因疫情防控的原因，先后有2500万人参加大壶节的圣浴活动。

其中 5 月 6 日至 9 日连续 4 天单日新增病例突破 40 万例，5 月 8 日单日新增死亡病例首破 4000 例。据《经济学人》估计，2021 年上半年的第二波疫情可能在印度造成约 200 万人死亡，远超印度政府的统计数据。[1] 分析人士指出，2021 年 3 月至 4 月印度各邦的选举活动以及为策应竞选活动而允准大壶节如期举行是导致疫情大规模暴发的罪魁祸首。印度医疗理事会副主席达伊亚（Navjot Dahiya）痛批莫迪举行大型政治集会，斥责其是"超级传播者"。[2] 当然，这一切都是选票惹的祸。

下半年，考虑到 2022 年印度北方有好几个地方邦要举行地方选举，特别是素有印度大选"风向标"之称的北方邦也要搞地方选举，莫迪及印人党被迫撤回已遭印北农民持续抗议 1 年有余的 3 项重大农改法案。以大胆改革著称的莫迪总理终于在选票政治面前放弃了利在长远的改革愿景。这一切仍然还是选票政治在作祟。

2021 年 11 月 19 日，莫迪出人意料地宣布撤回 2020 年 9 月在议会通过的《2020 年农产品商贸（促进和便利）法案》《2020 年价格保证和农业服务（赋权和保护）法案》《2020 年基本商品法修正案》。上述 3 项农业法案意在放松国家管制，利用资本和市场的力量促进农业现代化发展，通过吸引私营资本投资补足农业基础性投入不足的短板，同时减轻国家财政负担。但印度农民担忧新法令"最低支持价格"体系失效，农业市场被私营资本操纵，难以确保自身利益。因此，法案通过不久，旁遮普邦、哈里亚纳邦、北方邦、拉贾斯坦邦等印度北方多地爆发大规模农民示威抗议。2020 年 11 月，农忙结束后，数十万北方农民进军新德里，持续举行跨年抗议活动，甚至在 3 项农改法案于 2021 年 11 月 29 日被议会表决废除之后，农民的抗议仍未完

---

[1] "More Evidence Emerges of India's True Death Toll from Covid-19", *The Economist*, June 12, 2021.

[2] "Prevailing Covid Conditions Prove Modi Has Failed as PM: IMA National Vice President", *Times of India*, April 25, 2021.

全停息，因为他们又有了新的诉求。[1] 在这期间，莫迪一度坚决拒绝废除法案，且多次发表讲话安抚农民，讲解农改对农民利益、地方利益、国家利益的诸多好处，以期争取抗议者的理解和支持。然而，这一切努力在选票政治面前都不堪一击。

莫迪被迫弃改的根本动因即是2022年3月的地方选举。根据印度选举委员会信息，届时印度将有7个邦举行地方选举。7个邦中，果阿邦（小邦，只为人民院贡献2个议席）在南方，曼尼普尔邦在东北角（小邦，只为人民院贡献2个议席），其余5邦（北方邦、旁遮普邦、北阿肯德邦、喜马偕尔邦、古吉拉特邦）均在北部地区，且是印度著名的"产粮带"。除古吉拉特邦（莫迪家乡）之外，其余几个邦都是农民抗议者的主要来源地。这5个邦加在一起为人民院（共545个议席）贡献126个议席。其中，印人党执政的北方邦作为印度人口第一大邦[2]对于谋求长期执政的印人党来说意义尤其重大。该邦农业人口居多，若政府长期与农民对峙将大幅降低印人党在该邦连任的概率。此外，作为此次抗议最大主体的锡克农民也是莫迪及印人党需要大力争取的对象。旁遮普邦素有"印度粮仓"之美誉，阿卡利党是该邦主要政党，曾为印人党政治盟友，因为不满莫迪要进行农改而退出执政联盟。目前，旁遮普邦虽由国大党执政，但该邦国大党正陷入内部激烈的权斗之中，[3] 这是印人党乘乱扩大政治地盘的大好时机。因此，为了争取广大农村选民，为了打败政治竞争对象，也为了扩大政治联盟，莫迪不得不忍痛割爱，撤回酝酿多年的农改法案，还罕见地向印度民众公开致歉，这是莫迪

---

[1] 莫迪宣布撤回农改法案后，国大党宣布将举行"农民胜利日"的全国性庆祝活动。国大党领导人拉胡尔·甘地还向抗议农民协调机制"联合农民阵线"（SKM）致公开信，表示农民抗争远未完结，国大党将在保证最低收购价格（MSP）、削减电费水费燃油费、削减农业相关税费、免除农业债务、追责抗议农民死亡（700余名农民在此次抗争中死亡）等议题上支持农民。

[2] 北方邦有近2亿人口，现为印人党执政，为人民院贡献80个议席，几乎占总议席的七分之一，故在印度选举政治里流行着"得北方邦者得天下"的说法。

[3] 2021年下半年，旁遮普省国大党主席与该邦首席部长（相当于中国的省长）之间严重内斗，并导致首席部长被迫换人。

2014 年强势上台以来最具戏剧性的一幕。此次改革让步将使印度农业商品自由化再度受挫，会对印度长期的经济发展产生负面影响。据印度工业联合会测算，对印度农业改革翘首以待的国内外大资本原本已摩拳擦掌，计划借农改之势向亟待投资的农产品加工业注入大笔资金。然而，莫迪废止农改法不仅使农业改革彻底化为泡影，更打击了资本对莫迪改革的乐观预期。这再次验证了"改革逻辑再强，也敌不过选票逻辑"的现实。由此也可证明，多党民主制下，选举政治至上，选票逻辑压倒一切其他逻辑。

三、南亚地区政党政治发展前景

2021 年的南亚政坛较为平静，2022 年大概率仍将风平浪静。南亚各国政府都无全国大选的政治任务。南亚政坛仍会按照已有的发展轨道继续向前演化。

（一）家族式政党出现危机先兆

如前文论述，家族政治在南亚一直盛行。不过，南亚家族政治危机已初露端倪，并成为南亚传统大党衰败的主因之一。

媒体分析认为，在斯里兰卡，执政党人民阵线党的"主心骨"拉贾帕克萨家族虽看似如日中天，包揽总统、总理大位，但实际上却面临"内忧外患"。对内，家族内部围绕权力分配和接班人问题出现裂痕。总统戈塔巴雅和总理马欣达虽为兄弟，但在政见、执政风格、用人倾向上存在明显差异。特别是马欣达有意培养长子纳马尔做为家族接班人，而戈塔巴雅却希望继续竞选总统。此外，两人弟弟巴希尔亦有意扩展权力，执意取代哥哥马欣达担任财长职位。随着马欣达日益年迈，家族内部围绕掌门人大位的争夺将会更加激烈。对外，家族执政权威受到外界质疑。戈塔巴雅执政以来采取多项不切实际的经济政策，如大幅调低增值税和个人所得税税率，导致政府财政收入迅速下降；再如脱离国情发展有机农业，采取"一刀切"政策禁用无机化肥和农药，导致斯大片农田被遗弃，农业生产率暴跌。特别是禁用农药极大损害农民利益，沉重打击家族在僧伽罗农民中的威信，动摇了家族的选举基本盘。人民阵线党部分盟党、友党亦对这些政策持反对态度，对拉氏家族独断专权多有不满。拉氏家族虽仍手握诸多政治资源，但亦面临严峻挑战。

在孟加拉国，长期以来的激烈党争并没有导致孟加拉国像其他多数南亚国家那样出现政治"碎片化"现象，因为两大党对垒的格局以及哈西娜、卡莉达对各自家族及党内派系的控制力与影响力犹在。然而，至2021年，哈西娜毕竟年满74岁（1947年生人），卡莉达76岁（1945年生人），家族权力代际过渡日益紧迫。哈西娜尚未对接班问题作出明确安排，甚至还一度表示"裸退"。[1] 两大家族的下一代接班人均面临常年旅居海外而国内曝光度不足的问题，这将严重制约他们对国内民意的影响力和对党内派系的控制力。

在马尔代夫，前总统亚明曾在进步党主席、同父异母兄弟、前总统加尧姆支持下作为进步党候选人赢得2013年大选。然而，亚明执政期间，兄弟二人反目。2016年10月，进步党公开分裂为支持亚明和支持加尧姆两大派别。加尧姆带领支持者成立"马尔代夫改革运动"，并在2017年3月宣布与民主党、共和党、正义党联合反对现政府，成为反对党联盟重要领导人。结果，在反对党联盟支持下，民主党候选人萨利赫赢得大选。显然，亚明及进步党在2018年9月大选中严重失利的主要原因是家族政治的内讧。

在巴基斯坦，作为传统大党的巴穆盟（谢里夫派）内部亦存在矛盾。在如何处理与军方和现政府关系等重大问题上，作为巴穆盟（谢里夫派）领导

---

[1] Parthapratim Bhattacharjee, "Awami League Council: Hints over Future Leadership Likely", https://www.thedailystar.net/frontpage/bangladesh-awami-league-new-committee-announced-1843423.

第四章 南亚地区国家政党政治发展与研究

人的谢里夫两兄弟存在不同立场。在境外"治病"[1]的"最高领袖"纳瓦兹·谢里夫主张坚决抵制当前正运党的执政,甚至将矛头直指军方甚至军队最高领导人。然而,该党主席夏巴兹·谢里夫(纳瓦兹之弟)则拒绝采取该激进策略。此外,谢里夫兄弟在接班人问题上也似有分歧。据巴媒披露,夏巴兹一直有意栽培其子哈姆扎作为接班人,而纳瓦兹一直在悉心栽培长女玛丽安。

不过,南亚家族政治出现的最大危机发生在印度的尼赫鲁-甘地家族身上。实际上,这场危机早在国大党于2013年任命尼赫鲁-甘地家族第四代政治传人拉胡尔·甘地为副主席时即已开始(2007—2013年,拉胡尔为国大党总干事),甚至更早。这个印度政坛最为显赫的政治家族与国大党一同步上了难以逆转的颓势轨道。自拉胡尔担任党的领导人(2013—2016年为党副主席;2017—2019年为党主席)以来,国大党不但未能逆转其在全国性和地方性选举中的颓势,反而发生了一次又一次危机。让支持国大党的选民及党内大佬尤其感到泄气的是,拉胡尔在2019年全国大选中竟在本家族的铁票选区北方邦的阿迈提被印人党候选人击败。要知道,自1952年印度举行大选以来,除有4年的短暂流失(即1977—1980年和1998—1999年)外,阿迈提选区一直是尼赫鲁-甘地家族候选人的铁票选区。拉胡尔在阿迈提的败选给印度第一政治家族带来了莫大耻辱。随后,拉胡尔干脆辞去党主席一职,其母索尼娅·甘地被迫再度出山,临时担任党主席。

然而,国大党在索尼娅的领导下依然毫无起色。针对近两年出现的一系

---

[1] 2018年7月6日,巴基斯坦问责法庭裁决巴穆盟(谢里夫派)"最高领袖"纳瓦兹·谢里夫涉腐案件,称其在伦敦埃文菲尔德的4套房产与收入不符,依据《国家问责法令》认定其贪腐,判处10年监禁、罚款800万英镑(约合7031万元)、没收埃文菲尔德房产。法庭还裁决其女儿玛利亚姆、女婿萨夫达尔企图掩盖埃文菲尔德房产所有权事实,亦属贪腐,分别判处两人7年和1年监禁,且获释后10年内不得参选或担任公职。此举引发巴基斯坦政坛动荡。纳瓦兹·谢里夫在当月大选前被取消参政资格并判处10年监禁,后被迫到伦敦保外就医,不仅导致其本人丧失连任可能性,还重创巴穆盟(谢里夫派)的选情使得正运党成为最大受益者。参见:"Pakistan Ex-PM Nawaz Sharif Given 10-Year Jail Term",https://www.bbc.com/news/world-asia-44737793。

列争议性议题，如莫迪政府疫情防控政策失误失效、农改触发大规模农民抗议、中印边境冲突和中印关系持续恶化等，作为党的核心领导人索尼娅·甘地及其政治家族却没能有效加以利用，以收打击印人党、提振国大党之效。而且，国大党在 2021 年 5 邦地方选举中颗粒无收，在仅有的 2 个单独执政的邦（旁遮普邦和恰蒂斯加尔邦）均出现了严重内部权斗，索尼娅及其子女对此却束手无策。

在党内大佬看来，国大党面临的危机和当下尼赫鲁-甘地家族的治党乏术密切相关。索尼娅·甘地出任党的临时负责人已两年有余，但有关国大党的大事小情又似乎仍是拉胡尔在发挥作用，而拉胡尔的有关决定又往往要和其姐姐普里扬卡进行磋商。至少在外界看来，这种领导结构显然难以帮助国大党应对印度政坛日益激烈的党争政斗。这些年，国大党不断丢城失地。如今，在全国 200 个选区，国大党都要直面来自如日中天的印人党的凌厉攻势。[1] 显然，这个家族难以抗击莫迪的强大竞选团队。也正因如此，2021 年 10 月 13 日，23 位国大党大佬联名写信给索尼娅要求竭力重振国大党，处理地方国大党内部权斗危机，否则国大党将真的完蛋。[2] 如果索尼娅、拉胡尔等人无力处理这场政治危机，党内骨干仍将继续脱党以自谋生路，国大党这个南亚最有名的家族式政党势必继续衰败下去。

（二）南亚政党政治显现激进化倾向

南亚政坛极端化、激进化意识形态大有进一步上扬态势。这既与印人党政府近两年不断推动"印度教民族主义"政治议程密切相关，更与阿富汗塔利班时隔 20 年重返喀布尔恢复"阿富汗伊斯兰酋长国"的政治努力密切

---

[1] Satpathy N. C., "Congress Needs a Major Overhaul. But Will Rahul Gandhi Go for Broke?", https://www.news18.com/news/opinion/congress-needs-a-major-overhaul-but-will-rahul-gandhi-go-for-broke-4323104.html.

[2] "News Analysis: Is Congress's Experiment of Team Rahul a Total Failure?", https://www.thehindu.com/news/national/news-analysis-is-congresss-experiment-of-team-rahul-a-total-failure/article34778840.ece.

第四章 南亚地区国家政党政治发展与研究

相关。

一方面，在印度国内政治舞台上，印度教民族主义、政治右倾主义正大行其道，且有望持续相当长一段时间。2014年和2019年两次大选，脱胎于印度教民族主义大家庭的印人党均强势胜出并组建强势政府，一举结束过去印度政坛长达30年的多党联合执政的弱政府现象。与此同时，印人党母体国民志愿服务团"母随子贵"，政治发展与影响突飞猛进。这个以印度教民族主义塑造印度社会意识形态的右翼组织，2014年时拥有近4万个基层分支"沙卡"，但5年后的2019年，其"沙卡"数目猛增至8.4万个，[1]成为统摄印度各层社会的强大力量。国民志愿服务团并不直接参选，但大力支持印人党竞选，助其连选连胜。而且，从两届政府的决策圈构成来看，国民志愿服务团"政治挂帅"色彩日益浓厚。莫迪第一任期里，66位部长阁僚中有41位出身国民志愿服务团；第二任期里，53位部长里有38位拥有国民志愿服务团背景。[2]从执政党党魁到国家总理再到内务部部长、国防部部长等重臣，均出身国民志愿服务团。议会里，国民志愿服务团成员也是越来越多。以2019年产生的这届议会为例，在印人党303位人民院（下院）议员中，出身国民志愿服务团的有146位，占比48%；在印人党82名联邦院议员里，出身国民志愿服务团的则有34位，占比41%。[3]西方社会也正是基于印度政治右倾化特性，而作出"莫迪利用其印度教民族主义计划，令尼赫

---

[1] 根据国民志愿服务团发布的2019年度报告，印度全境共有84 877个基层组织"沙卡"。参见："How Rashtriya Swayamsevak Sangh Is Spreading Its Footprint Across the Nation", https://www.dnaindia.com/india/report-how-rashtriya-swayamsevak-sangh-is-spreading-its-footprint-across-the-nation-2728048。

[2] Neelam Pandey and Shanker Arnimesh, "RSS in Modi Govt in Numbers—3 of 4 Ministers are Rooted in the Sangh", https://theprint.in/politics/rss-in-modi-govt-in-numbers-3-of-4-ministers-are-rooted-in-the-sangh/353942/.

[3] 同[1]。

鲁-甘地家族治下的世俗和多样化的印度成为历史"这样的判断。[1] 2022年，具有印度"选举风向标"之称的北方邦（也是印度教氛围极其浓厚的邦）将举行地方选举，莫迪及其印人党必然会出于选举需要而推出更多迎合印度教民族主义的政策。

另一方面，2021年南亚政坛的最大变化就是阿富汗政局的突然巨变。过去20年里，阿富汗的政党政治虽处于非活跃状态，但拥有一定生存空间。然而，随着2021年8月15日阿富汗塔利班重新宣布"恢复""阿富汗伊斯兰酋长国"，阿富汗政治生活很可能将彻底失去政党政治的存在余地，因此阿富汗政治文化将进一步迈上激进的伊斯兰政治轨道。阿塔坚持"伊斯兰主义"这一意识形态底色。"伊斯兰主义"又称"政治伊斯兰"，其核心诉求就是反西方反世俗反政党政治，建立沙里亚法统治的伊斯兰国家。正是在这一意识形态的指引下，阿塔首次执政期间（1996—2001年）采取了保守和激进的伊斯兰化措施，如不允许妇女接受更高层次教育和出门工作等。在重新执政之后，阿塔可能会采取一些温和措施，但出于维护内部团结的需求不会改变其意识形态基调。可以预见，阿富汗境内"伊斯兰主义"思潮将随着阿塔上台而持续抬头，世俗、多元政治在阿富汗的生存空间日益逼仄。

（三）友华政党面临内外挑战

随着近两年中印关系的不断恶化，南亚多国原本坚持友华政策的政党普遍承受着来自印度的政治压力。

第一，首当其冲的是印度，随着政治右倾化的不断加重，主张中印友好的印度政党不但成为极少数派，甚至因其"政治不正确"而遭到打压。而且，政治生态的右倾化还导致印度安全与外交政策的强硬化，并最终体现为新德里在诸多领域的对华示强与冒险。关键是，政治的右倾化使得莫迪政权

---

[1] 参见美国外交政策聚焦网站于2021年5月5日发表南半球焦点论坛联合创始人、纽约州立大学宾厄姆顿分校教授沃尔登·贝洛的一篇文章，题为《法西斯主义的全球扩散是真实的——与新冠肺炎的扩散一样真实》。

很难在中印分歧、中印争端类问题上坚持"互谅互让"的精神。2020年中印关系的一路下跌及2021年中印关系的低谷徘徊都是明证。实际上，政治的右倾化必将继续制约中印关系向好向稳的发展走势。

在这种情况下，长期以来主张对华友好的印度左派政党，如印共（马）及其他左翼政党处境尴尬，其整体实力势必进一步下滑。实际上，近年来，印共（马）在意识形态、动员能力、社会资源等各方面都大幅落后于印人党，想实现触底反弹、重现辉煌绝非易事。印共（马）继2011年丢掉连续执政34年的西孟加拉邦、2018年丢掉特里普拉邦之后，又在2021年的西孟加拉邦选举中丧失全部议席，如今仅在喀拉拉邦一邦执政。此外，印共（马）主要干部年龄严重老化，对年轻人缺乏吸引力。此前，长期由印共（马）和印共主导的印度各大高校学生会近年来纷纷被印人党的学生组织夺取，有"左翼堡垒"之称的尼赫鲁大学近年来亦出现左右翼对半分的局面，凸显印共（马）对年轻群体尤其是学生的吸引力急剧下降。

第二，尼泊尔共产党原本一统尼泊尔政坛的大好局面[1]因其内部再度分裂而瞬间瓦解。2020—2021年间，尼泊尔共产党因内讧而分裂，因分裂而丧失执政地位。2020年年底，尼泊尔共产党党内分歧公开化，联合党主席普拉昌达、高级领导人内帕尔等人要求党主席奥利辞去总理职务。同年12月20日，尼泊尔总统班达里应奥利要求解散众议院并提前举行大选，引发政局动荡。2021年2月23日，尼泊尔最高法院宣布恢复众议院，并裁定2018年5月尼泊尔共产党合并程序"违宪"，奥利领导的尼共（联合马列）与普拉昌达领导的尼共（毛主义）恢复独立活动。5月，奥利未能通过众议院信任

---

[1] 2018年两大左派政党合并后成立的尼泊尔共产党在从中央到地方的三级政权里均占绝对优势。在中央，尼泊尔共产党在议会下院275个议席中独占174席，成为尼泊尔近30年首个在议会获得绝对多数的政党，加上盟党的支持，执政联盟牢牢掌控下院三分之二多数席位；在59席的议会上院，尼泊尔共产党占42席，一党即占三分之二多数；在地方，尼泊尔共产党在全国7个省中的6个执政，且掌控550个省议会议席中的351席；在全国753个基层政权（municipal government，或者local body）中，尼泊尔共产党掌握其中约60%。

投票，沦为看守总理，直至7月正式下野。8月，由前总理内帕尔领导的派系自尼共（联合马列）分裂，另立"尼泊尔共产党（联合社会主义者）"。由此，占据议会多数席位的尼泊尔共产党一分为三，显然，尼泊尔共产党的分裂势必严重破坏尼泊尔左派政党在2022年的大选表现。

第三，一直奉行对华友好政策的孟民党在人民联盟持续10多年的打压下处于绝对的颓势。在可预见的将来，孟民党卷土重来的难度很大。一是该党的领导力量遭受削弱。党的领袖卡莉达·齐亚在2018年因腐败指控而入狱服刑，至今被排挤在政治之外。其子塔里克·拉赫曼虽担任代理主席，但长期流亡英国。此外，许多其他领导人和知名支持者或入狱、被流放，或保持低调、四处躲藏，领导力量受到大幅削弱。二是该党缺乏对选民有吸引力的主张。从成立伊始，孟民党便成为各种元素的"大杂烩"，包含对人民联盟不满的左派、渴望伊斯兰复兴的右翼、机会主义者及独立后被边缘化的巴基斯坦时代的建制派人物等，因此缺乏核心的、有吸引力的意识形态。[1] 2018年以来，孟民党的竞选诉求围绕释放党的领导人卡莉达和改革选举体系展开，并未对孟加拉国广大民众所关心问题提出任何建设性方案。孟加拉国民众既对释放卡莉达缺乏兴趣，亦认为孟民党无力改革选举体系。该党日益失去民众支持。三是在2021年举行的地方选举中，孟民党继续采取抵制行动，与人民联盟支持的候选人时常爆发冲突，未能树立"建设性"形象。孟民党在孟加拉国政坛继续被边缘化。四是孟民党对首都精英的资源过度依赖，其在农村地区的组织力量已然减弱，高层对群众核心诉求亦缺乏了解，未能抓住机会将自身融入有影响力的公众动员活动中。[2]

---

〔1〕 Mubashar Hasan, Arild Engelsen Rund, "What Went Wrong with the BNP, Bangladesh's Main Opposition Party?", https://www.aljazeera.com/opinions/2019/3/9/what-went-wrong-with-the-bnp-bangladeshs-main-opposition-party.

〔2〕 Ashikur Rahman, "Understanding BNP's Decline", https://indianexpress.com/article/explained/bangladesh-nationalist-party-bangladesh-polls-sHIBkh-hasina-understanding-bnps-decline-5525860/.

第四,尽管斯里兰卡各主要政党均对华奉行友好政策,但在印度的政治施压下,不管是早先因分裂而明显势弱的自由党还是如日中天的执政党人民阵线党,在经过 2015 年 1 月的大选波折后,均认识到其政治地位的稳定与否很大程度上取决于能否与印度构建稳定关系。此后,任何执政党都难重复马欣达·拉贾帕克萨执政期间(2005—2015 年)鲜明的对华友好政策(这十年被称为中斯关系的"黄金十年")——"平衡外交",即强调在中印之间保持平衡是优先方向。例如,人民阵线党在 2019 年大选中胜出并组成新一届政府后,公开强调将奉行不偏向任何大国的"平衡外交",不愿被外界视为"亲华政府"。斯里兰卡总统、总理多次访印寻求保持印斯传统关系,斯里兰卡外交秘书科隆巴哥更是直接表示斯里兰卡不会做任何"损害印度安全利益的事情"。[1]

最后,马尔代夫在经过 2018 年总统大选、2019 年议会选举之后,政坛完全由亲印的执政党马尔代夫民主党一统天下。最大反对党马尔代夫进步党受到极大削弱,其领导人、较为亲华的前总统亚明甚至在 2019 年 11 月因洗钱被捕并判处 5 年有期徒刑。亚明执政时期(2013—2018 年),中马关系大踏步发展。在其任内,马尔代夫成为第二个与中国签署双边自由贸易协定的南亚国家并加入"一带一路"合作倡议,中国还帮助马尔代夫建设国际机场和中马友谊大桥等项目。然而,亚明在 2018 年总统大选中落败后,进步党明显衰落。2019 年议会选举中,进步党作为最大反对党仅获 5 席。[2] 尽管如此,马尔代夫进步党仍积极组织活动表达自身立场和诉求。2021 年 10 月,在进步党领导下,反对党联合发起反对印度在马尔代夫军事存在的"印度离开"抗议示威,这是该国近年规模最大的抗议活动。

---

〔1〕 "Sri Lanka Will Adopt 'India–First Approach': Foreign Secretary Jayanath Colombage", https://www.thehindu.com/news/international/sri-lanka-will-adopt-india-first-approach-foreign-secretary-jayanath-colombage/article32447711.ece.

〔2〕 "Party of Exiled Former Maldives Leader Wins Historic Victory", https://www.voanews.com/a/party-of-exiled-former-maldives-leader-wins-historic-victory/4869867.html.

＃ 第五章
中东与非洲国家政党政治发展与研究

沈晓雷　朱泉钢　孟　瑾*

一、中东国家政党政治发展

中东概念的使用具有比较大的伸缩性，并无定论，本文论述的中东国家指的是西亚北非国家。根据中国外交部西亚北非司主管的国家范围，中东国家包括埃及、叙利亚、黎巴嫩、巴勒斯坦、约旦、以色列、伊朗、土耳其、沙特、科威特、阿曼、巴林、阿联酋、卡塔尔、伊拉克、也门、摩洛哥、利比亚、突尼斯、阿尔及利亚、毛里塔尼亚。

20世纪初，中东国家在欧洲的冲击下开启现代政党政治。中东国家的政党政治伴随着国家发展进程不断演变，并与国家的政治发展双向互动。政党

---

* 沈晓雷，中国社会科学院西亚非洲研究所副研究员，主要研究方向为非洲政治、非洲民族和中非关系；朱泉钢，中国社会科学院西亚非洲研究所助理研究员、中东发展与治理研究中心副主任，主要研究问题为中东政治、中东国际关系和军政关系；孟瑾，中国社会科学院西亚非洲研究所助理研究员，主要研究领域为非洲政治和非洲国际关系。

政治是观察中东政治发展、经济结构和社会思潮的重要窗口。对于2021年以来的中东国家政党政治，既要从其发展历史来理解，又要洞悉其新动态。

（一）中东国家政党政治发展的基本特征

长期以来，西方学界基于西方的政党政治经验及其背后的"西方中心主义"思维，将中东地区的政党政治视为传统、落后、不重要的实践。例如，詹姆斯·比尔（James Bill）和罗伯特·斯普林伯格（Robert Springborg）认为，中东盛行部落主义、裙带主义、宗教主义等传统政治文化，阻碍了具有包容性、回应性、参与性、竞争性特征的现代政党政治的运行。[1] 弗雷德·里格斯（Fred Riggs）指出，中东国家普遍存在着官僚机构强大、社会力量弱小的现象，这种政治结构限制了现代政党政治运作所需的大众动员。[2] 这两种观点分别从政治文化和政治结构的角度，强调中东地区政党政治发展的滞后性和边缘性。这在经验上和学理上都存在问题，因为他们忽视了中东政党政治的发展性、多样性和特殊性。

1. 中东国家政党政治发展具有明显的阶段性

政党和政党政治是发端于西欧的政治现象，并在20世纪初被寻求国家现代化和宪政改革的传统中东各国所采用，遂成为中东地区的重要政治现象。从历史上看，中东不同国家的政党政治发展虽然具有明显差异，但整体上可以划分为四个阶段，这四个阶段有其内在的联系性。

第一阶段是20世纪初至20世纪中叶的传统多党制阶段。奥斯曼帝国和伊朗恺加王朝后期的宪政改革，催生了中东最初的现代政党。随着中东从帝国时代进入民族国家时代，中东国家普遍引进西方议会体制，一些传统精英为参与议会而组建精英型政党，例如埃及的自由宪政党、摩洛哥和约旦的保

---

[1] James A. Bill and Robert Springborg, *Politics in the Middle East*, New York: Harper Collins, 1994, pp. 84-105.
[2] Fred W. Riggs, "Bureaucrats and Political Development: A Paradoxical View", in Joseph laPalombara, ed. *Bureaucracy and Political Development*, Princeton, NJ: Princeton University Press, 1967, pp. 120-167.

皇党、黎巴嫩的国家和宪法集团党。随着现代化进程的推进，中东国家的知识分子和专业人士代表的中产阶级开始组建政党，例如埃及的民族党、伊朗的民主伊朗党、叙利亚的阿拉伯复兴社会党。[1]这些精英党和中产阶级政党彼此竞合，塑造了这一时期中东国家的多党政治。一方面，这些政党彼此合作，甚至聚合为代表全民族利益的党团，共同反对帝国主义，形成强有力的民族运动。另一方面，这些政党相互竞争，尤其是从20世纪40年代开始，一些中产阶级政党成功向农村渗透，吸引之前支持精英型政党的民众。

第二阶段是20世纪50年代至20世纪60年代的一党制阶段。1952年，纳赛尔领导的埃及自由军官组织通过政变罢黜法鲁克国王，掌管国家政权，并先后成立解放大会、民族联盟和阿拉伯社会主义联盟，这些组织被视为"不叫政党的政党"。[2]在阿拉伯世界的伊拉克、叙利亚、也门、利比亚、苏丹等国，一些军官仿效埃及发动政变，并建立一党制。在这些国家，政党的功能主要是两个：一是革命工具，将权力集中在革命精英（主要是军人）手中，并削弱传统精英的权力；二是动员工具，通过政党动员普通民众，加强国家对社会的渗透，从而增强国家能力。[3]然而，这些一党制国家都无法彻底消灭反对党，尤其是以穆斯林兄弟会（以下简称"穆兄会"）为代表的力量，他们或以社会组织的形式继续存在，或转为地下活动。这一时期，土耳其和以色列两个非阿拉伯国家逐渐从之前的一党制向多党制过渡。

第三阶段是20世纪70年代到2010年的有限多党制阶段。一方面，在共和制的阿拉伯国家，传统执政党迫于日益增长的内外压力，转而采取有限多党制。之前的单一政党转变为体系中的主导性政党，之前被边缘化的反对派

---

[1] Raymond A. Hinnebusch, "Political Parties in MENA: Their Functions and Development", *British Journal of Middle Eastern Studies*, Vol. 44, No. 2, 2017, pp. 161-162.

[2] 李艳枝：《中东政党政治的演变》，北京：中国社会科学出版社，2015年版，第139—144页。

[3] Roger Owen, *State, Power and Politics in the Making of the Modern Middle East*, London: Routledge, 1992, pp. 255-272.

群体和新产生的利益群体被允许组建政党并参与选举,但不能执掌国家权力。以埃及为例,民族民主党长期执政,右翼的华夫脱党、左翼的民族进步统一集团党,以及穆兄会能参加选举和进入议会,但很难在大选中获胜。[1]另一方面,在君主立宪制的阿拉伯国家,政治失稳的风险促使他们从20世纪70年代开始实行国王主导的有限多党制。国王允许政党活动,使其充当社会的"减压阀",[2]但坚决打压反体制的政党,并利用社会分裂维持政党高度碎片化,确保国王能够对政党实行"分而治之"的策略,从而维护政权安全和王室利益。此外,土耳其和以色列实现了相对稳定的多党制,而伊拉克在2003年美国入侵之后,从复兴党一党独大制转变为黎巴嫩模式的族群-教派型的多党制。

第四阶段是2011年阿拉伯剧变以来的新发展。阿拉伯剧变对阿拉伯国家的政治发展和政党政治带来深刻影响,尽管对于不同国家的影响明显不同。对于没有遭受阿拉伯剧变冲击的国家,这些国家的政党制度整体上变化不大。埃及在经历了短暂的多党竞争之后,目前又重回有限多党制,但其相较穆巴拉克时期有着内涵上的变化,主要是军警力量在国家政治权力中居于主导地位。[3]在叙利亚,内战推动了政党制度的变化,在2012年从阿拉伯复兴社会党(以下简称"复兴党")一党执政转变为多党制,但忠诚于政权的复兴党仍然是保护政权的核心,叙利亚朝着有限多党制的方向发展。突尼斯从之前的一党制逐渐向多党制过渡,并且初步演化出两个比较大的政党集团,即温和的伊斯兰主义力量复兴运动(an-Nahda),以及世俗主义力量

---

[1] 毕健康:《浅析当代埃及政党制度的演进》,载《世界历史》,2001年第5期,第87—95页。

[2] I. William Zartman, "Opposition as Support of the State", in A. Dawisha and I. William Zartman, eds. *Beyond Coercion: The Durability of the Arab State*, London: Croom Helm for Instituto Affairi Internazionali, 1988, pp. 61–87.

[3] Bruce K. Rutherford, "Egypt's New Authoritarianism Under Sisi", *Middle East Journal*, Vol. 72, No. 2, 2018, p. 208.

组成的呼声党（Nidaa Tounes），双方激烈竞争。[1]

2. 中东国家政党类型具有显著的多样性

在中东不同国家，政党政治具有明显的差异性。整体来看，中东存在着四种政党政治类型。

一是一党独大制。20世纪70年代之后，中东几乎不存在一党制国家（叙利亚除外），但之前的一党制逐渐转变为了一党独大制。这种政党政治的特点是，体系中虽然存在多个政党，但有一个居主导地位的执政党，执政党拥有绝对优势的选民支持和政治权力，其他政党虽然能够参与选举，但往往民众支持有限并且很难获得执政地位。此类国家包括埃及（独大党是祖国未来党）、阿尔及利亚（独大党是民族解放阵线）、叙利亚（独大党是复兴党）、巴勒斯坦（独大党是法塔赫，2006年之后巴勒斯坦没有再进行全国大选）、毛里塔尼亚（独大党是争取共和联盟）。

二是有限多党制。在一些君主立宪制国家，主要是摩洛哥和约旦，虽然存在着广泛的多党竞争，但是他们受到国王权力的制约。在这两个国家中，国王居于国家政治权力的中心，并高于三权之上。例如在约旦，王室在国家决策和管理中发挥关键作用，王室设有宫廷办公室，是维持国王与中央政府、议会、武装部队之间联系的一个重要机构，同时也是连接国王与民众的重要桥梁。宫廷总管在职位上与总理属平级，但实质上权力要高于总理。约旦和摩洛哥的政党竞争看似激烈，但政党的权力和议会的权力绝不可能超越国王权力。

三是开放多党制。在中东地区，越来越多的国家实行开放多党制。[2]其中，土耳其、以色列、突尼斯的多党竞争十分激烈，并形成了西式民主模

---

[1] 李竞强：《试论民主转型时期突尼斯的政党制度》，载《阿拉伯世界研究》，2018年第5期，第105页。

[2] 王林聪：《中东国家民主化问题研究》，北京：中国社会科学出版社，2007年版，第12—13页。

式。这些国家的政党政治经历了相对充分的社会动员、利益分化和制度建设，发展相对成熟。伊拉克、黎巴嫩、伊朗的政党竞争激烈，但具有明显的教派和派系特征，使得民众依赖于宗教精英，弱化了政党政治的质量。利比亚、苏丹、也门等发生动乱的中东国家，虽然实行多党制，但囿于国内安全状况等原因，其国内政党政治目前名存实亡。

四是无党制。中东大约有三分之一的国家实行无党制，即不允许政党存在。在海湾君主制国家沙特、阿联酋、阿曼、巴林、卡塔尔和科威特，政府不允许政党存在。但这并不意味着这些国家没有公共政治参与，他们有议会或协商会议，而议员主要是国王直接任命，科威特则是由全国大选产生。

总的来讲，中东国家的政党政治显示出显著的多样性特征，这与不同国家的历史发展进程息息相关，不同的发展进程塑造不同国家的经济结构、权力结构和文化结构，影响了不同国家的政党政治模式。

3. 中东国家政党政治具有自身的特殊性

在中东地区，政党政治的聚合和竞争深受宗教因素影响，这是由宗教在中东地区的重要性决定的。此外，中东地区的左翼政党整体偏弱，而经济因素的作用有所上升。

首先，教俗之争相对激烈。与欧美政党竞争的意识形态倾向不同，中东地区受其独特的被殖民历史、自上而下的现代化模式、传统宗教的重要影响，其政党竞争表现出明显的教俗之争的色彩。由于多数现代中东国家是由革命性的世俗主义政权主导的，伊斯兰主义政党起初没有太大的活动空间。在20世纪70年代党禁开放之后，新的政党为了获得不同于传统执政党的选举优势，积极回应普通民众关注的宗教问题，并使得伊斯兰政党在中东政党政治中的作用具有呼吁改革的积极一面。这也形成了一个有意思的"左右倒转"现象，即保守的伊斯兰政党往往呼吁采取进步的、改革的、高福利的政策。丽莎·布莱迪丝（Lisa Blaydes）和德鲁·林泽（Drew Linzer）认为，宗教因素是解释中东政党竞争结构的首要因素，即中东地区的政党竞争表现为保守/伊斯兰主义意识形态与左派/世俗主义意识形态的对立。[1] 当前，教俗之争仍然是中东政党政治的重要议题，双方的激烈博弈仍在继续。

其次，左翼政党整体偏弱。有研究指出，在中东，只有21%的政党属于左翼，显示出左翼政党的实力偏弱。[2] 事实上，左派一直是中东政治的重要参与者，他们组织社会主义或共产主义的政党参与国家选举、推动社会变革、反对帝国主义、进行政治动员，但整体上在赢得选举和参与国家政权方面并不成功。正如伊德里斯·加布里（Idriss Jebari）在考察中东左翼政党发展历史后得出的基本结论，中东左翼政党的重要性在下降，未来前景并不容乐观，这是由左翼政党内部和中东整体的政治环境决定的。[3] 一方面，左翼政党长期是中东各国政府防范和打压的对象。这些政党的领导人和支持者不时被判入狱，政党常遭禁止或取缔，政党成员也很少能进入政府。此外，中东地区浓厚的宗教氛围，使得左翼政党很难获得民众的普遍支持。另一方面，中东左翼政党内部也存在显著分裂。不同政党对于以下核心问题存在持续争论：马克思主义理论对中东国家的适用性、马克思主义与宗教之间的关系、采用改革还是革命道路的战略等等。

最后，经济要素作用上升。相关研究表明，中东地区的经济全球化趋势、新兴阶层的出现、教俗之争的深化，导致经济要素在中东政党竞争中的作用有所上升，尽管宗教因素仍然是影响中东政党竞争的重要方面。美国学者阿卜杜拉·艾多甘（Abdullah Aydogan）通过考察12个中东国家（埃及、黎巴嫩、突尼斯、阿尔及利亚、伊拉克、巴林、约旦、科威特、摩洛哥、土耳其、以色列和伊朗）意识形态分裂和政党制度之间的关系后指出，在巴

---

[1] Lisa Blaydes and Drew A. Linzer, "Elite Competition, Religiosity, and Anti-Americanism in the Islamic World", *American Political Science Review*, Vol. 106, No. 2, 2012, pp. 225-243.

[2] Abdullah Aydogan, "Party Systems and Ideological Cleavages in the Middle East and North Africa", *Party Politics*, Vol. 27, No. 4, 2021, p. 815.

[3] Idriss Jebari, "The Rise and Fall of the Arab Left", in Francesco Cavatorta, Lise Storm, Valeria Resta, eds. *Routledge Handbook on Political Parties in the Middle East and North*, New York: Routledge, 2021, pp. 17-18.

林、伊拉克、以色列、科威特和黎巴嫩,经济因素是影响政党政治竞争的最重要因素。[1] 整体上看,民族主义倾向的政党更愿意采取大政府模式,以及国家干预经济的方式。例如在黎巴嫩,真主党属于较强民族主义立场的政党,采取相对偏重国家主义的经济政策;未来阵线则属于弱民族主义立场的政党,采取更加偏重自由市场的经济政策。

(二) 2021年中东国家政党政治新发展

这里主要结合2021年进行下院选举的4个中东国家,讨论这些国家和中东国家政党政治的新发展。

1. 以色列:多党竞争、右翼占优、阿拉伯政党新突破

2020年12月底,以色列联合政府预算案未能通过,导致以色列议会解散。2021年3月23日,以色列举行了2年之内的第4次大选。

第一,以色列投票率有所下降,但在中东仍属较高水平。以色列此次投票率为67.4%,相较2020年大选下降了4%,在近4次选举中投票率最低,前3次的投票率分别为68.5%、69.8%、71.5%。主要有2个原因:首先,民众的"选举疲劳"。在不到2年的时间里,以色列举行4次议会大选,以色列正在经历深刻的政治危机。虽然前3次大选投票率缓慢上升,但频繁选举也使民众产生了"选举疲劳"。不少民众对于选举政治心灰意冷,只有29%的以色列受访者认为选举能够解决本国的政治僵局。其次,阿拉伯人的抵制。此次选举中,阿拉伯政治精英的参选出现明显的分裂,他们并没有建立统一战线,而是组成了两个选举阵营——联合名单和阿拉伯团结名单党,不少阿拉伯民众对此十分愤怒和沮丧,决定不投票。最终,占全民总人口20%的阿拉伯人投票率只有44.6%,创下了历史新低。[2] 然而,在整个中

---

[1] Abdullah Aydogan, "Party Systems and Ideological Cleavages in the Middle East and North Africa", *Party Politics*, Vol. 27, No. 4, 2021, pp. 814-826.

[2] Ofer Kenig, *Covid-19 and the 2021 Elections in Israel: Challenges and Opportunities*, Stockholm: International IDEA, 2021, pp. 11-12.

东地区，以色列的大选投票率仍然处在较高水平。

第二，以色列政党整体格局变化不大，右翼政党仍占明显的优势地位。历史上，以色列政党政治格局大致经历了左翼占优（1977年以前）、左右摆动（1977—2000年）、右翼占优（2000年以来）3个阶段。进入21世纪，左翼政党的地位持续衰退，[1] 右翼政党在选举中获得更多支持，这反映了以色列国内近年来持续的右倾转向。2000年，以色列爆发第二次巴勒斯坦大起义，巴以冲突急剧恶化，安全再次成为以色列民众关心的核心问题，右翼政党的安全政策得到多数民众的支持，又反过来促进右翼政府采取更加激进的安全政策，这是"右翼崛起"的基本逻辑。据以色列民主研究所的塔玛尔·赫尔曼（Tamar Hermann）和奥尔·阿娜比（Or Anabi）于2019年的研究，63%的犹太裔以色列人（约占人口的80%）认为自己在以色列的政治版图中属于右翼或中右翼；14%的人（加上几乎所有的阿拉伯以色列人）将自己视为左翼或中左翼；18%的人将自己定位为中间派。[2]

以色列整体右倾的社会生态，也反映在近年的选举结果中，2021年大选也不例外。此次大选中，在总共120个议席中，右翼政党获得72席，中间派获得25席，左翼政党仅获得23席。[3] 具体来讲，右翼方面，前总理内塔尼亚胡领导的利库德集团获得30席，本内特领导的统一右翼党获得7席，从利库德集团分裂出来的新希望党获得6席，"我们的家园以色列"党获得7席，两个犹太教正统派——沙斯党和犹太教圣经联盟分别获得9席和7席，极右翼的宗教犹太复国主义联盟获得6席。中间派方面，拉皮德领导的未来党获得17席，蓝白联盟获得8席。左翼方面，工党获得7席，梅雷茨党获得6席，代表阿拉伯以色列人的联合名单和阿拉伯团结名单党分别获得6席

---

[1] 吴诗尧：《政党意识形态视角下的以色列工党兴衰分析》，载《阿拉伯世界研究》，2020年第5期，第67—84页。

[2] Tamar Hermann, Or Anabi, "Special Elections Survey", https://en.idi.org.il/articles/25848.

[3] "Government: Political Parties in Israel", https://www.science.co.il/gov/Parties.php.

和 4 席。

第三,8 党联盟组成以色列新政府,阿拉伯政党首次成为政府执政成员。为了防止内塔尼亚胡再次执政,以色列 8 个看似政策取向差异极大的政党组成执政联盟,跨越左、中、右翼的新政府除了包括未来党、统一右翼党、蓝白党、"我们的家园以色列"党等传统参加政府的政党外,还首次包括了阿拉伯政党。

传统上,研究以色列政党政治的主要理论是中间选民理论,即选民和政策主要是沿着一个政治维度展开的。在以色列,主要依据在巴勒斯坦问题上是鸽派还是鹰派这一维度来定义以色列的左右翼。然而,相关数据表明,对于大约一半的以色列人来说,近两年的选举主要是围绕是否支持内塔尼亚胡而进行的,远远超出任何政策问题。[1] 换句话说,在理解以色列的政党政治维度时,我们必须在考虑左右翼之争维度的同时,加入围绕内塔尼亚胡去留之争的维度。这两个维度既有所重叠,又有所分裂。这种分裂为新政府的创建打开了政治空间,即 8 个政党根据他们反对内塔尼亚胡的共同立场采取行动。然而,由于显著的政策差异,以及左右翼之争的结构性维度仍然存在,政府内部存在矛盾隐患。

2. 阿尔及利亚:较低投票率、老党/传统政党地位下降、关注青年人

阿尔及利亚议会由国民议会与民族院(参议院)组成,其中国民议会议员由全民普选产生。2021 年 2 月 18 日,阿尔及利亚总统特本宣布解散国民议会并提前举行大选。6 月 12 日,阿尔及利亚举行国民议会选举,600 多个政党和 800 多名独立候选人联盟参与角逐 407 个国民议会席位。

第一,投票率再创新低,表明民众对政治体系和政党体系的高度不信任。此次选举遭到了反对派的大力抵制,这是因为他们并不相信既有体制下

---

[1] Liron Lavi, "How to Understand Israel's 36th Government: Israeli Politics as a Two-Dimensional Space", https://www.international.ucla.edu/israel/article/242709.

的大选能为国家带来有意义的变化。此次选举的投票率只有 23%，创下阿尔及利亚的历史新低，不仅远低于 1997 年的 65%，也比 2017 年的 35% 低不少。[1]

1962 年阿尔及利亚赢得独立以来，军队和军官阶层一直在阿尔及利亚政治生活中发挥着关键作用，这种军队"统而不治"的政治模式在 2019 年引起民众的大规模抗议，时至今日仍未彻底结束，这也极大助长了民众对此次选举的抵制。[2] 阿尔及利亚的长期执政党是民族解放阵线，最初是一个发动武装起义的游击队组织，逐渐演变成一个涵盖几乎所有既存政治团体的伞形组织。在这个过程中，民族解放阵线逐渐分裂成多个派系。独立后，民族解放阵线的组成部分逐渐被吸收到军队和官僚机构中，也有一部分成为反对派。在 20 世纪 70 年代，布迈丁总统将民族解放阵线转型为包括 10 000 名政党工作者的官僚机构，控制群众组织并负责土地革命。[3] 在阿尔及利亚的自由化转型中，执政党民族解放阵线未能在 1991 年的大选中获得绝对多数席位，军队取消了"伊斯兰拯救阵线"的获胜地位，导致阿尔及利亚陷入内战。但是，在政党政治恢复之后，民族解放阵线再次成为执政党。然而，民族解放阵线的长期执政加剧了民众，尤其是青年民众的不满，并在 2019 年年初形成反体制的抗议运动，迫使布特弗利卡总统下台。然而，民众持续抗议，要求改变整个政治体制。

第二，阿尔及利亚不同政党之间的权力对比发生深刻变化，但是其根本权力结构并未发生根本变化。根据阿尔及利亚宪法委员会公布的最终结果，阿尔及利亚各政党所获议席，以及相较上次选举的议席增减情况如下：民族解放阵线获得 98 席（-63）、"争取和平社会运动"获得 65 席（+31）、民族

---

[1] 易小明：《阿尔及利亚议会选举及其影响》，载《国际研究参考》，2017 年第 10 期。

[2] 朱泉钢：《阿拉伯国家军政关系研究：以埃及、伊拉克、也门、黎巴嫩等共和制国家为例》，北京：社会科学文献出版社，2020 年版，第 246 页。

[3] Raymond A. Hinnebusch, "Political Parties in MENA: Their Functions and Development", *British Journal of Middle Eastern Studies*, Vol. 44, No. 2, 2017, p. 165.

民主联盟获得 58 席（-42）、未来阵线获得 48 席（+34）、全国建设运动获得 39 席（+34）、人民之声获得 3 席（+2）、民政阵线（新政党）获得 2 席、公正与发展阵线获得 2 席（-3）、新黎明德党（新政党）获得 2 席、自由与公正党获得 2 席（0）、新一代党（新政党）获得 1 席、新阿尔及利亚阵线获得 1 席（0）、尊严党获得 1 席（-2）、阿尔及利亚爱国阵线获得 1 席（+1）、独立人士获得 84 席（+56）。

这种选举结果表明，阿尔及利亚的不同政党之间的权力对比出现变化：一是之前执政的民族解放阵线和民族民主联盟虽然在此次大选中仍排名前列，但席位有所下降，这表明民众对于执政党的不满；二是具有伊斯兰背景的政党——争取和平社会运动表现较好，但也未达到选前预期。然而，阿尔及利亚的深层权力结构并没有发生根本改变，军方及其文官盟友仍然控制着大部分国家权力。正如著名中东问题专家玛丽娜·渥太华（Marina Ottaway）指出的，2019 年崛起的希拉克运动没能成功推动国家的民主转型，军政联盟的主导地位仍很牢固。[1]

第三，政府在选举中增大了对青年人的关注，甚至创造条件支持年轻的候选人。全国独立选举委员会明确表明支持年轻人参加选举，2021 年新的选举法规定，每个竞选名单上至少一半的候选人年龄在 40 岁以下，至少三分之一的候选人拥有大学学位。政府还向 40 岁及以下的候选人提供约 2000 英镑的赠款，资助他们的竞选活动，这甚至被许多年长的阿尔及利亚人嘲笑为"青年就业议会"。这一举措吸引了一批对希拉克运动失望的年轻人参与选举，并考虑为国家未来作出切实贡献。

阿尔及利亚政府此举致力调整国家与社会之间的关系，争取民众对政府合法性的认可。在青年人口高达 70% 的阿尔及利亚，政府必须将青年融入国

---

[1] Marina Ottaway, "Algeria: The Enduring Failure of Politics", https://www.wilsoncenter.org/article/algeria-enduring-failure-politics.

家整体发展进程,保证他们的就业、参与权和尊严。重建和振兴该国的政治机构和选举体制,对于确保阿尔及利亚以公平和可持续的方式发展至关重要。长远来看,政府需要让阿尔及利亚人的日常经济状况获得改善,虽然这并不容易。短期来看,政府需要密切与各政治力量的协商,并达成基本共识,确保国家平稳发展。

3. 摩洛哥:政党生态发生重大变化

2021年9月8日,摩洛哥举行众议院选举,选举产生395名议员。选举采取比例代表制,全国92个多议席选区产生305个席位,另外90个席位由一个全国性的选区产生。此次摩洛哥大选显示出以下政党政治的特征。

第一,此次摩洛哥大选的投票率整体较高,但不同区域差别较大。此次议会选举的投票率大约为50.18%,是近四次大选中最高的一次。2002年穆罕默德六世成为国王以来,议会选举投票率大体成"W状"趋势,2002年、2007年、2011年、2016年、2021年的投票率分别为51%、37%、45%、43%、50%。投票率的增多,与政府将全国大选和地方选举合并举行有关,地方选举较高的投票率拉高了议会选举投票的比例。因为摩洛哥民众在历次地方选举中的积极性更高,在2003年、2009年、2015年和2021年的地方选举中,民众的投票率分别是51%、52%、52%、50%,这是因为地方选举与他们的利益联系更加紧密。

值得注意的是,不同地区的投票率差别较大。与以往的议会选举一样,农村和沙漠地区的投票率相对较高,如撒哈拉沙漠地区的哈姆拉省(El Aaiun-Saguia al Hamra)投票率高达66.9%。而城市地区的投票率则要低很多,例如在卡萨布兰卡的梅尔斯(Al Fida-Mers)选区的投票率只有19.8%。此外,在卡萨布兰卡的部分选区,被损毁的选票可能高达25%,[1] 这一现

---

[1] Bernabé López García and Said Kirhlani, "The Moroccan Elections of 2021: A New Political Architecture for a New Development Model", *Elcano*, October 1, 2021, p. 3.

象显示出一些民众对体制的不满和对选举的抗议。

第二，此次选举标志着摩洛哥政党生态重新洗牌，其核心标志是伊斯兰主义政党力量的下降。各政党在此次大选中所获议席，以及相较上次2016年大选所获议席的情况如下：全国自由人士联盟获得102席（+65）、真实性与现代党获得87席（-15）、独立党获得81席（+35）、人民力量社会主义联盟获得34席（+14）、人民运动获得28席（+1）、进步与社会主义党获得22席（+10）、宪政联盟获得18席（-1）、公正与发展党（以下简称为"公发党"）获得13席（-112）、民主与社会运动获得5席（+2）、民主力量阵线获得3席（+3）、民主左翼联盟获得1席（-1）、统一社会党获得1席（新党）。[1]

其中最显著的变化是，曾连续两次胜选的伊斯兰主义政党——公发党在此次大选中得票极低。媒体分析认为，原因主要有三，一是王室在2016年就为终结公发党的执政地位布局。之前，王室致力于扶植真实性与现代党作为对抗公发党的力量，但随着该党无力获胜，王室转而支持全国自由人士联盟。2016年大选后仅20天，长期担任摩洛哥农业大臣，并掌控实力雄厚的农业发展基金的阿齐兹·阿汉努什（Aziz Akhannouch）当选全国自由人士联盟党首，致力于领导该党取代公发党的执政地位。此次大选中，该党提出了总额超250亿欧元的项目计划，对于吸引选民有重要的作用。二是公发党自身的问题。选民通过投票惩罚该党近年较差的执政绩效，2020年摩洛哥经济衰退7%，虽然与新冠肺炎疫情影响有关，但执政党的治理能力不佳或许责任更大。在外交方面，摩洛哥于2020年与以色列实现关系正常化，损害了该党传统的支持基础。三是该党在2011年和2016年当选的不少议员不愿参加此次选举。数据表明，2015年省市选举时，该党候选人总数是16 310人，占总候选人的12.46%，而2021年议会选举时，候选人只有8681人，仅占

---

[1] 参见：Moroccan Interior Ministry's election website, www.elections.ma。

总候选人的 5.51%。

第三，摩洛哥政党体系仍然深受国家政体性质的制约，以及"行政君主制"这一政府形式的影响。摩洛哥的政治体制类型是有限竞争的集权模式，政府的形式是"行政君主制"，这些共同造就了摩洛哥的有限多党制政党制度。[1] 一方面，在有限竞争的政权中，存在大量参与政治的政党；他们能够参加竞选，并且成为国家机构的代表，这导致了广泛的政治多元化。大多数政党接受选举规则，但特定的政治团体会被排除在政治体系之外，特别是当他们对政权构成潜在威胁时。另一方面，摩洛哥国王在国家事务中保留很大的权力。根据摩洛哥宪法，行政权由国王和政府首脑共享。然而，在实践中，皇家内阁集中决策，而议会和内阁部长只有有限的权力。此外，国王可以控制对外事务、宗教事务、国防和安全事务。由于存在不用回应的体系性否决力量——国王，因此政党政治的作用相对有限。这表明，在摩洛哥的国家权力格局中，国王仍然是核心，而政党政治只能在王权主导下有限运行。

4. 伊拉克：投票率低、政党体系未变、政党权力对比变化、新兴政党崛起

2021 年 10 月 10 日，伊拉克进行了 2003 年以来的第五次全国议会大选。共有来自 167 个政党、政治实体或独立的 3249 名候选人竞选 329 个席位，而此次注册的选民约为 2400 万人。此次选举显示出伊拉克政党政治发展的以下特点：

第一，选举投票率不高，民众对国家政治体系和政党政治体系信任度较低。此次选举的投票率只有 41%，显示出民众并不相信能够通过自己手中的选票改变国家的政治状况。

2003 年伊拉克战争后，美国强行在伊拉克移植美式制度。由于"美式

---

[1] Inmaculada Szmolka, "Bipolarisation of the Moroccan Political Party Arena? Refuting This Idea Through an Analysis of the Party System", *The Journal of North African Studies*, Vol. 26, No. 1, 2021, pp. 76-77.

民主"在伊拉克水土不服，不仅没能给伊拉克带来和平与繁荣，而且导致伊拉克教派矛盾激增、恐怖主义崛起、普通民众利益受损等问题。[1] 近年来，除了逊尼派民众使用暴力手段表达政治诉求之外，什叶派民众的反体制行动也逐渐加剧。许多伊拉克的什叶派年轻人认为，政治精英利用选举制度操纵媒体、维持权力、谋求财富，却不管普通民众的死活。他们对于伊拉克的民主制度失望透顶，伊拉克议会选举投票率从2005年的80%下降到2018年的44.5%，此次更是下降到历史新低。他们转而选择在体制外表达不满。2019年10月，伊拉克什叶派地区爆发大规模的反体制性民众抗议，随后的民众抗议显著增多。

第二，此次选举延续了伊拉克2003年以来的"族群-教派政党体系"。2003年萨达姆政权被推翻后，美国随即在伊拉克开展两大行动："去复兴党化"和起草新宪法。一方面，通过解散复兴党，清洗军队、政府机关、教育机构中的复兴党成员，瓦解了伊拉克传统的以复兴党为核心的国家机器。另一方面，任命主要由什叶派和库尔德人代表组成的宪法起草委员会制定新宪法，构建伊拉克新的政治体制。2005年伊拉克新宪法正式确立了以大联盟、相互否决、比例代表和部门自治为主要特征的协和民主制。在这种制度安排下，根据人口规模将权力分配给不同族群。最终，伊拉克形成了族群-教派分权体系，其特征是什叶派占据主导地位，库尔德人自治，逊尼派被边缘化，这种体系在随后的选举中不断固化。[2] 在此次选举中，政党的聚合仍然是以族群-教派为核心的。得票最多的那些政党，仍然是传统的族群-教派性质的政党。

第三，政党间的权力对比尤其是什叶派内部的权力分配发生深刻变化。

---

[1] 朱泉钢：《美国发动伊拉克战争严重损害伊斯兰世界的利益》，载《红旗文稿》，2021年第15期，第38—39页。

[2] Dai Yamao, "Sectarianism Twisted: Changing Cleavages in the Elections of Post-war Iraq", *Arab Studies Quarterly*, Vol. 34, No. 1, 2012, p. 31.

根据伊拉克选举委员会公布的最终选举结果，什叶派宗教人士萨德尔领导的"萨德尔运动"获得了 73 个席位，比 2018 年大选时增加 19 席，获得优先组阁权；国民议会议长哈布希领导的逊尼派政治团体"进步联盟"获 37 席，位列第二；前总理马利基领导的"法治国家联盟"获 34 席，排名第三；库尔德斯坦民主党获得 32 席。剩下的政党得票均不足 20 席，与亲伊朗民兵关系紧密的政党法塔赫联盟获得 17 席，相较 2018 年大选减少了 31 席；库尔德斯坦爱国联盟获得 16 席；逊尼派富商哈米斯·甘加尔（Khamis Khanjar）领导的伊拉克阿奇姆联盟获得 12 席；独立人士获得 40 席。[1]

这种政党之间权力分配的变化虽然与不同政党的民众支持率有着重要关系，但是不同政党在新选举体制中选举策略的差异也同样对此有着巨大的影响。根据伊拉克 2019 年新的国民议会选举法，伊拉克议会选举规则从之前的政党名单比例代表制转变为单一不可转让代表制。这意味着选民主要是投票支持单个候选人，而不是某个政党。萨德尔运动总得票数为 65 万张，而法塔赫联盟得票数为 67 万张，但其议席数量却形成巨大反差，这主要是因为萨德尔运动充分利用了新的选举规则，不在同一选区安排过多竞争性的本党候选人，而法塔赫联盟则因同一选区的本党候选人彼此竞争而损失惨重。[2] 此外，中间派什叶派领导人哈基姆和前总理阿巴迪组建了不适合选举规则的联盟，支持率明显下降。

第四，新兴政党的崛起尚不具备改变体系的意义，但其发展态势值得关注。在新兴政党中，从"十月抗议"运动中诞生的伊穆迪达党（Imtidad）获得 9 席，显示出伊拉克青年人的力量及民众对新政党的兴趣。如果该党没有低估民众对自己的支持，它可能会获得更多议席。例如，为了避免内部竞

---

[1] Ali Jawad, "Iraq Announces Full Results of Parliamentary Elections", https://www.aa.com.tr/en/middle-east/iraq-announces-full-results-of-parliamentary-elections/2394814.

[2] Victoria Stewart-Jolley and Dr Renad Mansour, "Explaining Iraq's Election Results", https://www.chathamhouse.org/2021/10/explaining-iraqs-election-results.

争,该党在纳希利亚市的 5 个选区均只推出一名候选人,但均是得票第一,并且远高于萨德尔运动的候选人。但是,由于萨德尔运动更具战术性的选举策略,该党最终在这 5 个选区中获得了 9 个席位。与伊穆迪达党在伊拉克南部的选举成功类似,伊拉克北部的库尔德地区也见证了新兴政党的成功。在 2018 年选举后首次进入议会,并支持 2019 年"十月抗议"运动的库尔德改革团体"新生代运动党"在议会中获得 9 席,这凸显了库尔德民众对库尔德地区传统政党的不满。[1]

值得注意的是,此次选举可能会进一步激发伊拉克新兴政党参加选举的热情。由于之前他们认为此次选举只会让他们反对的政治体制得到强化,所以大多数与"十月抗议"运动有联系的新兴政党抵制此次选举和投票。但是在看到此次选举的结果后,一些新兴政党表示对伊拉克的民主进程恢复了一定的信心,因为他们看到独立人士和其他新兴政党可以赢得民众支持并进入议会。有报道称,有些新兴政党领导人已经开始为定于 2022 年的省份选举做准备。

5. 2021 年中东政党政治发展特征

整体来看,2021 年中东政党政治发展的延续性要高于变化性,但在相关国家也在发生着缓慢调试。

第一,政党虽然在大多数中东国家不是国家权力政治的核心载体,但其重要性不容忽视。中东政党在政治权力中的作用相对有限,但除了海湾君主制国家之外,中东各国的政府和统治精英仍然承认、重视并利用政党政治的作用,以此维护精英的统治地位和国家的政治稳定。

具体来讲,以色列的政党政治相对成熟,议会选举成功改变了国家的权力格局,结束了内塔尼亚胡连续 12 年的执政;阿尔及利亚 2021 年提前进行

---

[1] Lahib Higel, "Iraq's Surprise Election Results", https://www.crisisgroup.org/middle-east-north-africa/gulf-and-arabian-peninsula/iraq/iraqs-surprise-election-results2.

议会选举，主要是试图通过政党政治缓解希拉克运动持续抗议带来的政治压力；摩洛哥王室利用政党政治，以合法途径确保亲皇室的自由派政党击败长期执政的公正与发展党；伊拉克的政党政治实现了族群-教派精英对国家资源分配权限的新一轮调整。如果考虑到近两年埃及重新重视政党的作用，打造亲政府的祖国未来党，可以说，政党政治在中东政治中仍然有着重要的作用。

第二，中东伊斯兰政党的重要性继续下降，但对具体国家的情况需要进行具体分析。阿拉伯剧变之后，伊斯兰政党在突尼斯、埃及、摩洛哥夺权，在约旦等国的重要性和影响力上升，形成了"伊斯兰主义大胜利"的现象。从2013年开始，伊斯兰政党在外部压力、内部分歧、执政绩效欠佳等因素的影响下，作用不断下降。

2021年的一些事件表明，伊斯兰政党重要性下降的趋势仍在延续。7月25日，突尼斯总统凯斯·赛义德解散政府并且冻结了议会，其实质是突尼斯的世俗主义力量限制伊斯兰主义力量在国家和政府中的作用。在摩洛哥9月的议会选举中，长期执政的伊斯兰主义政党公正与发展党惨败给了亲皇室的自由派政党，标志着伊斯兰主义政党在摩洛哥政坛中的作用下降。然而，在一些国家，例如阿尔及利亚，伊斯兰主义政党争取和平社会运动在议会中的席位新增了31个。因此，伊斯兰主义政党作用需要根据具体国家的情况进行具体分析。

第三，民众求变心态明显，青年因素在政党政治中的作用有所上升。在中东地区的四场全国性议会选举中，投票率普遍不高，尤其是在伊拉克和阿尔及利亚，只有41%和23%。这主要是由于两个原因：一是中东国家盛行的集权模式，导致民众对于通过选举投票改变政府的努力并不积极；二是中东国家政党普遍缺乏治理诉求的特征，使民众对当下的政党和政党政治体制比较失望。

值得一提的是，中东政党政治中的青年因素有所上升。在伊拉克，脱胎于 2019 年"十月抗议"运动的新兴政党伊穆迪达党在议会大选中获得 9 席，这还是在该党未能有效运用选举策略，不少伊拉克青年抵制选举的情况下获得的佳绩。此外，伊拉克库尔德地区的新兴政党获得 9 个议席，只比老牌的库尔德斯坦爱国联盟少 7 席。在阿尔及利亚，国家精英和政府有意识地支持青年参选，试图将青年吸纳进政治体系，确保政府的长期稳定，这无疑是积极的动向。

（三）中东国家政党政治展望

中东政党政治在未来一段时间内仍将处于缓慢发展阶段，在经济结构、权力结构和文化结构没有发生根本性变动的情况下，中东地区的政党政治基本特征很难发生根本性转变，但一些具体的变化仍然值得关注。

第一，整体来看，中东各国的政党制度在可预见的未来仍将延续。海湾君主制国家仍将采取无党制，但会缓慢推动政治开放以应对经济社会结构的变化。土耳其、以色列的多党竞争仍将高制度化运转，而突尼斯的多党制 2021 年遭遇挫折，其前景有待观察。伊拉克和黎巴嫩的族群-教派多党竞争体制仍将持续，但将面临越来越严重的民众抗议。最后，中东的主导性政党政治模式仍将是一党独大制和有限多党制，这主要是基于中东占主导地位的国家政体和政府形式来判断的。

第二，教俗之争仍将是中东多数国家政党竞争的重要议题，而经济、政治改革议题的重要性将不断上升。由于中东国家的宗教底色，所以教俗之争仍会是政党进行政治动员、聚合利益和阐释政策的重要载体。然而，伊斯兰主义政党在 2011 年获得执政权后的执政绩效一般，民众对他们的看法在发生着变化，民众对宗教因素的关注在下降，而对经济议题、政治议题的重视在不断提升。因此，传统的伊斯兰主义政党必须进行相应的调试。

第三，一些反映中东社会结构变化的政党将发挥更大作用，例如青年政党和民兵型政党的地位可能上升。在中东地区，尤其是阿拉伯国家的人口年龄中位数在 22 岁左右，青年失业率约为 25%。他们的利益需要有所代表，就像伊拉克此次选举中新兴政党的崛起所显示的那样。同时，传统政党也将更多吸纳青年党员，来提升自己的动员能力和代表能力。此外，就像民兵型政党在黎巴嫩内战和叙利亚内战之后的崛起那样，在当前发生内战的中东国家——也门、叙利亚、利比亚，尤其是也门和利比亚这两个反政府民兵势力较强的国家，未来民兵型政党的发展演变需要关注。

二、非洲国家政党政治发展

本部分的非洲国家主要指撒哈拉以南非洲国家，即除北部非洲以外的其他非洲国家，就具体国家而言，分别为埃塞俄比亚、安哥拉、贝宁、布基纳法索、布隆迪、赤道几内亚、多哥、厄立特里亚、冈比亚、刚果（布）、刚果（金）、吉布提、几内亚、加纳、加蓬、津巴布韦、喀麦隆、科摩罗、肯尼亚、莱索托、利比里亚、卢旺达、马拉维、马里、毛里求斯、纳米比亚、南非、南苏丹、尼日尔、尼日利亚、塞内加尔、塞舌尔、圣多美和普林西比、斯威士兰、苏丹、坦桑尼亚、乌干达、赞比亚和乍得。

非洲国家自20世纪五六十年代独立以来，政党政治先后经历了两次大的转型。第一次转型是大多数国家由独立初期短暂的多党制试验转为一党制，到20世纪80年代末，50多个非洲国家中有37个国家实行一党制，实行多党制的国家则只有4个，分别为冈比亚、博茨瓦纳、毛里求斯和塞内加尔，其他则为军人政权。这一时期，非洲国家的一党制有三个显著特征：一是由一个政党掌握国家权力，通过宪法和其他强制性手段压制或取缔其他政党活动；二是实行所谓"一党民主政治"，吸收群众参加组织，模仿西方国家的普选和议会制度；三是执政党机构兼有国家机构的职能，行使国家权力，党的领袖一般还是国家元首、政府首脑和军队统帅。[1]

---

[1] 陆庭恩：《非洲国家一党制原因剖析》，载《西亚非洲》，1988年第5期，第28页。

第二次转型始于20世纪80年代末，内容为从一党制重返多党制，此次转型受非洲国家内部经济危机和外部环境变化，尤其是东欧剧变、苏联解体和西方高压政策的共同推动，[1] 转型进程异常迅猛，到1994年便先后有42个国家举行多党选举，几乎所有一党制国家都改行多党制。截至目前，除实行君主制的斯威士兰和一党制的厄立特里亚，以及处于战乱或战后重建的索马里和南苏丹外，其他50个国家均已实行多党制，以多党选举为主要特征的政治体制已基本在非洲大陆落地生根。

本部分将首先概述20世纪90年代以来，尤其是最近10年来非洲国家政治发展的主要特征，并在此基础上以选举为主要视角，对2021年非洲相关国家的政党政治发展进行较为详细地分析。

（一）非洲国家政党政治发展的主要特征

纵观20世纪90年代以来，尤其是最近10年来非洲国家政党政治发展的状况，其主要特征表现为多党选举已实现制度化，但选举制度还有待成熟；政党数量不断增多，政党间竞争日趋激烈；族群政党长期存在，政党的纲领性逐步增强。

1. 多党选举已实现制度化，但选举制度还有待成熟

20世纪90年代初，非洲国家纷纷放弃一党制和军人政权，开放党禁，实行多党制，允许公民按照宪法自由组建政党并参加多党选举，非洲由此开启新一轮的多党民主化浪潮。此次多党民主化浪潮发展迅猛，1990年当年便有18个国家实行或宣布实行多党制，并举行多党选举，到1995年，共有38个国家改行多党制，到2006年，刚果（金）和乌干达举行首次多党大选，共有44个国家举行"奠基选举"。至此，多党制已基本在非洲国家落地，而其是否生根，则可从其在各国是否已经制度化来加以衡量。

---

[1] 张宏明：《非洲政治民主化历程和实践反思——兼论非洲民主政治实践与西方民主化理论的反差》，载《西亚非洲》，2020年第6期，第3—13页。

衡量一个国家多党选举的制度化，最重要的指标是其是否在固定的时限内定期举行选举。杰米·布雷克（Jaimie Bleck）和尼古拉斯·范德沃勒（Nicolas Van de Walle）对撒哈拉以南非洲1990—2015年总统与议会选举进行了统计，结果表明该地区在这25年间共举行了185次总统选举和219次全国议会选举，平均每年约举行16次选举。更为重要的是，已有近一半以上的国家经历了4次到5次完整的选举周期，而经历6个以上选举周期国家也达到了10个以上（见表1）。此外，笔者根据最新情况统计表明，2016—2020年5年间，非洲国家又举行了101场选举，其中总统选举48次，议会选举53次，平均每年约20次。[1]

表1 撒哈拉以南非洲多党选举的演进（1990—2015年）[2]

	第一轮	第二轮	第三轮	第四轮	第五轮	第六轮	总计
总统选举	41	40	37	33	24	10	185
议会选举	46	43	44	39	34	13	219

除定期选举外，能否通过选举来实现各政党之间的权力更替也是多党选举制度化的一个重要方面。杰米·布雷克和尼古拉斯·范德沃勒的研究表明，1990—2015年期间，撒哈拉以南非洲共有19个国家的37位总统在选举中下台，其中贝宁、赞比亚、马达加斯加、佛得角、尼日尔、毛里求斯、塞拉利昂、几内亚比绍、科特迪瓦、塞内加尔、肯尼亚和马里等国均因此而经历了两次或两次以上政党间的权力更替。[3] 2018年以来，又有多个非洲国

---

[1] 该数据由笔者根据非洲可持续民主选举中心（Electoral Institute for Sustainable Democracy in Africa）网站公布的2016—2020年度非洲选举日历（African election calendar）统计而来。

[2] Jaimie Bleck and Nicolas Van de Walle, *Electoral Politics in Africa Since 1990: Continuity in Change*, New York: Cambridge University Press, 2018, p.44.

[3] 同[2], p.57。

家实现了政党之间的权力更替,分别为马达加斯加、塞拉利昂、几内亚比绍、马拉维、塞舌尔和赞比亚。

以上分析表明,多党选举已经在绝大多数非洲国家实现了制度化,但这并不意味着非洲的选举制度已经完全成熟。事实上,从当前来看,非洲国家的多党选举仍然还存在着各种各样的问题,其中以下两个方面的问题最为突出。

一是"第三任期"和领导人长期执政问题。在非洲国家从一党制向多党制的转型中,任期制的确立被普遍视为其中的一项重要成就,到2004年,共有38个国家确立了任期制度。[1] 然而从2001年赞比亚总统奇卢巴谋求"第三任期"开始,任期制不断受到冲击,到2020年,共有23个国家的领导人谋求"第三任期",其中17个成功,6个失败。非洲国家领导人谋求"第三任期"共经历了两次高潮,第一次为2001—2008年,第二次为2015年至今。在第二轮高潮中,谋求"第三任期"的国家领导人除贝宁前总统博尼·亚伊失败外,布隆迪、刚果(布)、科特迪瓦和几内亚的领导人均取得成功。

与"第三任期"紧密相关的是领导人或领导人家族长期执政的问题。据统计,截至2020年,非洲共有8位领导人连续执政20年以上,分别为赤道几内亚的特奥多罗·奥比昂(41年)、喀麦隆的保罗·比亚(38年)、乌干达的约韦里·穆塞韦尼(34年)、乍得的伊德里斯·代比(29年)、厄立特里亚的伊萨亚斯·阿费沃基(27年)、刚果(布)的德尼·萨苏-恩格索(23年)、吉布提的奥马尔·盖莱(21年)和卢旺达的保罗·卡加梅;另有

---

[1] Chima Anyaeze, "Post-Cold War Democratic Experiment and Presidential Term Limits in Africa", *International Relations and Diplomacy*, Vol. 4, No. 9, 2016, p. 528.

加蓬的邦戈家族和多哥的福雷家族连续执政均长达53年。[1]

二是"逢选易乱"和"输家政治"等现象长期存在。在非洲国家的多党选举中，执政党或执政党候选人往往能够凭借手中的资源而在选举中获得优势并取得胜利，从而经常使得选举失去悬念。这种相对不平等的竞争环境一方面导致执政党经常会在多党选举中滥用手中的权力，另一方面则导致反对党或失利者不接受选举结果甚至组织民众走上街头举行游行示威，而这两个方面所最终导致的结果，就是"逢选易乱"和"输家政治"等现象的长期存在，其中最为典型的是2007年肯尼亚总统选举和2008年津巴布韦总统选举后发生的骚乱，其中前者导致3000多人丧生，后者导致反对党争取民主变革运动领导人摩根·茨万吉拉伊被迫退出第二轮总统选举。

近年来，非洲国家的"逢选易乱"和"输家政治"等现象虽仍然存在，但在一定程度上有所缓解。一方面，选举骚乱即使出现，但规模相较之前已经要小很多，如在2020年科特迪瓦、几内亚和加纳的总统选举中，选举前后的骚乱导致的死亡人数分别为85人、7人和5人，相较肯尼亚2007年选举骚乱已经大幅改善；另一方面，反对派在不满意选举结果时，多以符合宪法和非暴力的方式进行抗议，且宪法法院或选举委员会正在选举中发挥越来越重要的作用，其中最为突出的例子是马拉维宪法法院在2020年2月裁定2019年5月总统选举结果无效，要求重新举行选举，而津巴布韦在2018年的总统选举中出现争议，最后则是由选举委员会裁定选举结果有效。

2. 政党数量不断增多，政党间竞争日趋激烈

非洲国家自20世纪90年代初从一党制向多党制转型后，各国政党如雨

---

[1] 殷悦：《非洲政治与安全形势稳中有忧》，载张宏明主编：《非洲发展报告2020—2021年》，北京：社会科学文献出版社，2021年版，第19页。2021年4月，乍得总统伊德里斯·代比在前线被反政府武装击伤不治身亡。代比去世后，乍方颁布《过渡宪章》，规定过渡期为18个月，国家领导机构由军事过渡委员会、全国过渡理事会和过渡政府组成，过渡政府总理现为阿尔贝·帕希米·帕达克。

后春笋般建立且一直呈现出不断增多的态势。据凯瑟琳·凯利（Catherine Lena Kelly）统计，经过20年左右的发展，到2010年时，非洲一些国家的政党数量大幅增长，如喀麦隆有合法政党298个，塞内加尔有250多个合法政党，布基纳法索有40多个合法政党、贝宁有15个注册政党，马拉维和肯尼亚则有约50个政党。在此之后，上述国家的政党数量还在不断增加，其中法语国家尤其如此，如塞内加尔的注册政党数量已经从2011年的174个增加到2018年的近300个。[1] 另据不完全统计，到2016年前后，撒哈拉以南非洲各国合法政党数量达到了约2300个（不含索马里、马达加斯加和冈比亚），平均每个国家有50多个政党，其中7个国家的政党数量超过100个。[2]

政党数量众多导致非洲国家形成了不同类型的政党体制。从当前学界对非洲政党体制的研究来看，学者们普遍以是否存在主导型政党为标准进行划分，将非洲国家的政党体制分为一党主导型或一党独大型政党体制和非一党主导型政党体制，其中后者又可分为碎片化型政党体制和朝野势均力敌型政党体制。[3] 在一党主导型政党体制中，执政党通常可以长期占据主导地位，当前属于这种类型政党体制的国家包括博茨瓦纳、纳米比亚、南非、坦桑尼亚、多哥、乌干达、莫桑比克、安哥拉、喀麦隆、刚果（布）、吉布提、埃塞俄比亚、赤道几内亚、加蓬、卢旺达和津巴布韦。在非一党主导型政党体制中，碎片化型政党体制要更为普遍，其主要特征是没有一个政党能够单独依靠自己的力量便可赢得选举，因而大多通过组建联盟的方式参加选举并组建政策，这一类型的国家有圣多美和普林西比、塞内加尔、马达加斯加、马

---

[1] Catherine Lena Kelly, *Party Proliferation and Political Contestation in Africa: Senegal in Comparative Perspective*, Gewerbestrasse: Palgrave Macmillan, 2019, pp. 2-3.

[2] 钟伟云：《非洲的政党政治：回顾与反思》，载《西亚非洲》，2016年第5期，第91页。

[3] 钟伟云：《非洲的政党政治：回顾与反思》，载《西亚非洲》2016年第5期，第91—94页；王学军：《20世纪90年代以来非洲政党政治发展与政党现代化——兼论政党因素对非洲国家治理的影响》，载《西亚非洲》，2021年第3期，第33页；Alexander Stroh, "Political Parties and Party Systems", in Gabrielle Lynch and Peter VonDoepp, eds. *Routledge Handbook of Democratization in Africa*, New York: Routledge, 2019, pp. 233-236.

拉维、肯尼亚、马里、尼日尔、贝宁。属于非一党主导型政党体制的另一种形式，即朝野势均力敌型政党体制的国家相对较少，主要有佛得角、加纳、毛里求斯、塞拉利昂等，从当前来看，这些国家基本形成了较为稳定的两党或三党竞争体制。

非洲国家多党选举制度化以后，曾一度有50%左右的国家为一党主导型政党体制。然而近年来随着各国政党数量的持续增加，以及政党相互之间竞争的不断加剧，一党主导型政党体制正在呈现出衰退的态势。一方面，曾经属于一党主导型政党体制的布基纳法索、莱索托、塞舌尔、尼日利亚、赞比亚等国，因执政党在2011年之后先后失去执政地位而转型为非一党主导型政党体制；另一方面，即便一些国家仍然能够维持一党主导型政党体制，但其执政党在近年来选举中的支持率也呈大幅下降之势，尤其一些长期执政的老牌政党在反对党强有力的冲击下更是如此。

津巴布韦非洲民族联盟-爱国阵线（津民盟）自津巴布韦1980年独立以来一直处于执政地位，其候选人罗伯特·穆加贝在20世纪90年代总统选举中的支持率可达90%以上，然而受反对党争取民主变革运动的冲击，在2018年7月的总统选举中，其候选人、时任总统埃莫森·姆南加古瓦仅获得了50.8%的选票。南非的情况与之相类似，在2019年5月的大选中，南非执政党非洲人国民大会（非国大）赢得了南非国民议会400个议席中的230个，时任总统西里尔·拉马福萨胜选，但非国大的得票率只有57.5%，为1994年以来新低，其一党主导的局面持续遭到民主联盟和经济自由斗士的削弱。博茨瓦纳民主党和纳米比亚人组党同样在2019年遭遇类似的情况，前者赢得国民议会57个议席中的29个，时任总统莫克维齐·马西西胜选，但得票率不足50%，后者候选人、时任总统哈格·根哥布以56.3%的选票连任，得票率与2014年的87%相比呈断崖式下降。最后一个例子是乌干达，在最近3次乌干达总统选举（2011年、2016年和2021年）中，执政党全国抵抗运动领导人约韦里·穆塞韦尼虽然每次都能获胜，但得票率却呈下降趋势，分别为 68.38%、60.75% 和 58.64%。

事实上，在非洲各国政党间竞争普遍加剧的情况下，除了上述老牌政党之外，其他一些国家已出现获胜者得票率很难大幅领先于败选者的情况。在 2020 年举行的 11 场总统选举中，只有布隆迪、坦桑尼亚、多哥和科特迪瓦 4 国当选总统的得票率超过了三分之二，其中，科特迪瓦的总统得票率达到了 94.27%；中非共和国、布基纳法索、几内亚等国家当选总统的得票率均在 50%—60% 之间，其中最高为几内亚的 59.49%；尼日尔因两位候选人的得票分别仅为 39.33% 和 17%，而在 2021 年 2 月举行第二轮选举，获胜者穆罕默德·巴祖姆的得票率也仅为 55.66%。在 2021 年已举行的总统选举中，除乌干达外获胜者得票率低于 60% 外，赞比亚获胜者为反对党国家发展联合党领袖哈凯恩德·希奇莱马，得票率也仅为 58%。[1]

3. 族群政党长期存在，政党纲领性逐步增强

唐纳德·霍洛维茨在其经典著作《冲突中的族群》中认为，所谓族群政党，指的是在选举中主要从特定族群（或族群集团）获取支持并为该族群（或族群集团）利益服务的政党。族群政党建立在强烈的族群认同、族群忠诚和族群归属的基础之上，其可能高度围绕单一领导人的个人领导运转，也可能在结构层面具有分散性或联邦性的特征。[2]

族群政党在非洲国家长期存在，甚至一度是非洲国家政党的主要形态。尼古拉斯·齐斯曼和罗伯特·福德利曾在 2007 年利用非洲晴雨表的调查数据将各国政党分为族群政党、潜在族群政党、多族群政党和非族群政党，其中，族群政党是指 85%—100% 的支持来自某个族群的政党，可占各国政党

---

〔1〕 本部分相关选举数据主要来自中华人民共和国外交部网站（https://www.fmprc.gov.cn/web/gjhdq_676201/gj_676203/fz_677316/）和澳大利亚人亚当·卡尔（Adam Carr）整理的选举数据库（http://psephos.adam-carr.net/about/about.shtml）。

〔2〕 Richard Gunther and Larry Diamond, "Types and Functions of Parties", in Larrt Diamond and Richard Gunther, eds. Political Parties and Democracy, Baltimore, Md: The Johns Hopkings Unviersity Press, 2001, pp. 22-24.

总数的 19.5%，相关政党包括博茨瓦纳民族阵线、全尼日利亚人民党和南非的因卡塔自由党等；潜在的族群政党是指 66.6%—85%的支持来自某个族群的政党，可占各国政党总数 19.5%，相关政党包括加纳的新爱国党、马拉维大会党和乌干达人民大会党等；多族群政党是指 33.3%—66.6%的支持来自某个或某些族群的政党，可占各国政党总数的 43.9%，相关政党包括肯尼亚非洲民族联盟、马拉维的联合民主阵线和南非的民主联盟等；非族群政党是指仅有 0%—33.3%的支持来自某个族群的政党，仅占各国政党总数的 17.1%，相关政党包括肯尼亚的全国彩虹联盟、南非的非洲人国民大会和乌干达的全国抵抗运动等。[1]

以族群政党、多族群政党与非族群政党为标准，可将非洲的政党体制划分为三种类型，分别为族群政党体制、混合政党体制和非族群政党体制，其中肯尼亚属于典型的族群政党体制，其所有政党仍然都是族群政党；纳米比亚为混合政党体制，其执政党为非族群政党，反对党最初是族群政党后来成为非族群政党；加纳则为非族群政党体制，其执政党和反对党均为非族群政党，政党纲领性逐步增强。[2]

从 20 世纪 90 年代以来的政治发展进程来看，族群政党严重制约了非洲国家政党政治的良性发展。族群政治背景下的政党体制多以族群、地域或语言为基础而建立，其政党基本都以族群认同、归属和忠诚，以及为本族群谋取利益作为竞选手段。如此所导致的结果，或者是族群政党数量不断增加，从而使得政党体制碎片化，或者是各族群政党之间不断分化组合从而使得政党体制缺乏稳定性，或者是选民只能以族群投票的方式选择属于同一族群的政党，而无法在不同政党之间以施政效果或政策取向进行选择。在碎片化的

---

[1] Nicholas Cheeseman and Robert Ford, "Ethnicity as a Political Clevage", *Working Paper*, No. 83, 2007, pp. 12-15.

[2] Sebastian ELischer, *Political Parties in Africa: Ethnicity and Party Formation*, Cambridge: Cambridge University Press, 2013, p. 8.

族群政党体制下，不同的族群政党可能会为了获取选票而争取同一族群的支持，这不仅会导致所谓的"族群竞价"，即采取更为激进的族群立场或承诺为族群成员提供更为丰厚的利益回报，从而扰乱正常的选举秩序；还会因排斥性的政党竞争环境而导致非此即彼的结果，在选举中失败的政党经常会因政治边缘化而拒绝承认选举结果，从而诱发族群冲突，或致使多党体制如独立初期那样再次向一党体制演变，近年来在这方面最为明显的例子是肯尼亚和埃塞俄比亚，其中后者甚至引发了自2020年11月以来的大规模军事冲突。

由于族群政党对非洲国家政党政治所产生的负面影响，非洲国家开始有针对性地采取一系列应对措施，如埃塞俄比亚、科摩罗和苏丹等国实行联邦制，而贝宁、加纳、赞比亚和坦桑尼亚等国则在宪法中明确禁止在族群基础上组建政党。在这方面最为典型的是尼日利亚，其不但在1999年实行联邦制，而且为打破政党以族群和地域为基础的藩篱，规定政党必须是全国性的，总部必须设在首都，党的名称、徽章和口号都不能包含特定民族含义，政党活动不能局限在特定地域，总统选举获胜需在包括联邦首都区在内的至少三分之二的州都获得不少于25%的选票等。[1]根据上述要求，两大政党全体进步大会党和人民民主党均着力打破民族和地域界限，向"全国性"和"包容性"政党转型并在一定程度上取得了成功。

族群政党对非洲国家政党政治的负面影响乃至冲击使非洲国家逐步认识到，要想构建成熟与稳定的政党体制，就必须以阶级或阶层为基础，而非以族群为基础建立政党，各政党应以意识形态、政党纲领或社会经济议题差异等作为竞选策略和动员手段，如此才能实现政党政治的相对稳定，竞选手段无激进化倾向，竞选结果容易为各方所接受。正是在这一思想的指导下，各

---

[1] 李文刚：《2019年总统选举与尼日利亚政党政治特点评析》，载《当代世界》，2019年第4期，第66页。

国政党逐步加强纲领性建设。一方面开始注重加强党的组织建设，另一方面则在选举动员中越来越侧重共识性议题，如发展经济、促进就业、免除税收、加强教育和医疗等公共服务，且均承诺会严格贯彻与落实此类共识性议题。[1]

津巴布韦执政党津民盟是非洲政党逐步加强纲领性建设的一个较为典型的例子，作为长期以国内最大的民族绍纳族为主要支持者的政党，其在2018年7月的大选中以"团结、反腐、发展、重新融入国际社会和创造就业"作为竞选纲领，希望借此获取哈拉雷和布拉瓦约等大城市选民的支持，以及马塔贝莱兰地区恩德贝莱族选民的支持。大选获胜后，津民盟又以到2030年将津巴布韦建设成为一个"繁荣与富强的中等以上收入国家"为愿景，先后出台《过渡期稳定计划（2018年10月—2020年12月）》和《第一阶段国家发展战略（2021年1月—2025年12月）》等政策文件，希望以经济发展来推动政党建设和巩固其群众基础，从而谋求在未来大选中继续取得胜利。除津民盟外，近年来赢得选举的许多非洲国家政党，如赞比亚国家发展联合党、尼日利亚的全体进步大会党、肯尼亚朱比利党和乌干达全国抵抗运动等也逐步加强了政党纲领性建设。

（二）2021年非洲国家政党政治新发展

2021年，共17个撒哈拉以南非洲国家举行选举（包括议会选举和总统大选）。其中，尼日尔实现了首次民主选举总统过渡，赞比亚实现了党际权力交替，乌干达、科特迪瓦、中非共和国、刚果（布）、吉布提、贝宁、乍得等国总统通过选举获得连任。另外，索马里总统选举多次被推迟，引发社会骚乱。执政党繁荣党在埃塞俄比亚议会选举中获得了绝大多数席位，现任总理阿比得以平稳连任。本章将选取赞比亚、乌干达、尼日尔、埃塞俄比亚

---

[1] Jaimie Bleck and Nicolas Van de Walle, "Valence Issues in African Election: Navigating Uncertainty and the Weight of the Past", *Comparative Political Studies*, Vol. 46, No. 11, 2013, pp. 1394-1421.

和科特迪瓦为重点国家,通过选举视角观察2021年非洲国家政党政治发展。

1. 赞比亚:实现党际权力更替,民主形象得以巩固

赞比亚在取得民族独立后确立了以联合民族独立党为主导的一党制。在第三波民主浪潮的影响下,于1991年确立了多党制。自此之后,赞比亚实现了政权的平稳过渡,被誉为非洲民主的"样板"。2021年,赞比亚举行总统大选,政权从爱国阵线过渡到由希奇莱马领导的国家发展联合党手中,再次以民主选举的形式实现了政党轮替,巩固了其民主形象。然而,新冠肺炎疫情背景下,如何走出债务困境、改善民生仍是新政府巩固其合法性的关键。

1964年,赞比亚在联合民族独立党(United National Independence Party)领导下获得独立。联合民族独立党于1959年由开国总统卡翁达(Kenneth David Kaunda)创立,该党在争取民族独立的斗争中不断壮大。1964年1月,联合民族独立党在独立前的大选中获得绝对多数议席,组成"内部自治政府",卡翁达在赞比亚独立后出任总统。该党主张通过人道主义途径,建立一种"以人为中心"的"民主社会主义",逐步消灭剥削、不平等和财富分配不均的现象。[1] 1973年8月,赞比亚议会以压倒多数通过新宪法,规定联合民族独立党为唯一合法政党,赞比亚成为一党制国家。1990年9月24日,卡翁达总统宣布恢复多党制。

1991年,赞比亚全国举行多党制下的总统和议会选举,多党民主运动候选人奇卢巴(Frederick Chiluba)成为赞比亚1964年以来继卡翁达之后的第二位总统。长达27年的卡翁达统治时代结束,联合民族独立党失去了执政权,赞比亚实现了第一次政党轮替。赞比亚被誉为非洲以和平方式从一党制过渡到多党制的"样板"。此后,多党民主运动(Movement for Multi-party

---

[1] 李工青、冯深等编:《社会主义名词词典》,南宁:广西人民出版社,1986年版,第157页。

Democracy）执政，联合民族独立党逐渐式微。多党民主运动政治上推行多元化、促进民主与法治。保护人民参与政治活动的权利；提倡言论、集会、结社自由；主张党政分开，确保酋长的职能与传统统治。经济上奉行自由化和私有化；推行国际货币基金组织和世界银行的经济结构调整计划。[1] 奇卢巴于1996年连任总统。2001年，该党总统候选人利维·姆瓦纳瓦萨（Levy Mwanawasa）当选总统，2008年8月，姆瓦纳瓦萨任上病逝，10月举行总统补选，副总统班达（Rupiah Banda）作为多党民主运动候选人当选总统。

2011年9月，赞比亚再次举行总统大选，爱国阵线（Patriotic Front）候选人萨塔（Michael Sata）以43%的得票率在大选中获胜，爱国阵线上台执政。爱国阵线的选民基础主要是下层民众和渴望变革的年轻一代。该党政治上主张分权而治，保障公民的基本权利、自由和社会公平、正义，减少政府行政开支，提高行政效率，反对腐败和滥用公共资源；经济上奉行自由贸易政策，主张实行低税率和低利率刺激经济发展，倡导消除资本主义引发的发展不平衡。在民生方面，主张大力发展教育、卫生事业和基础设施，积极创造就业机会，努力改善人民生活水平，提高民众收入，发挥妇女和青年在社会发展中的作用。[2] 2015年，萨塔去世。2015年1月，爱国阵线领导人埃德加·伦古（Edgar Chagwa Lungu）以48.33%的得票率赢得总统补选，当选赞比亚第6任总统。2016年8月赞比亚举行第6次大选，伦古以50.3%的得票率再次获胜。

2021年8月12日，赞比亚举行总统大选，共有16名候选人参加，包括执政党爱国阵线候选人、现任总统埃德加·伦古和主要反对党国家发展联合党（United Party for National Development）候选人哈凯恩德·希奇莱马（Hakainde Hichilema）。反对派质疑伦古参加此次总统大选的合法性，认为伦古

---

[1] 《赞比亚国情系列之六：政党》，https://www.mfa.gov.cn/ce/cezm/chn/zbyjk/t893227.html。
[2] 《赞比亚爱国阵线》，载《中国投资》，2017年第22期，第53页。

在上任总统萨塔去世后补选赢得的 2015—2016 年任期应算作第一个任期，因此，不应再谋求连任。此外，在担任赞比亚总统的 6 年时间里，伦古曾因涉嫌侵犯人权、腐败、减贫不彰、外债翻倍等问题而受到批评。作为自由党国际成员的国家发展联合党的候选人希奇莱马是赞比亚富商，曾于 2015 年和 2016 年总统大选中惜败伦古，此次选举是希奇莱马第 6 次参加总统选举。希奇莱马承诺打击腐败，就改革与贷款问题和国际货币基金组织开展正式谈判，以重新赢回外国投资者的信心。

根据赞比亚选举委员会 8 月 16 日公布的总统选举统计结果，希奇莱马在选举中获胜，当选赞比亚共和国新总统。在当选总统后，希奇莱马面临着扭转国家经济命运的艰巨挑战。他在就职演说中表示，政府在未来 5 年的工作重点是恢复宏观经济稳定、促进经济增长，降低财政赤字、减少公共债务、增强社会和市场信心，与此同时，通过严格依法治国，促进国家统一和打造善治政府。[1] 当前，赞比亚面临严重的债务危机，2020 年 11 月，赞比亚成为新冠肺炎疫情背景下第一个主权债务违约的非洲国家。新任总统希奇莱马能否使赞比亚走出债务困境、振兴国内经济、提升国家治理水平和政府透明度将是决定其政权能否持久的关键。

2. 乌干达：执政党连续执政，一党独大问题重重

自 1962 年 10 月独立以来，乌干达经历了多次政治体制改革。1986 年穆塞韦尼执政后，建立了以乌干达全国抵抗运动为核心的独特的"抵运制"政治体制，结束了乌干达连年内战的混乱状态。穆塞韦尼及其领导的乌干达全国抵抗运动多次赢得总统和议会选举，主导着乌干达的政局。2021 年 1 月，代表"稳定"的穆塞韦尼再次赢得总统大选，但合法性在国内外也受到不少质疑。

---

[1]《赞比亚当选总统希奇莱马宣誓就职》，http://www.news.cn/2021-08/24/c_1127791820.htm。

乌干达独立后，乌干达人民大会党（Uganda People's Congress）主席奥博特（Apollo Milton Obote）出任总理。独立之初，乌干达确立了英国式的联邦制，各联邦国及特区有各自的议会和政府。联邦制下，中央政府与联邦国之间以及各联邦国之间的矛盾加剧。1967 年 9 月，国民大会通过了独立后的第二部宪法，该宪法废除了君主制，确立了中央集权制和总统共和制。1971 年 1 月，陆军司令伊迪·阿明（Idi Amin Dada）发动政变，推翻奥博特政府。阿明统治的军人专政时期，政治混乱，经济凋敝。

1979 年，流亡国外的 20 多个反阿明组织成立乌干达民族解放阵线（Uganda National Liberation Front）。4 月，乌干达解放军推翻阿明政权，并成立乌干达民族解放阵线临时政府。1980 年 12 月，乌干达举行大选，人民大会党获胜，奥博特再次出任总统。参加竞选的爱国运动党（Uganda Patriotic Movement）主席约韦里·穆塞韦尼（Yoweri Kaguta Museveni）指责奥博特操纵选举，于 1981 年成立全国抵抗运动（National Resistance Movement），开展反政府的游击战。1986 年 1 月，全国抵抗运动攻占首都，夺取了政权，宣布全国抵抗会议为议会，具有最高权力，包括通过法案和任命国家总统的权力。同年，穆塞韦尼宣誓就任总统。此后，穆塞韦尼于 2001 年、2006 年、2011 年和 2016 年多次连任总统。1995 年 9 月，乌干达议会通过新宪法，规定"抵运制"延续到 2000 年，之后每五年举行一次全民公投决定是否实行"抵运制"。

2000 年 6 月，乌干达举行全民公投，决定保留"抵运制"。在国际社会的压力下，乌干达议会于 2005 年修改宪法，取消了对总统任期的限制。同年举行的全民公投，决定放弃"抵运制"，开放党禁，恢复多党制。全国抵抗运动注册为政党。在 2006 年、2011 年和 2016 年大选中，该党均获得议会绝对多数席位。穆塞韦尼指出，抵运是一个全国性的、不分宗教派别的、基础广泛的、民主的、涵盖多种意识形态和关注多方利益的、进步的群众运动。[1] 穆塞韦尼执政后，结束了乌干达连年内战的混乱状态，建立并逐步完善了以乌干达全国抵抗运动为核心的独特的"抵运制"政治体制力促民族和解，化解宗教矛盾。在全国抵抗运动的领导下，乌干达选民不分党派民主选举产生五级地方基层政权，实现了全民民主政治，逐渐淡化了党派之争带来的矛盾，人民生活也得到了改善。

2021年1月14日，乌干达举行总统和议会选举。乌干达选举委员会16日宣布，现任总统穆塞韦尼以58.64%的得票率赢得总统选举，再次连任。[2] 尽管穆塞韦尼赢得了总统大选，但选举过程中发生的暴力事件暴露了乌干达日益严重的社会撕裂问题。反对派代表之一全国统一平台（National Unity Platform）政党候选人波比·怀恩（Bobi Wine）作为歌手，通过音乐抨击乌干达社会问题，受到年轻人的广泛认可。此次选举波比·怀恩能够得到选民支持，表明乌干达年轻一代已经走进历史舞台，而长期执政的穆塞韦尼面临着"人心思变"的挑战。

3. 尼日尔：首次实现民主过渡，军人干政传统尚未褪去

尼日尔历史上发生过多次军事政变，军人干政成为尼日尔政治生态的主要特点。自2011年执政以来，伊素福总统致力于实现全国的和解与稳定及民生改善。2021年2月，尼日尔举行总统选举，首次通过民主选举实现国家最高权力的过渡。但是，尼日尔能否真正摆脱军人干政困扰，实现政治体制转型仍需要历史的检验。

1960年8月，尼日尔宣告独立，民族解放运动领导人哈马尼·迪奥里（Hamani Diori）为首任总统。迪奥里于1946年创立尼日尔进步党（Parti Progressiste du Niger），1947年该党加入非洲民主联盟（Rassemblement

---

[1] 魏翠萍编著：《列国志·乌干达》，北京：社会科学文献出版社，2012年版，第230页。
[2] 《外媒：乌干达总统穆塞韦尼在大选中获得连任》，http://www.chinanews.com/gj/2021/01-16/9389174.shtml。

Démocratique Africain)。由于迪奥里政权统治腐败，国内陷入长期混乱，武装部队总参谋长赛义尼·孔切（Seyni Kountché）于 1974 年 4 月发动军事政变，推翻了迪奥里政权，成立最高军事委员会，自任主席兼国家元首。在第三次民主浪潮的影响下，尼日尔于 1990 年实行多党民主制。1993 年 3 月，作为"民主和社会大会-拉哈马"（Convention démocratique et sociale-Rahama）的候选人，马哈曼·奥斯曼（Mahamane Ousmane）当选总统，军政权还政于民，首届民选政府成立。

由于反对党"尼日尔争取民主和社会主义党-塔雷亚"（Parti Nigérien pour la Démocratie et le Socialisme-Tarayya）和"全国发展社会运动党-纳萨拉"（Mouvement National pour la Société de Développement-Nassara）在议会选举中组成新的联盟，与总统之间的矛盾日益尖锐，政局僵化，武装部队参谋长迈纳萨拉·巴雷（Ibrahim Baré Mainassara）于 1996 年 1 月发动第二次军事政变，7 月当选总统。

1999 年 4 月，总统卫队队长瓦拉姆·万凯（Daouda Malam Wanké）再次发动政变，枪杀通过政变上台的巴雷，自任国家元首兼全国和解委员会主席。1999 年 11 月，尼日尔举行总统和议会选举，全国发展社会运动党-纳萨拉与民主和社会大会党结成联盟，其候选人马马杜·坦贾（Mamadou Tandja）成为新任民选总统，并于 2004 年 12 月连任。全国发展社会运动党-纳萨拉社会基础广泛，在广大农牧民中有较强的影响力，主张通过对话实现社会团结与稳定，提倡发展经济，保障贫困阶层人民享有基本社会服务。[1]

2009 年 5 月起，为谋求继续执政，坦贾提出修改宪法并举行全民公投通过第六共和国宪法，将其任期延长 3 年，并取消连任限制，遭到国际社会的谴责和制裁，尼日尔陷入宪政危机。2010 年 2 月 18 日，尼日尔部分军人发

---

[1]《对外投资合作国别（地区）指南——尼日尔（2020 年版）》，https://www.investgo.cn/upfiles/swbgbzn/2020/nirier.pdf。

动政变，扣押坦贾总统，接管国家权力，成立"恢复民主最高委员会"。军政权随后承诺还政于民，成立过渡政府和全国协商委员会，确定为期一年的过渡期。[1]

2011年1月，尼日尔举行地方、议会和首轮总统选举。3月，原反对党尼日尔争取民主和社会主义党-塔雷亚（Parti Nigérien pour la Démocratie et le Socialisme-Tarayya）候选人伊素福（Mahamadou Issoufou）在第二轮总统选举中以57.96%的得票率获胜当选，并于4月7日宣誓就职。尼日尔争取民主和社会主义党是具有全国影响的左翼政党，主要由工人和知识分子组成。政治上，该党主张在自由、民主、正义和公平的基础上，建立稳定、现代的民主共和体制；经济上，积极发展民族经济，鼓励创造就业岗位，促进非洲大陆经济一体化。伊素福执政后，确立实现全国和解与稳定、确保国内安全、改善民生状况等施政重点，提出"尼日尔复兴计划"和"尼日尔人养活尼日尔人"粮食自给自足倡议，大力发展经济，改善民生。[2] 2016年2月，尼日尔首轮总统选举和议会选举同时进行。3月，现总统伊素福在第二轮总统选举中以92.49%的得票率成功连任。

2020年12月27日，尼日尔举行总统和议会选举，选民将投票选出新总统和171名议会议员。现任总统伊素福此前已明确表示不再参选。[3] 由于在首轮总统选举中未有候选人得票率过半，2021年2月21日，在首轮投票中得票率居前两位的尼日尔争取民主和社会主义党候选人穆罕默德·巴祖姆（Mohamed Bazoum）、尼前总统马哈曼·奥斯曼进入第二轮总统选举。[4] 2月23日晚，尼日尔独立选举委员会公布了第二轮总统选举投票的初步结果，

---

[1] 黎文涛：《尼日尔军人政变凸显非洲政治顽疾》，载《国际资料信息》，2010年第4期，第41—43页。

[2] 《尼日尔争取民主和社会主义党》，载《中国投资》，2017年第20期，第73页。

[3] 《尼日尔举行总统和议会选举》，http://www.xinhuanet.com/world/2020-12/27/c_1126913758.htm。

[4] 《尼日尔举行第二轮总统选举》，http://www.xinhuanet.com/world/2021-02/22/c_1127122501.htm。

尼日尔争取民主和社会主义党候选人穆罕默德·巴祖姆得票率55.75%，当选尼日尔总统。[1] 3月31日，在尼日尔宪法法院确认巴祖姆当选总统不久，尼日尔首都尼亚美国际机场附近的军营传出枪声，政府挫败了一起未遂政变。[2] 尽管此次未遂政变没有造成大范围骚乱，但再次证明尼日尔军人干政的传统尚未褪去，其民主化道路仍具有不确定性。

4. 埃塞俄比亚：繁荣党赢得议会选举，政党矛盾日趋恶化

埃塞俄比亚封建帝制被推翻后，走上了漫长曲折的政治经济发展道路。1989年，埃塞俄比亚人民革命民主阵线成立。尽管埃塞俄比亚人民革命民主阵线执掌国家权力，但其内部代表不同部族利益的政党嫌隙一直存在。2018年4月，奥罗莫族出身的阿比被推举为总理，动摇了埃塞俄比亚人民革命民主阵线内部提格雷人民阵线（以下简称"提人阵"）的领导地位。2019年12月，繁荣党成立，"提人阵"拒绝加入。2020年11月，政府军与"提人阵"爆发武装冲突。在紧张的政治局势下，埃塞于2021年6月举行议会选举，繁荣党取得压倒性胜利。阿比于10月4日连任总理。在新任期内，阿比面临弥合民族裂痕、深化经济改革等诸多挑战。

1974年9月，埃塞俄比亚爆发革命，封建帝制被取缔。1977年2月，门格斯图（Mengistu Haile Mariam）中校发动军事政变，建立起埃塞俄比亚工人党执政的一党制。20世纪80年代，门格斯图领导下的埃塞俄比亚社会主义政权面临严峻的政治经济发展问题。在厄立特里亚、提格雷等多地出现要求独立或自治的反政府武装。1989年，"提人阵"与埃塞俄比亚人民民主运动成立埃塞俄比亚人民革命民主阵线（以下简称"埃革阵"）。1991年5月，"埃革阵"军队推翻门格斯图政权。

---

[1]《初步结果显示巴祖姆在尼日尔总统选举第二轮投票中获胜》，http://www.xinhuanet.com/world/2021-02/24/c_1127131184.htm。

[2]《尼日尔政府宣布挫败一起政变图谋》，http://www.xinhuanet.com/world/2021-04/01/c_1127280321.htm。

为扩大执政党的代表性,促进民族融合,"埃革阵"支持各主要民族组建新党,建立起以部族为基础的联邦制国家。1993年4月,埃塞俄比亚过渡政府颁布《政党登记法》,要求政党必须依法重新进行登记,国家实行多党民主制。1994年,由南方州21个少数民族政党组成的"南埃塞俄比亚人民民主阵线"加入"埃革阵"。至此,"埃革阵"成为由"提人阵"主导的政党联盟,掌握国家的政治权力。

1995年5月,埃塞俄比亚举行首次全国大选,即联邦议会(人民代表院)和州议会选举,"埃革阵"在此次大选中取得压倒性胜利。1995年8月,埃塞俄比亚联邦民主共和国正式成立,梅莱斯当选政府总理。在梅莱斯的领导下,埃塞俄比亚在经济发展、民族团结、惩治腐败等方面取得显著成果,成为民主发展型国家。[1] 梅莱斯领导的"埃革阵"在2000年、2005年、2010年的全国大选中接连获得多数席位。2012年,梅莱斯去世,副总理海尔马里亚姆(Hailemariam Desalegn)接任党主席和政府总理职务,继续推行梅莱斯时期的政治路线。2015年,埃塞俄比亚举行第五次全国大选,"埃革阵"再次获得人民代表院多数席位。

2018年,海尔马里亚姆因政局持续动荡宣布辞去"埃革阵"主席和总理职务,奥罗莫人民民主组织出身的阿比·艾哈迈德·阿里(Abiy Ahmed Ali)接任"埃革阵"主席和埃塞俄比亚总理。阿比出任总理后增强政府代表性,致力于弥合部族宗教矛盾,探索适合本国国情的发展道路。[2] 然而,阿比大规模推行改革,引起"提人阵"的强烈反对。2019年12月,该联盟解散,原"埃革阵"的4个成员党中的3个(阿姆哈拉民主党、奥罗莫民主党和南埃塞俄比亚人民民主运动)以及全部友党合并为繁荣党,"提人阵"

---

[1] 周瑾艳:《作为非洲道路的民主发展型国家——埃塞俄比亚的启示》,载《文化纵横》,2019年第3期,第29—39页。
[2] 孙红:《埃塞俄比亚总理阿比·艾哈迈德》,载《国际研究参考》,2020年第1期,第46—50页。

拒绝加入。2020年9月，提格雷州无视埃塞俄比亚联邦政府推迟选举的命令，举行地方选举，激化了联邦政府与"提人阵"的紧张关系。11月，埃塞俄比亚政府军和"提人阵"之间爆发了武装冲突，造成了上千人死亡，两百万人被迫背井离乡。

受新冠肺炎疫情等因素影响，原定于2020年8月举行的议会选举推迟至2021年6月21日，包括执政党繁荣党在内的46个政党参加竞选。[1] 7月10日，埃塞俄比亚全国选举委员会在相关利益攸关方在场的情况下宣布了第六次全国大选的最终结果，执政党繁荣党赢得了人民代表院484个席位中的410个席位，取得压倒性胜利。10月4日，埃塞俄比亚组建新政府。总理阿比获得连任，任期5年。[2] 在任期内，他将在巩固自身在国内的政治地位的基础上，致力于解决埃塞北部武装冲突，缓和国内民族矛盾。埃塞俄比亚能否在后疫情时代继续深化经济改革，在非洲之角发挥"稳定之锚"的作用仍充满不确定性。

5. 科特迪瓦：执政联盟赢得选举，执政地位得以巩固

独立后，在科特迪瓦民主党领袖博瓦尼的带领下，科特迪瓦通过发展和鼓励种植园经济实现了经济的快速增长，但也埋下了社会冲突的隐患。博瓦尼去世后，代表不同利益集团的政党展开了对国家领导权的争夺，科特迪瓦陷入长年的政治军事危机。在多次被取消参选资格后，共和党人士联盟候选人瓦塔拉于2010年就任总统并于2015年实现连任。2020年，尽管瓦塔拉谋求"第三任期"的举动引发社会强烈不满，但他依旧赢得了总统大选。2021年，科特迪瓦举行议会选举，瓦塔拉领导的争取民主与和平乌弗埃主义者联盟赢得国民议会多数席位。瓦塔拉总统在民众信任度下降的情况下能否弥合

---

[1]《埃塞俄比亚举行议会选举》，http://www.xinhuanet.com/2021-06/21/c_1127584730.htm。

[2]《阿比就任埃塞俄比亚新一届政府总理》，http://www.news.cn/world/2021-10/05/c_1127930245.htm。

多年积攒的社会矛盾、实现真正的民族和解仍充满不确定性。

1960年,在科特迪瓦民主党(Parti démocratique de la Côte-d'Ivoire)主席乌弗埃-博瓦尼(Félix Houphouët-Boigny)的领导下,科特迪瓦实现了独立。20世纪90年代,在民主化浪潮的推动下,执政党科特迪瓦民主党被迫实行多党制,族群矛盾政治化。1995年,科特迪瓦举行总统大选。按照1994年选举法,共和人士联盟(Rassemblement des répubicains)候选人瓦塔拉(Alassane Dramane Ouattara)由于其父为布基纳法索人而没能参加总统选举,科特迪瓦民主党成员、时任国民议会议长贝迪埃(Henri Konan Bédié)当选总统。2000年,科特迪瓦再次举行总统选举,宪法法院又一次取消了瓦塔拉的候选人资格,科特迪瓦人民阵线(Front populaire ivoirien)领导人巴博(Laurent Gbagbo)当选总统。2010年4月,科特迪瓦总统选举后,选举委员会宣布瓦塔拉获胜,而宪法委员会宣布巴博获胜,瓦塔拉与巴博领导的两大政治军事阵营发生对抗并造成大量人员伤亡。在外部势力的介入下,瓦塔拉就任总统,科特迪瓦从此开始向和平过渡。瓦塔拉政府的经济重振计划逐渐使科特迪瓦走出战争泥沼,赢得了部分民众和国际社会的认可。2015年,瓦塔拉在第一轮总统选举中以83.7%的支持率胜出,得以平稳连任。然而,科特迪瓦社会矛盾依旧尖锐,政党分歧严重,民族和解任务重大。[1]

2018年4月,追随国父博瓦尼政治路线的政党组成了新的右派政党,名为争取民主与和平乌弗埃主义者联盟(Rassemblement des houphouëtistes pour la démocratie et la paix)。该党以开国总统博瓦尼的治国理念为指导思想,以重建团结,服务国家建设,促进政治稳定、经济发展和社会和谐,实现国家繁荣为目标。同年7月,瓦塔拉被选为新政党主席。2020年3月5日,已连任两届总统的瓦塔拉向议会宣布不再参加10月份举行的总统选举,将权力移交给下一代领导人。总理库里巴利(Amadou Gon Coulibaly)被指

---

[1] 孟瑾:《科特迪瓦民族和解进程探究》,载《中国非洲学刊》,2021年第1期。

定代表争取民主与和平乌弗埃主义者联盟参加总统大选。但库利巴利于 7 月因心脏病突然去世,瓦塔拉 8 月宣布将代表执政党参加总统选举。这一决定遭到反对派和部分民众的强烈抗议。瓦塔拉的支持者与反对者之间发生的暴力冲突造成了 5 人死亡,近百人受伤。9 月,宪法委员会认可了科特迪瓦民主党代表贝迪埃、科特迪瓦人民阵线代表恩盖桑(Pascal Affi N'Guessan)及独立候选人贝尔坦(Kouadio Konan Bertin)3 名候选人的参选资格,而前总统巴博(Laurent Gbagbo)及前总理索罗(Guillaume Soro)因司法诉讼被取消参选资格。

10 月 31 日,科特迪瓦总统大选在紧张的政治氛围中举行。11 月 3 日,科特迪瓦独立选举委员会公布总统选举初步计票结果,现任总统、执政党争取民主与和平乌弗埃主义者联盟统一党候选人瓦塔拉最终以 94.27% 的得票率在总统选举中获胜,投票率为 53.9%。[1] 12 月 14 日,科特迪瓦总统瓦塔拉在阿比让宣誓就职。2021 年 3 月,科特迪瓦举行议会选举,选举投票率为 37.88%。争取民主与和平乌弗埃主义者联盟在这次国民议会选举中赢得了 254 个议会席位中的 137 个,进一步巩固了该执政联盟的执政地位。目前,如何实现全国和解、弥合不同政治利益集团之间的矛盾仍旧是执政联盟面临的重要议题。

(三)非洲国家政党政治展望

结合非洲国家当前政党政治发展的主要脉络,以及非洲政治、经济和社会发展的总体态势,似可对非洲国家 2022 年乃至未来一段时期政党政治发展作出如下判断。

第一,就 2022 年非洲国家政党政治发展而言,大选仍然是最佳的观察视角。2022 年,非洲将有 14 个国家举行总统和国民议会选举,其中需重点

---

[1]《科特迪瓦总统选举初步计票结果显示瓦塔拉胜选》,http://www.xinhuanet.com/world/2020-11/03/c_1126692711.htm。

关注的为安哥拉、肯尼亚、马里和索马里的总统选举。从当前来看，安哥拉的执政党安哥拉人民解放运动赢得大选，继续执政；肯尼亚联合民主联盟党候选人威廉·鲁托获胜；马里和苏丹两国现在仍处于政治过渡期，如能在2022年按期举行选举，则将为它们未来的政党政治发展奠定良好的基础。

第二，就未来一段时期非洲国家政党政治发展而言，总体上仍将处于调试与巩固期。一方面，困扰非洲政党政治发展的选举骚乱和族群政治等问题仍将长期存在；另一方面，随着各国选举的持续推进，非洲国家政党政治仍将进一步发展完善。总而言之，除非发生军事政变等非宪制政权更替，非洲国家的政党政治将会不断得到巩固与完善。

第三，随着非洲国家政党政治的不断成熟与完善，尤其是随着各国政党逐步从族群政党向全国性政党转型并逐步加强政党纲领性建设，政党在非洲各国国家治理中的作用将进一步凸显。就此而言，加强与非洲国家政党之间在治国理政层面的交流，将会成为中非合作的一项重要内容。

第六章
拉丁美洲地区国家政党政治发展与研究

袁东振[*]

    本篇报告中的拉美包括拉丁美洲和加勒比地区的33个独立国家。拉美是最早产生政党的发展中地区，政党政治发展相对连贯，政党制度相对成熟。随着民主体制进一步巩固，拉美国家的政党运行规则日益清晰，政党政治趋于成熟。拉美国家政党发展和政党政治仍有诸多缺陷，政党政治格局不够稳定，政党发展呈分散化和碎片化特征。2021年拉美国家政治议程基本按预定轨道发展，政党活动、政党竞争和执政党更替在现有体制和制度框架下进行。厄瓜多尔、秘鲁、尼加拉瓜、智利、洪都拉斯、圣卢西亚和巴哈马7国举行大选，萨尔瓦多举行议会选举，墨西哥和阿根廷举行中期选举，巴拉圭、玻利维亚和委内瑞拉等举行地方选举。这些选举虽竞争激烈，个别国家选举过程甚至有波折，但并未引发激烈动荡。选举不仅改变了各国国内政治力量对比，也对地区政治格局产生重要影响，改变了一些国家的政策趋势，一些国家政治正在酝酿新的变动。一些国家执政党更迭，传统政党影响力持

---

[*] 袁东振，中国社会科学院拉丁美洲研究所研究员、副所长。

续下降，新型政党继续崛起，政党发展碎片化趋势进一步加剧。拉美政党和政党政治发展的上述新趋势，使得拉美政党党争的烈度进一步加剧，拉美各国政府科学决策的难度加大，政治不稳定的风险和隐患增加。

本篇研究报告分四个部分，第一部分简要介绍拉美国家政治和政党政治的基本特点，第二部分分析2021年以来拉美国家政党和政党政治的最新动态，第三部分分析拉美国家政党和政党政治的发展趋势与影响，第四部分简要介绍国内外学界对拉美政党和政党政治问题的研究，为了解拉美地区政党政治和政党发展提供参考素材。

一、拉美国家政治和政党政治的基本特点

（一）拉美国家政治的基本特点

在二战后至今的数十年时间内，拉美政治现代化进程不断推进。从总体上看，拉美国家的公民权利不断扩大，大众政治逐渐取代权贵寡头政治；政治体制不断完善，民主制度最终取代威权统治；民主发展趋于多样性，多种民主形式并存。与此同时，拉美国家的革命和变革交替发生，左翼和右翼相互竞争、交替发展，共同推动拉美政治的运行。自20世纪70年代后半期起，拉美国家军政权开始"还政于民"的"再民主化"进程，该进程到20世纪90年代初基本完成。20世纪90年代后，拉美国家通过政治改革，加强和完善民主体制，政治民主化成果不断稳固。随着威权政治向民主政治转型，以及政治改革的推进，拉美国家民主体制进一步得到巩固。但政治发展和转型仍有许多难题，民主制度的完善仍面临不少困境。

1. 拉美国家已具备现代政治和政治制度的基本要素

随着威权政治向民主政治转型，以及政治改革不断推进，拉美国家民主体制渐趋完善，政党运行规则日益清晰，政府体制趋于成熟，民主的多样性进一步发展，维护民主的共识增强。这既是拉美政治发展的成就和基本趋

势，也是拉美民主转型的重要特征。

民主体制渐趋完善。在民主巩固与转型过程中，拉美国家的民主体制渐趋完善，立法机构和司法机构的地位和作用不断加强。20 世纪 90 年代以来，拉美"国家改革"的重点之一是加强立法机构和司法机构的作用，强化其对行政机关的制约和监督。通过改革，许多国家的议会拥有了较大自主性，不再是"橡皮图章"，能在许多方面正常行使宪法规定的权力和职能。一些国家的议会根据宪法赋予的权力，完成了对违宪总统的质询或解职，继巴西（1992）、委内瑞拉（1993）和秘鲁（2001）总统被议会罢免后，洪都拉斯总统塞拉亚（2009）、巴拉圭总统卢戈（2012）、巴西总统罗塞芙（2016）、秘鲁总统库琴斯基和比斯卡拉（2020）等又先后被议会解职或弹劾。

政党运行规则日益清晰。随着民主体制渐趋完善，拉美地区政党的作用更趋重要，多党政治的趋势进一步稳固，政党与民主巩固的关联度进一步增强。政党成为重要甚至是居主导地位的政治力量，是国家政治正常运转的重要动力和基本保障；主要政党间的妥协与合作成为推进政治经济改革及维护社会稳定的重要手段。政党职能更为广泛，政党与选举制度、议会制度间建立起密切联系，连接着政治体制中的各种要素，广泛深入地参与到社会政治生活的各个方面。拉美国家政党起到了培养政治新人、加强政治联系、实现社会控制、参与政府组织和决策的功能。政党管理更加规范，拉美各国宪法和法律对政党的地位作出明确规定，许多国家制定《政党法》，对政党登记、政党资金、政党参与竞选活动的程序、政党活动的方式作出详细规定，将政党管理完全纳入国家政治体制，政党运行规则更加规范有序。

政府体制和制度趋于成熟。拉美许多国家的公务员制度已相当完善和成熟，运转有效。拉美国家在"国家改革"中，进一步完善公务员制度，重视完善公务人员选拔、任用、考核和晋升机制的完善，力图最大限度消除执政党更迭对机关工作的冲击。在完善公务员制度的过程中，拉美国家极力推进功绩奖赏制度，有意识地消除传统"官职恩赐制"残余，改变职务晋升不是按业绩而是靠政治联系的历史传统。政府制度的成熟与完善极大提高了政府的工作效率。

民主政治的形式趋于多样性。代议制民主是拉美国家传统的民主形式，其最显著的特点是由公民选举立法机关和行政机关代表，代表公民在国家机构中行使权力。议会制度和三权分立制度是拉美地区代议制民主两个最主要的类型。进入 21 世纪，拉美多元民主的趋势进一步发展。在国家政权的形式上，委内瑞拉和厄瓜多尔分别建立五权分立制度，玻利维亚建立四权分立制度。与此同时，委内瑞拉、玻利维亚、厄瓜多尔、巴西等国家积极推进"参与式民主"建设，主要手段和内容包括：改造传统国家体制，强调人民参与决策，替代代议制民主，把社区组织的发展作为公众参与的重要渠道。"参与式民主"建设极大丰富了拉美国家民主发展的多样性和民主的内容。

2. 拉美国家政治和政治体制有明显缺陷

拉美国家政治民主化成果进一步巩固，政治体制、政党运行机制、民主内涵等都得到改善，但在民主质量、制度可信性、政党合法性等方面仍面临许多难题和风险。拉美国家需要通过改革消除和化解这些风险隐患。

民主制度质量较低。拉美一些国家的民主具有"低度民主"的特质，选举民主虽日益成熟，但民主的深化仍远未完成，因为"正常选举并不一定表明民主质量的改善"；公民获得选举权，但民主制度缺乏对公民其他权利的保护。一些国家的体制有缺陷，特别是选举制度的缺陷日益暴露，由选举引发的争斗和内耗频发，使得这些国家民主转型难度加大。不少国家经常遭受严重政治危机或体制性危机困扰，即使在进入 21 世纪以后，一些政治和军事寡头还经常试图通过发出军事威胁来打断民主化进程。民众因对现实不满所进行的各种抗议活动加剧了一些国家的政治社会动荡。政治危机和社会动荡仍时常导致一些国家政权的非正常更替，近年来拉美地区多位总统不能完成法定任期，被迫在不稳定的环境中提前黯然下台。

民众对体制缺乏信任。民主体制未能有效化解严重社会贫困和不平等现象，未能缓解严重的社会排斥和边缘化问题，未能对公民的社会权利提供有效保护；民众对体制的信任度下降，对选举不感兴趣或对竞选活动感到厌倦的人增多，政治参与的热情下降。资料显示，1995—2013年间拉美民众对民主的支持率下降，其中哥斯达黎加和墨西哥分别下降16和12个百分点。南美洲国家和墨西哥对民主的支持率为60%，中美洲地区仅有49%。2013年拉美民众对民主体制运行的满意度为39%，不满意度高达57%。越来越多的人将对执政党和政府政绩的不满，将对自己基本诉求长期得不到回应的失望，扩展为对现行体制的不满和对国家政治的冷漠。由于政治参与热情下降和投票率低，执政党实际上并未得到多数选民认可，致使其面临合法性难题。越来越多的民众可能会对非民主或专制行为持漠不关心、容忍、宽容甚至认同的态度，对民主巩固与转型构成潜在威胁。

政党面临代表性危机和信任危机。民众对政党不信任感增强，对执政党解决政治、经济、社会难题的能力感到失望或失去信心，转而把希望寄托于新兴政治力量和民众主义领导人，致使拉美多国出现政治素人上台执政的现象。一些国家的政党遭遇信任危机，政党成为民众信任程度最低的组织。拉美民众对政党的信任度2013年为24%，2018年下降到13%；乌拉圭和哥斯达黎加民众对政党信任度最高，也只有21%，有13个国家在10%到18%之间，萨尔瓦多、巴西和秘鲁分别只有5%、6%和7%。[1]许多人认为"如果没有政党的存在，情况会更好"，甚至主张正直的人应远离政党。政党的代表性危机和信任危机使得政党的碎片化进一步加剧，导致政党制度的危机，进而损害民主政治的基础。

（二）拉美国家政党和政党政治的基本特性

一方面，拉美国家政党历史悠久，政党发展保持着较好的连贯性，政党政治相对成熟；另一方面，拉美国家政党频繁变动，政党兴衰是常态，政党

---

[1] Corporación Latinobarómetro, "Informe 2018", https://www.latinobarometro.org/latContents.

第六章 拉丁美洲地区国家政党政治发展与研究

格局不稳定。

第一，政党历史悠久。拉美是政党产生最早的发展中地区，拉美地区政党已有近200年历史，比亚洲、非洲至少早半个世纪。

拉美第一批政党诞生于19世纪中叶。19世纪初拉美国家独立后，统治阶级内部逐渐形成保守与改良两派政治势力和倾向。两派仿效英国和美国政党制度，先后建立保守党和自由党两类政党（各国政党名称不尽一致，如乌拉圭保守党称白党，自由党称红党；巴拉圭保守党称红党，洪都拉斯保守党称国民党）。1836年建立的乌拉圭白党（今民族党）和红党是拉美最早的政党。[1] 此后，智利保守党（1836）和自由党（1849）、委内瑞拉自由党（1840）和保守党（1840）、哥伦比亚自由党（1848）和保守党（1849）、巴拉圭红党（1887）和自由党（1887）、厄瓜多尔保守党（1883）和自由党（1895）、洪都拉斯自由党（1881）和国民党（1902）等先后建党。[2] 19世纪拉美国家政坛基本由上述两类政党垄断。在相当长时间内，这些政党主要是寡头集团政治斗争的工具，群众基础薄弱，还不是完全意义的现代政党。但随着这些政党的建立，拉美国家已初步具备政党政治的雏形。

第二，政党政治发展相对连贯。拉美国家政党政治保持较好的延续性，即使在威权主义盛行期间，也基本保持总体的连贯性。

从19世纪末20世纪初开始，一直到20世纪六七十年代，拉美地区出现大批新兴民族主义政党，其中有许多党迅速成长为执政党，甚至长期执政。同传统的保守党和自由党相比，这些新兴民族主义政党具有更多现代政党的特征，群众基础相对广泛，具有更广泛的代表性，组织成分更加多元，城市工人、中间阶层、企业主、小业主、知识分子、下层军人等都成为这些党的成员。这些政党反映了民族资产阶级等新兴利益集团发展民族经济、推

---

[1] Tito Drago, "America Latina: Los partidos Más Antiguos Son Uruguayos", http://www.ipsnoticias.net/1998/02/america-latina-los-partidos-mas-antiguos-son-uruguayos/.

[2] 许多党至今依然存在，有些党仍在执政，如巴拉圭红党、洪都拉斯国民党等。

进政治民主、维护国家主权等诉求，是 20 世纪拉美现代化进程的主导者，成为政治民主化的推动者和引领者。20 世纪以后拉美国家政党的成长道路也相当曲折，特别是在军政权专制统治时期，许多政党受到打压，被宣布为非法组织；但拉美政党和政党政治的发展并未中断，政党在国家政治生活中的作用越来越重要，成为无可替代的政治参与者。20 世纪 70 年代末军政府还政于民的民主化进程开启后，拉美国家政党的地位和作用进一步提升，成为国家政治和社会生活的主要引领者，以及政治制度和政治运行规则的主要制定者。进入 21 世纪后，拉美一些传统政党衰落；但有些传统政党实现东山再起，不仅继续生存下来，且得以稳固。与此同时，一大批新型政党相继建立并迅速取得执政地位，拉美地区政党政治获得新动力，政党发展出现新局面。

第三，政党制度相对成熟。经过近 200 年的探索实践，拉美国家政党制度已相对成熟。无论传统老牌政党还是后起新兴政党，都遵循政党制度的基本规则，在现有体制制度框架下生存、竞争和发展。

政党制度已成为拉美国家政治制度的核心组成部分之一。政党是政治运转的最主要参与者，政党政治是政治制度的重要支撑。政党间的协商与合作，博弈与竞争，联合与妥协成为政治运行的主要内容；政党成为国家政权和政府机构运转的重要环节，政党与议会制度、政府制度间形成紧密联系。许多学者认为，政党已成为拉美地区稳固的政治实体，是民主不可分割的组成部分；政党是社会利益的主要连接者和凝聚者，没有政党就没有拉美的政治和民主。[1]

拉美国家的政党政治多姿多彩，基本涵盖了世界上主要的政党制度类型。多党制成为拉美地区主流政党制度，巴西、墨西哥、阿根廷、智利、玻

---

[1] Daniel Zovatto, "Regulacion Juridica de los Partidos Politicos en America Latina", http://revista.ibd.senado.gob.mx/index.php/PluralidadyConsenso/article/view/151.

第六章 拉丁美洲地区国家政党政治发展与研究

利维亚、秘鲁、厄瓜多尔等主要国家均实行多党制。两党制也是该地区重要的政党制度，委内瑞拉和哥伦比亚曾实行典型的两党制，加勒比地区的英联邦国家目前多实行两党制，如牙买加、格林纳达、圣卢西亚等。古巴则实行独特的一党制。

拉美国家政党制度的运行较规范。各国宪法和法律对政党和政党制度作出明确规定，实现了政党的所谓宪法化和规制化。早在1934年和1942年，乌拉圭和多米尼加就率先将政党的相关规定列入宪法，是最早对政党进行规制的拉美国家。从20世纪50年代中期至1978年政治民主化进程启动，有12个拉美国家在宪法中就政党问题作出规定；此后，尼加拉瓜、哥伦比亚和阿根廷也相继在宪法中就政党问题作出规定。从乌拉圭开始到阿根廷（1994）结束，拉美地区用60年的时间完全实现了政党宪法化进程。[1] 在此基础上，已有10个拉美国家制定专门的"政党法"，[2] 对政党的建立、资金使用、注册登记、政党活动、参与选举等作出详细规定。"政党法"的制定有益于规范政党运行规则，使政党制度的运行有法可依。

第四，政党和政党政治格局不够稳定，发生周期性变动。拉美地区的政党和政党政治格局不断发生变化，至少出现过三次重大变动。

如前所述，19世纪上半叶拉美国家纷纷独立后，这些国家的保守党和自由党相继建立，两类政党交替执政并主导国家政治进程的局面就此形成，这种状况持续了数十年。20世纪初，拉美政党格局首次出现重大变动，部分国家的保守党和自由党失去了执政地位或走向衰落，一批新兴民族主义现代政党兴起，出现传统政党和新兴政党竞争的局面，政党发展呈现出多样化和多元化趋势。这些新兴现代政党既包括共产党、社会党等左派政党，也包括一

---

[1] Arturo Fontaine, Cristián Larroulet and Jorge Navarrete e Ignacio Walker, ed. *Reforma de los Partidos, Políticos en Chile*, Santiago: PNUD, CEP, Libertad y Desarrollo, Proyectamérica y Cieplan, 2008, p. 167.

[2] Daniel Zovatto, "Regulacion Juridica de los Partidos Politicos en America Latina", http://revista.ibd.senado.gob.mx/index.php/PluralidadyConsenso/article/view/151.

大批民众主义政党，如墨西哥革命制度党、阿根廷激进公民联盟、智利激进党、秘鲁阿普拉党、委内瑞拉民主行动党、阿根廷正义党、哥斯达黎加民族解放党、多米尼加革命党等。20世纪中叶以后，拉美地区政党格局再次出现重大变动，其主要标志是基督教民主主义政党和社会民主主义政党成为主流政党。许多国家不仅新建一批社会民主主义政党和基督教民主主义政党，许多传统的民众主义政党也演变为社会民主主义政党，一些老牌传统政党如哥伦比亚自由党等也接受社会民主主义。20世纪末至21世纪初，拉美地区政党格局发生第三次重大变动。在一些国家，如墨西哥、委内瑞拉、哥伦比亚，长期执政的政党丧失执政地位，甚至走向衰落，传统政党制度随之崩溃；与此同时，一大批新型政党异军突起，并在秘鲁、巴西、委内瑞拉、厄瓜多尔、哥伦比亚等国家执政。这些新型政党与传统政党理念不同，甚至有反传统政党的倾向，有的甚至拒绝使用政党称谓，而自称"运动""社团""中心"等。这些新型政党崛起从根本上改变了地区政党格局。拉美第三次政党格局大变动持续时间长，至今仍未结束。

第五，政党发展的分散化与碎片化特点。拉美地区政党历来数量多种类全，涵盖左中右、温和激进保守各种倾向。随着政党格局数次大变动，拉美政党发展固有的多元性和分散化特点进一步发酵。

在最近政党格局大变动的周期内，拉美地区政党数量进一步大幅增加，政党发展继续呈现分散化甚至碎片化特点。20世纪末至21世纪初，拉美地区较大规模的政党就有300多个，小党数量难以统计。无论是巴西这样的大国还是委内瑞拉等中等国家，抑或是危地马拉等中小国家，政党发展都出现分散化和碎片化的趋势。1998年在巴西议会拥有席位的政党有18个，2018年达到30个；[1] 2020年年底有12个党在全国27个州执政，其中4个最重

---

[1] Hugo Borsani, "El Desafío de La Creciente Fragmentación Política en América Latina", https://www.eluniverso.com/opinion/2019/10/03/nota/7545016/.

要的城市分别由4个不同政党执政，没有任何一个党在全国4个以上的州执政。自20世纪90年代起，在阿根廷、智利、哥伦比亚、秘鲁、墨西哥、哥斯达黎加等国家，在议会拥有席位的政党数量都有所增加，政党发展存在不同程度的分散化和碎片化倾向。进入21世纪后，委内瑞拉传统两党政治瓦解，政党发展呈现出明显的碎片化特征。有60多个政党参加委内瑞拉2006年大选，当选总统查韦斯得到24个政党支持，反对派候选人则得到42个党派支持；2020年有56个全国性政党，地区性小党不计其数；共有107个政党和组织登记参加2020年国会选举。参加秘鲁2020年国会特别选举的政党有21个，得票最多的政党（人民行动党）得票率只有10%，在国会130个席位中占25席，不足总数五分之一；国会中有9个党团；有23个政党参加2021年大选。危地马拉自1985年恢复民主至今，提出候选人参选公职的政党有73个，还有数量更多的政治组织参与国内各类选举。[1] 多米尼加全国人口只有1060万人，其中选民750万人，有24个政党参加2020年大选。拉美地区党派众多，且进一步呈分散化和碎片化态势，表明该地区政治环境较自由，政党成长环境和条件有利，但同时也表明政党制度存在缺陷，这种缺陷会对国家的制度能力、体制效率和政治运行造成一定消极影响。

二、2021年拉美国家政党和政党政治新动态

2021年拉美国家政治体制大体正常运转，政治议程基本按预定轨道发展，政党活动、政党竞争和执政党更迭在现有体制和制度框架下有序进行。有十几个拉美国家举行各类选举，其中厄瓜多尔、秘鲁、尼加拉瓜、智利、洪都拉斯、圣卢西亚和巴哈马7国举行大选，多国出现执政党更迭；萨尔瓦

---

[1] Vaclav Masek, "¿Por Qué Hay Tantos Partidos Políticos en Guatemala?", https://nomada.gt/blogs/por-que-hay-tantos-partidos-politicos-en-guatemala/.

多举行议会选举,墨西哥和阿根廷举行议会中期选举,巴拉圭、玻利维亚、委内瑞拉等举行地方选举。这些选举虽竞争激烈,个别国家对选举结果甚至一度产生争议,但选举基本正常进行;个别国家选举过程虽有波折,但并没引发剧烈动荡。选举进程和结果改变了一些国家国内政治力量对比,执政党更迭预示政府政策将会出现新变化,选举结果也会对拉美地区政治格局产生重要影响。

(一)拉美多国出现执政党更迭,有些国家实现"左""右"翻转

第一,玻利维亚左翼政党"争取社会主义运动"(Movimiento Al Socialismo,MAS)重新上台执政。"争取社会主义运动"是玻利维亚新型左翼政党,在争取和维护中下层人民权利的斗争中诞生,在领导社会运动的实践中成长,在探索执政经验的过程中不断成熟,逐渐成长为玻利维亚举足轻重的政治力量。自2006年起,"争取社会主义运动"连续执政14年,在一个长期动荡、贫困和落后的国家创造了政治相对稳定、经济持续增长、社会明显进步的"奇迹"。2019年10月,已连续执政14年的莫拉莱斯(Evo Morales)作为"争取社会主义运动"总统候选人再次当选总统,但受邀观察大选的美洲国家组织认为执政党选举"舞弊",反对派借机发动大规模暴力示威。在军队和警察"逼宫"的压力下,莫拉莱斯于2019年11月辞职并流亡国外。反对派议员、时任参议院第二副议长阿涅斯出任"临时总统","争取社会主义运动"遭受执政以来最严重挫败。但时隔一年之后,在2020年10月的大选中,"争取社会主义运动"候选人、前经济部部长阿尔塞(Luis Alberto Arce)以超过55%的得票率当选总统;"争取社会主义运动"在议会选举中获得54.76%的选票,在参众两院均获半数以上席位。该党冲破右翼的围剿和打压重新执政,展现出巨大韧性和强大实力。2020年11月阿尔塞就任总统,"争取社会主义运动"重新执政。但该党的执政环境更加复杂,需要应对的难题明显增多,长期执政的前景面临更多不确定性。

第二,厄瓜多尔执政党更迭,左翼政党连续执政14年的历史被终结。

2021年是厄瓜多尔大选年，选举总统、137名议会议员、5名安第斯议会厄瓜多尔议员。参加2月7日总统选举的共有16名候选人，但没有任何候选人获得直接当选所需的多数选票。代表中左翼的"希望联盟"（UNES）候选人阿劳斯（Andres Arauz）获得32.72%的选票；右翼政党"创造机会运动"（Movimiento Creo Oportunidad，CREO）和基督教社会党（Partido Social Cristiano，PSC）联盟候选人拉索（Guillermo Lasso）获得19.74%的选票，居前两位。按照选举法，得票居前两位的候选人4月11日举行第二轮角逐，最终拉索以52%的得票率获胜，并于5月24日就任，开始为期4年的任期。自2007年起，厄瓜多尔一直由左翼政党主权祖国联盟运动执政。2021年大选终结了该左翼党连续执政14年的历史。拉索政治立场偏右，主张自由贸易，承诺惩治腐败、无效和浪费公共资源，振兴经济。厄瓜多尔执政党的更迭和左右轮替，意味着政府政策的重要调整。

第三，秘鲁发生执政党更迭，左翼政党取得执政地位。秘鲁2021年4月11日举行五年一度的大选，选举产生总统、两位副总统、130名国会议员，以及5名安第斯议会秘鲁议员。有18名候选人竞选总统职位。选举法规定，得票率超过50%的总统候选人直接当选。如果没有候选人直接当选，得票最多的两位候选人进行第二轮角逐。在4月11日的选举中，左翼的自由秘鲁党（PPNPL）候选人佩德罗·卡斯蒂略（Pedro Castillo）和右翼的秘鲁人民力量党（Fuerza Popular）候选人藤森庆子（Keiko Fujimori）分别以19.09%及13.36%的得票率居前两位。在6月6日第二轮投票中，卡斯蒂略以50.125%的得票率险胜。卡斯蒂略于7月28日宣誓就任秘鲁总统。此次大选是秘鲁左翼和右翼党派间的较量，关系到未来国家政治、经济和社会发展方向，竞争极为激烈。作为左翼的代表，卡斯蒂略提出较激进的改革政策，表示上任后将就修改宪法举行公民投票；强化国家对经济的控制，对矿业、石油、水电和通信等部门实行国有化；主张用"与市场相结合的人民经济"取代现行资本主义制度下运行的"社会市场经济"，"不允许大型公司继续掠夺国家"；主张重新审视前任政府与大型外资企业所签的合同，对包括采矿业在内的多个重大领域进行国有化改革；明确表示国家应该"得到通过开采资源所获收益的70%"。与此同时，承诺"给予国内所有私营企业主一切必要的保障和法律保护"。卡斯蒂略就任后呼吁建设包容、公正和自由的秘鲁，强调实行民族主义、自主、民主、社会的外交政策，加强拉美一体化，谴责单方面对他国进行封锁和禁运的行为；国内政策的重点是抗击新冠肺炎疫情、恢复经济、扶贫。即使卡斯蒂略不能将其竞选时期的许诺完全付诸实施，但其执政期间必将进行一系列重要政策调整。

第四，圣卢西亚和巴哈马相继发生执政党更迭。圣卢西亚和巴哈马均是加勒比岛国，英联邦成员国，沿用英国的政治体制，实行君主立宪制；国家元首为英国女王，女王任命总督为其代表。根据宪法，在众议院选举中获多数席位的政党领袖出任总理。圣卢西亚1979年独立后，一直由工党（St. Lucia Labour Party）和统一工人党（The United Workers Party）交替执政。2021年7月8日圣卢西亚举行大选，反对党工党获胜，该党领导人菲利普·皮埃（Philip Pierre）出任总理。巴哈马1973年独立后，一直由进步自由党（Progressive Liberal Party）和自由民族运动党（Free National Movement）交替执政。巴哈马原定于2022年5月的大选提前到2021年9月16日举行，反对党进步自由党战胜执政的自由民族运动党，赢得了议会39席中的32席；进步自由党领袖戴维斯（Philip Davis）接替自由民族运动党领袖明尼斯（Hubert Minnis）出任总理，任期5年。

第五，智利出现执政党更迭。2021年11月21日智利举行四年一度的大选，选举总统、27名参议员和155名议员。共有7名候选人参加总统竞选，其中包括"新社会公约"联盟（由基督教民主党、社会党等中左翼政党组成）候选人普罗沃斯特（Yasna Provoste），"尊严制宪"联盟（由共产党等左翼力量组成）候选人博里奇（Gabriel Boric），"智利前进"联盟（由独立民主联盟、民族革新党等中右翼政党组成）候选人西歇尔（Sebastián Sichel），基督教社会阵线（由共和党等右翼政党组成）候选人卡斯特（José Antonio Kast）等。此次大选在很大程度上仍是左翼和右翼政治力量的较量。由于在 11 月 21 日选举中无任何总统候选人获得直接当选的过半选票，得票居前两位的卡斯特（获得 27.9% 的选票）和博里奇（获得 25.8% 的选票）于 12 月 19 日进行第二轮角逐。在第二轮选举中，博里奇以 55.87% 的得票率当选总统，智利发生执政党更迭。博里奇于 2022 年 3 月 11 日起开始四年的任期，政府政策将出现相应调整。

第六，洪都拉斯出现执政党更迭。四年一度的洪都拉斯大选于 2021 年 11 月 28 日举行，选举总统、副总统、128 名议会议员、298 名市长，以及 20 名中美洲议会洪都拉斯议员。洪都拉斯大选只进行一轮，在总统选举中获简单多数票者即当选。参加 2021 年大选的有 14 个政党，共提出 12 名总统候选人，但竞争主要在执政的国民党（Partido Nacional）、反对党自由党（Partido Liberal）、自由与重建党（Partido Libertad y Refundación，LIBRE）之间展开。自由与重建党总统候选人希奥玛拉·卡斯特罗（Xiomara Castro）以 51.12% 的得票率当选总统，国民党候选人阿斯弗拉（Nasry Asfura）和自由党候选人罗森塔尔（Yani Rosenthal）得票率居第二和第三位。当选总统和国会议员于 2022 年 1 月 27 日就任。2010 年以来该国一直由国民党执政，卡斯特罗当选总统使得洪都拉斯不仅出现执政党更迭，也改变了国民党和自由党两党长期轮流执政的局面。

（二）一些国家的执政党虽得以连续执政，但执政压力明显增大

尼加拉瓜 2021 年 11 月 7 日举行大选，选举总统、副总统、一院制议会 90 名议员，以及中美洲议会 20 名尼加拉瓜议员。共有 6 对总统和副总统候选人参选，执政的桑地诺民族解放阵线（Frente Sandinista de Liberación Nacional，FSLN）领导人、现任总统奥尔特加（Daniel Ortega）再次寻求连选连任。奥尔特加曾于 1985—1990 年担任总统，2007 年再次当选总统，此后于 2012 年、2017 年连选连任至今。此次大选是在尼加拉瓜国内外压力巨大、国内矛盾加剧的背景下进行的。2018年，因不满政府提出的社会保障制度改革方案，尼加拉瓜爆发社会抗议活动，进而引发大规模社会冲突，造成数百人伤亡以及上百名抗议分子入狱。政府虽最终撤回改革法案，并与抗议者和反对派进行数轮谈判，但民众对执政党的不满未消，并提出奥尔特加政府下台的要求，国内政治动荡和冲突有增无减；尼加拉瓜陷入自20世纪80年代以来最严重的政治危机，政府的合法性受到严重挑战。本次大选前，朝野双方仍然冲突不断，执政党指责反对派危害国家安全和稳定，反对派则抨击执政党专制专权；多名反对派候选人被取消候选人资格，甚至被捕，政治气氛相当紧张。

作为桑解阵领导的"团结胜利联盟"（la Alianza Unida Nicaragua Triunfa）候选人，奥尔特加以75.87%的得票率第五次当选总统，也是第三次连选连任。他的妻子穆里略（Rosario Murillo）当选副总统。奥尔特加于2022年1月10日宣誓就职，开始为期5年的新任期。选举结束后，俄罗斯、古巴、委内瑞拉、玻利维亚、伊朗等国向奥尔特加表示祝贺和支持。尼加拉瓜执政党虽得以继续执政，但执政环境恶化。在新冠肺炎疫情冲击下，尼加拉瓜经济持续下行的趋势难以转变，国内矛盾短期内难以缓和；外部压力不断增加，除美国和欧盟外，哥伦比亚、智利、厄瓜多尔、巴拿马、乌拉圭、秘鲁等拉美国家在尼选举后表示，反对奥尔特加当选，有些国家表示不承认选举结果。美洲国家组织在尼加拉瓜大选后通过一项决议，不承认尼大选结果。美国和欧盟已经并将对奥尔特加政府采取严厉的制裁措施。面对日益加大的内外压力，奥尔特加政府的执政难度增大。

（三）拉美国家国内政治力量对比格局发生重大变化

2021年萨尔瓦多、墨西哥、智利、阿根廷、玻利维亚、巴拉圭、委内瑞拉等国家举行了各类选举，改变了这些国家国内政治力量的对比。

第一，萨尔瓦多议会选举后，执政联盟的地位得到巩固，传统政党的影响力进一步削弱。2021年2月28日，萨尔瓦多进行议会选举和地方中期选举，选举全部 84 名一院制议会议员、各市市长和 263 个城市市政议会成员。在上届议会（2018 年 5 月至 2021 年 4 月）中，执政党的盟友"民族团结大联盟"（Gran Alianza por la Unidad Nacional，GANA）占 10 席，左翼反对党马蒂民族解放阵线（FMLN）占 23 席，右翼反对党民族主义共和联盟（A-RENA）占 37 席，其他党派占 14 席；执政的"新思想"党（Nuevas Ideas，NI）2018 年才完成注册，在议会没有席位。2021 年 2 月议会选举后，"新思想"党在议会 84 个席位中获 56 席，其盟友"民族团结大联盟"获 5 席。两大传统政党民族主义共和联盟和马蒂阵线的席位均有较大幅度下降，分别从 37 席和 23 席降为 14 席和 4 席，由议会第一和第二大政治力量成为少数派，成为本次议会选举最大输家，政治影响力下降。执政的"新思想"党政治影响力上升，获得议会三分之二多数席位，执政地位稳固；布克尔（Zablah Bukele）总统成为拉美地区支持率最高的总统，支持率一度达到 97%。

第二，墨西哥中期选举削弱了执政党的优势地位，政府将遭遇反对派更强有力制约。2021 年 6 月 6 日议会中期选举后，执政的国家复兴运动（Movimiento Regeneración Nacional，MORENA）在本届众议院（2021—2024 年）500 个席位中占 201 席，占总席位 40.2%，比上届（2018—2021 年）的 256 席减少 55 席，虽仍是议会第一大党，但在众议院的席位未能过半。其与竞选盟友劳动党（Partido del Trabajo）和绿色生态党（Partido Verde Ecologista）一起共获 278 席（两个盟友党分获 33 和 43 席），仍控制着议会多数席位，但比上届的 301 席减少近 10%，未达到三分之二多数。[1] 在执政党席位减少的同时，三大反对党所获席位均有增加，总数从上届的 136 席增加到本届的 199 席，占席位总数的 39.8%，比上届增加近 40%，其中国家行动党（PAN）由 77 席增加到 114 席，革命制度党（PRI）由 48 席增加到 71 席，民主革命党（PRD）由 12 席增加到 14 席。此次中期选举是对洛佩斯总统执

---

〔1〕 http://www.diputados.gob.mx/。

政业绩的中期考核。选举结果表明,执政党的影响力有所下降。未来3年,洛佩斯总统的执政道路会更加艰难,其推进的宪法改革等重大改革措施将遭遇反对派更有力的制约和掣肘。

　　第三,智利的选举削弱了执政联盟的地位,也极大削弱了传统政党的影响力,改变了国内政治力量对比。2021年智利举行多场重要选举。在11月21日大选前,智利已于5月举行制宪大会选举,5月和6月举行地方选举。智利2019年10月爆发大规模民众抗议,要求废除军政府时期制定的现行宪法,制定新宪法。2020年10月25日,智利举行全民公决,近80%民众赞同成立全部由民选代表组成的"制宪大会"来制定新宪法。2021年5月15日至16日,智利举行制宪大会选举。制宪大会由155名成员组成,其中138名成员由选民在28个选区中直接选举产生,其余17名成员由原住民直接选举产生。执政的右翼"智利前进"联盟(由独立民主联盟、民族革新党、政治演进党、共和党组成)在制宪大会155个席位中仅获37席,失去立宪主导权。左翼的"尊严制宪"联盟(Apruebo Dignidad,由共产党、社会融合党、平等党等左翼政党和新型政党组成)获28席。中左翼的"赞成名单"(Lista del Apruebo,由社会党、争取民主党、社会民主激进党、基督教民主党等组成)获25席。反建制的左翼联盟"人民名单"(La Lista del Pueblo)获26席。独立人士获22席。根据制宪大会男女成员比例各50%的原则,最终女性代表77人,男性代表78人。制宪大会选举是智利政治生活的一件大事,也是近两年来民众斗争的重要成果,冲击了自1990年以来国家政坛由中左翼联盟和右翼联盟把控、轮流执政的局面,将对国家的发展方向产生重要影响。7月4日,新成立的制宪大会选举印第安马普切族女性语言学家龙孔(Elisa Loncon)为主席,主持新宪法起草工作。新宪法草案预计在2022年以全民公投的方式决定是否通过。如获通过,将取代1980年军政府制定的现行宪法,智利政治发展将进入一个新时期。

　　智利还于5月15日至16日和6月13日举行两轮地方选举,选举产生全国 16 个大区区长，346 名市长，以及 2240 名市议员。执政的右翼"智利前进"联盟只获 1 个大区区长职位，并失去一些重要城市的市长职位，在地方层面的影响力受到极大削弱。其余 15 个大区区长职位被中左翼获取。智利共产党候选人哈斯勒（Iraci Hasler）当选为首都圣地亚哥市市长，这是智共党员历史上首次当选首都市长。智共党员贾杜（Daniel Jadue）连任圣地亚哥大区雷克莱塔市市长。

第四，玻利维亚执政党在地方选举中失利，执政环境更加艰难。五年一次的玻利维亚地方选举原定于 2020 年举行，因 2019 年国内政治危机影响和 2020 年大选，推迟至 2021 年。地方选举的两轮选举分别于 3 月 7 日和 4 月 11 日举行，选举产生全国 9 个省的省长，336 个市的市长等公共职务。执政的"争取社会主义运动"获得 3 个省长职位，比上次选举减少 3 个；获得 240 个市的市长职位，比上次的 227 个略有增加。执政党在本次地方选举，特别是省长选举中失利，控制的省份由三分之二下降到三分之一，对地方事务的影响力下降，施政难度增加。

第五，阿根廷执政党在议会中期选举中失利，执政压力增大。从 2011 年起，阿根廷在总统选举和国会选举中开始实行初选制度。阿根廷参议院共 72 席，参议员任期 6 年，每 2 年改选三分之一；众议院共 257 席，众议员任期 4 年，每 2 年改选一半。在 2019 年 12 月成立的议会中，执政的"全民阵线"（Frente de Todos）在参议院有 41 个席位，席位过半。在众议院有 119 个席位，虽是第一大党，但席位未过二分之一。在 2021 年 9 月 12 日进行的中期选举初选（初选选举出参加 11 月 14 日正式选举的国会议员候选人）中，"全民阵线"遭到惨败，只获得 24.7% 的选票，而主要反对派"变革联盟"获得 48.2% 的选票。执政联盟在全国 24 个省份中的 18 个失利，在人口最多的布宜诺斯艾利斯市和传统票仓布宜诺斯艾利斯省也遭到惨败。此次初选是对费尔南德斯总统的任中考验，选举结果反映了选民对执政党执政业绩的不满，特别是对其应对新冠肺炎疫情不力以及对贫困加剧和通货膨胀率上涨的不满，对执政党造成严重打击，为该党 11 月中期选举的正式选举前景蒙上阴影。在 11 月 14 日的正式选举中，"全民阵线"在参众两院选举中分别获得 34% 和 27.5% 的选票，低于反对派"变革联盟" 42.3% 和 47% 的得票率。选举之后，"全民阵线"虽勉强维持参众两院第一大党地位，但优势进一步缩小，在众议院的席位比之前的 119 席减少 1 席，在参议院的席位减少 6 席（由 41 席减至 35 席）；"变革联盟"在参议院的席位增加 6 席（从 25 席增加到 31 席）。

第六，委内瑞拉举行地方选举，朝野关系有所缓和，但矛盾依然错综复杂。2021 年 11 月 21 日，委内瑞拉举行地方选举，选举产生 23 个州长、335 名市长，以及州议会和市议会成员。2018 年以后，委内瑞拉国内冲突不断加剧，朝野争斗不断升级，反对派抵制了 2018 年总统选举。反对派在 2020 年国会选举中出现分歧，多数反对党继续抵制选举，少数反对党参加选举并获得席位。2021 年执政党和反对派举行谈判并取得初步成果。8 月 30 日，主要反对党决定参加 2021 年地方选举。马杜罗总统对此作出积极回应，欢迎反对派参选，认为反对派参加选举将"开启委内瑞拉政治的稳定周期"。委全国选举委员会还将候选人登记终止日期从 8 月 29 日延至 9 月 3 日，为反对派参选创造有利气氛。在选举中，执政的统一社会主义党（Partido Socialista Unido de Venezuela，PSUV）及其盟友（大家的祖国党、争取民主党等）组成的爱国大联盟获得 23 个州长职位中的 20 个；在市长选举中，执政的统一社会主义党获得 335 个市长职位中的 210 个。反对派虽然比 2017 年减少 1 个州长职位，但在市长选举中也取得不俗战绩，由一个新时代党、人民意志党和第一正义党等反对党组成的"民主团结委员会"（MUD）获得 63 个市长职位，另一个反对党民主行动党获得 22 个市长职位。执政党和反对派在选举中均有斩获。

这次选举是 2018 年以来执政党和反对派都参加的首次选举，反对派结束了对执政党主导的选举进程的抵制，对缓和委内瑞拉国内危机具有积极作用。美国和欧盟都支持反对派与执政党谈判解决国内危机,并正面看待委内瑞拉的选举进程。美欧均表示,如果选举能自由进行,将会逐步减轻对委制裁。选举结束后,执政党和反对派的矛盾和冲突有望进一步缓和,朝野关系有望进一步改善,双方的争夺将更多地以选举竞争等相对和平的方式进行,斗争的烈度会有所下降,国内局势将进一步趋缓。然而,委内瑞拉朝野双方在国家发展的一系列重大问题上存在根本性分歧,双方矛盾在短期内仍难以从根本上得到化解。特别是在疫情冲击下,委内瑞拉陷入严重经济危机,民生问题严重,政治社会动荡风险极大,执政党面临着巨大的压力。

(四)一些长期执政的左翼政党努力改善执政环境,应对治理难题

第一,委内瑞拉统一社会主义党与反对派开展对话,努力缓解国内矛盾。在过去20多年间,委内瑞拉朝野争斗不止,政府和反对派激烈较量,国家陷于严重的政治经济和社会危机。2015年,反对派赢得议会选举胜利,执政党在执政近17年后首次失去对议会的控制。2015年后,拉美多国出现政权更迭,巴西、阿根廷、秘鲁等国家右翼政党上台执政,公开批评马杜罗政府的政策,支持委反对派。2019年后,美国政府公开提出要铲除反美的马杜罗政府。在美国策划下,2019年1月,委内瑞拉反对派领导人瓜伊多自封"临时总统",开始履行"总统"职责,频频向马杜罗政府发动攻势,与马杜罗政府唱对台戏。委内瑞拉形成两个政府、两个总统的局面,两派在国内和国际舞台上展开激烈较量,但双方都缺乏彻底击败对方的办法。

在2020年12月的国会选举中,执政党及其盟友获得277个席位中的256席,在立法机构中取得绝对优势地位,执政地位进一步巩固。委内瑞拉官方认为,执政党在国会选举中取得胜利,已从反对派手中夺回国会领导权。反对派则四分五裂,内部矛盾加剧,失去与执政党较量的动力和能力。部分反对党参加了2020年国会选举,并获得19个席位。美国、加拿大、日本、欧盟大多数国家和哥伦比亚、智利、秘鲁、乌拉圭等拉美国家认为委国会选举不合法,继续承认委反对派瓜伊多为首的国会。2021年1月,委内瑞拉新国会（全国代表大会）正式成立，新国会强调"对话、共处和包容"。此后，委内瑞拉危机有所缓和，执政党压力有所减轻。

2021年5月，反对派领导人瓜伊多提议与马杜罗政府对话，得到政府积极回应。在挪威、荷兰、俄罗斯等国斡旋下，8月13—16日，政府与反对派在墨西哥进行谈判，并达成一项包含七点内容的备忘录。双方于9月3日至9月6日在墨西哥城举行第二轮对话，发表联合公报，并达成两项协议。双方还就11月委地方选举的条件达成协议，委主要反对党决定以"民主团结委员会"名义参加2021年11月地方选举。双方原定在9月24日至9月27日在墨西哥城举行第三轮谈判，讨论发展国民经济和社会保护问题，但该轮谈判未按期举行。美国、欧盟对委朝野重启对话表示欢迎，希望对话能为委实现民主找到出路。谈判虽不能迅速化解双方的所有分歧，但却是委内瑞拉实现国内和解的重要一步。

第二，古巴共产党完成最高领导层新老交替，努力化解社会矛盾和执政压力。经过十几年的准备，古巴共产党最终于2021年正式完成最高领导层的新老交替。2006年7月，卡斯特罗因健康原因将国家最高权力移交给胞弟劳尔。劳尔接掌国家最高权力后，着手解决领导层新老更替问题。2011年古共六大提出要促进党政领导层"年轻化"、限制领导人任期。经过近十年的准备筹划，古共领导层新老更替最终得以实现，干部年轻化专业化也取得显著进展。2020年12月，古共发布于2021年4月召开八大的通知，宣布劳尔八大后将卸任古共中央第一书记。2021年4月16日至4月19日，古共召开第八次全国代表大会，集中评估和规划国家目前和未来一系列核心问题，讨论新形势下党的工作和指导方针，重点分析党的运转情况、党与群众的联系、党的意识形态工作，并评估党、青年团、群众组织和政府中干部政策实施情况。[1] 新当选为古共中央第一书记的迪亚斯-卡内尔在闭幕式讲话中表示，古共八大是"历史性"大会，强调新一代领导人将继承老一辈革命家所开创的古巴社会主义革命事业，在攸关国家命运的重大战略决定问题上将会继续请示劳尔。劳尔等人的正式卸任，标志着古共最高领导层新老交替顺利完成，古共将在新一代领导人领导下继续社会主义模式更新进程，党的建设也将进入新时期。

古巴虽然顺利实现最高领导层的新老交替，但党的建设和执政压力加大。2021年7月11日，在哈瓦那西南部约30公里的圣安东尼奥-德洛斯巴尼奥镇，数百名居民走上街头，抗议长时间停电，并要求接种新冠疫苗。抗议活动被发布在"脸书"上并现场直播，随后引发包括哈瓦那在内的更多地区出现数十年来罕见的示威游行。此次抗议活动是在新冠肺炎疫情严重和美国制裁后果不断加重，古巴经济陷入困境、食品和药品短缺背景下出现的。局势虽很快得到控制，但示威抗议活动的出现表明，古巴社会的不满情绪有所增加，值得警惕。迪亚斯-卡内尔认为目前古巴面临的形势是复杂且富有挑战性的，应从骚乱中吸取经验；古巴的问题可在革命中解决，古巴有能力克服困难，古巴人民将永远捍卫革命、独立和主权。

在执政压力增大的背景下，10月23日至10月24日古共召开八届二中全会，主要议题是落实古共八大通过的各项决议。全会通过了2021—2026年干部政策实施总战略、关于巩固人民政权计划的决议、政治思想工作改革计划、修改党章等重要决议。如何进一步加强党的建设，克服经济社会发展中的难题，维护古巴政治和社会稳定，是古巴新一届领导人面临的重要任务。

---

［1］ Presidencia Cuba, "Convocatoria al VIII Congreso del Partido Comunista de Cuba", https://www.presidencia.gob.cu/es/noticias/convocatoria-al-viii-congreso-del-partido-comunista-de-cuba/.

三、拉美国家政党和政党政治发展的趋势与影响

拉美国家传统政党影响力继续下降，政党发展继续呈现分化趋势，一些新型政党生命周期缩短，政党发展碎片化倾向进一步加剧，执政党通过竞选连续执政的难度普遍增大。

（一）传统政党继续呈现衰败之势，重塑拉美政党政治版图

传统政党衰落是近期拉美政治的重要现象。不少曾长期执政的传统政党丧失执政地位，有些一蹶不振，还有一些甚至销声匿迹。那些仍处于执政地位的传统政党控制国家政治生活的能力也大大下降，这种现象在墨西哥、委内瑞拉、哥伦比亚、秘鲁、厄瓜多尔、乌拉圭等拉美主要国家均有不同程度发生。拉美地区传统政党衰败的趋势仍在持续。

在萨尔瓦多，传统政党的衰落与新兴政党的迅速崛起同时发生。2017年10月，萨布拉·布克尔创建"新思想"党，该党2018年8月完成注册。布克尔2018年7月参加大选时，该党还未完成注册，因此他只能以民族团结大联盟候选人的身份参选。在2019年2月的大选中，他击败两大传统政党民族主义共和联盟和马蒂民族解放阵线候选人，以超过53%的得票率当选总统。此后，两大传统政党的政治影响力继续下降，在议会中席位减少，显示出进一步衰败迹象。

智利两大传统政治力量的影响力也明显下降，新兴政党和政治组织的影响力快速提升。1990年民主化以后，由独立民主联盟、民族革新党为核心的右翼政党联盟和由社会党、基督教民主党等组成的中左翼政党联盟轮流执政，共同主导国家发展进程。其他政党和政治力量基本处于边缘状态，对国家决策的影响力有限。2019年大规模社会抗议运动的爆发，表明民众对两大政党联盟的不满增加，致使两大政党联盟的政治影响力下降。两大政党联盟先是在2021年5月的制宪大会选举中受挫，继而在11月的总统选举中败北，

第六章　拉丁美洲地区国家政党政治发展与研究

完全失去对国家立宪的主导权和对国家行政权力的控制。与此同时，两大政党联盟之外的新兴政治力量迅速崛起，其中最重要的是智利共产党等左翼政党和反建制力量的崛起。越来越多的民众认为，两大传统政党集团在过去30年间不愿意进行体制变革，因而放弃1990年以来一直遵循的在两大政党联盟之间做选择的模式，转而选择那些不在关联体制内的候选人，这种政治偏好转向为新的政治力量成长开辟了空间。[1]

墨西哥传统政党的号召力继续下降。2014年7月，国家复兴运动建党并迅速崛起，对传统政党构成巨大冲击。2018年7月，国家复兴运动候选人洛佩斯（Andrés Manuel López Obrador）战胜传统政党革命制度党和国家行动党候选人，当选总统。与此同时，该党成为墨西哥第一大党，在国会众议院500个席位中获252席，超过半数；国家行动党和革命制度党分别仅获79席和49席。在参议院128个席位中国家复兴运动占62席，国家行动党和革命制度党分别占25席和13席。2021年6月中期选举后，传统政党政治影响力继续呈下降之势。此次中期选举产生众议院500名议员和15个州长。选举后，国家复兴运动在众议院席位降至198席，比上届减少56席，但依然保持国会第一大党地位，与盟党劳动党和绿色生态党一起，占据一半以上（54%）席位，仍占据相对优势地位。在15个州的州长选举中，国家复兴运动在11个州取胜，在全国一半的州执政。此次中期选举前，革命制度党在12个州执政，此次选举丢失8个州长职务，执政的州降为4个；国家行动党此前在10个州执政，此次选举丢失2个州长职务，执政的州降为8个。另一个传统政党民主革命党则在此次选举中失去唯一的州长职务。就各党执政的州的人口而言，传统政党的影响力也在下降。此次中期选举前，革命制度党执政各州的人口有4400万人，超过全国总人口的三分之一；国家复兴运

---

[1] Daniel Zovatto, "Súper Ciclo Electoralen América Latina 2021-2024: Pandemia, Incertidumbre Socioeconómicay Riesgos Ee Gobernabilidad Democrática 2021-2024".

动执政各州人口3500万人，接近总人口三分之一。国家行动党执政各州人口2500万人，占全国总人口20.6%。选举后，地方人口政治版图进一步发生变化。国家复兴运动执政各州的人口超过5600万人，占全国总人口的44.83%；革命制度党执政各州人口有2730万人，占全国总人口的21.71%；国家行动党执政各州人口接近2300万人，占全国总人口的18.44%；其他政党执政各州人口有1400万人，占全国总人口的11.22%。综上所述，2021年中期选举进一步削弱了墨西哥传统政党的政治影响力，在一定程度上重塑了墨西哥的政治版图。

秘鲁传统政党持续衰败，政治社会影响力持续下降。在新兴政党冲击下，阿普拉党（APRA）、基督教人民党（PPC）和人民行动党（Partido Acción Popular）等传统政党呈不断衰败之势，影响力持续下降。成立于1930年的阿普拉党（又称人民党）是秘鲁最大的传统政党，曾于1985—1990年、2006—2011年两度执政，近年来显示出日益衰败的迹象。2011年大选中该党未能推出候选人参选总统，在国会130个席位中仅获4席。2016年大选中，该党总统候选人仅获6.19%的选票。2019年该党领袖加西亚因卷入巴西奥德布莱希特公司腐败案，开枪自杀，此后该党的政治影响力急剧下降。2020年的特别国会选举中，该党仅获2.6%的选票，没有达到获得国会席位5%的门槛，未能获得席位。该党甚至没有参加2021年大选。1966年建党的基督教人民党是传统中右翼政党，长期以来在中上社会阶层和企业界有较大影响，1980—1984年同人民行动党联合执政。近年来该党衰败之势明显，在2016年的国会选举中未获得席位。2016年后该党处于危机状态，党主席职位长期空缺。该党在2021大选中没有获得席位，失去在次年选举中获得注册的资格。人民行动党1956年建党，是秘鲁重要的传统政党，曾于1963—1968年、1980—1985年两度执政。在2020年特别国会选举中获得11.8%的选票，得到25个席位。在2021年大选中，获得9%的选票，得到16个席位，比上届减少9席。

(二) 一大批新兴政党相继崛起，持续冲击拉美政坛

拉美传统政党的相对衰落与新兴政党的崛起相伴而生。拉美许多国家的新兴政党建党不久就取得执政地位。新兴政党的崛起不仅冲击传统政党的地位，也在很大程度上改变了拉美政坛的格局。

进入 21 世纪以后，秘鲁相继出现一批新兴政党，并迅速成为执政党。1994 年托莱多（Alejandro Toledo）为参加次年总统选举创建"秘鲁可行"党（Perú Posible），7 年后该党成为执政党，于 2001—2006 年执政。秘鲁民族主义党（PNP）2005 年 10 月成立，6 年后成为执政党，2011—2016 年执政。2014 年"为了变革的秘鲁人"党（Peruanos Por el Kambio）建党，该党领导人库琴斯基赢得 2016 年总统选举，该党从建党到执政仅 2 年。自由秘鲁党 2016 年成立，2021 年 7 月，该党候选人卡斯蒂略当选总统，该党从建党到执政仅用了 5 年时间。

哥斯达黎加、危地马拉、萨尔瓦多、厄瓜多尔等国家都出现类似现象。哥斯达黎加公民行动党（Partido Acción Ciudadana）于 2010 年 12 月建立，2014 年成为执政党，从建立到执政仅 3 年半；2018 年该党再度执政，成为该国主要政治力量之一。2017 年危地马拉的贾马特（Alejandro Giammattei）为参加选举建立"为争取一个不同的危地马拉而前进"党（Vamos por una Guatemala Diferente），该党在 2019 年 6 月议会选举中获得 17 个议席，成为议会第二大党；2019 年贾马特作为该党候选人当选总统，该党从建立到执政仅两年。2017 年 10 月，布克尔在萨尔瓦多建立"新思想"党，2018 年 8 月完成注册。2019 年 2 月，布克尔当选总统，该党从建立到执政只有 1 年半，从完成注册到成为执政党仅半年时间。2021 年，成立不足 10 年的"创造机会运动"成为厄瓜多尔执政党。

(三) 政党兴衰频率加快，新兴政党政治生命周期明显缩短

拉美地区政党发展的一个重要趋势是政党兴衰频率明显加快，政党的政治生命周期明显缩短。一些新兴政党在政治组织、思想建设方面着力不够，

执政业绩不佳，在短暂兴盛后政治影响力便迅速下降，如秘鲁可行党、秘鲁民族主义党、"为了变革的秘鲁人"党，厄瓜多尔"1·21爱国社团"等在执政期结束后迅速衰败，一蹶不振；有些政党销声匿迹，组织消亡，成为拉美政治发展进程中的匆匆过客，例如秘鲁可行党在2016年大选中未能获得席位，2017年解散。最近几年，拉美国家许多新兴政党的政治生命周期进一步缩短，许多政党昙花一现。在2020年秘鲁国会特别选举中获得席位的党，除人民行动党和人民力量党外，许多是建党时间不久的新党；前总统库琴斯基的"为了变革的秘鲁人"党（2016年成为执政党，2019年改称"与你同行"党）只获得1.1%的选票，排名最后，未能获得席位；在2021年大选中，该党已完全不见踪迹。曾于2011—2016年执政的秘鲁民族主义党在2021年大选中也没能获得席位，其总统候选人、前总统乌马拉在选举中得票率不足2%，该党也处在消失的边缘。危地马拉、厄瓜多尔等国家也有很多类似的政党。在厄瓜多尔2021年大选中，连续执政14年的主权祖国联盟运动候选人在总统选举中名落孙山，在第一轮投票中得票率垫底，在国会选举中该党未能获得席位。其他许多拉美国家都有类似现象出现。

（四）政党作为政治组织的职能弱化，越来越多的政党沦为选举机器

拉美地区许多新政党组织建设严重缺陷，政党作为政治组织的职能弱化，甚至沦为选举机器，成为纯粹的选举党。许多党就是为参加某场选举而建立的。这类政党既无明确纲领和原则，也无长远发展设想，往往会凭借空洞的口号，通过宣传造势吸引民众，达到短期政治目的，把参加选举和在选举中获胜作为主要目标和任务。选举一旦结束，政党作为选举机器的职能便宣告完成，之后往往会出现分裂，领导人脱党现象也屡见不鲜。

危地马拉现任总统贾马特2017年创建"为争取一个不同的危地马拉而前进"党，并作为该党候选人在2019年当选总统，但2020年1月就职当日即宣布脱党，宣称"以超脱党派利益更好服务人民"。博索纳罗作为巴西社会自由党（PSL）候选人在2018年当选总统，他于2019年11月宣布退出该党,另建"巴西联盟"党(Alianza por Brasil),但未能成功建党;2021年11月,博索纳罗宣布正式加入右翼的自由党,以谋求在2022年10月大选中连选连任,这是他第9次更换政党门庭。萨尔瓦多总统布克尔曾是马蒂阵线的党员,2017年被开除后另建"新思想"党;因该党尚未完成注册,便作为"民族团结大联盟"候选人参加2019年大选。墨西哥现总统洛佩斯曾先后加入过革命制度党、民主革命党,曾任民主革命党主席和总统候选人。2014年成立国家复兴运动,并作为该党候选人于2018年当选总统。有些拉美国家的当选国会议员就职后就脱离本党,改换国会党团,公职成为个人利益交换和个人政治前途的砝码。

出于选举需要,许多政党热衷于组建新党和政党联盟。在2022年大选即将来临之际,巴西政党格局出现新的组合。2021年10月,社会自由党(PSL)和民主党(DEM)两个右翼政党合并成一个新党"巴西联盟"党。合并后的新党在巴西513个众议院席位中占据82席,超过左翼的劳工党成为众议院最大政党;新党在参议院中的席位数居第四位。两党合并完全是基于2022年大选的需要。"巴西联盟"党计划提出自己的总统候选人,可能会对2022年总统选举产生影响。

(五)组织分裂司空见惯

因政治和思想建设缺失,2021年,拉美地区多个政党内部出现矛盾,甚至发生分裂。厄瓜多尔左翼执政党主权祖国联盟运动内部发生严重分裂。2017年,莫雷诺(Lenín Moreno)总统执政后进行一系列政策调整,取得较好业绩,但执政党内部矛盾加剧,形成两派,莫雷诺与前总统科雷亚的矛盾激化。2018年1月,科雷亚宣布脱离2006年他自己创建的主权祖国联盟运动,另组"公民革命运动",执政党正式分裂。科雷亚指责莫雷诺是"叛徒",背叛"公民革命"。2021年,主权祖国联盟运动再次发生分裂,该党领导委员会2021年3月召开会议,认为党主席莫雷诺放弃对该党的政治领导,几乎不参加党内会议,未履行执政纲领,向其他党派分配政治权力严重违反党规，决定将其开除出党。一个执政党把本党主席兼总统开除出党，在世界政党史上实属罕见。莫雷诺被开除出党后，该党主席暂时处于空缺状态。

拉美国家的政党为参加选举的需要，经常组建政党联盟。与政党相比，政党联盟更不稳固，经常发生破裂。例如在厄瓜多尔2021年大选中，基督教社会党与"创造机会运动"结为竞选联盟，其候选人拉索当选总统。此后，仅仅由于在国会选举中产生分歧，两党联盟便宣告破裂。

秘鲁执政党领导人与总统的关系出现摩擦，执政党内部分歧加重。2021年7月，卡斯蒂略就任总统，此后频繁更换内阁成员。10月6日，总理贝利多应总统的要求辞职，劳工、文化、内政、教育、生产、能矿和农业部部长也辞职。新总理和内阁宣誓就职后，执政的自由秘鲁党领导人表示内阁改组是卡斯蒂略总统对执政党的背叛；秘鲁执政党出现分裂迹象，执政党与政府之间开始出现裂痕。秘鲁执政党内部的分歧，特别是政府和执政党间的裂隙，将为政府的施政效率埋下隐患。

（六）政党发展继续呈现分散化与碎片化趋势，增加政府决策和执政难度

随着政党格局的变动，拉美地区国家政党发展固有的多元性和分散化特点进一步发酵，政党数量进一步增加，在立法机构中拥有席位的政党数量众多，政党发展继续呈现分散化和碎片化趋势。2021年4月，秘鲁第一轮总统选举中，有18位候选人参选，是2006年以来参选候选人最多的一次。各位候选人得票率分散，得票居前两位的候选人分别只获得约19%和13%的选票。在议会选举中，有20个政党或政党联盟参选，其中有10个政党或政党联盟获得席位，议席最多的自由秘鲁党在130个席位中也仅有37席，居第二位的人民力量党24席，人民行动党16席，争取进步联盟15席，人民革新党13席，其他5个党在3—7席之间。参加厄瓜多尔2021年2月总统大选的共有16名候选人，最终当选总统的拉索在首轮选举中所获选票不足20%。拉美国家政党发展分散化和碎片化的原因包括：传统政党包容性不足，民意代表性低，导致理念、纲领、主张、代表性不同的新党不断建立；一些国家的政党资助方式对新党不断出现起到推波助澜的作用；[1] 不少国家对大选参选门槛限定较低，甚至没有什么限制，这通常会导致大选前后各类型政党大量涌现。[2] 政党发展的分散化和碎片化加重党争力度，增加了政府决策的难度。立法机构中代表性分散，造成行政机构和立法机构的"分裂"，巴西、秘鲁、哥伦比亚等多国执政党在国会都不占多数，在寻求其他政党支持方面遇到诸多限制，执政根基非常脆弱。因在议会中不占多数，拉美国家多数政府和总统面临着迅速消耗其政治资本的窘境，在执政、改革和治理等方面面临持续的困难。

（七）政治两极化和政党碎片化相伴而生，削弱国家治理效能

拉美国家政党碎片化和政治极化现象通常相伴而生。阿根廷政治学家索瓦托认为，和世界其他地区一样，拉美地区政党和组织面临两极分化和碎片化增长的风险。除前述政党发展碎片化外，拉美国家政党发展也呈现出两极分化的趋势。许多国家虽然实行多党制，但日益形成立场相左的两大政治集团，加剧政治极化现象，委内瑞拉具有典型性。委内瑞拉仅全国性政党就有数十个，围绕国家发展方向，特别是查韦斯-马杜罗政府政策和"社会主义"建设问题，逐渐形成立场完全对立的两大政党联盟。在巴西、阿根廷等拉美主要国家，也不同程度出现类似的两极分化趋势。与此同时，中间派政党的影响力逐渐减弱。在委内瑞拉，持中间立场的独立政党和政治组织在国家政治生活中日益处于边缘状态。哥伦比亚、玻利维亚、厄瓜多尔、巴西等

---

[1] 有人以危地马拉为例解释政党资助条款对政党分散化的推动作用。危地马拉"选举和政党法"中"在社会媒体空间和时间上公平分配公共资源"的条款规定，50%的资源分配给总统选举，国会和市政选举各占25%。一个政党如不提出候选人参加总统选举，只能得到一半的社会媒体宣传资源。因此，许多政党即使毫无赢得总统选举的可能，也会提出候选人，以获得更多宣传机会，在议会和市政选举中取争取好业绩。由于对私人资助资金有限制，提出候选人参加总统选举成为获得公共资金的必要途径。Maria Dolores Arias, "¿Por Qué Hay Tantos Candidatos Presidenciales?", https://republica.gt/2019/01/22/por-que-hay-tantos-candidatos-presidenciales/.

[2] "Fragmentación de Partidos Políticos en Perú No Tiene Parangón en América Latina", https://www.uarm.edu.pe/Noticias/entrevistas/ruiz-de-montoya-alonso-cardenas.

国家中间派政党的力量也有较大程度削弱。

政党和政治发展的两极化增加了拉美国家政党间达成共识的难度，进而加大了体制改革的难度，削弱了国家的治理效能。长期以来，拉美一些国家存在着各种政治经济和社会难题，如社会不平等和腐败，以及制度执行力差、司法体系效率低、税收制度不合理、社会政策偏向某些阶层等制度性问题。这些问题之所以一直未能得到有效解决或疏解，其根本原因是各国的主要政治力量缺乏体制和社会变革的共识。拉美国家政党林立，政治极化现象普遍。政府和执政党很难在各党派利益诉求不一致的条件下从根本上消除国家发展中的各种难题。即使执政者能够找出解决这些问题的制度性方案，但由于各派政治力量理念和政策取向不一，在政治极化的情况下难以达成一致，方案很难有效实施。

（八）政党的代表性危机加重，政党的合法性基础受到损害

拉美国家许多政党的代表性不足，损害政党的合法性基础。许多传统政党的思想和理念不能与时俱进，不能根据形势的发展变化提出符合时代特征和代表广大民众利益的主张，失去政治感召力，渐渐丧失凝聚大众的功能，丧失民众信任。许多政党缺乏必要自我监督和外部监督机制，党的领导层日益脱离群众，引起人们的不满和愤慨。许多政党组织建设严重缺失，内斗不止，党的声誉和威信下降。21世纪以后拉美地区出现的新兴政党，在思想、制度和组织方面具有与传统政党类似的缺陷。虽然拉美人依然认为没有政党就不可能产生民主，在民主发展中，政党是核心，发挥着重要的作用，但民众对政党的信任度是所有公共机构中最低的。有民调显示，在秘鲁2021年大选中，40%—45%的人不知道该投谁的票，对政党高度缺乏信任。只有12%的危地马拉人认为政党代表了自己。厄瓜多尔民众对政党的信任度只有5%。2021年10月的调查显示，近一半（48%）委内瑞拉人不支持任何政党，支持执政的统一社会主义党的人只有34%，13%的人支持反对党。

民众对执政党的支持率持续下滑，损害执政党的合法性基础。由于拉美民众对执政党和政府解决国家面临的难题抱有期望,执政者执政初期民意支持率往往较高,但在短暂蜜月期后,特别是随着其执政能力不足的缺陷不断暴露,支持率通常会大幅下滑,许多执政党及其领导人支持率最终会滑到个位数。2020年10月前后,只有4—5个拉美国家总统的民意支持率超过50%(萨尔瓦多、多米尼加、乌拉圭、墨西哥、哥伦比亚)。2017年莫雷诺就任厄瓜多尔总统时,民意支持率为67%,最高时达到77%;但好景不长,2020—2021年支持率急速降至个位数,不支持率高达90%。智利总统皮涅拉曾是拉美最受欢迎的总统之一,2019年7月,其支持率为68%;随着2019年后大规模抗议浪潮出现,总统声誉受损,支持率直线下滑,2020年10月,其不支持率攀升至70%;12月以后支持率降至7%,为其执政以来最低水平;此后长期维持在个位数的低水平。2019年1月,博索纳罗就任巴西总统时支持率高达65%,3个月之后下滑到50%;2021年9月,支持率只有22%,超过一半的巴西人支持对他进行弹劾。

(九)民众反政府情绪增加,执政党连选连任难度加大

由于对执政党和政府的治理业绩感到失望,越来越多的民众表现出对国家机构的不信任。许多民众滋生谁执政就反对谁的心态,借此抒发自己对国家机构及其工作效率的不满和愤怒。在此情况下,拉美国家的执政党很难实现连选连任,连续执政越来越困难,执政党轮替和政府更迭成为拉美地区各国选举的主基调。2018年博索纳罗作为社会自由党候选人当选巴西总统,打破劳工党和社会民主党长期控制总统选举的格局。墨西哥国家复兴运动成为21世纪以来第三个取得执政地位的政党。2020年多米尼加现代革命党成为1966年该国恢复民主体制以来第四个执政党。在2021年大选中,除尼加拉瓜执政党继续执政外,厄瓜多尔、秘鲁、巴哈马、智利、洪都拉斯都实现执政党更迭。

拉美国家的新兴政党善于营造选举气氛,善于利用选举优势,但缺乏牢固的社会基础,往往是快速崛起后便失去活力,甚至解散消失,很难实现连续执政。例如秘鲁 2000 年以来连续 5 届政府由 5 个不同的政党执政，除阿普拉党外，其余均为建立时间较短的新型政党。非传统政党和政治素人频频在重大选举中异军突起，并取得重大选举收获。然而，许多新型政党或政治素人的执政业绩并不能得到多数民众的认可，获得连续执政地位的新型政党或政治素人少之又少。

民众表达不满的对象是执政党、政府或执政者，但受到损害的却是公共机构的信誉和执政党的威望，国家体制和制度的名誉遭到透支。对执政党和公共机构的不满意，在很大程度上助长了局外政党和局外政治家现象的出现。

（十）局外政党和政治素人频出，持续冲击传统政治制度和政党格局

拉美许多政党遇到代表性缺乏的困扰，公众对传统政党和政治领袖信任度降低，转而支持非传统的局外政党和政治素人。有学者认为，两党制或多党制的共识是一种积极的价值，但如果既有政党不能有效代表广大民众的社会诉求，或没有能力适应社会部门多重的压力，如果各社会部门不能感受到自己被现有政党所代表，这些部门迟早会在传统政党之外去寻找代表性。[1] 换言之，既然传统执政党不能或者不愿意代表或回应民众诉求，公众就自然会把自己的诉求和愿望寄托于传统执政党之外的新政治力量，即承担了代表性诉求的所谓局外政党或局外政治家。

20 世纪 90 年代以后，伴随传统政党代表性危机和"政治家危机"出现，新型政党或政治组织在拉美异军突起，陆续在一些国家上台执政。这类新型政党或组织不仅政治理念不同于传统政党，甚至连名称都不像党，如秘鲁的"改革 90""改革 2000""为了变革的秘鲁人"，委内瑞拉的"第五共和国运动"，厄瓜多尔的"1·21 爱国社团"、主权祖国联盟运动，哥伦比亚

---

〔1〕 Flavia Freidenberg and María Esperanza Casullo, "Cuando Se Vacía El Centro: El Ascenso de Partidos y Políticos Outsiders en América Latina y Europa", https://www.eldiario.es/agendapublica/nueva-politica/politicos-outsiders-America-Latina-Europa_0_308669600.html.

的"哥伦比亚第一"等。在巴西和乌拉圭，传统执政党之外的局外政党上台执政，传统的边缘性政党实现了从局外政党到体制性政党或执政党的转变。在委内瑞拉、玻利维亚、厄瓜多尔、巴拉圭等国家，查韦斯、莫拉莱斯、科雷亚、卢戈等一批政治素人崛起，这些政治领域的新面孔在实现新变革的口号下脱颖而出，声称代表公众利益，实施反对既得利益集团的政策。这些政治素人缺少传统政党背景，凭借反传统政治家和反传统政党的旗帜赢得大选，赢得众多对传统政党和传统政治家同样反感的民众同情和支持。近年来，拉美国家又出现一批这样的局外政治家，如巴西的博索纳罗、萨尔瓦多的布克尔、危地马拉的贾马特、秘鲁的库琴斯基和卡斯蒂略等。

局外政党和政治素人上台执政冲击拉美国家传统政治制度和政党格局。政治素人现象改变了政党制度中竞争的结构和规则，在很多情况下导致政党制度中多数派政党的失败。墨西哥国家复兴运动的崛起改变了21世纪以来革命制度党、民主革命党和国家行动党3个主要政党三足鼎立的格局。政治素人的崛起终结了委内瑞拉、哥伦比亚、萨尔瓦多、危地马拉、秘鲁、巴西等国的传统政党制度和政党格局，为政治发展带来新元素。

四、国内外学界对拉美政党和政党政治问题的研究

国内外学者近年来对拉美政党和政党政治问题予以高度关注，陆续发表和出版一系列研究成果，为拉美政党和政党政治研究提供了新素材，提出了新观点和新见解，许多观点具有启发性。中外学者关于拉美政党和政党政治的议题和观点主要有以下方面。

（一）左右翼政党竞争是观察和研究拉美政党和政党政治的重要底色

西班牙学者卡洛斯·德桑托斯从左右对立和意识形态的视角关注拉美政党和政党政治，认为社会不平等、反对现存体制的情绪在2021年秘鲁和厄瓜多尔大选中得到充分体现。他认为目前拉美地区政治版图中左右执政状况

较为均衡，但该地区的左翼有两种，一是在委内瑞拉、古巴、尼加拉瓜、玻利维亚执政的革命左翼，二是在墨西哥、阿根廷执政的左翼。随着左翼政党候选人卡斯蒂略在秘鲁大选中获胜，拉美政治版图发生了新变化，打破了拉美政治版图的均衡状态。如果在接下来的哥伦比亚和巴西大选中延续这种趋势，未来几个月拉美地区将会出现有利于左翼的政权更迭。他认为，疫情改变了拉美，但疫情并不是拉美地区发生政治变化的最根本原因。[1] 阿根廷学者索瓦托认为，无论是在以前的政治周期还是在2021—2024年的超级选举周期内，拉美国家政治版图中政党的意识形态更加异质性，[2] 将决定一个新的选举政治地缘图。中国学者在研究拉美国家的政党和政治发展时，经常使用左翼和右翼的分析框架，把拉美政党发展置于拉美政治变迁的框架和进程中，把拉美政党和政党发展作为政治发展的主要内容。[3]

（二）拉美政党和拉美政治更加极化和分散化是中外学者的同识

西班牙学者马拉穆德和努涅斯认为，2021—2024年是拉美的超级选举周期，除玻利维亚和古巴外，其他拉美国家都将在政治高度碎片化和极化、经济不确定、新冠肺炎疫情引起的经济危机造成严重社会后果、3000万人返贫的背景下举行大选，进行政府换届。在这个超级选举周期，拉美政党和拉美政治将更加极化和分散化，是在共识基础上构建和谐社会的障碍，减少了政府推进结构性改革、维护稳定和提高治理能力的空间。[4]

---

[1] Juan Carlos De Santos Pascual, "Perú y Ecuador Cambian de Color: ¿La Pandemia Está Cambiando El Mapa Político de Latinoamérica?", https://es.euronews.com, 20/07/2021.

[2] Daniel Zovatto, "Súper Ciclo Electoral en América Latina 2021-2024", http://www.ojs.unsj.edu.ar/index.php/relasp/article/view/680/606.

[3] 杨建民：《拉美政治中的"左""右"现象研究——拉美政治发展的周期与政策调整》，载《拉丁美洲研究》，2018年第1期，第82—99页。

[4] Carlos Malamud and Rogelio Núñez, "Una América Latina Fragmentada y Polarizada Afronta Un Intenso Ciclo Electoral (2021-2024)", http://www.realinstitutoelcano.org/wps/portal/rielcano_es/.

索瓦托从选举周期的视角分析拉美国家政党的治理能力问题。他分析了超级选举周期的宏观经济和政治背景,特别是2021年玻利维亚、萨尔瓦多、厄瓜多尔、秘鲁、智利、墨西哥选举的结果,从选举进程中透析拉美政治的主要趋势,对拉美地区民主治理的趋势和影响进行反思。他认为,政党在政治发展中不可或缺,"没有政党就不会有稳定的民主"。由于选民对执政党执政业绩的不满,拉美国家的执政党连续执政的难度越来越大。为避免选民的惩罚性投票,拉美国家的执政党需要提高治理能力。

中国学者关注拉美前一个"超级选举周期"(2017—2019年)内政党政治的发展变化,认为选举周期内产生的一系列选举结果,既反映拉美一些国家传统政党的衰败和政党格局的大变动,也折射出拉美一些国家政党体系面对的巨大挑战。政治民主化、经济模式转型和大众媒体的发展重塑了拉美政党的运行环境。这个选举周期形成以"愤怒票"为基调的选举环境,助推新兴政党的崛起。以媒体宣传为基础、以候选人为中心的职业选举型政党处于活跃状态。未来,拉美国家迫切需要加强政党和政党体系的制度化建设,以应对新发展阶段的各种挑战。[1]

(三)政党立法和对政党的规范和管理是国外学者观察拉美政党和政党政治的独特视角

拉美和西班牙多位学者分析、整理和汇总了拉美国家对政党在司法方面进行规范的做法、相关规定及主要特点,力图预测和分析拉美国家相关的改革方向和相关的改革议题。这些学者研究涉及的议题包括政党立法在国家立法中的地位,政党的司法概念及属性,国家对政党的资助,政党获得承认的条件,政党的内部结构,党内民主,政治资助,政党联盟的组建与解散,独

---

[1] 王鹏:《"超级选举周期"与拉美政党政治新变化》,载《当代世界》,2020年第2期,第71—75页。

立候选人参与选举，党员退党等内容。[1] 阿根廷学者德吉斯蒂从比较政治的视角研究拉美国家宪法中关于政党的规定，比较拉美国家宪法文本中相关规定的不同模式，认为宪法文本对政党作出规定与民主化进程有密切的关系，是民主化进程的结果。[2] 相对于拉美和欧美学者，中国学者还较少从立法的角度研究拉美政党，这在一定程度上表明中国学者的研究范围、深度和细节尚落后于拉美和欧美学者。

（四）拉美政党的代表性危机是中外学者关注的共同议题

国外学者认为，政治代表性不足是拉美政党发展中的难题。从20世纪90年代起委内瑞拉、秘鲁、玻利维亚、厄瓜多尔、阿根廷等拉美国家就出现政党的代表性危机。一些曾引领拉美国家民主化进程的传统政党衰落，一些国家出现个性很强的领导人，他们利用民主机制取得权力。这些人一旦掌权，便不再代表法治国家，他们在选举中开出空头支票。代表性不足有多种表现，最主要的是民众对政党信任度和认同度低，投票意向不明确。许多政党看起来类似，民众不能区分政党之间的纲领和主张。

拉美学者在解释近期拉美政治现象时再次突出了政党的代表性问题。西班牙学者罗德里格斯（Ruiz Rodríguez）指出，拉美越来越多的民众认为政党没有代表自己。无论是最近几年上台的巴西总统博索纳罗和萨尔瓦多总统布克尔这些类似考迪罗式的人物，还是2019年以后在智利、厄瓜多尔、玻利维亚、秘鲁、海地、哥伦比亚等国发生的社会抗议，都是拉美地区民众上述感受的结果。罗德里格斯认为，有三个因素使民众感到政党的代表性不足：执政者对民众的诉求不关心；执政者执政能力差，没有解决不平等、腐败、两极分化等难题；政党没有思想，弱势群体的诉求不能得到政党或政府的回

---

[1] Daniel Zovatto (*Coordinador*), *Regulación Jurídica de los Partidos políticos en América Latina*, Ciudad de Mexico: Universidad Nacional Autónoma de México, 2006.

[2] Danilo Degiustti, "Los Partidos Políticos en las Constituciones de América Latina", *Revista Uruguaya de Ciencia Política*, Vol. 28, No. 2, 2019, pp. 87–116.

应。越来越多的民众对徒有其名的政党感到失望,对政党的精英作风感到厌倦,对政党的参与性差感到不满,对精英们对资源与福利合理分配的诉求置之不理感到愤怒。由于政党的代表性差,民众不满情绪重,在拉美不少国家已形成恶性循环:政府由民主方式选出,但民众认为自己并没有被代表,而是走上街头进行抗议,要求自己的诉求得到政府回应。[1]

中国学者也对拉美政党代表性危机问题提出自己的观点,认为拉美国家政党面临信任与合法性难题。在民主政治体制中,政党承担着一系列重要责任,是政治正常运转的重要动力和基本保障。拉美民众曾经视政党为自己诉求的代表者,对政党在民主化巩固过程中发挥重要作用寄予厚望。然而,由于传统政党长期不能解决拉美国家的政治、经济、社会难题,民众对其执政能力普遍产生怀疑,对其逐渐失去信任和信心,致使许多传统执政老党大党逐渐走向衰败,一些国家甚至出现"政党危机"。许多政治"局外人"在大选中赢得选民追捧,并上台执政。[2] 由于对传统执政党和政治体制信任度下降,民众政治热情降低,许多人不愿意参加大选和各级选举,执政党和政府往往得不到多数选民的认可或赞同,致使执政党面临严重的合法性危机,增加政府施政难度和治理难度。[3]

(五)社会运动与政党的互动一直是拉美学者研究政党问题的重要视角

巴西学者阿尔巴拉从社会运动与政党关系的视角,研究拉美国家的政党问题。他运用定性分析的方法,通过对阿根廷、玻利维亚、巴西、智利、哥伦比亚、厄瓜多尔、墨西哥和乌拉圭8个国家的实证研究,提出政党与社会运动关系的四个假说:如果政府(执政党)在经济社会发展中作为不够,公

---

[1] "Democracia en América Latina:¿Por Qué 'No Nos Representan'?", https://www.dw.com/es/democracia-en-america-latina-por-que-no-nos-representan/a-57834431.

[2] 王鹏:《拉美政治中的"局外人":概念、类别与影响》,载《拉丁美洲研究》,2019年第5期,第100—115页。

[3] 袁东振、杨建民等:《拉美国家政党执政的经验与教训研究》,北京:中国社会科学出版社,2016年版,第305—306页。

民社会就会发挥自主的作用；在民主传统深厚的情况下，公民社会就会与政治阶层构建起紧密的联系；当政治观点非常明确时，社会运动与政党的互动就更加有力；当一个国家处于两极分化状态时，政党就会与公民社会更加接近。[1]

（六）中外学者均重视拉美国家间政党和政党制度的差异性

在研究拉美国家政党制度时，中外学者均注重拉美国家政党和政党制度的差异性。美国学者梅因沃林等指出，差异性是拉美国家政党制度的最主要特性。其一，拉美国家的政党制度有明显差异性，这解释了为什么有的国家政党制度较稳定、可预期，另一些国家政党制度不稳定、难以预期。其二，政党制度对民主政治有着重要影响，稳定和可预期的政党制度有利于形成重要的民主化进程、收获民主化成果。其三，拉美国家政党制度有着明显的缺陷，构建和维护稳定和可预期的政党制度是例外，而不是常态。[2] 中国学者也强调拉美国家政党制度的差异性，突出各国制度的特性。[3]

（七）中外学者都重视拉美国家政党建设面临的困境，但观察视角不同

外国学者多从政党组织功能的视角，分析拉美国家政党建设的困境。美国学者列维斯基等认为，第三波民主化启动40年后，拉美地区政党仍然脆弱，许多政党衰败，许多建立新政党的尝试也无果而终。他不认同民主和选举自然会产生强大政党这一传统观点，认为党的建设在激烈冲突的条件下更容易成功，而在常规民主条件下反而不容易成功。例如在革命、内战、民粹主义动员或专制镇压时期，党的凝聚力更强，组织建设更有动力，更容易造就党员对"崇高事业"的忠诚。[4] 梅因沃林等人也认为拉美国家政党组织

---

[1] Adrián Albala, "Partidos Políticos y Movimientos Sociales en América Latina (2011-2016): Un Análisis Configuracional", https://www.redalyc.org/journal/115/11565209002/html/.

[2] Scott Mainwaring, ed. *Party Systems in Latin America: Institutionalization, Decay, and Collapse*, New York: Cambridge University Press, 2018.

[3] 张凡：《巴西政党和政党制度剖析》，载《拉丁美洲研究》，2006年第6期，第24—28页。

[4] Steven Levitsky, James Sydney and Brandon Van Dyck, et al. eds. *Challenges of Party-Building in Latin America*, New York: Cambridge University Press, 2017.

的建设有诸多挑战,其中最主要的是政党构建过程中威权主义的影响难以消除,庇护主义对现代政党的构建形成制约,政党建设中公共资金使用面临诸多问题,巴西、墨西哥、阿根廷等国家新左派政党不稳定等突出问题。

中国学者更侧重从党的建设视角观察拉美国家政党的兴衰成败。许多曾十分强大,甚至曾长期主导拉美国家政治发展进程的老牌执政党最终走向衰败,政党兴衰成为拉美政治发展进程中司空见惯的"常态"。委内瑞拉、秘鲁、哥伦比亚、厄瓜多尔等国家曾长期执政的老牌政党,不仅丧失执政地位,而且在国家政治生活中逐渐被边缘化,许多政党一蹶不振。一些传统政党甚至销声匿迹,在组织上消亡,退出历史舞台。这一现象背后的根源是:这些老牌政党在长期执政过程中,未能有效解决各国的政治、经济和社会难题,陷入治理困境;不少政党忽视自身建设,造成思想混乱、组织涣散和凝聚力缺失;党内缺乏有效监督机制,党内精英阶层逐渐脱离一般党员和民众,滋生严重的官僚主义和腐败习气,失去民众信任;许多老牌政党因循守旧,不能根据国内外环境变化推行制度体制变革,不能回应民众利益诉求,丧失对大众的吸引力和感召力。[1] 还有学者以墨西哥国家行动党为案例,探讨拉美中产阶级政党的发展困境。[2]

五、结束语

2022年拉美国家政党和政党政治有一些新动向值得关注。尼加拉瓜和洪都拉斯新政府于2022年1月就职,智利新政府于2022年3月就职。政府换届特别是发生执政党更迭的国家,政府政策会发生重要调整和变化。2022年

---

[1] 袁东振、杨建民等:《拉美国家政党执政的经验与教训研究》,北京:中国社会科学出版社,2016年版,第308页。
[2] 李昊旻:《拉美中产阶级政党的困境:以墨西哥国家行动党为例》,载《拉丁美洲研究》,2020年第2期,第85—105页。

拉美地区有一些重要的选举，其中包括哥斯达黎加、哥伦比亚和巴西大选。这些选举不仅会改变相关国家的国内政治力量对比，也会对地区政治格局产生重大影响。

第七章
发展中国家左翼政党政治发展与研究

马 赛[*]

发展中国家左翼政党主要指亚洲、拉丁美洲、非洲的左翼政党,数量较多、情况较为复杂,总的来说,各国共产党是左翼政党的主要代表。这其中,共产党又可分为两类情况,第一类是在社会主义国家执政的共产党,除了中国共产党以外,还包括越南共产党、老挝人民革命党和古巴共产党等;第二类是在其他资本主义国家中活动的共产党,他们当中主要又有三种情况,一是在全国范围内参与执政或在部分地区执政的共产党;二是虽未执政,但积极参与议会选举,获得少数议席的共产党;三是对资本主义现政权完全采取不参与态度的共产党。由于数量原因,本章仅选取发展中国家中较有影响力,或者是近年发展取得一定成果的共产党,对其2021年以来的发展状况加以概述。

---

[*] 马赛,嘉兴学院马克思主义学院副教授。

一、越、老、古三国共产党发展状况

越南、老挝和古巴是由共产党执政的社会主义国家。越南共产党成立于1930年,成立之初曾一度称为印度支那共产党,1951年改称越南劳动党,1976年改名为越南共产党,党的创立者是胡志明。现任党的总书记是阮富仲,党员人数510多万人。老挝人民革命党成立于1955年,曾名为老挝人民党,1972年更名为老挝人民革命党,党的创立者为凯山·丰威汉。老挝人民革命党现有党员人数35万,现任党的总书记是通伦·西苏里。古巴共产党创立于20世纪20年代,一度改名为古巴人民社会党。20世纪60年代初古巴革命期间,各革命组织合并为一个统一的革命组织,1965年将党的名称定为古巴共产党。党的主要创立者为菲德尔·卡斯特罗。现任党的第一书记为迪亚斯-卡内尔,党员人数为70万人。四国的共产党在2021年都召开了党的代表大会。

(一)越南共产党2021年1月召开党的十三大

2021年1月越南共产党召开党的十三大,大会以"建议和整顿纯洁、稳固的党和政治体系,激发发展国家的渴望,发挥全民族大团结的意志和力量,并同时代力量紧密结合,继续全面同步推进革新事业,建设和捍卫祖国、维护和平稳定环境,为到21世纪中叶把我国建设成为社会主义定向的发达国家而奋斗"为主题,[1] 吹响了越南"两个百年"的奋斗号角。越南共产党领导人对于未来前景充满自信,正如阮富仲在越共十三大报告中指出的:"我们的祖国从未拥有像今天这样的事业、潜力、地位和威望"。

越共十三大实现了党中央领导层的新老接替,选举产生了200人的中央

---

[1] 覃翊译:《越共中央总书记、越南国家主席阮富仲在越南共产党第十三届全国代表大会开幕式上的报告》,载《南洋资料译丛》,2021年第1期,第17页。

委员会，其中新进入中央委员会人员61人；选举产生中央政治局委员18人，其中10人为新当选委员。阮富仲第三次当选为党的总书记。越共十三大后，阮春福接任国家主席，范明政当选政府总理，王庭惠当选国会主席，越南党和国家权力结构中新的"四驾马车"已经形成。

第一，制定了国家发展的新战略。越共十三大的一项重要成就就是制定了越南国家发展的新战略，要"力争到21世纪中叶将越南建设成为社会主义定向的发达国家，"[1]为实现这一目标，越共十三大提出了具体的步骤，即到2025年，成为具有基本现代工业基础，超过中低收入水平的发展中国家；到2030年，成为具有现代工业基础的中高收入水平的发展中国家；到2045年，成为高收入水平的发达国家。2030年是越南共产党成立100年，2045年是越南社会主义共和国建国100年，因此，这一发展目标也可以看作是越南版的"两个百年"奋斗目标。

第二，高度重视党的建设。越共十三大对于加强党的建设提出了系统性的任务，主要包括：政治、思想建设方面，要结合越南实践不断补充、发展与创新马列主义和胡志明思想，加强民族传统文化和党的光荣革命历史的宣传教育，捍卫党的思想基础；道德建设方面，要有效遏制和击退党内政治思想、道德、生活方式蜕化和"自我演变""自我转化"现象；组织建设方面，要革新和完善精简、高效的政治系统的组织架构；干部队伍建设方面，要注重具备足够素质、能力、威望和能胜任工作的战略级干部和各级领导队伍建设；党员权利方面，要制定适当的激励政策和机制；制度建设方面，要提高政府将党的主张和决议制度化、具体化以及具体执行党的主张和决议的能力和效果；党内监督方面，要加强对权力的检查、监督和制约等。[2]10月召开的越共十三届四中全会，继续强调党的建设问题，就有关加强整党建

---

[1] 武文福：《越南共产党第十三次全国代表大会文件的核心和新内容》，载《世界社会主义研究》，2021年第2期，第56页。

[2] 同[1]，第58—59页。

党,预防和遏制政治思想蜕化、生活方式堕落、内部"自我演变"和"自我转化"等现象的目标、任务和解决方案进行了深入讨论,阮富仲指出,要"把整党建党与政治体系建设紧密结合","坚决打击并严惩政治思想、道德品质蜕化、工作作风不实和腐败等不良行为。"[1]

第三,深化了对革新路线重要规律的认识。越共十三大提出要实现国家发展,需处理好十大关系,即稳定、革新和发展之间的关系;经济革新和政治革新之间的关系;遵守市场规律和确保社会主义定向之间的关系;生产力发展和建设与逐步完善社会主义生产关系之间的关系;国家、市场和社会之间的关系;经济增长和文化发展、实现社会进步与公平、保护环境之间的关系;建设和保卫社会主义越南祖国之间的关系;独立自主和融入国际的关系;党的领导、国家管理和人民作主之间的关系;实行民主和加强法制,确保社会稳定的关系。这十大关系集中反映了辩证唯物主义的规律,是越南共产党革新路线中的核心理论。[2]

第四,积极领导抗疫斗争。自新冠肺炎疫情暴发以来,越南共产党在领导抗疫斗争方面还是卓有成效的,特别是2020年年内,越南国内疫情一直得到有效控制,越南一度被誉为抗疫的模范。然而,2021年7月以来,越南疫情急转直下,感染人数日增长急剧攀升。10月召开的越共十三届四中全会承认,由于疫情造成的严重冲击,全年经济增速预计仅为3%左右,远低于国会设定的目标(6%)。为此,阮富仲在中央全会上提醒,需对贸易、服务、航空、旅游等受疫情直接影响的部分重要行业和领域的结构进行调整;为从事关键领域的企业采取保护措施,避免大型经济集团倒闭;决不让越南经济在世界经济复苏的趋势和全球生产链与供应链结构调整过程中错失良

---

[1] 《越共中央总书记阮富仲:将整党建党与政治制度建设紧密结合》,https://cn.nhandan.vn/leader/item/9193901。
[2] 武文福:《越南共产党第十三次全国代表大会文件的核心和新内容》,载《世界社会主义研究》,2021年第2期,第58页。

机。阮富仲还指出，要调整防疫意识，坚持做好防控新冠肺炎疫情与恢复和发展生产经营活动两手抓，制定可行性最强、最切合实际的方案，将其纳入2022年经济社会发展、国家财政预算和公共投资计划中。为落实越共中央的部署，越南卫生部拟定了2022年越南新冠疫苗接种计划，确保为儿童和青少年群体进行接种。

第五，保持同各国共产党与工人党的交往。2021年6月，老挝人革党总书记通伦·西苏里访问越南，越老两国签署了《2021—2030年阶段越老合作战略协议》《2021—2025年阶段越老双边合作协定》等一系列重要文件。越南党高度重视同古巴共产党的友好关系，2021年年内，阮富仲与古巴共产党第一书记迪亚斯-卡内尔多次通电话，就发展两党两国关系交换意见。9月，越南国家主席阮春福访问了古巴。古巴还大力支持越南抗疫斗争，承诺力争至2021年年底向越南供应大量阿夫达拉疫苗，并表示愿意派遣专家赴越南进行疫苗生产技术转让工作。此外，越共还通过驻外大使向日本共产党、斯洛伐克共产党、法国共产党、德国左翼党等共产党和工人党通报了越共十三大的情况。在中国共产党成立100周年之际，越共中央向中共中央发来贺电，强调："巩固和推动越中友好与全面战略合作伙伴关系持续健康、稳定、日益向好发展，既是历史责任，也是客观要求，符合两国人民的根本和长远利益，有利于地区乃至世界的和平稳定与发展繁荣。"[1] 此外，阮富仲还多次和习近平总书记通话，就发展两党两国关系进行深入探讨。阮富仲在通话中强调："越中建交71年以来，两国关系虽时有起伏，但历史和实践表明友好与合作仍是两党、两国关系的主流。"[2] 阮富仲还率领越南共产党高级代表团以视频方式出席于2021年7月6日举行的中国共产党与世界政党领导人峰会。

---

[1]《国际社会热烈祝贺中国共产党成立一百周年》，新华社北京2021年7月1日电。
[2]《越共中央总书记、国家主席阮富仲与中共中央总书记、国家主席习近平通电话》，https://cn.qdnd.vn/cid-6153/7190/nid-581044.html。

(二) 老挝人民革命党 2021 年 1 月召开党的十一大

2021 年 1 月，老挝人民革命党召开党的十一大，这是 2021 年老挝党和国家政治生活中最重大的事件，大会以"提高党的领导能力，加强全国人民大团结，维护政治社会稳定，深化落实革新路线，推动经济社会高质量发展，提高人民生活质量，努力摆脱最不发达国家状况，向社会主义目标迈进"[1]为主题，为老挝今后的发展打下了人事基础、理论基础，谋划了具体目标。2021 年老挝人民革命党全党工作都以学习、贯彻和执行党的十一大精神为中心展开。

第一，实现了老挝人民革命党领导集体的新老交接。老挝人民革命党十一大由 768 名正式代表参加，代表全党 34.8 万党员。大会选举产生了党的新一届中央委员会，由 71 名中央委员和 10 名的候补中央委员组成。随后的老挝人民革命党十一届一中全会又选举产生了由 13 人组成的新一届中央政治局和由 9 人组成的中央书记处，最重要的是由担任过总理的通伦·西苏里接替本扬·沃拉吉担任老挝人民革命党总书记。通伦·西苏里对本扬·沃拉吉给予了高度评价，"本扬·沃拉吉同志是真正的马列主义者，是一位英勇的革命战士，为民族解放、国家统一、社会主义建设和革新事业作出了巨大贡献，是一位高尚的爱国者，始终忠诚于党、国家和人民。他还是一位领导才能非凡、廉洁自律、善于团结的党和国家卓越领导人，是全党、全军和全国各族人民学习的好榜样。"[2] 党的总书记的新老交替，标志着老挝党和国家事业的平稳交接，对于老挝人民革命党实现其制定的各项目标，对于老挝政治局面的稳定起到了关键作用。

第二，关于党的建设。作为马克思主义执政党，老挝人民革命党对于自

---

[1] "ຜົນສຳເລັດຂອງບະຊຸມໃຫຍ່ ຜູ້ແທນທົ່ວປະເທດ ຄັ້ງທີ XI ຂອງພັກປະຊາຊົນ ປະຕິວັດລາວ", http://kpl.gov.la/detail.aspx?id=57299.

[2] "ສະຫາຍ ທອງລຸນ ສີສຸລິດ ເລຂາທິການໃຫຍ່ ຄະນະບໍລິຫານງານສູນກາງພັກ ກ່າວສັນລະເສີນຜົນງານ ແລະ ຄຸນງາມຄວາມດີຂອງສະຫາຍ ບຸນຍັງ ວໍລະຈິດ", http://kpl.gov.la/detail.aspx?id=57297.

第七章　发展中国家左翼政党政治发展与研究

身建设高度重视。一是着力完善党的规章制度。提出执政党的党章是确保全党与其国家革命的特点相适应从而维护国家统一的基础，能够保证对全党用严格的纪律进行管理，从而确保党的紧密、安全与力量。[1] 老挝人民革命党十一大对党章的部分内容进行了修改，主要在于提高党员质量，培养党员的革命觉悟，特别是加强对党的各级领导干部的有效监管。二是加强党的思想建设。老挝人民革命党明确提出要实现思维革新，提高党员的思想政治理论素养，研究、运用和创新基于马克思列宁主义的凯山·丰威汉思想。三是加强党的组织建设。要继续完善各级党委工作，坚决解决党内遗留问题，提高党员与干部素质，建设纯洁、坚强、稳固的基层党组织。[2] 2021年10月，老挝人民革命党专门召开了全党组织工作会议，提出要使得党的各级组织更加严密、强大，按照党的要求充分发挥其作用、权利、责任；[3] 四是改革干部工作。提出要实现干部工作的深刻转变，系统制定和执行干部工作规划，完善干部选拔与任用机制，严格执行干部管理、纪律监督与处分措施。五是加强作风建设。要改善党的工作作风和领导作风，加强党内监督，坚决消除党内消极现象。[4]

第三，对党执政进程中重大经验进行理论总结。老挝人民革命党高度重视从理论层面对党执政兴国和加强自身建设的经验进行总结。党的十一大上，本扬·沃拉吉代表党中央所作的工作报告中阐释了人民革命党在领导国家发展中必须坚持的四条宝贵经验：一是加强党的建设，一方面要确保党做出的重大决策和制定的目标任务的正确性，另一方面在执行工作中要加强组织，统筹人员安排，优化领导作风，强化纪律管理；二是在经济建设上，必

---

〔1〕 "ຜົນສຳເລັດກອງປະຊຸມໃຫຍ່ ຜູ້ແທນທົ່ວປະເທດ ຄັ້ງທີ XI ຂອງພັກປະຊາຊົນ ປະຕິວັດລາວ"，http://kpl.gov.la/detail.aspx? id=57299.

〔2〕 "ພັກ ປປ ລາວຊີ້ຂີດຄົ້ນສ້າງການທັນບຸງມໃໝ່ ທີ່ເປັນລະບົບຕົ້ນຊຸດ-ຕໍ່ເນື່ອງ"，http://kpl.gov.la/detail.aspx? id=57244.

〔3〕 "ຜົນສຳເລັດກອງປະຊຸມ ອົງການຈັດຕັ້ງທົ່ວປະເທດ ຄັ້ງທີ 11"，http://kpl.gov.la/detail.aspx? id=62791.

〔4〕 同〔2〕.

须重点加强基础生产与大型服务建设，发展优势行业，打造特色产品，实现自主就业，让群众过上健康幸福的生活；三是对于人力资源的有效开发和健康发展，一方面要把青年劳动者培养成为推动经济社会发展的主体力量，另一方面又要使他们成为精神文明的建设者；四是贯彻落实党的决议命令、既要严格执行党的集体决策，又要积极发挥本部门、本地区领导干部的指挥和指导作用。[1]

第四，科学谋划党领导人民向着"社会主义目标迈进"的具体目标。2021年，老挝人民革命党制定了党和国家未来五年的发展目标，具体体现为六个方面：一是继续推动国民经济持续、健康、高质量发展；二是大力培育掌握科学技术、具有创新能力的高素质专业人才资源；三是不断加强经济建设和社会文化建设；四是继续开展环境保护；五是优先强化基础设施建设；六是积极推进法治国家建设和社会制度建设。[2] 为了实现这一目标，老挝党提出了未来五年工作的五项基本任务和必须解决的七个关键问题。五项基本任务为：一是重点解决贫困问题；二是革新思维，提高发展经济的能力水平，完善政府管理体制机制；三是实施科技创新战略，增强经济社会发展的内生动力；四是维护世界和平与稳定，主动应对新冠肺炎疫情和全球气候变化，打击跨国犯罪，加强国际和地区合作；五是应对和克服新冠肺炎疫情等重大传染性疾病对经济社会的影响。[3] 七个关键问题为：一是解决人民群众的贫困问题；二是解决经济基础薄弱问题；三是解决财政基础薄弱和公共债务问题；四是解决货币不稳定的问题；五是解决新冠肺炎疫情影响带来的

---

[1] "ພັກເຮົາມີຄວາມຮັບຜິດຊອບໂດຍກົງ ຕໍ່ຊະຕາກຳຂອງປະເທດຊາດ", http://kpl.gov.la/detail.aspx?id=57213.

[2] "ມະຕິກອງປະຊຸມໃຫຍ່ ຜູ້ແທນທົ່ວປະເທດ ຄັ້ງທີ XI ຂອງພັກປະຊາຊົນປະຕິວັດລາວ", http://kpl.gov.la/detail.aspx?id=57294.

[3] "ແວງທາງໃຫຍ່ ສະບັບໃຫ້ກ້າວແທນ 5 ວງກ ງານຮັບໄວດ່ວນໃນການພັດທະນາປະເທດຊາດ", http://kpl.gov.la/detail.aspx?id=57222.

失业问题；六是提高政府治理和社会治理效率；七是加快人力资源开发。[1]可见，人民革命党对于未来执政的目标、任务和问题在思路上非常清晰，这就为今后五年国家的发展制定了清晰的路线图。

第五，重视与各国共产党的交往。2021年，老挝人民革命党继续保持与各国共产党之间的交往。一是继续把与越南共产党的关系放在党对外交往的第一位，老挝人革党和越南共产党之间的关系定位为"伟大友谊、特殊团结、全面合作"，2021年，老挝、越南两党之间高层互动频繁，老挝人民革命党总书记通伦·西苏里在6月访问越南后，9月再次来到越南和越共总书记阮富仲举行了越、老、柬三国执政党领导人会议。此外，老挝在抗疫方面也得到了越南党和政府的大力支持。老挝人民革命党把与中国共产党的交往也放在极其重要的位置，老挝人民革命党把老中关系定位为"全面战略合作伙伴和命运共同体"。在中国共产党成立100周年之际，老挝人民革命党总书记通伦·西苏里等专程参加了由中国驻老挝使馆和老挝人民革命党中联部在万象共同举办的友好交流会。老挝人民革命党对于中国党和政府对老挝抗疫斗争的支持非常感谢，通伦·西苏里指出"这种支持和援助为老挝人民的国家社会经济发展和减贫以及在老挝人民民主共和国遏制新冠肺炎疫情大流行作出了重大贡献"[2]。

（三）古巴共产党2021年4月召开党的八大

2021年4月，古巴劳动党召开了党的八大，"意味着从一代到另一代过渡的自然过程，成为社会主义古巴在今天和未来所有岁月中不断发展的永恒确定性"[3]。大会实现了古共第一书记的新老交替，劳尔·卡斯特罗不再担

---

[1] " 7 ບັນຫາສໍາຄັນ ທີ່ວັດຕ້ອງເອົາໃຈໃສ່ແກ້ໄຂຢ່າງຮີບດ່ວນໃນ 5 ປີຕໍ່ໜ້າ "，http://kpl.gov.la/detail.aspx?id=57227.

[2] "President Thongloun Expresses Sincere Gratitude for China's Anti-COVID-19 Aid"，http://kpl.gov.la/En/Detail.aspx?id=61354.

[3] "CP of Cuba, Press Summary About 8th Congress CPC"，http://www.solidnet.org/article/CP-of-Cuba-PRESS-SUMMARY-ABOUT-8TH-CONGRESS-CPC.-17.04.21/.

任古共中央第一书记,宣告由卡斯特罗兄弟开辟的古巴革命道路正式开启一个"延续性"的新时代。

第一,古巴劳动党实现了领导人的新老交替,这是2021年古巴党和国家政治生活中具有标志性的事件。领导人的新老交替工作很早就被纳入了古共中央的考虑之中。早在十年前党的六大就尝试把青年提拔到主要岗位上,但当时古共党内尚缺乏"一批准备充分、经验丰富、成熟的接班人以承担党、国家和政府的新的、复杂的领导任务"[1]。因此,按照循序渐进,不能草率的原则,古共中央着力培养了一批干部,这其中就包括古巴总统迪亚斯-卡内尔。迪亚斯-卡内尔是劳尔·卡斯特罗亲自推荐的继任者,劳尔指出,"迪亚斯-卡内尔不是即兴创作的产物,而是经过深思熟虑的年轻革命者的选择,有条件被提升到更重要的职位","过去三年,他作为政治局成员和共和国总统,在党领导的考核中表现出色","已经能够形成一个团队并促进党、国家和政府领导机构之间的凝聚力"[2]。因此,古共八大决定由迪亚斯-卡内尔接任古共中央第一书记。

第二,着力加强党的干部队伍建设。在古巴共产党看来,古巴革命道路的"延续性"很大程度上取决于古共干部队伍建设的"延续性"。到古共八大召开,所有的市、省两级党的专职领导干部都是在革命胜利后出生的。党的专职领导干部的平均年龄为42.5岁,呈现出年轻化趋势,40岁以下的领导干部有1501人。[3] 因此,在古共党内,负责任地识别连续性力量,逐步有序地实现干部更新有个过程。古共中央深刻分析党在干部队伍建设上存在的突出问题,如许多干部自认为不可或缺,不重视对接班人的培训;与人民的联系有限,解决问题的能力不足;提升妇女、黑人和混血人种在干部中比

---

[1] "Central Report to the Eighth Congress of the Communist Party of Cuba", https://en.granma.cu/cuba/2021-04-22/central-report-to-the-eighth-congress-of-the-communist-party-of-cuba.

[2] 同[1]。

[3] "Continuity Takes Root in Party Cadres", https://en.granma.cu/cuba/2021-10-15/continuity-takes-root-in-party-cadres.

第七章　发展中国家左翼政党政治发展与研究

例的意愿和计划也存在不足。为了解决上述问题，古共提出，干部政策要确保选拔具有革命精神、谦逊作风，能够以身作则具有优秀领导能力和坚定信念的干部，而不是选拔任何怀有精英主义、虚荣心、傲慢或野心的人。另外，鉴于古巴人口老龄化对服兵役人数的限制问题，古共中央提出不能允许因无故未完成现役兵役的同志晋升到更高的岗位，并要逐步推广所有高等教育学生事先履行兵役义务的做法。[1]

第三，全面开展抗疫斗争。古巴抗疫斗争有着很多发展中国家所不具备的优势，作为一个发展中国家，古巴的医疗体系非常完善，一直坚持全民免费医疗，同时古巴的医疗研发水平也处于世界领先位置。这就为古巴抗疫提供了坚实的基础。尽管如此，2021年以来，古巴的疫情形势仍然严峻，阳性病例、严重病例和危重症病例以及死亡人数增速一度高居不下，特别是从7月到9月，新增感染人数连续高增长。为此，古巴加快了疫苗研制和接种速度，并预计到2021年年底实现全面免疫。[2] 在这一系列措施下，古巴疫情进入10月后明显趋稳，抗疫斗争取得阶段性胜利。在做好本国抗疫的同时，古巴还积极援助他国。截至2021年9月，古巴已经组成了57个医疗队，向40个受疫情大流行影响的国家和地区派遣了4900多名人员。

第四，努力探索"模式更新"。"模式更新"指劳尔·卡斯特罗在2010年筹备古共六大期间，向全党提出的"更新社会主义经济模式"。古共八大指出，"模式更新"的目标在于"促进集中计划和分权的适当结合，并给予企业系统和地方政府的中级和基层必要的自主权。"[3] 古共八大通过《更新

---

[1] "Central Report to the Eighth Congress of the Communist Party of Cuba", https://en.granma.cu/cuba/2021-04-22/central-report-to-the-eighth-congress-of-the-communist-party-of-cuba.

[2] "Statement by President of the Republic of Cuba, Miguel Mario Díaz-Canel Bermúdez, at the General Debate of the Seventy-Sixth Regular Session of the United Nations General Assembly", https://en.granma.cu/mundo/2021-09-23/statement-by-president-of-the-republic-of-cuba-miguel-mario-diaz-canel-bermudez-at-the-general-debate-of-the-seventy-sixth-regular-session-of-the-united-nations-general-assembly.

[3] 同[1]。

古巴社会主义的经济社会模式的决议》，并采取若干新举措：第一，在货币制度上，取消双轨制货币和汇率体系，废除可兑换比索（CUC），仅保留比索（CUP）；第二，进一步放宽私人经营的范围，个体经营活动的允许范围从127项大幅扩大到2000多项。不过古共强调古巴不会走向私有制，在对外贸易体制方面，不会改变国家对外贸易垄断的社会主义原则，不会允许私人从事商业进口行为。

第五，平息国内骚乱。2021年7月中旬，古巴国内发生大规模骚乱。有分析认为，造成这次骚乱的直接原因，主要包括古巴国内新冠肺炎疫情的加剧、民生领域的诸多困难，以及美国对古巴采取的封锁政策。特别是美国的封锁导致古巴国内"所需的食品、药品、原材料和投入品短缺"，"这一切都引起了不满，加剧了我们无法解决的累积问题。"[1] 古巴共产党对骚乱的态度非常坚决，迅速平息了这场骚乱，并指出这次骚乱是由美国幕后指挥，通过互联网和社交媒体操弄的"一小撮反革命分子策划的挑衅"，古共号召古巴共产党员和所有的革命者走上街头应对挑衅。在古巴共产党的坚决反击和绝大多数古巴人民的支持下，这次骚乱很快结束，但它所暴露出的一系列问题，值得古巴共产党新的领导集体深思。

第六，加强与社会主义国家共产党的团结和交往。2021年9月，越南国家主席阮春福访问古巴，迪亚斯-卡内尔在接受越通社采访时强调："因拥有越南久经考验的声援，古巴始终不觉得孤独"[2] 特别是古巴7月发生骚乱后不久，越共总书记阮富仲即与迪亚斯-卡内尔通电话，表达了越南对古巴的坚定支持。为了帮助古巴战胜国内的民生危机，越南向古巴提供了1.2万吨大米援助。古巴共产党高度重视与中共的关系，古共八大闭幕后，古共专

---

[1] "We Defend the Revolution, Above All Else", https://en.granma.cu/cuba/2021-07-12/we-defend-the-revolution-above-all-else.

[2] 《古巴国家主席迪亚斯·卡内尔：因有越南的声援古巴一直不觉得孤独》，https://zh.vietnamplus.vn/古巴国家主席迪亚斯卡内尔因有越南的声援古巴一直不觉得孤独/146029.vnp。

门向中国共产党通报了大会情况。古巴骚乱事件平息后,习近平总书记专门和迪亚斯-卡内尔通电话,表示中国"一如既往支持古巴走符合本国国情的发展道路,建设繁荣、可持续的社会主义,支持古巴维护国家主权安全、反对强权干涉的正义斗争。"[1]

(四)越、老、古三国政党发展分析

对于2021年越、老、古三国共产党的状况和发展,有关国家均有所关注。

越南因其近年来的革新开放和快速发展,国际地位显著提高,因此越共十三大召开,也引起国际范围内的广泛关注。有印度学者指出,"越南从一个落后的国家发展成如今政治、经济和文化迅速发展的国家","越南国家建设与全面发展以及人民物质文化生活的提高取决于越南共产党的远见卓识和革新事业的努力",越共将"战胜所有挑战,建设廉洁强大的国家机器,继续反腐败运动"。[2] 有俄罗斯学者指出,"越南革命是世界上许多国家,尤其是殖民地和新式殖民地民族崛起、民族解放的鼓励源泉。"有澳大利亚学者指出,"在困难的背景中进行革新是越南共产党具有意义的重大政策,体现了越南共产党的高度决心。"阿根廷共产党总书记维克多·科特认为,"越南共产党领导越南人民经历了民族独立斗争、建国卫国事业以及走向国际社会,并在国际舞台上树立国家声誉的历程。"[3]

对于老挝人民革命党的动态,美国共产党对老挝人民革命党在抗疫斗争中的表现提出高度肯定,指出自2020年全球抗击新冠肺炎疫情以来,"尽管在抗疫过程中存在诸多不利因素,但老挝人民革命党将本国公民和居民的安全作为优先事项,置于所有其他因素之上",老挝在抗疫斗争中的优异成绩,

---

[1]《习近平同古巴国家主席迪亚斯-卡内尔通电话》,载《人民日报》,2021年8月31日,第1版。

[2]《越共十三大:印度学者相信越南将战胜新冠肺炎疫情后所有挑战》,https://zh.vietnamplus.vn/越共十三大印度学者相信越南将战胜新冠肺炎疫情后所有挑战/134477.vnp。

[3]《越共十三大:国际舆论聚焦越南》,https://cn.qdnd.vn/cid-6123/7184/nid-583852.html。

"证明政府把人民的生命和健康置于所有其他因素之上是有可能实现的。"[1]

对于古共八大，有俄罗斯学者指出，"在没有发生革命的情况下将权力移交给年轻的政治家迪亚斯-卡内尔之后，古巴将不会发生变化。迪亚斯-卡内尔不会改变目前的路线。另外，'卡斯特罗政治权威'将继续存在，并会影响该国的局势。"[2] 对于古巴2021年年中发生的国内骚乱事件，俄罗斯共产主义工人党指出："在古巴近期发生的事件中间，毫无疑问，外部影响的作用是巨大的；但是应当明确提出，小资产阶级因素在其中扮演了重要的角色。小资产阶级因素是古巴今天正在进行的市场改革的国内产物。"[3]

综合越、老、古三国共产党2021年的情况，可以得出以下几点判断：

第一，三国的共产党领导集体在2021年均实现了新老交替，权力平稳交接，党内普遍建立了一个更加年轻的领导班子，这有利于各国共产党自身的进一步发展。

第二，三国共产党在2021年基本保持现有政策的延续性，越南、古巴、老挝均不同程度推动改革，都强调坚持社会主义道路，都制定了自身的发展目标，这对于三国发展而言都具有积极意义。

第三，三国共产党都高度重视党的建设，重视党的理论和经验的总结。马克思主义政党的优势就是在于高度重视理论工作和党的自身建设，三国共产党2021年继续保持和发扬党的这一优良传统，在基层组织建设、干部队伍建设、理论经验总结等方面都投入很多精力，取得一些成果，这都有利于各国共产党保持马克思主义政党的纯洁性和先进性。

第四，三国的共产党在治国理政的进程中都遇到一定的困难。越南、老

---

[1]《美国共产党声援老挝人民革命党》，http://www.ccnumpfc.com/index.php/View/2681.html。

[2]《"劳尔时代"结束，新领导层延续古巴"更新梦"?》，https://www.chinanews.com.cn/gj/2021/04-23/9461621.shtml。

[3] "На Кубе Началась Цветная Революция?"，https://rkrp-rpk.ru/2021/07/16/.

挝两国党面临的突出问题是新冠肺炎疫情对于本国人民健康的威胁和对于国家经济发展的负面作用；古巴共产党面临的突出问题仍然是美国的敌对态度和全方面打压。古巴 2021 年国内形势比较严峻，经济、政治、疫情多重压力叠加，给古巴共产党带来不小挑战。因此，如何有效应对各自面临的突出问题成为各国共产党的挑战。

第五，三国的共产党普遍重视社会主义政党之间的交往和相互支持。越南共产党和老挝人民革命党之间继续保持特殊的亲密关系，高层互动频繁。越南共产党和古巴共产党之间也相互支持，帮助对方应对粮食问题和新冠肺炎疫情，同时也保持了高层交往。

总之，2021 年三国共产党基本保持了党的团结与稳定，但如何坚持和发展好各自的社会主义事业，依然是各共产党的首要任务。

二、拉美发展中国家主要左翼政党发展状况

（一）巴西共产党

巴西共产党于 1922 年 3 月建立，并成为共产国际的巴西支部。1961 年，巴西共产党党内发生分裂，以总书记路易斯·卡洛斯·普列斯特斯为首的一派组建巴西的共产党（PCB），以中央书记阿马佐纳斯为首的一派于 1962 年重建巴西共产党（PCdoB）。重建后的巴西共产党于 1985 年获得合法地位，2019 年吸纳了巴西自由国土党，是拉美地区除古巴共产党外规模最大的共产党，拥有党员 40 万人，在巴西国会和地方议会中均拥有议员席位，并在巴西马拉尼昂州执政。现任党的总书记是担任伯南布哥州副州长的卢西亚娜·桑托斯。巴西现有两个共产党组织，即巴西共产党和巴西的共产党。

2021 年，巴西共产党的发展动态有以下表现：

第一，10 月召开巴西共产党第十五次全国代表大会。共有 600 多名代表参加党的十五大，大会选举产生了由 165 人构成的中央委员会，并且第一次

有一位土著人当选为中央委员，卢西亚娜·桑托斯继续当选为总书记。卢西亚娜在大会上作了题为"捍卫生命、民主和巴西"的发言，对巴西执政当局进行了激烈的抨击，她指出，自从巴西右翼政府上台以来，人民遭受巨大苦难，"社会穷困潦倒""排斥和不平等加剧""劳工权利被削减和消除""国家陷入滞胀""基本商品价格上涨""公共政策和服务被废除"，右翼政府"公开反对预防和保护措施，否认有关疾病及其防治方法的科学知识"，"导致巴西因新冠肺炎疫情而死亡的人数高居世界第二位"，她提出"让这个国家摆脱它所陷入的噩梦的唯一方法是将博索纳罗驱逐出政府。"[1] 因此大会将 2022 年巴西大选中击败右翼政府作为党的工作中心任务之一。大会通过了巴西共产党第 15 次全国代表大会的政治决议，包含四个部分：一是提出"世界秩序的转型在疾病大流行中加剧和加速"，因为"美国的相对衰落和中国的崛起"；二是"揭露、孤立和击败博索纳罗拯救国家的永恒问题"，对博索纳罗政府进行详细评估分析；三是确保政治多元化；四是"振兴党"，加强党的建设。[2]

第二，重视党的自身建设。巴西共产党提出在 2022 年成立百年之际，要把"振兴党的工作"作为一项中心任务。要着力加强思想理论建设，"更加重视马克思主义的学习和发展"；要坚持群众路线。党的工作要从传统的"工会、协会、运动、参与性和社会控制委员会扩展到妇女集体、反种族主义运动、文化团体、环境保护团体等机构"，要"支持残疾人、老年人或社会弱势群体的行动，根据党尊重宗教自由的历史立场与宗教界对话"；要推进党的数字通信工作。"互联网仍然是党的中心传播空间"，党要在与社会加强数字沟通的问题上实现质的飞跃，"在活动家、组织、任务和运动之间增

---

[1] "15° Congresso do PCdoB: Em Defesa Da Vida, da Democracia e do Brasil", https://pcdob.org.br/noticias/15o-congresso-do-pcdob-em-defesa-da-vida-da-democracia-e-do-brasil/.

[2] "Resolução Política: Derrotar Bolsonaro, Revigorar o Partido", https://pcdob.org.br/noticias/resolucao-politica-derrotar-bolsonaro-e-revigorar-o-partido/.

加数字文化和实践。打破条块分割,发挥党的门户、数字影响者、领导层和机构账户之间的协同作用";[1]要加强党的基层组织建设。要把党的基层组织转变为领导新的积极分子开展斗争的机构和平台。要善于利用数字媒体作为组织工具,促进和整合各方面的倡议等。

第三,重视与各国共产党的团结。巴西共产党第十五次全国代表大会召开时,"收到来自各大洲68个国家和地区的89个党派、组织和进步阵营发来的视频和文字贺电。"[2]在中国共产党庆祝建党100周年之际,2021年6月3日,巴西共产党总书记卢西亚娜还专门接受了中国《参考消息》记者的专访,她认为"中国共产党树立了社会主义发展的伟大典范","我们有很多东西要向中国学习"。[3]此后,巴西共产党还专门向中国共产党发出了祝贺中国共产党成立100周年贺信,指出:"2021年7月1日是中国共产党成立100周年的日子。对于巴西共产党而言,这也是一个具有重大意义的事件。"[4]卢西亚娜对中共十九届六中全会也保持高度关注,她指出,"中国共产党第十九届中央委员会第六次全体会议是一次重要的会议,将全面总结100年来中国共产党的重大成就和历史经验","我们期待进一步学习中国共产党的先进经验。"[5]

与此同时,巴西国内另一共产党组织,巴西的共产党于2021年10月29日至11月2日在圣保罗举行了第十六次全国代表大会,大会以"争取人民政权,走向社会主义"为主题。大会选举了新的中央委员会,连任率超过

---

[1] "Resolução Política: Derrotar Bolsonaro, Revigorar o Partido", https://pcdob.org.br/noticias/resolucao-politica-derrotar-bolsonaro-e-revigorar-o-partido/.

[2] "Mundo RevolucionáRio e progressista Saúda o 15° Congresso do PCdoB", https:/pcdob.org.br/noticias/mundo-revolucionario-e-progressista-sauda-o-15o-congresso-do-pcdob/.

[3] 《专访巴西共产党总书记卢西亚娜·桑托斯:"中国共产党树立了伟大典范》,http://www.cankaoxiaoxi.com/china/20210603/2445191_4.shtml。

[4] "Mensagem do PCdoB: 100 Anos do Partido Comunista da China", https://pcdob.org.br/noticias/mensagem-do-pcdob-100-anos-do-partido-comunista-da-china/.

[5] 《专访:中国共产党树立了社会主义发展的伟大典范——访巴西共产党主席卢西亚娜·桑托斯》,http://m.news.cn/2021-11/07/c_1128039883.htm。

50%，并再次选举埃德米尔森·科斯塔为总书记。大会重申了党的民主集中制原则和社会主义战略。巴西的共产党指出：第十六次全国代表大会代表了巴西的共产党人革命政策的顶峰，在人民政权建设、社会主义革命道路上的贡献又迈出了重要的一步。[1] 此次代表大会也得到了数十国共产党和工人党等组织的祝贺。此外，巴西的共产党对中国共产党取得的各方面成就也高度钦佩，其党的国际关系秘书长爱德华多·塞拉指出："中国共产党的领导能力在举国上下抗击新冠肺炎疫情的过程中再一次得到彰显"，中国共产党取得的成就"有助于世界共产主义运动实现新的发展。在许多左翼组织和共产主义组织看来，中国的对外政策正在为建设社会主义铺平道路，为世界反霸权运动、为构建新的世界政治秩序和经济结构提供支持"[2]。

（二）智利共产党

智利共产党前身为成立于1912年的智利社会主义工人党，1922年更名为智利共产党并加入共产国际，也是拉丁美地区历史最悠久的共产党之一。现有党员4万多人，现任总书记为吉列尔莫·泰列尔。2021年，智利共产党的主要工作有：

第一，推动制宪。智利现行宪法于1980年皮诺切特军政府期间制定，宪法主要体现了新自由主义的精神。1990年智利恢复民主以后，智利人民对该宪法的不满与日俱增，特别是2019年10月爆发的社会骚乱，充分暴露了智利人民对新自由主义模式和对旧宪法的不满。2020年10月，智利举行全民公投，近80%的人民支持用制宪大会的方式制定一部新的宪法。为此，2021年5月，智利举行了制宪大会代表选举和地方区长、市长与区议员选举，其中，要产生155名制宪大会代表。选举的结果是智利共产党等左翼政

---

[1] "Brazilian CP, PCB Successfully Holds Its XVI Congress!", http://www.solidnet.org/article/Brazilian-CP-PCB-successfully-holds-its-XVI-Congress/.

[2] 楼宇：《拉美共产党人评中国共产党建党百年的历史成就与世界意义》，载《拉丁美洲研究》，2021年第3期，第47页。

党组成的"尊严制宪"联盟获得 28 个制宪大会代表名额,表现突出。而代表现政权的参选联盟仅仅获得 37 个,未取得三分之一席位,对新宪法的制定将无法起到否决作用。因此,智利共产党将在推动制宪进程中发挥重要作用。智利共产党非常重视新宪法的制定工作,认为新宪法将克服皮诺切特时期旧宪法下造成的国内不公正、不平等现象,极大地推动国家的政治、经济、社会和民主发展。

第二,参与大选。一是参与智利地方选举。除了在制宪大会代表选举中取得胜利外,智利共产党也在 2021 年智利地方选举中获得大胜,智利共产党党员伊拉奇·雅各布当选圣地亚哥市长,这是共产党人第一次在首都获得市长职位。智利共产党成员丹尼尔·贾杜再次当选雷科莱塔市市长。二是参与智利全国大选。为了应对 11 月底即将举行的智利全国大选,智利共产党于 4 月份正式推举为丹尼尔·贾杜为总统参选人。智共中央指出:"我们的总统候选人寻求通过一项结束不平等和新自由主义模式的计划来体现智利的要求。"[1] 为了支持竞选活动,智共还设立一个执行秘书处,负责准备与贾杜的总统候选人资格有关的一切工作。贾杜在之前的民调中曾一路领先,但在 7 月的总统初选中,智利共产党和其他左翼政党组成的"尊严制宪"中,另一候选人博里奇反超贾杜,代表左翼政党联盟角逐大选。12 月 19 日,智利大选结果出炉,"尊严制宪"候选人博里奇成功当选智利总统,这也可以看作是智利共产党 2021 年在国内政治生活中的一大胜利。

第三,加强和各国共产党的联系。智利共产党高度重视和中国共产党的关系,智共总书记泰列尔 9 月接受中国《人民日报》专访时表示,"中国经验为其他国家解决发展中的难题提供了新视野和新思路","中国共产党的治

---

[1] "Pleno Del Comité Central y Nominación De Daniel Jadue: Nuestra Candidatura Presidencial Busca Encarnar Las Demandas de Chile Con Un Programa Que Termine Con La Desigualdad y El Modelo Neoliberal", https://pcchile.cl/2021/04/25/pleno-del-comite-central-y-nominacion-de-daniel-jadue-nuestra-candidatura-presidencial-busca-encarnar-las-demandas-de-chile-con-un-programa-que-termine-con-la-desigualdad-y-el-modelo-neoliberal/.

国理政成就和经验,对世界共产主义事业产生深远影响,也必将推动其向前发展"。[1] 在与其他共产党交流方面,2021年,智共先后致信致电多国共产党。在给俄罗斯联邦共产党的致电中,对俄共在俄杜马选举中取得的成绩表示祝贺。智共还致电葡萄牙共产党,祝贺其建党百年,高度肯定葡共的百年是"一个为工人利益、自由、和平与民主而斗争的世纪,始终是从社会主义的角度出发的"。[2] 智利共产党同时也高度重视和拉丁美洲各左翼政党的紧密交往。2021年,智共对秘鲁大选中左翼政党获得胜利持高度重视的态度,认为左翼人士当选总统是"秘鲁人民的民主意志和他们争取社会正义的斗争的应有承认",有利于"加强拉丁美洲和加勒比人民的团结与融合"。[3]

(三) 阿根廷共产党

阿根廷共产党(以下简称"阿共")也是拉美地区历史悠久的共产党之一。该党于1918年1月6日成立,由阿根廷社会党左派组成,当时称国际社会主义党,1920年加入共产国际,改称现名。1960年中苏论战后与中国共产党关系一度受损,20世纪80年代恢复了与中国共产党的友好关系。现任总书记为维克多·科特。2021年,阿共主要动态有:

第一,参与议会中期改选。2021年阿根廷国会选举选出了127名众议员(占众议院议员人数的一半),以及24名参议员(参议院参议员总人数的三分之一)。阿共高度重视此次国会选举,再次加入了由23个政党组建的左翼选举联盟托多斯阵线(Corrientes de Todos)。阿共积极投入托多斯阵线在布

---

[1]《历经百年洗礼、始终阔步向前的动力源泉》(百名外国政党政要看中共)——访智利共产党主席吉列尔莫·泰列尔》,载《人民日报》,2021年9月6日,第3版。

[2] "CP of Chile, Saludo del PC de Chile en los 100 Años de Lucha de la Fundación del Partido Comunista Portugués", http://www.solidnet.org/article/CP-of-Chile-Saludo-del-PC-de-Chile-en-los-100-anos-de-lucha-de-la-fundacion-del-Partido-Comunista-Portugues/.

[3] "CP of Chile, Saludo del PC de Chile en los 100 Años de Lucha de la Fundación del Partido Comunista Portugués", http://www.solidnet.org/article/CP-of-Chile-PC-de-Chile-saluda-proclamacion-de-Pedro-Castillo-como-Presidente-electo-del-Peru/.

宜诺斯艾利斯、科尔多瓦、科连特斯、布宜诺斯艾利斯自治市、圣达菲等多个地方的选战。如在科连特斯省的选举中，阿共提出的竞选纲领包括：紧急加强全省卫生系统，使全省所有在该部门中工作的劳动者劳动正规化，工资结构得以调整；保护该省的自然资源，主要是伊比利亚河口；工人阶级社区和定居点城市化，能够获得所有基本服务；保护公共空间，使其属于整个社区，而不是被狭隘的经济利益所控制；建立一个新的公共交通系统，结束垄断。[1]

第二，关注抗疫。阿共高度关切新冠肺炎疫情给阿根廷人民和世界人民带来的灾难，指出：新冠肺炎疫情这一突发事件"暴露了世界资本主义危机的规模，再次证明了这一点，对人类来说资本主义是问题而不是解决方案"。新冠肺炎疫情之所以在全球不断蔓延，新自由主义要负很大责任，它导致各国卫生系统空虚，社会服务减少到最低限度，缺乏团结，使得"各国人民面对此类威胁时手无寸铁"。[2] 阿共强调，全球围绕新冠疫苗展开的地缘政治争端，尤为体现在非洲和拉丁美洲国家无法平等获得新冠疫苗，但如果这些国家无法获得足够的新冠疫苗，新冠肺炎的有效控制将继续延迟。[3] 此外，阿共提出为应对新冠肺炎疫情，阿根廷国内应采取12个方面的措施，包括：加速新冠疫苗接种；进行选择性、程序化的隔离；暂时中止面授课程；确保国家在疫苗采购和分配中的中心地位；限制谣言传播；开展行业援助；要求青年人能够遵守限制和必要的隔离期；提供设备连接教师和学生；为公共卫生工

---

[1] "Hay Que Ganar la Provincia y la Ciudad de Corrientes", https://pca.org.ar/2021/06/30/hay-que-ganar-la-provincia-y-la-ciudad-de-corrientes/.

[2] "Comités de Crisis Frente a la Grave Emergencia Sanitaria y Económico-Social", https://pca.org.ar/2021/04/13/comites-de-crisis-frente-a-la-grave-emergencia-sanitaria-y-economico-social/.

[3] "La Pandemia No Terminó. Acelerar la Campaña de Vacunación llevándola a Donde Vive y Trabaja La población. Continuar Con las Medidas de Cuidado", https://pca.org.ar/2021/07/29/la-pandemia-no-termino-acelerar-la-campana-de-vacunacion-llevandola-a-donde-vive-y-trabaja-la-poblacion-continuar-con-las-medidas-de-cuidado/.

作者提供支持；进行价格控制；实施企业重新国有化；全面累进税制改革。[1]

第三，积极向中国共产党学习。阿共对 2021 年中国共产成立 100 周年高度重视，6 月 16 日阿共总书记维克多·科特致信习近平总书记，向中国共产党成立 100 周年表示祝贺。指出"中国共产党在马克思主义框架内不断展示理论实力和创造创新能力，在实践中取得显著成效，突出马克思主义作为科学化解矛盾的方法的有效性"，对阿共而言，"与中共的关系与交流是一种学习和相互尊重的关系，对于早日建立我们每天为之奋斗的共产主义社会具有极其重要的意义。"[2] 阿共中央委员会委员、马克思主义研究与培训中心主任罗德里格斯撰文指出，中国共产党"成立 100 年来，中国共产党在不带偏见的情况下继续进行值得分析研究的经验，使中国成为世界政治的中心主角"。他认为，"中国之所以成为这个时代的伟大主角，既是因为她在世界经济中的作用，基于她发起的协议和倡议，也因为她的脱贫政策取得的成果，她促进科学和技术的发展，以及她应对新冠肺炎疫情大流行的方式，尤其是与其他大国在这些问题上形成鲜明对比。"[3]

（四）委内瑞拉共产党

委内瑞拉共产党（以下简称"委共"）始建于 1931 年，1935 年正式成立，并加入共产国际，先后历经多次分裂。委共是委内瑞拉前总统查韦斯所领导的执政联盟的支持者和参与者。在 2020 年 12 月举行的委内瑞拉全国代表大会选举中，委共领导的选举联盟"大众革命替代"，赢得了 2.75% 的选

---

[1] "La Pandemia No Terminó. Acelerar la Campaña de Vacunación llevándola a Donde Vive y Trabaja La población. Continuar Con las Medidas de Cuidado", https：//pca. org. ar/2021/07/29/la-pandemia-no-termino-acelerar-la-campana-de-vacunacion-llevandola-a-donde-vive-y-trabaja-la-poblacion-continuar-con-las-medidas-de-cuidado/.

[2] "Carta al Sr. Xi Jinping, Secretario Gral. del Partido Comunista de China y Presidente de la República Popular China", https：//pca. org. ar/2021/06/30/carta-al-sr-xi-jingping-secretario-gral-del-partido-comunista-de-china-y-presidente-de-la-republica-popular-china/.

[3] "Centenario del Partido Comunista Chino", https：//pca. org. ar/2021/05/03/centenario-del-partido-comunista-chino/.

票。委共总书记奥斯卡·菲格拉当选议员。

2021年委共的主要动态为：

第一，庆祝成立90周年。2021年3月5日，委内瑞拉共产党举行了庆祝成立90周年的活动，100多个国家代表团和33个国际共产党和工人党在线参加庆祝活动，其中包括中国驻委大使李宝荣，朝鲜驻委大使李成吉和越南驻委大使黎越杜。51个共产党和工人党发来贺电。委共总书记奥斯卡·菲格拉做了讲话。在讲话中，菲格拉对委共创建和发展的历史作了全面回顾，他指出，"委内瑞拉共产党从建国初期到今天，为了捍卫自己作为委内瑞拉无产阶级队伍的存在，反对寡头和帝国主义，反对机会主义和改良主义，经历了九个十年的不懈斗争"，他再次重申委共"致力于革命和反帝、工农、公社和人民团结的努力"。[1]

第二，经受国内复杂政治局面考验。当前，委共面临的最大困难来自于执政的马杜罗当局及执政党委内瑞拉统一社会主义党与共产党的矛盾与分歧。正如委共总书记奥斯卡·菲格拉指出的："在2007年要求解散我们的取消主义思潮，如今又来了。"[2] 对于与马杜罗当局的分歧，2020年9月，委共发表致世界各共产党和工人党的公开信，指出：政府经济政策的实施越来越屈从于资本的利益，这损害了工人、农民和大众阶层的权利，也同样加剧了委内瑞拉共产党和委内瑞拉统一社会主义党政府之间的矛盾。实施自由主义、改革主义和私有化的经济政策，造成了政府、委内瑞拉统一社会主义党领导层同工人阶级、城乡劳动人民之间的割裂。[3] 2021年委共与马杜罗当局的分歧进一步加剧，委当局甚至指责委内瑞拉共产党背后得到美国中央情

---

[1] "CP of Venezuela, 90th Anniversary of the PCV Intervention by Oscar Figuera GS CCPCV", http://www.solidnet.org/article/CP-of-Venezuela-90th-Anniversary-of-the-PCV-Intervention-by-Oscar-Figuera-GS-CCPCV/.

[2] 同[1]。

[3] "Letter from the PCV to the Communist and Workers Parties", http://solidnet.org/.galleries/documents/Letter-from-the-PCV-to-the-Communist-and-Workers-Parties.pdf.

报局的支持。委共在困难中坚持斗争，鲜明指出：问题的核心在于，要么与工人阶级在一起，要么与资本家在一起。在这个问题上，没有真正的中间立场或"中心主义"。[1]委共的斗争得到了一些国家共产党和工人党的支持，40多国共产党和工人党组织于2月和10月分别两次发表声明支持委共，明确提出"要求尼古拉斯·马杜罗总统的政府停止旨在将委内瑞拉共产党和委内瑞拉工人的公平斗争定性为犯罪的攻击和诽谤"[2]，"要求停止对委内瑞拉共产党的所有攻击，并立即恢复其被侵犯的政治和选举权利"[3]。

第三，重视与各国共产党的联系。委共非常重视对中国共产党成功经验的学习。2021年，委共中央政治局委员奥赫达·法尔贡撰文指出，"中国共产党所经历的这100年也是中国共产党理论发展创新的100年。正是这种持续的理论创新能力，不仅给中国共产党提供了源源不断的思想动力，而且通过长期思想建设保持了中国共产党人高昂的革命斗志。有了这些精神和意志上的力量作为支撑，中国共产党始终保持了自己的先进性。而中国共产党人所展现出来的先进性特征，正是中国共产党之所以能够成功的真正密码。"[4]委共还非常重视同拉美地区共产党及其他左翼力量的联系与相互支持。古巴7月爆发骚乱后，委共立即发电声援古巴共产党，指出这场骚乱是"按照美国颜色革命的剧本，他们在内部进行挑衅，以制造'社会起义'的

---

[1] "CP of Venezuela, PCV to President Nicolas Maduro: Our Fight Is for the Triumph of Revolutionary Popular Unity", http://www.solidnet.org/article/CP-of-Venezuela-PCV-to-President-Nicolas-Maduro-Our-fight-is-for-the-triumph-of-revolutionary-popular-unity/.

[2] "Joint Statement: Slander and Threats Against the Communist Party of Venezuela Are Unacceptable", http://www.solidnet.org/article/Joint-Statement-Slander-and-threats-against-the-Communist-Party-of-Venezuela-are-unacceptable.-Solidarity-with-the-people-the-workers-peoples-movement-and-the-CP-of-Venezuela/.

[3] "Solidarity with the Working People and the CP of Venezuela (PCV) Against the Attack on Its Political and Electoral Rights", http://www.solidnet.org/article/CP-of-Greece-CP-of-Mexico-CP-of-Venezuela-Solidarity-with-the-working-people-and-the-CP-of-Venezuela-PCV-against-the-attack-on-its-political-and-electoral-rights/.

[4] 《理论创新：中国共产党的成功密码》，http://news.cssn.cn/zx/bwyc/202106/t20210623_5341822.shtml。

形象，导致国际社会对古巴政府的谴责"[1]。委共呼吁，各国进步、反帝、民主和革命力量声援古巴人民和革命。此外，2021年，委共还对秘鲁左翼力量在大选中获胜表示祝贺，对哥伦比亚工人大罢工表示支持等。

（五）乌拉圭共产党

乌拉圭共产党（以下简称"乌共"）成立于1920年，也是拉美地区历史悠久的共产党之一。1971年，乌共和乌拉圭社会党及其他一些政党组织联合组成政党联盟"广泛阵线"。自2004年起，"广泛阵线"连续3次赢得乌拉圭大选，获得执政地位，直到2019年年底在乌拉圭大选中败北，从2020年起丧失执政地位。乌共现任总书记为卡斯蒂略。

2021年乌共主要动态为：

第一，支持"广泛阵线"的发展。2021年2月，乌共发表了题为"团结、斗争和社会转型50年"的宣言，庆祝"广泛阵线"成立50年。宣言高度肯定了"广泛阵线"50年来取得的巨大成就：打破了统治阶级政治霸权的主要机制；面对威权主义和镇压，反抗独裁，捍卫民主，付出了遭监禁、受迫害、被流放和被禁11年的代价，为重新夺回民主作出了根本性的贡献；新自由主义遭到抵制；与有罪不罚现象作斗争；建立了一个更加自由、平等和民主的乌拉圭等。宣言对大选失败后"广泛阵线"所处的状况、发展方向也进行了阐释，指出需要"一个展望未来的广泛阵线，重建和加强其身份"，建立面向"所有开展斗争的人民开放的'广泛阵线'，包括工人、学生、中小型企业家、小生产者、环保主义者、女权主义者"，等等。[2]

第二，关注新冠肺炎疫情。乌共严厉抨击资本主义制度在应对新冠肺炎

---

[1] "El PCV Convoca: Solidaridad Con la Revolución Cubana Frente a la Desestabilización Pro-imperialista", http://www.solidnet.org/article/CP-of-Venezuela-El-PCV-convocaSolidaridad-con-la-Revolucion-Cubana-frente-a-la-desestabilizacion-pro-imperialista/.

[2] "Declaración del Pcu: 50 Años de Unidad, Lucha y Transformación Social", http://www.pcu.org.uy/index.php/resoluciones-y-declaraciones-pcu/item/3380-declaracion-del-pcu-50-anos-de-unidad-lucha-y-transformacion-social.

疫情问题上的无能和自私，高度肯定社会主义制度的优越性。乌共指出：资本主义无力应对人类问题，尤其体现在新冠疫苗分配不均上，这残酷地说明了资本主义将健康视为商品而不是权利的含义。在这个全景中，中国和越南的经验脱颖而出，它们将国家资源用于为人民服务，即使在巨大的困难中，它们在经济、健康尤其是社会方面也产生了完全不同的结果。[1] 乌共也高度肯定古巴共产党的抗疫表现，指出尽管古巴遭受了美国长达 60 多年的经济、商业和金融封锁，但它仍然"成为世界上最先为其人民接种新冠疫苗的地方之一，并且已经与世界其他人民分享其新冠疫苗"[2]。

第三，开展废除 135 条款的联署活动。乌共本年度在国内政治事务中的一项重要工作，就是发动废除《紧急审议法》第 135 条条款的联署签名活动。乌共认为该条款已经沦为保守主义政府的工具，它导致了国内能源价格的上涨，削减了教育、医疗、住房和社会福利方面的资源。为此，乌共发动了征集签名运动，"就《紧急审议法》的 135 条条款进行全民公决并赢得它"[3]，截至 7 月，通过数千人长达 6 个月的努力，乌共获得了远远超过了规定的废除法律条文的联署门槛的人数，近 80 万人支持对 135 条《紧急审议法》的条款进行全民公决。乌共认为征集签名活动本身的成功就是一场伟大的胜利，"这些签名是我国人民行使主权并利用宪法机制表达主权的一种令人敬畏的民主表达。"[4]

---

[1] "Declaración del Comité Central del Partido Comunista de Uruguay", http://www.pcu.org.uy/index.php/resoluciones-y-declaraciones-pcu/item/3383-declaracion-del-comite-central-del-partido-comunista-de-uruguay-14-03-21.

[2] "Declaración del Pcu: Solidaridad Con el Pueblo y el Gobierno de Cuba", https://www.pcu.org.uy/index.php/resoluciones-y-declaraciones-pcu/item/3409-declaracion-del-pcu-solidaridad-con-el-pueblo-y-el-gobierno-de-cuba-12-7-21.

[3] "Declaración del Pcu: 50 Años de Unidad, Lucha y Transformación Social", http://www.pcu.org.uy/index.php/resoluciones-y-declaraciones-pcu/item/3380-declaracion-del-pcu-50-anos-de-unidad-lucha-y-transformacion-social.

[4] "Declaración General del Cc Del Pcu: ¡Al Heroico Pueblo Uruguayo, Salú!", http://www.pcu.org.uy/index.php/resoluciones-y-declaraciones-pcu/item/3414-declaracion-general-del-cc-del-pcu-al-heroico-pueblo-uruguayo-salu.

第七章　发展中国家左翼政党政治发展与研究

第四，重视对各国共产党的支持。对古巴7月发生的骚乱事件，乌共发出声明声援古巴党和政府，声明指出，乌拉圭共产党人与拉丁美洲和世界数百个社会政治组织提出一致要求：捍卫古巴人民的主权和自决权，要求其不受外部干扰；拒绝投机取巧地利用古巴困难的经济和社会状况来破坏该国家的稳定；拒绝军事干预的威胁；要求美国结束对该岛不公正、不道德和不人道的封锁。乌共对中国共产党的历史成就也表示高度肯定。在中国共产党成立百年之际，乌共总书记卡斯蒂略专程来到中国驻乌拉圭大使馆表示祝贺，他表示：乌中两国人民和世界人民对美好生活的向往，就是同样拥有百年历史的乌拉圭共产党和中国共产党共同的奋斗目标，他还特别强调，中国在全球抗疫斗争中所发挥的作用，"彰显了中国共产党的国际主义精神。"〔1〕

三、亚洲、非洲部分发展中国家左翼政党的发展

（一）黎巴嫩共产党

黎巴嫩共产党（以下简称"黎共"）规模不大，但历史悠久，且在黎巴嫩国内外政治生活中十分活跃。黎共成立于1924年，最初采用"黎巴嫩人民党"的名称。1928年9月，黎共正式加入共产国际，不久后更名为"叙利亚共产党-共产国际支部"，此后又采用"叙利亚-黎巴嫩共产党"的名称，直到1958年两党分离，黎共才开始独立活动。黎共现有党员数千人，党的总书记为汉纳·格里布。黎共近年来在世界社会主义运动中较为活跃。2011年组织首届阿拉伯左翼论坛，2012年主办了第14届共产党和工人党国际会议，都极大地扩大了自身在世界社会主义运动中的影响力。

2021年，黎共的主要工作有：

---

〔1〕《乌拉圭共产党热烈祝贺中国共产党成立100周年》，https://www.mfa.gov.cn/ce/ceuy/chn/ztbd/gongguogongchandangchengli100zhounian/t1892756.htm。

第一,制定党的最新纲领。2021年6月,黎共发布题为《迈向世俗和民主的国家——迈向生产性经济——迈向社会正义》的"党在黎巴嫩过渡时期的纲领"。黎共指出,发布此纲领的目的在于:"要实现深刻变革","建立世俗民主国家和经济,满足青年、受过教育的人、妇女、工人阶级和中产阶级对进步、现代性和正义的渴望"。纲领指出黎巴嫩目前所处的阶段有如下几个特点:一是宪法问题严重升级的阶段;二是一个长期经济停滞的阶段;三是统治体系明显和绝对无法找到有效解决影响整个经济,特别是银行和金融部门的结构性危机的阶段;四是宪法混乱和执政体制无法组建政府的阶段;五是外国干预的高水平阶段。黎共指出,自2019年10月17日黎巴嫩国内骚乱后,一系列事实都已经证明需要推动国家朝着民主方向变革,这些事实包括:黎巴嫩旧制度的基础已经垮台,全球层面伴随新自由主义的旧经济模式、旧分配制度终结。因此,黎巴嫩共产党呼吁人民走向另外一条道路,即"走向一个世俗的民主国家,走向建设生产性经济,走向社会正义"[1]。为此,黎共在纲领中还提出实现这一道路的8条建议。

第二,反对执政当局。自2020年8月黎巴嫩首都贝鲁特发生爆炸导致时任政府下台后,黎巴嫩政府在组阁问题上一直陷入僵局,直到2021年9月10日,米卡提组织的新政府终于得到任命,但黎共对现政府持反对态度。黎共认为,这是一个"与危机和挑战的严重程度不相称的政府",不符合黎巴嫩人民的愿望,因为这个政府"无法摆脱令人窒息的政治和经济危机,为所有公民建立一个实现社会正义和基本权利的世俗的民主国家"。[2] 黎共指出,黎巴嫩新政府中最大的政党是代表银行和资本家的党,"这表明政府将采取向黎巴嫩人民普遍收费的方式以保护亿万富翁、银行家和大储户的利

---

[1] " وحن العادلة ،.... وحن بناء الإستقصاد المنتج .... وحن ديمقراطية متطلع ودولة ", http://www.lcparty.org/documents/item/36089-2021-06-16-09-30-02.

[2] " بيان المكتب السياسي للحزب الشيوعي اللبناني حول البيان الوزاري للحكومة الجديدة ", http://www.lcparty.org/statements/item/36210-2021-09-20-12-19-43.

益"。因此，呼吁人民"在即将举行的工会、部门、市政和议会选举以及民众选举中推翻该政权及其制度"。[1]

第三，加强与各国共产党的联系。针对美国对古巴国内局势的干涉，黎共发表声明声援古巴共产党，声明指出，"古巴为本国人民和世界人民取得了许多成就，从健康、优质教育和科学研究，到支持拉丁美洲、非洲的民族解放运动和巴勒斯坦、阿拉伯国家的左翼进步力量等"，黎共"谴责任何外国干涉古巴内政的行为和美国继续对其进行的罪恶封锁，并表示深切声援古巴共产党为进步、解放和社会主义而不断进行的斗争。"[2] 黎共高度重视同中国共产党的党际交流，6月，黎共总书记汉纳·格里布与中国新任驻黎巴嫩大使会面，就国际事态发展、美国对中国压力加大、抗击新冠肺炎疫情蔓延、黎巴嫩国内事态发展、影响黎巴嫩的全面政治、货币和经济崩溃，以及摆脱危机的可能解决方案和替代方案进行了讨论。[3] 9月下旬，黎巴嫩共产党和中国共产党还举行了黎巴嫩共产党干部网络研修班。两党在公共领域、政党教育、干部培养、中黎政治局势和两党历史研究方面开展互动交流。黎共总书记汉纳·格里布指出："我们寄希望于中国共产党和习近平总书记领导的中国特色社会主义建设的经验。"[4]

(二) 印度共产党 (马克思主义)

印度共产党成立于1920年，1964年，印度共产党发生分裂，党的总书记南布迪里巴德等为首的一派单独在加尔各答召开党的第七次代表大会，选举孙达拉亚为总书记，改党的名称为印度共产党（马克思主义），简称"印

---

[1] " بيان "الشيوعي" حول تشكيل حكومة الرئيس ميقاتي"，http://www.lcparty.org/statements/item/36197-2021-09-11-11-14-25.

[2] " رسالة الحزب الشيوعي اللبناني تضامناً مع كوبا"，http://www.lcparty.org/statements/item/36256-2021-11-13-20-28-23.

[3] " لقاء جمع بين الأمين العام للحزب الشيوعي اللبناني حنا غريب والسفير الصيني الجديد في لبنان تشيان منجيان"，http://www.lcparty.org/party-news/item/36095-2021-06-22-10-01-41.

[4] " ورشة حوارية مشتركة بين الحزبين الشيوعيين الصيني"，http://www.lcparty.org/party-news/item/36213-2021-09-24-07-21-43.

共（马）"。党的主席丹吉为首的另一派在孟买召开党的第七次代表大会，选举丹吉为党的总书记，继续沿用印度共产党的名称。至此，印度共产党一分为二，即印共（马）和印共。目前，印共（马）党员人数约为100万人，是印度国内第一大共产党组织。印度共产党党员人数约为60万人。目前，印共（马）在印度议会下院中有3个席位。印共（马）曾经先后在喀拉拉邦、西孟加拉邦、特里普拉邦执政。2016年大选取得喀拉拉邦的执政权，也是目前印共（马）唯一执政的邦。印共（马）现任总书记为亚秋里。

印共（马）2021年主要动态为：

第一，参与印度地方选举。2021年，印共（马）的中心工作之一就是参与印度西孟加拉邦、泰米尔纳德邦、喀拉拉邦、阿萨姆邦和本地治里中央直辖区五个邦的地方选举。其中，在执政的喀拉拉邦，印共（马）领导的左翼选举联盟获得大胜，在地方议会中获得99个席位，超过了取得执政权的2016年的91个席位，取得连任。对此次获胜，印共（马）认为有5条经验：明确的政治路线；左翼选举联盟的扩张；左翼政府的模范工作，使与人民生活有关的各项事业取得质的变化；妥善执行社会保障计划；在宗教和睦的牢固基础上向各阶层人民提供保护。在获得议会选举胜利的同时，印共（马）也强调，"作为一个不断参与议会/立法活动的党，我们要警惕议会的偏差和同志成为议会幻想和渴望职位的牺牲品。这个问题在喀拉拉邦委员会和中央委员会的多次整改文件中都指出存在。"同时，印共（马）也对其他几个邦选举结果的不尽理想进行了反思。特别是在西孟加拉邦的惨败，印共（马）分析认为，群众基础急剧下降、政治右移、土地问题等因素是造成选举失败的原因。印共（马）从党的未来使命出发，需要注意几个问题：一是民生问题，二是自身组织问题，三是意识形态斗争问题，四是群众组织问题，五是

第七章　发展中国家左翼政党政治发展与研究

左翼盟友问题等。[1]

第二，关注新冠肺炎疫情。印共（马）指责印度执政当局，为了"掩盖其对新冠肺炎疫情大流行的严重处理不当和疫苗接种方面的失误，莫迪政府试图通过组织接种亿万新冠疫苗的'庆祝活动'来分散人们的注意力"，但截至10月下旬，印度"只有21%的人口完成了疫苗的全程接种。莫迪政府显然放弃了在年底前为印度全部成年人口完成疫苗全程接种的保证，现在该目标已修改为占人口的60%"，印共（马）认为这一目标也不可能完成，因为"疫苗接种率一直在下降，目前低于400万剂/天"[2]。印共（马）宣布将在其执政的喀拉拉邦实现免费且普遍接种疫苗。印共（马）指出，印度当局应当立即采取紧急措施，包括：确保向所有医院和需要氧气的人提供氧气；在全国范围内启动免费的通用疫苗接种计划；财政拨款用于采购疫苗；调用强制许可，由所有有能力的企业生产疫苗和救生药物；严格控制基本药物和氧气价格，打击药物和氧气的囤积和在黑市上的销售；免费向所有有需要的人分发粮食；政府必须立即确保医院病床、呼吸机、ICU病床的供应。[3]

第三，重视与印共的合作。2021年来，印共（马）多次和印共就共同关心的国内外问题发表联合声明，也在选举中结成选举联盟。特别是9月印共（马）支持者和人民党支持者发生冲突，印共（马）特里普拉邦的总部被焚毁后，印共立即发表声明对这一暴行予以谴责。但两党的合作无法掩盖彼此间存在的分歧，正如印度共产党指出的：印共分裂对印度共产党和左翼运动及其在印度政治生活中的地位产生了不利影响。印共一直在提出统一共

---

[1] "Review of Assembly Elections", https://www.cpim.org/documents/review-assembly-elections-0.

[2] "Marxistindia, CC Communique October 25, 2021", http://www.solidnet.org/article/Marxistindia-CC-Communique-October-25-2021/.

[3] "Marxistindia, Left Parties: Implement Measures-Otherwise Central Govt Loses Moral Authority to Continue", http://www.solidnet.org/article/Marxistindia-Left-Parties-Implement-Measures-Otherwise-Central-Govt-Loses-Moral-Authority-to-Continue/.

产主义运动的必要性,特别是印共(马)和印共在原则基础上的统一。但两党之间的分歧依然存在。[1]

第四,重视中国共产党治国理政的经验。印共(马)对中国共产党成立100年来取得的伟大成就高度钦佩。在其中央8月发布的政治动态报告中,印共(马)对中国共产党在新中国成立以来、改革开放以来取得的经济社会发展成绩、特别是在脱贫攻坚问题上取得的成就非常赞赏,指出"中国人均国民总收入从200美元(1978年)上升到10 410美元(2019年),预计到2023年将超过世界银行目前设定的12 536美元门槛,成为高收入国家"的发展速度令人敬佩。[2] 印共(马)总书记亚秋里在2021年中共中央对外联络部举行的世界马克思主义政党理论研讨会上指出:"在以习近平同志为核心的中共中央领导下,中国在2021年完全消除绝对贫困,每年创造数以千万计的就业岗位,强化卫生体系,建设世界级的基础设施和教育体系,遏制了新冠肺炎疫情蔓延","展示出社会主义对资本主义的巨大优越性。"[3]

(三)尼泊尔共产党

尼泊尔共产党(以下简称"尼共")成立于1949年,20世纪60年代受世界社会主义运动内部争论的影响,分裂成多个派别。在尼泊尔国内政治斗争的过程中,特别是2008年废除君主制后,尼共(毛主义中心)和尼共(联合马列)成为尼泊尔国内的两大重要的政治力量。由于尼国内议会斗争的需要,两党逐渐走向联合,2017年,尼共(毛主义中心)和尼共(联合马列)正式宣布组建左翼联盟参加大选,并取得执政地位。2018年,两党各自宣布解散,成立统一的尼泊尔共产党。前尼共(联合马列)主席奥利和前尼共(毛主义中心)主席普拉昌达为党的联合主席,奥利担任尼泊尔总

---

[1] "Glimpses of the Revolutionary History", https://www.communistparty.in/about.

[2] 同[1]。

[3] 《世界马克思主义政党理论研讨会外国政党政要发言摘编》,载《当代世界》,2021年第6期,第36页。

理。然而好景不长，统一后的尼共很快陷入无休止的内斗之中。

2021年，尼共主要情况为：

第一，党再度分裂。2020年，尼共在内斗中主要形成三派，分别为总理兼主席奥利、主席普拉昌达，以及书记处书记、前总理尼帕尔三个派别。2021年3月，尼共正式取消合并，重新分裂为尼共（毛主义中心）和尼共（联合马列）。2021年8月，尼帕尔及其领导的派别从尼共（联合马列）中分裂出来，单独注册成立了尼共（联合社会主义者）。至此，尼共重新陷入分裂为多个组织的局面之中。尼共的分裂，也导致其丧失了执政地位。由于尼共分裂导致总理奥利无法在议会中得到足够的支持票数，5月22日，尼总统班达里接受奥利的建议，宣布解散众议院，奥利成为看守政府总理。7月，获得议会多数票支持的大会党主席德乌帕被任命为总理，尼共至此正式丧失执政地位。尼共之所以在合并后不久即又陷入更大的分裂，究其原因，一是缺乏统一的指导思想。合并前的两党指导思想、方针路线均有差异，而在合并的进程中，两党均未能根据时代新发展和尼泊尔新的国情，把马克思主义基本原理与之相结合，以形成成熟的理论体系去回答尼泊尔共产党所面临的一系列理论问题。正是指导思想上的分裂，导致两党始终无法在根本问题上达成一致。二是缺乏坚强领导核心。从中央机构的设置看，尼共在合并进程中始终是在两大势力派别之间搞调和，搞派系之间的权力分配。其联合主席制度又没有科学的保障机制，导致党中央没有形成事实上的领导核心。

第二，重视与中国共产党的联系。尼共各派别都比较注重和中国共产党的关系。2021年年初，尼共领袖之一普拉昌达专门发表理论文章《尼中关系和中国共产党百年历程》，指出："中国共产党领导中国人民取得了如此辉煌的成就，为中国带来了更加光明的前景，也为世界各国谋求共同发展、共同繁荣树立了榜样。"他认为中国共产党成功的关键在于，"中国共产党领导中国人民取得了如此辉煌的成就，为中国带来了更加光明的前景，也为世界各国谋求共同发展、共同繁荣树立了榜样。"他还对习近平总书记"人类命运共同体"的主张表示高度认同，认为"共产党作为无产阶级的先锋队组织，最终目标是解放全人类，实现共产主义"，"构建人类命运共同体为通向这一最终目标提供了具体的、可操作的方案"，这一主张"是中国共产党在意识形态方面为世界社会主义运动作出的新贡献"。[1] 此外，尼共（马列）总书记梅纳利也对中国共产党成立100周年表示热烈祝贺，他指出，"中共取得成功的原因有三点，一是有着自己坚定的信仰；二是在思想、政治、理论、文化和教育等各领域有效开展工作，确保社会主义制度充满力量和可持续性；三是努力发展经济，为满足民众对美好生活的向往做出一切必要的努力。"[2]

（四）土耳其共产党

土耳其共产党（以下简称"土共"）是由原土耳其社会主义党、社会主义力量党于2001年宣告成立的。2014年，土耳其共产党发生分裂，以凯末尔·奥库杨为代表的一派成立了新的土耳其共产党，新土耳其共产党自视为1920年9月10日在巴库成立的原土耳其共产党的继承者，现任总书记仍为凯末尔·奥库扬。2019年3月的土耳其地方选举中，土共候选人法提赫·马乔卢当选通杰利市市长，该市成为土耳其唯一由共产党执政的市。

2021年，土共的主要情况为：

第一，坚持和宣传社会主义主张。2021年，土共在伊斯坦布尔举行了庆祝成立101周年的集会活动。土共呼吁：在土耳其共和国成立100周年之际，我们将确保"共和国"的理念框架成形——一个民粹主义、世俗、独立、社会主义工人共和国。我们不会把我们国家的未来交给市场主义、反动

---

［1］普拉昌达著，晓风译：《中尼关系和中国共产党百年历程》，载《世界社会主义》，2021年第1期，第24页。

［2］《尼泊尔共产党（马列）总书记：期待中国共产党领导中国取得更大发展成就》，http://www.chinanews.com/gj/2021/07-07/9514455.shtml。

第七章 发展中国家左翼政党政治发展与研究

和合作势力。[1] 在活动中，土共领导人继续宣传党的社会主义纲领。集会以"现在是社会主义的时候了"为口号。土共总书记凯末尔在集会上指出："当工人阶级夺权时，剥削将被禁止，战争宣传将被禁止，种族主义将被禁止。我们将所有工厂、河流、地下和地上资源、我们的海岸、银行收归国有，它们将成为社会的财产。我们将离开帝国主义机构，外国士兵将消失。宗教事务将与政治分开，没有人会触及人们的信仰。"[2]

第二，重视选举。土共高度重视土耳其将于2023年举行的下一轮选举，将其视为在土耳其实现社会主义的重要历史契机。为此，土共发表关于2023选举的宣言，指出"今天的社会秩序必须改变，以建立一个人民参与决策过程的政治结构，议会成为真正的权力机构"，土共"旨在建立一种政治结构，所有权力都集中在议会中，人民能够参与决策进程"。宣言号召：作为这个国家的劳动者、爱国知识分子、独立启蒙战士、想通过摧毁剥削制度来挥舞平等旗帜的革命者，必须为2023年做好准备。在土耳其共和国成立100周年之际，确保"再次共和"理念的框架成型，即建立一个世俗的、独立的、社会主义劳动人民共和国。[3]

第三，关注新冠肺炎疫情。2021年1月，土共发布了题为《大流行是资本主义历史崩溃的又一个证据》的报告。报告指出：新冠肺炎疫情大流行自去年头几个月以来就影响了整个世界，没有一个发达的资本主义国家能够保护其公民免受新型冠状病毒的侵害。资本主义国家采取的抗击新冠肺炎疫情大流行的措施是根据资产阶级的利益而不是其公民的健康来决定的。报告对社会主义国家采取的抗疫政策予以高度肯定，指出：古巴制定了新冠肺炎疫

---

[1] "Now is the Time for Socialism!", https://www.tkp.org.tr/en/agenda/now-is-the-time-for-socialism/.

[2] "TKP Holds Big Rally in Istanbul: 'Now is the Time for Socialism!'", https://www.tkp.org.tr/en/agenda/news/tkp-holds-big-rally-in-istanbul-now-is-the-time-for-socialism/.

[3] "Communist Party of Turkey Calls for 2023", https://www.tkp.org.tr/en/main-documents/communist-party-of-turkey-calls-for-2023/.

情国家预防和控制计划，越南在全国范围内帮助其公民采取隔离措施。中国迅速启动了强有力的中央干预措施，通过国家主导的大流行病管理、数千个卫生检查站、快速建设的大流行病医院、强大的隔离措施等在抗击新冠肺炎疫情的过程中取得了积极成效。土共抨击了土耳其当局在疫情防控中的表现，提出土耳其国内抗疫的 10 条意见，包括疫苗免费接种，私营医疗机构国有化，建立国家研究所开展疫苗和药物研究，向公民免费发放口罩、消毒剂等，疫情期间失业人员获得最低工资，等等。[1]

第四，加强同各国共产党的联系。2021 年 11 月，土共和希腊共产党共同举办了 24 国共产党参加的共产党和工人党国际会议（IMCWP）工作组视频会议，会议主题为"国际经济、政治和军事发展，共产党和工人党和人民斗争的经验，声援古巴、巴勒斯坦人民以及所有与制裁、阴谋诡计和帝国主义侵略作斗争的人民"。会议还决定将第 22 次共产党和工人党国际会议推迟到 2022 年举行。针对古巴 7 月发生的国内骚乱，土共坚定支持古巴共产党，土共发表声明称：帝国主义者尝试了最肮脏的罪行，并试图利用新冠肺炎疫情大流行病，在这些困难时期寻求对古巴施加更大压力的方法。所有这些尝试的背后都能看见美国政府的影子。作为古巴的朋友和同志，我们也将尽自己的一份力量，不允许任何人以不公正的指责诋毁古巴。[2]

（五）南非共产党

南非共产党（以下简称"南非共"）诞生于 1921 年 7 月 30 日，1950 年被宣布为非法组织，活动转入地下，1990 年恢复合法地位。自 1994 南非民主政府建立以来，南非共加入了包括南非工会大会在内的以非国大为首的执政联盟，成为"参与国家管理的党"。南非共现有党员 35.6 万人，是非洲

---

[1] "Pandemic Is Yet Another Evidence of the Historical Collapse of Capitalism", https://www.tkp.org.tr/en/main-documents/pandemic-is-yet-another-evidence-of-the-historical-collapse-of-capitalism/.

[2] "TKP: Cuban People Will Not Surrender!", https://news.sol.org.tr/tkp-cuban-people-will-not-surrender-177206.

最大的共产党，现任党的总书记是布莱德·恩齐曼德。

2021年，南非共主要动态为：

第一，庆祝建党100周年。南非共的百年庆祝活动以"人民利益至上：未来属于社会主义，建设自今日始"为主题。7月4日，南非共举行庆祝建党100周年庆典活动的启动仪式，包括南非总统、非国大主席拉马福萨在内的南非政府和南非执政联盟的领导人出席了启动仪式。8月1日，南非共总书记布莱德·恩齐曼德发表了题为《1921—2021：100年不间断的斗争》的庆祝建党百年声明。声明全面回顾了党的历史，深刻总结党的经验教训："它是如何走到这一步的？我们可以从南非土地上100年的共产主义斗争中吸取什么教训？我们有哪些遗产可以帮助我们理解并在实践中应对我们目前面临的挑战？"声明还特别指出，南非共坚持以社会主义为导向的民族民主革命，"南非的社会主义斗争和国家民主斗争不是两个独立的斗争。它们不会出现在两个不同的时区或地理空间"，声明断言，"只有在民族民主运动的性质和行动方面具有不断深化的社会主义倾向，民族民主运动才会复兴"。[1] 从这一声明可以看出南非共并未因长期参与议会政治，以及和资本主义性质的政党结成执政联盟而背离党的社会主义的基本纲领，南非共始终坚持党的最高纲领和最低纲领的统一。

第二，开展党的"红十月运动"。自1999年起，南非共产党每年10月发起"红十月运动"。南非共总书记布莱德·恩齐曼德在2021"红十月运动"启动时指出，"红十月运动"的目的在于"深化国家转型，全心全意为人民服务。同时，它也是推动和加强反对资本主义统治、垄断和剥削群众的

---

[1] "Statement of the SACP Central Committee (1921-2021—ONE HUNDRED YEARS OF UNBROKEN STRUGGLE)", http：//www.solidnet.org/article/SACP-Statement-of-the-SACP-Central-Committee-1921-2021ONE-HUNDRED-YEARS-OF-UNBROKEN-STRUGGLE-Delivered-by-Dr-Blade-Nzimande-the-SACP-General-Secretary/.

阶级斗争的平台"[1]。他高度肯定了"红十月运动"的历史贡献。布莱德指出，由于此次"红十月运动"正值南非11月地方政府选举的竞选运动期间，因此他强调，此次十月的活动将"专注于为非国大（ANC）的压倒性胜利而战"，他号召"利用选举和'红十月运动'来推动革命性的变革"。在非国大（ANC）领导下，"工人阶级家庭的孩子从出生到18岁都可以领取子女抚养费"，"大规模普及家庭电气化使数百万人受益"，"数以百万计的人民受益于免费分配给他们的廉价住房"，等等。[2] 因此，南非共呼吁广大工人和贫民投票给非国大，从而在上述成就的基础上进一步推动国家的民主进步。

第三，对新冠肺炎疫情高度重视。南非共在防控疫情问题上提出"以人为本，不以利为本"。南非共指出，南非遭受了严重的新冠肺炎疫情，数百万人感染病毒，其中数万人死亡。南非共指责西方国家的新冠疫苗政策，称其政策导致了"民族主义、种族隔离和帝国主义，以及与之相关的将利益置于人之前的贪婪"。帝国主义国家抢购疫苗，封锁疫苗专利，"剥夺了发展中国家数百万人的疫苗接种权"[3]。为此南非共呼吁南非人民团结起来，反对疫苗问题上的民族主义和帝国主义，支持本国政府和其他发展中国家合作，实现豁免专利，疫苗原材料共享和反对不合理的疫苗定价。南非共还呼吁各个社区广泛开展疫苗接种活动，同时要求政府延长发放新冠疫情社会救济金的时间。

第四，注重与各国共产党的互通互联。2021年是南非共成立100周年，各国共产党纷纷表示祝贺。智利共产党在贺信中说："我们认可并深切珍视您为使贵国的所有人过上更好的生活、为和平与社会主义而奋斗多年的杰出

---

[1] "South African Communist Party Red October Campaign 2021 Statement", http://www.solidnet.org/article/South-African-CP-South-African-Communist-Party-Red-October-Campaign-2021-statement/.

[2] 同[1]。

[3] "SACP Centenary Launching Statement", http://www.solidnet.org/article/South-African-CP-SACP-centenary-launching-statement/.

工作。"[1] 俄罗斯联邦共产党在贺信高度赞赏南非共"在国内外不断增长的影响力和权威，以及在管理国家方面发挥的积极作用"[2]。中共中央对外联络部部长助理李明祥应邀出席南非共产党成立100周年线上庆祝大会并致辞，他高度肯定南非共百年来为废除种族隔离制度和建设新南非作出的重要贡献，为探寻共产党兴党强党之路作出的不懈努力。[3] 南非共和中国共产党互动频繁。2月2日，两党共同举办"同迎建党100周年"网络研讨班开班式，南非共第一副总书记马派拉在致辞中指出，南非共产党和中国共产党有着很强的互补性和相似性，同为社会主义事业作出过重要贡献。他期待与中共开展百年庆典活动，进一步加强两党合作。[4] 7月1日，南非共总书记布莱德专门致信祝贺中国共产党成立百年，信中指出，"愿继续致力于深化与中国共产党兄弟般的友好情谊，携手为世界民主、和平与进步作贡献。"[5]

（六）拉美、亚、非发展中国家左翼政党的分析

综合2021年发展中国家非执政的重要左翼政党特别是共产党的发展状况，可以得出以下几个基本判断：

第一，各国共产党都坚持社会主义信念，都坚持对资本主义特别是新自由主义的批判立场，尤其是拉丁美洲共产党对于拉美地区的右翼政党及其政府始终持反对态度，认为本国要实现真正有利于劳动人民的发展，必须走社会主义道路。

---

[1] "CP of Chile, Greeting Message to SACP Centenary", http://www.solidnet.org/article/CP-of-Chile-Greeting-message-to-SACP-Centenary/.

[2] "Greeting Message to SACP Centenary", http://www.solidnet.org/.galleries/documents/Greeting-message-to-SACP-Centenary.pdf.

[3] 《李明祥出席南非共产党成立100周年线上庆祝大会》，https://www.idcpc.org.cn/lldt/202108/t20210803_146546.html。

[4] 《中国共产党与南非共产党开启共庆百年生日活动》，http://www.beijingreview.com.cn/chinaafrica/202102/t20210203_800234842.html。

[5] "South African CP, 100th Anniversary of the Communist Party of China", http://www.solidnet.org/article/South-African-CP-100th-Anniversary-of-the-Communist-Party-of-China/.

第二,各国共产党高度重视新冠肺炎疫情给全球和本国带来的挑战,各国共产党普遍认为新冠肺炎疫情暴露了资本主义特别是新自由主义的本质,加剧了资本主义在全球的危机;普遍肯定社会主义制度在新冠肺炎疫情面前的制度优越性,肯定各社会主义国家抗疫取得的成就。

第三,各国共产党基本认同议会斗争是本党当前斗争的主要方式,因此各国共产党都比较重视发动群众参与本国选举,试图通过选举使得本党能够参与执政。在南美地区随着左翼的回归,各共产党在选举中大多出现了向好的态势。

第四,各国共产党普遍重视世界社会主义运动的大联合,重视各国共产党之间的相互支持,重视在国际上发出共产党人的声音。各国共产党对对方在发展过程中遇到的挑战都持积极支持的态度,并且还经常采用各党联合声明的方式为某国党提供声援。

第五,各国共产党普遍肯定中国共产党的历史成就,肯定中国共产党革命和执政的宝贵经验,愿意就党的理论、党的建设等方面和中国共产党开展交流。各国共产党都对中国共产党成立100周年予以祝贺。

但是,发展中国家非执政的共产党在发展中也存在一些问题,主要有:

第一,在理论方面较为匮乏,没有能够更好地把马克思主义真理与各国的具体实际相结合,一些党的纲领还较为落后,甚至还有"左"的成分,对时代的解释力不强,对人民的说服力也自然不够,这导致一些党在理论上普遍缺乏吸引力。

第二,组织建设不理想。除了少数几个党外,大部分党的党员人数很少,对劳动人民的吸引力不强,党员结构比较单一,在社会主要阶层中的群众基础不扎实,在本国群众中的影响力不大。

第三,发展中国家共产党普遍存在的问题就是党内缺乏权威、缺乏集中统一领导,特别是由于长期参与议会斗争,党的民主集中制难以建立或持续,经常导致党的新的分化组合。

第四，长期参与议会斗争，导致一些党虽然理论上坚持马克思主义，但在实际政治生活中出于选票数量、选举策略和争夺议席的考虑等因素，存在脱离马克思主义基本原则的现象，在与各种其他政治力量的合作中，有导致本党的性质、党的纯洁性、党的干部蜕变的危险。

第五，部分发展中国家共产党受到资产阶级政府的各种打压和限制，在本国政治生活中处于名义上合法，但存在实际合法活动空间被挤压的被动情况，斗争方式亟待调整，否则很可能以各种非法活动为理由被边缘化，丧失党活动的社会基础和群众基础。

总之，尽管中国共产党的百年奋斗已经使得在社会主义和资本主义两种意识形态、两种制度竞争的态势中，发生了有利于社会主义的变化，这是自东欧剧变、苏联解体使得社会主义处于低潮后，社会主义运动的发展开始出现积极变化的态势。从发展中国家非执政的左翼政党特别是共产党的发展现状来看，他们整体状况的改善仍有待努力。

第八章
独联体国家政党政治发展与研究

康晏如　李晓华*

2021年既是苏联解体30年，也是独联体各国独立30周年。独联体目前由9个国家组成，继格鲁吉亚和土库曼斯坦退出后，乌克兰于2014年也宣布启动退出程序。但传统上，由于地理空间及地缘政治方面的相关性，人们仍将乌克兰、土库曼斯坦、格鲁吉亚作为研究后苏联空间的对象国，因此本章的研究范围涉及俄罗斯、乌克兰、白俄罗斯、摩尔多瓦、哈萨克斯坦、吉尔吉斯斯坦、塔吉克斯坦、乌兹别克斯坦、土库曼斯坦、阿塞拜疆、亚美尼亚、格鲁吉亚12个国家。本章第一部分对2021年俄罗斯主要政党活动和国家杜马选举情况进行了研究、介绍和阐述，这也是本章的重点内容；第二部分按照地域原则对乌白摩三国、中亚五国和南高加索三国近年来的政治进程、2021年的重大政治事件，以及各国执政党的基本情况、意识形态和政治影响力进行了阐述；第三部分在前两部分研究的基础上，对该地区各国政党

---

* 康晏如，中国社会科学院马克思主义研究院助理研究员；李晓华，中国社会科学院马克思主义研究院科研人员，南开大学·中国社会科学院大学21世纪马克思主义研究院特聘研究员。

政治30年来发展的特点与结果进行总结与概括。

自苏联解体以来,该地区的政党体制一直处于转型过渡进程中,复杂多变,政党法和议会选举规则的修改与修订频繁,部分国家的国家政权组织形式仍处于不稳定的变化之中,政党的发展总体上缺乏成熟和稳定的政治环境。在这些国家中,除了摩尔多瓦和格鲁吉亚属于半总统半议会制、亚美尼亚属于议会制共和国外,其余国家均实行总统制,这在相当程度上决定了这些国家总体上的弱政党政治格局。

一、2021年俄罗斯政党政治发展研究

苏联解体30年来,俄罗斯的政党制度和政党数量发生了剧烈的变化。在叶利钦时期,俄罗斯多党制的建立和发展是社会政治转轨的重要组成部分。在这一期间,俄罗斯逐步建立起了多党制,但政党总体上处于一种无序发展的状态。1993年《政党法》颁布后,俄罗斯政党进入制度化发展阶段。普京上台后,俄罗斯政党制度逐渐向规范的方向发展。俄罗斯于2001年重新修订的《政党法》规定所有政党必须重新登记注册,为政党确立了单一的国家地位,取消了之前存在于国内各地区社会政治团体的合法政党地位。这些团体虽然在名称中自称为"政党",但实际上属于社会政治团体。2004年12月通过的《政党法》修正案,规定政党党员人数最少为5万人,地区支部须超过45个(每个支部人数不少于500人)。从2010年开始,注册政党的人数要求从5万人降至4.5万人,政党在地方的分支机构人数要求从500人减少到450人;2012年2月,对政党人数和支部人数的规定分别改为4万人和400人。2012年3月,国家杜马通过了关于减少政党最低人数的总统法案,规定政党人数只要达到500人、地方分支机构人数达到5人就可以注册登记。

俄罗斯大幅度降低政党成立门槛的后果是,政党数量在2012—2013年

间迅速增长。在简化了新政党登记程序后,俄罗斯司法部注册的政党数量从 7 个迅速增加到 75 个(2014 年)。新注册的政党中有一部分是早已成立的,但是由于之前严格的政党注册规则及自身发展原因,陷入了短暂沉寂。如祖国党,曾经在第四届杜马选举中获得 49 个席位,但是因为内部矛盾而解散,在 2012 年得以重新注册。此外,新注册的政党普遍存在政治纲领模糊、简单的问题,很难通过其政治纲领了解到政党具体的政治主张,只能通过其政党名称中出现的术语,如"社会""大众""社会民主""共产主义"等来了解其政治倾向。政治分析家认为,新政党将夺走俄罗斯联邦共产党和公正俄罗斯党的选票,有利于政权党统一俄罗斯党。然而,自 2014 年以来,俄罗斯新注册政党的数量增长明显放缓。从 2019 年开始,政党数量迅速下降,原因在于新出台的法律规定,连续 7 年不参加选举的政党将被注销。

(一)2021 年主要政党围绕国家杜马选举展开的活动

2021 年是俄罗斯的杜马选举年,因此各大政党的活动主要是围绕着第八届国家杜马选举展开的,先后召开了党的代表大会,推出本党的候选人,在选举前展开竞选活动并提出了各自的竞选纲领。

1. 统一俄罗斯党

成立于 2001 年的统一俄罗斯党是俄罗斯最大的政党,也是俄罗斯杜马第一大党和执政党。统一俄罗斯党是以时任俄罗斯紧急情况部部长谢尔盖·绍伊古领导成立的"团结党"、尤里·卢日科夫领导的政治组织"祖国"和明季梅尔·沙伊米耶夫的"全俄罗斯"运动为主体而整合成立的政党。统一俄罗斯党属于中派政党,明确支持总统普京的施政方针,意识形态主要特征为保守主义,强调强大的总统权力是维护国家政治稳定的基石,并把确保人民的福祉、国家统一与主权、俄罗斯的发展和领先地位作为党的三大基本价值。

2021 年是统一俄罗斯党成立 20 周年,又是俄罗斯国家杜马选举年。在新冠肺炎疫情持续蔓延的背景下,该党召开了第二十次代表大会,在国家杜马选举前提出了自己的竞选纲领,并采取了一系列重要举措维护自己的执政党地位。

第一,召开第二十次代表大会,筹备杜马选举。统一俄罗斯党的第二十次代表大会分三个阶段举行。6月19日,第一阶段会议在莫斯科世博中心举行,俄罗斯联邦总统普京、党主席梅德韦杰夫、党的最高领导人和地区负责人、联邦议员、地区和市级代表出席了会议。会议主要议题是制定竞选纲领和确定参加第八届国家杜马选举的代表候选人名单。在统一俄罗斯党第二十次代表大会上,普京指明了党的工作的主要方向和优先事项:支持有孩家庭和改善人口状况,提高医疗保健的普及率和质量,发展基础教育、职业教育、补充教育和学前教育,发展文化和精神,支持青年,发展志愿服务,支持地区基础设施项目框架内的道路、住房和公共交通领域的建设,综合发展农村地区,减少地方预算的债务负担。

8月24日,统一俄罗斯党举行了第二十次代表大会第二阶段会议,大会的核心问题通过国家杜马竞选纲领。普京在大会上发表讲话时指出,该纲领的合著者是俄罗斯人民。因为早在统一俄罗斯党开始拟定选举计划的时候,该党启动了一个专门的门户网站来收集民众的建议。因此,统一俄罗斯党的竞选纲领是根据全国公共协会和公民代表提出的建议起草的,该文件几乎涵盖了俄罗斯社会生活的所有领域。[1] 竞选纲领主要由两部分组成:"人民的福祉"与"强大的俄罗斯"。第一部分专注于人民的需求,以就业、家庭、健康、教育、科技、环境等主题为重点,阐释了统一俄罗斯党的主张。第二部分注重俄罗斯整体的发展,部署了为促进俄罗斯的工业、农业、文化、国防、外交以及交通运输等各方面的发展所采取的具体措施。[2] 值得注意的是,在竞选纲领中第一次加入了外交和国防政策的部分。统一俄罗斯党最高

---

[1] "Владимир Путин Принял Участие во Втором Этапе XX Съезда Всероссийской Политической Партии 《Единая Россия》", http://www.kremlin.ru/events/president/news/66445.

[2] "Народная Программа Партии 《Единая Россия》", https://er.ru/party/program/.

委员会主席鲍里斯·格雷兹洛夫为此解释道："作为一支负责任的政治力量和俄罗斯议会多数党，我们相当重视我国在世界上的地位问题，不允许外国势力干涉我国内政，要巩固我国国防实力。"[1] 第三阶段会议于12月4日召开，以纪念统一俄罗斯党建立20周年。在会议上该党总结了过去的选举结果，改选了党的领导机构，批准了统一俄罗斯党2022年的工作计划。

第二，加强党的建设，打造更有竞争力的青年干部。为了消除部分民众对党的消极看法，提高党员队伍的竞争力，统一俄罗斯党不断进行人事调整，更新干部队伍，淘汰社会影响较坏的部分党员。2018年统一俄罗斯党实行"政治启动"项目，意在推动党员队伍的扩大和更新。该项目为35岁及以下的俄罗斯公民提供政治支持，由党内一批重要官员进行授课培训。2019年7月1日，德米特里·梅德韦杰夫在俄罗斯《消息报》上公开发表文章，要求该党各级分支机构和领导人着力改进与民众沟通的方式，提出该党将实施对接公民倡议、选拔优秀干部和建设数字政党三大工作。2019年11月，为准备第八届国家杜马选举，统一俄罗斯党开始启动干部培训方案"政治启动"，其任务就是在地区挑选新人参加国家杜马选举。来自各地区的200名青年人参加了"政治领袖"比赛，其中50名入围者由经验丰富的专家导师在初步投票即统一俄罗斯党挑选候选人的程序期间提供咨询。超过7000人申请参加"政治启动"人事项目，比赛组织者从中选出了200名地区领导人，其中包括各级党代表、商人、医生、教师、志愿者和社会工作者。[2]

第三，积极面对选民诉求，努力扩大社会支持。面对国内外复杂的局势，统一俄罗斯党积极谋求加强与民众的联系，积极把民众的现实需求反映到党的理论和实践中去。这在一定程度上塑造了政党的良好形象，在激烈的

---

[1] "Борис Грызлов Обсудил Развитие Диалога с ЦК Коммунистической Партии Китая", https://er.ru/activity/news/boris-gryzlov-obsudil-razvitie-dialoga-s-ck-kommunisticheskoj-partii-kitaya.

[2] "Обновление кадров: Единая Россия Начинает Обучение Будущих Парламентариев", https://www.mk.ru/politics/2021/01/19/obnovlenie-kadrov-edinaya-rossiya-nachinaet-obuchenie-budushhikh-parlamentariev.html.

政党博弈中提升了支持率。受疫情影响，俄罗斯主要政党均减少现场公开活动而增加网络活动，统一俄罗斯党通过发展项目，协助青年参与志愿服务，提升了他们对党的好感。[1] 自 2020 年 3 月以来，统一俄罗斯党已在全国 85 个地区开设了志愿者中心，即使是生活在偏远地区的人也能得到帮助。党的志愿者不仅向普通公民提供帮助，还向医生提供帮助，为医院提供个人防护设备和热餐。同时党的积极分子监督食品和药品的价格，监督结果会提交给俄罗斯联邦反垄断局和卫生部。例如，志愿者监督发现地区口罩价格过高，这一点得到俄罗斯联邦反垄断局的证实。在党的"干净的国家"项目中，地区总部的志愿者组织了公共交通工具消毒，并进行消毒质量检查。统一俄罗斯党还与"胜利志愿者"运动联手向退伍军人、孤寡老人、退休人员、多子女家庭以及属于"有风险群体"的居民运送食品、药品和其他生活必需品。统一俄罗斯党领导的"青年近卫军"运动参与抗击疫情，在各地都有志愿者项目。统一俄罗斯党国家杜马代表亚历山大·门捷列娃说："'莫斯科志愿者'项目把莫斯科所有志愿者的倡议凝聚起来。在新冠肺炎疫情大流行期间，志愿者有时是唯一将隔离者与外界联系起来的人。志愿服务不仅是提供食品和药品，而且关注那些需要帮助的人，我们党仍然站在为医务人员和居民提供支持的最前方。"[2]

第四，参加第八届国家杜马选举，稳固议会第一大党地位。选举前夕，普京向全国发表讲话，强调选举的意义在于最大程度地表达人民的意愿，在国家发展中实现人民的权利，并敦促俄罗斯人要以负责任的态度对待杜马选举。2021 年 9 月 19 日，历时 3 天的俄罗斯第八届国家杜马选举落下帷幕。9

---

[1] "Единая Россия Стала Активнее Развивать Волонтерские Проекты", https://actualcomment.ru/edinaya-rossiya-stala-aktivnee-razvivat-volonterskie-proekty-2102031015.html.

[2] "Москва Объединяется в Борьбе с Пандемией: Столичные Волонтеры Обсудили Новые Проекты Противодействия Коронавирусной Угрозе", https://moscow.er.ru/activity/news/moskva-obedinyaetsya-v-borbe-s-pandemiej-stolichnye-volontery-obsudili-novye-proekty-protivodejstviya-koronavirusnoj-ugroze.

月 24 日，俄罗斯中央选举委员会宣布，统一俄罗斯党以 49.82%的支持率在选举中获得第一名。专家认为，这一结果表明俄罗斯人对普京所在的执政党统一俄罗斯党的领导仍有信心。选举结果将对俄罗斯的稳定发展产生积极作用，也将为 2024 年俄总统选举的顺利举行奠定基础。普京通过视频方式祝贺统一俄罗斯党在选举中获胜，认为选举结果反映了俄罗斯民众对统一俄罗斯党的高度信任。俄罗斯政治分析家阿列克谢·祖丁认为，统一俄罗斯党取得胜利的主要原因在于该党与普京总统之间的密切联系，同时在疫情防控期间积极执行政府和总统的社会倡议以及拥有领先于其他政党的各种选举技术，也是统一俄罗斯党取得胜利的重要原因。[1]

第五，加强与中国共产党的交流，积极扩大国际影响力。2021 年，中俄执政党围绕两党关系及双方主要关切的问题多次交换意见。2 月 8 日，统一俄罗斯党总委员会副书记安德烈·克利莫夫与中共中央对外联络部副部长钱洪山进行视频通话，就两党关系及 2021 年双方重大交往活动交换了意见。双方表示，两党关系已成为世界主要政党间关系的典范。[2] 4 月 20 日，中俄执政党对话机制第九次会议以视频会议方式举行。中共中央总书记、国家主席习近平，俄罗斯联邦总统普京分别向会议致贺信。会议由中共中央对外联络部同俄罗斯统一俄罗斯党共同举办。双方代表遵循中俄两国元首共识，围绕"大变局背景下的中俄战略协作：执政党交流合作新起点新使命"的主题进行深入交流，达成《中俄执政党对话机制第九次会议共识》。11 月 13 日，中共中央对外联络部部长宋涛与统一俄罗斯党最高委员会主席格雷兹洛夫举行视频通话，通报中共十九届五中全会精神。双方作为中俄两国负责任的政治力量，就如何反对外来势力干涉国家主权、捍卫本国独特发展道路的

---

[1] "Политолог Объяснил Успех 《Единой России》 на Выборах в Госдуму", https：//ria.ru/20210920/vybory-1751058262.html.

[2] "《Единая Россия》 Провела Консультации с Компартией Китая", https：//er.ru/activity/news/edinaya-rossiya-provela-konsultacii-s-kompartiej-kitaya.

第八章　独联体国家政党政治发展与研究

问题交换了意见。[1]

2021年是中国共产党成立100周年，统一俄罗斯党主席梅德韦杰夫表示，在中国共产党成立百年的重要时刻，中国消除了绝对贫困，成为强大的快速发展的国家，展现出应对最严峻挑战的能力，充分体现了中国共产党治理国家的担当和能力。由于在短时间内采取了果断的政策，中国不仅成功地阻断了新冠肺炎疫情在中国的蔓延，而且还向世界各国提供了人道主义援助。俄中两党协作正处于最高水平，完全同俄中新时代全面战略协作伙伴关系相匹配。[2]

20年来，统一俄罗斯党由一个竞选联盟逐步发展成为一个组织结构较完善、纲领较明确的执政党。整个2021年间，在新冠肺炎疫情蔓延、西方对俄实施制裁的背景下，统一俄罗斯党采取了一系列举措和行动来提升政党形象，并在国家杜马选举中继续保持了第一大党地位。与此同时，该党在竞选运动中也进一步明确了自己的执政党地位。一直以来，俄罗斯社会对统一俄罗斯党的定位存在不少疑惑，甚至经常质疑该党"到底是普京的党还是代表政府的党，是政权党还是执政党"。2021年6月1日，统一俄罗斯党主席梅德韦杰夫接受了俄罗斯《生意人报》的独家专访，谈及了统俄党在俄政治体制中的作用、"政权党"和执政党之间的联系与区别以及统俄党的支持率等问题。他强调，统俄党在政党政治中不是只代表权力集团，它还受到许多人的支持，是执政党。"只要统一俄罗斯党在议会中是多数党，那么它就是执政党。如果统俄党失去了多数党地位，就会出现需要与其他政党联合执政的局面。""执政党对国家发生的一切负有主要责任，因为它是执政党。这种责

---

[1] "Борис Грызлов Обсудил Развитие Диалога с ЦК Коммунистической Партии Китая", https://er.ru/activity/news/boris-gryzlov-obsudil-razvitie-dialoga-s-ck-kommunisticheskoj-partii-kitaya.

[2] "Дмитрий Медведев поздравил Си Цзиньпина со 100-летием Коммунистической партии Китая", https://er.ru/activity/news/dmitrij-medvedev-pozdravil-si-czinpina-so-100-letiem-kommunisticheskoj-partii-kitaya.

任体现在需要与政府和总统统一、协调立场,直到作出最后的决定。"[1]

2. 俄罗斯联邦共产党

俄罗斯联邦共产党(以下简称"俄共")是俄罗斯第二大党,是俄罗斯政治舞台上一支举足轻重的左翼力量,并且在世界范围内具有重要影响力。进入21世纪以来,俄共丧失了国家杜马第一大党地位,党员人数锐减、组织规模萎缩,在俄罗斯政治舞台上的影响力下滑。截至2021年第十八次代表大会召开之际,俄共党员人数为16.2万人(俄共党员人数变化见表2)。尽管俄共中央委员会主席根纳季·久加诺夫在俄共十八大的政治报告中强调,在最近4年中俄共吸收的新成员数量达到64 203人,但是从长期来看,俄共并没有从根本上扭转党员数量下滑的趋势。除了党员人数减少,党员老龄化是俄共面临的又一重要问题。2004年,党的队伍分裂后,30岁以下的党员仅占全部党员总数的6.2%。

表2 1993—2021年俄共党员人数变化情况

	1993年	2000年	2004年	2008年	2013年	2021年
党员数量(万人)	60	54.7	18	16	15.9	16.2

资料来源:俄罗斯联邦共产党网站,https://cprf.ru。

在2016年9月举行的俄罗斯第七届国家杜马选举中,俄罗斯联邦共产党共获得了42个席位,得票率为13.34%。尽管俄共仍然保持了俄罗斯第二大党的地位,但是与上届杜马选举相比,获得席位相较于上届的92席减少了一半多,与统一俄罗斯党之间的差距进一步拉大,与第三大党俄罗斯自由民主党的差距缩小。

---

[1] "Идеальных Партий не Бывает. Интервью Дмитрия Медведева 《Ъ》", https://kommersant-ru.turbopages.org/kommersant.ru/s/doc/4837620.

第八章 独联体国家政党政治发展与研究

俄共自第七届国家杜马选举失利后重新调整了党的发展战略,要求自己真正担负起反对派的任务,对统一俄罗斯党进行不妥协的斗争。在议会内,其主要目标是积极利用国家杜马平台宣传党的主张,向民众阐明党在一系列重要问题上的立场。在议会外,强调要加强活动,巩固党在社会团体中的影响力;加强对工人阶级和无产阶级的关注,采取措施在工人阶级中宣传社会主义思想;强调要立场更加坚定地组织抗议活动,使抗议活动更紧密地与群众生活结合在一起,提高抗议活动的规模和威慑力。

2021年,俄罗斯联邦共产党的主要活动围绕着俄罗斯第八届国家杜马选举展开。

第一,深化对资本主义的批判,强化信息宣传工作。2021年1月23日,俄共召开了十七届八中全会,对俄共宣传工作所面临的形势与任务进行研判和分析。俄共认为,当前的帝国主义在不放弃军备竞赛和制裁措施的情况下,越来越多地使用最新技术对全球公众意识实施信息侵略,把大众媒体作为执行和灌输其意志的工具,抹黑共产主义,歪曲苏联历史,操纵对象国的政治走向。俄共指出,信息空间在今天已经成为意识形态斗争的重要场地,数字技术赋予这一斗争以前所未有的规模。为了对抗资本主义发动的混合后信息战,需要建立共产党自己的信息数据中心,社会主义中国已经证明,捍卫自己的尊严、主权和信息空间是非常必要的。俄共应建立数据中心和信息搜集处理中心,为《真理报》、《苏维埃俄罗斯》、"红色线路"电视台、俄共官网等党的现有媒体提供大量有关党的信息,根据形势变化迅速转换信息主题、创建新闻议程、塑造党的形象、推广党制定的反危机纲领,在对世界局势进行科学和深入分析的基础上,客观报道中国等社会主义国家的建设经验,揭露资本主义劳资之间的阶级对抗。[1]

---

[1] Зюганов Г. А., "Задачи Информационно-Пропагандистской Работы КПРФ в Условиях Современной Гибридной Войны", *Правда*, яньваря 26-27, 2021.

第二，召开第十八次代表大会，明确党的目标与任务。2021年4月25日，俄共召开第十八次代表大会，回顾了苏联解体30年来党的发展历程，在对国内外形势作出基本判断的基础上明确了未来的工作任务和目标。久加诺夫在大会主旨报告中指出，苏联解体后，俄共逐渐发展成为后苏联空间最强大的政党之一，积累了独特的国家治理经验；创建的集体企业，如列宁国营农场，成为社会主义生产的最佳典范；在反共主义和仇俄思潮泛滥的情况下捍卫了社会主义和共产主义意识形态。久加诺夫进一步强调党的建设的重要性，指出俄共在未来将修订党章，实行更为严格的规定，如至少有三年党龄的党员才有权利推荐新的成员加入党内，并进一步严格明确推荐人的责任范畴。此外，俄共还强调应在民主集中制的基础上，不断巩固党的垂直权力体系，改善党的组织结构。在代表大会上，俄共进一步深化了对资本主义的批判，认为苏联解体后，资本主义使人类陷入了严重的危机。国际安全机制已遭到破坏，局部冲突不断，"冷""热"战争的威胁正在增加。帝国主义的系统性危机正在加深，而世界各地的社会主义支持者的数量都在增加。俄共今后的重要任务之一是团结劳动人民，鼓舞民心，通过组建一个广泛的左翼爱国人民阵线，为实现人民政权而斗争。[1]

第三，积极备选，提出杜马竞选纲领。2021年6月24日，俄共举行会议推出参加第八届国家杜马选举的候选人名单，同时宣布了党的竞选纲领——《走向人民政权的十个步骤》。俄共提出要将财富归还于民，恢复俄罗斯的经济主权，将土地、具有战略意义的经济部门及重要银行国有化，停止国有企业和市政企业的私有化进程，修正叶利钦-盖达尔-丘拜斯野蛮私有化后果，创建新的、现代化的国家计划委员会，减少俄罗斯对外国资本的依赖；实施新型工业化和农业综合发展政策；取消增值税，实施更公平的累进

---

[1] Зюганов Г. А. "Политический Отчёт Центрального Комитета КПРФ XVIII Съезду Партии", *Правда*, апреля 14, 2021.

税收制；在居民实际收入下降的情况下，国家对价格进行控制并实施更平衡的关税政策；建立人民政权，彻底修宪，恢复社会层面的建设性对话并确保俄罗斯的民主进程，结束司法专断与行政压力；向中国学习，实施以人为本的政策，在住房、医疗、教育等领域停止所谓的"优化"政策，国家预算的三分之一应该用于医疗、教育、科学和文化；加强国防建设，提高武装部队的装备水平，提高信息技术安全；复兴俄罗斯伟大的文化传统等。

第四，总结选举结果，部署选后工作。根据俄罗斯选举委员会公布的结果，俄共在第八届国家杜马选举中获得18.93%的得票率，与上一届13.34%的得票率相比进步明显。俄共认为，自己是唯一在竞选期间提出完善纲领的政党，这一纲领能够使国家以和平的方式摆脱系统性危机，这也是俄共在这次选举取得进步的主要原因。另一方面，俄共还表示，本次国家杜马选举存在大量舞弊行为，俄共真实的投票率被人为压低，能够最真实反映各政党支持率的是最先开始统计选票的边疆区。例如在哈巴罗夫斯克边疆区，俄共的得票率为26.61%，超过统一俄罗斯党的24.028%。此外，俄共在雅库特、乌里扬诺夫斯克、伊尔库茨克、南萨哈林斯克等单选区的票数均超过了统一俄罗斯党。

对于国家杜马选举后的工作，俄共强调，一是要继续加强党的团结与纪律。目前在左翼力量整体增强、社会对共产党的支持持续提升的状态下，现政府对俄共的打压也在加强。作为以马列主义意识形态为指导的政党，要继续强调团结和纪律，紧密联系群众，寻求最佳的工作方式。二是要加强盟友之间的沟通与合作。针对关于俄共是现有制度一部分的说法，有必要向其他左翼力量作出阐释：作为在议会框架内进行斗争的反对党，俄共真正参与了国内的政治进程，如果说俄共是制度内的一部分，那么俄共也正在力图改变现有制度。三是要强化党组织结构。俄共认为，选举对党各部门的工作效率是一次很好的检验，各支部要深入分析今后工作和斗争中需要改进的地方，加强选票监督系统的工作，因为未来党将在更艰难和复杂的环境中捍卫成果、开展竞争。为加强选举监督，增强支部力量，俄共中央决定实施大规模的选举观察员培训，为 2022 年的地方选举进行充分的准备。四是要继续关注社会尖锐问题的讨论和解决，争取选举公平。俄共认为，在国内大肆迫害共产党人的背景下，发生了许多所谓"未经授权的行动"，虽然 2021 年的选举运动已经结束了，但是俄共的斗争并未结束，俄共将继续为自己的权益而战斗，为了崇高的理想目标而奋斗，为了在选举中支持俄共的选民而奋斗，证明他们的选择没有错。[1]

第五，祝贺中国共产党成立 100 周年，继续保持与中国共产党的友好党际关系。在中国共产党成立 100 周年之际，俄共主要领导人在多个场合发表讲话，祝贺中国共产党带领中国人民在社会主义道路上取得的伟大成就。党主席久加诺夫表示，以人民为中心、顺应人民的愿望，是中国共产党一直以来遵循的执政理念。以此为指引，中国共产党带领国家取得伟大发展成就，彰显了社会主义制度的巨大优越性。"得益于共产党员和全体劳动人民的无私奉献，中国已成为一个充满活力的国家，成为世界其他国家的榜样。"久加诺夫还指出，中国在建设中国特色社会主义道路上取得了巨大成就，向世界展现了社会主义制度的优越性。享受国家发展成果的不是一小部分人，而是全体人民。俄共副主席德米特里·诺维科夫撰文指出，中国共产党成立 100 周年可以与卡尔·马克思和弗里德里希·恩格斯诞辰 200 周年、列宁诞辰 150 周年以及伟大的十月社会主义革命胜利 100 周年相提并论。所有这些纪念日对每一个共产党人、对人类历史而言都极为重要。

3."公正俄罗斯-爱国者-为了真理"党

成立于 2006 年的公正俄罗斯党迅速在俄罗斯政坛占据重要位置，在成立后的历届国家杜马选举中均获得议席，是俄罗斯较有影响力的社会民主

---

[1] "Итоги Выборов в Госдуму-2021: Кто и Кого Выбирал, Главные Неудачники и Триумфаторы, Результаты и Прогнозы", https://news.rambler.ru/politics/47281280-itogi-vyborov-v-gosdumu-2021-kto-i-kogo-vybiral-glavnye-neudachniki-i-triumfatory-rezultaty-i-prognozy/.

党。2021年，为了迎战第八届国家杜马选举，该党最大的变动就是与其他两个左翼政党的联合并更改党的名称。2021年2月22日，公正俄罗斯党、俄罗斯爱国者党、为了真理党召开联合代表大会，签署联合协议，宣布三个政党联合。联合后的政党更改自己的名称为"社会主义政党：公正俄罗斯–爱国者–为了真理"，简称"公正俄罗斯–为了真理"党，谢尔盖·米罗诺夫当选为党主席。

2021年6月26日，"公正俄罗斯–为了真理"党召开第十一次代表大会，推出了自己的国家杜马竞选纲领。该党在纲领中打出"爱国主义、真理和公正"的旗号，表示自己将在这一旗帜下团结俄罗斯的社会主义者和真正的爱国者，并把精英资产阶级视为自己的意识形态敌人。纲领指出了俄罗斯在苏联解体后面临的贫困问题，认为俄罗斯出现了独特的"工作穷人"现象，领取工资的人仍生活在贫困线下。该党反对延长退休年龄，认为俄罗斯的医疗服务质量低下、交通不便、教育水平迅速下降、缺乏正常的住房问题、司法系统低效、生活成本高。

在竞选纲领中该党表示，为了让俄罗斯成为一个更加公正和发达的国家，将采取以下措施：保持和发展国家的民族文化；消除贫困和克服社会不平等；保障工人阶级的合理权利；将退休年龄降低到以前的标准（2019年1月1日以前）；全面推行累进个人所得税；对奢侈品和奢侈品消费征税；归还公民苏联时期银行丢失的存款；在全俄罗斯恢复退伍军人福利；提升教育质量，提升教育普及性；在基本收入方面引入公平机制——国家为低收入公民和有孩家庭提供持续、定期的补贴；对重点基础设施产业和具有战略意义的企业实施国有化；在全俄罗斯为俄罗斯公民分配国家提供基础设施的1公顷的土地，并为公民提供贷款利率不超过2%的抵押贷款来建造住房；对向国外出口原材料的企业征收增值税，取消自然资源和未加工原材料出口商的增值税退税；禁止向俄罗斯境外出口原木；高技术产业基础科学和应用研究综合预算支出增加到7%；免除个体经营者、个体企业家和小企业的所有税收，发展各种形式的合作；允许农民和私人生产者进入市场和零售连锁店，将至少30%的订单量分配给中小企业代表以满足州和市政的需求；增加对企业的司法保护，防止其因刑事原因受到迫害；对高科技公司、雇用年轻人的公司和面向社会的企业实行税收优惠政策；将腐败和贪污国家财产的行为等同于叛国，没收腐败官员及其家人的财产，废除对腐败官员的假释和缓刑。

4. 俄罗斯自由民主党

俄罗斯自由民主党是苏联末期实行多党制后成立的第一个政党，在1993年俄罗斯第一届国家杜马选举时期曾为第一大党，在往后的历届国家杜马选举中均有代表进入。2021年，俄罗斯自由民主党提出的竞选纲领包含100条内容，涉及领域广泛。

在内政方面，自民党提出要为公民的自由集会建造专门的场所，让当局代表倾听民意；仅根据政党名单进行电子投票；通过自由选举选出法官，确保各级法院真正独立；在国家杜马选举中胜出的政党领袖担任总理职务；从反对派中选出领导人，保证反对派的监督职能。

在外交方面，自民党主张通过和平、全民公决的形式收回苏联所有领土；在联合国持更强硬的立场，通过国际组织限制美国的侵略政策，寻求解散北约；与所有欧洲国家签署第二次世界大战历史评价宪章，结束新法西斯主义的猖狂；对上合组织、亚太经合组织和金砖国家商务人士实行免签政策，统一独联体和上合组织的经贸空间；将歧视他国的国家排除在任何国际组织之外，例如将歧视俄罗斯人的波罗的海国家排除在欧盟之外。

在民族和社会问题方面，自民党主张通过关于"保护俄语""国家对俄罗斯族人的支持""俄罗斯民族自治"的3项法律，禁止仇俄主义宣传；对退伍军人、前线工人和所有遭受政治镇压的人进行补偿；改善卫国战争退伍军人的生活条件；恢复住房建设合作社；为所有人免费分配配置燃气、水电的土地；提高养老金至生活工资的3倍，免除退休者和社会贫困者的房租、住房及公共服务债务；降低公用事业费率；规定最低工资为2万卢布；免除工资为 3 万卢布以下的个人所得税，提高富人的暴利税。

在经济政策方面，自民党主张国家经济整体数字化，建立现代经济管理体系；禁止出口未加工原料（石油、木材、小麦），扩大加工产品出口（石化产品、家具等）；对非原材料工业领域实行减税政策；对酒精、糖、烟草、能源等领域实行国家垄断；将大型零售连锁店、能源公司和战略企业收归国家管理部门；通过经济大赦和存款保密措施使影子业务合法化，促使流出国外的资金向国内回流；审查企业私有化结果；在招商引资和参与国际合作时，实行进口替代政策；加大对高新技术企业的支持力度；将个人贷款利率降至5%，将企业贷款利率降至2%—3%，将农业企业贷款利率降至1%—2%，并在作物出售前延期付款；责成银行将其在国家担保下的大部分资产转移到俄罗斯经济的实体部门以刺激生产；禁止劳工移民入境；免除初创小企业三年税费，减少小企业审计的数量，免除疫情期间受到特别影响的小企业的所有债务等。

5. 新人党

新人党成立于 2020 年 3 月 1 日，是由俄罗斯知名企业家、全俄人民阵线中央委员阿列克谢·涅恰耶夫创立的一个非常年轻的政党。在成立大会上，该党主席卢基亚诺娃表示，新人党的成立为创建一个大型组织奠定了基础，将有机会代表数百万人的观点，而俄罗斯目前没有任何一个政党的思想能符合这一群体的观点。新人党的目标是改变国家的优先事项——从关心官员到为所有公民服务。"我们的目标是使俄罗斯成为一个拥有高水平生活质量、良好基础设施和高新技术的发达国家"。联合创始人亚历山大·达万科夫表示，愿意在新冠肺炎疫情期间对企业提供支持。在 2021 年国家杜马选举前，该党推出了自己的 15 名代表候选人并提出了竞选纲领。

在政治方面，该党主张实行单一的比例选举制，取消单选区选举；在市长和州长的选举过程中实行直接选举；财政权回归地方，财政收入的 25% 上交联邦预算，75% 留给地方；允许社会团体和公共组织享有与政党同等的权利参加选举。

在经济方面，主张对企业实行单一税，取消增值税、所得税等；实行养老金的返现政策，改变养老金的形成原则；对聘用高等教育或职业教育机构毕业生的企业实行税收优惠政策；对企业征税时应考虑企业在研发方面支出的费用；通过提高公民的创业和金融知识来发展私人投资；在十年之内将国内中小企业占比提高到50%，因为中小企业是经济的排头兵，它们具有流动性，可以快速适应变化，这体现在其快速增加或减少产量的能力以及创新实践的速度上；制定旨在发展国内中小企业的优惠政策，限制国有企业在竞争激烈领域的经营；对被控经济犯罪者，侦查阶段不收押，采取取保候审或软禁收押；不以经济犯罪为由对企业家进行监禁，代之以罚款处罚。

在社会政策方面，新人党主张对医疗与卫生工作人员采取物质激励措施，提高医务人员工资；保障强制医疗保险制度下的私人医疗供应，引入远程形式的医疗诊断、处方和非处方药品的开断，允许开具电子病假证明；严格控制食品质量，杜绝食品中的有害物质（抗生素、反式脂肪、激素）；正式实行预防性体检计划，禁止强制接种疫苗，承认外国疫苗的有效性，增加对疫苗集中并发症的补偿；提高教师工资，禁止超负荷工作；教师学术自由，优先培养学生非标准思维和独立自主的创意思维，恢复幼儿园、学校、学院等教育机构的独立性。

在外交政策方面，该党主张以集团外交的形式补充国家的官方外交，理由是俄罗斯与其他国家存在许多难以在国家层面解决的矛盾，但在生态、人权、医学、教育、网络安全等许多问题上，较有经验的社会集团可以提供多种沟通渠道，新的外交形式——集团外交，将缓和官方外交无法应对的紧张局势；扩大与其他国家的人道主义交流，组建俄罗斯国际非政府组织网络，积极参与全球人道主义议程；与世界领先媒体建立合作关系；加入现有的和创建新的国际组织；运用国家软实力提出新的国际标准等。

(二) 俄罗斯第八届国家杜马选举进程与结果

1. 第八届国家杜马选举规则和选举方式的新变化

国家杜马是俄罗斯的立法机构，主要负责起草和制定国家法律与法案，审议总统对政府总理的任命，决定对总统的信任问题。根据《俄罗斯联邦宪法》规定，俄罗斯国家杜马由 450 名代表组成，每届任期 5 年。从 2016 年开始，国家杜马选举按照混合选举制进行。在 450 个国家杜马席位中，225 个席位根据政党名单按照比例代表制在联邦统一选区选出；225 个席位按照相对多数制从 225 个单席位选区选出。在第八届国家杜马选举中，俄罗斯共有 15 个政党召开会议推出本党国家杜马代表候选人名单，并向俄罗斯中央选举委员会提交了文件，最终有 14 个政党经俄罗斯中央选举委员会审核确认具有参选资格。按照政党名单推出的候选人为 3800 人，另有 2000 名候选人申请参加 225 个单选区的选举，其中除了 10 名自我提名的候选人外，其他候选人均来自政党。此次国家杜马选举的候选人共有近 6000 人，平均每个席位的候选人约为 13 人。选举前夕，俄罗斯联邦总统普京向全国发表讲话，他强调选举的意义在于最大程度地表达人民的意愿，在国家发展中实现人民的权利，并敦促俄罗斯人要以负责任的态度对待国家杜马选举。

在新冠肺炎疫情仍没有得到根本性遏制的情况下，2021 年的国家杜马选举对选举工作提出新的要求，在选举方式上发生新的变化。除了在俄罗斯境内设立了 9.6 万个传统的投票站外，在部分选区设置了为期 3 天的远程电子投票，选举委员会指出这是为保证选举广泛性而采取的新举措。然而社会各界对电子投票褒贬不一，支持者认为使用电子投票最主要的好处就是方便和安全，而反对者认为使用电子投票为大规模的选举舞弊开辟了空间。此外，如果出于特殊原因无法通过上述两种方式投票（主要针对因疾病无法离开家的选民），选民还可以在 9 月 9 日至 9 月 14 日申请在家投票，选区委员会的工作人员会带着选票和便携式投票箱上门服务。[1]

2. 选举结果

9月24日,俄罗斯中央选举委员会公布了国家杜马选举的最终结果:在第八届国家杜马选举中,共有1.102亿选民登记,最终投票率为51.72%[2],与2016年47.88%的选举投票率相比有所增加。塞瓦斯托波尔州、库尔斯克州、摩尔曼斯克州、下诺夫哥罗德州、罗斯托夫州和雅罗斯拉夫尔州的远程电子投票率为93.21%,莫斯科的远程投票率则达到96.5%。[3]

根据俄中央选举委员会公布的数据,在本届选举中共有5个政党成功越过了5%的门槛进入国家杜马,这也是进入21世纪以来,俄罗斯首次有4个以上的政治力量进入国家杜马,上一次出现这种情况还是在1999年。按政党名单选举制的得票率和席位如下:统一俄罗斯党以49.82%(2016年为54.19%)的支持率获得126个席位;俄罗斯共产党以18.93%(2016年为13.34%)的支持率获得48个席位;自由民主党以7.55%(2016年为13.14%)的支持率获得19个席位;"公正俄罗斯-为了真理"党以7.46%(2016年为6.22%)的支持率获得19个席位;新人党以5.32%(2016年未成立)的支持率获得13个席位。没有进入国家杜马的政党总共获得了8.85%的选票。

在单选区的选举中有7个政党的候选人和5名自荐候选人获得席位。各党所获席位如下:统一俄罗斯党198个席位,俄罗斯共产党9席,"公正俄罗斯-为了真理"党8席,自由民主党2席,公民纲领党1席,祖国党和发

---

[1] "Как Проголосовать на Выборах Депутатов Госдумы", https://mgsu.ru/news/obyavleniya/45914/.

[2] "ЦИК Признал Выборы в Госдуму Состоявшимися", https://radiosputnik.ria.ru/20210924/tsik-1751619417.html.

[3] "ЦИК Утвердил Результаты Выборов в Думу: Полная Инфографика Нтогов Голосования", https://rtvi.com/stories/tsik-utverdil-rezultaty-vyborov-v-dumu-polnaya-infografika-itogov-golosovaniya/.

展党各 1 席。还有 5 名自荐候选人通过自我提名的方式进入国家杜马，他们分别是阿纳托利·瓦瑟曼、奥列格·列奥诺夫、德米特里·佩夫佐夫、弗拉迪斯拉夫·雷兹尼克、列昂尼德·巴巴索夫。

最终，各政党在国家杜马中所占席位总数如下：统一俄罗斯党 324 席，俄共 57 席，"公正俄罗斯-为了真理"党 27 席，自由民主党 21 席，新人党 13 席，其他党 3 席，无党派人士 5 席。[1]

在国家杜马选举结束后，综合俄塔斯社和俄新社的报道，俄罗斯联邦总统普京在 9 月 27 日以视频方式会见统俄党竞选国家杜马议员候选人名单的 5 位领衔人员，普京说，选举结果反映了俄罗斯民众对统俄党的高度信任。在会见中央选举委员会主席埃拉·潘菲洛娃时普京表示，没有选民、观察员、志愿者以及政党活动家的兴趣和积极参与，就不可能开展国家杜马的工作。与此同时，普京希望国家杜马对俄罗斯的繁荣稳定与未来发展起到决定性作用，要尽其所能不辜负选民的信任。

(三) 第八届俄罗斯国家杜马选举结果分析

1. 各政党力量对比变化

第一，统一俄罗斯党支持率有所下降，但仍保持一党独大局面。在本届国家杜马选举中，统一俄罗斯党的成绩与上一届相比有所下降，这与 2018 年该党倡导的养老金改革所引发的民众不满有关。2018 年政府推动的养老金制度改革引发了民众的强烈不满，这对统一俄罗斯党在俄罗斯国内的支持率造成了消极的影响。因为统一俄罗斯党积极支持政府养老金改革倡议，在重重阻力下，最终国家杜马通过了该法案。据社会舆论基金会的数据显示，2018 年年初统一俄罗斯党的支持率在 51% 左右，而养老金制度改革的出现使其支持率下降到 40%。

---

[1] "Итоги Избирательной Кампании", https://telegra.ph/O-rezultatah-vyborov-sostoyavshih-sya-v-edinyj-den-golosovaniya-19-sentyabrya-2021-goda-CHast-V-09-24.

但是统一俄罗斯党在本次国家杜马选举中仍毫无悬念地获得了三分之二以上的选票，其一党独大的政治局面和在国家杜马中的优势地位没有发生根本性变化。作为目前俄罗斯的第一大党和执政党，它是普京当局推行各项方针政策的坚定支持者和拥护者。同时，总统普京也极力支持统俄党的发展，在国家杜马选举前夕，普京呼吁民众支持统俄党，与总统普京的密切联系成为该党保持胜利的重要原因。从近年来俄罗斯国家杜马选举的情况来看，统一俄罗斯党一直稳居议会第一大党，这与普京的支持是分不开的。从普京授意建党到普京在统一俄罗斯党代表大会上的公开支持，再到普京领衔该党参与国家杜马选举，以及在随后进行的竞选活动中多次呼吁选民投票支持该党，普京的身影无处不在。因此，该党的发展在很大程度上取决于领袖人物的个人魅力和领导力。同时，统一俄罗斯党在国家立法机关的主导地位也有利于总统的决策能够顺利通过。此外，执政党拥有其他政党所不具备的各种资源和技术优势，这也是统俄党取得胜利的重要原因。

第二，俄罗斯联邦共产党在逆境中前行，稳中有进。与 2016 年国家杜马选举失利相对比，俄共在本届选举中取得了明显的进步，这不仅体现在可见的得票率的上升（与 2016 年相比，俄共支持率上升 5.6 个百分点，增加了 15 个议席），而且体现在俄共竞选期间的组织动员能力和群众的支持上。与其他政党相比，俄共用了最少的资金——1.78 亿卢布开展了最有效的竞选活动，而统一俄罗斯党的花费约为 6 亿卢布，自民党近 7 亿卢布，"公正俄罗斯-为了真理"党为 5.42 亿卢布，新人党为 4.55 亿卢布。

在选举前的 9 月 9 日，根据塔斯社发布的三家社会调查机构的公开数字，统一俄罗斯党的支持率为 29.5%。选举两周后的 10 月 1 日，全俄（社会）舆论调查中心再次对统俄党进行评估，其支持率仍为 29.5%，而俄共的支持率则为 23.3%。俄共认为，这组数字比较清楚地说明了稳定的政治力量对比情况，再考虑到 51.7% 的官方投票率和俄共在实际中被吞噬的选票，可以说俄共的社会支持率与 2016 年相比，呈现出明显上升的趋势。在对选举结果进行总结的时候，俄共中央第一副主席伊万·梅利尼科夫指出，很长一段时间以来，左翼议程真正成为全俄罗斯专注的中心并让对手感到紧张，俄共赢得了重大的道德和政治胜利，公众意识发生明显变化。[1] 俄共认为，本次选举是实行混合选举制以来俄共取得的最好成绩，俄共在最困难的条件下赢得了人民的稳定支持，毕竟，俄共不仅在与执政党作战，而且在与庞大的行政力量对抗。[2] 俄共在选举中的进步，一方面说明，受疫情影响，俄罗斯社会中对当局政策不满的选民增加；另一方面说明，俄共在2016年杜马选举失利后采取的坚定的反对派立场和战略调整措施起到了积极的作用。

第三，自由民主党选举失利，"公正俄罗斯-为了真理"党取得小幅进步，新人党异军突起。尽管自由民主党在选举前提出了由100项建议组成的竞选纲领，并花费了巨额资金进行宣传，但由于其主张大多脱离实际，有些甚至匪夷所思，再加上苏联解体30年后俄罗斯社会理性思潮的回归，因此与往届的杜马选举结果相比较，自民党在这次选举中取得了近30年来第二差的成绩，得票率仅为7.55%，比2016年13.14%的得票率缩水了近一半，与其最好的选举结果（2011年的19.19%）相去甚远。"公正俄罗斯-为了真理"党通过打出社会主义旗号，采用与其他左翼政党合并的方式，取得了微小的进步，以7.46%（2016年为6.22%）的支持率获得19个席位。此外，仅仅成立一年、宣称代表中小企业利益的新人党成功突破5%的国家杜马门槛，在新的世纪打破了俄国家杜马仅有4个政党入围的现象。这一方面说明，新人党背后有着较为雄厚的资金支持，党主席涅恰耶夫是全俄人民阵线中央委员，亦属于亲政府的政治力量；另一方面也说明，新人党务实的纲领

---

[1] Доклад Президиума ЦК КПРФ III Пленуму Центрального Комитета КПРФ《Об Итогах Избирательной Кампании 2021 Года и Эадачах Партии по Укреплению Эавоеванных позиций》, Пресс-служба ЦК КПРФ, 2021-10-23.

[2] "Итоги Выборов в Госдуму-2021: Кто и Кого Выбирал, Главные Неудачники и Триумфаторы, Результаты и Прогнозы", https://news.rambler.ru/politics/47281280-itogi-vyborov-v-gosdumu-2021-kto-i-kogo-vybiral-glavnye-neudachniki-i-triumfatory-rezultaty-i-prognozy/.

主张在一定程度上契合了部分选民的利益,填补了某些方面的政策短板。

2. 杜马选举结果为俄罗斯政治稳定奠定基础

2021年的国家杜马选举是在2020年俄罗斯修宪的背景下进行的,国家杜马权力的调整也是修宪的内容之一。这次修宪不仅是技术环节上的调整,而且是对包括政治、社会、民族、文化、外交等领域在内的国家基本制度、机制、法律各个方面的全面调整,把普京总统的现行治国路线与理念以法律化的形式体现在了宪法中,即"总统权力的高度集中统一、联邦运行机制的事实单一、国家安全的统筹协调"[1]。

作为2024年俄罗斯联邦总统选举前最重要的一次选举活动,2021年的国家杜马选举结果将会直接影响接下来几年俄罗斯的政治走向。在2021年的国家杜马选举中,尽管执政党统一俄罗斯党的支持率有所下降,但仍实现了保持宪法多数地位的目标,该党推荐的候选人维亚切斯拉夫·沃洛金再次当选国家杜马主席。此外,该党党员还担任国家杜马副主席以及立法委员会和安全委员会等重要部门的主席职位,这为俄罗斯的政治稳定打下了基础。

二、2021年独联体其他国家政党政治发展

(一) 乌克兰、白俄罗斯和摩尔多瓦三国的政党政治发展

1. 乌克兰

乌克兰独立以来,政治体制几经转换,在总统制和议会制之间来回切换。2014年乌克兰危机后,乌克兰开始实行总统制,但是乌克兰政治局势的动荡并未就此结束,政党的政治功能呈衰弱的趋势,政党的发展也缺乏稳定的制度环境。截至2021年1月1日,乌克兰国内共有365个合法注册的政

---

[1] 庞大鹏:《新一届国家杜马选举折射俄罗斯政治基本特点》,载《世界知识》,2021年第21期。

党，其中有 50 多个活跃政党，政党多而散，呈现出碎片化格局，政党制度发展还很不成熟。乌克兰的政党并不能实现代表群体的利益诉求功能，反而常纠缠于上层政治利益的斗争中。

在 2019 年乌克兰第九届最高拉达的选举中，共有 5 个政党进入。其中，人民公仆党在选举中获得 43% 的得票率，在议会中共获得 254 个席位。其他进入最高拉达的政党还有"反对派平台——为了生活"党、欧洲团结党、祖国党、声音党。执政党为人民公仆党。

人民公仆党于 2016 年 4 月 13 日正式注册，主要领导人和创始人是现任总统弗拉基米尔·泽连斯基。该党的意识形态定义含糊，一直处于摇摆不定的状态。2019 年 5 月 22 日，乌克兰最高拉达第一副主席鲁斯兰·斯特凡丘克，在接受乌克兰互联网出版物"左岸"采访时表示，人民公仆党的意识形态是建立在自由主义意识形态基础上的。然而几周后，时任人民公仆党主席的德米特里·拉祖姆科夫在接受同一出版物的采访时则表示，该党不能走自由主义的道路，因为它的目标是几乎完全消灭国家。2019 年 11 月，该党的新领导人亚历山大·科尔尼延科宣布改变意识形态，称人民公仆党是试图将自由主义思想与社会主义思想结合起来的政治力量。2020 年 10 月 22 日，人民公仆党代表尼基塔·波图拉耶夫将党的意识形态定性为中派自由主义。2020 年 11 月 10 日，人民公仆党特别代表大会第一阶段会议在基辅召开，党的领导层换届，正式宣告转变意识形态，强调党的意识形态是乌克兰中派主义，不是"右派"或"左派"，不是民族主义者或分离主义，否认政治极端和激进意识形态，并称党的目标是领导乌克兰走上发展和进步的道路。[1]在这次代表会上，该党领导人更换为亚历山大·科尔尼延科。

2021 年，乌克兰最高拉达通过了《去寡头化法》。有媒体分析认为，自独立以来，寡头因素成为乌克兰政治体制的重要特征和导致国家治理困境的

---

[1] https://sluga-narodu.com/about/ideology/.

关键因素。伴随着经济、政治和社会的全面转轨，乌克兰寡头与政治精英建立起非正式的关系网络，并通过担任正式的政治职位和控制主要的大众媒体，操纵政治决策过程，以保持和扩大寻租机会。作为乌克兰精英政治的主要特征，寡头政治不仅是危机的原因，更是危机的结果。寡头通过控制乌克兰银行、石油、天然气、重要媒体来操纵国家的政治生活，对经济进行垄断，阻碍了国家的发展和民主进程。寡头干政是乌克兰政治发展过程中的顽疾，寡头在总统选举和议会选举中发挥重要作用，甚至决定着乌克兰外交政策的走向。寡头影响已经融入乌克兰的经济、政治和社会之中，打破寡头政治体系将是一项长期挑战。2021 年 9 月 23 日，在总统泽连斯基的强烈支持下，乌克兰最高拉达通过了饱受争议的《去寡头化法》。该法案试图明确寡头的定义，规范当局与寡头的关系。但是乌克兰各政治派别对该法案意见分歧严重。反对派认为该法案是在议长缺席的情况下通过的，不符合程序，内容充满矛盾，对寡头的认定取决于总统个人，立法者的主要目的是篡夺权力、勒索财产，在该法案实际的实施过程中将加大总统权力，反对派有可能被有针对性地清算。未来，该法案究竟能对乌克兰的寡头干政现象产生多大效应还有待观察。[1]

2. 白俄罗斯

白俄罗斯多党制形成的初始阶段可以追溯到苏联末期，在当时民主化、多元化浪潮的影响下，白俄罗斯发展起十多个非正式组织和运动。1990 年 10 月 9 日，白俄罗斯开始允许政党注册登记。到 1997 年白俄罗斯一共有 43 个正式注册过的政党。根据白俄罗斯总统亚历山大·卢卡申科的指令，从 1999 年 1 月 26 日开始，白俄罗斯司法部对本国所有政党、工会和社会组织重新进行注册登记，结果白俄罗斯政党的数量大为减少。从 2005—2015 年，

---

[1] 李秀蛟:《〈去寡头化法〉难解乌克兰寡头干政的顽疾》，载《世界知识》，2021 年第 21 期。

白俄罗斯的政党制度经历了 10 年的重大转变，规范政党行为的相关法律发生变化，一系列政党因此失去合法地位，政党数量持续减少，目前在白俄罗斯司法部门正式登记注册的政党总数为 15 个。白俄罗斯政党在国家政治生活中的作用进一步减弱，弱政党政治格局已经形成。

强有力的总统制、民众政治参与热情较低及政党自身局限性等因素是白俄罗斯弱政党格局形成的主要原因。白俄罗斯大部分政党成员数量不多，无固定组织，缺乏在新的条件下改变策略的能力；多数政党没有明确和固定的社会基础，一部分政党的社会基础狭窄，仅仅依靠一部分知识分子、大学生和学者，很难获得工人和农民的支持。多数政党没有提出自己的政治、经济主张，尽管它们赞成转向市场、民主、法制和主权国家，然而在它们的政党纲领中缺少这种过渡机制，也没有对经济社会发展提出建设性的建议和规划。由于缺乏物质基础和技术基础，很多政党没有自己的媒体和网站，而国家媒体和独立媒体一般都极力与政党保持距离。此外，白俄罗斯的选举制没有引进大部分独联体国家实行的部分多数制、部分比例制（按政党名单）的选举制度，而采用了区别于其他独联体国家的单一的多数选举制，这在客观上阻碍了政党的发展。根据白俄罗斯宪法规定，白俄罗斯的立法机构是国民会议。国民会议由共和国院（上院）和代表院（下院）两院组成，共和国院一共由 64 名代表组成，其中 56 名代表由全国的地方议会选出，其余 8 名代表由总统任命。代表院由 110 名代表组成，由选民以无记名投票方式直接普选产生。通过竞选运动进入议会是政党重要的活动方式，但是白俄罗斯特殊的议会选举制度使得进入议会的政党数量越来越少，政党在白俄罗斯政治生活中的作用也没有得到应有的体现。在 2019 年的第七届议会选举中，白俄罗斯共产党获得 11 个席位，劳动与公正共和党获得 6 席，白俄罗斯爱国党获得 2 席、自由民主党、白俄罗斯农业党各获得 1 席，无党派人士获得 89 席。

白俄罗斯共产党是当今白俄罗斯国内的主要政党之一，拥有党员 6500

多人，在白俄罗斯首都明斯克和所有6个州拥有400多个基层组织，在历届议会选举中都有代表进入代表院。该党在理论和实践活动中以发展的马列主义为指导，目标是人民政权、社会公正、社会平等和社会主义。白俄罗斯共产党全面支持并认同总统卢卡申科领导的白俄罗斯现政权所实行的国家发展模式和各项内外政策，认为白俄罗斯今天所走的社会发展道路和现政权所实行的各项政策与白共的纲领主张在很大程度上相吻合，是一条非常接近社会主义的道路。[1] 2021年，白俄罗斯共产党召开了两次全会。4月的全会主要探讨了在政治上巩固党组织和强化党的基层组织的问题；10月与白俄罗斯青年联盟的联合全会上，主要讨论了在新的国内政治环境中，如何制定行动计划以确保广大人民参与制定和实施最重要的国家方针政策，形成政府与社会的良好互动。

2020年白俄罗斯总统选举后，旷日持久的抗议示威运动爆发，白俄罗斯政治局势持续动荡。在这一关键时期，2021年2月11日，白俄罗斯第六届全国人民大会召开（每五年召开一次），基本肯定了白俄罗斯第五届全国人民大会的决议执行情况，制定了今后5年白俄罗斯经济社会发展规划，并把经济现代化、创造舒适生活、确保社会稳定和公民福利作为主要发展目标，继续优先发展社会事项。此外，面对危机，以卢卡申科总统为首的白执政当局也作出了让步，表示将尝试修改宪法以解决危机。白俄罗斯现行宪法于1994年通过，并分别于1996年和2004年进行了修订，扩大了总统权力。白俄罗斯从2016年开始讨论关于宪法修改的问题，2020年政治危机爆发后，对宪法修改的讨论开始频繁被提及，执政当局也表示不排除将限制总统权力并在修宪后举行大选的可能性。为此，白俄罗斯成立了专门的机构，着手修宪工作。关于修宪的讨论主要集中在以下几点：重新分配总统、议会和地方当局的权力；议会代表选举从多数选举制过渡到混合选举制（以加强政党在

---

[1] "Белорусский Вектор", *Коммунист Беларуси -Мы и время*, No. 1（941）от 02.01, 2015.

国家公共生活中的作用）；将白俄罗斯共和国国民议会和地方议会的任期延长至 5 年；赋予全白俄罗斯人民议会宪法机构的地位等。2021 年 7 月，白俄罗斯公布了宪法修正案草案，其中规定总统任期不能超过两届，总统不再能够发布具有法律效力的法令，已卸任的总统享有豁免权；白俄罗斯全国人民大会是人民政权的最高代表机构，任期由 4 年改为 5 年，具有决定国家政策方向、举行全民公决、引入紧急状态、弹劾总统的权力等。[1] 白俄罗斯修宪公投于 2022 年 2 月举行。

3. 摩尔多瓦

自独立以来，摩尔多瓦的政权组织方式经历了几次变化，并没有形成稳定的政治制度。在 2000 年以前，摩尔多瓦处于半总统制、半议会制的过渡状态。2000 年，摩尔多瓦通过了宪法修正案，限制了总统权力，总统的产生方式也由直选改为议会选举产生，自此开始实行议会民主制。但是自 2009 年摩尔多瓦共产党人党的领袖弗拉基米尔·沃罗宁卸任总统后，由于议会内右翼执政联盟与共产党人党的矛盾激化，导致摩尔多瓦长达 3 年没有选出总统，只能由议长行使代总统的职责。2016 年，摩尔多瓦恢复了总统由全民投票产生的选举制度，目前仍处于半总统、半议会制度的调整时期。

在 2020 年的总统选举中，亲西方的候选人、原总理马娅·桑杜战胜了亲俄的时任总统伊戈尔·多东，成为摩尔多瓦首位女总统。但是由于议会内亲西方派与亲俄派的激烈斗争，组阁频频出现问题，2021 年 4 月 28 日，总统桑杜签署行政令，依法解散议会。2021 年 7 月，摩尔多瓦提前举行了议会选举。摩尔多瓦议会实行一院制，共有 101 个议席，任期 4 年。摩尔多瓦国内目前有 45 个正式注册的政党，议会中的主要政党有团结与行动党、共产党人党、社会主义者党、自由党和民主党等。这次议会选举取消了 2019 年

---

[1] "Власти Беларуси Показали Поправки к Конституции", https：//meduza.io/feature/2021/12/27/vlasti-belarusi-pokazali-popravki-k-konstitutsii-oni-pozvolyayut-lukashenko-izbiratsya-esche-dvazhdy-a-potom-navsegda-poluchit-neprikosnovennost.

选举时引入的混合选举制，全部代表都按照政党名单选举产生。亲总统的团结与行动党获得 101 个席位中的 63 个，赢得多数党地位，社会主义者党和共产党人党组成的竞选联盟位居第二，获得 32 个席位，第三名的绍尔党获得 6 个席位。议会大选后，总统桑杜的支持者可单独组建政府，桑杜表示将会把解决社会问题和民生问题作为第一要务。取得议会多数的团结与行动党可独立组建政府，无须与其他政党结盟，这也是桑杜决定解散议会提前进行议会选举的主要目标。

执政党团结与行动党为亲欧洲政党，由桑杜于 2016 年创建。该党属于中右翼政党，主张社会自由主义，致力于推动摩尔多瓦加入欧盟。在这次选举中，由共产党人党和社会主义者党组成的竞选联盟，没有取得议会多数，主要原因在于其竞选纲领与民众需求脱节，将竞选重点放在了地缘政治问题上，而非民众关心的贫困、就业、反腐败问题。可以预见的是，此次议会选举在一定程度上缓解了摩尔多瓦政治分裂的问题，亲西方政党的影响力可能不断上升，亲俄政党的影响可能下降，这将推动摩尔多瓦与西方关系的加强。

（二）中亚五国政党政治发展

1. 哈萨克斯坦

自 2019 年卡瑟姆若马尔特·托卡耶夫上台后，哈萨克斯坦开启了涉及政治、经济、社会各个领域的全方位改革。2020 年 5 月，托卡耶夫签署并批准了《哈萨克斯坦选举法修正案》《哈萨克斯坦政党法修正案》《哈萨克斯坦共和国议会及其代表地位法修正案》《就议会反对党问题对哈萨克斯坦议会委员会进行补充修改》等一系列法案。根据新的法规，哈萨克斯坦注册政党所需征集的签名数量由原来的 4 万人下降为 2 万人；重新定义了"反对党"并将其合法化，赋予反对党提名下议院常设委员会主席候选人的权利；

提高了妇女和青年的选票配额等。[1] 新的法案在一定程度上展示了现政权推进政治改革的决心,将对哈萨克斯坦多党制向前发展产生积极影响。在这一背景下,2021年1月,哈萨克斯坦举行了议会下院选举,执政党"阿马纳特"党(时名"祖国之光"党)继续保持一党独大地位,获得71.9%的选票;人民党获得9.1%的选票;"光明道路"民主党获得10.95%的选票。

"阿马纳特"党成立于1999年,拥有76万名党员,党主席为首任总统努尔苏丹·纳扎尔巴耶夫。2021年11月,纳扎尔巴耶夫称已决定将党主席职务移交给现任总统托卡耶夫。根据2021年选举前该党发布的竞选纲领,该党提出了"人人过上体面生活"的口号,并强调政策的连续性,认为要继续加强国家主权、独立和安全,巩固社会稳定与和谐,继续改善人民生活水平;强调为每一个哈萨克斯坦公民创造公平的实现个人成功和增加福祉的机会;为了回应时代提出的挑战,追求进步和在先进技术及各个领域进行创造性的改变,力图让哈萨克斯坦跻身世界先进国家之列。[2]

人民党的前身是哈萨克斯坦共产人民党,是于2004年从哈萨克斯坦共产党分离出来一部分共产党人组建的。该党自称为建设性反对派,在2012年和2016年的议会选举中均进入议会,党员规模为10万人左右,是中亚地区较有影响力的共产党组织。但在2021年议会选举前,哈萨克斯坦共产人民党在第十五次非常代表大会上,将党的名称修改为人民党。党的领导人艾肯·科努罗夫认为,之所以在党的名称中去掉"共产"一词是基于消除反共宣传的负面影响、扩大选民、重塑政党口碑的要求,党将继续坚持社会主义的前进方向,但将放弃阶级斗争的思想,主要任务建设一个社会取向的国家

---

[1] 陈寒旭、韩隽:《托卡耶夫执政后哈萨克斯坦形势政策述评》,载《西伯利亚研究》,2021年第4期,第105—119页。

[2] https://nurotan.kz/election-program-2021?lang=ru.

和提高哈萨克斯坦人民的生活水平。[1]

"光明道路"民主党成立于2002年，是哈萨克斯坦政坛的右翼政党，是现政权的建设性反对派。在2021年议会选举前提出的竞选纲领中，该党认为，哈萨克斯坦正处于全新的过渡时期，需要系统地调整政府各部门之间的平衡关系，但是疫情大流行暴露出了国家公共行政系统的致命弱点：官僚主义和腐败、社会不公和贫富差距、经济和权力垄断。"光明道路"民主党提出，为了摆脱国家目前的困境，国家应向以下方向转变和过渡：一是国家独立和国家利益优先；二是实行民主议会制，反对官僚主义和避免权力垄断的最有效手段是加强政府机构透明度和社会问责制，即民主制，同时国家从总统制过渡到议会制；三是反腐败和去海外化，收归惩治腐败没收的数十亿美元为国家所有，保障社会公正；四是继续发展市场经济，支持创业，解决失业问题等。[2]

值得注意的是，新冠肺炎疫情对哈萨克斯坦的经济和社会发展造成严重冲击。受疫情影响，2020年哈萨克斯坦经济停止了多年来的正增长，工业、农业和服务业均受到较大影响，居民消费价格指数和通货膨胀率持续走高，失业人数骤增。虽然托卡耶夫政府采取了一系列措施，如减免企业税收、为弱势群体提供一定支持等，但效果甚微。在这种形势下，各种反对派趁势活跃起来，对哈萨克斯坦的政治稳定造成了隐患。2022年1月1日，哈萨克斯坦大幅提高了天然气价格，这成为后续爆发大规模抗议活动的导火索，对哈萨克斯坦权力过渡的稳定性产生了消极影响。

2. 吉尔吉斯斯坦

自独立以来，吉尔吉斯斯坦在政治制度上完全照搬西方民主政治模式。

---

[1] "Как и Почему КНПК Переименовали в Народную Партию Казахстана", https://vrk.news/2537-20201112-114852.

[2] "Перемены Неизбежны（2020г）- Официальный Сайт Демократической Партии 《Ак жол》(akzhol. kz）", https://akzhol.kz/ru/partija/predvybornye-platformy/peremeny-neizbezhny/.

但是照搬的西方模式并没有为吉尔吉斯斯坦带来"民主",反而使得历次重大选举活动都伴随着政治动荡。2010年通过的新宪法将国家政治体制改为议会共和制。经过10年的发展,就在人们都认为吉尔吉斯斯坦议会制逐渐完善的时候,2020年议会选举后发生的政治骚乱令吉政治前景的不稳定性和不确定性陡然增加。在此次议会选举中,亲总统的3个政党——"统一"党、"吉尔吉斯斯坦—我的祖国"党、"吉尔吉斯斯坦"党获得了压倒性的胜利。选举结果一经公布,反对派政党就举行了游行示威活动。随着抗议活动的不断升级,议会大楼被占领。迫于形势,吉中央选举委员会同意进行二次选举。直到2020年10月时任总统索隆拜·热恩别科夫正式辞职后,政治骚乱才得以平息。

2021年1月,吉尔吉斯斯坦举行了总统选举和宪法公投,代总统萨德尔·扎帕罗夫赢得选举。新宪法于5月5日生效。根据新宪法,吉国家政体由议会制过渡到总统制,并规定吉议会议员人数从120人削减至90人,吉议会为一院制,任期5年。2021年11月28日,吉尔吉斯斯坦举行了第七届议会选举。此次议会选举按照新的多数比例制进行。共有1418名候选人参加此次选举,其中包括21个政党和政治组织的代表及独立候选人。根据最新规定,新一届议会由90人组成,其中按政党比例代表制选出54名议员,在单一授权选区选出36名议员,得票最多的候选人获得席位。根据中央选举委员会的统计结果,"吉尔吉斯斯坦故乡"党等6个政党得票率超过5%,进入议会。其中得票最多的吉故乡党获得了17.32%的选票。[1]

吉尔吉斯斯坦这一波政治动荡表明,吉尔吉斯斯坦的政党体制仍有待成熟,现有259个政党大多数只在选举期间举行活动,没有明确的纲领和意识形态主张,多数为精英政党,地区分支机构也不发达。未来,吉尔吉斯斯坦议会制向总统制的转变,在一定程度上预示着政党在未来吉尔吉斯斯坦政治

---

〔1〕 "ЦИК КР Подвела Итоги Голосования", https://www.shailoo.gov.kg/ru/news/6048.

生活中的作用将进一步被削弱。

3. 乌兹别克斯坦

乌兹别克斯坦是总统制国家，实行多党制，不仅政党的数量受到控制，而且政党在政治生活中发挥的作用也是有限的。乌1992年通过的宪法禁止各种政党和社会组织从事反政府的活动，目前仅自由民主党、"民族复兴"民主党、"公正"社会民主党、人民民主党和生态党等几个公开声明拥护政府的政党被批准进入议会。2019年12月—2020年1月，乌兹别克斯坦举行了最高议会立法院的选举。与以往不同的是，这次选举根据新的选举法采用直接比例选举制进行。选举打出口号"新乌兹别克斯坦——新选举"，各个政党在实际意义上与选民进行了互动、展开竞争，领导人在媒体上开展辩论，争夺150个席位。此次选举首轮投票于2019年12月22日举行，选举产生了150名议员中的128名。由于22个选区的候选人获得票数未过半，需进行第二轮投票。2020年1月5日，乌兹别克斯坦在25个选区（上述22个选区和首轮投票中3个选票作废的选区）举行了第二轮议会下院选举投票。投票结果显示，乌自由民主党获得53席、"民族复兴"民主党获得36席、"公正"社会民主党获得24席、人民民主党获得22席、生态党获得15席。

亲总统的自由民主党成立于2003年，在历届议会下院选举中一直保持多数席位。该党属于中右翼政党，在伊斯兰·卡里莫夫主政时期，其意识形态以经济自由主义或保守自由主义为基础，具有坚定的世俗主义、反教权主义和反共反苏特征，以及温和的乌兹别克民族主义和传统主义特征。沙夫卡特·米尔济约耶夫上台后，该党明显的反苏主义有所消退。该党的主要目标是制定基于民主、市场经济和法治的符合国家利益的发展战略和行动纲领；促进国家现代化建设和经济稳定发展，为创业自由提供切实保障，消除所有者阶层形成的障碍，积极参与解决深化市场化改革的重大问题；提出旨在进一步深化国家和社会建设领域的民主转型、形成强大的公民社会的倡议；积极参与农业改革，进一步发展农业，在农村形成真正的所有者；等等。[1]

2021年10月，乌兹别克斯坦举行了总统选举。在没有任何悬念的情况下，现任总统、自由民主党提名的总统候选人米尔济约耶夫成功连任。与卡里莫夫时代不同的是，乌兹别克斯坦的媒体开始出现批评现政权的声音，在过去3年内出现了200多次大大小小的抗议活动。在第二任期内，如何在不削弱政权基础的情况下继续进行各项改革，将成为米尔济约耶夫面临的真正挑战。

4. 塔吉克斯坦

独立以后，塔吉克斯坦各种政治、宗教、地方势力斗争激烈。1992年3月爆发内战后，塔政局持续动荡。直到1997年6月，在各方斡旋下，塔吉克斯坦开始了民族和解进程。1998年，塔吉克斯坦通过了《社团法》和《政党法》，这些法律规范了政党之间的关系，明确了政党的地位、权利和义务等，促进了塔吉克斯坦多党制向前发展。1999年，塔吉克斯坦以全民公决的方式通过了新宪法，规定国家实行总统制，每届总统任期为5年，可连任1次，后修宪将总统任期改为7年，并以法律的形式确定总统任期次数限制不适用于"民族领袖"埃莫马利·拉赫蒙。塔吉克斯坦议会为两院制，是国家最高代表机关和立法机关。其中上议院由33名议员组成，产生方式为从地方议会代表中选出和总统直接任命。下议院有63个议席，其中41席按地方选区由选民选出，22席从得票率超过5%的政党代表中按比例选出。2000年2月27日和3月23日，塔吉克斯坦分别举行了首次议会下院和上院选举。目前，塔吉克斯坦有7个正式注册的政党，具有较大影响力的是人民民主党、农业党、经济改革党、共产党、社会党、民主党等。

2020年，塔吉克斯坦举行了总统选举和议会下院选举，总统拉赫蒙成功

---

[1] "Программа Движения Предпринимателей и Деловых Людей- Либерально-Демократической Партии Узбекистан", https: //uzlidep.uz/ru/party-program.

连任，开始了自己的第五个总统任期。与白俄罗斯和吉尔吉斯斯坦不同，塔吉克斯坦的总统选举几乎是在没有任何波澜的情况下进行的。在 3 月的议会选举中，7 个政党争夺下议院的 22 个席位。由总统拉赫蒙领导的人民民主党获得 12 个议席，保持了执政党地位，经济改革党和农业党分别获得 4 个议席，社会党和民主党各获得 1 个议席。[1] 唯一的反对党社会民主党未能进入议会。执政党人民民主党成立于 1994 年，总统拉赫蒙于 1998 被选为党主席。长期以来，该党一直保持着执政党地位，拥有约 46 万名党员，其成员在政府和议会中担任要职。该党属于中左翼政党，其主要目标是建设一个经济稳定、主权独立、民主、世俗和以社会为导向的统一国家，并把改善福利、保护公民利益作为自己的任务。2021 年，该党在庆祝成立 27 周年之际，强调自己在加强塔吉克斯坦的国家独立中发挥了重要作用，并带领塔吉克斯坦走上了和平、稳定、繁荣和进步的道路。[2]

从短期来看，塔吉克斯坦无人能撼动拉赫蒙的地位，其长达 29 年的执政在国内树立起了绝对的权威，亲政府的 6 个卫星党也成为拉赫蒙继续巩固政权的支持力量。

5. 土库曼斯坦

一直以来，土库曼斯坦都被视为中亚最神秘的国家，这主要是因为该国并非独联体国家，较少参与国际事务。土库曼斯坦为总统制国家，在 2008 年以前，全国只有一个政党即土库曼斯坦民主党。该党是由苏联解体之前的土库曼斯坦共产党改组而成，从解体至今一直是土库曼斯坦的执政党。萨帕尔穆拉特·尼亚佐夫总统去世后，根据 2008 年人民委员会一致通过的决议，

---

[1] "ТАСС: Правящая Партия Таджикистана Победила на Парламентских Выборах", https://khovar.tj/rus/2020/03/tass-pravyashhaya-partiya-tadzhikistana-pobedila-na-parlamentskih-vyborah/.

[2] "Роль Народной Демократической Партии Таджикистана в Укреплении Государственной независимости", https://khovar.tj/rus/2021/12/rol-narodnoj-demokraticheskoj-partii-tadzhikistana-v-ukreplenii-gosudarstvennoj-nezavisimosti-pod-takim-nazvaniem-proshla-respublikanskaya-konferentsiya/.

当年9月通过了新宪法，允许国内建立多个政党，允许公民在宪法和法律框架内创建政党和其他社会团体，允许政党提名总统候选人。当前，土库曼斯坦有3个正式注册的政党。2018年3月25日，土库曼斯坦举行议会选举，来自各政党和公民团体的284名候选人竞选议会中的125个席位。根据土库曼斯坦中央选举委员会公布的计票结果，时任总统库尔班古力·别尔德穆哈梅多夫领导的执政党民主党获得56个席位，工业企业家党和农业党各获得11个席位，公民团体提名的候选人（即独立候选人）获得48个席位。

2020年9月，土库曼斯坦人民委员会通过了宪法修正案。该修正案规定，从2021年开始，土库曼斯坦议会改为两院制，人民委员会为上议院，拥有56个席位，下议院有125个席位。2021年3月，土库曼斯坦举行了首次上议院选举，选举方式为间接选举，议员由地方议会代表和总统任命的方式产生。2021年4月14日，人民委员会（上议院）召开了第一次会议。

（三）外高加索三国政党政治发展

1. 阿塞拜疆

作为总统制国家，自2016年宪法公投后，阿塞拜疆总统的各项权力得到了进一步加强，总统任期从原来的5年改为7年，总统有权解散议会和提前举行议会选举与总统选举。阿塞拜疆国民议会选举原定于2020年11月举行。2019年12月2日，阿国民议会通过决议，呼吁总统尽快解散议会并提前举行议会选举。一些议员认为阿塞拜疆正在进行各项改革，立法机构也必须改革。总统阿利耶夫随后签署命令，解散国民议会并定于2020年2月9日提前举行议会选举。阿塞拜疆宪法规定，阿议会实行一院制，是阿最高立法机关，由125名议员组成，任期5年。在此次选举中，议会代表按照多数选举制直接选举产生，执政党新阿塞拜疆党在国民议会选举中获胜，赢得议会多数席位（70席），41位独立候选人进入议会，公民团结党、祖国党、民主革命党、民主教育党有少数代表进入议会。

新阿塞拜疆党成立于1992年。自1995年以来，该党一直占据着议会的多数席位,是亲政府的中右翼政党,党员人数约为 80 万人。该党的意识形态基础为世俗主义、阿塞拜疆民族主义,目标是建立一个以社会为导向的团结公正的法治社会,当前的任务是加强国家独立、民主和世俗性,确保人民过上和平和繁荣的生活。自 2005 年以来,该党一直由总统伊利哈姆·阿利耶夫担任党主席。

2021 年 3 月,新阿塞拜疆党召开了第七次代表大会,作为党主席,阿利耶夫在代表大会上发表主旨报告,强调在当前,阿塞拜疆正在进行大规模的社会改革,各项改革举措在改善社会政治环境方面发挥着重要的作用;在与亚美尼亚的冲突中,国家恢复了领土完整;国家成功的能源政策和交通政策,不仅促成了地区能源和交通走廊的形成,而且为该地区乃至广义的欧亚空间合作创造了新的格局。[1] 目前,阿利耶夫在国内的支持率较高,政局相对稳定。

2. 亚美尼亚

亚美尼亚实行议会制多党制,国民议会代表按照比例代表制从政党名单中选出。亚美尼亚议会为一院制,本届议会共设 107 个议席,每届任期 5 年,得票率超过 5% 的政党或超过 7% 的政党联盟可以进入议会。2021 年 6 月 20 日,亚美尼亚举行了提前议会选举。选举原定于 2023 年 12 月 9 日举行,但由于 2020 年纳戈尔诺-卡拉巴赫战争之后的政治危机以及据称于 2021 年 2 月发生的未遂政变,尼科尔·帕什尼扬宣布提前举行议会选举,并认为此举有利于缓解当前的政治危机。自 2018 年以来一直担任总理的帕什尼扬于 2021 年 4 月辞职,第七届国民议会随后于 5 月 10 日解散,帕什尼扬继续担任代总理直至选举。选举结束后,帕什尼扬领导的公民协议党获得 53.92% 的选票,赢得 71 个席位,即在 107 个席位的议会中获得多数席位。

---

[1] "Состоялся VII Съезд Партии《Ени Азербайджан》", https://caliber.az/post/prezident-vystupil-na-vii-sezde-partii-eni-azerbaidzan-fotoobnovleno-1639.

前总统罗伯特·科恰良领导的反对派亚美尼亚联盟获得 29 个席位排名第二。其余政党及政党联盟得票率均未超过宪法规定的进入议会"门槛"。

执政党公民协议党成立于 2013 年。该党宣称自己没有明确的意识形态。领导人帕什尼扬认为，在 21 世纪政治意识形态之间不再有明确的界限，公民协议党不能用自由主义、中间主义或者社会民主主义去定义，因为党的目标已经超越了"主义"。尽管如此，该党在现实中仍被认为具有自由主义和中间激进主义的特征。该党的目标是在未来 20 年内将亚美尼亚人口翻一番，确保所有公民的人权和自由，消除一切形式的腐败，并在保护环境的同时进一步发展经济，在外交政策上主张与欧盟发展更密切的关系。[1]

3. 格鲁吉亚

2017 年，格鲁吉亚通过宪法修正案，规定格鲁吉亚从半议会半总统制国家转变为议会制国家，总统权力受到限制，政府首脑为总理。2020 年 3 月，格执政党"格鲁吉亚梦想-民主格鲁吉亚"党（以下简称"格民党"）与反对派签署谅解备忘录，就议会选举制度改革达成一致。6 月，格议会通过宪法修正案，确定议会 150 个席位中的 120 个按政党比例制选出。2020 年 10 月至 11 月的议会大选中，执政党格民党赢得选举，总席位数达到 90 个。选举结果公布后，格反对派立马掀起抗议运动。格反对派虽处于高度碎片化状态，短期内难以挑战格民党的执政地位，但新选举制度也为格执政当局埋下"祸根"，在选票比例与 2016 年非常接近的情况下，执政党锐减 25 个议席，反对派增加 14 个议席，如果反对派克服碎片化状态加速整合，美西方加大对反对派的援助力度，格政局将走向不确定。

2020 年格鲁吉亚的政治动荡延续到了 2021 年。执政党格民党与反对派的对抗仍在继续，并且随着前总统米哈伊尔·萨卡什维利的回归和被捕而升级。欧盟和美国的斡旋无助于解决格鲁吉亚的政治对抗。此外，新冠肺炎疫

---

［1］ https：//www.civilcontract.am/hy.

情对经济的影响、公共生活秩序的混乱加剧了格鲁吉亚国内的不稳定局势。无论是执政党还是反对党，都没有明确提出格鲁吉亚国家发展规划和摆脱危机的计划。

三、独联体各国 30 年的政党政治进程特点和前景

总结独联体各国独立 30 年以来的政党政治发展进程，可以得出如下结论。

第一，总体上该地区各国的政党制度仍处于转型与过渡时期。苏联解体后，该地区各国家都开启了从一党制向西方式多党制的转型与过渡进程（土库曼斯坦的这一进程始于 2008 年），但是多数国家或出于当局掌控局势需要，或出于有利于执政党竞选的考虑，或迫于反对派抗议的压力，甚至是受外部势力博弈影响，频繁修改政党法和选举法。部分国家的政权组织形式在总统制和议会制之间来回切换，部分国家处于半总统制、半议会制的过渡状态。在这种情况下，政党的发展缺乏稳定的政治环境，政党制度也没有完全定型，仍处于转型与过渡时期。

第二，弱政党政治格局逐渐形成。社会转型的需要在一定程度上决定了该地区多数国家选择强有力的总统制作为本国的政权组织形式，这在客观上导致政党在国家政治生活中的作用被削弱。此外，该地区政党自身也存在发展不足、纲领模糊、群众基础薄弱、分支机构与基层组织缺失等问题，这让政党很难发挥其表达特定群体利益与诉求的功能。

第三，执政党一党独大现象普遍。除了白俄罗斯的单一选举制不按政党名单进行外，无论是在 2021 年举行了议会选举的 5 个国家（俄罗斯、哈萨克斯坦、吉尔吉斯斯坦、亚美尼亚、摩尔多瓦），还是 2021 年之前进行议会选举的国家，选举结果几乎都呈现出执政党一党独大的现象，反对党出于各种原因无法与执政党相抗衡，个别国家甚至不存在真正的反对党。

第四，共产党面临多重困境，发展举步维艰。苏联解体后，独联体各国的共产党在总体上经历了全面被禁、恢复重建、强势崛起、挫折分裂、重新整合几个发展阶段。在总体相似的发展趋势下，该地区各国共产党实际上是在不同的政治环境下运行和开展工作的，一部分共产党经过长期斗争与实践，已经发展成为本国重要的政治力量，如俄罗斯联邦共产党、白俄罗斯共产党；一部分共产党未能保持20世纪末21世纪初的强势状态，在本国政治格局中逐渐被边缘化，如吉尔吉斯斯坦共产党人党、摩尔多瓦共产党人党；还有一部分共产党受到本国执政当局打压，合法政党地位得而复失，如乌克兰共产党、哈萨克斯坦共产党；另有一部分共产党至今未能恢复重建，只能在地下开展活动，如土库曼共产党和乌兹别克斯坦共产党等。目前，受主客观原因影响，独联体各国的共产党面临着各种困难与挑战，整体上仍在低迷中徘徊。

第五，政治动荡风险犹存。当前，该地区国家正在努力克服因新冠肺炎疫情造成的经济下滑趋势，并在2021年年初见成效，但在世界经济不景气的大环境下，困难依旧很多，一些国家的经济改革和发展规划推进受阻，这成为该地区局势不稳定的因素之一。此外，权力交接过程中存在的风险（如哈萨克斯坦、吉尔吉斯斯坦、白俄罗斯等国）、潜在的和现实的地区战争与冲突风险（如乌克兰危机、第二次纳卡战争）、以美国为首的西方（北约）和俄罗斯在地缘政治领域的博弈均是未来该地区政治不稳定的潜在威胁因素。

第九章
中东欧国家政党政治发展与研究

鞠 豪*

中东欧国家原指由冷战时期的东欧8个社会主义国家演变而来的13个国家，包括波兰、捷克、斯洛伐克、匈牙利、罗马尼亚、保加利亚、斯洛文尼亚、塞尔维亚、克罗地亚、波黑、黑山、北马其顿和阿尔巴尼亚。2012年，中国-中东欧国家合作机制正式启动。合作机制中的波罗的海三国，即爱沙尼亚、拉脱维亚和立陶宛也被逐渐纳入中东欧的范畴中。2019年，希腊加入中国-中东欧国家合作，但其历史沿革与政治发展轨迹迥异于上述国家。在相关的中东欧研究中，希腊通常不被列为研究对象。因此在本报告中，我们也遵循这一学术惯例。

东欧剧变后，中东欧国家陆续开启了大规模的政治经济改革和全方位的社会转型。其中，仿照西欧国家建立多党竞争的议会制民主成为中东欧国家政治改革的核心内容。伴随着议会制民主的确立与发展，中东欧国家政党政治也进入到全新的发展阶段。纵观过去30年的发展历程，中东欧国家政党

---

* 鞠豪，中国社会科学院俄罗斯东欧中亚研究所副研究员。

政治逐渐由混乱走向有序，政党规模趋于稳定，左右翼政党轮流上台执政成为国家的政治主线。但与此同时，政党斗争相对激烈，政府更替频繁的问题也一直持续至今。在全球化和欧洲一体化不断受挫的背景下，民粹主义政党在中东欧国家日益崛起，成为影响中东欧政党政治稳定与发展的重要因素。

具体到2021年来看，中东欧国家政党政治在新冠肺炎疫情的大背景下艰难前行。反复变化的疫情使得各国执政党的执政基础遭受到了严重冲击，也给予了反对党和其他政治力量向其发难的机会。2021年，捷克、阿尔巴尼亚和保加利亚3个国家举行了议会选举。但只有阿尔巴尼亚社会党以执政党的身份再次在选举中获胜。而斯洛伐克、罗马尼亚、爱沙尼亚、拉脱维亚、北马其顿5国则是在没有经历大选的情况下发生了政府更替或重组，凸显出中东欧国家政党斗争激烈、政府稳定性较低的痼疾。在现有的政党政治环境中，新一批的民粹主义政党已经在中东欧国家崭露头角。但因为自身的意识形态、组织架构与行事风格等问题，它们在进入议会，甚至进入政府后都遭遇了不同程度的困境。

在未来一段时间内，反复变化的疫情与随之而来的经济困难依然是困扰中东欧国家的重要因素。疫苗、管控措施、税收与社会保障等相关话题也会是各大政党与社会大众争论的焦点。考虑到数个国家在2022年举行大选，各国政党斗争的激烈程度恐有增无减。中东欧国家执政党能否持续、稳定地执政也有待于进一步观察。

一、中东欧国家的基本政治制度与政党政治特征

东欧剧变后，中东欧国家开启了全方位的国家转型。在经历了转型初期的阵痛和动荡后，多数中东欧国家进入到有序改革和稳定发展的轨道。在政治领域，虽然转型初期的中东欧国家面临着多种选择，但转型前相似的历史轨迹与政治体制、欧洲一体化的迅猛发展以及全球化和自由主义市场经济模

式的流行等因素促使这些国家选择了相同的政治方向：即仿照西欧国家的政治体制，建立全新的、多党竞争的议会制民主。就基本的政治制度而言，中东欧国家表现出如下共同特征：

第一，政体为议会民主制。从1989年到1998年，多数中东欧国家都制定并通过了新的宪法。[1] 匈牙利虽未制定新的宪法，但在1989年通过了宪法修正案，对原有宪法作了重大修改。拉脱维亚则是通过决议恢复了1922年独立时通过的宪法。此后，部分中东欧国家曾对其宪法进行过若干次修订。但除克罗地亚曾将半总统制改为议会内阁制，以及将议会由两院制改为一院制外，其余修订均为更改国名、解决领土纠纷和维护少数民族权利等内容，并未对国家的政体作出重大改变。按照中东欧国家的现行宪法，所有国家均实行议会民主制。议会是国家的最高权力机构，通过平等、普遍和定期的选举产生。以权力分立为原则，中东欧国家的立法、行政和司法权力分属于不同的机构，各机构之间相互制衡、相互监督。而在政党领域，中东欧国家普遍实行政治多元与多党竞争的政党制度。

第二，议会是国家最高权力机构。中东欧各国宪法规定，议会是国家最高权力机构和立法机构，主要行使立法权和监督权，也有权对国家内政外交中的重大问题做出决定。议会的具体职能包括：通过法律，批准或宣布废除条约，授权总理组成政府，通过并批准国家预算，决定对共和国政府、总理和部长进行不信任投票，宣布全国进入紧急状态，等等。在大多数中东欧国家，议会皆为一院制。波兰、罗马尼亚和捷克则实行两院制，其议会由参议院和众议院组成，两院的权力和职能各不相同。比如在罗马尼亚，参议院在政治上代表地方行政机构，具有对外政策职能，对有关地方行政机构以及国际条约和协定等事宜，或者对与对外政策有关的事宜做出决定。而众议院则

---

[1] 黑山独立于2006年，其宪法于2007年10月正式生效。

在所有其他立法事宜上享有决定性投票权。[1] 波黑的情况最为特殊。其议会由代表院和民族院组成，代表院议员设主席 1 人，副主席 2 人，分属波什尼亚克族、塞尔维亚族和克罗地亚族。主席一职由本院主席团 3 名成员轮流担任，每 8 个月轮换一次。民族院议员由波黑联邦议会民族院和塞族共和国人民议会根据主体民族比例和大选结果推选产生。主席、副主席轮值方式与代表院相同。[2]

第三，政府是国家权力执行机关。在中东欧国家，总统是国家元首，象征国家团结也在对外交往中代表国家。但通常情况下，总统并不掌握行政权力。政府则是这些国家的最高权力执行机构。各国政府都由总理、副总理和各部部长组成，任期 4 年。总理由议会多数党提名、总统任命并由议会批准后正式上任，各部部长根据总理提名后产生。在权力制衡的原则下，虽然议会是最高权力机构，也有权任命总理和解散政府，但政府同样享有稳定执政的权力，经总统同意，政府有权解散议会并举行新一届议会选举。情况比较特殊的是波兰、罗马尼亚等国。[3] 波兰宪法规定，总统和政府一起组成最高行政机构。除担任国家武装力量最高统帅和在对外关系上代表国家外，波兰总统也拥有一定的执法权，可就一些事项召集内阁，并颁布法规、行政命令和其他专项法案。总理则由总统任命，负责制定总体的政府议程和处理日常的行政事务。[4] 罗马尼亚宪法规定，总统是国家元首，也在国家权力中

---

[1] 曲岩:《罗马尼亚国别报告》，载李永全主编:《丝路列国志》，北京：社会科学文献出版社，2018 年版，第 274 页。

[2] 《波斯尼亚和黑塞哥维那国家概况》，https://www.fmprc.gov.cn/web/gjhdq_676201/gj_676203/oz_678770/1206_678988/1206x0_678990/。

[3] 通常情况下，波兰、罗马尼亚和立陶宛被认为是实行半总统制，或者说总理-总统制的国家。但因为对国家权力结构和半总统制的不同理解，哪些国家可以被认定为半总统制常常存在分歧。有学者认为，在中东欧，保加利亚、罗马尼亚、波兰、斯洛文尼亚和立陶宛都是半总统制国家。参见：https://oxford.universitypressscholarship.com/view/10.1093/0198293860.001.0001/acprof-9780198293866。

[4] "Constitutional History of Poland", https://constitutionnet.org/country/constitutional-history-poland.

心之间以及国家与社会之间扮演调解人的角色，因此可与总理分享行政权力。

相似的政治制度意味着中东欧国家在转型过程中选择了大体相同的政治发展方向，也使得其政党政治呈现出基本相同的演变趋势：20世纪80年代末到20世纪90年代初，经过旧有政党的消亡、复兴和新生政党的分化重组，中东欧政党政治逐渐从混乱走向有序；20世纪90年代中期，中东欧政党政治进入巩固发展阶段，以经济社会政策为核心进行改革成为这一时期中东欧政党发展的主旋律；进入21世纪，随着入盟问题提上日程和欧洲一体化进程逐步加快，以欧盟为代表的外部行为体成为影响中东欧政党政治的重要因素，政党政治欧洲化的倾向日益明显。而作为对欧洲一体化负面效应的回应，民粹主义政党开始在中东欧国家兴起，并日益成为中东欧国家主流政治生活中一股不可忽视的力量。纵观过去30年的政治转型进程，中东欧国家的政党政治呈现如下特征：

第一，政党数量由升到降，政党规模趋于稳定。对于中东欧国家而言，剧变后的政治改革意味着国家从权力高度集中的政治体制转变为多党竞争和议会民主制的三权分立模式。在这一模式下，曾在20世纪80年代广受民众支持的社会运动不再是中东欧国家日常政治生活中的主角。他们逐渐开始瓦解，并分裂组合成为新的政党。因此在转型初期，中东欧国家的政党数量急剧上升。在匈牙利，1990年大选时就有多达80个政党；在捷克斯洛伐克，[1]截至1992年年初也已有100多个政党正式登记；在波兰，最多时登记在册的合法政党共有362个。[2] 由于缺乏社会基础，这些政党往往很不

---

[1] 捷克斯洛伐克于1993年1月1日分解为捷克共和国和斯洛伐克共和国，两个国家均为独立的主权国家，并于1993年1月19日同时加入联合国。

[2] 方雷、孙奇：《中东欧国家的政治转轨：以波匈捷为例》，载《山东大学学报》，2006年第1期，第150页。

稳定，分化组合频繁，其发展态势也类似于"政治流沙"。[1] 例如，波兰的绝大部分政党只有几十名党员，因为一张长沙发就能坐下全体党员，所以被戏称为"沙发党"。为了解决这一问题，中东欧各国陆续出台了《选举法》《政党法》《公民结社法》等一系列法律法规，逐步完善了多党制的运作。比如罗马尼亚在1996年重新制定了《政党法》，将"凡有251名成员就可以注册成立一个政党"的规定改为"一个政党必须在全国40个县中的5个县拥有1万名成员"。[2] 而波兰1998年实施的新政党法规定，一个政党必须收集1000名以上成年人的签名才可以申请注册。对于政党的基本制度、日常活动与资金管理，新的政党法也提出了更加具体和严格的要求。[3] 除此之外，绝大多数中东欧国家也对其选举法进行了修订。只有在全国议会选举中的得票率达到一定标准[4]的政党才能进入议会。在多种措施的综合作用下，中东欧国家的政党数量开始减少。许多无法进入议会的中小政党或沦为地方政党，或被逐渐淘汰。在政党数量减少后，频繁的分化组合也很快结束，中东欧国家的政党规模开始趋于稳定。

第二，左右翼力量相对均衡，两者轮流上台执政成为政治主线。在中东欧政党分化组合的过程中，它们的政治分野趋于明晰，竞争态势也趋于稳定。新成立的左派政党和重新恢复的历史性左翼党派与共产党演化的社民党靠拢，形成左翼阵营；原反对派各党经过分化组合后，其中的右翼政党重新走到一起，构成了右翼阵营。转型初期，新自由主义成为中东欧国家政治经济体制改革的指导思想，右翼政党也因此成为中东欧国家政治发展和社会转

---

[1] Voytek Zubek, "The Eclipse of Walesa's Political Career", *Europe-Asia Studies*, Vol. 49, No. 1, 1997, p. 111.

[2] 王志连、柳彦：《中东欧现行政党制度及左翼政党地位初探》，载《当代世界社会主义问题》，2001年第4期，第73—76页。

[3] Casal Bértoa, Fernando and Marcin Walecki, "Party Regulation and Its Effects on the Polish Party System (1991-2011)", http://www.partylaw.leidenuniv.nl/uploads/wp2212.pdf.

[4] 这一标准因国家而异。中东欧国家设立的门槛多为3%—5%的得票率之间。

型的领导力量。在中东欧国家转型后的第一次大选中，自由主义政党也表现强势。但随后这些政党在经济社会变革中采取了激进的手段，引发了诸多的社会问题。最终，在 20 世纪 90 年代中期的中东欧国家大选中，右翼政党大多以失利告终。为此，中东欧的右翼政党在党内也进行了长时间的反思和争论。如何重新定位，通过自身变革适应中东欧转型的政治现实，成为右翼政党从 20 世纪 90 年代中期到 21 世纪初孜孜以求的政治主题。而对于社会民主党为代表的左翼阵营来说，中东欧国家转型初期的政治气氛对其十分不利，"前共产党"的历史背景也往往成为其他政党攻击的标靶。但通过一系列成功的反思和改革，以社会民主党为代表的左翼政党很快适应了新形势，调整了政党定位并提出了新的政党纲领，以建设性反对党的身份在政治生活中发挥着积极作用。而当右翼政党主导的休克疗法和激进的经济改革措施代价过高，引发严重的经济和社会问题时，左翼政党提出将民主社会主义与新自由主义结合起来，在经济发展的同时保持社会和谐，增强对社会中弱势群体的关注。通过调整政策取向，他们把降低失业率、控制通货膨胀、减轻广大群众负担、增加社会福利等一些传统的左派价值作为其经济社会政策的主导，这些措施使得左翼政党赢得了大批选民的支持，从而使其在许多国家上台执政。左翼政党在受到短暂抑制后重新崛起避免了在政党政治中出现右翼独大的局面，尽管此后由于社会经济政策或是其他原因，许多左翼政党在选举中失利并再次下台，但左右翼政党共同竞争、轮流执政已经成为中东欧政党政治的主流趋势。

第三，政党斗争相对激烈，政府稳定性较低。政党斗争激烈，政府更替频繁是中东欧国家转型以来的重要政治特征。转型初期，中东欧国家的右翼政党在剧变中惯性的影响下不断掀起反共浪潮，对原执政党进行排挤和打击的同时也与社会民主党等左翼政党斗争不断。在以社民党为代表的左翼政党实现复兴后，中东欧政党政治逐渐进入到左右翼政党轮流执政的局面。左右翼政党之间的关系出现了一定的变化，其斗争方式也由议会外的街头政治转向议会内的合法斗争。但对于权力的争夺使得政党斗争的激烈程度并没有减少，许多源自转型之前和转型初期的"恩怨"也因此保留了下来。在阿尔巴尼亚等政党斗争较为激烈的国家，大多数在选举中失败的党派或联盟都拒绝承认选举结果，或是拒绝参加议会，导致议会无法形成真正的政治共识。随之而来的政治瘫痪和政治僵局也阻碍了新政府执行必要政策的能力。[1] 事实上，在执政党与反对党、执政党与执政党之间分歧与摩擦不断的局面下，如何维持稳定执政一直是中东欧政党面临的难题。从 1990 年到 2012 年，中东欧各国政府的平均执政时间是 553 天，在 20 年间平均有 11.8 个政府在一个国家上台执政。在 4 年一次的选举周期中，只有 38% 的政府能够成功执政到下届议会选举。[2] 近年来，中东欧国家政府稳定性较低的现象不仅没有好转，反而有所加剧。以斯洛文尼亚为例，2011 年，博鲁特·帕霍尔领导的政府下台，开启了斯洛文尼亚历史上首次提前大选。2013 年，亚内兹·扬沙领导的民主党政府下台，2014 年，布拉图舍克政府倒台，2018 年采拉尔政府下台。此后，作为斯洛文尼亚历史上首个少数派政府，沙雷茨政府也在 2020 年 1 月宣告下台。[3] 而在其他国家，类似的情况也同样存在，只是程度有所不同。

二、2021 年中东欧国家的政党政治动态

如前所述，中东欧国家在转型后都建立了全新的、多党竞争的议会制民主。对于把执掌国家权力作为根本的目标的中东欧政党来说，只有在议会选

---

[1] 项佐涛：《阿尔巴尼亚政治转型三十年》，载《国外理论动态》，2019 年第 10 期，第 100 页。

[2] 鞠豪：《转型二十年：中东欧国家的政府稳定性》，载《国际社会科学杂志（中文版）》，2016 年第 2 期，第 20 页。

[3] 徐凤江：《政府危机在斯洛文尼亚成为"常态"》，载《世界知识》，2020 年第 10 期，第 74 页。

举中获得更多的选票,才有可能获得组阁或者进入政府的机会。因此四年一届的议会选举是各大政党关注的重中之重。从组织竞选到选举结果公布,再到最终组阁成功的漫长过程最能体现政党的观点、立场与政策倾向,也真实地反映了各国政党政治的日常生态与权力结构。在选举结束后的执政周期内,执政党与反对党的斗争博弈构成了一国政党政治的主线。而在联合执政十分流行的中东欧国家,执政联盟内部的互动与摩擦同样值得关注。面对反对党的施压和执政联盟内部的争斗,中东欧国家的政府常常发生更迭。旧政府下台与新政府重组的过程也往往成为政党博弈和斗争的又一个高潮期。放眼2021年的中东欧地区,捷克、阿尔巴尼亚和保加利亚等3个国家举行了议会选举,罗马尼亚、斯洛伐克、爱沙尼亚、拉脱维亚和北马其顿则在没有国家大选的情况下发生了政府更替或重组。有鉴于此,我们将以上述两种情况为切入点,对2021年以来中东欧国家的政党政治动态进行详细介绍。

阿尔巴尼亚:在长期的政治转型中,阿尔巴尼亚逐渐形成了以社会党为代表的左翼政党与以民主党为代表的右翼政党轮流执政的局面。虽然政党格局相对稳定,但各政党之间的政治斗争十分激烈。[1]进入到21世纪的第二个十年,社会党在政党格局中逐渐占据主动。在2013年的议会选举中,社会党获得了41.4%的选票,并重新成为执政党。民主党仅获得了30.6%的选票。在2017年的议会选举中,社会党继续扩大了对民主党的优势。其得票率不仅超过了上一届,也大幅领先于民主党(28.9%)。而在2021年的议会选举中,社会党获得了48.7%的选票,从而连续三次在大选中获胜,党主席埃迪·拉马继续担任总理。[2]

良好的执政表现是社会党胜选的主要原因之一。近年来,阿尔巴尼亚的经济发展稳定,基础设施不断完善。在首都地拉那附近发生大地震后,拉马

---

〔1〕 项佐涛:《阿尔巴尼亚政治转型三十年》,载《国外理论动态》,2019年第10期,第100页。

〔2〕 "Zgjedhjet për Kuvend 25 Prill 2021", http:/ /kqz. gov. al/results/results2021/results2021. htm.

政府积极寻求国际援助,有效组织救灾和灾后重建。新冠肺炎疫情暴发后,拉马政府的防控措施也十分得力。拉马本人亲自前往美国和土耳其商谈订购疫苗事宜,使接种工作得以顺利开展,也赢得了选民的好感和信任。[1] 在社会党执政期间,民主党也曾数次向社会党发难。2019年2月,民主党公开表示,本届议会并不能真正代表阿尔巴尼亚民众的意志,因此决定退出议会。同年6月,民主党公开抵制阿尔巴尼亚地方选举。而在欧盟决定推迟阿尔巴尼亚的启动入盟谈判后,民主党也立即向社会党和拉马政府发难,认为"这是对拉马政府发出的一个明确信号,阿尔巴尼亚没有管理好自己的国家,因此没有资格开启谈判"。在10月份欧盟再次决定推迟阿尔巴尼亚入盟谈判后,民主党主席卢尔齐姆·巴沙再次发声,称"欧盟拒绝了拉马,而不是阿尔巴尼亚。整个事件的责任在于拉马,而不是阿尔巴尼亚,拉马应该辞职并将权力交还给人民。"[2] 虽然民主党试图通过多种手段向社会党发难,但最终的选举结果表明其尝试并没有收到预期效果。一方面,退出议会与抵制地方选举的做法使其将政治阵地拱手让与他人。社会党则借机扩大了自身的影响力。在2019年的地方选举中,社会党一举赢得了61个城市选举中的59个。另一方面,阿尔巴尼亚入盟进程缓慢的问题并不能完全归咎于社会党和拉马政府。在西巴尔干国家入盟问题上,欧盟的态度一直是谨慎和犹疑的。入盟进程不顺利的情况不仅出现在阿尔巴尼亚,也出现在其他西巴尔干国家身上。要想加入欧盟,阿尔巴尼亚仍需大力发展经济,同时改革司法制度和有效惩治腐败。因此选择一个已稳定执政两个任期且有不错表现的政党或许能更好达成这一目标。在一定程度上,这也是社会党赢得更多选民支持的重要原因。

---

[1]《综述:阿尔巴尼亚执政党赢得第三个任期 新政府面临多重挑战》,http://www.xinhuanet.com/2021-04/30/c_1127398712.htm。

[2] 徐刚:《欧盟再度推迟开启西巴两国入盟谈判》,载《世界知识》,2019年第22期,第48页。

在以较大优势赢得选举后，社会党开始了单独组阁的进程。2021年9月，拉马在社会党大会上宣布了新一届内阁成员的名单。随后，阿尔巴尼亚议会通过投票批准了这一名单。[1] 总体来说，阿尔巴尼亚相对平稳地渡过了议会选举和随后的政府组建阶段。但执政的社会党依然面临着促进国家经济增长、打击腐败和推进阿尔巴尼亚融入欧洲一体化进程等十分重要的任务。

保加利亚：政党派系林立、政治斗争激烈是保加利亚自转型以来的重要政治特征。从2009年开始，博伊科·博里索夫领导的争取欧洲进步公民党（以下简称公民党）虽然在连续三届议会选举中获胜，却无法改变保加利亚政治稳定性较低的局面。在过去的两年里，保加利亚政局不仅受到新冠肺炎疫情的冲击，也被一系列政治丑闻所困扰，总统鲁门·拉德夫与博里索夫政府之间的矛盾更是成为引发政治动荡的导火索。2020年7月9日，保加利亚总检察院对总统办公大楼进行突击检查，相关人员被收押并接受审问。此次行动引发众怒，数千人在首都索非亚街头举行示威游行，以谴责这一行为。此后的数十天内，抗议活动由索非亚蔓延到全国各地，抗议的主题也由对搜查行动的谴责发展为要求政府下台。持续数月的抗议活动对博里索夫政府和公民党的声望造成了严重冲击，博里索夫虽然对部分内阁成员进行了更换，但拒绝辞职和提前举行大选。在这样的局面下，2021年的保加利亚议会选举就成为保加利亚各大政党关注和博弈的焦点。

2021年4月4日，这场受到各方关注的选举正式举行。最终的选举结果显示，由公民党与民主力量联盟组成的政党联盟在选举中获得了25.8%的选票。2019年刚刚成立的"有这样的人民"党异军突起，获得了17.4%的选

---

[1]《阿尔巴尼亚议会批准新内阁组成名单》，http://www.news.cn/2021-09/17/c_1127874897.htm。

票,原主要反对党社会党所在的为了保加利亚联盟仅获得了14.8%的选票。[1] 根据保加利亚宪法,议会选举结束后,总统将提名获得最多席位的政党或政党联盟组阁。如7日内组阁未能成功,总统将提名议会第二大党组阁。如仍未能成功组阁,总统将提名议会任一政党组阁。如最终各方无法就组阁达成一致,则由总统任命看守政府,再次举行议会选举。[2] 因为2020年以来的一系列政治事件,公民党很难获得其他政党的支持。早在选举之前,各大政党都已公开表示不会与博里索夫领导的公民党合作。为缓和其他政党的敌意,博里索夫提名原外交部部长丹尼尔·米托夫,而非他本人作为总理的候选人。但公民党的组阁邀请仍然被其他政党拒绝。因此在获得组阁授权3天后,公民党就宣布放弃组阁。此后,"有这样的人民"党和社会党也未能成功组阁,并向保加利亚总统拉德夫退还了组阁权。由此,拉德夫宣布解散国民议会,并在3个月后再次举行选举。

年内第二次议会选举的结果与第一次有所不同。"有这样的人民"党获得了23.8%的选票,取代公民党成为议会第一大党,公民党与民主力量联盟的组合位列第二。为了保加利亚联盟等其他4个政党或政党联盟也继续进入了议会。[3] "有这样的人民"党尝试组建一个由其单独执政的少数派政府,但这一方案并没有获得其他政党的支持。因此,"有这样的人民"党很快撤销了这一提议。随后,公民党和社会党也先后向总统拉德夫退还了组阁权。于是保加利亚迎来了一年之内的第三次议会选举。

在第三次议会选举中,刚刚成立不到两个月的"我们继续改变"党获得

---

[1] "ПАРЛАМЕНТАРНИ ИЗБОРИ І 4 АПРИЛ 2021: Сумарни Данни", https://results.cik.bg/pi2021/rezultati/index.html.

[2] 《保加利亚将举行年内第三次议会选举》, http://www.news.cn/2021-09/08/c_1127838238.htm.

[3] "IFES Election Guide: July 2021 Bulgarian Parliamentary Election", https://www.electionguide.org/elections/id/3742/.

了25.3%的选票，成为议会的第一大党。[1] 保加利亚公民党和民主力量联盟的组合获得22.4%的选票，"有这样的人民"党因为在之前两次组阁谈判中的不合理诉求和操作而声望大跌，仅获得了9.4%的选票。相比前两次选举而言，此次选举后的组阁前景要明朗一些。获得优先组阁权的"我们继续改变"党在意识形态上属于中间派政党，对于其他政党的接受度较高。选举结果公布后，"我们继续改变"党领导人基里尔·佩特科夫公开表示，将与所有愿意惩治腐败的政党进行组阁尝试。这意味着除公民党外，其他所有议会政党都有进入政府的可能。最终，"我们继续改变"党与保加利亚社会党所在的为了保加利亚联盟、民主保加利亚联盟和"有这样的人民"党结成了执政联盟。2021年12月13日，保加利亚议会正式批准成立新一届政府，宣告这一年来的政治混乱暂告结束。

捷克：民粹主义政党的崛起是近年来捷克政坛中一个重要的政治现象。这其中的代表就是ANO2011运动（意为"不满意公民运动"）。在2013年的众议院选举中，该党第一次参加全国大选就异军突起，一举成为议会第二大党并进入政府。而在2017年的议会选举中，ANO2011运动更进一步，以29.6%的得票率成为议会第一大党，[2] 党主席安德烈·巴比什出任总理。因未能通过议会信任案表决，巴比什政府于2018年1月递交了辞呈。但数月后，ANO2011运动和社会民主党再组联合政府，巴比什也再次出任总理。[3]

受新冠肺炎疫情影响，巴比什政府和ANO2011运动的执政基础都遭受了重创。在与疫情的斗争中，社会大众对政府反复变化的防疫政策、迟缓的

---

[1] "ИзБори за Президент и Вицепрезидент и Народни Представители", https://results.cik.bg/pvrns2021/tur1/rezultati/index.html.

[2] "Volby do Poslanecké Sněmovny Parlamentu České Republiky Konané ve Dnech 2017", https://www.volby.cz/pls/ps2017/ps2?xjazyk=CZ.

[3] 《捷克国家概况》, https://www.fmprc.gov.cn/web/gjhdq_676201/gj_676203/oz_678770/1206_679282/1206x0_679284/.

信息发布和无效的沟通产生了强烈的不满。但从 2021 年春季开始，捷克的疫情形势趋于稳定，疫苗接种工作进展也相对顺利。因此，ANO2011 运动逐渐止住了下滑的颓势。在大选前一个月的民意调查中，ANO2011 运动获得了 25.1% 的民众的支持，在各大政党中居于首位。为对抗 ANO2011 运动，由公民民主党（以下简称"公民党"）、基督教民主联盟-捷克斯洛伐克人民党（以下简称"人民党"）以及 TOP09（TOP 分别为"传统"、"责任"、"繁荣"三个捷语单词首字母，09 表示成立时间在 2009 年）党于 2020 年 12 月组成了名为"在一起"的中右翼政党联盟。在 2021 年 9 月的民意调查中，"在一起"联盟的民众支持率为 20.8%。此外，海盗党与市长和独立人士联盟组成的海盗党/市长联盟的支持率也达到了 22.4%。[1] 因此很多专家预计，2021 年的众议院选举将是竞争十分激烈的一次选举。

最终的选举结果与专家的预计相符。"在一起"政党联盟获得了 27.8% 的选票，ANO2011 运动获得了 27.1% 的选票，海盗党/市长联盟获得了 15.6% 的选票。其中，"在一起"政党联盟与 ANO2011 运动的支持率之差不足 0.7%，这是捷克自转型以来议会第一大党和第二大党差距最小的一次。选举结果出炉后，"在一起"政党联盟领导人彼得·菲亚拉随即表示，该联盟已与海盗党/市长联盟签署备忘录，双方有意组建新的多数派联合政府。随后，两大政党联盟的领导人签署了联合协议。协议规定，在公民党领导人菲亚拉的领导下，执政联盟将组建一个由 18 名成员组成的内阁。在两个政党联盟达成共识后，最终的组阁形势变得明朗起来。虽然总统米洛什·泽曼一直属意巴比什和 ANO2011 运动，但巴比什的组阁尝试已无法在议会获得通过。2021 年 11 月 10 日，泽曼正式授权菲亚拉组阁。11 月 28 日，菲亚拉被正式任命为总理。

---

〔1〕Kateřina Mahdalová, "Unikátní Model. Kdo Vyhraje Volby", https：//www.seznamzpravy.cz/clanek/pocitame-sance-kdo-vyhraje-volby-144566.

刨除微妙而复杂的组阁形势，2021年的大选结果展现了捷克政党政治发展的新动态。第一，政党政治碎片化程度有所降低，但代表性明显不足。在2017年大选中，共有9个政党进入议会。而2021年的选举中，仅有2个单一政党和2个政党联盟进入议会。但从另一个角度来讲，4个政党或政党联盟获得的选票数仅占全部成年公民的52%，这意味着不被议会政党代表其利益的人数达到了创纪录的水平。二是传统中右翼政党联手实现复兴。四年前，"在一起"联盟中的3个政党与海盗党、市长和独立人士联盟一共获得了70个席位，低于ANO2011运动的78个席位。人民党、TOP09与市长和独立人士联盟更是勉强跨过议会门槛（5%的有效选票）。但在2021年大选中，两大选举联盟共获108个席位，"在一起"联盟还获得优先组阁权。三是左翼政党惨遭"滑铁卢"。社会民主党与捷克和摩拉维亚共产党的得票率均未达到5%，无法进入议会。糟糕的选举结果也引发了两党党内的震动。两党领导人在选举结果公布后相继宣布辞职。[1]

罗马尼亚：近年来，罗马尼亚国内政局一直处于动荡之中，政党斗争激烈，政府更迭也十分频繁。2019年10月，社会民主党（以下简称"社民党"）政府正式下台。次月，由国家自由党主席卢多维克·奥尔班领导的少数派政府宣誓就职。因为未能控制议会多数，奥尔班政府的地位并不稳固。2020年2月，议会以多数票通过对新政府的不信任案，而总统克劳斯·约翰尼斯再次提名奥尔班为总理的做法也被宪法法院裁定为违宪。在政坛陷入僵局时，罗马尼亚遭遇到了新冠肺炎疫情的冲击。为抗击疫情，各方势力最终达成妥协，奥尔班政府得以继续执政。在2020年12月的议会选举中，国家自由党在议会参众两院选举中分别获得了25.58%和25.19%的选票。虽然其得票率和议席落后于社民党，但通过与拯救罗马尼亚联盟-自由统一团结党

---

[1] 张传玮、徐刚：《捷克大选后将出现哪些动向》，载《世界知识》，2021年第22期，第54—55页。

联盟[1]以及匈牙利族民主联盟联合,国家自由党得以继续执政,来自国家自由党的弗洛林·克楚成为罗马尼亚的新一届总理。[2]

表面上看,国家自由党渡过了危机。但实际上,新冠肺炎疫情和严峻的经济形势依然在持续。各大政党之间的角力也是暗流涌动。为解决疫情之中的经济困难,克楚政府推出了《国家复苏与韧性计划》。通过这一计划,罗马尼亚将获得欧盟150亿欧元的贷款,从而为关键投资和改革提供支持,进而推动国内经济复苏,但这一计划遭到了反对党社民党的强烈反对。社民党认为,现有的欧盟资金尚未得到充分利用,在这种情况下,继续向欧盟贷款会加剧罗马尼亚本已十分严重的债务问题。为此,社民党甚至向众议院提交了针对计划提出者、投资和欧盟项目部部长克里斯蒂安·吉内亚的弹劾。虽然众议院以143票赞成、171票反对的结果驳回了这一弹劾,但如此多的赞成票也说明了克楚政府的经济复苏计划阻力重重。为加快经济复苏,克楚于7月解除了财政部部长亚历山德鲁·纳扎雷的职务,并由自己代任财政部部长。这一决定引发了国家自由党内部的分歧。国家自由党主席奥尔班表示,克楚既没有征得他的同意,也没有按照国家自由党的规定行事。在应对新冠肺炎疫情方面,克楚政府一直将新冠疫苗接种作为政府的重点工作。但出于种种原因,罗马尼亚的新冠疫苗接种工作进展十分缓慢。截至5月19日,只有403万人接种了至少一剂疫苗,不到300万人完成了两剂接种。因为抗疫表现不佳,卫生部部长弗拉德·沃伊库列斯库被免职。但沃伊库列斯库所在的拯救罗马尼亚联盟公开反对这一决定,并宣布将不再支持克楚担任总理。经过紧急磋商,双方最终达成了和解,同样来自拯救罗马尼亚联盟的伊

---

[1] 2021年10月,自由统一团结党联盟与拯救罗马尼亚联盟合并,成为拯救罗马尼亚联盟的一部分。为行文方便,我们在下文中将拯救罗马尼亚联盟-自由统一团结党联盟简称为拯救罗马尼亚联盟。

[2] 曲岩:《罗马尼亚政坛新态势:情理之中,意料之外》,载《世界知识》,2021年第2期,第50页。

万娜·米赫伊勒出任部长。但在5个月后,克楚再次解除了来自拯救罗马尼亚联盟的斯泰利安·扬的司法部部长职务,双方的矛盾再一次爆发。最终,拯救罗马尼亚联盟退出了执政联盟,并支持了社民党对克楚政府的不信任案。2021年10月5日,执政不到10个月的克楚政府正式下台。

在克楚政府下台后,总统约翰尼斯授权拯救罗马尼亚联盟党主席达奇安·乔洛什组阁,但乔洛什的组阁计划未能在议会通过。之后,来自国家自由党的尼古拉·丘克被提名为新总理,但是他被要求组建一个由国家自由党和匈牙利族民主联盟两党组成的少数派政府。这一计划显然无法获得其他政党的支持。因此,丘克于11月1日宣布放弃组阁。直到国家自由党与社民党达成了联合执政的协议。丘克才再次被授权组阁。11月25日,新一届罗马尼亚政府正式宣誓就职。总理由来自国家自由党的丘克担任,两名副总理分别是社民党第一副主席索林·格林代亚努和匈牙利族民主联盟主席凯莱门·胡诺尔。作为近年来的主要竞争对手,社民党与国家自由党两党能否和衷共济,有效解决新冠肺炎疫情和经济困难等问题,将是未来罗马尼亚政坛的一大看点。

斯洛伐克:在政府更迭十分频繁的中东欧,斯洛伐克一直是政府稳定性相对较高的国家。从1993年到2018年,每一届斯洛伐克政府的平均执政时间达到634天,在中东欧国家中排名前列。[1] 但在2018年,斯洛伐克发生了一件震动欧洲的刑事案件,政府高层卷入其中,引发了大规模的抗议活动。总理罗伯特·菲佐也被迫辞职。在菲佐政府下台后,总统安德雷·基斯卡宣布,新总理仍将从菲佐担任主席的议会第一大党社会民主-方向党(以下简称"方向党")中产生。最终,原副总理彼得·佩列格里尼作为方向党的总理人选组建了新政府。但在2020年的议会选举中,方向党仅获得了

---

[1] 这一数据是作者在鞠豪:《转型二十年:中东欧国家的政府稳定性》,载《国际社会科学杂志(中文版)》,2016年第2期一文统计结果的基础上更新信息进行测算得出的结果。

18.3%的选票。以反腐败和维护司法公正为口号的普通公民与独立个人组织（以下简称"普通公民组织"）获得了25.0%的选票，成为议会的第一大党。2020年3月，由普通公民组织、"我们是家庭"党、自由与团结党（以下简称"自团党"）和惠民党4个政党共同组建的新一届政府宣誓就职，普通公民组织的主席伊戈尔·马托维奇成为新一任斯洛伐克总理。

成立之初，马托维奇政府被寄予厚望。马托维奇本人也试图在政治经济等多个领域大展拳脚。但不幸的是，新冠肺炎疫情迅速蔓延，使得抗击疫情成为斯洛伐克的首要议题。在第一波疫情中，马托维奇政府采取了相对严格的防控措施并取得了良好的效果，斯洛伐克也因此成为欧洲国家中的抗疫典范。此后，马托维奇政府开始分阶段地放松管控措施，解冻经济与各类商业娱乐活动。但在2020年9月，斯洛伐克的疫情形势又突然恶化，每日新增病例数从9月初的数十人迅速增长到数千人。此后的半年时间里，斯洛伐克的每日新增病例数一直保持在1000人以上，2021年1月6日更是达到了4959人的最高值，每日新增死亡人数也是一直居高不下。[1] 前后两波疫情中的不同表现使得民众对政府的不满逐渐增加，马托维奇政府和普通公民组织的支持率也迅速下滑。

在诸多疫情防控措施未能发挥作用的情况下，马托维奇政府将希望寄托于大规模的新冠疫苗接种。但是使用何种新冠疫苗最终成为马托维奇政府下台的导火索。在一批俄罗斯疫苗运抵科希策机场时，马托维奇亲自到场迎接并表示感谢。但这一做法引发了其执政伙伴自团党和惠民党的强烈不满。他们认为，俄罗斯的疫苗并未在欧盟登记注册，因此不能在斯洛伐克境内使用。因双方各不相让，执政联盟内部出现了重大的政治危机，多位部长在不到1个月的时间里离职。最终，迫于各方的压力，马托维奇同意重组政府并宣布辞职。2021年4月，斯洛伐克总统苏珊娜·恰普托娃任命爱德华·黑格

---

〔1〕 "Johns Hopkins University CSSE COVID-19 Data", https://coronavirus.jhu.edu/map.html.

尔为新一任总理，由其领导的新政府随即宣布就职。自此，由疫苗使用问题引发的执政联盟危机才正式宣告结束。

马托维奇政府的下台虽由疫苗使用问题直接引发，但其深层次的原因仍然是斯洛伐克近年来的政治生态问题。2018年以来，斯洛伐克的政治腐败问题被越来越多地曝光。惩治腐败与维护司法公正成为斯洛伐克国内社会的共同心愿。但因为腐败问题本身的隐蔽性与司法程序的复杂性，各政党之间的目标和利益也并不一致，反腐的努力没有收到良好的效果。依照透明国际的评估，斯洛伐克2017年的清廉指数为50分，在所有的被统计国家中位列第54。但此后三年斯洛伐克的排名逐年下滑，到2020年已经排名第60位，在欧洲范围内仅高于克罗地亚、匈牙利、保加利亚和罗马尼亚4个国家。[1]与腐败问题同样棘手的是新冠肺炎疫情问题。上台一年来，马托维奇领导的普通公民组织与其执政伙伴，特别是自团党，多次就疫情防控等问题产生分歧。而随着疫情的不断持续，民众对政府的不满逐渐攀升，谁应为民众的不满负责又成为执政联盟争执的焦点。最终，这些争执和分歧因疫苗使用问题而公开化和白热化，导致了马托维奇政府的下台。因为不想提前举行大选，4个执政党为重组政府达成了和解。但相比于马托维奇政府，黑格尔政府的人员调整并不大。除卫生部部长弗拉基米尔·伦格瓦尔斯基外，副总理和各部部长皆为马托维奇政府中的成员，马托维奇本人在辞去总理后也依然担任副总理兼财政部部长。因此虽然执政联盟达成了初步的和解，但在腐败与疫情的双重影响下，黑格尔政府依然面临严峻的考验。

爱沙尼亚：自1991年独立以来，爱沙尼亚的政治局势保持了总体的稳定，但党派斗争一直十分激烈。2019年3月，爱沙尼亚举行了第14次国家议会选举。由卡娅·卡拉斯领导的改革党获得了28.9%的选票，成为议会的第一大党。中间党、保守人民党、祖国联盟党和社会民主党的得票率分列第

---

[1] "Corruption Perception Index", https://www.transparency.org/en/cpi/2020/index/svk.

2位到第5位。[1] 在选举中获胜的改革党虽然获得了优先组阁权，但其与中间党、社会民主党和祖国联盟党的两次组阁谈判都未能成功。最终，中间党、保守人民党和祖国联盟党共同组成了新一届政府，中间党主席于里·拉塔斯继续担任总理。

从意识形态上看，由拉塔斯领导的执政联盟是一个涵盖中左翼政党、中右翼保守主义政党和极右翼民粹主义政党的执政联盟。联盟内部，特别是中间党与保守人民党之间的意识形态差异十分明显。对于爱沙尼亚的内政外交与未来发展走向，他们的立场观点也不尽相同。在不到两年的执政时间里，拉塔斯政府经历了明显的动荡，先后有八位政府成员因不同原因离职，外贸与信息技术部更是出现了4名不同的部长。[2] 在媒体爆出国家信贷机构对塔林港不动产项目的贷款涉嫌腐败并牵涉中间党成员后，拉塔斯向时任总统柯斯迪·卡留莱德递交了辞呈。2021年1月25日，爱沙尼亚议会以70票赞成、30票反对、1票弃权的表决结果，授权改革党领导人卡拉斯重新组建政府。[3] 卡拉斯也由此成为爱沙尼亚独立后的首位女总理。

上台之初，卡拉斯政府面临着十分沉重的执政压力。首先，从2020年11月开始，新冠肺炎疫情的阴霾重新笼罩爱沙尼亚，其每日新增病例数由最初的数十人迅速增长到数百人。在卡拉斯政府成立之初，爱沙尼亚的疫情形势不但没有好转，反而有持续恶化的趋势。因此卡拉斯也公开表示，新政府的首要任务是应对新冠肺炎疫情危机。其次，卡拉斯领导的改革党选择与中间党共同组建政府。但中间党的声望与民众支持率在拉塔斯政府时期严重受损。民调显示，2021年2月，中间党的民众支持率仅有17.7%，是自2019

---

[1] "Elections in Estonia", https://rk2019.valimised.ee/en/election-result/election-result.html.

[2] E-MAP Foundation MTÜ, "A Year to Forget, the Year to Remember", https://china-cee.eu/2021/01/11/estonia-political-briefing-a-year-to-forget-the-year-to-remember/.

[3] 《爱沙尼亚议会授权卡拉斯组阁》，http://www.xinhuanet.com/video/2021-01/26/c_1210996085.htm。

年大选以来的最低值。[1] 其与腐败问题的复杂牵连也易于在野党向卡拉斯政府发难。再次，2021年是爱沙尼亚政治周期中的重要年份，总统选举和地方选举都在这一年举行。仅就两次选举的结果来看，改革党经受住了总统选举的重大考验，但却在地方选举中表现不佳。在总统选举的过程中，总统卡留莱德在议会没有获得足够的支持，无法登记参选，得到改革党和中间党支持的爱沙尼亚国家博物馆馆长阿拉尔·卡里斯成为唯一的总统候选人。2021年8月30日，卡里斯在总统选举首轮议会投票中获得101票中的63票，因得票不足三分之二未能当选。31日上午，卡里斯在改革党和中间党的支持下再次被国家选举委员会登记为唯一总统候选人。在当天的投票中，卡里斯赢得了72票，从而当选为新一任总统。[2] 虽然总统选举的过程波澜不惊，但在地方选举中，改革党与其执政伙伴中间党都遭遇了挫折。对比上一届地方选举，两者的支持率都出现了下滑。中间党更是15年来首次丢掉了在首都塔林的议会多数席位。这样的结果说明，执政尚不到一年的卡拉斯政府仍然未能赢得民众的足够信任。在2023年大选之前，改革党和中间党也将会遭遇更多来自其他政党的挑战。[3]

拉脱维亚：政党实力较为平均，没有政党一家独大是拉脱维亚国内政治的重要特征。在2018年10月的拉脱维亚议会选举中，共有7个政党或政党联盟进入议会，有5个政党或政党联盟获得了超过10%的选票，绿色农民联盟的得票率也达到了9.9%。[4] 虽然和谐党凭借19.8%的得票率成为议会第一大党，但其他主要政党均明确表示不会与和谐党组建联合政府。最终在经

---

[1] Andrew Whyte, "Party Ratings: Reform Continue on up, EKRE Confirmed Second-Most Popular", https://news.err.ee/1608136897/party-ratings-reform-continue-on-up-ekre-confirmed-second-most-popular.

[2] 《卡里斯当选爱沙尼亚总统》，http://www.news.cn/2021-08/31/c_1127814618.htm.

[3] 现改革党与中间党执政联盟已于2022年6月解散，改革党、祖国联盟党和社会民主党正就组建新执政联盟进行谈判。

[4] "CVK: 13. SAEIMAS VĒLĒŠANAS", https://sv2018.cvk.lv/pub/ElectionResults.

过近三个月的复杂谈判后,新团结党、新保守党、"国家属于谁"党、为了发展党、民族联盟——切为了拉脱维亚及祖国自由联盟党(以下简称"民族联盟")组成了新一届联合政府,新团结党成员卡林什出任总理。

虽然卡林什政府由5个政党共同组建,但这些政党多为中右翼或右翼政党,彼此之间的意识形态分歧并不明显。因为涵盖了7个议会政党或政党联盟中的5个,执政联盟在议会中占据绝对多数,这使得卡林什政府面临的执政压力相对较小。在过去的两年多时间里,拉脱维亚虽然经历了新冠肺炎疫情、行政区划改革和首都里加市议会选举等重大事件,但卡林什政府的执政地位相对稳定,各执政党之间也没有发生明显的摩擦。直到2021年6月,"国家属于谁"党公开宣布退出现有的执政联盟,而其余四个政党则选择继续组成新的执政联盟,卡林什等主要政府成员均留任,"国家属于谁"党执掌的经济部部长、内政部部长与福利部部长三个职位则分别交由民族联盟、为了发展党和新保守党。[1]

不同于其他中东欧国家的政府更替,卡林什政府的重组不是由于反对派的压力,也不是因为执政联盟内部的矛盾,而应归因为"国家属于谁"党自身的分裂。在2018年的议会选举中,"国家属于谁"党取得了良好的成绩,并获邀加入执政联盟。但在此后的两年多时间里,"国家属于谁"党一直处于不断的动荡之中,多名政党领导人被迫或主动选择离开该党。到2021年6月,"国家属于谁"党实际控制的议会席位仅剩6席,并选择退出了执政联盟。因为政府重组更多是"国家属于谁"党自身的原因,这次变故并未给卡林什政府带来过多冲击。但在"国家属于谁"党退出后,执政联盟在议会中的席位仅剩47席。作为少数派政府,卡林什政府必然会在执政期间面临更

---

[1] 其中,经济部部长亚尼斯·维滕博格斯是在任上退出"国家属于谁"党,并加入了民族联盟。

多的挑战。而在 2021 年 6 月的地方选举中，[1] 仍然没有一个拉脱维亚政党获得绝对的、压倒性的优势，34% 的选民投票率更创下了国家转型以来的最低值。[2] 考虑到 2022 年拉脱维亚将举行下一届议会选举，如何重新唤醒民众的政治热情和对政党政治的信任将是卡林什政府和拉脱维亚各政党需要思考的重要议题。

北马其顿：加入欧盟，融入欧洲一体化进程一直是北马其顿的外交目标，也是影响其国内政治的重要因素。但因为与希腊、保加利亚等国在民族与历史问题上的争执，北马其顿加入欧盟的目标一直难以实现。2017 年 6 月，马其顿社会民主联盟（以下简称"社民盟"）主席佐兰·扎埃夫领导的政府正式上台，并力主以更改国名的办法解决与希腊等国的矛盾，清除加入欧盟的最大障碍。历经多次尝试后，扎埃夫政府通过向议会提交修宪动议的方式更改国名。2019 年 2 月，"马其顿共和国"正式更名为"北马其顿共和国"。但在北马其顿更改国名后，欧盟并未兑现为其入盟谈判开绿灯的承诺，反而推迟了开启入盟谈判的时间。欧盟的做法在北马其顿国内引发了巨大的震动。本就不愿更改国名的社会大众纷纷对扎埃夫政府进行声讨，主要反对党马其顿内部革命组织—争取马其顿民族统一民主党（以下简称"内革党"）也借机向社民盟发难。面对巨大的压力，扎埃夫政府决定提前举行大选，以决定国家的未来发展方向。[3] 2019 年 10 月，各政党达成一致，决定于 2020 年 4 月举行大选，后因受新冠肺炎疫情影响，选举被推迟至 2020 年 7 月。

---

[1] 2021 年拉脱维亚的地方选举分两批举行，40 个行政大区的议会选举在 6 月举行，瓦拉克拉尼和雷泽克内的议会选举在 9 月举行。

[2] Samuel Kramer, "Resign and Rule: Latvia's Local Elections Analysed", https://neweasterneurope.eu/2021/07/13/resign-and-rule-latvias-local-elections-analysed/.

[3] J. Rankin, "EU Failure to Open Membership Talks with Albania and North Macedonia Condemned", https://www.theguardian.com/world/2019/oct/18/eu-refusal-to-open-talks-with-albania-and-north-macedonia-condemned-as-historic-mistake.

在此次选举中，社民盟同"贝萨运动"组成的竞选联盟获得了35.9%的选票，包含内革党在内的竞选联盟党获得了34.6%的选票。通过与阿尔巴尼亚族融合民主联盟以及阿尔巴尼亚族民主党联合，社民盟得以继续执政，扎埃夫再次出任总理。

虽然在选举中获胜，社民盟和扎埃夫政府面临的执政压力有增无减。在国外方面，融入欧洲一体化进程几无进展，2021年欧盟-西巴尔干峰会也对何时开启与北马其顿的入盟谈判只字未提。在国内方面，新冠肺炎疫情的反复侵袭使得北马其顿医保体系的弊端与政府组织能力的不足暴露无遗。因为疫苗存量不足，原定于2021年年初开展的大规模疫苗接种工作被一再推迟。高昂的医疗费用价格，特别是私人医院的收费问题也引发了民众的不满。因此在2021年10月的地方选举中，社民盟遭遇了滑铁卢。在全国共80个城市的选举中，社民盟仅获得16个城市的市长职位，而反对党内革党赢得包括首都斯科普里在内的42个城市的市长职位。选举结果出炉后，扎埃夫宣布辞去总理与党主席的职务，以为选举失利负责。但鉴于国内形势，扎埃夫继续留任了一段时间。2021年12月22日，扎埃夫正式向议会递交辞呈。12月29日，总统斯特沃·彭达罗夫斯基授权社民盟新任主席迪米塔尔·科瓦切夫斯基负责组阁。

三、2021年中东欧政党政治的发展态势解析

对于中东欧国家的政党来说，2021年是一个多事之秋。新冠肺炎疫情的影响仍在持续，要求取消或放松管控措施的群体性事件此起彼伏，经济恢复和疫苗接种工作推进缓慢。在新冠肺炎疫情的大背景下，执政联盟内部针对谁应为疫情和随之而来的经济困难负责争论不休，执政党与反对党则为了如何有效控制疫情而摩擦不断。激烈的政党斗争使得多个中东欧国家出现了政府更替。而在疫情之外，新一批民粹主义政党在持续发展壮大。

第一，新冠肺炎疫情仍然是2021年中东欧政党政治的首要议题。从2020年2月开始，中东欧国家陆续出现了新冠肺炎的确诊病例。由此，抗击新冠肺炎疫情成为中东欧国家的重要政治主题。在世界范围内，中东欧国家的医疗水平处于先进行列。但这些国家的医疗物资储备相对不足，许多医疗产品依赖进口，公共卫生开支有限，医疗人才大量流失。而在过去30年里，中东欧国家经历了全方位的国家转型与不同程度的社会动荡。相比于西欧国家，这些国家的忧患意识更强。对于可能发生的重大公共危机，无论是政府还是民众都保有充分的警惕和思想准备。因此在第一波疫情中，各国政府采取了相对严厉的防控措施，并取得了明显的效果。从2020年4月下旬开始，中东欧国家的疫情形势出现了明显的缓和。各国政府开始逐步放宽与取消疫情管控措施，并着手经济解冻工作。2020年5月14日，斯洛文尼亚更成为第一个宣布新冠肺炎疫情结束的欧洲国家。但后来的事实证明，新冠肺炎疫情在中东欧国家远没有结束。从2020年10月甚至是更早开始，中东欧国家陆续遭遇了数波不同程度的疫情。截至2021年11月27日，中东欧国家中感染人数最多的波兰已有累计病例349万人，死亡人数8.3万人，感染人数最少的黑山也有累计病例15.7万人，死亡人数2283人。[1]

面对疫情的反复冲击，加强防护措施和开展大规模的新冠疫苗接种成为唯一的有效方案，而新冠疫苗接种更成为关键中的关键。但对于新冠疫苗，中东欧各国国内一直存在不同的意见。而是否接种疫苗不仅仅涉及科学问题，更牵扯复杂的政治账与经济账。在斯洛伐克，各大政党为疫苗的采购和使用问题，特别是是否采用俄罗斯的疫苗，产生了明显的分歧。而总理马托维奇和普通公民组织的态度立场也一直不断变化。2021年年初，马托维奇公开表示斯洛伐克将会获得充足的辉瑞和莫德纳疫苗。因此只有在欧盟授权批准后，斯洛伐克才会考虑来自俄罗斯的疫苗。而随着疫情形势的变化，马托

---

[1] "Our World in Data", https://ourworldindata.org/coronavirus-data.

维奇对俄罗斯疫苗的态度发生了根本性的转变,并要求在斯洛伐克境内迅速推广和使用俄罗斯疫苗。马托维奇的一系列言行引发了执政联盟内部其他政党和反对党的不满。在中东欧地区,斯洛伐克是欧洲一体化进程中的"优等生",也一直与欧盟保持着良好的关系。因此,斯洛伐克的许多政党都主张在疫苗使用问题上与欧盟保持一致,即在俄罗斯疫苗获得欧盟的授权后才开始推广使用。双方在这一问题上争执不下,最终导致了执政联盟内部的重大危机。马托维奇政府也成为欧洲范围内第一个直接因为疫苗问题下台的政府。在中东欧国家,各方争论的焦点不只是应使用何种疫苗,还有是否应当接种疫苗。以罗马尼亚为例,一年以来,罗马尼亚爆发了多场反对疫苗接种的抗议活动。抗议者以"我们对强制接种说不""打倒医学专制""自由的达契亚人"等名义反对执政党强制推行的全民疫苗接种法案。而在一段时间内,注射阿斯利康疫苗会引发血栓的说法也甚嚣尘上。面对各种反对声音,罗马尼亚总理克楚公开表示,这些行为与恐怖分子的行为类似,是"破坏国家权威"的表现。面对迅猛的疫情,罗马尼亚必须继续推进疫苗接种工作。虽然与国家自由党多有不睦,但反对党社民党也同样支持接种新冠疫苗。社民党领导人乔拉古等人不仅以身作则,率先接种新冠疫苗,更公开呼吁"要尽快为那些真正需要疫苗的人们接种新冠疫苗。"虽然有两大政党的极力支持,但在各种阻力下,罗马尼亚的疫苗接种工作依然进展缓慢。根据罗马尼亚的官方统计,该国92%的新冠肺炎死亡病例没有接种新冠疫苗。截至11月5日,罗马尼亚1930万人口中仅有723.5万人已经接种了至少一剂疫苗,整体接种率不足38%,大幅低于欧盟平均水平。[1] 专家认为,新冠疫苗接种率低也是罗马尼亚再次遭受疫情冲击的主要原因。事实上,疫苗接种率的问题不仅存在于罗马尼亚。截至10月底,保加利亚仅有24.4%的成年人完

---

[1]《罗马尼亚累计新冠死亡病例超5万例》,http://m.news.cn/2021-11/06/c_1128036673.htm。

成了疫苗接种。这一数据在欧盟国家中处于末位。对于许多中东欧国家的政党特别是执政党来说，如何通过宣传和动员，快速而有效地推进疫苗接种工作，既是有效防控疫情的关键手段，也是影响其民众支持率和未来发展状况的重要因素。

除了疫苗接种之外，有效的管制措施同样可以遏制疫情。这一点在第一波疫情发生时已得到充分的验证。但在反复变化的疫情面前，中东欧国家的执政党很难在有效防控疫情和保证国家经济发展与社会稳定之间保持平衡。在新冠肺炎疫情不断持续的背景下，中东欧国家的经济发展出现了严重的衰退。根据国际货币基金组织的评估，2020 年中东欧国家 GDP 的平均增长率仅为-4.2%，但通货膨胀率和国家公共债务却不断飙至高位。波兰、匈牙利、捷克和罗马尼亚等中东欧国家的消费价格指数涨幅都位居欧盟前列。考虑到这一点，各国的执政党很难不计一切代价对管控措施进行加码。另一方面，社会大众对管控措施的接受度也在不断下降。在第一波疫情发生时，民众为了自身的健康与安全尚能严格地遵守防疫规定，也可以忍受短期的经济困难和生活不便。但在长期管控下，民众很难一直保持平和的心态，其对疫情和管控措施的态度也会发生改变。在过去的两年里，中东欧国家爆发了多场大规模的示威游行活动。而示威游行的核心诉求就是取消限制措施，恢复正常的社会生活。正如爱沙尼亚总理卡拉斯所言，"我们当然可以停掉所有的一切（去抗击疫情），但这样的做法是有其代价的。同时，如果没有民众的配合，我们也无法控制疫情，只能陷入一波又一波的反复中。"[1] 在很大程度上，卡拉斯的言论代表了中东欧国家的执政党在当前局面下的尴尬处境，也说明了在疫情之中多个国家出现政府更替的重要原因。

第二，政党斗争激烈与政府更替频繁的态势仍在持续。2021 年，有 7 个

---

[1] Andrew Whyte, "Prime Minister: Lock-down Came Only When Absolutely Necessary", https://news.err.ee/1608138163/prime-minister-lock-down-came-only-when-absolutely-necessary.

中东欧国家出现了政府更替或重组的现象。其中,捷克和保加利亚的政府更替是通过正常的议会选举实现的;罗马尼亚和斯洛伐克政府变换的主因是执政联盟内部的矛盾;拉脱维亚的政府重组源自执政联盟中"国家属于谁"党自身的分裂与混乱;爱沙尼亚的拉塔斯政府因为腐败问题而下台;北马其顿的扎埃夫政府则是所属政党在地方选举失利后辞职。总体来看,联合政府盛行是中东欧国家政府更替频繁的重要原因。而2021年下台的7个政府也都是联合政府。作为一种重要的政府类型,联合政府在议会民主国家中并不罕见。然而,在中东欧国家,联合政府的数量之多、比例之高都十分惊人。对于中东欧政党来说,组建联合政府既有主动的原因,也有被动的原因。从主动方面来说,组建联合政府的目的是获得更广泛的社会基础和民众支持,进而更好地实现自身的目标并兑现对选民的承诺。为此,许多政党甚至刻意弱化意识形态上方面分歧,与不同阵营的政党合作,并甘愿承受同阵营内部的不满以及选民在选举投票中对其"背叛"的惩罚。比如上文提及的爱沙尼亚的拉塔斯政府,就是一个涵盖中左翼政党、中右翼保守主义政党和极右翼民粹主义政党的执政联盟。而在拉塔斯政府下台后,新上台的卡拉斯政府也是中右翼政党改革党和中左翼政党中间党的组合。对于改革党来说,与因腐败问题而下台的中间党合作引发了很大的争议。但出于稳定执政的目的,该党依然选择了中间党作为其执政伙伴。从被动方面来说,许多中东欧国家的政党权力结构较为均衡,进入议会的政党数量较多,且议会席位相对分散。无论哪个政党在选举中获胜,都无法实现单独执政的目标。只有与一个或多个政党合作,才能确保在议会中占据多数。比如,在保加利亚2021年4月的大选中,公民党和民主力量联盟组成的联盟虽然是议会的第一大政党联盟,但仅获得了25.8%的选票,因此至少需要联合两个政党才能在议会中占据多数席位。在公民党因腐败问题被其他政党抵制、"有这样的人民"党又不愿与其他政党合作的背景下,公民党、"有这样的人民"党和社会党的三次组阁尝试都迅速失败。保加利亚随即在7月举行了下一次选举。在这一次的选举中,"有这样的人民"党成为第一大党,但支持率仅有 23.8%。在各大政党关系复杂但得票率接近的情况下,各种组阁方案显然也难以达成。直到 11 月份的第三次议会选举,"有这样的人民"党和公民党的支持率都出现了下滑,新成立的"我们继续改变"党则成为议会第一大党。由此,组建新政府的可能性才明显增加。

当然,无论是由于主动还是被动的原因,中东欧政党往往对合作形势过于乐观,而对可能出现的矛盾与冲突估计不足。事实上,执政者的身份带来的不只是正面影响,即便在政治经济发展势头良好、社会稳定的情况下,执政党仍然可能受到来自选民的"惩罚"。[1] 而由于历史因素,中东欧政党天然地衍化为不甚相容的两大阵营。在转型过程中,各种外来的和本土的政治思潮更是此起彼伏,自由主义、共产主义、民主社会主义、民族主义、民粹主义等思潮杂糅其间,缔造出意识形态迥异的政党。当这些政党因为暂时的共同利益而共同执政时,尚能进行基本限度的沟通与合作,即便争吵也不带有根本的原则性,而一旦国家转型或经济社会发展出现问题、执政压力陡增时,原本隐藏的分歧和矛盾就显现出来,在具体问题上的争论往往演化为理论主张的对立,甚至意识形态上的对抗,极易导致执政联盟的破裂。在 2021 年下台的 7 个政府中,有 2 个直接源自执政联盟内部的公开矛盾,1 个源自执政伙伴单方面退出联盟。爱沙尼亚的拉塔斯政府虽因腐败问题而下台,但同样受到执政伙伴表现不佳的拖累。在腐败丑闻爆出前,拉塔斯所在的中间党的支持率已经出现了明显的下滑。总体而言,中东欧政党因为自身弱势而倾向于组建联合政府,又因彼此间巨大的差异而难以保持联合政府的稳定性,这在很大程度上折射出中东欧国家政党政治发展的不成熟。

第三,新一批民粹主义政党的涌现对政党政治的日常生态构成严重挑

---

[1] A. Roberts, "Hyperaccountability: Economic Voting in Central and Eastern Europe", *Electoral Studies*, No. 27, 2008, p. 538.

战。早在20世纪90年代，民粹主义政党已经开始在中东欧出现，但并未成为这些国家的主流政治力量。进入21世纪后，民粹主义政党的影响力开始增强。一大批民粹主义政党，包括波兰的法律与公正党、匈牙利的尤比克党、斯洛伐克的方向党、保加利亚的西美昂二世国民运动等都逐渐成为本国政坛中的重要力量。最近几年里，由于逆全球化思潮泛滥和欧洲一体化进程不断受挫，新一批的民粹主义政党又在中东欧国家崭露头角，并在国家大选取得了令人瞩目的成绩。比如，成立于2012年的爱沙尼亚保守人民党在第一次参加议会选举时就获得了8.2%的选票并成功进入议会。而在2019年的议会选举中，其支持率迅速增长到17.8%，不仅成为议会的第三大党，更受邀组建联合政府，成为执政联盟的一员。在2020年的罗马尼亚议会选举中，支持率排名第三和第四的拯救罗马尼亚联盟-自由统一团结党联盟与罗马尼亚人团结联盟也都是新兴的民粹主义政党。前者在2016年8月成立，随即在4个月后的大选中进入议会，后又紧紧抓住民众关心的腐败等议题，在2020年的选举中继续高歌猛进。后者则是成立于2019年12月，虽然在此前的地方选举中表现并不突出，这次却获得了9%的支持率，并首次进入议会。同样，在2021年保加利亚的三次议会选举中，成立于2020年2月的"有这样的人民"党也表现出色，其支持率在前两次选举分别位列第二和第一。在第三次选举中，"有这样的人民"党的支持率出现了下滑，但9.4%的选票仍在所有政党中排名第五，也足以使其留在议会之中。

虽然在近期的议会选举中取得了不错的成绩，但对比早已在政坛站稳脚跟的民粹主义政党，像是波兰的法律与公正党和匈牙利的青年民主主义者联盟（以下简称"青民盟"），新一批民粹主义政党仍然不够稳定。首先，这些政党大多缺乏稳定的组织结构和清晰的发展规划。在进入议会甚至政府后，他们的继续发展变得困难重重。过去，中东欧民粹主义政党的"出身"和"来源"十分丰富，既有从传统政党转化来的政党，比如斯洛伐克的方向党和匈牙利的青民盟，也有许多在社会危机和民众不满中横空出世的政党，如匈牙利的尤比克党。[1] 而在过去的几年里,新近涌现的民粹主义政党更多是后一种类型。因为成立时间较短,这些政党尚未建立完善的组织结构,也缺乏一整套维持党内凝聚力和忠诚度的完整意识形态,其发展状况更多取决于一个或几个政党领导人。一旦党内领导层出现分歧或领导人下台离去,这些政党的生存发展就会出现问题,甚至引发一国政党政治的动荡。拉脱维亚的"国家属于谁"党就是一个典型的例子。"国家属于谁"党成立于2016年5月,是由拉脱维亚独立议员阿尔图斯·凯明什发起组建的。2018年首次参加议会选举该党就以14.3%的得票率成为拉脱维亚的第二大党,其总理候选人阿尔迪斯·戈布泽姆斯更一度获得了组阁的授权。但在组阁选择上,"国家属于谁"党内部产生了明显的分歧。戈布泽姆斯希望建立一个由"国家属于谁"党、新保守党、绿色农民联盟、新团结党和民族联盟5个政党组成的联合政府,而凯明什则反对邀请绿党和农民党联盟加入执政联盟,双方的矛盾也由此公开化。最终,戈布泽姆斯不仅没有组阁成功,反而在卡林什政府成立后退出了"国家属于谁"党。这一事件成为该党动荡的开端。在很短的时间内,多名政党领导人先后离开,政党创始人凯明什也因为"背离了政党的路线"被开除出党。主要领导人的离去使得"国家属于谁"党在2020年的里加市议会选举中遭受重创,仅获得了1.2%的选票。此后,"国家属于谁"党一直处于反复改名和内部公开分裂的动荡之中。到2021年6月,该党实际控制的议会席位仅剩6席,并选择退出了执政联盟。由此,卡林什政府进行了重组,拉脱维亚的政党权力结构也进行了重新洗牌。

其次,民粹主义本身缺乏实质和核心的价值观。不少民粹主义政党政策的核心内容就是"取悦于民"。只要能迎合选民的口味,"空心化"的民粹主义政党会采用自由主义政党、社会民主党、民族主义政党乃至其他任何政

---

[1] 徐刚:《中东欧社会转型中的新民粹主义探析》,载《欧洲研究》,2011年第2期,第57—58页。

党的政策。更多情况下，新一批的民粹主义政党会以一种新奇的"边际效应"来袭扰主流的政治形式，通过不落俗套的非常规性和例外性捕获民众的失望与不满情绪，以此获得民众的支持。这也是他们常常在移民、欧洲化和社会福利等问题上发出惊人之语的重要的原因。在竞选过程中，这样的策略被证明是有效的。但在进入议会和政府后，"空心化"且缺乏执政经验的民粹主义政党往往难以就国家发展过程中的实际问题提出行之有效的解决办法，也无法回应普通民众的现实诉求。而作为议会党和执政党，民粹主义政党出格的言论与行事风格也与主流的政党政治规则相抵触。以爱沙尼亚的保守人民党为例。保守人民党成立于2012年，属右翼民粹主义政党。在2015年的议会选举中，该党获得了8.1%的选票和7个议席。在2019年的议会选举中，保守人民党继续高歌猛进，获得了17.8%的选票和19个议席，之后更受邀进入执政联盟，政党主要领导人马特·赫尔姆和马丁·赫尔姆等人也分别出任内政部部长、财政部部长和外贸与信息技术部部长等重要职位。但在进入政府之后，保守人民党"空心化"的缺点暴露无遗。在内政领域，保守人民党希望建立直接民主和国家公共银行，也坚决抵制外来移民，主张保护本国文化和历史传统，并对爱沙尼亚境内的俄罗斯族人进行深刻的改造。但这些问题并非爱沙尼亚民众的首要诉求，也不具备现实的可操作性。在外交领域，保守人民党强烈的排外和疑欧立场使得爱沙尼亚与欧盟的关系变得十分微妙。更为重要的是，保守人民党的领导人马特·赫尔姆等人常常爆出出格的言论。政府组建不久，马特·赫尔姆就在公开场合表示，总统卡留莱德是一个情绪用事的女人。这一言论不仅在爱沙尼亚国内引发了轩然大波，也使得总统与政府之间的关系陷入紧张。在桑娜·马林出任芬兰总理后，马特·赫尔姆又公开表示，"我们看到了一个女售货员成为总理"。而在美国总统大选结果公布后，马特·赫尔姆和马丁·赫尔姆等人选择为同为民粹主义领导人的特朗普站台，公开抨击新任美国总统拜登舞弊和操纵选票。保守人民党领导人的一系列言论引发了国内和国际社会的共同谴责。在巨大的压力下，马特·赫尔姆被迫辞职。事实上，保守人民党的出格言行不仅影响了自身的发展，也牵连了其执政伙伴。在与保守人民党联合执政的过程中，主要执政党中间党的民众支持率一直处于下滑的状态。而塔林港项目的腐败事件成为压垮中间党的最后一根稻草。最终，拉塔斯政府宣告下台，保守人民党也重新成为在野党。显然，无论是谋求自身更好的发展，还是想在中东欧政党政治中扮演更加积极的作用，新一批的民粹主义政党仍需打磨自身的组织结构和发展规划，同时需要更好地适应中东欧政党政治的规则与运作模式。

第十章
美国、加拿大和英国政党政治发展与研究

孙润南*

　　作为现代政党的发源地,英国的威斯敏斯特政治模式影响了大部分英联邦国家,尤其在加拿大、澳大利亚、新西兰,甚至在美国都打下了很深的烙印。由于澳大利亚、新西兰已经在其他部分进行论述,本章节主要集中对英国、美国和加拿大三国的政党政治发展情况进行分析。作为曾经的英国殖民地,美国虽然深受英国政治的影响,但形成的是一个总统制的两党制国家,不同于英国和加拿大的议会制的两党制。2020年大选后,美国于2021年1月完成总统和政府更替,加拿大则在2021年提前举行了大选,而英国在2021年并没有发生重大的政治更迭进程。因此本章节以美、加、英的顺序,分别对三个国家的政党政治发展情况进行分析。

---

* 孙润南,北京航空航天大学马克思主义学院讲师。

一、美国的政党政治现状、特征和发展前景

(一) 美国政党政治的特点

美国是一个总统制、三权分立和联邦制国家。美国的两党制最早萌芽于建国之初，后来几经分化组合，逐渐形成民主党和共和党轮流执政的局面。

1. 以总统选举实现的独特两党制

美国总统是美国的国家元首、政府首脑和武装部队总司令。总统通过间接选举产生，任期4年。政府内阁由总统、副总统、各部部长和总统指定的其他成员组成。内阁实际上是总统的助手和顾问团，没有集体决策的权力。2021年1月20日，约瑟夫·拜登宣誓就任总统，卡玛拉·哈里斯宣誓就任副总统。

总统所属的政党为执政党，执政党地位的确定是由总统选举结果而不是国会选举结果决定的，这与英国威斯敏斯特政治体系形成鲜明的区别。美国政党执政的标志不是在国会中占有多数席位，执政党也不一定是国会中的多数党。4年一次总统选举又称为大选，同国会参、众两院选举分开进行。参议员每州2名，共100名，任期6年，每2年改选三分之一。众议员按各州的人口比例分配名额选出，共435名，任期2年，期满全部改选。在总统4年任期内参众两院的选举称为中期选举。行政权力不从国会中产生，国会中多数党与少数党并不构成执政党同反对党的关系。但参、众两院的议长则是由国会中多数党的领袖担任的。所以在总统所属政党不是国会中的多数党时，两党的对抗可能发展成为国会同政府的对抗。

不仅总统和国会并不总是在同一政党手中，即使总统所属政党同时是国会的多数党时，也不能总是保证总统和国会的一致，这与英国的两党制很不相同。尽管总统是执政党的当然领袖，但总统不能给国会的本党组织下命令。在一院之内，党组织的领袖不能约束本院议员按党的立场投票。议员享

有很大的独立性，他们常按自己的目的或选区选民的要求投票，从而打破了政党界限。另外，在全国执政的党不一定在各州执政。50个州的两大政党组织不仅差别很大，而且不受全国的民主党组织或共和党组织控制。

2. 比较稳定的两党制

100多年来，在美国的政治舞台上一直保持着民主党和共和党轮流执政的格局，虽然也曾经出现过第三党运动，但对这两大政党并未形成大的威胁。可以说，美国不鼓励第三党的产生。在阶级矛盾和社会矛盾激化时，由于在具体政策上的分歧，一部分人分裂出去组织第三党时，两大政党除了在竞选中击败他们以外，还常把他们的新思想、新观念和改革计划接过去，纳入自己的纲领，使他们失去单独存在的基础。这样，分裂出去的人又常常重新回到两党的队伍中来。

在选举中，两党党员常常跨党投票，即这个政党的党员投另一个政党候选人的票。跨党派的现象一方面是有利于把最合乎民意的人推上总统宝座或选入国会；但另一方面模糊了阶级阵线，淡化了政党代表和追求特殊利益的现象。由于两党的派别与一定的经济区域相联系，所以美国两党制在政治上的界限不是取决于阶级利益，而是取决于地区利益，如南北战争中两党的对立，又如加利福尼亚州在1995年立法取消非法移民的免费医疗和子女受教育的权利，是因为加州等西部地区受墨西哥等国非法移民的冲击非常大。

（二）美国政党政治现状及特征

2008年国际金融危机爆发后，美国不合理的经济结构和分配结构所长期积累的阶层矛盾持续深化，最终引发了"占领华尔街"运动等范围涉及全国的大规模抗议和骚乱。在2016年大选期间，备受关注的"特朗普现象"则表明美国国内族群矛盾走向了难以调和的地步，尤其是"白人至上主义"思潮的兴起，在种族意义上开始撕裂美国社会。以阶层和种族矛盾为代表的社会问题传导至政治层面，导致了美国民主、共和两党之间的政策共识不断弱化，分歧和斗争日益显著，随之带来了愈演愈烈的政治极化。

2020年的美国大选不仅延续了近年来党派斗争"高烈度"的特征,而且这种斗争出现了进一步升级甚至走向白热化的特点。2021年1月6日下午,数千名美国民众聚集在华盛顿国会山并强行闯入国会大厦,以阻止美国国会联席会议确认民主党总统候选人拜登成为新当选总统。事件导致美国总统权力过渡进程中断,并造成5人死亡,140多人受伤。此次事件是自1814年白宫遭英军纵火焚烧以来华盛顿最严重的暴力事件,200余年来国会大厦首次被占领。美国国会参议院共和党领袖将这一事件称为"失败的叛乱"。

国会山骚乱结束之后,新冠肺炎疫情所带来的影响实际上贯穿了2021年始终,但并没有成为两党斗争的主旋律。在2020年美国大选余波冲击下,2021年贯穿美国政党政治全年的纷争焦点,基本可以被概括为:政治极化下的社会撕裂、否决政治下的债务危机和政党斗争下的选举争斗。

1. 政党极化下的社会撕裂

(1) 两党党争与对抗的激化:冲击国会山运动

美国两党间的互斗和分裂局面由来已久,2016年的美国总统大选可以看出美国政党的极化趋势日趋显现。在唐纳德·特朗普任期内两党的党争愈发严重,在2020年大选中面对新冠肺炎疫情的冲击,两党党争集中在公共卫生、疫情政策、外交等领域。政治斗争在民主党与共和党间愈演愈烈,两党为了各自私利,既没有妥协,也丧失了原则,共识和协商渐成奢望,两党零和博弈的一面更加突出。2019年年底,民主党炒作"通俄门"事件并对此大做文章,着手启动针对特朗普的弹劾案。随着2020年美国大选的到来,两党政客攻讦不断,政治缠斗进入前所未有的阶段。新冠肺炎疫情在美国的大暴发也未能阻止两党围绕"是否应该戴口罩""抗疫物资分配""疫情责任推诿"等问题的互相攻讦。2020年10月27日美国总统大选前夕,参议院以52票赞成、48票反对的表决结果,批准特朗普提名的保守派最高法院大法官艾米·巴雷特,将两党对抗推向新高潮。1月6日的冲击国会山,以一场极度政治分裂的党争乱象作为2021年的开场:1月10日,国会众议院议长、民主党的南希·佩洛西给副总统迈克·彭斯下最后通牒,要求他依据宪法修正案罢免总统特朗普,彭斯明确表示拒绝;1月13日,由民主党领导的国会众议院表决通过针对特朗普的第二次弹劾条款,指控他"煽动叛乱"。

2020年美国大选中出现了席卷民主、共和两党的严重族群对立。美国民众以截然不同的诉求分裂为两个势同水火的群体。一派以居住在市区的少数族裔和白领中产阶级为主,高呼"黑人的命也是命",反对种族歧视,反对特朗普连任;一派以信奉基督教的郊区白人和广大乡村地区的居民为主,支持"法律与秩序",拥护特朗普连任。双方在美国各地爆发激烈的对抗与冲突,在波特兰市甚至发生了互相击杀对方游行群众的事件,直至2021年1月6日发生"占领国会山"的猛烈风暴,如此大规模的激烈政治对抗和暴乱是美国自20世纪60年代民权运动以来前所未见的。这场对抗的实质是美国民众对宪法、政治体制和治理制度的国家认同发生了巨大分裂,民众对政策问题的争论转变为对身份认同的斗争。身份政治中族裔认同的发展固化了两党对选民的控制,导致两党政治对峙向"部落化"的趋势发展,进而引发美国国际角色变化。[1] 这不再是一场大选,这一次是民主党与共和党之间、拜登与特朗普之间的斗争,是两个激烈对立的社会之间的全面内战。

(2) 控枪矛盾下的两党党争

在2020年新冠肺炎疫情暴发初期,美国民众除了忙着囤积卫生纸和食物以外,还购买了大量的枪支弹药。之后发生的黑人乔治·弗洛伊德被跪杀和国会大厦被特朗普支持者占领等事件,都显示了美国社会撕裂的加剧。形形色色的人拿着枪支,或是炫耀或是自保,无形中都让美国社会变得更加危险。

拜登在竞选时曾向民众承诺将会在控枪问题上有所进步。2021年1月

---

[1] 刁大明:《身份政治、党争"部落化"与2020年美国大选》,载《外交评论(外交学院学报)》,2020年第6期,第48页。

20日拜登上台，3月23日敦促国会制定枪支改革法案，但因为两党意见无法统一，颁布控枪法案一事再次陷入僵局。拜登呼吁进一步的枪支改革，要求参议院立即通过众议院此前批准的两项法案，其中包括加强购枪背景调查。但在整个2021年，拜登的控枪计划仍然停留在纸面文件上，原因也很简单，因为两党在控枪问题上无法达成共识。

2020年8月23日，威斯康星州基诺沙镇发生的警察枪击黑人雅各布·布雷克事件曾引起广泛关注。这是继弗洛伊德案之后的另一起命案，当地警察朝布雷克连开7枪致其瘫痪。特朗普和拜登在竞选期间都曾先后来到这里表达立场，以争取不同选民的支持。此后，当地连续发生抗议示威活动，17岁的凯尔·里滕豪斯参加了8月25日晚的抗议活动，其间他当街开枪，造成2人死亡、1人受伤。在被警方逮捕后，里滕豪斯在法庭上称自己开枪是受到攻击后的自卫。最终，里滕豪斯在2021年11月19日被无罪释放。该案件的审判结果不仅在美国社会引发争议，也使美国两党出现更为严重的分歧和对立，共和党议员支持判决结果，而民主党方面却对判决结果表示反对。美国总统拜登发表声明说，判决结果让包括他在内的许多美国人愤怒和忧虑。与其说这是一次法律判决，还不如说是一次政治宣判，印证了美国保守主义势力的根深蒂固。而此次案件也再次触碰了令美国社会极化的两大痛点，那就是枪支暴力和种族歧视。

2. 否决政治下的债务危机

否决政治下的债务危机主要体现在债务上限谈判。设置债务上限的本意是限制联邦债务无限扩张，但自国际金融危机以来，美国债务规模加速增长，特别是新冠肺炎疫情以来，美国联邦政府债务占GDP的比重已超过100%。虽然两党都认同要削减赤字、控制规模，但到了违约关头，必然会通过谈判上调或暂停上限，以防止国债违约、政府关门、财政悬崖等负面情况出现。债务上限实质上已成为两党政治博弈的工具之一。

直到2021年12月还在上演的美国政党争斗"大剧"中，债务上限谈判

第十章　美国、加拿大和英国政党政治发展与研究

应当榜上有名。面对美国债务上限危机，总统拜登和财长珍妮特·耶伦都发出警告，称如果债务上限不能提高，将破坏美国国债的安全，威胁美元作为世界储备货币的地位，并可能引发金融危机和经济衰退。

在债务上限问题被卷入政治漩涡后，寄希望于两党通力协作来解决问题的成功率渺茫。民主党理论上可以启动预算调节程序推动债务上限的提高，但民主党内部的龃龉和潜在的政治风险为这条路增添了许多不确定性。考虑到债务违约可能带来的毁灭性后果，拜登政府无论如何都要推动议案的通过。因此，民主党人要么选择向共和党人妥协，从而达成协议，要么说服党内的反对声音齐心协力推动预算和解。而不论如何，拜登都要牺牲一定的政治利益以换取支持。

民主党不愿单独背负纵容政府举债的"罪名"，希望两党进行合作。拜登和耶伦表示希望通过两党协商解决债务上限问题。一方面，民主党不愿为特朗普时期的政府支出买单。新冠肺炎疫情以来，美国政府共进行了 6 轮财政刺激计划，总规模高达 5.7 万亿美元，其中 3.8 万亿为特朗普政府推行，民主党显然认为共和党应对此负责。另一方面，民主党认为共和党承担不起美国国债违约的责任。债务上限问题无法解决极可能导致美国国债违约，其后果不堪设想，民主党认为共和党终将妥协。

但共和党人坚定地表达了反对立场。2021 年 8 月 12 日，46 名共和党议员联名签字，认为民主党应独立完成债务上限上调任务。参议院共和党领袖米奇·麦康奈尔表示，他相信所有共和党人都会投票反对再次暂停债务上限，不会同意给予民主党人无上限举债的额度。此外，拜登的阿富汗撤军指令被认为是政策失利，已遭到佐治亚、南卡罗来纳和马里兰等多州议员的弹劾。虽然政策失利难以成为弹劾成功的理由，但这在一定程度上会影响民主党人在债务上限问题上的议价能力。

美国债务上限谈判一波三折的原因可从两个方面来剖析。第一，这是两党之间的利益博弈，两党党争和相互否决导致美国政治出现系统性紊乱、制

度失灵、政治氛围紧张等政治衰败现象,从政府停摆、特朗普政府应对疫情不力和大选竞争激烈等现象可看出,两党政治出现问题是美国政治衰败的根源,政治衰败给美国带来社会内部严重分裂、民族种族矛盾加剧、国家内部动荡、国内经济出现衰退征兆和民众对国家信心下降等恶劣影响。[1] 第二,美国参议员在政治中追求自身和党派利益导致两党愈发严重的否决政治,精英驱动民众模式自上而下地强化了政党之间的相互否决,形成了政治制度和政治过程两种因素作用下的"参议院综合征",这种否决体制成为常态并影响经济社会发展。

3. 政党斗争下的政治混乱

(1) 地方选举"蓝州翻红"暴露民主党弱点

2021年11月2日,民主党的蓝州弗吉尼亚首次翻红选出共和党州长。近些年来民主党过火的社会运动加速了农村白人"滑向"共和党的趋势。特朗普恰恰是利用农村白人的焦虑,以"美国优先"政策吸引了农村白人的关注,为共和党成功地建构了一个基于身份政治的农村白人选民群体。

2016年,总统大选失败后的民主党曾为夺回农村白人选民的支持而努力。拜登的竞选团队就曾发布过一份详尽的"农村计划",拜登承诺要在农村地区"加强反垄断执法"。但"农村计划"不在拜登政策的优先议题上,远不能满足农村白人的迫切需求。没能解决美国农村的问题,也没有真正走到美国农村去,这是民主党的一个系统性失败。如何将本政党与农村白人的价值观、自我认同和焦虑问题的解决相连接,是民主党争取农村白人选民面临的最大挑战。

2020年特朗普败选后,共和党并没有停止"特朗普化"。特朗普依然在共和党内有巨大的影响力,特朗普主义已深入到拥护共和党选民的心中,尤

---

[1] 张春满:《转型中国的政治发展与美国的政治衰败:基于政党中心主义的比较分析》,载《学习与探索》,2020年第10期,第60页。

其在美国农村，特朗普主义有着很强的民意基础。许多高层共和党人认为特朗普挽救了共和党，虽然 2020 年大选特朗普输了，但共和党取得的政治收益比他们想象的要大得多。

民主党之所以能在 2020 年的大选中凭借破纪录的投票率赢得胜利，是因为选民们渴望推翻一位他们认为不称职、制造分裂、糟糕之至的总统。而在近一年后，2021 年 11 月 2 日的弗吉尼亚州长选举结果表明，一旦抵抗对象下台，这种抵抗政治便转向了。民主党人在郊区人口众多的弗吉尼亚和新泽西遭遇的压倒性挫折表明，保守派正在猛烈反击民主党所倡导的、围绕种族和身份认同不断变化的道德观念，也对 2022 年中期选举时民主党的预期结果敲响警钟。反特朗普的选民在 2020 年帮助民主党掌握权力，但是在面对拜登任期第一年发生的疫情叠加、经济衰退和无休止的抗议后，这股选民渐渐变得政治冷漠。在政治上更危险的是，认同民主党的心理已经被一种对国家现状的不满情绪取代，在不到一年的时间里，拜登任期支持率创造了历史新低（38%），说明他无能力兑现在竞选中作出的种种承诺，尤其是这个国家仍在不断蔓延的新冠肺炎疫情令社会大众的不满情绪不断增长。

（2）国会层面反对党领袖的冗长辩论凸显两党斗争

2021 年 11 月 22 日，美国众议院共和党领袖凯文·麦卡锡发言长达 8 小时 30 分钟的演讲，打破了众议长佩洛西于 2018 年 2 月 9 日创造的 8 小时发言纪录。3 年前，77 岁的佩洛西穿着 10 厘米的高跟鞋，在国会口若悬河，中途不休息只喝点水，甚至读起了《圣经》，发言时长达 8 个小时。熟悉西方议会政治运作的人们都比较熟悉这种"拉布"做法，即"以冗长发言阻止某个法案的表决通过"。比起美国参议院来，众议院这个纪录就不算什么了。参议院的发言纪录由参议员斯特罗姆·瑟蒙德创造，他于 1957 年 8 月 28 日创下了 24 小时 18 分钟的纪录。之后议会修订规则，为防止议员霸台，只允许各党国会领袖拥有发言不受时长限制的特权。

美国 2022 年中期选举的时针滴答作响，共和与民主两党的政治斗争进入了新阶段。根据政党轮替规律及美国选举的政治钟摆效应，再加上拜登目前极其低迷的支持率，共和党大概率将夺回众议院的控制权。

麦卡锡这次使出浑身解数，主要是给特朗普及其支持者看的。根据佩洛西的安排，众议院周五晚上要就拜登的"重建美好未来"法案进行表决。共和党一直反对这项带有"民主社会主义"色彩的法案，认为大规模的政府开支是不负责任的，更不希望将未来恶性通货膨胀的责任背到自己身上。他们还是坚持共和党"小政府、大社会"那一套，即不让政府对社会福利包揽太多。麦卡锡利用自己的职权开始了冗长发言，前3个小时还有一些互动，但到了发言的后半程，大多数议员实在熬不住了，民主党人索性回家睡觉，反正当晚就"重建美好未来"法案进行表决肯定是搞不成了，干脆等到天亮再说。3年多前佩洛西演讲时，民主党又是击掌又是拥抱，忙得不亦乐乎，但共和党的议席鸦雀无声，因为共和党的议员们早就走光了。麦卡锡的演讲一直持续到次日早晨5点才打住。美国国会众议院陷入"冗长辩论"议事程序陷阱，不能发挥立法应对社会变化的代议机构作用。

民主党的内斗如何演绎也是一个看点。目前，民主党在参议院只有50席，法案表决时不能有任何一张反对票。舆论的焦点再次集中到乔·曼钦的身上，这位来自西弗吉尼亚州的联邦参议员对于拜登提出的1.75万亿美元"重建美好未来"法案的诸多条款大为不满，特别是对清洁能源这一方面，他的家乡是美国第二大煤产区，他本人也在煤炭基金中持有股份，他不能同意法案提出的对煤炭行业实行额外税收等限制。因此曼钦在12月20日投票中投了民主党唯一的反对票，在没有任何一名共和党参议员支持的情况下，曼钦这一票使得议案未能获得通过。

政党极化、否决政治与政党恶性竞争，是2021年美国政党政治的主要特征。

（三）美国政党政治发展前景

近年来，美国政党政治发生了重大变化，政党的竞争方式、竞争手段、新旧政权交替的方式、传统的左右翼政党发展态势和政治运行机制都在发生改变。[1] 具体表现为：传统主流政党不再是向中间靠拢去整合民意，而是比拼极端和"互黑"；政权交接过程不再和平，而是充满冲突对立和恶斗斯打；动员选民方式上，社交媒体胜于传统媒体等。2020 年美国大选是一个多世纪以来选民投票率最高的一次选举，也是党争极其激烈、社会极端分裂的一次选举，尽管民主党人同时在国会参众两院获得了微弱的政治优势，形成一党同时控制府会的"一致政府"格局，但仍将面对更趋极化的两党博弈，更趋显著的党内分化与更趋复杂的党政重组态势。[2]

1. 政党极化加剧否决体制

近几年来，美国两党政治困境的制度根源是总统权力扩张致使权力失衡、选举制度改革强化公民同意程度。美国两党呈现颓败趋势、以总统为核心的两党制不断强化、两党传统政治代表和整合功能弱化、限制选民政治参与将会是未来美国两党的演化趋势。[3]

美国民主程序分散、冗长，存在大量否决点，个别否决行为可能影响整个体系的运行，所谓"相互制衡蕴含纠偏能力"的预设在实际操作中日益走样。美国政治极化加剧，两党诉求大相径庭，共识不断压缩，对立制约已成家常便饭，"否决政治"成为常态，"我办不成事也不能让你办成"的心态和行为蔚然成风。

华盛顿的政客关注的是保住党派利益，国家发展的宏图大略早已抛诸脑后。否决对手会加强自身阵营的身份认同，身份认同的加强又迅速巩固自身阵营的支持力量，美国两党痴迷于否决，陷入难以自拔的恶性循环，其结果

---

[1] 周淑真：《从美国现状看西方国家政党政治的新变化、新特点》，载《当代世界与社会主义》，2017 年第 2 期，第 35 页。

[2] 王浩：《2020 年大选后美国的政党政治走向及其影响》，载《美国问题研究》，2021 年第 1 期，第 47 页。

[3] 郭馨怡：《美国两党政治困境的制度根源与历史嬗变——兼评 2020 年美国大选》，载《统一战线学研究》，2021 年第 5 期，第 91 页。

必然是政府效能被弱化、公正法治被践踏、发展进步被迟滞、社会分裂被放大。当今美国,"我是美国人"正渐次被"我是共和党人""我是民主党人"所替代,"身份政治"和"部落政治"盛行,并向美国社会的各个层面恶性传导加剧"否决政治"。

2. 民粹主义催动政党重组加速

虽然特朗普在2020年美国大选中失败,但特朗普的政治影响力并未随其任期结束而消退,"特朗普革命"对美国政治的影响将加剧政党政治极化和党内分化。它包括加速政党重组进程、赋予"左""右"之争新的意涵、重塑国内政治议程,使"身份认同"取代"经济-阶层认同",成为美国政治议题的核心,引发政党的跨阶层联盟。[1] 美国共和党和民主党之间以及各政党高层和中下层选民之间出现了纵横两条鸿沟,造成了美国政党政治的"十字撕裂",[2] 导致两党极化和民粹主义愈发严重。政党重组具体表现为东北部"铁锈地带"白人蓝领选民对民主党疏离,南方部分"阳光地带"年轻选民群体对共和党忠诚度下降。[3] 这表明,"身份认同"成为美国政治的主要内容。自特朗普时代以来,美国政治面临着断层危机和治理困境,导致美国政治生态进一步恶化,党争加剧,两党的意识鸿沟扩大,并引起白人至上主义等极端社会思潮的反弹,这一切都在撕裂美国社会,美国民主发生了退化。

同时我们应该看到,国会两党之间的席位差距缩小会带来结构型僵持,议员在立法过程中基于意识形态立场投票、两党内部分歧凸显等因素会使美

---

[1] 王浩:《美国政治的"特朗普革命":内涵、动因与影响》,载《当代美国评论》,2021年第5期,第81页。
[2] 周鑫宇:《美国政党政治的"十字撕裂"及其未来发展趋势》,载《当代世界》,2020年第8期,第11页。
[3] 王浩:《选情与疫情叠加下的美国政治:认同分裂、政党重组与治理困境》,载《统一战线学研究》,2020年第5期,第78页。

国政治极化维持在较高的程度。[1] 有意思的一点是，从当前政党认同可以看出性别的差异，男性比女性更倾向于认同共和党，较少认同民主党。同时，随着精英阶层在意识形态上的两极分化，公众逐渐开始将自己归类为符合其政治偏好的政党。受教育水平越高，政党偏好的两极分化越明显，党派偏好的性别差距越大。

新自由主义与多元主义正在被本土主义取代，步入新周期的美国政治将更有可能回到古典自由主义发展路径，[2] 其核心特征是摒弃新自由主义的经济金融化和全球化理念，选民认同随着政党忠诚度提高，选民在普选中的投票行为更多基于意识形态与政党立场的选择而非候选人个人能力，政党极化对社会产生更深的影响。

3. 民主程序反噬民主实质

美国是一个典型的由精英阶层主导的国家，"多元政治"只是一种政治表象。精英们把持政治、经济、军事等方面的统治地位，操控国家机器，制定规章制度，把握舆论风向，主导商业公司，行使各种特权。特别是自19世纪60年代以来，民主、共和两党轮流"坐庄"分享国家权力。普通选民把选票投给第三党或独立候选人等于浪费投票机会，只能在两党推出的候选人之间作出非此即彼的选择。在"驴象之争"的背景下，两党始终将大众政治参与限定在狭小范围。对于普通选民而言，选举时招之即来，选举后挥之即去，大多数人都只是选举游戏的"群众演员"，"民治"在美国政治实践中很难有所体现。具体来说：

第一，选举是建立在资本基础上的"富人游戏"。100多年前，美国俄亥俄州共和党联邦参议员马克·汉纳这样形容美国政治："在政界，有两样

---

[1] 信强、余璟仪：《政治极化与2020年美国国会选举：背景、过程与影响》，载《美国问题研究》，2021年第1期，第1页。

[2] 王浩：《"特朗普现象"与美国政治变迁的逻辑及趋势》，载《复旦学报（社会科学版）》，2017年第6期，第135—142页。

东西很重要，第一是金钱，第二个我就不记得了。"100多年后再看，金钱依旧是美国政治的"硬通货"，而且作用更加无可替代。以2020年美国总统和国会选举为例，此次选举总支出高达140亿美元，是2016年的2倍，是2008年的3倍，被称为"史上最烧钱的大选"。其中，总统选举花费再创历史纪录，达到66亿美元；国会选举花销超过70亿美元。美国民众不得不面对的事实是，金钱政治贯穿美国选举、立法、施政的所有环节，实际上限制了民众的参政权利，经济地位的不平等已经转变为政治地位的不平等，只有口袋里有足够多的钱的人才能享受宪法规定的民主权利。金钱政治越来越成为美国社会难以根除的一颗"毒瘤"，成为美国民主的莫大讽刺。

第二，选举规则损害公平。美国总统选举遵循古老的选举人团制度，总统和副总统并非由选民直接选出，而是由选举人团投票决定。美国现有选举人票538张，赢得超过一半选举人票（270张）的候选人即当选总统。这种选举制度弊端十分明显：一是当选总统可能无法赢得多数普选票，代表性不足；二是具体选举规则由各州自行决定，易发生乱象；三是"赢者通吃"制度加剧各州地位不平等、各党地位不平等，造成巨大选票浪费并抑制投票率，深蓝州、深红州的选民往往遭到忽视，摇摆州获得相对非对称的重要性，成为两党竞相拉拢的对象。美国历史上出现过5次赢得了全国普选票却输掉总统选举的情况。最近的一次是，2016年大选共和党总统候选人特朗普获得6298万多张普选票，得票率45.9%。民主党总统候选人希拉里·克林顿获得6585万多张普选票，得票率48%。特朗普虽然输掉普选票，但赢得304张选举人票，希拉里仅获得227张选举人票，特朗普以选举人票数优势当选总统。

美国民众公认的选举制度另一大弊病是"杰利蝾螈"。1812年，马萨诸塞州州长杰利为谋求本党利益，签署法案将州内一个选区划成类似蝾螈的极不规则形状。这种做法后被称为"杰利蝾螈"，即指通过不公平的选区划分，帮助本党赢得尽可能多的议席，巩固优势地位。美国每10年进行一次人口普查，然后按"各选区人口大致相等"原则并结合人口变化情况重新划分选区。美国宪法将划分选区的权力赋予各州立法机构，为州议会多数党"杰利蝾螈"提供操作空间。"杰利蝾螈"主要靠两种操作：一是"集中"，即尽可能将反对党选民集中划入少数特定选区，牺牲这些选区以换取其他选区绝对安全；二是"打散"，即将反对党选民相对集中的地区拆分划入周边不同选区，从而稀释反对党选票。

美式民主如同好莱坞刻意布置的场景，展现的都是精心打造的人设，台前大喊人民、背后大搞交易，党同伐异、金钱政治、否决政治根本不能带来民众所希望的高质量治理。美国民众对美国政治愈发反感，对美式民主愈发消极。

二、加拿大政党政治的现状、特点与发展前景

（一）加拿大政党政治的特点与基本情况

加拿大是英联邦的议会制国家，同时又实行联邦制。1867年建立联邦以来，基本上由自由党和保守党（前身为进步保守党）轮流执政。自由党在1993年及此后的几次联邦选举中获胜，连续执政到2006年。2006年保守党在大选中战胜自由党上台，该党领袖斯蒂芬·哈珀担任总理，其后经两次选举连续执政。2015年，自由党以较大优势赢得大选，该党领袖贾斯廷·特鲁多出任总理，并在2019年10月连任。2021年8月15日，特鲁多宣布解散联邦议会，9月20日提前举行第44届大选，自由党在选后依然执政。

1. 单选区简单多数选举制度

加拿大选举制度延续自宗主国的"简单多数制"，由各选区单独选出议员组成议会，议会制下多数党组建政府，反对党可向政府提起不信任动议等

制度均与英国极为相似。[1] 但其联邦体制不同于英国，导致事实上在联邦议会层面之下，各省还有省内的政党、省议会和省执政党表现出了很强的自治特征，地方政府与国家层面的执政党很可能并非同一党派，故政策方向常有不同之处。另外由于民族矛盾和英法语言文化冲突问题，各省立法中的违宪情况屡见不鲜。

联邦议会由参议院和众议院组成，参众两院通过的法案由总督签署后成为法律。总督有权召集和解散议会。参议院共105席，名额按各省人口比例和历史惯例分配。参议员由总理提名，总督任命，75岁退休。现任参议长为乔治·富里，2015年12月就任。众议院共338席，对应全国338个选区，举行联邦选举时，符合条件的加拿大公民投票选出代表其利益的候选人，竞选成功者在议会中占有席位，以代表选民辩论和审议法律。加拿大的选举制度发展较为成熟，投票率长期保持在65%以上。[2] 候选人可以以党派身份参选，也可以作为独立候选人参选。在议会中占有最多数席位的政党领袖出任总理，席位数量次之的政党成为官方反对党。

2. 加拿大政党现状

当前，加拿大正式注册的政党有22个（见表3）。从历史上看，自由党、保守党、新民主党、魁北克集团和绿党是加拿大影响力最大的5个政党，[3] 自由党和保守党曾在较长一段时间内作为加拿大政党政治的主体轮流执政，使加拿大长期处于两党政治格局中。近年来，"第三党"的影响力逐渐扩大，尤其是保守党分裂后，代表地方利益和民族利益的政党也初露头角，登上加拿大政治舞台。

---

[1] 王寅平：《浅谈加拿大的联邦制度和政党制度》，载《求实》，2012年第2期，第32页。
[2] Elections Canada, "Voter Turnout at Federal Elections and Referendums", https://www.elections.ca/content.aspx?section=ele&dir=turn&document=index&lang=e.
[3] The Canada Guide, "Canadian Political Parties", https://thecanadaguide.com/government/political-parties/.

第十章 美国、加拿大和英国政党政治发展与研究

表3 加拿大政党

序号	政党名称	序号	政党名称
1	加拿大动物保护党 (Animal Protection Party of Canada)	12	加拿大自由人党 (Libertarian Party of Canada)
2	魁北克集团 (Bloc Québécois)	13	大麻党 (Marijuana Party)
3	加拿大民族主义党 (Canadian Nationalist Party)	14	加拿大马克思列宁主义党 (Marxist-Leninist Party of Canada)
4	加拿大中间党 (Centrist Party of Canada)	15	特立独行派对 (Maverick Party)
5	CFF—直接民主党 (CFF - Direct Democracy Party)	16	加拿大全国公民联盟 (National Citizens Alliance of Canada)
6	加拿大基督教传统党 (Christian Heritage Party of Canada)	17	新民主党 (New Democratic Party)
7	加拿大共产党 (Communist Party of Canada)	18	爱国党 (Parti Patriote)
8	加拿大保守党 (Conservative Party of Canada)	19	魁北克独立党 (Parti pour l'Indépendance du QuébeC)
9	自由加拿大党 (Free Party Canada)[1]	20	犀牛党 (Parti Rhinocéros Party)
10	加拿大绿党 (Green Party of Canada)	21	加拿大人民党 (People's Party of Canada)
11	加拿大自由党 (Liberal Party of Canada)	22	加拿大退伍军人联盟党 (Veterans Coalition Party of Canada)

注：作者根据加拿大选举委员会官网（Elections Canada）整理，信息截至2021年10月。

---

[1] 国内对于加拿大政党研究并不是非常丰富，对于当前在册的加拿大政党，除了拿到议会席位的主要政党之外，并没有明确统一的翻译。大部分政党译名没有异议，主要异议出现在自由加拿大党的翻译上，为了和加拿大自由党区别，本次翻译为自由加拿大党。

由于早期被殖民的历史因素,加拿大政党体系基本架构源于英国,但在发展过程中受本国自然与社会因素的影响大,最终形成了具有加拿大特色的政治状态。[1] 政党层面基本的选举制度和加拿大新修订的选举法,使小党难以获得知名度和竞选资源,提高了支持率低迷的政党冲击议会席位的门槛。[2] 议会中的"两个半党制"特征越发显著和稳定,自由党和保守党两大党时常需因自身少数政府地位而拉拢新民主党、改革党等议会内席位较多的第三大党联合施政。[3] 两大党中,自由党倾向于中间派,执政风格温和,在20世纪曾长期执政。而保守党属于中右翼政党,由原有的进步保守党和加拿大联盟党合并而来。[4] 合并后迅速占据议会多数并执政10年,直至2015年在大选中落败。

目前在加拿大占据领导地位的两大政党分别为保守党与自由党,早期皆由松散的政治团体发展而来。时至今日,虽然两党的政治理念和政策措施等已有很大不同,但相较于美英等国,加拿大两党间的差距较小,没有极端的左右翼倾向。一方面,这源于两党没有明确的理念分野,在关税、对英态度、公共福利等方面分歧较小。另一方面,党派偏好与社会经济阶层的关联性低,双方受到来自社会、经济和职业团体近乎平等的支持;[5] 尤其是各大财团在两党竞选时都会分别提供资金支持,使得无论哪一党派执政,都很难实行损害某一集团利益的政策。[6] 不过,虽然全国性政党间的矛盾冲突相

---

[1] Frank H. Underhill, "The Development of National Political Parties in Canada", *Canadian Historical Review*, Vol. 16, No. 4, 1935, pp. 367-387.

[2] 关婧雯:《加拿大选民投票行为的影响因素分析》,华东师范大学硕士学位论文,2016年,第12页。

[3] 季凌鹏:《从2015年加拿大大选看其政党政治特征趋势及今后政策走向》,载《改革与开放》,2016年第6期,第21页。

[4] 高雅琦:《加拿大进步保守党与加拿大联盟合并的原因及影响分析》,上海师范大学硕士学位论文,2016年,第32页。

[5] James Bryce, *Canada: An Actual Democracy*, Toronto: Macmillan, 1921, p. 18.

[6] Scarrow, H. A, "Distinguishing Between Political Parties—the Case of Canada", *Midwest Journal of Political Science*, Vol. 9, No. 1, 1965, pp. 61-76.

对较小，但加拿大政党内部的分裂也对其国家稳定和民族团结造成极大威胁，比如省级政党在方向、领导者和政策方面与联邦政党有明显分歧，议会内部同一政党间亦有明显不同的利益倾向。

（二）2021年加拿大的联邦议会选举

2021年8月15日，加拿大总理特鲁多解散加拿大联邦议会，提前开启了为期36天的第44届联邦议会选举。虽然《加拿大选举法》(*Canada Elections Act*) 规定了联邦选举应每隔4年在10月的第3个星期一举行,[1] 且选举日必须定在确定举办选举之后至少36天、最多不超过50天的时间段内，但其并未排斥大选在其他时间举行，即联邦选举可以在距上一次大选5年之内的时间范围内择机举行。

1. 提前大选的原因与目的

2021年8月15日，特鲁多宣布提前进行联邦议会选举，选民可于9月20日前往投票站进行选举投票。整个竞选活动持续36天，是联邦法律规定的最短选举期。[2] 根据加拿大选举法的规定，在选举期间第43届议会的一切事务都将停止，直到第44届议会组建完成。特鲁多称，此次提前选举是为使加拿大公民在对抗新冠肺炎大流行的关键时期选择更加合适的领导者。不过亦有学者表示，特鲁多政府已经推行了一系列对抗新冠肺炎疫情的政策，并发挥了一定的积极作用，特鲁多正是希望借此增加自己成功连任的砝码。

加拿大第43届联邦选举在2019年10月举行，特鲁多赢得连任，但只赢得了157席，未达到组成多数政府所需的170席，结束了自由党4年的多数

---

[1] The Minister of Justice, "Canada Elections Act", https://laws-lois.justice.gc.ca/PDF/E-2.01.pdf.

[2] https://www.ctvnews.ca/politics/federal-election-2021/trudeau-calls-federal-election-voters-to-go-to-the-polls-sept-20-1.5547815.

政府地位，不得不与反对党一同组成少数政府。[1] 特鲁多领导的自由党政府在少数政府的状态下难以开展工作，而抗击新冠肺炎疫情和恢复经济需要政府的各项部署高效顺畅，因此需要组建多数政府，确保经济复苏计划得以实施。

特鲁多强调，决定提前大选是为确保加拿大的公民安全与经济繁荣。[2] 但实际上，少数政府在没有被反对党逼宫的情况下就主动提前召集大选，通常是因为当下的民意最有利于执政党。因此可以认为，特鲁多提前启动大选是基于其对当前自由党支持率期望值的乐观判断，以改变少数政府局面为目的。

除去特鲁多总理所代表的自由党外，参与此次联邦选举的加拿大保守党在2019年的选举中获得129个议会席位，是自由党的主要竞争对手。魁北克集团、新民主党及绿党在2019年分获32个、24个和3个议会席位，都属于加拿大国会中的少数党，在选举中的竞争力较小，很难对自由党和保守党的候选人构成威胁。

2. 2021年大选与2019年大选结果比较分析

2021年9月21日，加拿大第44届联邦选举初步结果出炉。特鲁多领导的自由党赢得158席，特鲁多连选连任，但未达到组成多数政府所需的170席，特鲁多仍需与反对党一同组成少数政府。[3]

---

[1]《加拿大将在9月提前举行大选》，http://www.chinanews.com/gj/2021/08-16/9544252.shtml。

[2]《加拿大将于9月20日提前举行联邦众议院选举》，http://www.xinhuanet.com/world/2021-08/16/c_1127763499.htm。

[3]《加拿大总理特鲁多或再组少数政府》，http://m.news.cn/2021-09/21/c_112788 6661.htm。

第十章 美国、加拿大和英国政党政治发展与研究

表 4 各政党的得票率

政党 (Political affiliation/Appartenance politique)	2019 年	2020 年	政党得票率变化情况 (%)
魁北克集团 (Bloc Québécois/Bloc Québécois)	7.6	7.6	0
加拿大基督教传统党 (Christian Heritage Party of Canada/Parti de l'Héritage Chrétien du Canada)	0.1	0.1	0
加拿大保守党 (Conservative Party of Canada/Parti conservateur du Canada)	34.3	33.7	-0.6
加拿大绿党 (Green Party of Canada/Le Parti Vert du Canada)	6.5	2.3	-4.2
加拿大自由党 (Liberal Party of Canada/Parti libéral du Canada)	33.1	32.6	-0.5
新民主党 (New Democratic Party/Nouveau Parti démocratique)	16	17.8	1.8
犀牛党 (Parti Rhinocéros Party/Parti Rhinocéros Party)	0.1	0	-0.1
加拿大人民党 (People's Party of Canada/Parti populaire du Canada)	1.6	4.9	3.3
独立选举人 [Independent/Indépendant (e)]	0.4	0.2	-0.2

注：作者根据加拿大选举委员会官网（Elections Canada）整理，数据截至 2021 年 10 月。

据表 4，对比两届大选的支持率，自由党和保守党的支持率均有所下降，分别下降了 0.5% 和 0.6%，但支持率仍处在相对较高的水平，均达 30% 以上，加拿大的政党政治格局还处于"两党政治"的状态。仅就多伦多地区而

言,自由党在多伦多地区支持率约下降0.1%,但保守党在该地区的支持率上升了0.6%。自由党议员有三分之一来自多伦多地区,该地区也一直是自由党赢得选举的关键。同时,新民主党和加拿大人民党的支持率有所提高,"第三党"的势力正逐渐扩大。绿党的支持率下降得最为明显,这与前绿党领袖保罗的预期存在相当大的差距,成为党内矛盾焦点的她不得不选择辞职。[1]

3. 大选涉及的主要议题和两大政党政策冲突

加拿大第44届联邦众议院选举结果表明,目前选民不希望发生任何重大改变,再加上当前加拿大失业率维持在近70年最低位,经济表现整体尚可,因此大选结果波澜不惊。同时也应该看到,选民更关心经济,期待有政党提出提振经济、促进投资的政策方法,而各党都未能拿出有说服力的经济政策纲领,只是提出增加疫情补贴这类饮鸩止渴的许诺。这次大选对自由党与其说是胜利,毋宁说是解脱,特鲁多政府将继续弱势,但总体来说,当少数政府总比下野强。

(1) 2021年大选选民关注的事项

面对新一轮的选举,选民们期待着各位候选人能在自己关切的领域提出新的政策方法。相关调查结果显示,2021年加拿大人关注事项前5位分别是:生活费用、医疗保健、气候变化和环境、新冠肺炎疫情后复苏计划、未来经济计划。

生活成本不断上升是困扰加拿大人的首要问题。目前加拿大的通货膨胀率已超过3%,随着通货膨胀的不断恶化,人们发现食品杂货、服装、交通费等生活基本开销的费用在不断上升。2021年7月,这些主要产品的价格增幅达到了3.7%,8月为4.1%,达到加拿大18年来的新高。此外,房地产行

---

[1] National Post, "Green Party Leader Annamie Paul Resigns Her Post", https://nationalpost.com/news/politics/green-party-leader-annamie-paul-resigns-her-post.

业价格持续攀升也增加了加拿大人的生活压力。《经济学人》相关数据表明，自2015年以来，温哥华的房价平均上涨了44%，多伦多的房价平均增长率为38%。环比全球，伦敦的房价增长率仅为9%，纽约为13%。[1]在经济下行状态下，房价的飙升无疑加重了人们的负担，尤其是对于在大城市打拼的年轻人来说，这样的增长使他们更难在城市中立足并过上安稳生活。

在新冠肺炎疫情大流行背景下，医疗无疑也是选民关注的热点领域。一方面，疫情暴露了卫生系统的一系列问题，寻找改善之策是候选人们的必要工作。除了身体健康的保障之外，人们对心理健康服务的需求也有所增加。另一方面，围绕疫情的系列政策也是人们关注的焦点。疫苗相关政策是两大政党在此次竞选中的区分点之一。目前超过80%的可接种加拿大公民（12岁及以上者）至少接种了一剂疫苗，78%的加拿大人支持或在一定程度上支持禁止未接种疫苗的人在公共场合集会。加拿大人对疫苗的积极态度对自由党无疑是极大的利好消息，疫苗或将成为其争取选票的重要砝码。

气候变化问题是影响上次选举的关键因素，而在2021年经历了百年难遇的高温、野火和干旱之后，选民对于气候变化问题更为关注。目前加拿大的减排目标是到2030年将温室气体排放量降至较2005年低40%—45%，而加拿大在《巴黎协定》中的承诺是到2030年将温室气体排放量降至较2005年低30%。一方面，选民对于能否达成既有减排目标持怀疑态度；另一方面，当选者必须要面对11月在格拉斯哥举办的联合国气候峰会，两党的气候政策毫无疑问仍是影响本次大选的重要因素。

当然，除了关注候选人对新冠肺炎疫情以及随之而来的经济萧条的应对政策之外，选民们也非常关注后疫情时代政府的相关恢复性政策以及经济计划。2020年加拿大政府的财政赤字已达7210亿加元，债务与GDP的比率为48%。如何实现疫情下的经济复苏，加拿大经济发展最终走向何方也是选民

---

[1] https://www.economist.com/graphic-detail/2019/03/11/global-cities-house-price-index.

们极为关注的问题。

(2) 两大主要政党政策主张的分歧

2015年联邦大选，特鲁多曾带领处境不佳的自由党横扫执政6年的保守党，组建了多数政府，成为加拿大历史上第二年轻的总理。执政4年来，特鲁多秉持进步主义理念，以多样性、包容性对外示人，然而，正是特鲁多任内，加拿大出现了"被撕裂"的迹象。

首先是特鲁多进步主义内外政策引发争议。特鲁多上任后，提出要"真正变革"，即进一步弘扬加拿大多元文化主义理念，作为"五眼联盟"国家、七国集团成员，加拿大不再完全执行其二战后的典型中等国家的国际参与理念。依托多边框架，在政治领域争当领导者已成一种常态，如在人权、劳工保护、女性平权、移民和难民问题等领域，提出了更有进步主义色彩的理念和政策主张，政策议程有所"左倾"。积极主张提高企业所得税并对富人增税。自由党也承诺，将对利润超过10亿加元的企业加征所得税；向石油生产商增设减排目标等。

特鲁多对美国特朗普政府反移民和难民的做法予以高调批评的同时，也进一步向移民和难民敞开怀抱。2018年，特鲁多政府更是推出"百万移民计划"，想要在2021年之前每年接收35万新移民、3年内引入100万新移民。

特鲁多还主张积极应对气候变化，批评特朗普否认气候变化的说法及政策，推出碳排放税政策以减少加拿大碳排放量等。这些政策和做法使加拿大在面临"美国优先"冲击的西方世界赢得不少声誉，特鲁多一度被视为西方自由民主的新象征。

保守党和其他反对党则提出保守且偏"右"的政见，民粹主义力量兴起。特鲁多治下的加拿大在经济上整体表现不错，就业岗位持续增加，失业率降至70年来最低水平，但是特鲁多带有进步主义色彩的理念和政策主张所引发的不满，使保守党等反对党提出相对保守的政见成为可能。如保守党对移民和难民的态度更为谨慎，希望收紧相关政策；反对特鲁多试图加强枪支管控的政策；反对并主张取消碳税，主张由各省自行决定等。其他政党如人民党，甚至提出要"对移民说不"等口号，这种"政治不正确"之事在以前是不可能发生的。在民间，受特鲁多政府政策刺激和"特朗普现象"影响，一向对民粹主义和极端观点"绝缘"的加拿大社会也悄然变化，民众中出现民粹主义态势。

（3）两大主要政党党争加剧

伴随着这次大选，加拿大社会出现了"该往何处去"的争论，由此导致选情胶着而激烈，甚至引发"美国干预"。选举结果更被认为呈现出了加拿大"前所未有的裂痕"。此次选举中，两党民调势均力敌，双方为打击对方也是"火力全开"，选情之胶着及相互攻讦之恶劣历史罕见。

在选举中特鲁多称保守党的希尔是"加拿大版特朗普"，声称此次选举是"进步主义和民粹主义的对决"。希尔和保守党则猛攻特鲁多干预司法等丑闻，揭发并恶炒他从政前涉嫌种族歧视和有违政治正确的"涂黑脸"和"涂棕脸"事件，一度使特鲁多和自由党选情堪忧。作为反击，自由党揭发希尔拥有美国籍，尽管双重国籍在加拿大合法，可因为加拿大人中普遍存在"反美情绪"，很难接受一个美国人成为其国家领导人。希尔不得不公开称已向美国提出退籍。"美国因素"成为特鲁多"险胜"的重要因素。面对特鲁多和自由党的不利选情，政治理念与特鲁多接近且在加拿大人气超高的美国前总统奥巴马，大选前一周在其推特账户发文称，"我有幸在任总统期间与特鲁多合作。他是一位勤奋有能力的领导人，致力于气候变化等重大议题。世界需要他的进步主义领导能力"。美国黑人民权运动的标志性人物马丁·路德·金之子，也专程赴加拿大为特鲁多背书，称其"涂棕脸"和"涂黑脸"等行为"愚蠢"，可其政策值得肯定，"若我是加拿大人就会挺他连任"。这两起强力助攻效果明显，特鲁多和自由党支持率在选前出现反超态势。

尽管自由党胜选，但特鲁多对此次选举带来的政治分裂心知肚明，在胜选后的讲话中喊话中西部，称要做"全加拿大的总理"，会重视他们的诉求。特鲁多政府未来并不轻松，在加拿大，多数政府因执政党在国会席位过半，推出重大议题时少受掣肘，可专心施政，不出意外就能做满一届四年任期。少数政府则常常不得不寻求其他政党支持，面临较大施政难度。此前的13个少数政府执政时间最长6年，最短不足半年，一般是1年到2年。

特鲁多虽然明确表态将单独执政，拒绝联合政府，但其未来难言轻松，面临内外两个方向的挑战。其中，对内的"主义之争"可能长期持续，如何重建国内共识是眼前难题。

（三）加拿大政党政治的发展前景

自由党以158席结束了2021年大选，相较于2019年，自由党在此次选举中所得席位数上升1席，借此时机组建多数派政府的目标未能实现。在历经36天选举和花费6.1亿加元之后，加拿大政府似乎又回到了2019年。此时，特鲁多面对的是充满不稳定性的少数派政府、国家相关政策制定和推行的低效，以及仍旧肆虐的新冠肺炎疫情和经济下行压力，其未来的执政道路仍然困难重重。

1. 大党优势犹存，两党格局仍在

自加拿大政党制度确立以来，自由党和保守党始终是加拿大政治的主体，在政治生活中占统治地位。[1] 两党格局在保守党分裂后有所式微，自由党曾在较长时间内处于一党独大的状态，[2] 但随着进步保守党与加拿大联盟合并成新的保守党后，2006年保守党再次执政，两党政治又在加拿大政治生活中重展姿态。

---

[1] 任海燕：《加拿大政党及政治发展变迁：体制、选举与组织化建设》，载《比较政治学前沿》，2017年第1期，第263页。

[2] 赵海英、于淼：《20世纪90年代加拿大政党政治格局演变及其影响》，载《历史教学（高校版）》，2008第11期，第27页。

第十章　美国、加拿大和英国政党政治发展与研究

纵观加拿大的选举制度和历届选情，除了两大政党之外的其他小党，比如加拿大共产党早期甚至没有合法地位，近年来由于多次党内分裂和斗争，党员规模和支持率持续走低；在魁北克集团成立后，其支持率受民族主义支持者影响，已不再是议会中重量级的第二大或第三大党；加拿大绿党在主张环保政策的同时其他政策观念模糊，支持率亦较低，2008年大选至今缓慢下降；[1] 新民主党的选民基础与中间派自由党重合较多，其支持率虽在左翼党派中最高，但其选情亦经常堪忧，仍不能动摇保守党和自由党的相对多数地位。[2] 且从近几届的选举数据来看，两党的支持率一直处于较高的水平，即使支持率有波动下降的趋势，但两党政治的格局在较长一段时间内仍难以改变。

2021年9月，执政党自由党获得338席中的158席，最大反对党保守党获得119席，其他几个政党所获席位同样变化不大。从选举结果来看，一是选民虽相对认同特鲁多在新冠肺炎疫情应对及经济方面的治理能力，但仍不太满意疫情期间进行大选，约6亿加元的竞选费用劳民伤财；二是特鲁多个人的一些丑闻、对华政策优柔寡断等遭到保守党以及其他反对党的攻讦，激起反对自由党、支持保守派的民意上升；三是参选政党多达22个，独立竞选人增加，一些小党虽不致力于获得席位，但仍可造成选票分散。

总体来说，两大党格局还是比较稳定，不过，少数党政府也会令党派始终处于竞争状态，有较小余地来思考长期问题，在现实中，这意味着政治家们在处理加拿大竞争力减弱、向低碳经济转型慢等重大议题上将保持谨慎。

2. 民族利益和地方利益的影响显著提升

加拿大西部地区曾有较长一段时间处于边缘化的地位，且长期缺乏能够有力代表地方利益的政党。而后成立的加拿大联盟党是代表西部利益的政

---

[1] 邓超：《加拿大左翼政党的历史与现状》，载《当代世界》，2018年第11期，第75页。
[2] 赵婷：《加拿大新民主党选举成绩及发展状况研究》，载《当代世界与社会主义》，2015年第4期，第119页。

党，与进步保守党合并为新的保守党后，保守党的政策向西部倾斜，地方利益有更广的表达空间。

20世纪60年代起，随着魁北克经济实力的增强，魁北克法裔居民的民族主义运动转变为一种分裂活动。1980年的魁北克公投虽否决了魁北克与联邦分离的主张，但反映了英法两裔加拿大人的矛盾进一步激化。魁北克集团的成立适应了魁北克民族主义高涨的需要。自成立以来，魁北克集团就在联邦议会中占有一定数量的席位，占比率一度高达13%。就近两届大选结果来看，在两个大党支持率均下降的情况下，魁北克集团的支持率和席位数均保持不变。以魁北克集团为代表的民族利益对政党政治的影响将越来越明显。

特鲁多和自由党要实现长期执政，除了要在国会寻求与新民主党等理念相近的政党进行党派合作外，更需思考如何弥合国内分歧，尤其是协调并克服其进步主义主张与中西部省份利益及日益抬头的民粹主义诉求之间的矛盾。目前看，受其首个任期政策及"特朗普现象"影响，民粹主义会继续在加拿大发展，这会与其进步主义政策形成矛盾。对内，他面临着在重建国内共识、兑现竞选承诺的同时平衡各群体不同利益诉求的难题。对外，理顺与主要大国关系是主要难题。特鲁多在首个任期内曾为"美墨加自贸协定"谈判与美国闹僵，后虽最终签署该协定，但因为美国两党恶斗使该协定迟迟无法在美国国会通过，这让以美国为最大贸易伙伴的加拿大寝食难安，生怕"多变"且难预测的特朗普政府再生枝节。美加两国政府在执政理念上也有巨大不同甚至冲突，未来或难免再有矛盾，如何与美国这一强邻相处是重要问题。

3. 政党平庸与议题转移

值得一提的是，观察最近两届大选，加拿大政坛正在发生一些变化。其一，特鲁多"光环"褪色。作为加拿大著名总理老特鲁多的儿子，他在2015年以压倒性优势首次赢得大选，被视为西方自由主义的新代表，与"隔壁"的特朗普形成对比。但如今，受种族歧视丑闻、输油管道争议和疫情期间举行大选等事件影响，49 岁的特鲁多总理"品牌"受损，再次狼狈获胜。

其二，联邦政治进入一个相对平庸的时代。无论是执政党还是反对党，目前台面上领导人的能力和风范似乎都不及老一代领袖。由于少数党政府"保质期"较短，议会各党始终处于竞选轨道上，更关注眼前得失，但对于长远问题如加拿大竞争力下降、低碳经济转型缓慢等难有建树。

其三，中国话题热度上升。本次大选的党首辩论阶段，占据主导的外交议题不是美国问题，而是中国问题。回顾过去半个多世纪，加中关系一直只是加美关系的补充和平衡因素。但如今，各党领袖似乎已不想驾驭加美关系，只是在对华外交上"比强硬"。加美关系平淡是正常的，因为素来没有其他选项。任何一个执政党都只能搞好加美关系，别无选择。拜登上台后，对加拿大已是有所礼遇，特鲁多也很重视，所以没有讨论必要。至于加中关系，集中讨论也说明不了什么问题。特鲁多仍是少数党政府，在加中关系方面仍受到反对党掣肘，只能保持目前的尺度，难有多大改变。在外交方面特鲁多政府对美国"人权""价值观"外交政策亦步亦趋，而难有自己的作为。

三、英国政党政治的特点、现状与发展前景

（一）英国政党政治的特点与基本情况

1. 议会制的两党制

英国是西方国家政党政治的代表，是现代议会民主制、政党竞争体制的发源地，是典型的两党制国家。英国现行两党制的主要形式是：在议会下院选举中获得多数席位的政党成为执政党，其领袖由国家元首任命为首相，然后由首相推荐上、下议院中本党议员为各部大臣，组成内阁；而在议会下院选举中获得次多数席位的政党则为法定的反对党，其在野期间按照内阁的形

式组织一套准备上台的班子,称"影子内阁",各部"大臣"在议会辩论时各就有关方面代表本党发言。

2. 近年来两大党的相对衰落

英国向来被当成是两党制的代表,但是 2010 年和 2017 年两次议会大选结果显示,其两党制正在发生变化。在这两次大选结果中,无论是保守党还是工党均未能赢得议会半数席位,不得不寻求第三党的支持才能成功组阁。这一政治现象表明:英国的两党制已经发生重大变化,并呈现出"非典型"两党制的特征。具体而言,就是两党竞争格局的式微,即英国两大政党的相对衰落和第三党的逐渐崛起。

英国的政党制度并非 2010 年才开始发生变化,在此之前已经产生诸多迹象。1974 年是一个重要的时间节点,因为在这一年的大选中,英国出现了二战后首个"悬浮议会"(Hung Parliament)。1945 年至 1973 年这段时间的英国政党制度被部分学者看作是极端的两党制,因为两大政党在大选中所得总票数超过了 90%,所得议席席位总数甚至超过了 98%。但是,1974 年后两大政党的所得选票率和议席总席位都出现了下降趋势,特别是 1997 年大选后,这种趋势就特别明显,2010 年和 2017 年的两次大选甚至出现两大党无一党赢得议会多数席位的情况,以至于出现"悬浮议会"。与此同时,第三党的实力逐渐崛起,以自由民主党、苏格兰民族党和英国独立党为代表的第三党力量此起彼伏,不仅在英国议会大选中赢得更多的选票和议席,还在地方议会和欧洲议会选举中逐渐超过两大党。如果把 1945 年至 1973 年英国的两党制称为极端两党制或者典型两党制的话,那么 1974 年之后英国的两党制就出现了向非典型两党制发展的趋势,特别是在 1997 年大选之后这种趋势更加明显。2010 年和 2017 年两次英国大选的结果可以表明,现在英国两党竞争格局出现式微趋势。

3. 2019 年议会选举结果

2019 年英国议会选举中,保守党凭借 43.6% 的选票比例获得了 365 个议会席位，较上届增长 48 席，并超过第二大党工党 163 席；而在前党魁科尔宾的领导下，工党较 2017 年失去的席位多达 60 席，凭 32.1%的选票比例拿下了 203 个议会席位；苏格兰民主党则凭借超高的选票效率，用 3.9%的选票比例拿下了 48 席；自由民主党紧随其后，以 11.5%的选票比例获得 11 个议会席位；北爱尔兰四大政党中，北爱尔兰民主统一党、社会民主劳动党和联盟党分别获得 8 席、2 席和 1 席，而新芬党虽然获得 7 席，但其由于主张爱尔兰统一，拒绝向英国君主宣誓效忠，仅参加下议院选举，获得席位后并不参加下议院会议；威尔士党和绿党分别获得 4 席和 1 席。在这样的情况下，保守党重回一党执政的地位。

（二）英国政党政治现状："脱欧"议题下的政党斗争

2016 年 6 月，英国在时任首相卡梅伦的主持下举行了"脱欧"公投，在参与投票的选民中，有 51.89%支持"脱欧"，卡梅伦被迫辞职。此后，尽管前后两任首相特雷莎·梅和鲍里斯·约翰逊均与欧盟达成了"脱欧"协议，但协议都未能获得英国议会批准，"脱欧"陷入僵局。

2019 年大选核心话题就是"脱欧"问题，保守党非常明确，"Get Brexit Done"（"完成脱欧"）。保守党致力于在这一届政府任期内结束"脱欧"进程，而不在乎用何种方式，"软"或者"硬"。由于上一届的"悬浮议会"导致"脱欧"一拖再拖，使英国不论是进出口贸易、移民还是司法都充满了不确定性。所以，恢复一个常规议会和一个强有力且高效的政府，推动"脱欧"进程迅速解决，并把"脱欧"带来的经济负面影响压缩到最低，成为英国选民的一大诉求。

2020 年 1 月 31 日，英国正式脱离欧盟，结束 47 年欧盟成员国历史，进入为期 11 个月的过渡期。2020 年 12 月 24 日，英欧宣布达成《贸易与合作协议》，伦敦时间 2020 年 12 月 31 日 23 时（布鲁塞尔时间 2021 年 1 月 1 日零时）"脱欧"过渡期结束，协议付诸实施，英欧关系总体平稳过渡。

2021 年 4 月 28 日，欧洲议会宣布，以 660 票赞成、5 票反对、32 票弃权的结果通过了英欧贸易与合作协议（TCA）。欧洲议会的批准给4年来围绕英国"脱欧"的激烈协商和争议画下句点，但对英国政府的不信任感依然存在。欧盟执委会主席冯德莱恩表示，她热烈欢迎这一投票结果，"TCA是欧盟与英国牢固而亲密伙伴关系的基础。忠实执行该协议至关重要。"英国首相约翰逊表示，这是一段漫长旅程的最后一步，为英国与欧盟的新关系提供了稳定性，"现在是展望未来，建设一个更加全球化的英国的时候了"。

但是，很多欧洲议会议员还投票支持一项附带决议，他们在该决议中称英国退欧是"历史性错误"。决议文本谈到了该贸易协议的范围有限，以服务业为基础的英国经济的机会"大为减少"。议员们谴责英国单方面改变北爱尔兰贸易安排，并敦促欧盟执委会继续采取法律行动。他们还警告欧盟要警惕英国在税收、洗钱和欧盟渔船进入其水域方面的行动。

自2016年"脱欧"公投以来，英国开启了"脱欧时代"，不同政治力量围绕"脱欧"议题展开了错综复杂的博弈，政党政治呈现政党博弈"白热化"、政治格局"碎片化"、政治运行"无序化"的演变趋势。西方代议制民主的固有弊端、政党沉迷选票政治的消极影响、民粹主义分裂社会共识的困境，都是英国政党政治演变的深层动因。"脱欧时代"之后，英国政党政治将面临政治认同、公众信任与国家治理等多方面的现实挑战。

1. 社会撕裂下的政党对抗

伴随经济社会结构的深刻变化，英国社会阶层不断分化，中间阶层的数量迅速扩大。在选票政治的驱动下，传统政党为获得大多数民众的选票，不惜放弃本政党原来坚持的意识形态与政治纲领而转向所谓的"中间路线"，丧失了政党自身的特点。以议题为基础的选举政治导致各政党的政治举措不断趋同，削弱了民众对传统政党的身份认同。

在新自由主义主导的全球化和欧洲一体化背景下，英国社会在社会公平、贫富差距、移民问题等多个方面面临挑战，加之近年来英国政府为应对经济发展乏力而实施的紧缩政策，致使社会中下层群体对政府的不满情绪不断增加，社会分化不断加剧。从20世纪60年代后期开始，持续的"去工业化"导致英国的制造业和重工业急剧衰落。这一过程导致传统工人阶级的数量急剧减少，随之出现的是一个庞大的"中产阶级"或称"中间阶层"群体，英国社会由此成了一个典型的"中产阶级社会"。[1] 在这样的发展趋势下，工党在20世纪90年代提出"新的第三条道路"，追求其在自由都市中产阶级的支持，工党在中产阶级中的得票率越来越高，而在工人阶级中的得票率越来越低。在2010年及以后的几次选举中，工党虽然在意识形态上试图代表工人阶级，修复与工人阶级的关系，但大选结果证明效果并不理想。[2]

而"脱欧"议题的提出，无疑在加速社会撕裂方面发挥了强劲的催化作用。"脱欧"公投的投票率为72.2%，51.89%的投票者选择"脱欧"，48.11%表示"留欧"。"脱欧"就是特殊背景下的特定事件，它赋予了英国选民新的"临时身份"，即所谓"留欧派"（Remainers）和"脱欧派"（Brexiteers），并与选民原有的其他身份叠加，进一步强化了"身份"而不是"阶级"作为影响选举结果乃至政党政治走向的最重要因素。因此，"脱欧时代"之后如何重新整合社会利益、提升凝聚力、增强政治认同，是执政党面临的严峻挑战。

英国是贫富差距最大的西欧国家之一。世界银行公布的数据显示，2017年英国的基尼系数为0.351，最富有的10%的家庭掌握着54%的财富，且自国际金融危机以来变得更加富有，同时期很多低收入家庭的收入并未提高，甚至不能保证基本生活开支。[3] 全球化的深度发展没有在国家内部之间实

---

[1] 李靖堃：《"脱欧"、身份政治与英国政党政治格局的未来走向》，载《当代世界》，2020年第2期，第48页。

[2] 陈晔、魏鹤鸣：《英国工党向何处去？》，载《当代世界社会主义问题》，2020年第1期，第109页。

[3] 李靖堃：《脱欧公投视角下的英国民主政治困境》，载《国际论坛》，2017年第4期，第62页。

现均衡发展，反而加剧了原有的社会问题和民众不满。经济衰落和社会衰败成为疑欧主义和民粹主义的温床。[1]

2. 政党低能与社会信任危机

随着时代的变迁，产生于工业社会的代议制民主模式受到越来越多的挑战，面临合法性困境。代议制民主在现实中运行的关键是政党，以政党为依托开展民主选举与政治活动是代议制民主的重要特征。因而，政党的合法性是代议制民主能够有效施政和有序运行的关键。在政党的合法性中，选举的投票率与政党的支持率是两个关键指标。然而，在"脱欧"背景下，由于政党与议会之间的权力博弈，执政党不能有效施政，推进政治运行，导致"脱欧"久拖不决，而新自由主义主导的社会经济政策进一步加剧了社会不公平，引发社会底层公众不满，传统政党支持率与信任度不断下降。英国于2010年、2017年均出现"悬浮议会"，多数党未能获得议会的多数席位，其执政的合法性与施政的有效性都受到质疑。

2013年1月，戴维·卡梅伦在支持率持续低迷的情况下，为安抚党内躁动的右翼疑欧势力，贸然公布实行"脱欧"公投。2017年4月，特雷莎·梅为了在下议院中赢得绝对多数席位，顺利推进"脱欧"进程，宣布提前举行大选。2019年10月，约翰逊为了打破"脱欧"僵局，减少议会对"脱欧"问题的掣肘，提出在2019年12月12日提前大选。上述政治决策如出一辙，均是为实现个人利益与政党利益，不惜以"政治豪赌"方式进行的政治决策。这种政治决策冒进、政治选择投机化的发展趋势，使英国民主政治日益丧失其应有的理性与稳健。[2]

英国在"脱欧"期间发生金融危机和政治危机，伴随而来的还有种族主

---

[1] 吴韵曦：《英国大选的脱欧因素与后脱欧时代的政治走向》，载《当代世界与社会主义》，2020年第4期，第118页。

[2] 苗瑞丹：《"脱欧时代"英国政党政治的演变趋势、深层动因与现实挑战》，载《当代世界与社会主义，2020年第4期，第124页。

义和民粹主义,可以说,"脱欧"将这两种相互矛盾但又相互关联的愿景结合在一起。[1] 在英国受经济全球化冲击较大的地区,公投中对"脱欧"的支持率较高,而且这类选民对这种冲击的回应是社会性的,因为个人对所在地区的总体经济形势作出判断,而不是仅仅依据他们自身的具体情况。[2] 年龄较大、白人种族、受教育程度低、不经常使用智能手机和互联网、经济条件较差、健康状况不佳和生活满意度低等特征的选民,更倾向于对移民和多元文化主义表示担忧并投票支持"脱欧"。[3]

2019年提前大选是"脱欧"议题倒逼的结果。约翰逊大选胜利的主要原因在于:"脱欧"问题久拖不决,已经耗去英国民众的最大耐心,保守党竞选纲领直指"完成脱欧",迎合了大部分民众厌倦长期政治拉锯战的心理。因而在此次大选中,原本不支持保守党的民众,为了迅速解决"脱欧"问题,也因保守党"完成脱欧"的主张而在投票中改旗易帜,选择支持保守党。"脱欧时代",英国代议制民主与精英政治面临着凝聚共识、有效解决社会问题、提升公众信任感的严峻挑战。全球化与信息化时代,民粹主义主导下的直接民主与草根政治,形成了对代议制民主和精英政治的严峻挑战。代议制民主以政治精英为中心,公众民主权利无法真正实现,民众关注的现实问题无法真正解决,从而出现政治决策低效甚至无效的现象。同时,伴随着网络信息技术对政治生活的影响和改变,民粹主义主导的直接民主与草根政治大行其道,它通过批判现行民主体制的低效无能,利用民众对现行政府治理的不满情绪,破除传统议会民主制与精英政治。2016年"脱欧"公投、2019年反对约翰逊关闭议会的大规模游行示威,实质上都体现了民众对现行

---

[1] S. Virdee and B. McGeever, "Racism, Crisis, Brexit", *Ethnic and Racial Studies*, Vol. 41, No. 10, 2020, pp. 1802-1819.

[2] I. Colantone and P. Stanig, "Global Competition and Brexit", *American Political Science Review*, Vol. 112, No. 2, 2018, pp. 201-218.

[3] E. Alabrese, S. O. Becker, T. Fetzer and Novy, "D. Who Voted for Brexit? Individual and Regional Data Combined", *European Journal of Political Economy*, Vol. 56, No. 1, 2019, pp. 132-150.

民主体制的不信任,是对执政党精英政治的失望与反抗。

3. 政党失灵与国家治理危机

现代社会中,治理效能与治理效果的提升是各国政党和政府获得民众支持并长期执政的关键。"脱欧时代"的治理实践中,英国政党政治面临政党治理、国家治理等诸多挑战。

从政党建设来看,"脱欧时代"的英国传统政党急需加强党内建设,提升党内的整合力与共识,处理好政党治理与国家治理的关系,实现以政党治理推进国家治理的目标。与其他欧洲国家不同,在英国政治中,"'欧洲'一直是个问题",对欧洲问题的不同立场源于基本政治理念的分歧。如果今后保守党内部仍然无法在欧洲问题上达成统一,就会继续影响保守党的内部团结。因此,"脱欧时代"如何加强党内建设、结束党内分裂、巩固党内团结,是约翰逊的当务之急。

同时,面对右翼民粹主义的挑战,有效处理与其他政党的关系也是政党治理的重要内容。在金融危机、欧债危机、难民危机等事件的推动下,21世纪民粹主义兴起,越来越多地影响着英国选举的结果。[1] 独立党是右翼民粹主义政党,[2] 将英国脱离欧盟作为政党目标,反对英国留在欧盟既是独立党的核心主张,也是其存续的合法性所在。[3] 独立党领导者一贯承诺,如果在大选中获胜,就会在不举行公投的情况下脱离欧盟。[4] 在这样的背景下,其获得的选票也是连年增长,这也推动了2010年、2017年英国"悬浮议会"的产生。

---

[1] 李政:《英国脱欧中的右翼民粹主义政党及其影响研究》,山东大学硕士学位论文,2021年。

[2] 李子倩:《英国独立党的民粹主义政治实践研究》,中国社会科学院研究生院硕士学位论文,2021年。

[3] 陈飞:《当代英国民粹主义政党的发展与影响研究》,中共重庆市委党校硕士学位论文,2021年。

[4] Karine Tournier, "Reworking the Eurosceptic and Conservative Traditions into a Populist Narrative: UKIP's Winning Formula?", *Journal of Common Market Studies*, Vol. 53, No. 1, 2015, p. 149.

从国家治理层面来考察,"脱欧时代"英国的执政党面临诸多挑战,比如:

第一,政党内部分歧频出。2019年9月,保守党党魁鲍里斯·约翰逊就因党内议员在"脱欧"议题上投反对票而一次性开除了21名保守党议员。工党党内也同样存在此类问题,2019年2月,8名工党议员因反对党魁杰里米·科尔宾的"脱欧"态度而退党,造成工党内部分裂。"脱欧"博弈进一步加剧了英国政治的混乱,议会民主制遭到前所未有的挑战,助长了民粹主义乱象,进入"脱欧时代"的英国亟须平衡各方权利,保障政治体制有序运行,凝聚最大政治共识。

第二,经济上应对"脱欧"所带来的经济风险与波动。英国在11个月的"脱欧"过渡期内与欧盟协商贸易关系,达成自由贸易协定,并尽快与世界主要经济体达成贸易协定,以弥补"脱欧"对英经济贸易带来的影响,保持经济稳定发展。英国政府意图通过其他广泛的贸易取代其欧盟成员国的身份协议,但是英国没有任何的贸易协定可以作为退出欧盟成员国的替代方案。英美自贸协定对英国经济的提振效果颇为有限,未来15年内只会让英国GDP增长0.07%—0.16%。

2021年1月1日,英国正式脱离欧盟,结束其47年的欧盟成员国身份,成为第一个脱离欧盟的成员国。但在2021年,"脱欧"后的新旧规定交替、新冠肺炎疫情反复、供应链瓶颈、劳工短缺、能源价格飙升等一系列因素的干扰,致使英国港口拥堵,物流延误,导致进口"更昂贵、更不灵活、更慢",不仅严重影响英国的经济复苏,而且给民众,特别是低收入家庭带来巨大影响。同时,英国政治的不确定性提升,表现为:一是虽然英国已完成"脱欧",但苏格兰会否"脱英"仍未可知。在2021年5月苏格兰议会选举中,主张"脱英"的苏格兰民族党赢得多数议席,党魁斯特金表示,在苏格兰渡过疫情危机之后将寻求举行第二次独立公投。二是当前执政的约翰逊政府在应对疫情、通胀、"脱欧"、阿富汗撤军等问题上饱受质疑,民意支持率下滑,保守党内阁对外竭力维护"英美特殊关系",加大向欧洲之外地区拓展,"脱欧"似乎使英国失去了发展方向。

(三) 英国政党政治发展前景

1. 新冠肺炎疫情持续搅动政局

2021年圣诞节和2022年元旦双节到来之际,英国疫情再次暴发。12月17日,英国单日新增确诊病例已超过9.3万例,当天是英国第3天刷新单日最高确诊纪录。尤其值得注意的是,新冠病毒新变种奥密克戎也在英国快速传播,伦敦市长12月18日宣布,过去24小时,英国感染奥密克戎的病例激增1万例,累计达2.5万例,伦敦进入"重大事件"紧急状态。英国卫生安全局曾预测,到12月底,英国的奥密克戎毒株感染病例可能超过100万例。约翰逊政府在疫情应对上的失利造成了英国疫情全面失控的现状。

2021年夏天,英格兰宣布全面解封时,就曾遭到1200多名专家联名反对。奥密克戎传播初期,约翰逊仍然宣布不收紧政策,导致英国疫情防控全面失守。直到12月8日,约翰逊才收紧防疫措施,启动《应对新冠疫情:秋冬计划》B计划。12日宣布启动加强计划。即便如此,约翰逊仍在疫情封锁上有所保留,其内阁表现出来的态度也极为矛盾。英国卫生大臣表示,不会在年末假期前推出更严格的防疫措施;财政大臣苏纳客甚至质疑疫情数据模型的准确性,反对在节前出台任何防疫措施。英国防疫正陷入一个怪圈,越是想在防疫和安抚民众之间两头落好,越是无法控制住疫情。此次危机之前,约翰逊被调侃为"不粘锅"政治人物,意思是虽然丑闻不断,但很少沾上污点。实际上,这得益于约翰逊一直努力经营的另类怪咖的人设。在这种状况下,民众自然降低了对约翰逊的心理预期,这也就导致约翰逊就任后虽然丑闻不断,但每次都能成功闯关。不过任何事情都是量变引起质变。约翰逊政府在疫情政策上反复横跳,导致疫情稍有反复,英国就会出事。如此几波下来,保守党内部都已失去耐心,甚至怀疑其执政能力。2021年12月中旬的民调显示,反对党工党的支持率(37%)超越保守党(33%)。与此同时，约翰逊的支持率下降到24%，不支持率则为59%。约翰逊和保守党均陷入了前所未有的危机。保守党铁票仓议员补选的惨败，进一步加剧了这种危机感。

2. "悬浮议会"在政党政治中的阴影

"悬浮议会"（Hung Parliament）是指在大选中议会席位最多的政党没有在英国下议院获得绝对多数席位，因而必然出现少数派政府（minority government）或者联合政府（coalition government）的特定形式。

在2017年英国大选中，出现了英国21世纪第二个十年中的第二次，也是英国历史上第五次"悬浮议会"。当时的首相特蕾莎·梅为改变在"脱欧"问题上的被动地位，决定提前进行议会选举。"悬浮议会"的出现使特蕾莎·梅内阁的"脱欧"施政更加困难重重，保守党不得不以换帅的方式推出约翰逊作为党的领袖替代特蕾莎·梅。

"悬浮议会"意味着两大政党在议会中拥有席位数量减少，削弱其议会实力。如果赢得最多席位的政党未能赢得多数席位，或者只赢得微弱多数，势必造成弱势内阁的出现。由于弱势内阁的天然特性，政府的稳定性将会下降，甚至可能出现"短命内阁"。

"悬浮议会"屡次出现，首当其冲受到威胁的是保守党和工党，这种威胁不仅来自发展迅猛的第三党，还源于两大党自身实力的下降。相较于下降速度和幅度较小的议会实力，两大党选举实力的下降速度和幅度就比较快了。英国实行的简单多数制选举制度会带来"二元化效应"，即当两大党中的某个政党实力下降到临界点时，其整体实力很有可能会迅速下降，或必须与其他政党联合执政，或被其他政党取代。切实的威胁促使两大政党必须采取一些有效措施来实现变革，不然按照两大党实力下降的速度，某一政党很有可能步100年前自由党的后尘。如果工党和保守党的政治家们希望保住两大党近百年来积累的优势，那么他们就不得不进行自我调适以将流失的选民从别的政党那里"夺"回来。

西方议会制民主国家的经验表明，议会中有效政党数目的增加并不仅仅是政党增加而已，而经常意味着单独一个政党执政的几率下降，从而使政党间的交易和谈判成本增加，进而降低政治效率。在"悬浮议会"出现后，两大党的实力相对下降，这必将导致两大党之一更难赢得单独执政，虽然从"两党制"到"两党半制"仅仅增加"半个"政党，但其政治效率的降低是必然的。对于英国而言，"对政治效率的掣肘"主要指议会通过法案的难度增加。由于在英国这样的议会制国家，政党对党员的约束力强，议会内的党员往往要服从党内领袖的意见而进行投票，而不能遵从个人意见。当一个政党未能赢得大选而成为反对党后，反对党往往会为了反对而反对，这就导致少数党政府或者联合内阁政府通过法案的难度增加。比如在 2013 年，英国议会便以 285 票对 272 票否决了对叙利亚采取军事行动的议案，而这是自 1782 年以来议会首次否决英国政府提出的战争议案。据报道，在当时的保守党—自由民主党的执政联盟中，有 50 名议员"临阵倒戈"。再比如 2017 年后的特蕾莎·梅少数党政府，由于未能在议会拥有多数席位，导致其在"脱欧"关键议题上屡次遭议会否决，最后被迫在执政 2 年后黯然下台，而新上任的保守党首相约翰逊在解散议会重新大选后才赢得了议会多数席位，其"脱欧"法案在议会第一次表决时即被通过。这清晰地表明了，在当前两党竞争格局式微的形势下，政治效率降低已经成为大趋势，如果"半个"政党长期存在，两大党之一往往需要第三党的支持才能上台执政，那么必然会掣肘政治效率。

　　3. 地区分离主义的难题

　　英国的地区分离主义问题主要指苏格兰分离主义问题。现代意义上的苏格兰问题起源于 20 世纪的两次世界大战，战后世界各地掀起了一股民族独立的浪潮，苏格兰也是在这一时期萌发了独立的念头，但二战后苏格兰问题尚未发展到十分严重的地步。1997 年，身为苏格兰人的工党领袖托尼·布莱尔赢得大选，开始了针对苏格兰地区的权力下放，并在 1999 年重新成立了已经取消两三百年的苏格兰议会。这一举动赢得了苏格兰地区选民的支持，为工党执政奠定选举力量，但是也为日后苏格兰问题的尖锐爆发埋下祸根。1999年后，苏格兰人的民族意识迅速上涨，产生独立想法的民众愈发增多，苏格兰民族党的支持率也随之高涨，进而导致苏格兰问题由民族主义转化为分离主义。虽然2014年苏格兰独立公投最终失败，但也标志着苏格兰分离主义已经到了一个极为紧迫的境界，成为摆在两大党面前需要迫切妥善处理的难题。

在20世纪，工党曾通过捍卫劳工权利、塑造自身劳工代表身份，赢得像苏格兰老工业基地这样的地区的支持，但是随着苏格兰民族意识高涨，苏格兰人的民族认同逐渐超过了对工党劳工代表的认同，特别是2014年苏格兰独立公投中工党持反对态度使众多苏格兰人感觉受到了"背叛"，导致工党在苏格兰地区的支持率一落千丈。在2015年议会大选中，苏格兰民族党的支持率大涨，几乎赢得了该地区的全部选票，而工党几乎丧失了在该地区全部的民意支持，只拿到了1个席位。在苏格兰议会也一样，自从2007年苏格兰民族党赢得的席位首次超过工党之后，苏格兰民族党就是苏格兰议会最强大的政党，而工党一手"放权"，一手就又"丢权"。因此，在今后的选举中，工党既需要反对苏格兰分离主义、避免苏格兰独立，还需要重新赢得苏格兰民众的支持，这当然是一个紧迫而又艰难的任务。

不过，相比于工党，保守党处理苏格兰问题的难度更大一些。一方面，保守党在苏格兰地区素来没有较强的民意基础，其拥有的选票支持度很低。另一方面，全称为"保守与统一党"的英国保守党相比工党来说是更为坚定的"统派"，保守党绝不会向苏格兰分离主义让步。2019年，保守党继2010年和2015年后，再一次赢得了议会大选，其作为至少未来五年的执政党将直接介入苏格兰事务。如何处理好苏格兰分离主义，已经成为保守党无法回避的议题。

4. 回应选民和社会诉求是对政党的考验

对于英国的两大政党来说，如何更好地回应全国层面选民与社会的诉求，是放在两大政党面前不可回避的现实问题。如果两大政党无法满足社会诉求，那么选民们便会将其选票投给第三党来表达不满。然而，就目前而言，两大党不论在意识形态还是组织体系方面都无法适应社会的快速变迁，只能在现有的政策框架之内做"零敲碎打"式的改变。因此，未来两党若要将式微的两党制再度"拉回"传统的两党制，就必须改变现有庞大且集权的组织结构，并且吸纳更多元化的群体参与意见表达，并在此基础上推动国家与政府制度的重大变革。

平心而论，现在很难对英国两党竞争格局的未来作出精确的推断。但是可以肯定，两大党必须在利益愈发多元化的当下，尽可能多地争取广大民众的支持，更好地回应民众和社会的诉求，通过自身转型和变革来适应政治社会的新形势。如果两大党不能做到这一点，那么英国两党竞争格局的式微会继续发展，两大党衰落和第三党崛起就难以避免。

对执政的保守党来说，在 2019 年大选后占据了议会绝对多数席位，可以掌控内阁行政权，同时也能掌控议会立法权，从而维护行政权-立法权的协同机制。保守党可以重新将行政权放在英国政治的主导地位，使政府提出的政策和立法能够在议会高效通过，从而提高政府执政能力和治理能力，改善政府治理绩效，形成良性循环。保守党虽然获得了政治进程的主导权，但是如果不能回应选民和社会诉求、弥合国内分歧、阻止经济衰退和有效抗击新冠肺炎疫情，很可能在下一次选举中失掉执政地位。

第十一章
大洋洲国家政党政治发展与研究

郭春梅 等*

大洋洲现有 16 个独立国家,[1] 由于历史文化、社会发展等原因,各国之间政治差异性较大——既有二元君主制、议会君主制国家,又有议会共和制、总统共和制国家;既有主权独立国家,又有外交、国防由他国掌握的自由联系国。单就政党政治而言,各国分化更为严重,既有两党制国家、多党制国家,也有无政党国家;除澳大利亚、新西兰为成熟的现代民主国家外,其他太平洋岛国政党政治仍深受传统文化影响,政党起步普遍较晚,政治忠诚度不高,政府更替频繁。2021 年,新冠肺炎疫情成为影响大洋洲各国政党政治的重要变量,多国政府受到冲击。2022 年,澳大利亚、巴布亚新几内亚、斐济等国相继迎来大选,地区政党政治博弈恐将进一步升温。本章将在

---

* 本章节由中国现代国际关系研究院东南亚和大洋洲研究所大洋洲政党政治课题组撰写,课题组成员包括:郭春梅、孙畅、田京灵、李建钢、王孜、李锴。

[1] 大洋洲国家除澳大利亚、新西兰外,还有 14 个独立岛国。按照族群文化,岛国大致分为三个区域:美拉尼西亚、密克罗尼西亚、波利尼西亚。其中,美拉尼西亚区域包括:巴布亚新几内亚、斐济、瓦努阿图和所罗门群岛;密克罗尼西亚区域包括:密克罗尼西亚联邦、基里巴斯、马绍尔群岛、帕劳、瑙鲁和图瓦卢;波利尼西亚区域包括:萨摩亚、汤加、库克群岛和纽埃。

系统梳理大洋洲国家政党政治概况[1]的基础上，重点评析 2021 年以来主要国家政党政治的新形势、新发展，并予以展望。

一、大洋洲各国政党政治概况

历史上，大洋洲国家均遭受过殖民统治，独立后政治制度多移植前宗主国的现代民主政治体制，或实行议会君主制，或实行民主共和制。在现代民主政治体系下，地区大国澳大利亚、新西兰发展出了较为成熟的政党政治，两国均为两党制国家，长期由两大政党轮流执政，小党派亦是政坛重要平衡力量，政府更替总体平稳。而太平洋岛国由于地处偏远、发展落后，传统文化影响根深蒂固，虽然表面上采用了现代民主制度，但部落酋长等传统势力仍在岛国政治中拥有较大话语权，迄今在多个岛国仍存有酋长院，以监督议会或提供咨询，有的议员本就是酋长或世袭贵族。在太平洋岛国，政党出现的历史较为短暂，发展并不完善。政党的创立及其活动仅为竞选或组建联合政府，规模通常较小，组织较为松散；选举更多以个人为基础，政党忠诚度较低，因此政党的组建、分裂、倒戈甚至解散非常频繁，有的岛国甚至没有政党；议会中针对国家领导人的"不信任动议"时有发生，政府政党更替较为频繁。鉴于国内对大洋洲各国政党政治的情况介绍有限，现系统梳理如下：

（一）澳大利亚政党政治概况

澳大利亚位于南太平洋和印度洋之间，最早居民为土著人，1788 年成为英国殖民地，1901 年澳大利亚联邦正式成立，1931 年成为英联邦内的独立国家。

---

[1] 截至 2021 年 12 月，大洋洲 16 个独立国家中与中国建交的有 12 个，未建交的有 4 个，分别为马绍尔群岛、帕劳、瑙鲁和图瓦卢。本章仅就与中国建交的 12 个国家的政党政治情况予以阐述，另外 4 国暂不涉及。

第十一章 大洋洲国家政党政治发展与研究

1. 政治概况

澳大利亚主要参照前宗主国英国的政治体制，实行议会君主制，英女王为象征性国家元首，总督代表女王在澳行使权利。议会实行两院制，由众议院和参议院组成，赢得众议院多数的政党或政党联盟为执政党，其党首出任总理，组建政府。众议院按人口比例选举产生，当前共设 151 个议席，每届任期 3 年；参议院共有 76 个议席，各州参议员任期 6 年，每 3 年改选半数，各地区参议员任期 3 年。最近一次大选为 2022 年 5 月。

澳大利亚实行联邦制，全国划分为 6 个州和 2 个地区。联邦和州（地区）政府分权，州（地区）亦实行议会制，赢得众议院多数者执政，因此在各州（地区）政府执政的党未必是联邦政府的执政党。以本届政府为例，尽管自由党-国家党联盟（以下简称"联盟党"）在联邦政府层面执政，但在州（地区）政府层面，仅主政新南威尔士州、南澳大利亚州，在维多利亚州、昆士兰州、西澳大利亚州、北领地和首都领地的州和地区政府皆由工党掌权。

2. 政党政治特点

一是两党制。澳大利亚长期由联盟党与工党轮流执政，两大党每届议会合计至少控制 70%以上的议席。小党派虽然也能在议会中赢得一席之地，但难以主导政坛，而是游走于两大主要政党，对政府执政发挥着一定制衡作用。

二是小党派异军突起。近年，伴随西方社会民粹主义、民族主义抬头，澳大利亚极右翼的小党派崛起，成为参、众两院中一支不可忽视的力量。以 2010 年联邦大选为例，澳出现了 1940 年以来首个"悬浮议会"，时任执政党工党和反对党联盟党在众议院的议席均未过半。在工党领袖吉拉德的积极斡旋下，工党赢得小党派绿党和独立议员的支持，以微弱优势艰难组阁，但后续施政备受执政联盟政见不一之掣肘，最终于 2013 年大选中惜败联盟党。此后几届联邦大选，两大党也都势均力敌，执政党相较反对党优势并不突出,小党派成为政坛重要平衡力量。2019年5月的大选中,小党派虽仅在众议院151个议席中占据6席,但在参议院76席中占有15席,控制了近五分之一的参议席。

三是党内有派、内斗不止,致使领导人更替频繁。根据澳宪法,执政党党首出任总理。近年因执政党内部派系斗争,党首屡屡易人,总理之位也随之易主。以联盟党政府为例,2013年9月,联盟党击败时任执政党工党赢得联邦大选,自由党党首、党内保守派阿博特出任总理;两年后,党内温和派特恩布尔通过党内选举当选新党首,继而出任总理,并于2016年7月联邦大选中,率领联盟党以微弱优势赢得连任。但在特恩布尔执政期间,屡遭党内保守派挑战,直至2018年8月,特恩布尔在三番五次被"逼宫"后,选择辞去党首之位,原国库部长、中间派莫里森在党内选举中击败保守派代表达顿当选该党新领袖,继而出任澳总理。2019年5月18日,莫里森率领联盟党在澳联邦大选中赢得连任,但因党内保守派势力强大,其施政亦被保守派裹挟。

3. 主要政党

政党一直是澳大利亚社会活动中最活跃和最具政治导向性的部分,政党的活动及政党之间的关系体现或折射了澳社会集团和阶级的利益,成为澳大利亚政治的基础,进而形成了政党政治。历史上,澳大利亚政党几经分化、改组、重组和更名,最终形成了当前政坛上相对稳定的四大政党:[1]

自由党(Liberal Party),执政党,成立于1944年,前身为1931年成立的澳大利亚联合党。作为中右翼政党,该党主要代表工商业主的利益,主张自由贸易、减少政府干预,对外主张依靠美澳同盟等。自创立之日起,该党就与乡村党(现"国家党")结成联盟,并于1949年多次组成联合政府。

---

[1] Parliament of Australia, "Infosheet 22-Political Parties", https://www.aph.gov.au/About_Parliament/House_of_Representatives/Powers_practice_and_procedure/00_-_Infosheets/Infosheet_22_-_Political_parties.

2019年，自由党-国家党联盟在联邦大选连任，自由党获得众议院151席中的60席、参议院76席中的31席。现党首为斯科特·莫里森。

国家党（National Party），执政联盟成员，成立于1918年，原名"乡村党"，后改为"国家乡村党"，1982年改用现名"国家党"。该党传统上代表农牧场主利益，长期与自由党结成联盟，多次联合执政，意识形态通常比自由党更为保守。2019年联邦大选中，国家党获得众议院151席中的16席、参议院76席中的5席。现党首为巴纳比·乔伊斯。

工党（Australian Labor Party），反对党，成立于1891年，原名"悉尼贸易及劳工理事会"，1908年更名为"工党"，是澳大利亚历史最悠久、规模最大的政党。作为中左翼政党，该党传统上代表工人和城市中下阶层利益，主张保护和促进工人及土著等社会弱势群体的合法权利，支持性别、种族、民族平等，主张政府在公共福利方面发挥主导作用，逐步将国体由君主立宪制过渡到民主共和制，对外奉行独立自主的外交政策。2019年联邦大选中，工党获得众议院151席中的68席、参议院76席中的26席。现党首为安东尼·阿尔巴尼斯。

绿党（Australian Greens）于1991年成立，由澳东部水利环保运动和西部解除核武运动发展而来。作为左翼政党，该党主张社会公正、可持续发展，倡导环保和可再生能源，主张增加公司税等。2019年联邦大选中，绿党获得众议院151席中的1席、参议院76席中的9席。现党首为亚当·班特。

此外，在本届议会中，如中间联盟党、澳大利亚人党、联合澳大利亚党、单一民族党、杰奎·兰比网络党、雷克斯·帕特里克团队党等小党派也各有斩获。

（二）新西兰政党政治概况

新西兰位于太平洋西南部，西隔塔斯曼海与澳大利亚相望。1840年新西兰成为英国殖民地，1907年成为英国自治领，直至1947年成为独立主权国家。

1. 政治概况

新西兰实行议会君主制,英女王为国家元首,总督为女王代表,任期5年。国家权力由总理、内阁掌握,女王及总督为虚位元首。议会是新西兰最高立法机关,政府对议会负责。新西兰为一院制,普选产生议员,任期3年,获得议席最多的政党组建政府。本届议会于2020年11月组成,共有议席120个,其中工党65席,国家党33席,行动党、绿党各10席,毛利党2席。[1]

2. 政党政治特点

新西兰为两党制国家,但小党派作用也不容小觑,为新西兰政坛关键平衡力量。自20世纪30年代起,工党和国家党便轮流执政。1996年10月,新西兰举行从单一制改为混合比例代表制的首次选举。在该制度下,选民投票时需投两项:不仅要投选区议员票,还要投票给支持的政党,二者不必一致。[2] 各党除所获选区议席之外,如果能获得5%以上政党票,则可以在党派议席中分得相应比例的席位,并按照选前公布的党内排名确定获得党派议席的议员。自1996年至2020年大选前,新西兰没有一个政党能获得议会过半席位,也因此未出现多数一党政府,政府均由大党联合小党执政。这在一定程度上保证了小党派的政治影响,以及议会和政府中党派力量的平衡,但是也容易造成小党"挟持"大党、决定选情,甚至拖累施政效率的局面。

3. 主要政党

新西兰不强制要求政党注册,组建或解散政党相对灵活。未在选举委员会注册的政党也可有政治参与,其候选人可竞选选区议席。但只有注册政党才能参加党派议席的竞选,及开展竞选宣传活动等。[3] 目前,新西兰有数

---

[1] https://www.parliament.nz/en/mps-and-electorates/.

[2] 同[1]。

[3] Electoral Commission, "Electoral Commission New Zealand, Political Parties in New Zealand", https://elections.nz/democracy-in-nz/political-parties-in-new-zealand/.

十个大小政党,在选举委员会注册政党16个,[1] 其中有5个政党进入第53届议会,分别为工党、国家党、绿党、行动党、毛利党。

工党(Labour Party),执政党,成立于1916年,主要代表左翼政治力量和中低收入者,主张社会财富公平分配、人人平等,重视民生福利,秉持"大政府"理念,主张增税增支;在对外政策上,主张促进多边主义和国际合作。工党1935年首次执政,并在此后多次执政。2017年大选后,工党同新西兰优先党、绿党联合执政;2020年10月大选中,工党成为新西兰实行混合比例代表制以来首个取得议会过半席位(65席)的政党,并与绿党共同组建本届政府。党首杰辛达·阿德恩(Jacinda Ardern)自2017年起担任总理至今。

国家党(National Party),反对党,由自由党和改良党合并而来,成立于1936年,曾5次执政且均能完成2—3个任期。国家党属偏保守的中右翼政党,主要代表农场主、大企业家、律师等利益。国家党主张实行自由市场经济和私有化,反对政府过多干预经济,严格规范福利政策,削减政府开支;对外主张促进自由贸易,修复和保持与西方国家联系的同时加强与亚太国家友好联系。2008—2017年,国家党连任3届,支持率屡创新高;但自2016年年底约翰·基突然辞职后,国家党频换党首,支持率逐渐走低。2017年大选虽获54个议席,但仍下野,成为"史上最强大的反对党"。2020年大选大比分落后工党,仅获33席。现任党首为陆杰锋(Christopher Luxon)。[2]

绿党(Green Party),执政联盟成员,该党于1972年在惠灵顿维多利亚大学发端,时称"价值党"(Values Party),1990年与绿色和平组织合并,改为现名。与世界上其他国家的绿党相似,新西兰绿党最关注的是环境问

---

[1] Electoral Commission, "Electoral Commission New Zealand, Register of Political Parties," https://elections.nz/democracy-in-nz/political-parties-in-new-zealand/register-of-political-parties/.

[2] https://www.national.org.nz/.

题、气候变化、自然资源开采及反核、反战议题，认为应通过可持续方式实现经济发展，不能以牺牲环境为代价。绿党虽是小党，但却历来是新西兰政坛一股不可小觑的政治力量。绿党曾多次进入执政联盟，2017年大选后同工党、优先党联合执政；2020年大选中以7.6%的得票率获得10个议席，与工党共同组建本届政府。现任联合领袖是马拉马·戴维森（Marama Davidson）和詹姆斯·肖（James Shaw）。[1]

行动党（ACT Party），前身是工党政府部长罗杰·道格拉斯（Roger Douglas）创立的消费者及纳税人协会，1994年11月改为现名。代表企业界利益，支持者多为大财团及富商。行动党为国家党传统执政伙伴，属右翼政党。党首大卫·西摩（David Seymour）长期为该党唯一的国会议员。2020年大选中，行动党以"为了自由""无所畏惧"为旗号，获10个议席，被称为政坛"黑马"。

毛利党（Maori Party）成立于2004年。因在毛利人问题上与工党政府意见相左，毛利裔工党议员塔里安娜·图里娅（Tariana Turia）辞职并与著名毛利裔学者、议员皮特·沙普尔思（Pita Sharples）共同组建毛利党。该党主张维护毛利人传统利益，保护毛利文化、习俗和语言，反对开采海底矿产。2020年大选后，毛利党在议会有2名议员，即现任联合领袖黛比·恩加雷瓦·帕克（Debbie Narewa-Packer）和拉维里·维提迪（Rawiri Waititi）。[2]

新西兰优先党（NZ First Party）属于偏右翼政党，但部分政策又带有左翼政党特征，比较偏激，具有较浓重的民粹主义色彩。该党1993年由温斯顿·彼得斯（Winston Peters）从国家党出走后创立，曾三度进入执政联盟，彼得斯也稳居党首之位至今。该党具有较浓重的民粹主义色彩，主张凡事皆

---

[1] https://www.greens.org.nz/our_people.

[2] https://www.maoriparty.org.nz.

"新西兰优先",反对移民,反对外资,反对国有资产私有化,支持"小政府",赞成减轻税负,重视老年人福利和地方经济可持续发展等。[1] 2017年大选后该党同工党、绿党联合执政,但2020年大选中因未获得选区议席、政党得票率未达5%门槛而无缘第53届议会。

(三) 巴布亚新几内亚政党政治概况

巴布亚新几内亚(以下简称"巴新")国土面积和人口数量在大洋洲内仅次于澳大利亚。1884年该岛被英、德相继瓜分,第一次世界大战中澳大利亚占领了德属部分,后被国际联盟继续委任托管,第二次世界大战中该岛又被日本占领。1949年澳将原英属和德属两部分合并,1975年"巴布亚新几内亚独立国"成立,成为英联邦成员国。[2]

1. 政治概况

巴新为议会君主制国家。国家元首为英女王伊丽莎白二世,总督作为女王代表代行元首职责。[3] 巴新实行一院制,称"国民议会",是国家最高权力机关、立法机构,共设议席111个,每届议员任期5年。巴新宪法规定,在国民议会中获得多数票的政党组成政府,席位最多的政党领袖担任政府首脑,[4] 但至今还没有任何政党赢得多数席位,因此在无单一政党获得多数的情况下,可由多个政党组成政党联盟共同组阁,此时政府首脑需由议会推选,经议员投票后最高得票者就任总理。本届议会于2017年8月选出。

2. 政党情况

巴新为多党制国家,现存党派数量多但规模不大,其政治竞争大多依赖成员个人或其种族部落而非党派关系,且政党缺乏统一的思想纲领,因此党

---

[1] https://https://www.nzfirst.nz/coalition_agreement.
[2] 《对外投资合作国别(地区)指南,巴布亚新几内亚(2020年版)》,http://www.mofcom.gov.cn/dl/gbdqzn/upload/babuyaxinjineiya.pdf.
[3] 《巴布亚新几内亚国家概况》,https://www.fmprc.gov.cn/web/gjhdq_676201/gj_676203/dyz_681240/1206_681266/1206x0_681268/.
[4] 韩峰、赵江林:《巴布亚新几内亚》,北京:社会科学文献出版社,2012年版,第38页。

派流动性大、成员忠诚度低,"跳党"情况非常普遍。现主要政党有:

盘古党(Pangu Party),执政党,1967 年由独立后首任总理、"国父"迈克尔·索马雷(Michael Somare)组建。1985 年盘古党内部分裂,索马雷因不信任案下台,后退党。2002 年大选,索马雷作为国家联盟党领袖出任总理后,盘古党成为其执政联盟,直至 2012 年。2017 年大选中,盘古党获得 12 席,为议会第二大党,与人民全国代表大会党等联合执政。现任党首马拉佩,于 2019 年接替人民全国代表大会党党首彼得·奥尼尔(Peter O'Neill)就任总理。

人民全国代表大会党(People's National Congress Party),执政联盟成员,该党最初成立于 1993 年,1998 年同若干小党合并组成巴新优先党(the PNG First Party),1999 年优先党又分裂为人民全国代表大会党和国家党(National Party)。2011 年索马雷总理因病不能履职,该党党首彼得·奥尼尔经议会投票当选新总理,一度引发政治骚乱。2012 年、2017 年两届大选中,奥尼尔带领该党均赢得 27 个议席,蝉联议会第一大党,奥尼尔本人则连任总理,直至 2019 年 5 月在不信任动议危机下辞职。

美拉尼西亚联盟党(Melanesian Alliance Party),执政联盟成员,20 世纪 70 年代后期由约翰·莫米斯(John Momis)和约翰·卡普廷(John Kaputin)共同创立。1997 年该党与国家联盟党在大选中结成联盟,于 2002 年分道扬镳。该党在 2012 年没有获得席位,但在 2017 年大选中获得 10 个席位,成为执政联盟第三大党。

人民进步党(People's Progress Party),执政联盟成员,1969 年由陈仲民(Julius Chan)和沃伦·达顿(Warren Dutton)创立。1980 年,陈仲民接替索马雷任巴新第二位总理,成为巴新历史上首位华裔总理,1994 年率人民进步党再任总理。1997 年,因未能妥善处理布干维尔自治问题,陈仲民政府垮台,该党也在当年选举中遭受重创。2017 年大选中,该党获得 5 个席位。

国家联盟党(National Alliance Party),反对党,该党是由美拉尼西亚联盟党于 1995 年分裂后部分"出走"党员与小党派合并组建而成。20 世纪 90 年代后期，索马雷出任该党党首，并于 2002—2011 年带领该党长期执政。2017 年索马雷告别政坛并退党，该党随即退出与人民全国代表大会党的联盟，并在当年大选中获得 11 个席位，成为议会第一大反对党。

（四）斐济政党政治概况

斐济位于西南太平洋中心，1874 年沦为英国殖民地，1970 年 10 月 10 日独立，成为英联邦成员，1987 年政变后数改国名，2009 年确定为"斐济共和国"。

1. 政治概况

斐济为议会共和制国家，总统是象征性国家元首，经议会选举产生，任期 3 年。斐济议会曾实行两院制，但在 2013 年修宪后改为一院制，为国家最高权力机构，共设 51 个议席，每 4 年举行一次议会选举。[1] 获得议会多数席位的政党或政党联盟成为执政党，其党首出任总理，并从执政党议员中挑选部长组阁。本届议会于 2018 年 11 月选出。

2. 政党情况

斐济实行多党制，其政党在南太平洋岛国政党中稳定性相对较高，目前注册登记的合法政党共 8 个。主要政党有：

斐济优先党（Fiji First Party），执政党，2014 年 6 月成立，同年 9 月在大选中获得 32 个席位，2018 年大选获得 27 个议席从而连续执政，党首为现任总理乔萨亚·沃伦盖·姆拜尼马拉马（Josaia Voreqe Bainimarama）。姆拜尼马拉马是军人出身，曾任斐济武装部队司令，2006 年因不满时任总理恩加拉塞偏袒土著斐济人的做法而发动政变，组建军政府。2014 年 9 月，斐济举行军变以来首次民主选举，姆拜尼马拉马率领斐济优先党大获全胜，他本人也首次成为民选总理，并于 2018 年赢得连任。该党主张族裔平等，重视发

---

[1] http://www.parliament.gov.fj/fijis-system-of-government/.

展经济、改善民生，主要支持者囊括斐族基层民众、广大印族民众、商界人士、知识分子和青年人等。

社会民主自由党（Social Democratic Liberal Party，SODELPA），反对党，前身为恩加拉塞在 2001 年 5 月成立的团结斐济党（United Fiji Party，斐济语缩写"SDL"）。团结斐济党在 2001 年大选中获得 31 个议席，成为议会第一大党，恩加拉塞就任总理，2006 年赢得连任，后来，恩加拉塞政府被姆拜尼马拉马发动军事政变推翻。2013 年 5 月，团结斐济党重组，并更名为社会民主自由党，现任党领袖为维利阿米·加沃卡。该党主张在促进民族和解的同时，更加照顾土著斐济人和罗图马族人的利益，确保斐济族人拥有国家最高权力，主要支持者为传统斐济酋长和斐济民众。2018 年大选中，该党获 21 席。

民族联盟党（National Federation Party，NFP），反对党，1964 年成立，现任领袖为比曼·普拉萨德（Biman Prasad），该党由联盟党（Federation Party）和国家民主党（National Democratic Party）合并而成，是斐济成立时间最早的政党，也是斐济第一个印度族政党。民族联盟党追求建立"一个团结、和平和繁荣的斐济"[1]，在 1972—1994 年间除在 1987 年与斐济工党联合组成执政联盟外，其余均为反对党，数次大选议会席位均位居第 2。2018 年大选中，该党推出比以往更多的土著斐济候选人，其支持基础已不局限于印度族民众，最终获得 3 个席位，与社会民主自由党同为反对党。

人民联盟党（People's Alliance Party，PAP）由前总理西蒂尼·兰布卡（Sitiveni Rabuka）于 2021 年 9 月创立。[2] 兰布卡是斐济 1987 年两次军事政变的发动者，于 1992—1999 年间任斐济总理，2016 年 6 月当选为社会民主自由党领袖。2020 年 11 月，兰布卡被加沃卡取代党首之位后，随即从议会

---

[1] https://www.nfpfiji.org/.
[2] Fiji Election Office, "Rabuka's People's Alliance Registered as a Political Party", https://fijisun.com.fj/2021/09/08/rabukas-peoples-alliance-registered-as-a-political-party/.

辞职，1年后创立人民联盟党。该党主张"人民先行"，捍卫法制和自由，促进就业，稳定经济形势。[1] 现已吸纳前社会民主自由党多名骨干成员，实力不容小觑。

斐济工党（Fiji Labour Party，FLP），1985年7月成立，该党曾于1987年和1999年两度执政，但两届政府都未满任期就被政变推翻。该党是在各大工会支持下以印度族人为主体的政党，主要代表中下层印度族民众利益，尤其在印度族蔗农和工会成员中有较大影响力。前总理马亨德拉·乔杜里于1994年起任该党领袖至今，1999年曾带领该党赢得议会绝对多数席位，乔杜里本人成为斐济历史上首位印度裔总理。2000年政变后，乔杜里被迫下台。该党在2018年大选中与自由联盟党联合参选，但没有获得任何席位。

（五）瓦努阿图政党政治概况

瓦努阿图位于太平洋西南部，1774年英国将该地命名为"新赫布里底"，1906年沦为英法共管殖民地。1980年7月30日独立，称"瓦努阿图共和国"。

1. 政治概况

瓦努阿图为议会共和制国家。总统为象征性国家元首，由议会和地方委员会主席组成的选举团选举产生，任期5年。议会实行一院制，共52席，每届任期4年。总理为政府首脑，由议会选举产生；内阁部长由总理任命。[2] 本届议会于2020年4月组成，瓦努阿库党领袖鲍勃·拉夫曼当选新总理。此外，瓦努阿图还设有独特的国家酋长委员会，职责是为政府在保护瓦努阿图语言和文化方面提出建议。瓦努阿图虽建立了较完备的地方管理制度，但酋长仍是瓦民族的精神支柱、基层治理的中坚力量和传统习俗的权威。

---

[1] https://www.peoplesalliancefiji.com/party-leader-message.
[2] 韩玉平：《瓦努阿图》，北京：社会科学文献出版社，2016年版，第79页。

2. 政党情况

1980年瓦努阿图独立后，瓦努阿库党执政十余年。但自1991年瓦努阿库党分裂后，该国进入多党联合执政时代。瓦努阿图政党林立，各政党均难以赢得多数席位单独执政。由于政党间力量分化重组频繁，政局多次出现动荡。不过总体来看，该国政治近年来趋于稳定，2016—2020年任总理的萨尔维是20多年来首位任满完整任期的总理。现主要政党有：

瓦努阿库党（Vanua'aku Pati，VP），执政党，1971年成立，是该国历史最悠久的政党。原名新赫布里底民族党，1977年改为现名，意为"我们的土地"。该党自1980年瓦独立以来在已故国父沃尔特·利尼带领下连续执政至1991年。1991年瓦库党分裂，利尼出走后成立民族联合党。在2020年选举中，该党获7个议席。[1] 现任党首鲍勃·拉夫曼。

温和党联盟（Union of Moderate Parties，UMP），执政联盟成员，1974年成立，是瓦努阿图最有影响力的法语政党之一。1991年至1998年为最大执政党，2004年、2009年、2011年曾短暂执政。在2020年选举中获5个议席。现任党首是阿拉托伊·伊什梅尔·卡尔萨考。

民族联合党（National United Party，NUP），执政联盟成员，1991年已故国父沃尔特·利尼从瓦库党出走后，与越南商人丁文申共同创立。2004—2008年为最大执政党，党主席哈姆·利尼当选总理。在2020年选举中获4个议席。现任党首是哈姆·利尼。

统一变革运动党（Reunification of Movement for Change，RMC），2012年由时任温和党联盟副主席萨尔维出走后创立，在2020年选举中获7个议席。现任党首是夏洛特·萨尔维。

土地和正义党（Graon mo Jastis Pati，GJP），2010年成立，主张尊重土

---

[1] Vanuatu Parliament 2020, "Election Guide", https://www.electionguide.org/elections/id/3276.

地和传统，认为酋长、教会、妇女和儿童是国家四大支柱，要通过保护土地和商业促进国家发展。在2020年选举中获9个议席。现任党首是拉尔夫·雷根瓦努。

瓦努阿图领袖党（Leaders Party of Vanuatu，LPV），2015年成立，该党高举反腐败旗帜，并倡导瓦努阿图经济、环境、社会可持续发展。在2020年选举中获5个议席。现任党首是约坦·纳帕特。

人民进步党（People's Progressive Party，PPP），2001年成立，创始人兼党首萨托·基尔曼，曾担任瓦努阿图总理。

绿党联盟（Green Confederation），1990年由热拉尔·莱芒神父创立，2000年开始在议会活动。现任主席卡凯塞斯曾于2013年3月至2014年5月短暂担任总理。在2020年选举中获1个议席。

（六）所罗门群岛政党政治概况

所罗门群岛位于澳大利亚东北方向，先后为德国、英国殖民地，第二次世界大战时成为日本进攻太平洋的据点。1978年所罗门群岛获得独立，成为英联邦成员国。

1. 政治概况

所罗门群岛实行议会君主制，女王为象征性国家元首，总督代行女王职责，任期5年。议会实行一院制，即国民议会，为国家最高权力机构，50名议员通过直选产生，任期4年。总理在议员中选举产生，并组建政府。自1978年独立以来，该国共举行10次大选，最近一次为2019年4月。

2. 政党情况

所罗门群岛因其政党发展时间短、与选民联系弱、选举制度不完善等原因，政党的组建或活动仅为选举而开展，通常规模较小且存续时间短，普遍以议员个人为基础，流动性极强。政党在该国政治生活中主要发挥着为选举招募候选人的作用，以便选举后协商组成联合政府。独立议员的人数一般多于政党议员，政党最终还要争取部分独立议员的支持才能组建联合政府。[1]现主要政党有：

我们的党（Our Party），执政党，该党由现任总理梅纳西·索加瓦雷（Manasseh Sogavare）在2019年大选后为冲击总理之位启用，前身为2010年索加瓦雷创立的"所有权、团结和责任党"。2019年大选中，索加瓦雷以独立候选人参选，并成功当选独立议员。在无政党并赢得8个以上议席的情况下，索加瓦雷为角逐总理之位重新启用该党，[2]并与卡德雷党、民主联盟党和人民第一党组成联盟，加上独立议员的支持，最终以33席成功组建联合政府，开启了他本人的第4个总理任期。[3]

所罗门群岛民主党（Solomon Islands Democratic Party, SIDP），反对党，该党于2005年10月由律师加布里埃尔·苏瑞（Gabriel Suri）成立，强调"以德治国"，提倡"原住民"统治。2010年大选中，该党在史蒂夫·阿巴纳的领导下获得13个席位，成为拥有席位最多的单一政党，但因有党内议员倒戈，阿巴纳最终未能成功当选总理。2011年马修·威尔（Matthew Wale）出任该党党首后，党内分裂加剧，包括阿巴纳本人在内的过半党派议员倒戈至联合政府。2019年大选后，威尔曾多次挑战索加瓦雷的总理之位。[4]

所罗门群岛联合党（Solomon Islands United Party, SIUP）由所罗门群岛独立后首位总理彼得·凯尼洛雷亚（Peter Kenilorea）于1980年创建。因凯尼洛雷亚领导过前后两届联合政府，该党也因此成为所罗门群岛首个执政满

---

[1] Radio New Zealand, "Balance of Power in the Hands of Solomon Islands' Independent MPs", https://www.rnz.co.nz/international/pacific-news/386626/balance-of-power-in-the-hands-of-solomon-islands-independent-mps.

[2] Radio New Zealand, "Solomon Island MPs Playing 'The Numbers Game'", https://www.rnz.co.nz/international/pacific-news/387122/solomon-island-mps-playing-the-numbers-game.

[3] Solomon Times, "New Coalition Group Formed, Claims 33 MPs", https://www.solomontimes.com/news/new-coalition-group-formed-claims-33-mps/8989.

[4] Radio New Zealand, "Case Against Solomons PM Thrown out of Court", https://www.rnz.co.nz/international/pacific-news/390598/case-against-solomons-pm-thrown-out-of-court.

4年任期的政党。2019年大选中，该党虽与所罗门群岛民主党、联合民主党组成"大联盟"，但成绩惨淡，仅获两个议席，未能组建联合政府。

人民联盟党（People's Alliance Party）成立于1977年，是所罗门群岛历史最悠久的政党，由人民进步党和农村联盟党合并而成，所罗门·马马洛尼（Solomon Mamaloni）为首位党领袖。该党曾于20世纪80年代执政，2001年在党派元老艾伦·凯马凯扎（Allan Kemakeza）的领导下再次执政，凯马凯扎本人则于2001—2006年间担任总理，为所罗门群岛迄今连续就职时间最长的领导人。

（七）密克罗尼西亚联邦政党政治概况

密克罗尼西亚联邦位于太平洋中部，第一次世界大战后被日本占领，第二次世界大战后被美国占领，后被联合国交由美国托管，1979年密克罗尼西亚联邦成立，1986年正式独立，并成为美国自由联系国。该国虽享有内政、外交自主权，但防务由美国负责，无军队，只有少量警察；该国公民可自由出入美国、在美移民或就业。

密克罗尼西亚联邦没有政党，政治结构简单。总统既是国家元首，也是政府首脑。国会采取一院制，由14名议员组成，其中10名议员任期2年，按人口比例在4个州内分配；另外4名议员任期4年，每州1名，总统和副总统由此选出。[1] 2019年3月的议会选举中，14名国会议员有13位成功连任。在总统选举中，国会常务委员会前主席帕努埃洛以微弱优势击败谋求连任的克里斯琴，当选总统。

（八）基里巴斯政党政治概况

基里巴斯位于太平洋中部，其专属经济区面积位列南太平洋地区首位。1892年沦为英国"保护地"，1916年被划入"英属吉尔伯特和埃利斯群岛殖民地"（埃利斯群岛于1975年分出，改称"图瓦卢"），第二次世界大战时

---

[1] 丁海彬：《密克罗尼西亚》，北京：社会科学文献出版社，2016年版，第40页。

被日本侵占，1979年7月12日独立，定国名为"基里巴斯共和国"。

1. 政治概况

基里巴斯实行一院制，议会共设45个议席，每届任期4年，除雷贝岛（Rabi Island）的一名议员由指定产生外，其余议员均由选举产生。总统既是国家元首，也是政府首脑，由议会从议员中提名3—4名候选人，公民从提名候选人中以多数票选出总统，因此基里巴斯公民要进行议会选举和总统选举两轮投票。总统来自议会，但不必须为议会多数党提名的候选人或其党首，连任不得超过3届。[1] 最近一次议会选举在2020年4月，最近一次总统选举在2020年6月。

2. 政党情况

基里巴斯的特色是没有党派的民主。政党仅是由持相同观念的个人组成的松散组织，类似于非正式行动同盟，没有官方平台或正规的组织结构，[2] 议员个人对党派的忠诚度不高。经过数次兼并和分裂，目前活跃在基里巴斯政坛的政党仅有两个：

关爱基里巴斯党（Tobwaan Kiribati Party，TKP），执政党，该党于2016年1月成立，由保护基里巴斯党（Maurin Kiribati Party）和联合统一党（U-nited Coalition Party）合并而成。2016年大选中，该党赢得31个议席，党首塔内希·马茂（Taneti Maamau）当选总统。2020年大选中，该党失去议会多数的绝对优势，[3] 但马茂在随后的总统投票中仍斩获6成选票，成功实现连任。[4]

基里巴斯优先党（Boutokaan Kiribati Moa Party，BKM），反对党，该党成

---

[1] https://www.parliament.gov.ki/.
[2] 徐美莉：《基里巴斯》，北京：社会科学文献出版社，2016年版，第56页。
[3] Christopher Pala, "Pro-China Kiribati President Loses Majority over Switch from Taiwan", https://www.theguardian.com/world/2020/apr/24/pro-china-kiribati-president-loses-majority-over-switch-from-taiwan.
[4] Jonathan Barrett, "Kiribati's Pro-China Leader Wins Re-Election in Blow to Taiwan", https://www.reuters.com/article/us-china-kiribati-idUSKBN23U038.

立于 2020 年 5 月, 由巴努伊拉·贝里纳 (Banuera Berina) 领导的基里巴斯优先党 (Kiribati Moa Party) 和真理之柱党 (Boutokaante Koaua) 合并而成。2020 年选举中, 该党获 22 席, 与关爱基里巴斯党分庭抗礼; 贝里纳本人曾被该党推举为总统候选人, 最终落败。现任党首是泰西·兰伯恩 (Tessie Lambourn)。

(九) 萨摩亚政党政治概况

萨摩亚曾为德国殖民地, 后由新西兰托管, 1962 年在太平洋岛国中率先独立, 定国名为"西萨摩亚独立国", 后于 1997 年更名为"萨摩亚独立国"。

1. 政治概况

萨摩亚为议会君主制国家。议会实行一院制, 即立法议会。国家元首由立法议会选出, 任期 5 年, 可召集和解散议会, 但无实际行政权力。总理由议会选出并组阁, 一般由执政党党首担任。萨摩亚全国共有 51 名议员, 任期 5 年, 最近一次选举为 2021 年 4 月。1991 年实行普选后, 凡年满 21 岁的萨摩亚公民均有选举权, 但仍只有"马他伊"(Fa'amatai, 即酋长) 享有被选举权, 议员事实上扮演着中央政客和地方酋长的双重角色。

2. 政党情况

萨摩亚政党兴起于 20 世纪 70 年代末, 标志着该国从传统部族竞争过渡到政党政治新时期。由于萨摩亚政治受传统文化影响较深, 政党根基并不稳固, 政治忠诚度较低。目前活跃在萨摩亚政坛的政党主要有:

信仰统一党 (Fa'atuatua i le Atua Samoa ua Tasi Party, FAST), 执政党, 2020 年 7 月由前人权保护党成员拉乌利创立, 2021 年 3 月前副总理、人权保护党议员菲娅梅加入 FAST, 并当选该党党首。在 2021 年 4 月大选中, 该党与萨摩亚国家民主党等联手参选, 因与时任执政党人权保护党议席数相当, 经过数月政治博弈, 最终由萨摩亚最高法院判决胜选, 正式成为执政党。

人权保护党（Human Rights Protection Party，HRPP），反对党，1979年5月创立，为萨摩亚首个现代政党。该党成立40余年里除由于党内分裂短暂下台外，其余时间均为执政党，是萨摩亚举足轻重的政治力量。在2021年大选中，该党被新成立的信仰统一党意外击败，成为反对党。

萨摩亚国家民主党（Samoa National Democratic Party，SNDP）于2019年9月注册成立，沿革自旧萨摩亚国家发展党（在1988—2003年间为反对党），主要政策聚焦传统土地所有权、失业和海外萨摩亚人的选举权等方面。2021年大选中，该党与信仰统一党达成协议，[1] 其候选人以信仰统一党名义参选，最终该党有4名候选人成为议员。

（十）汤加政党政治概况

汤加王国简称"汤加"，1900年成为英国的保护地，1970年6月4日独立，1999年成为联合国成员国。

1. 政治概况

汤加是太平洋岛国中唯一的君主制国家，现为1845年建立的陶法阿豪王朝。1875年，汤加开始实行二元君主制，国王既是国家元首也是政府首脑，权力大于议会，有权委任首相和贵族议员。2010年政治改革后，以贵族为主的枢密院的决策地位由内阁取代；平民议员比例加大，首相不再由国王任命，而是从议员中选举产生，首相有权选择内阁成员。[2] 国王虽让渡了国家行政管理大权和部分人事权，但仍保留武装部队统帅、解散议会、否决议会提案等权力。[3] 迄今汤加社会仍分王族、贵族和平民3个阶层。

汤加议会施行一院制，即立法会，每4年选举一次。议会由9名贵族议员和17名平民议员组成，贵族议员由33个贵族内部选举产生，平民议员由

---

[1] Sialai Sarafina Sanerivi, "F. A. S. T. and S. N. D. P. to Join Forces", https://www.samoaobserver.ws/category/samoa/69852.

[2] 王敬媛、陈万会：《汤加》，北京：社会科学文献出版社，2017年版，第96页。

[3] 《汤加国家概况》，https://www.fmprc.gov.cn/web/gjhdq_676201/gj_676203/dyz_681240/1206_681790/1206x0_681792/.

17 个选区选出。本届议会于 2021 年 11 月选举产生，平民议席中，友谊之岛民主党占 3 席，汤加人民党占 1 席，其余皆为独立议席。

2. 政党情况

汤加政治受传统文化影响较深，政党制度发展较为迟缓。随着国内政治改革的推进，2005 年之后，政党数量逐渐增多，但由于政党更多为选举而生，经常出现分裂、重组甚至消亡，稳定性较差。目前主要政党有：

友谊之岛民主党（Democratic Party of the Friendly Islands）由已故首相阿基利西·波西瓦于 2010 年 9 月成立，虽然成立较晚，却是目前在汤加国内影响力最大的政党。该党在 2010 年大选中大胜，在 17 个平民议席中获得了 12 席，但党首波西瓦未当选首相。2014 年大选中，该党获得 10 个席位，与独立平民议员联合组建新内阁，波西瓦本人当选汤加历史上首位平民首相。2017 年大选中该党赢得连任。2019 年波西瓦去世后，党内民心涣散，在 2021 年大选中仅获 3 个议席。[1]

汤加人民党（Tonga People's Party）由波希瓦·图伊奥内托阿于 2019 年创立。2019 年 9 月，阿基利西·波西瓦去世后，友谊之岛民主党内部分裂，在新首相选举前夕，图伊奥内托阿与其他 3 位议员脱离友谊之岛民主党，成立了新的人民党，并在部分贵族和独立议员的支持下当选汤加首相。2021 年 11 月新一届大选中，该党仅有党首图伊奥内托阿当选议员。

（十一）库克群岛政党政治概况

库克群岛是新西兰的自由联系国，19 世纪末先后为英国保护地、新西兰属地，1965 年，库克群岛获得完全自治。1992 年，库克群岛的外交独立权被联合国认可，但防务仍交由新西兰。库克群岛目前仍不是联合国成员国。

---

[1] Mala Darmadi, "Election Results Reveal End to Akalisi Pohiva Legacy in Tonga", https://www.abc.net.au/radio-australia/programs/pacificbeat/tonga-election/13638584.

1. 政治概况

库克群岛实行议会君主制。英女王是名义上的国家元首,内阁实际履行管理国家的职责,女王代表也是体现"虚君共和"的象征性职位。[1]

库克群岛议会实行一院制,由普选产生的 24 名议员组成立法会议,任期 4 年。赢得议会多数的政党组阁,其政党领袖即为库克群岛总理。如果参加选举的各政党均未获得绝对多数,将由两个或两个以上政党组成联合政府。最近一次大选于 2018 年举行。此外,库克群岛迄今仍保留 1966 年成立的酋长院,酋长院由代表各岛的 20 名酋长组成,就土地使用和传统习俗向议会和政府提出建议。

2. 政党情况

库克群岛的政党历史较短,发展并不完善。党派多呈现规模小、组织差、变化快的特点,不少政党组建或活动的目的仅在于选举,选举过后则解散或消失。"小选区""简单多数"的选举制度导致强者恒强,最终形成了当前由库克群岛党、民主党两大政党轮流执政的局面。

库克群岛党(Cook Islands Party),执政党,该党由阿尔伯特·亨利于 1964 年 6 月创立,是库克群岛的第一个政党。1965 年库克群岛独立后,该党长期执政,阿尔伯特·亨利成为首任总理。1978 年选举失利后,阿尔伯特·亨利辞职,由其表弟杰弗里·亨利接替党首之位,直至 2006 年亨利·普纳出任新党首。此后,普纳带领该党赢得了 2010 年、2014 年、2018 年大选,他本人则出任总理。最近的 2018 年大选中,该党赢得 10 个席位,无法单独组阁,普纳遂与库克群岛运动党和两名独立议员联合组阁。2020 年普纳辞职后,马克·布朗出任党首和库克群岛总理。

民主党(Democratic Party),反对党,该党由汤姆·戴维斯于 1971 年成立,是目前库克群岛议会中拥有最多席位的政党。1978 年,该党赢得大选,

---

[1] 王作成:《库克群岛》,北京:社会科学文献出版社,2017 年版,第 69 页。

戴维斯担任总理,自此该党成为库克群岛两个主要政党之一。20世纪90年代后期,该党一度分裂、更名,1999年大选后重新统一为"民主党"。此后民主党虽先后赢得了2004年、2006年大选,但党内分裂一直未断,2010年、2014年大选接连失利。2018年大选中,该党虽赢得11个席位,但被排除在由库克群岛党首亨利·普纳领导的联合政府之外,继续为反对党。

(十二) 纽埃政党政治概况

纽埃曾为英国"保护地",1901年作为库克群岛的一部分归属新西兰,1974年新西兰议会通过决议,允许纽埃实行内部自治。自此,纽埃成为新西兰的自由联系国,行政权和立法权归纽埃政府,外交和防务交由新西兰,纽埃人同时享有纽埃和新西兰双重公民身份。纽埃目前仍不是联合国成员国。

1. 政治概况

纽埃沿用英联邦的君主立宪制,英女王为象征性国家元首,新西兰总督代行女王职责。纽埃议会为一院制,由20名议员和1名委任的议长组成。20名议员中,14名由14个村选区推选,其余6名由普选产生,每届议会任期3年。[1] 本届议会于2020年5月选举产生。纽埃总理为政府首脑,在20名当选议员中以绝对多数的方式投票产生,任期3年,可连选连任。总理上任后从19名议员中选举3人担任政府部长,组成内阁。现任总理多尔顿·塔格拉吉(Dalton Tagelagi),于2020年6月当选,不属于任何政党。

2. 政党情况

纽埃现无政党,议会选举更多基于个人声誉。1987年曾创立纽埃人民党(Niue People's Party),又称纽埃人民行动党,是纽埃唯一的政党。该党曾赢得1999年大选,其领袖萨尼·拉卡塔尼当选总理,并于2002年连任。2003年,由于内部纷争,纽埃人民党宣布解散。自此,纽埃没有政党。[2]

---

[1]《纽埃国家概况》,https://www.fmprc.gov.cn/web/gjhdq_676201/gj_676203/dyz_681240/1206_681616/1206x0_681618/。
[2] 刘风山:《纽埃》,北京:社会科学文献出版社,2013年版,第67页。

二、2021年主要国家的政党政治形势

2021年,受新冠肺炎疫情影响,大洋洲各国执政党普遍面临疫情防控与经济复苏的双重挑战。在此背景下,澳大利亚、新西兰虽政局依旧稳定,但执政党支持率均呈现随疫情起伏的特点;太平洋岛国更因疫情封锁而深陷经济社会发展困难,执政党或执政联盟内部变数增多,反对党亦趁机发力,独立议员则趁势崛起,各党派间合纵连横的不确定性明显上升。如,萨摩亚执政近40年的人权保护党意外下台,所罗门群岛等国政府则面临不信任动议等。

(一)澳大利亚2021年政党政治形势

由于疫情防控得力、经济触底反弹,2020年年底莫里森领导的联盟党政府支持率高企。但进入2021年之后,联盟党支持率高开低走、持续下滑,与反对党工党围绕官员性丑闻、疫情防控、气候变化等议题激烈交锋。

一是性丑闻致联盟党损兵折将。2021年2月到3月,澳政坛接连曝光性丑闻,引发民众对澳政治文化中根深蒂固的性别歧视的质疑与抗议,反对党工党借势攻击联盟党,联盟党支持率一度跌至2019年以来的最低点。为平息民怨,联盟党政府被迫损失两员大将——时任总检察长波特和国防部部长雷诺兹下台。

二是疫情卷土重来影响联盟党政府公信力。2021年6月,疫情卷土重来,德尔塔变异病毒蔓延,澳大利亚人口大州新南威尔士州、维多利亚州等纷纷封锁,且解封日期屡屡延后,人们转而归咎于政府疫苗接种推进缓慢,工党也借此大做文章,屡屡抨击联盟党管控疫情不力。与此同时,在疫苗分配、边境解封等系列问题上,州和联邦政府分歧凸显,维多利亚州、西澳等工党主政的州政府更对联邦政府颇有微词,指责其政策偏袒自由党主政的新南威尔士州;澳大利亚国内极右翼势力甚至联盟党内保守派则对政府强制接

种颇为不满。随着病毒感染人数激增,联盟党政府支持率持续下滑。

三是气候政策暴露执政联盟内部分歧。迫于国际减排压力及国内经济转型需要,莫里森政府亟须做出2050年净零排放目标承诺,但遭遇执政联盟内部国家党的强烈抵制。历经数周艰难谈判,莫里森终于如愿带着2050年净零排放目标参加格拉斯哥峰会,但做出的妥协是给边远地区更多经济支持、再分配给国家党一个内阁席位等。尽管如此,工党、绿党并不"买单"。联盟党政府坚持"在不影响煤炭等传统产业的情况下""采用技术而非税收的方式"减排,且并未像其他发达国家那般在格拉斯哥峰会上做出更高的2030年减排承诺,工党、绿党因此批评其减排"缺乏诚意",更多是"政治伎俩"等。

四是莫里森个人遭遇诚信危机。莫里森素来被视为"狡猾的政客",擅长舆论造势与宣传,但2021年其个人声誉遭遇重大挑战。2021年9月,为了获取美、英的核潜艇技术,在未与法国"通气"的情况下,莫里森突然单方面撕毁了与法国2016年签署的900亿澳元常规潜艇大单,被国际社会指责为"背信弃义"。在11月初的格拉斯哥峰会上,莫里森又被马克龙公开批评为"骗子",莫里森则以向媒体披露与马克龙的私人短信内容回击"并非没有告知"等,更引发外界对其诚信的质疑。反对党工党领袖阿尔巴尼斯揶揄莫里森"格拉斯哥峰会之行唯一完成的事情是证明自己有多不可信";[1]绿党领袖班特则呼吁莫里森向马克龙道歉,并抨击政府在减排问题上"耍花招",在帮助太平洋邻居应对气候变化上"做得远远不够"。[2]

五是两党在AUKUS议题上"貌离神合"。在联盟党力推达成美英澳

---

[1] Michelle Grattan, "Grattan on Friday: If the Government Is Re-Elected It May Be in Spite of Scott Morrison Rather than Because of Him", https://theconversation.com/grattan-on-friday-if-the-government-is-re-elected-it-may-be-in-spite-of-scott-morrison-rather-than-because-of-him-171213.

[2] Paul Johnson, "Australia Labelled Untrustworthy, a Climate Change 'Pariah' After Stoush with French President, COP26", https://www.abc.net.au/news/2021-11-05/australia-morrison-criticised-cop26-coal-macron-stoush-qa/100596086.

"三边安全伙伴关系"（AUKUS）后，工党防务发言人奥康纳（Brendan O'Connor）指出，由于核潜艇在 2040 年后才能交付，现役柯林斯级潜艇退役后，澳将有一段时间存在防务能力缺口，此协议因之"令人担忧"。[1] 工党外交事务发言人黄英贤（Penny Wong）进一步喊话联盟党政府，要求其尽快阐明澳获得核潜艇的计划、成本，甚至"是否可以在需要时单独行动"等。[2] 自由党核心成员、防长达顿则就此攻击工党，称其不支持 AUKUS 的举动是"背弃澳价值观"，"工党太'软弱'而不足以领导政府"；[3] 自由党党首、总理莫里森则直指工党在该议题上"拿国家利益做赌注"。[4] 面对联盟党质疑，黄英贤不得不对外表明态度，"工党支持 AUKUS"。而实际上，在 AUKUS、美澳同盟等议题上，工党与联盟党态度并无二致，之所以提出异见也只不过是出于选前"刁难"联盟党的考量。

据《澳大利亚人报》11 月发布的民调数据，联盟党初选率为 37%，仍落后于工党的 38%，绿党则维持在 11%，单一民族党为 2%，其余党派为 12%。两党支持率上，联盟党则以 47% 比 53% 继续落后于工党。莫里森个人满意度下降至 44%，这也是自 2020 年 3 月新冠肺炎疫情暴发以来莫里森的最低支持率；但在"谁更适合当总理"上，莫里森以 46% 领先于工党领袖阿尔巴尼斯的 38%。[5]

---

[1] Anthony Galloway, "Labor Claims Submarine Plan Has 'No Credibility' as It Warns of Capability Gap", https：//www. smh. com. au/politics/federal/labor-claims-submarine-plan-has-no-credibility-as-it-warns-of-capability-gap-20211108-p596zr. html.

[2] Penny Wong, "AUKUS Partnership", https：//www. pennywong. com. au/media-hub/media-statements/aukus-partnership/.

[3] Anthony Galloway, "Dutton Accuses Labor of 'Crab-Walking' away from AUKUS Defence Pact", https：//www. smh. com. au/politics/federal/embarrassing-dutton-accuses-labor-of-walking-away-from-aukus-defence-pact-20211123-p59bfy. html.

[4] Phillip Coorey, "PM Accuses Labor of Having an Each-Way Bet on National Security", https：//www. afr. com/politics/federal/pm-accuses-labor-of-having-an-each-way-bet-on-national-security-20210923-p58u1o.

[5] William Bowe, "Newspoll：53-47 to Labor", https：//www. pollbludger. net/2021/11/14/newspoll-53-47-to-labor-11/.

(二) 新西兰2021年政党政治形势

新西兰政治成熟度与国民政治参与度较高，能够定期举行选举，政府更迭平稳顺利并大多能够完成3年任期。本届政府由阿德恩率领工党并联合绿党于2020年11月组建。

工党联合政府根基渐稳。2017年工党联合绿党、新西兰优先党上台，在阿德恩的领导下，执政联盟内部不断加快磨合，施政纲领注意照顾小党派关切，民意支持率也因此持续上升、屡创新高，有效化解了国家党作为"史上最强大"反对党的压力。经过近3年的积极施政，尽管支持率偶有反复，但工党和阿德恩本人的支持率均大幅领先国家党，为其第二任期赢得议会过半席位奠定了坚实的基础。2021年在疫情防控较为得力、对外出口量价齐增的拉动下，新西兰经济迅速复苏。国际货币基金组织最新预测，2021年新西兰GDP增长5.1%，与2020年GDP萎缩2.1%形成鲜明对比，新西兰成为OECD经济体中为数不多的恢复至疫情前水平的国家。与此同时，高通胀和楼市过热也给工党政府带来严峻挑战。

反对党国家党加速更新换代、党团重组。国家党曾在2008—2017年间执政，并连任3届，创下良好政绩，获得广泛民意支持。但自从2016年12月约翰·基辞职，比尔·英格里希接任党首、总理开始，国家党支持率开始走低。尤其是近年国家党党内丑闻不断，形象受损，党首频换，民众支持流失严重。2017年大选，国家党虽然赢得了议会最多席位，却因未能成功获得小党派支持，被迫下台。2020年大选国家党席位仅余33席，损失惨重。2021年11月民调显示，国家党支持率仅为28%。[1] 2018年2月英格里希辞职后，国家党在3年时间内又历经4任党首，最近一次是2021年11月30日，曾担任新西兰航空公司总裁的陆杰锋（Christopher Luxon）出任国家党新党首。除了党内高层频频变动之外，国家党内部议员也在加速更替。新党

---

[1] https://www.colmarbrunton.co.nz/1-news-poll/.

首陆杰锋表示"新的时代开始了",将"丢掉包袱、重拾信任",力争在下届选举中战胜工党,组成"行动派的务实政府"。[1]

总体而言,新西兰当前政党政治局势比较明朗,工党联合政府支持较稳。陆杰锋担任国家党党首后,调整党内分工、凝聚党内团结、重拾民众信任,但想带领国家党重返总理宝座尚需时日。新西兰每三年举行一次大选,预计下届选举将在2023年10月前举行。

(三) 瓦努阿图2021年政党政治形势

2020年4月,在瓦努阿图议会选举中,瓦努阿库党共获得7个席位,并建立了拥有28个席位的执政联盟。瓦努阿库党党首鲍勃·拉夫曼以31票对21票击败上届内阁外长拉尔夫·雷根瓦努,出任总理。拉夫曼执政以来虽遇波折,但暂已渡过危机,瓦努阿图政治趋稳态势未改。

拉夫曼摆脱不信任投票危机。2021年6月1日,以雷根瓦努为首的反对派对拉夫曼发动不信任案,谋求在议会中对其进行不信任投票,理由是其在应对新冠肺炎疫情和2020年哈罗德飓风灾后重建中"过度支出",对国家经济产生负面影响。[2] 拉夫曼上任后遭遇首次执政危机,为避免议会成功举行不信任投票,拉夫曼率18名议员连续缺席议会会议。6月8日,与拉夫曼关系不睦的议长沙德拉克宣布拉夫曼等19名议员3次未参加议会会议,其议席已处于"出缺"状态。6月中旬,瓦努阿图最高法院裁定支持沙德拉克,但拉夫曼等就此裁决上诉并获成功,摆脱了议会除名危机。

8名反对派倒戈后,拉夫曼执政前景改善。腐败问题是瓦努阿图政局动荡的重要原因。近年,瓦努阿图发生多起高官腐败案,其中最突出的是上一任总理萨尔维的腐败和伪证案。2021年2月,瓦努阿图最高法院裁定,对萨

---

[1] New Zealand Herald, "National Party Leadership: Chris Luxon Elected Leader, Nicola Willis Deputy", https://www.nzherald.co.nz/nz/national-party-leadership-chris-luxon-elected-leader-nicola-willis-deputy/Z4ETVUBOVGBNPZXUTGC5CWLF3U/.

[2] Radio New Zealand, "No Confidence Motion Filed Against Vanuatu Government", https://www.rnz.co.nz/international/pacific-news/443791/no-confidence-motion-filed-against-vanuatu-government.

尔维贿赂和腐败的指控不成立，但其仍被判犯有伪证罪，获缓刑2年。萨尔维为统一变革运动党党首，属拉夫曼政府的反对力量。9月，萨尔维获总统特赦，但在补选重返议会的申请中落败，致使统一变革运动党"群龙无首"，政治前景渺茫。11月10日，包括6名统一变革运动党在内的8名议员集体倒戈加入执政联盟，使执政联盟在议会中的席位数量数增加到37个，超过了三分之二多数，拉夫曼执政前景有所改善。执政联盟获议会多数席位意味着其施政方略能顺利通过。拉夫曼政府正拟议增加政府部级机构的数量（目前为13个），旨在通过增加职位数进一步拉拢、扩大执政联盟。

（四）所罗门群岛2021年政党政治形势

所罗门群岛自2006年以来历经8次领导权变更，由于没有党派能在选举中获得绝对多数席位，参选各党只能通过结盟、拉拢独立议员等方式争取组建政府。2019年大选后索加瓦雷虽第4次当选总理，但主要依靠其他政党和独立议员支持，执政根基并不稳固。

2021年11月24日、25日，所罗门群岛首都霍尼亚拉发生暴动，上千名游行示威者冲击议会，要求总理索加瓦雷下台，并纵火焚烧议会外建筑、警局和唐人街建筑。索加瓦雷宣布36小时宵禁，但暴徒公然违禁，继续纵火、抢劫，所罗门群岛警力不堪重负，澳大利亚收到求援后派百名军警协助维稳。[1]抗议者主要来自所罗门群岛人口最多的省份马来塔省，该省因种族矛盾、发展失衡等原因，长期分离主义盛行；疫情封锁下，失业率高企，社会不满情绪进一步积聚。暴动发生后，所罗门群岛民主党领袖威尔借机要求索加瓦雷下台，称若遭拒，将"呼吁部长和国会议员从联合政府辞职，以

---

［1］ Michael E. Miller, "Australia Deploys Forces to Solomon Islands as Protesters Burn Chinatown, Parliament", https：//www.washingtonpost.com/world/asia_pacific/solomon-islands-unrest-protests-china/2021/11/24/807c68e2-4d18-11ec-a7b8-9ed28bf23929_story.html.

罢免总理"。[1] 索加瓦雷本人则明确拒绝下台，并表示局势仍在政府控制之中，相关责任人"将面临法律严惩"。[2] 12月6日，索加瓦雷以32票反对、15票赞成、2票弃权的优势击败威尔提出的不信任动议，[3] 所罗门群岛局势暂稳，但仍不排除反对党再次发起不信任案投票的可能。

（五）萨摩亚 2021 年政党政治形势

2021年萨摩亚政局震荡不断。自萨摩亚开启政党时代以来，人权保护党（HRPP）长期执政近40年，2021年4月大选初步统计该党与信仰统一党（FAST）均获25席，因女性代表比例未达到宪法规定的10%（此时女性比例为9.8%，但代表人数已达到5人），选举委员会主张增加一个女性席位，[4] 按支持率排序该席位应由人权保护党的女性候选人获得，但随后独立议员图阿拉表示支持 FAST，[5] 后者因此获得议会多数的决定性1票。5月17日，萨摩亚最高法院推翻选举委员会增加第52个女性席位的决议，大选票数以信仰统一党26票、人权保护党25票定格，但独立候选人入党和女性代表比例问题亦引发了违宪争议。由于人权保护党不承认败选，不允许信仰统一党议员进入议会。5月，信仰统一党领袖、前副总理菲娅梅遂在议会外的帐篷中组阁并宣誓就职，人权保护党领导人图伊拉埃帕称此举无异于

---

[1] Pita Ligaiula, "Solomon Islands Opposition Leader Wale Calls on PM Sogavare to Resign", https://pina.com.fj/2021/11/25/solomon-islands-opposition-leader-wale-calls-on-pm-sogavare-to-resign/.

[2] Radio New Zealand, "Solomon Islands PM Calls for Calm After Looting and Protests", https://www.rnz.co.nz/international/pacific-news/456519/solomon-islands-pm-calls-for-calm-after-looting-and-protests.

[3] Solomon Times, "Sogavare Defeats Motion", https://www.solomontimes.com/news/sogavare-defeats-motion/11344.

[4] Julia Hollingsworth, "The Incredible Rise of Samoa's First Female Prime Minister-Elect, and the Man Still Standing in Her Way", https://edition.cnn.com/2021/05/29/asia/samoa-prime-minister-intl-hnk-dst/index.html.

[5] Lagipoiva Cherelle Jackson, "Samoa Election 2021: Still No Clear Winner Despite Creation of New Seat", https://www.theguardian.com/world/2021/apr/22/samoa-election-2021-still-no-clear-winner-despite-creation-of-new-seat.

"叛国"。[1] 7月,经过3个多月的博弈,萨摩亚最高法院最终判定人权保护党败选,在任23年的前总理图伊拉埃帕表示接受法院判决,承认败选下台。[2] 菲娅梅率新成立的信仰统一党上台执政,成为萨摩亚史上首位女性总理。[3]

(六) 汤加2021年政党政治形势

友谊之岛民主党创始人、汤加前首相阿基利西·波西瓦在其30余年的政治生涯中,长期致力于推动汤加的民主改革,在平民议员中威信极高。他去世后,党内分裂,有影响力的议员纷纷出走,其他政党也难聚人心。2021年11月,汤加举行新一届大选,两大政党分崩离析,取而代之的是大批新的独立议员的崛起。17个民选议席中,友谊之岛民主党仅获3席,且主要领导塞密西·西卡和西奥西·波希瓦均未能连任议员;汤加人民党仅获1席,只有党首、时任首相图伊奥内托阿连任议员;其余13席皆为独立议员,且其中9名为新面孔。此次选举标志着一个时代的结束,选民对政党的支持率明显下降,取而代之的是独立议员,其对个人功绩的重视远甚于政治派别。[4] 2021年12月15日,前副首相、独立议员肖西·索瓦莱尼(Siaosi Sovaleni)获得立法议会26票中的16票,击败前首相图伊奥内托阿支持的候选人艾萨克·埃克(Aisake Eke),当选首相。[5]

---

[1] Radio New Zealand, "Samoa Incumbent Leader Rejects First Female Prime Minister's Swearing in as 'Treason'", https://www.rnz.co.nz/international/pacific-news/443274/samoa-incumbent-leader-rejects-first-female-prime-minister-s-swearing-in-as-treason.

[2] Colin Packham, "Former Samoa PM Concedes Election Defeat, Ends Political Instability", https://www.reuters.com/world/asia-pacific/former-samoa-pm-concedes-election-defeat-radio-new-zealand-2021-07-26/.

[3] Lagipoiva Cherelle Jackson and Kate Lyons, "Samoa's Political Crisis Ends and First Female Prime Minister Installed After Court Ruling", https://www.theguardian.com/world/2021/jul/23/samoas-political-crisis-ends-and-first-female-prime-minister-installed-after-court-ruling.

[4] Asia & the Pacific Policy Society, "Independents the Winners in Tongan Election: Is the Party Over?", https://www.policyforum.net/independents-the-winners-in-tongan-election/.

[5] Radio New Zealand, "Tonga Elects New PM: Siaosi Sovaleni", https://www.rnz.co.nz/international/pacific-news/457979/tonga-elects-new-pm-siaosi-sovaleni.

（七）库克群岛 2021 年政党政治形势

2018 年大选后，库克群岛党与一个库克群岛运动党以及两位独立议员组建执政联盟，其党首普纳出任总理，副党首马克·布朗被任命为副总理。2019 年 12 月，民主党曾对普纳和布朗提起诉讼，指控两人滥用政府包机等，后被库克群岛高等法院驳回。[1] 2020 年，普纳辞任总理，并于 2021 年当选太平洋岛国论坛秘书长，布朗接替其党首及总理之位。2021 年 6 月，布朗重新改组了一半内阁职位。

三、2022 年主要国家的政党政治走向

2022 年，澳大利亚、巴新、斐济等地区重要国家迎来大选，所罗门群岛、基里巴斯、汤加等国政府仍将面临来自反对派、传统势力等的考验，各国政党政治博弈持续加剧，大洋洲地区势将迎来政治活跃的一年。

（一）澳大利亚 2022 年举行大选

2022 年 5 月，澳大利亚举行新一届联邦大选，澳大利亚工党赢得大选。联盟党政府大选失败的原因或与其新冠肺炎疫情防控及经济管理能力有关。

一是新冠肺炎疫情。鉴于澳采取"与病毒共存"的政策且疫苗接种率已经达到 80% 以上，自 2021 年 11 月 1 日起，澳已陆续放开国际边境，但伴随新冠病毒新变种奥密克戎（Omicron）的蔓延，不排除澳再次爆发新一轮疫情的可能。11 月底，澳各州和领地重又收紧入境政策，实施隔离举措等。[2] 新冠肺炎疫情形势不仅直接影响澳联邦大选，还是澳能否延续复苏势头的最大变量。

---

[1] Radio New Zealand, "Cook Islands PM, Deputy PM Accused of Fraud", https://www.rnz.co.nz/international/pacific-news/405241/cook-islands-pm-deputy-pm-accused-of-fraud.

[2] Yara Murray-Atfield, "NSW, Victoria and ACT Tighten International Arrival Rules as States and Territories Respond to Omicron Variant", https://www.abc.net.au/news/2021-11-27/states-and-territories-tighten-borders-omicron-variant/100656490.

二是"经济牌"。2021年尽管疫情仍旧持续，但受大宗商品价格暴涨以及国内疫情总体可控影响，澳大利亚经济表现超出预期。此前，国际货币基金组织（IMF）曾预测澳2021年经济增速将达3.5%，2022年增长4.1%。[1] 当前，联盟党政府将"疫情期间带领民众度过危机、实现经济复苏"视为赢得连任的最大底气，但后续疫情的演变将给澳经济带来不确定性。为刺激经济，澳利率已经跌至历史最低点0.1%，澳房价随之一路高歌猛进，为1989年以来的最快增速。[2] 住房成本上升叠加全球供应链断裂、能源价格上扬等，澳通胀水平持续攀升。在保增长的同时给楼市降温，并将通胀维持在目标水平，是联盟党政府的重大挑战。

三是两党在涉华议题上分歧渐显。联盟党执政以来，中澳关系一路下探，迫于美澳同盟及国内保守势力压力，工党多选择跟随联盟党立场，涉华议题上作为不大，因此备受工党前领袖基廷等人的批评。目前工党支持率虽略高于联盟党，但在诸多议题上尚未形成有新意、有号召力的政策提议，因此并不被外界看好。随着大选临近，工党在涉华议题上开始显露主动出击之意，继前党首基廷接连抨击联盟党"搞砸"中澳关系之后，近期工党外交事务发言人黄英贤亦发表演讲，指责联盟党政府"试图利用外交政策和国家安全谋取政治优势"，"故意夸大与中国开战的可能，是澳大利亚历史上最危险的选举策略"。[3] 她表示，"中国确实发生了变化，澳中关系变得更难管理。但是，每当莫里森遇到麻烦时，他就拼命在中国问题上玩弄政治"，"不负责任的政客不惜一切代价利用这一策略无非就是为了继续掌权"。

---

[1] "World Economic Outlook", https://www.imf.org/-/media/Files/Publications/WEO/2021/October/English/text.ashx.

[2] "Hedonic Home Value Index", https://www.bhgre.com.auwp-content/uploads/2021/10/CL_HVI_Oct2021.pdf.

[3] Penny Wong, "Expanding Australia's Power and Influence: Speech to the National Security College", https://www.pennywong.com.au/media-hub/speeches/expanding-australia-s-power-and-influence-speech-to-the-national-security-college-australian-national-university-canberra-23-11-2021/.

（二）巴新 2022 年举行大选

按计划，巴新大选于 2022 年举行。受新冠肺炎疫情影响，国民议会议长雅各布·波马特（Jacob Pomat）曾提议将大选推迟 1 年，但遭到反对党强烈质疑。鉴于选举将更换过半议员，现任议员多数倾向于推迟选举以享受更长时间的任职特权，因此反对人士称该提议"错误又危险，将直接威胁民主和宪法"。[1] 2021 年 11 月，马拉佩总统确认选举不会延期。[2] 2022 年 7 月，巴新大选开始投票。

经济管理能力和疫情形势考验现任政府。马拉佩上任之初誓言要把巴新打造成"最富裕的黑人基督教国家"，[3] 但受疫情拖累，巴新经济增速放缓，马拉佩所坚持的从外国人手中"夺回资源"的立场也饱受反对党诟病，被批"保护主义"。[4] 2021 年德尔塔变异病毒在巴新的快速传播对社会造成深刻影响，截至 12 月底，巴新确诊已超 35 000 例，[5] 医疗资源匮乏凸显巴新公共管理能力的短板；矿产开发也受疫情影响全部停滞。2022 年竞选期间，疫情及经济形势或成反对派攻击执政联盟的主要抓手。

布干维尔自治问题或成重要政治议题。2019 年，布干维尔民众以 97% 的压倒性多数投票支持自治区从巴新分离出去，但因公投没有法律约束力，最终结果将取决于巴新与布干维尔自治区的谈判结果和国家议会的独立立法。[6] 2021 年，布干维尔自治区政府与巴新中央政府开展了多次磋商，7

---

[1] Pita Ligaiula，"PNG Opposition Says Polls Deferral Dangerous"，https：//pina. com. fj/2021/10/21/png-opposition-says-polls-deferral-dangerous/.

[2] Pita Ligaiula，"Election Will Go Ahead：PNG PM"，https：//pina. com. fj/2021/11/18/election-will-go-ahead-png-pm/.

[3] "Papua New Guinea Sets Audacious Goal to Become'Richest Black Christian Nation'"，https：//www. thenationalnews. com/world/oceania/papua-new-guinea-sets-audacious-goal-to-become-richest-black-christian-nation-1. 874876/.

[4] Economist Intelligence Unite，*Papua New Guinea Country Report*，2021.

[5] https：//covid19. who. int/region/wpro/country/pg.

[6] James Batley，"An Independent Bougainville? Don't Hold Your Breath"，https：//www. aspistrategist. org. au/an-independent-bougainville-dont-hold-your-breath/.

月，双方在联合声明中表示，将"不早于 2025 年、不迟于 2027 年确定政治解决方案"。[1] 尽管如此，巴新总理马拉佩仍视布干维尔可能的独立为巴新"最大挑战"，双方围绕"布干维尔独立是否需要全国磋商"的观点也有分歧。[2] 不排除 2022 年大选之际，布干维尔独立问题持续发酵并影响选举结果的可能。

此外，2022 年大选前，党派间联盟、议员"跳党"行为愈加频繁。当前执政党盘古党已与乡村党（Country Party）和统一党（United Party）两个小党签订协议联手参与大选；[3] 反对党国家联盟党也积极备战 2022 年大选。[4] 在这一政治微妙时期，马拉佩若要赢得连任，必须团结其他党派，形成较为稳固的政治联盟，否则巴新政局或将开启新一轮动荡。

（三）斐济 2022 年将举行大选

斐济动乱频发的根源在于土著斐济人和印度族斐济人之间的紧张关系，其中既有利益因素，又存在宗教冲突。由于印度族斐济人逐渐丧失了人口优势，土著斐济人的政治优势更加明显，政变实质上是两方权益的争取和博弈。斐济在 1987—2006 年间发生了 4 次政变，自姆拜尼马拉马大选上台后进入政治相对稳定的状态。尽管姆拜尼马拉马通过军事政变上台，但已通过 2014 年和 2018 年 2 次大选名正言顺实现连任。

斐济下一次大选将于 2022 年 11 月举行，姆拜尼马拉马已确认参与下次

---

[1] Autonomous Bougainville Government, "Joint Statement on the Second Joint Inter–Government Consultations", https://www.abg.gov.pg/index.php/news/read/joint-statement-on-the-second-joint-inter-government-consultations-wabag-en.

[2] Radio New Zealand, "PNG Consultations over Bougainville Independence out of Order – Miriki", https://www.rnz.co.nz/international/pacific-news/451137/png-consultations-over-bougainville-independence-out-of-order-miriki.

[3] "Parties Join Forces with Pangu", https://www.thenational.com.pg/parties-join-forces-with-pangu/.

[4] Isaac Nicholas, "National Alliance Scoops Julie Soso for 2022 National Elections", https://postcourier.com.pg/national-alliance-scoops-julie-soso-for-2022-national-elections/.

选举，斐济工党、自由联盟和统一斐济党则宣布结成反对党联盟参选。[1] 几个月来，前总理兰布卡于 2021 年新组建的人民联盟党频频吸收"前东家"社会民主自由党的骨干成员，社会民主自由党副领袖沃萨罗戈（Filimoni Vosarogo）等核心人物相继"跳党"加入。[2] 目前，人民联盟党已有 55 名候选人参与 2022 年大选，[3] 并有可能和民族联盟党结盟参选，实力不容小觑。民调显示，兰布卡领导的新党已领先于其他所有政党，个人支持率也超过现任总理姆拜尼马拉马，成为人们最青睐的总理候选人。[4] 鉴于 2018 年大选中，姆拜尼马拉马领导的斐济优先党仅以微弱优势连任，2022 年大选势必会是一场"混战"。[5] 若斐济优先党不能赢得绝对多数，斐济政局或将发生较大变动。

（四）库克群岛 2022 年将举行大选

2022 年库克群岛将举行大选。当前库克群岛党与民主党两大政党势均力敌，将继续围绕议会过半席位展开角逐。为争取内阁职位和利益最大化，不排除其他党派和独立议员继续分化、重组，下届库克群岛议会和政府构成料将出现较大变化。

（五）瓦努阿图 2022 年政党政治走向

瓦努阿图于 2022 年 7 月举行总统选举，尼克尼克·武罗巴拉武就任总统。下届议会选举为 2024 年。该国政党林立，议会选举交锋激烈，但总统

---

[1] Pita Ligaiula, "Fiji Political Parties Merge for 2022 Polls", https：//pina.com.fj/2021/10/01/fiji-political-parties-merge-for-2022-polls/.

[2] Radio New Zealand, "Sodelpa's Deputy Leader Quits in Fiji", https：//www.rnz.co.nz/international/pacific-news/456904/sodelpa-s-deputy-leader-quits-in-fiji.

[3] Litia Cava, "Rabuka：55 Candidates to Contest Next General Election", https：//www.fijitimes.com/rabuka-55-candidates-to-contest-next-general-election/.

[4] Stephen Rice, "Fijian Strongman Sitiveni Rabuka Back to Take on China", https：//www.theaustralian.com.au/world/fijian-strongman-sitiveni-rabuka-back-to-take-on-china/news-story/65c2de88a45e076ea2c0026de4ca9d41.

[5] Litia Cava, "2022 Election Is Going to Be A 'Crowded Field'", https：//www.fijitimes.com/2022-election-is-going-to-be-a-crowded-field/.

选举竞争相对温和。加之，2017年摩西当选总统是桑马省和马朗帕省妥协后的结果，桑马省支持来自马朗帕省的摩西，以换取2022年马朗帕省对桑马省候选人的支持，因此总统选举掀起政坛波澜的风险相对较低。

拉夫曼领导的执政联盟仍需巩固地位。2021年针对拉夫曼"不信任动议"的威胁消散，料其将借势寻求进一步扩大优势、巩固权力，力争任满4年。但瓦努阿图有政争、政变传统，"不信任投票司空见惯"，个人忠诚、裙带关系对于塑造政治结果至关重要。[1] 瓦努阿图当前的执政联盟优势来之不易，若拉夫曼在新冠肺炎疫情防控、飓风灾后恢复上不能有所作为，反对派恐将再度发难。此外，土地问题一直是该国政治紧张的原因之一，由于难以将传统部落所有权与现代法律实践相协调，土地所有权的争议仍将长期存在。就其本身而言，土地问题不太可能导致政府垮台，但可能会破坏执政联盟的凝聚力并阻碍经济社会决策。[2]

（六）所罗门群岛2022年政党政治走向

索加瓦雷在上个任期（2015—2017年）曾因不信任案被弹劾下台，2019年其当选总理的合法性亦曾遭反对党领袖威尔的质疑。所罗门群岛党派政治忠诚度向来较低，议员经常"跳槽""倒戈"，索加瓦雷拥有的议员支持较为脆弱。尤其在2021年11月首都霍尼亚拉发生暴乱后，所罗门群岛局势不稳愈加凸显，马莱塔省省长苏达尼已向联合国安理会递交申请，呼吁在其调查团评估后进行自治。[3] 索加瓦雷虽于12月战胜不信任动议，但在反对派和分离势力的持续攻击下，不排除再次遭遇议会不信任动议的可能。加

---

[1] EIU Viewpoint, "Vanuatu Report", https：//viewpoint.eiu.com/analysis/geography/XO/VU/reports/one-click-report#1151323898.

[2] 同[1]。

[3] Samson Sade, "Premier Suidani Calls for Self Autonomy for Malaita", https：//www.solomontimes.com/news/premier-suidani-calls-for-self-autonomy-for-malaita/11345.

之 2022 年 2 月以来，所罗门群岛新冠确诊病例数量激增，[1] 由于暴乱而实施的封锁刚刚解除，国内又因疫情实施宵禁，或激发民众不满情绪，政府施政将面临重重考验。

（七）基里巴斯 2022 年政党政治走向

基里巴斯总统来自议会，议会有相当的权力决定总统去留。若议会绝大多数议员通过了对总统的不信任动议，则总统下台。2020 年大选，马茂凭借 6 成民众支持实现连任，但关爱基里巴斯党失去议会多数席位，与反对党基里巴斯优先党同为 22 席，另有 1 席现为独立议员。因此尽管马茂连任，但其执政基础并不稳固。反对派在台湾问题上持续制造杂音，并干扰政府顺利施政。马茂若想顺利完成任期必须团结现有的执政党议员，同时争取独立议员甚至反对党议员，才可能避免反对派在议会发起对总统的不信任动议。

（八）萨摩亚 2022 年政党政治走向

萨摩亚 2021 年大选在波折中尘埃落定，最终信仰统一党以微弱优势组阁执政，因信仰统一党已获过半议席，即将在 11 月 26 日举行的补选并不会改变 2021 年的大选结果，但存在议席扩编可能。萨摩亚竞选委员会已确定将有 22 名候选人竞争 7 个补选席位，其中信仰统一党推选 10 人，人权保护党推选 9 人，服务萨摩亚党推选 1 人，另有 2 人为独立候选人。[2] 根据萨摩亚宪法，女性议员占比要超过 10%。在现有 22 名候选人中有 2 名女性，若只有 1 名女候选者当选，议会将增加 1 个女议员席位，总议席升至 52 个；若 2 名女候选者均未当选，将在现有基础上增加 2 个女议员席位至 53 个。综合来看，面对建党时间最长、执政次数最多的反对党挑战，信仰统一党的

---

[1] Radio New Zealand, "Solomon Islanders Warned Worse to Come as Covid Soars", https://www.rnz.co.nz/international/pacific-news/461024/solomon-islanders-warned-worse-to-come-as-covid-soars.

[2] Radio New Zealand, "Twenty-Two Candidates to Contest Samoa by Elections", https://www.rnz.co.nz/international/pacific-news/455087/twenty-two-candidates-to-contest-samoa-by-elections.

政策推进或将面临挑战,但人权保护党议席的缺失在一定程度上减少了信仰统一党在议会中的掣肘。此外,图伊拉埃帕年事已高,反对党内领导层的过渡或将更有利于信仰统一党执政、施政。

(九) 汤加2022年政党政治走向

汤加国内长期存在现代民主和传统王权的较量。虽然自19世纪70年代开始,汤加就开始实行君主立宪制,2010年又进行了大刀阔斧的政治改革,但现代民主制度究竟是否适合本国国情,汤加国内一直存有质疑。有人认为岛国面积狭小,有着完全不同的传统文化,因此更适宜用传统的君主制来统治,这样才能够更好地维护国家稳定和民族团结。[1] 2021年年底的议会选举更充分暴露政党政治在汤加的倒退,两大政党的内外分歧和大量独立议员的崛起,意味着贵族将会拥有更大影响力。随后,汤加首相选举和内阁人选也将继续围绕君权和民主党派间的权力博弈展开,但无论谁出任首相都将继续面临党派政治和传统保守力量的考验。

---

[1] 王敬媛、陈万会:《汤加》,北京:社会科学文献出版社,2017年版,第75页。

第十二章
欧洲国家政党政治发展与研究

林德山 等*

本报告的"欧洲"是以欧盟为主体的除东欧 6 国外的其他欧洲国家[1]，另加上未加入欧盟的冰岛和挪威。在欧洲，现代政党制度是与国家的民主制度相随的。而根据各国的民主制度历程，可以将这些欧洲国家分为三类。第一类是西欧国家，其民主制度的构建大多是从 19 世纪开始，在 20 世纪初随着普选权的实现而成型。而既有的左右政党结构大抵是在经历两次世界大战之后成型的。第二类是南欧国家，以希腊、西班牙、葡萄牙为代表，这些国家的民主化进程是在 20 世纪 70 年代实现的，现有的政党制度也是伴随这一进程出现并基本遵循了西欧传统的左右结构模式。[2] 不过，意大利既有的民主制度虽然是在战后成型的，但现有的政党结构是在 20 世纪 90 年代初原

---

* 中国政法大学课题组成员：林德山、冯琰、孙涵、范蕴之、王喜祥、王靖雯。

[1] 英国"脱欧"后，欧盟现有 27 国：奥地利、比利时、保加利亚、塞浦路斯、克罗地亚、捷克、丹麦、爱沙尼亚、芬兰、法国、德国、希腊、匈牙利、爱尔兰、意大利、拉脱维亚、立陶宛、卢森堡、马耳他、荷兰、波兰、葡萄牙、罗马尼亚、斯洛伐克、斯洛文尼亚、西班牙、瑞典。本报告不包括已加入欧盟的东欧 6 国（波兰、匈牙利、捷克、斯洛伐克、保加利亚、罗马尼亚）。

[2] 本章中左翼政党、右翼政党、民粹主义政党以通常学界所公认的划分为准。

左右两大政党天主教民主党（以下简称"天民党"）和意大利共产党分别解体后出现的。[1]第三类是原中东欧的巴尔干地区国家和波罗的海三国，这些国家既有的民主制度和政党制度是在东欧剧变、苏联解体后出现的。既有的政党结构也带有转型政治的特点，不在本报告的主要讨论范围。[2]

从国家政治体制看，欧洲国家主要分为君主立宪制和民主共和制两类，其中英国、丹麦、瑞典、挪威、卢森堡、比利时、荷兰、西班牙为君主立宪制国家，其他为民主共和制国家。另外，从政府权力归属来看，绝大多数国家为议会制，并有一院制和两院制两种形式。[3]法国为总统制+议会制，行政权力实际由总统、政府共同拥有，但两者权力来源不一，总统由全面普选产生，而政府由议会授权组织，因此会出现总统和政府非同一政党的情况。故也被称为半总统制。从政党结构来看，欧洲各国均为多党制结构，而在西欧国家，传统的政党结构呈现为分明的左右结构，传统左翼是以社会民主党[4]为主要代表的中左翼政党、各种激进左翼政党以及一些极左翼政党构成，而右翼则由中右翼（包括基督教民主党、保守党、自由主义政党等）、极右翼政党等构成。但在20世纪80年代后，随着绿党的崛起，左右政治光谱的结构发生改变。绿党并非传统意义上的左翼政党，但基于其激进的政治主张而被人们归为广义的左翼范畴，而且在多党联合组织政府中它们大多也与左翼形成联合。不过，在部分国家包括2021年大选后的德国，绿党同样

---

[1] 战后意大利长期的第一大党是中右翼的天民党，而左翼的意大利共产党是主要反对党。但1991年意大利共产党解体，其主体力量转换为信仰社会民主主义的左翼民主党并成为左翼政治的主要力量，而天民党也在1994年分解为多个小党。以贝卢斯科尼领导的意大利力量党为主体的右翼自由联盟取代了原天民党的位置。由此而形成了新的政党结构。

[2] 如一些研究所指出的，中东欧的政治体制具有高度的不稳定性，将旨在分析西欧政党政治问题的理论模式用于分析中东欧政党体制往往也会出现问题。参见：Tõnis Saarts, "Comparative Party System Analysis in Central and Eastern Europe: the Case of the Baltic States", *Studies of Transition States and Societies*, Vol. 3, No 3, 2011, pp. 83-104。

[3] 一院制的国家包括爱沙尼亚、丹麦、芬兰、克罗地亚、拉脱维亚、立陶宛、卢森堡、马耳他、挪威、葡萄牙、塞浦路斯、希腊。其他国家为两院制。但与绝大多数国家两院制的法律地位和选举产生方式不同，意大利的参众两院权力同等，且都由普选产生。

[4] 指加入社会党国际、信仰社会民主主义的政党，名称上有社会民主党、工党、社会党等。

也与右翼政党形成联合。另外，进入 21 世纪，尤其是 2008 年国际金融危机爆发后，由于传统主流政党中的社会民主党普遍下滑甚至衰落，欧洲一些国家的政党开始出现新的结构。在希腊，随着泛希腊社会主义运动急剧衰落，激进左翼联盟崛起并取代了其在左翼的地位。而在法国，社会党急剧下滑后，以梅朗雄为代表的激进左翼虽然有了很大发展，但并没有能够取代原社会党在左翼中的领导地位，加上作为保守主义政党代表的共和国人党[1]的下滑，2017 年大选中，作为政治中间派的马克龙崛起，在其赢得总统选举之后，其所组织的新党——共和国前进党也成为议会第一大党，由此形成了以共和国前进党为执政党而以共和国人党为主要反对党的新结构。在荷兰，传统左翼荷兰工党急剧下滑，而激进左翼的社会党未能取代工党政治地位，由此形成了由多个右翼政党联合主导政治的局面。一些原为苏联和东欧社会主义阵营的国家，由于其特殊的历史，也未能形成典型的西欧式左右政治结构。

应该指出的是，本章主要研究对象是欧洲大陆国家和欧盟国家，由于英国已于 2021 年脱离欧盟，且其政党政治为议会制两党制，在政党制度方面与美国、加拿大相似，故把英国放在第十章中，不在本章论述。

一、2021 年欧洲选举政治

从选举及政府组织来看，本报告所讨论的欧洲国家中，荷兰、挪威、德国相继举行了大选，其中，德国大选的意义尤其突出。

（一）德国大选及其影响

2021 年 9 月 26 日，德国如期举行大选。本次德国大选备受关注，尤其是此次大选将决定默克尔卸任之后德国的政治走向。大选进程可谓"一波三

---

[1] 该党为原戴高乐主义者的主要继承者，名称几经改变。

折",充满了不确定性,选情的"反转与再反转"是德国战后历史所罕见。整个大选过程中选民对各党的支持率变化显示,2021年2月,执政的联盟党(基督教民主联盟/基督教社会联盟,以下简称"基民盟/基社盟")以35%的支持率远远超过其他政党,比第二位的联盟90/绿党(以下简称"绿党")高出约17个百分点,位居第三位的德国社会民主党支持率仅在15%左右,自由民主党则仅在7%左右,居于六大党之末。但2021年2月至5月间,位居前两位的联盟党和绿党出现了相反的趋势,联盟党的支持率持续下降,而绿党支持率持续上升,并在5月超过联盟党,位居第一。此前绿党在德国地方选举中的突出表现及这一时期社会民主党的低迷状态,使人们开始认真讨论由绿党领导德国这一全新政治模式的可能。而同一时期,自由民主党支持率则稳步上升,并相继超越左翼党和选择党,逐渐接近社会民主党,这令选情显得更为复杂。但此后,2021年5月至7月中旬,绿党在短暂的优势后支持率开始下降,而联盟党则开始修复,两者的位置重新交换,联盟党支持率在7月中旬恢复至29%左右,虽不及2月以前,但重新拉大了与第二位的距离。其他4党则保持各自相对稳定的地位。就在人们认为联盟党胜券在握、社会民主党将与绿党竞争第二大党之际,在大选的最后两个月,联盟党和绿党支持率开始持续走低,而此前支持率一直在15%左右徘徊的社会民主党支持率开始稳步上升,并相继超越了绿党和联盟党,并最后以25.7%的得票率险胜联盟党,在2005年大选失利16年后,重新成为德国第一大党,而联盟党虽然在最后关头一度上升并接近社会民主党支持率,但最终以24.1%的得票率输给了社会民主党,这一结果也比2017年该党得票率下降了8.7个百分点。一路下滑的绿党最后以14.8%的得票率保住第三党的位置,虽然这也是该党自20世纪80年代参加联邦选举以来取得的最好成绩,但却未能实现其曾表达的要赢得联邦总理职务的目标。自由民主党则以11.5%的得票率成为议会第四大党,略高于(0.7%)该党在2017年大选中的得票率。选择党和左翼党分别获得10.3%和4.9%的得票率,其中左翼党的得票率相比 2017 年大选出现了较大幅度的下降，其政党得票率未能达到 5% 门槛线，仅靠赢得 3 个直选议席保住了在联邦议会中分享政党议席的资格[1]。从议席最终分布来看，社会民主党也是本次大选的最大赢家，其在联邦议会中的席位增加了 53 席，而联盟党减少了 49 席。此外，绿党也增加了 51 席，自由民主党增加了 12 席，而选择党和左翼党分别减少了 11 席和 30 席。

本次大选中如此急剧起伏的选情是战后德国政治中罕见的现象。它显示了德国社会政治不确定性的加大。其中一个重要原因是选民政治立场的不确定性，主要表现为"未决定选民"（undecided voters）在选民中所占比例突出。所谓"未决定选民"，意为在大选中接近投票日才能做出确定性投票选择的人。进入 21 世纪后，德国"未决定选民"的比重日渐增大，2021 年大选更是创历史纪录。根据相关民意调查，在本次德国大选投票日前一周，40% 的选民尚未确定自己的投票选择。"未决定选民"的急剧攀升及其投票流向说明短期因素——一般包括政府的执政表现、候选人的特点（包括从政经验、能力和道德品性）、经济表现以及竞选议题——在更大程度上影响了选举结果。

具体来说，在本次德国大选中，两大因素直接影响了最后的选举结果——选民主要关注的议题及候选人的形象特征。在此次大选德国选民所关注的议题中，社会民主党所擅长的养老金和社会保障问题始终是最受关注的议题。而联盟党虽然在经济政策方面拥有选民的信任优势，但在此次选举中，对经济和就业的关注排在了养老金与社会保障和气候与环境政策之后。而在导致社会民主党最后逆转的另一关键因素候选人的形象和表现方面，社

---

[1] 按照德国选举法律，598 个联邦议席由两部分构成，299 个席位由单一选区中获胜者组成，另 299 个议席按照各政党所获得的政党得票率进行分配，但只有过 5% 门槛线或 3 个直选议席的政党才能参与席位分配。左翼党此次大选的政党得票率未能达到 5% 门槛线，但由于获得了 3 个直选席位，所以同时也由此获得了在联邦议会分享政党议席的资格。另外，由于选区的直选议席是按照简单多数原则，这样会出现一个党所获得直选席位数与其党的得票率并不一致的情形，所以联邦的总席位数会有变化。如上一届德国联邦议席总席位数是 709 席，而本次大选则产生了德国历史上最大规模的联邦议会（736 席）。

会民主党候选人朔尔茨在经验和领导能力的各项指数上全面压倒了联盟党候选人拉舍特。民意调查数据显示，选民对朔尔茨个人支持率远远超过了对社会民主党的支持率。这主要得益于朔尔茨所展现的务实和沉稳的政治风格，以及他拥有的从政经验，尤其是作为大联合政府副总理和财政部部长的从政经验。在新冠肺炎疫情肆虐期间，朔尔茨在处理德国新冠肺炎疫情经济援助方案时给人留下了深刻的印象。而2021年夏季面对德国百年一遇的洪涝灾害时，朔尔茨更是展现出了富有经验、能干、务实的一面，他多次前往灾区视察，果断宣布4亿欧元的紧急救助方案，安抚了受灾之后不知所措的人们。这些都为他获得了不少的支持。在这样一个充满危机与挑战的时代大背景下，安全与稳定成为选民的首要诉求。在这方面，朔尔茨明显在塑造自己作为默克尔式领导者的形象。

1. 大选显示德国政治生态变化

此次大选显示出德国选民求变心理的同时，也凸显了德国政治生态的一些变化，主要表现为政治碎片化格局的成型，以及政党选民结构的区域分化、代际分化和职业分化特点。

(1) 德国政党政治碎片化格局的进一步确认

政党政治的碎片化是过去十多年欧洲政治发展的一个普遍趋势。但在德国，一个时期里碎片化的形势并不明朗。这一方面是由于德国战后体制所显示的相对稳定性，另一方面是由于默克尔领导的联盟党在较长时期里保持了相对强势地位。战后德国以其政治稳定性著称，这主要基于其政党结构的相对稳定性，以及政党在政治竞争中表现出的政治共识。特殊的选举制度使得德国能够进入联邦层次角逐的政党数量有限，而联盟党和社会民主党两大政党又长期保持了其在左右政治中的主导地位。从20世纪60年代初到80年代初，德国形成了三党格局，即右翼联盟党（基民盟/基社盟）、左翼社会民主党和中间的自由民主党。而在20世纪80年代初绿党进入联邦议会后，三党格局演化为了四党格局，即中右的联盟党与自由民主党结盟组织政府

（1982—1998年，2009—2013年），中左的社会民主党与绿党结盟组织政府（1998—2005年红绿政府）的格局。

但2005年以后，社会民主党支持率开始下滑。同时，新的左翼党形成，绿党和自由民主党表现不稳定，这些都使得德国政治的不确定性加大。不过，面对动荡的政治和社会环境，由于默克尔领导下的联盟党保持了较大稳定性，在德国共识政治文化背景下，两大党的联盟起到了稳定作用。但2017年大选，政治碎片化问题在德国变得紧迫了。此次大选中，社会民主党本来明确表示不再加入大联合政府。但选举中联盟党和社会民主党虽然保持前两大党地位，但都大幅下滑，社会民主党更是以20.5%得票率创下了其战后最差选举记录。而右翼民粹主义政党德国选择党（以下简称"选择党"）第一次进入联邦议会即以12.6%的得票率和94个席位成为议会第三大党，左翼党也有不俗的表现（9.2%）。这意味着在排除大联合政府选择后，组成多数政府的唯一选择是由联盟党、自由民主党、绿党联合的"牙买加模式"（黑黄绿）。但这一全新组合的谈判经历数周仍以失败告终，最后是以联盟党和社会民主党再一次组成大联合政府形式化解了政府组织危机。但德国政治碎片化雏形初显。

虽然社会民主党在2021年大选成功实现逆转，但所形成的格局实际是对德国政党碎片化格局的进一步确认。本次大选虽然选择党和左翼党双双受到抑制，但整个政党格局碎片化的特征却更为明显。虽然社会民主党最后实现逆转并成为第一大党，但其25.7%的得票率也意味着战后德国首次出现没有一个党在联邦议会选举中得票率超过30%的情况，两大党的总得票率只有49.8%，这也是战后第一次两大党获得的选民支持不足半数（尽管从议席分布上看两党以403席超过了半数，但两党的总席位数比重也下降了）。而且，第3—5位的绿党、自由民主党和选择党得票率都超过10%。这种格局正是当下人们用于描述欧洲政党政治碎片化"大党不大，小党不小"的典型。

(2) 政党选民结构的地区、代际和职业分化

对 2021 年德国大选各主要政党的选民结构——主要以选民的属地、年龄和职业特点来表示——作进一步分析，结果显示，德国主要政党出现了地区分化、代际分化和职业分化的特点。

从选民的地域分布来看，南部依然是联盟党的大本营，而联盟党在东北部的影响下降明显。社会民主党在北部和东北部表现强势。而选择党的主要根基在东部尤其是东南部，它在萨克森州、图灵根州、萨克森-安哈尔特州获得了选民最大支持，并赢得了 16 个直选席位。西部的选民对联盟党和社会民主党的喜好参半，两大政党在该地区都获得了较多的选民支持；绿党的支持者则分散在德国各地，主要聚集于大城市和大学城中；自由民主党在德国各州都有一定比例的支持者，但没有突出的地域特征。左翼党支持者依然相对聚集在德国东北部地区。这一地域结构显示，传统大党社会民主党和联盟党各自延续了其在北部和南部的强势，左翼党的主要根基依然在东部。但选择党对东部的渗透能力已经大大加强。而自由民主党和绿党没有明显的地域特征，它们更专注于不同的城镇群体。

从选民的年龄结构来看，35 岁以下选民更偏好绿党，在 18—24 岁与 25—34 岁两大选民群体中，绿党分别获得了 23% 与 21% 的支持率，居于首位。同样获得较多年轻人青睐的还有自由民主党，在 18—24 岁选民群体中获得了 21% 的支持率，仅次于绿党。相比之下，年长的选民更倾向于支持传统的中间派大党，社会民主党和联盟党在 45 岁以上选民中最受欢迎。它们在 45—59 岁选民群体中分别获得 26% 与 23% 的支持率，占比分别居于第一和第二位；而在 60 岁以上的选民中，社会民主党和联盟党获得的支持率更是远高于其他政党，分别为 34% 和 33%。

从选民的职业分类来看，退休群体最支持社会民主党和联盟党，它们分别获得了 35% 和 34% 的支持率，是其他政党支持率的 3 倍以上，这也与前述年老群体的偏好相一致。而蓝领工人群体最支持社会民主党与选择党，它们

分别获得了 26% 与 21% 的支持率。白领工人群体同样最支持社会民主党，占比 24%；居于第 2 的则是联盟党，占比 20%。在公务员群体中，联盟党和绿党获得了最多的支持，支持率分别为 29% 和 24%。在自由职业群体中，联盟党也获得了最多的支持率，占比 26%，其次是自由民主党，占比 19%。

总之，主要政党的选民结构显示出目前德国政治生态存在明显的地域分化、代际分化和职业分化。联盟党和社会民主党延续了传统的地域特征，左翼党向西部的渗透受到挫折，选择党在东南部已经拥有了深厚的政治基础。另外，联盟党在农村地区拥有的传统优势地位正在失去，目前它在农村地区的支持率只略高于在城市中的支持率。反之，社会民主党在城乡地区的选民支持率差距在缩小。绿党和自由民主党则没有明显特征，但它们显示了对城镇青年人口的普遍吸引力。它突出了德国主要政党的代际分化问题。作为传统两大党的社会民主党和联盟党的选民在明显老龄化，它们在年轻选民中获得的支持率均不及其平均选民支持率。相反，绿党则对更年轻选民具有更大的吸引力。从职业结构来看，社会民主党和联盟党在养老金队伍中有明显的强势地位，绿党和自由民主党明显在高收入中间阶级队伍中有更大的吸引力（绿党在公务员队伍中有更高的支持率，而自由民主党在自我雇佣队伍中有更高的支持率），选择党在蓝领工人队伍中获得了高于其平均支持率 1 倍的支持率（21%）。总体来看，传统大党社会民主党和联盟党存在支持队伍老化的倾向，而绿党和自由民主党则趋向于年轻化和精英化。相反，选择党则更集中于边缘化的工人队伍。综合地域、年龄和职业特征，似乎只有社会民主党体现了"全方位"特征。

2. 2021 年大选对德国政党政治的影响

2021 年德国大选及其结果对德国政党结构的趋势性变化以及政党政治发展趋势具有重要意义。它遏制了社会民主党的下滑趋势，同时也缓和了人们对后默克尔时代德国政治变数的担忧。

首先，大选结果遏制了社会民主党的下滑，并为建立新的左右政治平衡提供了机会。德国社会民主党的形势变化对德国社会民主党本身以及整个欧洲社会民主主义都具有重要意义。在过去十几年，由于欧洲各国社会民主党的普遍下滑甚至衰落，欧洲出现了明显的左右失衡。人们甚至开始怀疑传统的左右政治是否还具有意义。而德国社会民主党作为欧洲社会民主主义阵营中历史最为悠久、在不同历史时期都具有代表性的力量，其历史变化上往往具有标志性意义。在此次大选中，德国社会民主党究竟会步泛希腊社会主义运动和法国社会党后尘，进一步衰落而沦为二流政党，还是会重新崛起从而扭转主流政党中的左右政治失衡，不只关系到德国社会民主党自身的命运，同时也直接影响了整个欧洲左右政治的平衡。对此，人们一度持悲观态度。所以不难理解，德国大选选情的最后戏剧性变化不只是给德国、也给整个欧洲社会民主主义带来了一种新的期望。尽管德国社会民主党的成功并没有改变德国政党政治的碎片化格局，但至少它提供了在新的碎片化结构基础上建立新的左右平衡的机会。但如下面所要分析的，不宜将其过分渲染为一种传统社会民主主义复兴的表现。

其次，大选结果暂时缓和了人们对后默克尔时代德国政治变数的担忧，但同时也开启了德国新的政治组合时代。虽然联盟党失去了政府，但现有的一些迹象也在一定程度上缓和了人们对后默克尔时代德国政治变数的担忧，比如，社会民主党形势逆转，朔尔茨确认成为默克尔的继任者，绿党没有如人们曾设想的那样成为德国政治新的领导者，以及选择党、左翼党受到抑制等。不过，既有的碎片化格局决定了德国难以回到默克尔时代的强人政治，基于碎片化结构的新的左右政治平衡将是德国未来一个时期的基本特点。随着社会民主党、绿党和自由民主党组成联合政府，一种新的"红绿黄"政治组合——"交通灯"模式在德国出现。此次组织联合政府的谈判进程之顺利超出了人们的预期，它显示了各党之间的诚意。但构成政府的三党在一些重大政策目标上存在着明显的利益冲突。所以说，尽管朔尔茨个人务实、沉稳的政治作风得到人们的很大认同，但基于各党之间相对平衡的结构和相互之间的利益冲突,新一届德国政府难以成为默克尔式的强势政府。

(二)荷兰、挪威等国的选举

荷兰在 2021 年 3 月举行了大选。[1] 投票结果显示,领导执政联盟的自由民主人民党(VVD)以 21.9% 的得票率和 34 个席位保持了第一大党地位。六六民主党、自由党和基督教民主联盟分获前三位。社会党和工党位列第五位、第六位。自由民主人民党领导人吕特(Mark Rutte)再次组织政府。吕特表示希望能够在既有联盟伙伴基础上引入"正确答案 2021"(JA21),以帮助吕特联盟在两院都取得多数席位。但这一建议遭到六六民主党的反对,后者认为,作为一个 2020 年由右翼民粹主义政党民主论坛分离出来的新党,"正确答案 2021"在气候、欧洲一体化和移民等问题上的政策与联盟政府政策不一致。随后在组阁问题上的媒体报道牵涉到导致前政府不信任案的儿童福利局丑闻关键人物。议会发起了对吕特作为总理的不信任投票。该不信任投票虽然以微弱差距未能通过,但此前与吕特及其自由民主人民党联盟的六六民主党和基督教民主联盟发起动议反对吕特继续作为议会领导人。该动议得到除自由民主人民党以外的其他多数党支持。2021 年 9 月 30 日,此前联合政府的 4 个政党自由民主人民党、六六民主党、基督教民主联盟和基督教联盟同意谈判组成相同的政府联盟。但各党之间政策立场的矛盾交织导致政府迟迟难以组成。12 月 13 日,四党宣布达成协议。这也是荷兰历史上最长的政府组织过程。

挪威也于 2021 年 9 月 13 日举行了议会选举。此次议会选举主要围绕经济不平等和气候变化问题展开。选举结果是以挪威工党为首的中左翼集团战胜了保守党,并结束了由保守党首相埃娜·索尔贝格(Erna Solberg)领导了 8 年的右翼政府。不过,工党领导人乔纳斯·加尔·斯特雷(Jonas Gahr

---

[1] 法定选举日原为 3 月 17 日,但由于新冠肺炎疫情,政府决定一些投票站在法定投票日前两天开放。70 岁以上选民可以选择邮寄投票。

Støre）在组织新政府过程中经历了挫折。他本打算谋求与中间党、社会主义左翼党组成多数派政府，但是，社会主义左翼党因与其在气候和福利政策方面的不一致立场而选择了不参加政府。于是，斯特雷在10月组织了一个少数政府。

挪威的选举结果以及工党政府的组织在欧洲尤其是在北欧引起了很大的反响，因为加上此前社会民主党在丹麦、芬兰和瑞典的执政，挪威工党的胜利意味着整个北欧国家集体左转，人们称之为在2001年四国社会民主党（工党）同时执政之后再次出现一个"粉红色的北欧"。加上9月的德国大选中社会民主党取得胜利，许多人认为欧洲社会民主党逐渐走出低迷。挪威工党主席乔纳斯·加尔·斯特雷表示："这至少粉碎了一些认为社会民主党分崩离析的观念。"[1]

2021年5月30日，塞浦路斯举行议会选举，7个政党分享了56个席位，执政的保守主义政党民主大会党（DISY）以27.77%的得票率继续保持议会第一大党地位，反对党劳动人民进步党（AKEL，前身为塞浦路斯共产党）获得22.34%的选票，为议会第二大党；中间政党民主党（DIKO）获得11.29%的选票，为议会第三大党。

除上述国家层级的选举外，2021年欧盟一些国家还进行了地方选举。在芬兰的地方选举中，芬兰左翼政党（包括社会民主党、绿党和左翼联盟）纷纷丢失议席，而右翼民粹主义政党芬兰人民党大增580个席位。丹麦的地方选举中，作为第一大党的丹麦社会民主党和第二大党的丹麦自由党（Venstre）在市镇和地区议会的选举中席位都有一定程度的下降。而右翼民粹主义政党丹麦人民党损失最大（席位从221个下降到91个）。在意大利部分市镇举行的地方选举中，曾是议会第一大党的五星运动损失惨重，左翼的民主

---

[1] Marc Préel and Pierre Henry Deshayes, "Analysis: Is the Nordic Swing to the Left Nothing but an Illusion?", https://www.thelocal.se/20210915/analysis-is-the-nordic-swing-to-the-left-nothing-but-an-illusion/.

党表现更佳。

(三) 2021 年未选举国家的政党竞争

大多数欧洲国家 2021 年没有选举,但也多在酝酿准备接下来的大选。其中最引人关注的是法国 2022 年 4 月的总统选举以及 6 月的立法选举。此次选举最大的看点是总统竞选。2021 年 11 月,以马克龙领导的共和国前进党(LREM)为主的多个党组成了一个总统多数派竞选联盟"与公民同行!"(EC)选举联盟。2022 年 4 月的竞选重演 2017 年的形势,即最后的竞选依然是在马克龙与国民联盟领导人勒庞之间进行。最终,马克龙再次当选。

在另一欧洲大国意大利,政党碎片化结构下的政府以及主要政党本身都显得不稳定。2021 年 1 月,由于伦齐(Matteo Renzi)领导的意大利活力党(Italia Viva)[1] 撤出对孔特(Giuseppe Conte)政府的支持,孔特辞职,欧洲中央银行前行长马里奥·德拉吉(Mario Draghi)被任命组织新的技术官僚政府,它得到了除兄弟党之外议会各主要政党的支持。政党内部事务方面,几个主要政党也出现了领导人更替。民主党总书记金加雷蒂辞职,恩里科·莱塔(Enrico Letta)继任。近期党内动荡的五星运动也于 8 月更换领导人,前总理孔特出任党首,并发布新党章。

在奥地利执政的奥地利人民党领导人、总理塞巴斯蒂安·库尔茨(Sebastian Kurz)因政治丑闻而辞职,该党因此遭受重击。2017 年,时年 31 岁的库尔茨领导奥地利人民党取得当年的大选胜利,他也由此成为奥地利历史上最年轻的政府首脑。其年轻的形象和政治基调很大程度上成为奥地利乃至欧洲传统保守主义运动复兴的一种象征。但 2021 年 10 月,他因腐败指控而辞职。在欧洲大陆,继意大利和法国的保守主义政治力量相继失去政权、德国基民盟大选失利受到重创之后,欧洲保守主义政治力量因为库尔茨的辞职

---

[1] 该党是由意大利前总理、民主党前领导人伦齐于 2019 年 9 月脱离民主党后成立的一个中间政党。

再受打击。与之相对的是,社会民主党在继2020年地方大选取得胜利后,出现了复苏的迹象。欧洲的左右政治形势胶着。

二、欧洲国家政党政治当下的基本特点

概括来说,2021年以来欧洲国家政党政治体现出以下基本特点。

(一)左右政治之间出现了一种新的相对平衡

进入21世纪尤其是自2008年国际金融危机爆发以来,欧洲国家政党政治出现一种明显的失衡,主要表现为左翼政治的相对式微以及右翼保守主义势力的明显强势。左翼政治式微主要是由于社会民主党急剧下滑。但近年来,这种状况有所改变,至少从执政的角度来看,社会民主党有稳住阵脚的迹象。经过2021年的选举后,欧洲各国政府的左右政党大致处于一种平衡状态。除上述北欧四国(丹麦、芬兰、瑞典、挪威)外,目前社会民主党(工党)在德国、西班牙、葡萄牙和马耳他也处于领导执政地位。右翼执政的国家则包括了爱尔兰[1]、奥地利[2]、希腊、塞浦路斯、荷兰、拉脱维亚、爱沙尼亚、立陶宛、克罗地亚和斯洛文尼亚等。此外,意大利、比利时和冰岛都处于非典型的联合执政状态。其中,意大利的马里奥·德拉吉政府得到了被视为民粹主义政党的五星运动、传统左翼的民主党、右翼民粹主义政党联盟党等的联合支持。而比利时政府则由按照地区语言划分的七党联盟组成。冰岛则是由左中右三党组成联合政府(独立党、左翼绿色运动党、进步党),它们都难以简单归入左右范畴。虽然从领导执政的数量来看,右翼在欧洲范围内依然占有一定优势,但如果从原西欧国家的角度来看,伴随着挪威工党和德国社会民主党2021年的大选胜利,中左翼的社会民主党与中

---

[1] 2020年大选后,爱尔兰绿党虽然也加入了联合政府,但该政府是以爱尔兰统一党和共和党为主的,两党轮流出任政府总理。这里从领导执政的角度把该国归为右翼政府范围。
[2] 奥地利目前由人民党与绿党联合组阁。

右翼政党的相对地位已经发生了改变，社会民主党已略微处于优势地位，至少是处于一种相对平衡状态。[1]而对于一些脱离原中东欧体系后加入欧盟的国家——本报告包括波罗的海三国及巴尔干半岛的克罗地亚和斯洛文尼亚——右翼显然处于主导地位。但这些国家的政党政治带有转型特点，与欧洲传统政党政治的内容和结构都有所不同，尤其是从政党的角度来看缺少稳定的政治领导力量。

不过，这种左右之间的相对平衡只是从总体的执政数量角度来看的。而如果从特定区域和国家的左右政治竞争实际状况来看，事实上，当下的欧洲存在两种并存的现象。一方面，在一些国家，左翼尤其是社会民主党止住了下滑趋势，出现了复苏迹象，可这种复苏是有限的；另一方面，在一些国家却存在明显的政治右倾化持续和加深的特点。挪威工党和德国社会民主党在2021年选举中的胜利对于欧洲左右政治形成新的平衡至关重要。但如果从实际进程和内容来看，仍不宜夸大所谓社会民主主义复兴的意义。的确，德国社会民主党在2021年大选中的逆转对于德国社会民主党本身以及对于整个欧洲社会民主主义的象征意义都很大。但从选举进程来看，它受到了一些特殊因素的影响，而且，其25.7%的得票率也是德国第一大党战后以来的最差表现，它无法改变整个政党结构碎片化的格局。而挪威工党的胜利也远没有人们所设想得那么大。该党获得的实际选民支持率和席位数都比上一次大选（2017年）略有下降，本次大选与其说是工党的表现突出，不如说是执政的保守党的失败。也就是说，从选举的实际进程来看，左翼的复苏并没有像表面数字显示的那样突出。这种情况在其他既已实现执政的社会民主党中也同样存在。如目前的西班牙政府是由传统左翼代表西班牙工人社会党和左翼竞选联盟"联合起来我们能"在2020年1月组阁实现的。但从此次选举

---

〔1〕 由于本报告考察对象未包括本属于西欧地区的英国，所以对严格意义上的西欧来说，左右目前是处于一种平衡状态，而在整个欧洲，右翼则更占优势。

(2019年11月进行)的实际表现来看，实际上两党的得票率和议席都有所下降，它们只是以略微的席位数优势战胜右翼力量。[1]

另一方面，在一些国家，政治的右倾化并没有改变甚至有加重的趋势。在2021年荷兰等国的大选中，右翼保守主义政党都保持了执政地位。在荷兰2021年大选中，占据全部150个议席前4位的都属中右翼政党，各党都超过了15个席位，其得票率从9.5%到21.87%不等。2016年成立的右翼民粹主义政党民主论坛也从上一次大选的2席增加到8席。而传统左翼的社会党（5.98%，9个席位）、荷兰工党（PVDA，5.73%，9个席位）以及新成立的进步主义左翼绿党（GL，5.16%，8个席位）得票率均不足6%。在力量分布上，左右翼的差距在加大。在其他一些国家，左翼的形势也并不乐观。如上所述，法国2022年大选竞选阶段，左翼政党——包括社会党及上次在大选中表现突出的梅朗雄所领导的"不屈的法兰西"，所面临的整体形势似乎比2017年大选更为严峻。

（二）政党政治的碎片化得到进一步确认

政党结构的日益碎片化是2008年后欧洲政党政治的一个普遍趋势，它主要表现为传统主流政党的政治控制能力下降、新的政党尤其是民粹主义政党崛起以及其他一些传统中小政党作为政治平衡力量的作用日益突出。表现在政党的结构性变化方面就是形成所谓"大党不大，小党不小"的政党格局。

这种趋势通过目前欧洲国家普遍的政府组织结构显示出来。在欧洲传统的政党结构中，虽然比例代表制下多党联合执政是一种普遍现象，但主流政党在其中占有明显的主导地位，并由此显示了其对政治的控制能力。在北

---

[1] 在本次大选中，西班牙工人社会党（得票率28%，席位数120）和"联合起来我们能"（得票率12.9%，席位数35）是以席位数上的略微优势（155∶151）战胜右翼三党西班牙人民党（PP）、右翼民粹主义的呼声党（Vox）和公民党（Cs）的，从实际支持率来看，左翼两党的总得票率（40.9%）要比右翼三党的得票率（42.7%）要低。

欧，社会民主党明显长期占有更突出的地位。在欧洲大陆其他国家和地区，社会民主党在大多数国家的左翼政治中也占有主导地位，而右翼主流政党则由保守主义政党、基督教民主党和自由主义政党分享，德国战后体制就是一个典型。但在进入21世纪，尤其是2008年以后，主流政党的势弱成为一个普遍趋势，社会民主党的下滑尤其严重。在北欧国家，虽然社会民主党依然保持着其相对优势地位，但相比过去已经不能同日而语。社会民主党在北欧国家政治中的主导地位已经动摇。如瑞典社会民主党现政府是在2018年大选基础上组成的，但却是以其百年来最低得票率（28.3%）保住第一大党地位的，其组织政府所依赖的红绿政党联盟（社会民主党、左翼党和环境党）也只是以微弱的优势（得票率40.67%：40.26%，席位数144：143）战胜中右翼联盟（温和党、中间党、基督教民主党和自由党），从而获得优先组阁权。在此结构下，它不得不受到绿党和左翼党的严重制约。在另一由社会民主党执政的北欧国家芬兰，这种碎片化更为严重。在2019年芬兰大选中，第一次出现了没有一个政党得票率超过20%的状况。9个政党进入议会分享200个席位。社会民主党虽然席位数激增6席并在近20年后再次成为第一大党，[1]但前三党得票率出入不超过1%，席位数各相差1席。[2]在排除右翼民粹主义趋向的芬兰人党后，最后组织了由社会民主党、中间党、绿党、左翼联盟和瑞典族人民党组成的五党联合政府。在丹麦，社会民主党现政府是在2019年大选后建立起来的，而作为第一大党，它仅获得了25.9%的得票率和48个席位（总议席数是175个），仅领先自由党2.5个百分点。有10个政党进入议会分享175席。最后，丹麦社会民主党是在社会主义人民党、红绿联盟、激进党3党支持下组成一党少数政府。

---

[1] 芬兰社会党上一次大选第一还是在1999年，此后得票率逐步下滑，2015年大选更是沦为第四党。

[2] 前三党的得票率和席位数分别为：芬兰社会党（17.7%/40）、芬兰人党（17.48%/39）、民族联合党（17%/38），而此前的第一大党中间党沦为第四党（13.76%/31）。

而类似丹麦这样的少数政府在目前的欧洲并不是个例。瑞典社会民主党在2021年11月实现党领导更替后,新任党领袖安德松领导下的瑞典社会民主党一党政府在总共349个议席中只占100席。而这种状况之所以能够成立,或多或少是因为其特殊的制度设计,但这种政府建立在典型的碎片化的相对平衡基础上。

几个欧洲国家的2021年大选进一步突出了政党政治碎片化的特点。在荷兰2021年大选中,共有37个政党获得了参与选举的资格,其中有17个政党拥有了议会席位,分享150个席位。最大的党自由民主人民党(VVD)占21.9%,超过10%的党有3个,5%—10%的党有5个,其他均在5%以下。按席位计算,获得8个以上席位的政党有8个。在挪威,工党虽然赢得了2021年大选并在8年后重新执政,但其26.3%的得票率几乎是一战结束以来百年历史中最差的选举记录(仅好于2001年的24.3%得票率),并且由于激进的社会主义左翼党的拒绝参加联合政府,只能与中间党联合组成少数政府。

如上所述,这种政党政治碎片化的格局在2021年德国大选中同样得到了确认,虽然选择党和左翼党双双受到抑制,但随着联盟党的急剧下滑,"大党不大,小党不小"的特征却更为明显,而且与2017年大选所显示的碎片化形势相比,本次大选中所形成的格局可能更具常态性。2017年大选选择党的崛起主要是利用了当时人们对欧洲难民和移民问题的恐惧心理。而此次大选中,移民问题始终都没有成为高关注度议题。这说明在这种背景下,选择党所获得的支持率是该党目前在国内真实社会基础的反映,尤其是考虑到它在东部特别是东南部的渗透能力。而此次选举中绿党和自由民主党的良好表现也体现出了其可持续特征。这主要是基于两方面的判断:一是"环境保护与气候变化"议题在国际社会及德国政治议题中的持续重要性;二是如上述德国政党选民的代际分化所显示的,绿党和自由民主党在青年一代中更具吸引力。正因为如此,虽然德国新一届政府的三党联合模式(即"交通灯"

模式）是战后历史上的首次，但基于德国政党结构碎片化常态化的前景预测，这种跨传统的组合模式在以后的德国政治中可能会经常出现。

政党政治的碎片化是与新党现象交织作用的，即碎片化既是新党现象的结果，同时也进一步促进了新党现象。2021年大选中荷兰政党碎片化形势与该国过去几年的新党现象是交织在一起的。在荷兰，独立议员在全国地方议会中组建了150个新政党。根据荷兰《新鹿特丹商业报》的研究，自上次地方选举以来的三年半中，近半数荷兰地方当局的议员脱离了他们所选的政党，建立了自己的政党。自2018年以来，该研究一直在跟踪荷兰351个地方当局区域中的318个区域，发现其中45.6%的地方当局区域成立了分离党。该研究称，这意味着现在有150个地方政党是在未经选民投票支持情况下拥有了地方议会席位。[1]与这种新党现象并行的是单一事务型的政党增多以及相关政治议题增多。如在2021年荷兰大选中，动物保护组织动物权益党（PvdD）以3.84%得票率赢得了6个席位。

（三）民粹主义力量虽受到一定抑制，但民粹主义政治抬头趋势仍在持续

民粹主义政党的崛起和发展是过去10年欧洲政治的突出现象。但在新冠肺炎疫情背景下，2015—2017年左右民粹主义政党在欧洲普遍强势崛起的势头明显受到了一定抑制。在2021年德国大选中，作为民粹主义首要议题的移民问题没有像在2017年大选中那样成为选民突出关注的议题，因此选择党在本次大选中也受到了一定抑制。在丹麦，右翼民粹主义政党丹麦人民党在2015年左右影响力达到顶峰，此后逐步下降。在2021年地方市镇选举中，丹麦人民党议席更是从2017年的223席急剧下降到了91席。

但民粹主义是否从整体上受到了抑制还有待观察。至少从选举政治的角度来看，民粹主义力量在不同的国家有不同的表现。在荷兰，民粹主义政党

---

[1] Dutchnews, "Breakaway Councillors Form 150 New Parties in Local Councils Nationwide", https://www.dutchnews.nl/news/2021/10/breakaway-councillors-form-150-new-parties-in-local-councils-nationwide/.

自由党（PVV）[1]自成立以来表现一直稳定，并在2021年大选中成为议会第二大党。此外，右翼民粹主义政党民主论坛（FvD）从上一届的2个席位增加到了8个席位，2020年从民主论坛中脱离出来新组成的"正确答案2021"（JA21）也获得了3个席位。在塞浦路斯，民族人民阵线（ELAM）在2021年5月议会选举中获得6.78%的选票——比2016年的选举增加了3%。该党最初是作为希腊的金色黎明的分支——"金色黎明：塞浦路斯核心"（Golden Dawn：Cypriot Kernel）而出现的。而在地方选举中，右翼民粹主义政党芬兰人民党在2021年的芬兰市镇选举中大增580个席位。

而且，在许多欧洲国家，民粹主义的政治势头正在以多种形式显现。除选举政治外，它也通过民粹主义对主流政党政治抉择产生实际影响来体现。例如引发上述2021年11月瑞典政府危机的直接原因就是瑞典民主党支持的预算案。尽管一些传统的主流政党依然在标榜不与右翼民粹主义政党合作，但随着一些民粹主义力量弱化其自身的极化思想意识和政治特点，[2]传统的右翼与民粹主义右翼在众多问题上政策一致正在成为欧洲的一个普遍现实。如下面关于社会民主主义的变化所要讨论的，一些社会民主党为了与右翼民粹主义政党竞争工人阶级选民，也吸纳了其关于移民的政策立场。此外，一些国家民粹主义政党的存在本身就已经直接影响到了政治的组织趋向。在爱尔兰，作为议会第二大党的新芬党直接影响了现政府的组织模式。[3]在法国，人们密切关注着即将到来的2022年大选，而目前的民意调

---

[1] 该党2005年成立，2006年大选即获得5.9%得票率，2010年以来的4次大选中，得票率始终保持在10%—15.5%之间，2021年大选中成为第二大党。

[2] 典型如法国国民阵线在玛丽娜·勒庞接任党领袖的调整以及改名国民联盟。

[3] 在爱尔兰2020年大选中，原议会第二大党共和党赢得议会159个席位中的38席，成为第一大党，而主张爱尔兰与北爱尔兰统一的新芬党议席数大幅增加，以37席成为议会第二大党，而传统两大党之一、原第一大党统一党沦为第三大党。由于组织多数政府需要80个席位，而传统两大党都不愿与新芬党联合组阁，这也就排除了它们各自单独组成政府的可能。经数月谈判，最后组织了新的两党半模式，即由共和党、统一党和绿党联合组织的新模式。由共和党领袖米歇尔·马丁（Micheál Martin）和统一党领袖利奥·瓦拉德卡（Leo Varadkar）轮流执掌内阁，马丁先任总理至2022年底，再由瓦拉德卡接任总理至本届政府5年任期结束。

查数据显示，民粹主义右翼依然被认为是与马克龙竞争的主要对手。而且，除了国民联盟领导人勒庞以外，具有右翼政治倾向的电视评论员埃里克·泽穆尔的参选及其所表现的受欢迎程度显示了法国民粹主义右翼整体力量甚至有加强的趋势。

另外，不同国家的不同民粹主义政党在思想意识和社会基础方面也表现出了不同的趋向性。在许多国家，民粹主义更多显示了极化的思想和政治特点，其社会基础往往也是那些受教育程度较低的边缘化群体。但在西班牙，呼声党却自视为"激进右翼"（radical right）而不是"极右"（extreme right），其支持者往往来自受过较高教育和较高收入阶层的群体。在法国，泽穆尔虽然被视为同勒庞一样的极右翼人物，但他更强调自己是一个真正的戴高乐主义者，并指责作为戴高乐政治继承人的主流共和派共和国人党背叛了戴高乐及其"某些法国观念"。因此有评论称，泽穆尔的目标是通过将自己塑造成神话中的"天赐之人"，在极右翼和中间派之间架起一座桥梁并阻止他所强调的国家衰落。[1]泽穆尔的广受欢迎说明其思想意识在社会中的号召力。

（四）绿党在欧洲整体地位加强，非常态的政治组合更为普遍

绿党的崛起并不是欧洲政治中的新现象。但回溯过去10年的欧洲政治不难发现，在传统的左翼思想社会民主主义及其政治代表社会民主党下滑的过程中，绿党的稳定发展却成为欧洲政党政治的一个普遍现象。在德国2021年大选竞选的前半程，绿党无疑成为最亮眼的焦点，基于绿党在此前德国地方选举中的突破，人们开始认真考虑绿党取代社会民主党成为激进主义代表的可能前景及其政治意义。尽管绿党后半程的表现令人失望，但其14%的支持率也足以使其成为当下德国任何政治组合都不可或缺的角色。在德国新政

---

[1] The Guardian, "Macron and the 'French Trump' Trap Gaullism's Heirs in a Political Vice", https://www.theguardian.com/world/2021/oct/17/macron-and-the-french-trump-trap-gaullisms-heirs-in-a-political-vice.

府三党组合模式中，绿党同样扮演着关键角色。

除德国绿党外，目前绿党在瑞典、芬兰、丹麦、卢森堡、冰岛、奥地利和爱尔兰都参与了政府。而且，这种组合已经跨越了红绿联盟的组合范围。绿党正在成为欧洲政治中保守主义与激进主义结合的一种新路径的代表力量。究其原因，除了气候与环境问题日渐成为所有政治力量都无法回避的政治问题外，还与绿党本身在其他领域，包括在经济、社会政策等领域与传统的左翼政治和保守主义力量政治主张的兼容性。例如，在经济问题上，绿党既可以成为自由主义经济——它突出市场的首要机制——的捍卫者，同样也可以成为寻求用国家力量矫正市场秩序的支持者。而在社会政策领域，它既可以与社会民主党一样成为社会公正的表达者，同样也可以与保守主义一样成为强调个人责任的支持者。当然，绿党的这种作用同样与欧洲政治的碎片化结构密切相关。

三、欧洲左翼政党的构成与发展趋势

传统的欧洲左翼政党构成大致可以归为三类，即温和左翼、激进左翼和极端左翼。第一类是温和左翼，以社会民主党为代表，它们常常也被称为中左翼。其主要支持力量既包括了作为其传统主体的工人阶级，也包括众多的中间阶级以及一些带有激进意识的社会精英。在20世纪90年代以后，这类力量在政治立场上日益表现出中间化特征，表现在思想意识上就是去意识形态化（它往往表示为去社会主义意识形态）。第二类是激进左翼，是一些站在社会民主党左边的力量，它们坚持了传统左翼对资本主义的批评精神，以及对社会主义（或民主社会主义）的承诺。但在冷战结束后，它们日益显示出对资本主义既有民主体制的认可。作为当代欧洲激进左翼重要来源的一些共产党日益表示出一种由体制外力量向体制内力量转变的趋向。第三类是极端左翼，传统的极端左翼主要表现为反体制的革命倾向，如欧洲托派。在新的全球化背景下，极端左翼同时吸引了那些在全球化进程中被边缘化并因此以恐惧心理看待现实资本主义变化的人群。一些保留传统强硬激进色彩的共产党组织[1]是其重要构成。除了这三类力量外，激进阵营中新崛起的生态运动组织也可以从宽泛的意义上（即寻求改变既有的资本主义生产和政治作用方式）纳入左翼阵营。不过它们的主要政治诉求并不是传统的左翼政治事务，而更倾向于是单一政治事务。其政治基础复杂多样，但它们对中间阶级显示出越来越大的吸引力。[2]

在上述三类传统左翼构成中，极端左翼在欧洲现实政治中的影响力有限。这里主要讨论以社会民主党为代表的温和左翼和激进左翼的新变化。

（一）欧洲社会民主党的新变化

作为传统中左翼代表的社会民主党曾经是欧洲左翼政治的主要代表。时至今日，虽然社会民主党明显下滑，但它们依然是目前欧洲多数国家主流政党的主要构成之一。

1. 社会民主党的整体下滑

进入21世纪，尤其是2008年国际金融危机爆发后，欧洲社会民主党整体下滑，在个别国家甚至出现了急剧衰落的趋势。这种整体下滑主要表现为：

第一，社会民主党在左翼中的主导地位受到动摇。战后欧洲，除在少数国家社会民主党不得不与强大的共产党竞争左翼领导[3]外，绝大多数欧洲

---

[1] 在西欧国家，目前有关共产党组织的归类实际是模糊的。其实，上述激进左翼大多都曾与共产党组织有渊源，是冷战结束前后一部分共产党组织改名或重新联合的产物。但即使是在保留共产党名字的政党中，其实际的政治立场也是分化的。如法国共产党等更显示为温和化的激进左翼趋向，而少数更强调传统革命意义的共产党（如英国共产党等）则被归为极左类别。有些则介于两者之间。

[2] 林德山：《欧洲左翼政党：概念、分类与结构》，载《中国社会科学报》，2011年9月27日，第15版。

[3] 主要以南欧国家为代表，包括意大利、西班牙和法国。在这些国家，由于存在强大的共产党，社会民主党需要与共产党竞争工人阶级的支持。人们也因此用南欧模式来代言这些国家的社会民主党模式。

国家社会民主党在左翼政治中占据主导地位,这主要表现为其在工人阶级选民中的代表性,以及其所提供的左翼政治议程被广泛认可。但进入21世纪以来,尤其是2008年国际金融危机爆发后,欧洲社会民主党的政治信誉普遍受到质疑。这一方面归咎于一个时期里社会民主党新自由主义化政策,人们在指责新自由主义政策导致了金融危机的同时,也将矛头指向20世纪90年代以来社会民主党普遍的改革倾向。另一方面,面对危机,社会民主党缺少政策手段。无论是左翼还是右翼执政,紧缩政策似乎成了一致的政策手段。这导致人们对社会民主主义作为一种进步主义政治议程的深深怀疑,其直接表现就是各国社会民主党在选举政治中的急剧下滑。例如,瑞典社会民主党2010年大选中30.7%的得票率是截至当时该党1917年以来的最低值,而右翼温和党30.1%的得票率意味着社会民主党长期一党独大的地位不复存在。挪威工党在2009年后的历次大选中得票率逐次递减:2009年为35.4%,2013年为30.8%,2017年为27.4%,2021年为26.3%。丹麦社会民主党的下滑从2001年即已开始,在该年大选得票率低于30%以后就再没有回到30%水平。而在德国,社会民主党得票率直接从2005年大选的34%下降到2009年的23%,创战后新低,2017年以20.5%再创新低。而希腊的泛希腊社会主义运动和法国社会党则更是分别在2012年和2017年的本国大选中呈断崖式下跌,直接从第一大党沦落为边缘小党。曾经在欧洲社会民主主义阵营中风云一时的荷兰工党也是直接从2012年的24.8%断崖式下跌到2017年的5.7%,成为议会第七小党,2021年依然保持该水平,尽管位置上升到了第六。

第二,社会民主党失去了稳定支持队伍。战后社会民主党得以长期保持其左翼政治地位,关键在于其保持了在工人阶级中的稳定支持,即便是在20世纪90年代社会民主党的中间化道路时期。赢得工人阶级相对稳定支持可谓其重要政治基础。但在进入21世纪后,工人阶级在社会民主党选民结构中的突出地位已经不复存在。这一方面是因为社会民主党自身在中间化改革中有意识地疏远了传统工人阶级,另一方面也是由于工人阶级本身的政治立场开始分化,越来越多的工人阶级开始转而支持其他政治力量,包括保守主义力量和极右翼民粹主义力量。传统左右政治氛围下的阶级投票行为发生了明显改变,人们称之为政党政治中的阶级"解组"现象。

对社会民主党选民支持结构的相关研究表明,进入21世纪后,工人阶级对社会民主党的离弃明显加速。左翼主流政党的选民中有32%在调查前的选举中有过弃权或转投其他政党的经历,左翼主流政党现有支持者中26%是新来者。相比而言,中右翼政党的支持队伍更为稳定,只有19%的选民离开,新选民只占总选民的21%。而对左翼政党离弃者的行为趋向调查数据显示,45%投票给中右翼政党,16%投票给激进左翼,16%弃权,15%投票给绿党,8%投票给激进右翼。考虑到一些左翼政党离弃者最终从中右翼政党流向极右翼政党的现实,实际从左翼流向极右翼的选民比该组数据显示的要更高。[1]

伴随于此的是社会民主党党员疏离,社会民主党的党员人数的急剧减少。以丹麦为例,1960年,社会民主党大约有26万名党员,约占其选民的四分之一。1980年,党员人数降至10万人,2000年降至5万人,2019年只有3.6万人。[2]

第三,社会民主党日益受到其他左翼和进步主义力量的挤压和制约。人们看到,2005年以后的德国社会民主党实际深陷两重危机的夹击之中,一是由于默克尔领导的联盟党政治强势引发的左右政治失衡的危机,二是伴随社会民主党的不断下滑而出现的对进步主义政治的领导权竞争的危机。前者可

---

[1] Line Rennwald and Jonas Pontusson, "Paper Stones Revisited: Class Voting, Unionization and the Electoral Decline of the Mainstream Left", https://unequaldemocracies.unige.ch/en/people/line-rennwald.

[2] Esben Bogh Sorensen, "Denmark's Socialist Left Needs to Reverse the Decline in Working-Class Mobilization", https://www.jacobinmag.com/2021/04/denmark-socialist-left-working-class-mobilization.

以从前面德国政党的结构性变化中得到说明。而对于后者，实际上2005年以后的德国社会民主党同时面临两重竞争压力，即来自新的激进主义代表绿党的压力和来自更为温和化的左翼党的压力，左翼党一方面指责社会民主党已经新自由主义化了，另一方面也试图以左翼替代者的形象呈现自己。这两种力量分别在与社会民主党竞争不同的社会基础，左翼党是在竞争传统工人阶级，而绿党是在竞争中间阶级。

2021年瑞典政府的危机突出显示了在碎片化结构基础上社会民主党所受到的严重制约。如上所述，在2018年大选中，斯特凡·勒文（Stefan Löfven）领导的社会民主党是以红绿联盟（社会民主党、左翼党和环境党）极其微弱的优势为基础组建政府的。但在政府组织中，右翼反对党发起了对勒文作为首相的不信任投票。最后勒文得以再次领导组建政府是基于两个条件，一是社会民主党与环境党、自由党和中间党达成协议，二是在对勒文的不信任投票中左翼党投了关键的弃权票。由此勒文在2019年1月作为首相组建了社会民主党与绿党的联合政府，它是左翼党支持下的少数政府，但并未参加上述协议的左翼党对该协议中的相关内容——削弱就业权利、反对不公平解雇和取消新建公寓租金管制——持保留态度，并威胁如果这些条件得到实施，他们将撤回对政府的支持，这为后来的政府危机埋下伏笔。2021年6月，在政府委员会关于取消新建公寓租金管制的报告发表后，左翼党撤回了他们对红绿政府的支持，并宣布对勒文及其政府的不信任。瑞典民主党随即提出针对勒文及其内阁的不信任动议，这项动议得到了其他反对党的支持，特别是温和党和基督教民主党，尽管他们赞成取消控制。在2021年6月21日的信任案投票中，瑞典议会以绝对多数通过了对勒文政府的不信任案，这是瑞典历史上第一次不信任投票导致政府垮台。后来，由于反对力量未能提出首相候选人，勒文被重新任命为首相，在再次经历对其不信任动议投票失败之后保住了社会民主党政府。[1]经历这些变故后，心灰意冷的勒文在2021年8月22日宣布，他不会在2021年11月的社会民主党大会上谋求连任党主席，并将在继任者当选后辞去首相职务。在2021年11月的瑞典社会民主党大会上，勒文政府的财政部部长马格达莱娜·安德松（Magdalena Andersson），作为唯一提名人当选瑞典社会民主党新任领导人。2021年11月24日，议会选举安德松为瑞典新首相。但在安德松当选首相后，其预算未能在议会通过；相反，反对党提出的预算案在议会获得通过，而其支持者包括了瑞典民主党。社会民主党的执政伙伴环境党随即宣布退出政府，因为他们不会支持一个得到极右翼瑞典民主党支持的预算案。安德松在执政2小时后提出辞去首相职务，她向议长表示要领导一个由社会民主党单独组织的一党政府。在绿党、中间党和左翼党支持下，安德松重新当选首相，她也是瑞典第一位女首相。

2. 社会民主党的政策调整

面对上述的艰难局势，社会民主党在不同程度上进行政策调整。一个普遍的趋势是在经济和社会政策方面向传统政策回调。这方面，北欧国家社会民主党的政策方式表现得较为突出。

很大程度上，人们把北欧国家社会民主党近年来的政治回归归因于其阶级政治的回归。它涉及一系列的政策调整。其中主要包括：第一，重新强调福利国家。作为传统福利国家的构建者，社会民主党在福利政策上更容易赢得选民的信任。针对北欧社会老龄化的问题，社会民主党尤其关心养老金问

---

[1] 按照瑞典的法律，政府信任不需要获得议会多数信任票，要通过不信任，必须要有议会多数票支持不信任案。而且，政府不信任案通过之后，现任首相有一周的时间来提出提前选举或辞职，并要求议会议长进行新的政府组建谈判。2021年6月28日，勒夫文宣布辞去首相职务，这意味着议会议长安德烈亚斯·诺伦（Andreas Norlén）需要挑选一个人组成政府。6月29日，诺伦将这项任务交给了反对派领袖乌尔夫·克里斯特森（Ulf Kristersson），两天后，克里斯坦森宣布自己无法找到足够的支持席位成为首相。勒文因此在2021年7月1日获得了第二次组建政府的机会，并在7月7日议会对其任命的信任投票中侥幸过关——投票结果116票赞成、173票反对、60票弃权。由于反对票没有达到议会信任动议失败所需的175票门槛，勒文重新出任首相。

题，关注老年人的养老、护理等多个方面。前芬兰社会民主党主席安蒂·林内表示:"社会民主党的成功得益于他们在两年多的时间里,组建了庞大的团队来领导一场有关芬兰的挑战及如何应对的讨论,其中包括医保、教育等'对于未来至关重要'的议题。"[1] 第二,通过税收政策帮助穷人,并减轻小企业的负担。2021年挪威议会选举中,工党着力突出前右翼政府政策所导致的贫富差距。工党领袖斯特雷在选举结果公布后表示:"挪威已经发出了一个明确的信号,选举表明,挪威人想要一个更公平的社会。"[2] 芬兰社会民主党同样也强调在社会保障、社会福利和卫生保健服务方面进行公平和人道的改革,提出将每月收入低于1400欧元的低收入养老金领取者的收入提高100欧元。[3] 第三,气候危机方面,强调公平绿色新政,在能源转型的过程当中更加强调"公平",绿色产业要减轻经济发展不平等,传统的煤炭、石油行业存在很多工人阶级,要考虑他们的利益以及再就业等问题,绿色新政不能牺牲中下层人民的利益。"大约20万挪威人在石油和天然气行业工作,石油和天然气约占出口贸易的40%,"[4] 如果贸然关闭这些行业会造成极大的反对,在短时间内造成大规模失业,尤其会波及左翼政党的传统工人阶级选民,所以应对能源危机不能"一刀切"。挪威工党领袖斯特雷也在2021年议会大选中承诺,履行《巴黎协定》规定的减排承诺,同时控制石油和天然气的钻探,并鼓励新能源的开发。瑞典社会民主党新任女首相安德松就任后随即宣布了三大优先事项:打击种族隔离和暴力犯罪,加快应对气候变化进程从而创造绿色就业机会,以及收回对福利的控制权。这大体也是延续上述的调整思路。而在2021年德国大选中,社会民主党也有效回应了

---

[1]《芬兰社民党凭微弱差距赢得大选,左右翼分歧过大组阁艰难》, https://baijiahao.baidu.com/s? id=1630870974520307855&wfr=spider&for=pc。

[2] Cain Burdeau, "In Norway's Left Turn, Greens Fail to Break Through", https://www.courthousenews.com/in-norways-left-turn-greens-fail-to-break-through.

[3] SDP, "Humane, Equal and Fair Finland", https://sdp.fi/wp-content/uploads/2019/03/SDP-election-manifesto2019-small.pdf.

[4] 同[2]。

新冠肺炎疫情背景下人们对既有社会安全体制的不安心理，包括强调学习瑞典的养老金模式，主张住房改革，呼吁每年建造 40 万新住房，其中 10 万套社会福利住房，以及针对公众普遍关心的退休年龄问题表示不再提高法定退休年龄。这些也被认为是社会民主党政策路线向左回调的表示。

不过，社会民主党的政策调整似乎并不局限在传统的左翼政策议程范围内。面对右翼民粹主义的冲击，一些社会民主党也通过对移民问题的政策调整来竞争选民，并取得一定效果。如弗雷泽里克森领导下的丹麦社会民主党在改变前领导人的新自由主义经济政策的同时，也改变了其在移民问题上的宽容态度，从倡导移民融合转向支持遣送移民至原籍国，甚至要求关闭丹麦的庇护中心，建立新的庇护点以接受难民。在 2019 年议会选举中，丹麦社会民主党主张对内削减移民数量，对外进行难民帮扶，主张通过对非洲的援助提高非洲地区经济水平，以减少移民、难民数量。在 2018 年瑞典议会选举和政府组织中，为了能够与中间党和自由党达成协议，瑞典社会民主党同意限制接纳难民数量的上限。最后，碍于环境党的威胁，勒文改口表示保护避难权，不限制难民数量。2021 年 4 月底，瑞典社会民主党和环境党政府提议将更严格的移民法永久化，以限制难民接收。2021 年 6 月底，国会通过了该提议，学者、移民工人以及学生要等待更长时间才可以获得居住权。基于环境党的人道主义诉求，该法案并没有对寻求庇护者的人数设限，不符合避难条件的人也可以秉持人道主义原则继续留在瑞典。移民部部长摩根·约翰逊（Morgan Johansson）则表示："这项提议使瑞典不会像 2014 年和 2015 年那般，对寻求庇护者具有吸引力……但是与大多数欧盟国家的基本规则是一致的。"[1]

移民问题使社会民主党尴尬不已。民众日益强烈的反移民意识诱使各种

---

[1] "Swedish Government Proposes Tightening Immigration Laws", https://www.euronews.com/2021/04/09/swedish-government-proposes-tightening-immigration-laws.

力量对右翼民粹主义的诉求作出妥协。从短期政治效果来看，它的确打压了丹麦人民党，其得票率从2015年大选的超过20%滑落到2019年的不到9%，但同时它也引发了更大的政治争议，因为其关于移民的政策立场改变似乎背离左翼的进步主义价值观。[1]一些人试图为社会民主党移民立场的改变辩护。哥本哈根大学政治学教授彼得·内德加德（Peter Nedergaard）认为，"社会民主党的反移民立场符合工人阶级选民的偏好，因此，社会民主党内部并不认为这有悖于政党意识形态。"[2]但这种观点显然并不为所有人接受。

3. 围绕社会民主党发展方向的争议

在政治上，社会民主党也未能完全明确自己的政治方向。这主要涉及党的政治定位。在此方面，社会民主党实际上处于一种矛盾状态，或者说是在两种政治战略之间摇摆。一种是从20世纪60年代以后一直坚持的面向更广泛选民尤其是新中间阶级的全方位战略，另一种则是在政策方面向左回调，重归阶级政治战略。如上所述，阶级的"解组"是伴随社会民主党下滑的普遍现象。因此，重回阶级政治似乎成了社会民主党复兴的一种自然选择。但另一方面，在众多国家，社会民主党事实上已不再是某一阶级的党。正如2021年德国大选，虽然在工人阶级中的高支持率是德国社会民主党赢得大选的重要基础，但从其选民的地区和职业结构来看，社会民主党又是典型的"全方位"的党。也就是说，社会民主党已经难以真正回归传统的阶级政治了。

也正因为如此，即便社会民主党的上述政策调整对帮助社会民主党扭转

---

[1] "Did the Left Really Win in Denmark?", https://foreignpolicy.com/2019/06/07/did-the-left-really-win-in-denmark-mette-frederiksen-social-democrats-danish-peoples-party-venstre-immigration-asylum/.

[2] Peter Nedergaard, "Out of the Liberal Policy Morass? How Denmark's Social Democrats Might Reshape the Country's Approach to Immigration", https://blogs.lse.ac.uk/europpblog/2019/03/25/out-of-the-liberal-policy-morass-how-denmarks-social-democrats-might-reshape-the-countrys-approach-to-immigration.

持续下滑的不利局面发挥了积极作用,但不宜将其过分渲染为传统社会民主主义复兴的表示。一方面,主观上,当下社会民主主义力量的主导者并没有全面复兴传统左翼政治方式的意图。如在德国,尽管社会民主党成功实现逆转,但选民对默克尔领导下德国既有的总体经济政策框架是认可的,而朔尔茨本人作为新任领导者,也并不是以一个僵硬的传统左派形象被选民认可,相反是以其务实沉稳的风格,在某种意义上,人们更倾向于认为他体现的是默克尔方式的继续。在党内,朔尔茨也属于中派而非左派。另一方面,在既有的碎片化结构下,左翼政策的全面复兴是不现实的。社会民主党明显缺少必要的政治授权。例如在德国现有的三党联合框架下,不增税、控制债务是自由民主党首要的政策目标,社会民主党很难在与其联盟的同时实施一项全面的社会保护计划。在瑞典,安德松虽然提出了三项优先计划,但作为一个少数党政府——社会民主党在议会 349 个总席位中只占有 100 席——它要想获得相应的立法支持是非常困难的。在政策方面,最艰巨的挑战是如何控制已经深度私有化的福利体制。在过去 20 年里,已有 10 万套社区公寓被出售,老年人社会护理服务很大程度上被私有化了,初级卫生保健机构也是如此。整个社会经济深受新自由主义政治议程影响,而既有的政治体系又处于一种脆弱的平衡状态,在此基础上,全面的左翼矫正计划是不现实的。

(二) 欧洲激进左翼的发展

从历史渊源和社会基础来看,欧洲激进左翼由三类力量构成。一类是从社会民主党传统左翼中分化出来的力量,它们更多代表了那些传统工人阶级中下层、在新的社会变化进程中相对失落的群体。由于社会民主党日趋中间化,一些更为突出传统左翼政治内容的力量开始了新的组合。如法国以梅朗雄为代表的一部分传统社会党左翼脱离社会党后与激进左翼联合,德国拉方丹的支持者与民社党联合等。第二类是在冷战结束前后从共产党组织演化而来的力量,它们实际是欧洲传统激进左翼力量的主力。冷战结束后,它们普遍表示出由体制外向体制内转变的趋向。第三类是新型激进左翼,它们将传统左翼的进步观念与后现代的激进主义观念结合，其社会基础不再局限在传统工人阶级，而更面向新的进步知识分子。一些国家（尤其是北欧国家）的红绿政治是这种新激进主义的代表。

1. 激进左翼的新发展

与欧洲社会民主党的整体下滑不同，欧洲激进左翼在进入 21 世纪后尤其是 2008 年以来普遍出现新的发展。它在改变欧洲左翼政治格局的同时，也为欧洲进步主义政治带来了新的内容。

从政治表现和地位来看，欧洲激进左翼可以归为以下几类。

一是国内左翼政治的主要代表。塞浦路斯劳动人民进步党（AKEL）长期保持国内第一或第二大党的位置。另外，2008 年国际金融危机以后，一些国家社会民主党急剧衰落，同时激进左翼迅速崛起并在一定意义上填补了社会民主党衰落所带来的左翼政治真空。希腊激进左翼联盟（SYRIZA）是其典型代表。它原本只是一个松散的竞选联盟，2012 年注册为一个政党，在希腊深陷债务危机、传统的希腊政治巨头泛希腊社会主义运动急剧衰落之时迅速崛起，取代了后者在希腊左翼政治中的地位，并在 2015—2019 年掌握执政权。

二是与社会民主党力量相对平衡的激进左翼政党。这主要发生在一些社会民主党急剧衰落的国家。如法国，2017 年大选法国社会党急剧衰落，而梅朗雄领导的"不屈的法兰西"表现抢眼。时至今日，其在法国左翼的影响仍然超过法国社会党。另外，荷兰社会党（SP）也是类似情形。该党在 2006 年大选中崛起并以 16.5% 的得票率成为议会第三大党，此后得票率虽然在逐步下降，但由于工党下滑严重，它在 2017 年成为议会中最大的左翼党。2021 年大选中虽然与工党拥有相同议会席位，但得票率略高于工党。

三是紧随社会民主党之后的激进左翼。如德国左翼党，其前身是前东德统一社会党继承者民社党（PDS）。在民社党进入联邦议会之前，德国社会民主党是议会中传统左翼政治的唯一代表。[1] 民社党本来主要局限在东部地区，在西部的影响力非常有限，但在 2005 年大选中，民社党与西部地区的工会力量劳动与社会公平选举抉择党合作，后者奉前社会民主党党主席拉方丹为领袖，他因不满施罗德的激进市场改革而脱离社会民主党。两党结成竞选联盟并取得选举突破，2 年后两党合并组成了左翼党。2009 年大选突破 11% 成为议会第四大党，此后也一直在 8%—9% 之间，并保持议会第三或第四大党的地位。但 2021 年大选该党急剧下滑，得票率没有达到 5%，但以获得 3 个直选议席进入联邦议会，获得了分享政党席位分配的资格。这也是该党 2005 年以来的最差选举记录。

北欧国家的激进左翼政党也大都属于此类情况，包括瑞典左翼党、挪威社会主义左翼党、丹麦红绿联盟和芬兰左翼联盟。它们是站在各国社会民主党左边的主要政党。而且在进入 21 世纪后都有明显的发展，且保持稳定。在社会民主党整体下滑的背景下，它们常常成为组成左翼联合政府（或红绿政府）的关键角色。

四是一些长期被视为带有极端色彩的左翼政党。欧洲众多激进左翼在历史渊源上往往与各国历史上一些共产党组织有关。但上述大多激进左翼已经变得温和化了，尽管他们始终保持对资本主义的批评态度。但也有少数坚持传统马克思主义或共产主义的政党，由于其反体制色彩往往很难融入主流政治。但在 2008 年国际金融危机后，在社会民主党下滑甚至衰落、欧洲社会政治更为动荡的背景下，一些长期在政治中被边缘化的力量也有了机会。如比利时劳动党（PTB）就是典型。作为比利时少有的统一的全国性的双语政党，该党信仰马克思主义，长期在议会外活动。但在 2014 年也进入了议会，并在 2019 年大选众多大党下滑之际，支持率翻倍（从 2014 年的 3.7%

---

[1] 20 世纪 80 年代初进入联邦议会的绿党并不是传统左翼政党，而是一种单一事务型的生态主义激进政党。

上升到2019年的8.6%，席位从2个增加到12个）。人们认为，这与该党候选人反建制色彩在选民中的影响有关。[1]从民调支持数据来看，该党在一些地方保持了强劲势头。[2]

五是新型左翼政党代表如西班牙"我们能"党（Podemos）与上述传统左翼不同，西班牙"我们能"党是在经济危机所引发的社会政治动荡背景下的反紧缩、反建制运动中出现的，因而它也被人们归为民粹主义政党。"我们能"党虽然是由一种非传统的运动型组织发展而来，但其追求社会公平的目标和宗旨使得其政治主张与左翼的诉求有共同之处，如增加开支、禁止营利性企业削减工作岗位等。其追求公平的目标以及彻底的民主的观念，都属于左翼进步主义的范畴，因而它也被人们归之为左翼民粹主义。该组织在2014年一经成立，便迅速在国内议会选举中崛起，成为议会第三大党（2015年），并强烈冲击传统主流政党（西班牙人民党和西班牙工人社会党）的地位。[3]由于它的反建制特点，主流政党对其持不合作态度，因此其崛起引发西班牙政治的严重碎片化。自2015年以来，西班牙已经连续举行了4次大选。[4]在2019年11月大选后，西班牙工人社会党最终与"联合起来我们能"达成协议并在2020年1月组成了现政府。"我们能"党事实上已经成为影响西班牙政治走向的重要角色。

另外，从具体组织来看，上述激进左翼发展的一个主要特点是它显示了众多激进左翼力量的联合趋势。激进左翼的分化是一个长期困扰其生存和发展的问题。但上述激进左翼中许多是这些分化力量联合或重新组织的产物，

---

[1] Nationbuilder, "How Party on the Rise PTB-PVDA Gained 35 Seats in Belgian Parliament", https://nationbuilder.com/ptb_pvda.

[2] RTBF, "Le PTB Progresse Dans les Intentions de Vote Dans les Trois Régions, Selon Un Sondage", https://www.rtbf.be/info/belgique/detail_le-ptb-progresse-dans-les-intentions-de-vote-dans-les-trois-regions-selon-un-sondage?id=10718142.

[3] 在2016年大选中，"我们能"党在议会中获得了71个议席，已经接近于西班牙工人社会党的85席了。

[4] 4次大选分别在2015年、2016年、2019年4月和2019年11月。其中2019年4月大选由于西班牙工人社会党与左翼联盟"联合起来我们能"的组阁谈判失败而未能组织政府。

包括西班牙"我们能"党，它作为一个新政党组织最初也是在集合数个左翼小党基础上建立的。这种联合最典型也最成功的例子是希腊激进左翼联盟，因而上述激进左翼的发展同时显示了激进左翼的分化现象有所改变。

总体来看，在欧洲社会民主党整体下滑的背景下，欧洲激进左翼保持了良好的发展势头，从而缩小了由社会民主党所代表的中左翼与激进左翼在左翼政治地位中的差距，有些国家激进左翼甚至实现了反超，由此也带来它们与社会民主党之间既竞争（包括选民竞争和政策竞争）又合作的关系。

2. 激进左翼的主要政治和政策主张

激进左翼构成复杂，其在欧洲政治光谱中的位置也不确定。既有如比利时劳动党这类信仰传统马克思主义和共产主义的政党，也有新型的激进主义政党，但大多信仰民主社会主义。从其政治和政策主张来看，它们在继承传统左翼的政治目标和原则的同时，也显示了一系列新的特征。

第一，坚持传统左翼政治目标和政策。主张实现社会公正，维护中下层人民的利益，这是欧洲各种激进左翼的基本立场，表现在政治和政策手段方面就是强调通过国家手段实现社会公平，这也是众多激进左翼自称信仰民主社会主义的一个基本立足点。尤其是在社会民主党新自由主义化的背景下，激进左翼强调福利国家的制度和政策保护，这是激进左翼能够在危机动荡背景下崛起并保持其政治地位的首要原因。西班牙"我们能"党的最主要政策主张是强调公共控制、减少贫困，以及通过保障每个人的基本收入来实现"社会尊严"。

第二，将生态主义与激进政治结合。对生态问题的普遍回应是欧洲激进左翼思想政治发展的一个新趋向。迎合生态观念是欧洲政党政治中的普遍现象。近年来，气候和环境变化在欧洲社会，尤其是青年中得到了更大的关注，这使得任何政治力量都无法回避生态问题，都试图将生态主义纳入自己的传统价值和政策体系中。如上述社会民主党所表达的"绿色公平"观念。在这方面，激进左翼同样如此。例如在北欧国家，将传统左翼与生态结合是激进左翼的突出特点,将此称之为"红绿政治",意在区分社会主义和绿党。[1]

激进左翼还为将这种红绿理念转化为具体政策议程而提出了一些建设性政策主张。挪威社会主义左翼党正在推进一项"公平绿色转变——绿色新政"(Fair Green Shift -a Green New Deal)计划,这项气候目标建立在3个基本原则之上,"减少温室气体排放、建设新产业以确保就业和减少经济差异",[2] 即新的绿色产业要注意利益分享,减少经济不平等状况。瑞典左翼党在2021年10月4日提出了一项就绿色转型、工作和平等的"公平预算"计划。荷兰的左翼绿党(GL)主张将包容与团结的理念与应对气候挑战结合在一起,并将应对气候危机与住房危机结合在一起,强调维持强大的公共部门。

同时,激进左翼试图将气候生态问题与其他左翼传统话语相结合。如将阶级政治与气候政治结合,批判富人的生活方式和消费模式,认为这加剧了气候危机。比利时劳动党(PTB)在其平台上以"社会气候革命"为标语,把应对气候变化和应对紧缩政治结合,[3] 或是将气候政治与和平问题联系在一起。2021年9月,法国激进左翼政治的代表人物、"不屈的法兰西"领导人梅朗雄在与极右的政治评论家泽穆尔在法国电视"斗鸡"上进行的辩论中强调,他更关注气候和环境危机以及减少核能。一些新型激进主义政党还将应对气候变化与争取边缘化群体的解放和平等权利结合,反对一切形式的排斥和歧视。如丹麦的红绿联盟将气候危机与女权主义结合。

第三,主张彻底的民主与平等观念。追求彻底的民主和平等是众多激进

---

〔1〕 在这些国家看来,社会民主党已经新自由主义化了,已经不代表"红"色政治,而绿党也已经扭曲,失去了真正的"绿色"意义。

〔2〕 "SV's Climate Plan: How to Cut Greenhouse Gas Emissions by 70 Percent", https://www.sv.no/blog/2021/08/11/svs-klimaplan-hvordan-kutte-klimagassutslippene-med-70-prosent.

〔3〕 "How Party on the Rise PTB-PVDA Gained 35 Seats in Belgian Parliament", https://nationbuilder.com/ptb_pvda.

左翼思想政治主张的核心观念。欧洲众多激进左翼之所以被主流政党或社会归之为民粹主义，也恰是因为其彻底的民主和平等观念所带有的反建制意义。如它们所主张的直接民主，针对的是既有代议制民主的制度性问题。这方面，西班牙"我们能"党的一些主张具有代表性。它主张直接民主、女权主义、爱国主义、共和主义，并寻求以之作为社会民主主义的替代议程。该党关于女权主义文件中的第一句话就是"没有女权主义，西班牙就无法理解，因此我们的组织需要制定更多的女权主义政策来发展。"[1]该党还主张推动任何重大宪法改革的全民公决。

3. 社会民主党与激进左翼之间的关系

在现今政党碎片化的格局下，左翼的联合问题在欧洲左翼政治中变得更为突出了。基于社会民主党整体下滑和激进左翼相对活跃的现实，欧洲左翼政治的前景很大程度上取决于传统社会民主主义力量与激进左翼力量之间的关系。在欧洲大多数国家，左翼政治复兴是基于这两种力量之间的联合。但在有些国家，中左翼与激进左翼之间的距离大于其与中右翼之间的距离。如在德国，由于历史原因，社会民主党与左翼党之间很少形成合作关系，[2]但随着左翼党在西部的渗透，两者之间竞争传统工人阶级的支持使其关系更加微妙。本来在此次大选投票之前，鉴于社会民主党的微弱领先优势，人们曾设想过大选后的政府组织是"红红绿"模式（即社会民主党、左翼党和绿党三党联盟）。但大选结果是左翼党以不足0.1个百分点的差距未能达到

---

[1] Podemos, *Documento de Feminismos*, https://podemos.info/wp-content/uploads/2021/07/2021_07_Doc_de_feminismos.pdf.

[2] 由于前民社党与前东德统一社会党之间的历史渊源，德国社会民主党倾向于把民社党视为左翼民粹主义组织。尽管民社党在与西部拉方丹支持力量合作并组成左翼党后，其政治立场明显温和了，但拉方丹作为社会民主党"叛徒"的身份也令社会民主党对左翼党抱有成见，因而在联邦层次上一直拒绝与之合作。在地方，社会民主党曾经在柏林州与其有过合作关系。

5%的门槛线,仅凭3个直选议席而获得议会政党席位的分配权利,[1] 并总共获得39个席位,比上一次大选少了30个席位。"红红绿"模式也就不成立了。这也是2007年正式的左翼党组成以来的最差选举记录。这很大程度上是由于社会民主党的向左调整和朔尔茨的个人表现吸引了许多传统左翼的支持,而这些传统左翼过去一度支持左翼党。鉴于左翼党过去一段时间政治立场趋向温和,此次失败究竟会激励左翼党作什么调整,将直接关系到未来社会民主党的发展空间。当然,反之亦然,社会民主党如何施政将直接影响左翼党的发展空间,因为在左翼党与社会民主党之间产生交集的是一部分曾经作为社会民主党传统左派支持者的队伍,后来他们由于对施罗德的新中间路线不满而选择追随前社会民主党党主席拉方丹,从而倒向了后来的左翼党。社会民主党能否夺回或保持其在西部地区失给左翼党的选民,是决定两党未来选民空间的一大变数。

在碎片化格局下,社会民主党与激进左翼之间既竞争又合作的关系变得更为微妙了。竞争关系既体现在政策上也反映在社会基础上,二者相互交织。瑞典社会民主党与绿党以及与左翼党的关系变化对瑞典社会民主党政府产生直接影响的过程清晰地展现了这一特点。在德国,尽管目前的政府联合是基于社会民主党与绿党和自由民主党的合作,但决定和影响社会民主党相关政策——尤其是社会福利政策——的更深层问题恐怕是与左翼党和绿党的竞争。在西班牙,"我们能"党把与西班牙工人社会党的政府合作看作是表

---

[1] 按照德国选举法律,政党只有获得3个以上直选议席或5%的政党支持票才能够按照政党得票率重新分配政党席位,由于小党往往很难获得直选议席,所以一般只有过5%门槛线才能获得进入联邦议会的席位分配权。但作为左翼党前身的民社党(PDS)由于其在东部地区的特殊根基,往往能够获得少量直选议席。所以在2005年以前民社党往往就是通过在东部获得直选议席进入联邦议会的。但2002年大选中民社党没有过5%门槛线且只获得2个直选议席,所以未能获得在联邦议会的政党分配席位,只保留了在联邦议会的2个直选席位。这也刺激了民社党的改变,因此才有了2005年后与西部一些因为对施罗德改革不满而脱离社会民主党的工会组织的合作。

达其政治立场并塑造其实际政治议程的机会。[1] 这些都预示着碎片化趋势下社会民主主义力量与激进左翼力量之间存在新的合作领域和空间。

---

[1] Podemos, "Documento de Feminismos", https://podemos.info/wp-content/uploads/2021/07/2021_07_Doc_de_feminismos.pdf.

第十三章
百年交汇之际党的对外工作发展与研究[*]

余科杰　张志超　高　壮

2021年,在中华民族伟大复兴实现第一个百年奋斗目标之际,中国共产党迎来百年华诞。一年来,党的对外工作紧扣服务建党百年和国家总体外交的主线主旨,在国际局势深刻演变并叠加世纪疫情的背景下,开展了一系列重大活动,特色鲜明,精彩纷呈,产生重大影响。对党的对外工作及时总结,梳理其工作主线、主要内容、创新发展,并提出前瞻性的思考建议,具有重要的现实意义、理论意义和学术意义。

一、百年党的对外工作的简要回顾

回顾百年历史,党的对外工作牢牢把握服务中华民族独立解放复兴、促进人类进步事业这条主线,在革命中起步,在探索中前进,在曲折中发展,

---

[*] 本文系北京市社科基金重点项目《中国共产党政党外交理论与实践》(19ZGA001)阶段性成果。余科杰,外交学院教授;张志超、高壮,外交学院博士研究生。

在开拓中创新，成为党的事业的一条重要战线、国家总体外交的重要组成和中国特色大国外交的重要体现，为完成党的使命任务，服务党和国家中心工作作出了重大贡献。

从1921年中国共产党成立到1949年新中国成立，党的对外工作以服务于中国革命、促进中华民族独立解放为奋斗目标。1935年之前主要以共产国际、苏联为工作方向。此间，党在共产国际指导下推动国共合作、进行国民革命、开展土地革命。1935年遵义会议后，党开始独立自主地探索符合中国实际的革命道路，结合国内形势独立思考国际问题，扩大对外交往，以对外工作服务国内革命斗争。1936年接待了美国记者斯诺等西方人士，成为党领导的民间外交的开端，对塑造党的良好国际形象、增进国际社会对中国革命的认识产生了很大的作用。抗日战争爆发后，党积极寻求共产国际、苏联对中国抗战的帮助，积极争取日共等兄弟党和国际进步人士的支持，使延安成为东方反法西斯的重要阵地。太平洋战争爆发后，出于扩大抗日国际统一战线、增加相互了解、抑制国民党反共等多方面考虑，党积极发展与美国的关系。解放战争时期，党中央正确分析国际形势和力量对比，提出了著名的"中间地带"理论，1949年提出了"另起炉灶""打扫干净屋子再请客""一边倒"的新中国外交方针。这一时期党的对外工作为新民主主义革命的胜利和新中国的建立作出了重要贡献，也为新中国政党外交积累了重要经验。

1949年10月，中华人民共和国成立，翻开了党的对外工作崭新篇章，成为新中国政党外交的历史起点。以毛泽东为核心的党中央根据两大阵营对峙的冷战国际形势，为维护国家主权独立和领土完整、捍卫社会主义事业，积极致力于发展同社会主义国家执政的共产党以及其他国家共产党的关系，努力维护社会主义阵营的团结。1956年9月，中共八大召开，有包括社会主义国家党在内的58个共产党和工人党代表团出席会议；1959年纪念新中国成立10周年时，有61个国家的共产党和工人党代表团或代表来华参加庆祝活动。20世纪五六十年代，在发展与各国共产党、工人党关系的同时，党中央通过"外交学会""对外友协"等具有民间性质的外事机构接待了诸如印度国大党、缅甸联邦反法西斯人民自由同盟、智利激进党和社会党、南非非洲人国民大会、肯尼亚非洲民族联盟、阿根廷正义党等亚非拉国家的民族主义政党，以及英国工党、日本社会党等资本主义国家政党。由于总体上坚持"以意识形态划线"的原则，特别是1964年中苏意识形态论战以后进一步演变为"以我划线"的做法，主动断绝与那些"修正主义"政党的关系，使党的对外工作经历了一段严重曲折。然而，这一时期党的对外工作为打破外交封锁、捍卫国家主权尊严、提高中国国际地位、发展国家间关系进行了历史性开拓，作出了重大贡献。

20世纪70年代末，以邓小平为核心的党中央在总结历史经验教训基础上，根据党和国家中心工作的转移，全面调整党的对外工作方针政策。1977年8月，南斯拉夫总统铁托应邀访华，中共与南共联盟两党领导人本着"一切向前看"的精神，做出了恢复两党关系的决定，标志着党的对外工作方针政策开始调整。1977年12月20日，中共中央批准了中联部、外交部《关于黑非洲等地区一些民族主义国家执政党要求与我建立关系问题的请示》，决定开展对非洲、拉美等地区民族主义政党的工作；1980年7月21日，中共中央又批准了中联部《关于对社会党开展工作的请示》。这样，民族主义政党、社会党这些过去同中国共产党从来没有党际往来的政党，开始被纳入发展党际关系的范围，具有重大意义。1982年党的十二大报告首次集中阐明处理党际关系的"四项原则"，即独立自主、完全平等、互相尊重、互不干涉内部事务。1984年联邦德国社民党主席维利·勃兰特访华期间，胡耀邦发表《超越意识形态的差异 谋求相互了解和合作》的演讲，进一步提出了

"超越意识形态"倡议主张。[1] 1985 年 10 月 22 日，中共中央批转中联部《党的对外联络工作拨乱反正开创新局面的情况和体会》的报告，报告提出，党的对外联络工作为我国社会主义现代化建设服务。通过党的关系，推动国家关系的发展。党的对外活动中也要注入经济因素，主要是通过党的关系和群众团体的渠道，促进经济合作和技术引进等。[2] 这一报告既是超越意识形态要求的进一步体现，也反映了政党外交的根本目的。正是在党际关系交往对象、根本目的调整的基础上，本着建立新型党际关系的要求，中国共产党在恢复同共产党党际关系的同时，先后同非洲、拉美和亚洲国家民族民主政党建立起多种形式的交流合作关系，同世界许多国家的社会党、社会民主党、工党及其政党国际组织建立了联系，并积极同发达资本主义国家的一些传统中右翼政党进行多种形式的接触与交往，完全超越了过去只与意识形态相同的马克思主义政党交往的做法。1997 年中共十五大报告强调，要在坚持党际关系四项原则基础上，"同一切愿与我党交往的各国政党发展新型的党际交流和合作关系，促进国家关系的发展。"[3] 明确了政党外交的根本目的是"促进国家关系的发展"，也表明政党外交转型的彻底完成。20 世纪 70 年代末以后，政党外交实现了三大转变，即交往对象由过去单一类型政党（共产党）向各种类型政党转变，交往内容由单一政治议题向包括政治、经贸、党建等多议题转变，交往目的由突出意识形态取向向以维护国家利益为根本出发点转变，形成了全方位、多层次、宽领域、机制化的政党外交新格局。

党的十八大以来，以习近平同志为核心的党中央面对世界百年未有之大

---

〔1〕 钱李仁：《我所经历的党的对外联络工作的战略思想变化》，载《当代世界》，2010 年第 7 期，第 36 页。

〔2〕 蔡武主编：《中国共产党对外工作大事记 1949.10—1999.12》（下册），北京：当代世界出版社，2001 年版，第 545 页。

〔3〕 中共中央文献研究室编：《十一届三中全会以来党的历次全国代表大会中央全会重要文件选编》（下），北京：中央文献出版社，1997 年版，第 449—450 页。

第十三章 百年交汇之际党的对外工作发展与研究

变局和中国特色社会主义进入新时代，以正确的历史观、大局观、角色观准确把握党的对外工作时代背景，把握中国与世界关系的新变化，以新时代观、新全球观、新政党观审视政党外交，明确政党外交的定位属性、使命任务、方向路径；在党际关系基本原则问题上，阐明了一系列新观点、新论断、新理念，特别是习近平总书记在中国共产党与世界政党高层对话会的主旨讲话中提出"新型政党关系"重要思想，即"不同国家的政党应该增进互信、加强沟通、密切协作，探索在新型国际关系的基础上建立求同存异、相互尊重、互学互鉴的新型政党关系，搭建多种形式、多种层次的国际政党交流合作网络，汇聚构建人类命运共同体的强大力量。"[1] 这一思想不仅继承和发展了党际关系四项原则，赋予了新型政党关系内涵要求，而且与"新型国际关系"相联系相对接，明确把政党关系作为国际关系的有机组成部分，把建立新型政党关系作为推动构建新型国际关系的重要途径，是对马克思主义党际关系和国际关系理论的重大贡献。在习近平关于党的对外工作重要论述的指引下，政党外交在实践中不断开创新局面：一是任务职能和业务内容的拓展深化。根据政党外交既服务国家总体外交又体现党的特色的要求，以多种方式直接服务和对接国家重大外交议程和外交任务，同时党的对外工作着力做好加强政治引领、促进政党交往、深化特色调研、构建人脉网络、提升国际形象、夯实民意基础等各项工作。二是政党交流常态化、机制化的逐步完善，政党交往平台机制建设取得重大突破，搭建了以中国共产党为主体、面向世界各国政党的战略沟通平台，即"中国共产党与世界政党高层对话会"。三是根据全球治理国际合作议程和国家重大外交议题设计主题，不断创新引领务实合作议题，在诸如G20杭州峰会、"一带一路"建设、扶贫开发、乡村振兴等方面设置议题，召开政党国际研讨会、交流会、专题宣

---

[1] 习近平：《携手建设更加美好的世界——在中国共产党与世界政党高层对话会上的主旨讲话》，北京：人民出版社单行本，2017年版。

介会等。四是把新媒体技术融入政党外交，普及度高的新媒体平台和"云服务"新技术进入党的对外工作部门，"云外交"或将成为党的对外工作新常态。总之，党的十八大以来，政党外交在发展中创新，在四个方面实现进一步发展，即由服务国家"硬实力"建设向既服务"硬实力"更服务"软实力"建设的提升，由推动党际交往合作向更加旗帜鲜明地阐释宣介我党思想理念的转变，由单纯发展对外党际关系向推动党际关系与国际关系协同关联的突破，由单一双边机制向搭建中共与世界各类政党同台交流的综合性战略平台的跃进，理论和实践都取得重大发展，在国家总体外交中的地位不断加强，无疑是政党外交的又一次历史性跨越。

二、2021年党的对外工作的主线主旨[1]

2021年是中国共产党成立100周年和实施"十四五"规划、开启2035年远景目标和第二个百年奋斗目标新征程的开局之年，同时新冠肺炎疫情和世界变局交织叠加，加速百年未有之大变局深刻演变。面对国际变局和严峻挑战，党的对外工作坚持以习近平新时代中国特色社会主义思想为指引，守正创新、开拓进取。1月18日，纪念党的对外工作100年暨中共中央对外联络部建部70年大会在北京举行，王沪宁出席会议并讲话，明确提出党的对外工作要围绕庆祝中国共产党成立100周年，讲好中国共产党的故事，增进国际社会对我们党的认知、认可、认同；要高举构建新型政党关系的旗帜，增强工作的系统性、整体性、协同性，加强同世界各国政党的交流合作，拓展全球政党伙伴关系网络；要发挥党的对外工作在国家总体外交全局中的重要作用，找准工作切入点和着力点，更好服务和推进中国特色大国外交，推

---

[1] 本文二、三部分关于2021年党的对外工作资料中没有注明出处的，均来自中联部网站，主要是包括"重要新闻""头条新闻""部长活动（外事会见）""联络动态""发言人表态""部内活动""外党之声"等板块。

动构建人类命运共同体。[1] 综观2021年的实践,党的对外工作坚持在党言党,在党为党,始终把服务庆祝建党百年作为全年工作的主线,以更好地服务国家总体外交为主旨,促进各方面工作开创新局面,迈向新高度。

(一) 坚持以服务庆祝党的百年华诞为贯穿全年的工作主线

2021年,党的对外工作以庆祝中国共产党成立100周年为历史契机,以增强国际社会对中国共产党认知、认可、认同,进一步提升党的良好国际形象为己任,以宣介中国共产党百年历史、伟大成就、治国理政的经验,尤其是习近平新时代中国特色社会主义思想的成功实践为主要内容,以全面建成小康社会,实现第一个百年奋斗目标,特别是以新冠肺炎疫情防控、脱贫攻坚为突出主题,充分发挥党际渠道的优势,以灵活多样的形式,设计开展系列活动,特色鲜明。

第一,面向共产党等左翼政党举办或共同举办各种形式的研讨会,宣介习近平新时代中国特色社会主义思想,加强与世界马克思主义政党的思想纽带。从2021年年初开始,中国共产党先后与南非共产党(2月2日)、加拿大共产党(4月13日)、英国共产党(4月26日)、拉美共产党(5月21日)共同举办视频研讨会、交流会,共迎建党百年、共话百年党史、共聚信念力量。3月11日,与美国共产党举行以"共话百年党史,共聚信念力量"为主题的线上联合主题党日活动。5月27日,以视频方式举办世界马克思主义政党理论研讨会,来自48个国家和地区的马克思主义政党领导人以及中央和国家机关有关部门及高校负责同志共约200人参加。习近平总书记向研讨会致贺信。与会代表一致认为,习近平新时代中国特色社会主义思想是对马克思主义的重要发展和创新,为世界各国政党治国理政提供了经验借鉴。9月28日,中越联合举办"中国共产党百年发展暨中越两党治党治国经验交

---

[1]《纪念党的对外工作100年暨中联部建部70年大会在京举行 王沪宁出席并讲话》,http://cpc.people.com.cn/n1/2021/0118/c64094-32003598.html。

流"专题研讨会。中共中央政治局委员、中央党校（国家行政学院）校长（院长）陈希通过视频方式出席并作主旨报告。越共中央政治局委员、胡志明国家政治学院院长、中央理论委员会主席阮春胜以视频方式作主旨报告。中越双方约 200 位代表参加。12 月 15 日，以"民主、正义、发展、进步"为主题，通过视频会议方式举行中国共产党-欧美马克思主义政党交流会。来自 20 多个欧美马克思主义政党和左翼政治组织的领导人及代表共约 100 人参会。欧美马克思主义政党领导人热烈祝贺中国共产党成立 100 周年及中共十九届六中全会成功召开，高度评价以习近平同志为核心的中共中央带领中国共产党和中国人民取得的重大成就和对世界作出的重要贡献。

第二，面向外国政党举办"中国共产党的故事——习近平新时代中国特色社会主义思想在地方党委的实践"专题活动。这一活动始于 2017 年，由中联部与各地方党委共同组织，旨在向外国政党深入介绍习近平新时代中国特色社会主义思想，以及地方党委贯彻落实以习近平同志为核心的党中央重大决策部署的生动实践和取得的显著成效。中国共产党成立百年之际，中联部分别与新疆、浙江和上海地方党委举办特色专题活动。2 月 22 日，以"为了人民的美好生活"为主题新疆宣介会在乌鲁木齐举行，来自 80 多个国家的 190 多个政党或组织的 310 多位政党政要和知名人士通过视频方式参会。宣介会通过英语、法语、阿拉伯语等向全球进行网络直播。4 月 14 日，以"一张蓝图绘到底"为主题的浙江专题宣介会举行，来自 70 多个国家的近 400 名政党代表通过视频连线参加宣介会，部分国家驻华使节现场出席会议。6 月 16 日，以"启航梦想，见证奇迹"为主题的上海专题宣介会举行，来自近 100 个国家、126 个政党和友好组织的 740 多名代表通过视频连线参加对话会，40 多个国家驻华大使现场出席会议。

第三，面向各国驻华使节组织以红色资源为主题的参观考察，增强各国对中国共产党历史的了解认识。5 月 27 日，中联部邀请俄罗斯等 16 国驻华大使参加"共话中共百年、赓续传统友谊"党史参观交流活动。驻华使节们先后参观了国家博物馆"复兴之路·新时代部分"大型主题展览和中联部"党的对外工作图片展"。5月28日,中国-太平洋岛国政党视频对话会结束后,太平洋岛国驻华使节应邀集体赴香山革命纪念馆,参加中国共产党党史参观和交流活动,并分享各自与中国共产党的故事。6月3日,中联部与河北省委邀请阿尔及利亚等20个阿拉伯国家驻华使节及阿盟驻华代表处代表等赴河北省西柏坡和正定,参观西柏坡纪念馆、中共中央旧址,考察正定县塔元庄,参加"共话百年历史 共创美好未来"主题交流活动。6月16日,中联部与上海市委邀请40多个国家驻华使节赴上海参观中共一大会址和纪念馆,并参加"回望百年历程、展望美好未来"中外座谈会。

第四,面向社会主义国家驻华大使举办特色专场活动,以红色情怀凝聚共同价值理念。6月23日,中联部邀请朝鲜、越南、老挝、古巴四个社会主义国家驻华使节作为首批外国客人,集体赴中国共产党历史展览馆,参观"'不忘初心、牢记使命'中国共产党历史展览"。四国大使纷纷发表感言,盛赞中国共产党对中华民族、对世界社会主义运动的伟大贡献,希望双方今后就共同关心的问题加强理论研讨和经验分享,进一步丰富社会主义事业理论宝库和实践成果。

第五,面向国际社会举办中国共产党与世界政党领导人峰会,加强对国际社会的政治引领。7月6日,峰会以线上线下结合方式隆重举行。习近平总书记发表了《加强政党合作,共谋人民幸福》的主旨讲话。讲话高屋建瓴,立足回应"世界怎么了,我们怎么办"的世界之问,聚焦"为人民谋幸福:政党的责任"大会主题,在世界范围彰显中国共产党为人民谋幸福、以人民为中心的执政理念,为推动构建人类命运共同体、汇聚政党力量提供了根本指引,引起国际社会的高度关注和热烈反响,在国际上把中国共产党成立百年的庆祝活动推向高潮。在各项庆祝活动中,"中国共产党与世界政党领导人峰会"无疑是其中最大亮点。

第六,举办中共十九届六中全会精神专题宣介会。11月19日,中联部面向外国政党、在京驻华使节和外国各界代表等,以线上线下结合的方式,举办中共十九届六中全会精神专题宣讲会,来自全球 160 多个政党和组织机构的 500 多位代表以及近 100 位在京驻华使节出席;并先后举办面向南亚(左翼政党)、阿拉伯国家、非洲地区、拉美和加勒比地区、中东欧的专场宣介会,或与治党治国经验研讨、青年领导人论坛结合起来;中联部部长宋涛分别向朝鲜、越南、老挝、古巴党中央代表及俄罗斯统一俄罗斯党通报中共十九届六中全会精神。中联部还推出多语种《十九届六中全会精神解读手册》,通过新媒体渠道向外国政党政要和友好人士广泛推送。

(二)以服务国家总体外交为主旨

2021 年,在新冠肺炎疫情与百年未有之大变局叠加交织和大国博弈竞争更加激烈的情况下,党的对外工作始终围绕党和国家中心工作,加强同世界各国政党的交流合作,坚持服务大局,为维护大国关系稳定,促进同周边及发展中国家关系务实合作,推动"一带一路"建设和构建人类命运共同体,为化解国际社会风险挑战,营造良好的外部环境,不断推动中国特色大国外交,提高在国家总体外交中的贡献率,积极作为,努力奋进。

第一,充分发挥党际渠道优势,以"社会主义国家具有战略意义的命运共同体"的理念,推动社会主义国家加强团结合作。一方面,坚持以高层交往为引领,不断增强政治互信和方向引领。2021 年,朝鲜、老挝、越南、古巴先后召开党代表大会,并产生了新一届党中央领导集体,中共中央先后致电祝贺朝鲜劳动党八大(1 月 5 日)、老挝人民革命党十一大(1 月 13 日)、越南共产党十三大(1 月 26 日)、古巴共产党八大(4 月 16 日)召开,习近平总书记先后致电金正恩、通伦、阮富仲、迪亚斯-卡内尔当选为各自党的领导人。一年中,习近平总书记与各党领导人把握双边关系中的重大事件、历史节点,通过互致口信、热线电话等方式,保持频繁互动。2021 年 1 月 31 日,习近平总书记致电祝贺阮富仲当选越共中央总书记;2 月 8 日,习近平总书记同阮富仲通电话,对其连任总书记再次表示祝贺,并同其就两党两国关系交换意见。2021年3月22日,朝鲜驻华大使李龙男转达金正恩总书记致习近平总书记的口信;4月25日,习近平总书记同通伦就中老建交60周年互致贺电;7月26日,习近平主席致电阮春福,祝贺他当选连任越南国家主席;8月30日,习近平主席同古巴国家主席迪亚斯-卡内尔通电话;9月24日,习近平总书记同越共总书记阮富仲通电话,明确指出"中越两国是山水相连的社会主义邻邦,是具有战略意义的命运共同体"。

另一方面,针对美国利用南海、朝鲜半岛问题挑拨中越、中朝关系,破坏中古关系等情况,始终坚持以社会主义共同价值为引领,加强中越、中朝高层沟通协调。2021年2月8日,习近平总书记在同阮富仲的通话中指出,中越关系持续健康稳定发展,符合两党、两国、两国人民根本利益,有利于社会主义事业兴旺发展,有利于维护地区和世界和平稳定、促进发展繁荣。特别强调双方要加强国际和地区事务协调合作,妥善地管控好海上分歧,反对外部势力挑拨滋事,促进地区和平稳定发展。4月26日,阮富仲、阮春福在河内会见到访的中国国务委员兼国防部部长魏凤和时明确表示,越方"警惕和坚决抵制任何破坏越中关系的图谋,永远不会跟着其他国家反对中国"。7月11日,习近平总书记同金正恩就《中朝友好合作互助条约》签订60周年互致贺电,以此彰显中朝之间牢不可破的友好关系。8月30日,习近平总书记与迪亚斯-卡内尔通电话时强调,无论形势怎么变,中方坚持中古长期友好的方针不会变,深化中古各领域合作的意愿不会变,愿同古方做社会主义的同路人、共同发展的好伙伴、携手抗疫的好榜样、战略协作的好战友。迪亚斯-卡内尔表示,古方愿同中方深化多边协作,共同反对霸权主义、强权政治,反对将疫情政治化、污名化。

第二,发挥政党渠道优势维护和发展中俄、中欧、中美、中日等大国关系。一年来,中俄之间通过政党渠道频繁互动,仅执政党之间就先后有习近平总书记向统一俄罗斯党成立20周年国际政党会议致贺信、中俄执政党对话机制第九次会议、中俄政党论坛"可持续发展"第二次专题会议、中俄执政党特别对话会等重要互动。其中，4月20日举行的中俄执政党对话机制第九次会议，习近平主席和普京总统分别向会议致贺信。会议遵循两国元首共识，围绕"大变局背景下的中俄战略协作：执政党交流合作新起点新使命"的主题进行深入交流，并达成五点共识。这些共识对于发展新时代中俄战略合作伙伴关系具有重大意义。

在中欧关系方面，中联部多次同德国、法国、英国、比利时、奥地利等国家主要政党领导人，社会党国际领导人，欧洲议会社会党党团负责人，欧盟驻华代表团团长，德国艾伯特基金会、英国保守党不列颠俱乐部等智库和民间组织进行线上线下活动，就应对气候变化、促进可持续发展、共建"一带一路"、维护多边主义、经贸、能源、人工智能、推进中欧投资协定落地、人权以及各方共同关心的双边、多边议题交流沟通。中联部有关同志还同罗马尼亚社会民主党、罗马尼亚国家自由党、保加利亚社会党、匈牙利工人党、捷克和摩拉维亚共产党、拉脱维亚和谐社会民主党等政党领导人以及斯洛文尼亚前总统等政要视频通话，促进了中国与中东欧国家关系。

在中美关系方面，9月13—14日，中国共产党同美国民主党和共和党共同主办的第十二届中美政党对话以视频方式举行，双方代表围绕"中美关系未来发展前景：政党的作用"的主题，就中美各自国内形势及中美关系前景等深入交换看法。对话会是继9月10日中美首脑通话后中美关系的又一重大事件，成为促进中美关系缓和的重要环节。中日关系方面，中国共产党与日本朝野政党进行了友好沟通，日本朝野政党对中国共产党的百年华诞表示了热烈祝贺，积极评价政党交流为推动中日关系改善发展发挥的重要作用，表示愿同中方坦诚沟通，妥善管控分歧摩擦，加强各领域交流合作，推动日中关系稳定发展。另外，中国共产党还与日本日中协会、日本霞山会、日中工人交流协会、日中"一带一路"文化经济交流机构等社会团体开展友好交往，拓宽了两国民间交往的渠道。

第三，以多种方式服务构建地区国家命运共同体、建设繁荣稳定周边环境为引领，开展周边国家政党工作。一是习近平总书记多次与越南、朝鲜、老挝领导人的互动为构建地区命运共同体指明了方向。2021年12月3日，中老铁路建成通车之际，习近平总书记与通伦举行视频会晤，共同推动"一带一路"建设和中老命运共同体行动计划的落实。二是举办以扶贫合作、携手抗疫为主题的研讨会、交流会、对话会。中联部先后与泰国国民力量党共同举办中泰政党扶贫合作项目启动仪式暨专题研讨会，与尼泊尔主要政党共同举办"中尼政党携手抗疫"视频交流会；中联部还邀请东南亚、南亚国家驻华使节赴广西桂林，参加"从摆脱贫困迈向共同富裕的征程中铸牢中华民族共同体——广西民族地区的生动实践"主题交流活动；并以"加强政党合作，共谋经济发展"为主题，主办中国共产党同东南亚、南亚国家政党对话会；以视频连线方式举行中国-太平洋岛国政党对话会。三是中联部先后组织同越南共产党、老挝人民革命党、柬埔寨人民党视频通话，积极促进中越地方合作，落实中老、中柬命运共同体行动计划；多次与蒙古人民党、菲律宾民主人民力量党、孟加拉国人民联盟、哈萨克斯坦"祖国之光"党（现"阿马纳特"党）、塔吉克斯坦人民民主党、土库曼斯坦民主党、工业企业家党、农业党、黎巴嫩自由国民阵线、阿联酋驻华大使、叙利亚复兴党、土耳其正义与发展党、阿塞拜疆新阿塞拜疆党、泰国国民力量党、泰国泰建泰党、瓦努阿图瓦库党、乌兹别克斯坦自由民主党、"公正"社会民主党、人民民主党、生态党等政党，或进行视频通话，或应约会见，或举行视频会议，从而推动国家关系发展，促进"一带一路"建设，使中方2035年远景目标对接这些国家的发展愿景，如"金色孟加拉"、阿联酋"2071百年规划"、土耳其"中间走廊"计划、阿拉伯国家中长期发展规划等，对于大周边繁荣稳定和构建亚洲命运共同体、中阿（拉伯）命运共同体具有重要促进作用。

第四，围绕服务"一带一路"，以脱贫减贫、抗疫合作及治国理政经验交流为抓手，深入推进发展中国家政党工作。在非洲方面，多次以视频、线上线下结合的方式举办研讨会、对话会，如 2021 年 4 月 27 日与马达加斯加执政党"与拉乔利纳总统一道"，以"执政党在农业发展和脱贫攻坚中的作用"为主题共同举办干部网络研讨班，4 月 29 日举办"政党交流与务实合作"中南（非）工商界视频对话会，9 月 24 日举办以"符合国情的发展道路：中非政党的探索与实践"为主题的第四届中非政党理论研讨会等；其中，在 10 月 8 日举办的"共塑未来：减贫与发展——非洲政党干部专题研讨班"上，来自纳米比亚、南非、坦桑尼亚、津巴布韦 4 国约 80 名从事扶贫和经济领域工作的青年政党干部参与交流。中联部部长宋涛先后同肯尼亚朱比利党总书记图朱、刚果（金）民主与社会进步联盟总书记卡布亚举行视频通话，希望双方共同推动中国的发展规划和远景目标与肯尼亚"2030 年愿景"及四大发展目标、与刚果（金）"战胜贫困"十年发展规划深入对接，更好造福两国和两国人民；中联部有关同志先后同贝宁共和国联合执政的两党领导人——进步联盟主席阿穆苏与共和阵营总书记查内，以及加蓬民主党总书记布恩冈加举行视频通话，促进中贝关系并推动"一带一路"与"新兴加蓬"战略深入对接。在拉美方面，巴西作为南美大国和金砖国家之一有着重要影响。2021 年 7 月 30 日，宋涛与巴西劳工党领袖、前总统卢拉举行视频通话，表示中国共产党愿同巴劳工党落实好两国领导人共识，加强高层沟通，在党的建设、经济发展、社会治理、减贫扶贫等方面深化经验互鉴，共同提高治理水平；中联部还先后同巴西民主运动、巴西社会自由党、圭亚那人民进步党、特多人民民族运动党、委内瑞拉统一社会主义党等政党共同举办视频会议，国外政党均表示希望加强治国理政经验交流，以党际关系促进国家关系。一年来，中方通过党际渠道向亚非拉国家许多政党及社会组织提供了大批抗疫医疗物资，以力所能及的帮助推进抗疫务实合作。

（三）加强对党的对外工作理论研究的引领

一年来，党的对外工作坚持以习近平新时代中国特色社会主义思想为指引，在推进实践创新的过程中，努力强化理论支撑，厚实理论基础，引领和

第十三章　百年交汇之际党的对外工作发展与研究

推动理论研究不断深入。在隆重庆祝中国共产党成立100周年的背景下，理论界、学术界坚持把习近平外交思想和习近平关于党的对外工作重要论述作为灵魂核心，聚焦百年党的对外工作，围绕党如何处理同世界的关系这一根本问题，从党的对外工作起伏跌宕而又灿烂辉煌的百年历史中梳理历史实践，总结伟大成就，研究思想理论，概括经验和规律，从处理外部关系的角度，为回应"中国共产党为什么能成功"和"中国共产党怎样才能继续成功"问题进行密码解析，提供学理支撑，为继续做好新时代党的对外工作提供智力服务。

第一，以理论上的新提法、新概括，推动和引领理论研究不断深化。进入新时代，党的对外工作紧紧围绕党和国家中心任务，不断守正创新、开拓进取，进一步明确党的对外工作的科学定位。2021年10月，中联部组织编写的《中国共产党对外工作100年》出版，系统回顾了中国共产党对外工作百年辉煌历程，对党的对外工作重大成就和历史经验的总结达到新的高度，尤其是就十八大以来党的对外工作进行了浓墨重彩地阐释，体现了鲜明的政治逻辑；并从六个方面对习近平总书记关于党的对外工作重要论述进行了概括梳理：一是科学界定党的对外工作的基本定位，即"三个重要"——党的对外工作是党的一条重要战线、国家总体外交的重要组成部分、中国特色大国外交的重要体现；二是准确把握党的对外工作的时代特征，对世界发展大势、中国所处的历史方位和世界各国政党面临的时代重大课题作出一系列准确判断；三是深刻揭示党的对外工作的宗旨使命，即党的对外工作必须在党言党、在党为党、在党兴党，把维护党的执政安全和中国特色社会主义制度安全作为第一属性和根本使命；四是明确提出党的对外工作主要任务，即抓好政党交往、加强调查研究、团结友好人士、提升国际形象；五是全面总结党的对外工作指导原则，强调不同国家的政党应探索在新型国际关系的基础上建立求同存异、相互尊重、互学互鉴的新型政党关系；六是系统阐述党的对外工作的科学方法。[1] 这些对理论界、学术界的研究具有重要引领作用和启示。

第二，以庆祝中国共产党成立100周年为契机，搭建智库、学界交流平台，促进理论研究与工作实践的结合。在中国共产党成立100周年的背景下，中联部多次联合举办或者应邀出席中国人民大学、复旦大学、北京大学、人民日报社、上海国际问题研究院、浙江（嘉兴）中外政党研究中心、中国社会科学院、北京外国语大学等国内高校、科研院所和智库的高端理论研讨会、座谈会。这些会议围绕中国共产党百年对外关系的理论与实践，特别是十八大以来党的对外工作的创新发展、习近平外交思想暨人类命运共同体、21世纪马克思主义和世界社会主义、世界政党与国家治理、中国共产党与人类文明新形态等方面设置议题，展开研讨。6月8日，中联部与北京大学、人民日报社联合举办"辉煌百年与崭新征程：中国共产党对外工作100年"研讨会。会议指出，"以习近平总书记关于党的对外工作的重要论述为指导，开展好新时代党的对外工作研究，一是要深入感悟习近平总书记关于党的对外工作重要论述的思想伟力。二是要深入把握中国共产党与世界关系的深刻变化。三是要深入领会新时代党的对外工作的职责使命，发挥好党的对外工作的基础性和战略性作用，为全面建设社会主义现代化国家新征程创造良好的外部环境。四是要深入推动新时代党的对外工作理论与实践创新，增强国际社会对我们党的认知、认可、认同，为我们党争取更多理解者、支持者、同行者。"[2] 这对新时代党的对外工作理论研究具有重要的借鉴和启示。

在这些研讨会上，专家学者们结合主题，就党的对外工作理论实践积极

---

[1] 宋涛主编：《中国共产党对外工作100年》，北京：当代世界出版社，2021年版，第129—139页。

[2] 宋涛：《"辉煌百年与崭新征程：中国共产党对外工作100年"研讨会发言摘编》，载《人民日报》，2021年6月16日，第17版。

研讨，建言献策。譬如，在中国人民大学主办的"中国国际问题论坛2021"上，与会专家学者认为新时代的政党外交要与政府外交优势互补，并与民间外交和公共外交密切配合，更好地服务于中国特色大国外交的开拓和建设；上海国际问题研究院等单位举办的第四届"世界政党与国家治理"论坛，就比较政党研究前沿理论与范式、欧美政党政治与国家治理、亚非拉政党政治与国家治理、中国共产党与国家治理、中国共产党百年发展的成就与经验等议题进行了专题研讨；北京第二外国语学院主办的"中国共产党百年对外交往的成就、经验与启示"研讨会就深化智库研究、政党外交服务国家总体外交、百年国外共产党发展、中国共产党百年对外交往的成就、中国共产党百年对外交往的经验与启示等主题进行研讨。在由中联部、中国人民大学共同主办的题为"政党外交与推动构建人类命运共同体"座谈会上，专家学者们围绕未来中国共产党如何同世界政党加强合作，共建人类命运共同体进行了探讨，强调要以建党百年为契机，积极发挥中国共产党的国际引领作用，探究新型中国共产党与世界关系，提升中国理论的解释力，为打造新型中国共产党与世界关系做好思想准备和理论准备。这些研讨会促进了党的对外工作的实践层面与智库、学界理论层面的交流融通，发挥了桥梁纽带作用。

第三，发表大量高质量理论性、学术性研究成果。在庆祝建党百年的背景下，以"党的对外工作""政党外交""党际关系"以及其他相关主题词检索中国知网，2021年的论文文章近70篇，是2020年数量的2.5倍，其中有近一半的成果标题中就包含了"百年"主题词，有相当部分文章标题包含"新时代"字眼，充分体现了以学术服务庆祝中国共产党成立100周年，以智慧助力新时代党的对外工作的显著特点。这些研究主要体现在三个方面：一是聚焦百年党的对外工作历史实践，这方面的研究成果最多，既是庆祝建党百年的现实需要，也反映了马克思主义以实践逻辑作为方法论的历史必然性。在这方面，学者们在就百年党的对外工作历史分期进行讨论的基础上，从不同角度概括了党的对外工作的伟大成就和历史经验，并建议有关部门要组织力量，加强对新中国成立后前 30 年党的对外工作历史的研究，争取在一些重大历史理论问题上取得比较一致的认识和看法；学者们还就中印、中俄、中伊（朗）、中欧、中阿（拉伯）、中共与东南亚、中坦等双边政党交往进行了研究考察。二是聚焦党的对外工作思想理论，主要涉及党的对外工作思想理论的发展演进、哲学基础、基本特点，以及人类命运共同体、国际秩序观等外交理念，这一方面主要包括认识论层面的问题，也包括政党外交属性、特征、功能、作用这些本体论层面的问题。特别是有学者从外交与共产主义理想和社会主义价值观的角度，分析了外交要分阶段地服务于共产主义最高纲领，并从坚持联系发展的整体观、综合平衡的利益观、与时俱进的时代观、公正合理的国际体系观等方面揭示了中国外交核心理念的哲学意蕴。三是以新时代党的对外工作为重点，聚焦十八大以来党的对外工作的创新发展、使命任务、基本经验、体制机制等问题进行深入探究，并分析了党的对外工作面临的挑战和前景，提出党的对外工作需要进一步加强战略谋划，增强针对性和实效性。

三、2021 年以来党的对外工作的新发展

党的十八大以来，习近平总书记亲自谋划、亲自引领、亲自推动、亲自参与，党的对外工作不断开创新境界、担当新作为、展现新气象，绘就中国特色大国外交一道独特而亮丽的风景线。2021 年 7 月 6 日，习近平总书记在中国共产党与世界政党领导人峰会上发表主旨讲话，指引新时代党的对外工作的前进方向。在隆重庆祝中国共产党成立 100 周年的历史背景下，2021 年以来党的对外工作紧扣服务庆祝建党百年和国家总体外交的主线主旨，推动党的对外工作实现新发展，取得新成效，实现新突破，呈现新特点。

（一）习近平总书记关于构建人类命运共同体政党责任的最新论述

7 月 6 日，中国共产党与世界政党领导人峰会举行，习近平总书记发表

了《加强政党合作共谋人民幸福》的主旨讲话，集中阐明了为人民谋幸福、构建人类命运共同体的政党责任，提出了一系列新思想、新理念，是构建人类命运共同体的政治宣言和行动纲领，进一步丰富了习近平外交思想和习近平关于党的对外工作重要论述，为新时代党的对外工作提供了新的理论指引。

第一，明确构建人类命运共同体必须为人民谋幸福。党的十九大报告指出，"中国共产党是为中国人民谋幸福的政党，也是为人类进步事业而奋斗的政党。中国共产党始终把为人类作出新的更大贡献作为自己的使命。"[1]呼吁各国人民同心协力，构建人类命运共同体，共同创造人类的美好未来。显然，为人民谋幸福和构建人类命运共同体始终是新时代中国共产党的初心使命和责任担当。十九大闭幕后，为宣讲十九大精神，阐释中国共产党的执政理念，中国共产党于当年11月30日至12月3日在北京召开了以"构建人类命运共同体、共同建设美好世界：政党的责任"为主题的中国共产党与世界政党高层对话会。时隔不到4年，中国共产党再次以"为人民谋幸福：政党的责任"为主题举办中国共产党与世界政党领导人峰会，充分体现了中国共产党践行初心使命驰而不息的决心。政党要担负起构建人类命运共同体的使命，必须把为人民谋幸福作为自己的责任，并相互协助、互学互鉴。"为人民谋幸福"作为中国共产党的奋斗宗旨，也反映了世界人民的共同心愿。正如习近平指出："在人类追求幸福的道路上，一个国家、一个民族都不能少。"[2]这正是构建人类命运共同体的必然要求和美好愿景。

第二，明确政党构建人类命运共同体的五大责任，号召政党以博大胸襟思考人类未来。2017年，在中国共产党与世界政党高层对话会上，习近平总

---

[1]《党的十九大报告辅导读本》编写组编：《党的十九大报告辅导读本》，北京：人民出版社，2017年版，第56—57页。

[2] 习近平：《加强政党合作 共谋人民幸福——在中国共产党与世界政党领导人峰会上的主旨讲话》，北京：人民出版社单行本，2021年7月。

书记指出,"不同国家的政党应该增进互信、加强沟通、密切协作,探索在新型国际关系的基础上建立求同存异、相互尊重、互学互鉴的新型政党关系,搭建多种形式、多种层次的国际政党交流合作网络,汇聚构建人类命运共同体的强大力量"[1],提出了构建人类命运共同体政党责任的重大主张。2021年峰会上,习近平总书记进一步从引领方向、凝聚共识、促进发展、加强合作、完善治理五个方面阐明政党责任,指出"大时代需要大格局,大格局呼唤大胸怀"。从"本国优先"的角度看,世界是狭小拥挤的,时时都是"激烈竞争"。从命运与共的角度看,世界是宽广博大的,处处都有合作机遇。这就为政党担负责任指明了行动方向,开拓了思想境界。

第三,明确中国共产党作为大国大党对构建人类命运共同体的责任担当。一方面,再次庄严宣誓,中国始终不渝做世界和平的建设者、全球发展的贡献者、国际秩序的维护者;庄严承诺"中国永远不称霸、不搞扩张、不谋求势力范围"。另一方面,中国共产党将坚持以人民为中心的发展思想,在宏阔的时空维度中思考民族复兴和人类进步的深刻命题,团结带领中国人民深入推进中国式现代化,为人类对现代化道路的探索作出新贡献;团结带领中国人民全面深化改革和扩大开放,为世界各国共同发展繁荣作出新贡献;坚持履行大国大党责任,为增进人类福祉作出新贡献;积极推动完善全球治理,为人类社会携手应对共同挑战作出新贡献。中国共产党将始终站在历史正确的一边,站在人类进步的一边,为构建人类命运共同体锲而不舍、永不放弃。这些都为构建人类命运共同体指明了政党的奋斗目标和努力方向。

第四,明确全人类共同价值,倡导发展道路和文明的多样性,为构建人类命运共同体提供价值引领。习近平总书记指出:"各国历史、文化、制度、发展水平不尽相同,但各国人民都追求和平、发展、公平、正义、民主、自

---

[1] 习近平:《论坚持推动构建人类命运共同体》,北京:中央文献出版社,2018年版,第513页。

由的全人类共同价值。"[1] 一直以来,西方国家把具有巨大片面性、局限性的资产阶级自由主义价值理念作为"普世价值"向世界各国强行推销,并以此为借口肆意干涉其他国家内政。而全人类共同价值则是以尊重不同文明、不同国家差异、尊重各国自身道路选择为前提的。正如习近平总书记指出,现代化道路并没有固定模式,适合自己的才是最好的。每个国家自主探索符合本国国情的现代化道路的努力都应该受到尊重。通向幸福的道路不尽相同,各国人民有权选择自己的发展道路和制度模式,这本身就是人民幸福的应有之义。民主同样是各国人民的权利,而不是少数国家的专利。实现民主有多种方式,不可能千篇一律。全人类共同价值全面反映了人类社会的愿望诉求,具有极大包容性,对于破除"普世价值"的迷思和桎梏具有重大的理论意义和现实意义。

第五,赋予政党政治新的时代内涵,引领人类政治文明创新。当前,世界上许多国家出现的抗疫不力、治理失效、社会撕裂等问题,是以政党竞争、选票目的、零和博弈、敌视对立为根本特征的西方政治模式的失灵,是旧式的自由主义文明形态的衰落。这次峰会上,习近平总书记强调,政党作为推动人类进步的重要力量,要锚定正确的前进方向,担起为人民谋幸福、为人类谋进步的历史责任。实际上阐明了新时代政党观,那就是:政党应该是为人民谋幸福、为人类谋进步的政治组织;政党之间应该通力合作、协商解决共同面临的问题和挑战,而不是互相拆台、尔虞我诈。这种以政党合作为特征、以人民幸福为目的的政党政治,正是一种新型政治文明形态。中国共产党在国内实行以多党合作为主要内容的新型政党制度,在国际上呼吁政党摒弃政见不同,携手合作,正是人类政治文明创新的引领者、实践者。

习近平总书记的主旨讲话引领新时代党的对外工作新担当新作为,开创

---

[1] 习近平:《加强政党合作 共谋人民幸福——在中国共产党与世界政党领导人峰会上的主旨讲话》,北京:人民出版社单行本,2021年7月。

新局面，指引构建人类命运共同体的前进方向，引起了世界政党和国际社会的巨大反响。外国政党政要和智库媒体普遍认为，峰会为各国政党在相互尊重的基础上互学互鉴提供了极其重要的平台，充分彰显了中国共产党作为世界最大执政党的方向引领作用和强大号召力；特别是峰会上中国共产党提出的"五大责任""四大承诺"，充分展现了习近平总书记大国大党领袖、世界级领袖的卓越风范和广泛影响力，充分彰显了中国共产党与世界各国政党携手为人民谋幸福、推动构建人类命运共同体的历史担当。美国《侨报》指出，世界各国政党"云聚首"，聚焦人民福祉，探讨政党责任，无论是在中国共产党对外交往史上还是在世界政党发展史上，都具有里程碑式的重要意义。德国社民党前主席、RSBK公司董事长鲁道夫·沙尔平表示，峰会是中国共产党的一项伟大创举，在促进全球政党相互了解、消除不必要的隔阂方面，具有独特而深远的意义。

（二）突出宣介党的思想理论，"在党为党"取得新突破

2021年以来，党的对外工作围绕庆祝建党百年的工作主线，通过举办各种形式的研讨会、交流会、参观考察，向世界政党和国际社会集中宣介中国共产党百年历史、伟大成就、治国理政经验以及全面建成小康社会、实现第一个百年奋斗目标，特别是在中国共产党领导下抗疫防控和脱贫攻坚取得的伟大成就，始终把宣介习近平新时代中国特色社会主义思想作为灵魂和核心融汇到各项活动中，增强了国际社会特别是世界左翼政党对中国共产党、对习近平新时代中国特色社会主义思想的理解、认同。在5月27日世界马克思主义政党理论研讨会和12月15日中国共产党-欧美马克思主义政党交流会上，马克思主义政党纷纷表示，习近平新时代中国特色社会主义思想是对马克思主义的重要发展和创新，为世界各国政党治国理政提供了经验借鉴；高度评价以习近平同志为核心的中共中央带领中国共产党和中国人民取得的重大成就和对世界作出的重要贡献；一致赞同习近平总书记提出的人类命运共同体、全过程人民民主等重要理念。

第十三章　百年交汇之际党的对外工作发展与研究

中国共产党迎来百年华诞之际，世界政党和国际社会高度关注，纷纷以不同方式向中国共产党表达敬意和祝贺。2021年年初以来，从习近平总书记与朝鲜、越南、老挝、古巴等社会主义国家党的领导人以及其他国家政党领导人的交往，到通过政党渠道开展的各类交流互动、论坛研讨、视频连线，以及外方领导人、负责人、政要接受新华社记者采访，都对中共百年取得的辉煌业绩表示充分肯定和由衷祝愿，认为中共为世界许多国家政党树立了努力标杆。也门全国人民大会党副总书记法伊卡称赞中共是全世界政党的"光明火炬、领航灯塔"。他们对中国共产党以人民为中心的执政理念高度赞赏和钦佩，认为这是中国共产党创造奇迹的关键，衷心希望学习中国共产党治国理政的经验。巴基斯坦正义运动党首席召集人赛义夫拉·汗·尼亚齐说，中国共产党有着丰富的治国理政经验，许多方面值得正义运动党学习，"在许多场合，我记得的就不下10次，只要提到脱贫和体制改革等具体事务，伊姆兰·汗总理总会强调要学习中国的经验"。中国共产党在贫困治理、基础设施建设、反腐败、疫情防控等方面的成功经验对于许多国家政党，尤其是发展中国家政党产生了很大的"磁石效应"。左翼政党，特别是一些国家共产党则高度评价中共开创的历史伟业对于世界社会主义运动和国际共产主义运动的巨大影响，认为中国的鲜活实践证明，社会主义道路行之有效。意大利共产党全国书记毛罗·阿尔博雷西称，"中共积累的经验是国际共产主义运动史上的亮点，中共在世界社会主义运动历史上树立了重要标杆"。法国共产党全国书记法比安·卢塞尔认为"中国共产党在百年历程中致力于为人民服务，也推动了国际共产主义运动"。

"七一"前后，共有170多个国家的600多个政党和政治组织等就中国共产党成立100周年发来1500多封贺电贺信，[1]盛赞中共百年来，特别是

---

[1]　本刊编辑部：《为民谋福 和衷共济 未来可期——中国共产党与世界政党领导人峰会综述》，载《当代世界》，2021年第7期，第25页。

中共十八大以来，在以习近平同志为核心的党中央领导下，中国各领域取得的历史性发展成就和为人类进步事业作出的重要贡献。尚未与中国建交的不丹王国第四世国王旺楚克也发来贺电，表示中国共产党领导中国人民将中国从一个贫穷落后的国家建设成为繁荣富强之国，中国取得的光辉成就令世人敬佩。作为亲密的邻居和朋友，我们祝愿中国繁荣昌盛、人民幸福美满。

7月6日举行的中国共产党与世界政党领导人峰会盛况空前。峰会采取线上线下相结合的方式，吸引了160多个国家的500多位政党和政治组织领导人参会，逾万名政党和政治组织代表出席会议（2017年的中国共产党与世界政党高层对话会有来自125个国家的300多个政党和政治组织的600多位政要参会）。很多政党都是现任或者曾经担任总统、总理、党的总书记亲自参会，规格高，是名副其实的"峰会"。峰会除在人民大会堂设主会场外，还在北京钓鱼台国宾馆设分会场，邀请百余位驻华使节及在华外国企业界代表参会，同时在上海、陕西延安、广东深圳、福建宁德、浙江安吉等中国共产党百年征程上具有特殊意义的地点设置国内分会场，并通过网络、电视等渠道以16种语言面向全球进行直播，100多个国家的政党分别在本国设置会场，共设置了近200个集体会场。有的外国政党设置的集体会场规模堪比党代会现场，如塞尔维亚集体分会场设在塞尔维亚前进党总部，300多名党内骨干参会。土耳其爱国党专门在国内设立30个集体会场，1200多名党员干部线上参会。[1] 来自亚洲、非洲、拉美、欧洲的21位政党领导人进行了大会发言，其中除社会党国际主席和西班牙共产党主席外，其他发言人都是各国执政党、现政府领导人。这次峰会的规模层级和覆盖面都是前所未有，因此中联部在新闻发布会上称之为"史无前例，绝无仅有"的盛会，彰显中国共产党拥有广大的朋友圈和巨大的国际影响力、号召力。

---

[1] 本刊编辑部：《为民谋福 和衷共济 未来可期——中国共产党与世界政党领导人峰会综述》，载《当代世界》，2021年第7期，第26—27页。

这些既是十八大以来党和国家事业取得历史性成就、中国共产党走进世界政党舞台中央的必然结果,也是党的对外工作坚持"在党言党,在党为党,在党兴党",努力增强国际社会对党的认知、认可、认同,提升和塑造党的良好国际形象的显著成效。

(三)反击西方一些势力对华打压、抹黑,谱写服务国家总体外交新篇章

随着中国特色社会主义进入新时代,特别在新冠肺炎疫情与百年未有之大变局叠加交织情况下,美国在以"实力"为基础的传统国际关系领域加紧对中国的打压竞争,同时,又对中国开展"价值观外交",以民主、人权的教师爷面目对中国博弈施压。尤其是2021年以来,美国在继续借新冠肺炎疫情攻击中国的同时,又拉拢一些西方国家,刻意捏造所谓"新疆人权问题",并针对中国拼凑所谓"民主峰会",在国际上拉帮结派,企图抹黑中国,围堵中国,孤立中国,煽动一些国家对北京冬奥会进行"外交抵制"。为反击西方一些国家把新冠肺炎疫情政治化及其"价值观外交",党的对外工作充分发挥党际渠道优势,积极筹划,加强宣介,大力争取各国政党和舆论支持,对打破西方一些势力的政治图谋发挥了显著作用,谱写了服务国家总体外交、促进中国特色大国外交的新篇章。

针对所谓"新疆人权问题",中共中央对外联络部联合中共新疆维吾尔自治区党委,在2月22日举办新疆专题宣介会。来自80多个国家的190多个政党或组织的310多位政党政要和知名人士通过视频方式参会。宣介会向与会各国政党政要共同分享了新疆脱贫攻坚、疫情防控、经济高质量发展、人民生活质量改善、民族团结进步、宗教和睦和顺、反恐和去极端化等七个方面的故事。会议指出,国际上一些势力罔顾新疆各族人民过上美好生活的事实,炮制各种谎言谬论,企图抹黑和破坏新疆各族人民享受美好生活的权利,违背国际道义和人类良知,遭到中国各族人民的坚决反对和强烈谴责。各国政党政要表示,通过此次宣介会进一步了解到新疆各方面的发展成就,反对将人权政治化或搞人权"双重标准",认为所谓"中国新疆存在种族灭绝、强迫劳动情况"纯属谎言和虚假信息，试图颠倒黑白，误导国际社会认知。11月26日，中联部再次与新疆维吾尔自治区政府举办"新疆是个好地方"视频交流会。与会外方嘉宾表示，此次交流会以生动的形式、丰富的素材展示了真实的新疆，让大家看到了在中国共产党的领导下，新疆维护民族团结、推动高质量发展所取得的成就。大家对新疆维护社会稳定、不断扩大对外开放印象深刻，将积极开展与新疆的合作，并利用各种机会向更多的人介绍新疆的真实情况。

12月30日，针对美国国会通过所谓"维吾尔强迫劳动预防法案"以及西方一些势力企图利用涉疆问题挑拨中国与中东阿拉伯国家关系的图谋，中联部以视频方式，专门举行面向中东国家的涉疆问题专题吹风会，来自15个中东国家的33个政党和社会组织领导人参加。与会外方领导人一致强烈谴责美方签署法案的行径，坚决反对美打着"人权"旗号炮制所谓新疆问题的恶毒谎言，强调美历史上贩卖黑人、欺压印第安人臭名昭著，长期以来强迫劳动、滥用童工等现象触目惊心，对外军事干涉、破坏世界和平稳定劣迹斑斑，根本无权对中国特别是新疆人权状况说三道四；高度赞赏中国共产党坚持以人民为中心的发展思想，引领新疆经济社会发展取得瞩目成就，各民族平等权利和宗教信仰自由得到切实保障；坚定支持中国共产党带领中国人民坚决反对外来干涉，战胜美国"以疆制华"图谋，确保新疆长期繁荣稳定，继续推进民族复兴伟业，造福包括中东国家在内的世界各国人民。

针对借新冠肺炎疫情抹黑中国的行径，中联部联络100多个国家和地区的300多个政党和社会组织，就反对新冠肺炎病毒溯源政治化发表《联合声明》，并于8月2日将声明递交世卫组织。8月25日，中联部主办的新冠病毒溯源吹风会以视频会议方式举行，来自13个阿拉伯国家的28个政党和政治组织的领导人参加，与会者一致表示坚决支持中方关于新冠病毒溯源的科学主张，呼吁美国摒弃错误言行，在本国和全球抗疫中负起责任。9月9日，中联部同圣保罗论坛以视频连线方式共同举办"尊重科学，拒绝政治化——

新冠病毒溯源情况说明会",共同表达了反对将新冠病毒溯源问题政治化、污名化、标签化的呼声。

12月9日至10日,美国通过视频形式,以所谓反对"威权"主义、腐败和保护人权为主题,举办所谓"世界领导人民主峰会"。在此之前,西方一些势力即围绕峰会制造孤立中国的舆论。12月4日,国务院新闻办公室发表《中国的民主》白皮书,全面阐释了中国"全过程人民民主",5日,外交部发布《美国民主情况》报告。中联部作为"党的外交部",在更早之前即开始布局。11月24日,中联部举办"践行人民民主、促进共同发展"视频交流会,11个阿拉伯国家的23个政党40余位领导人参加。外方积极评价中国全过程人民民主,赞赏中共始终将人民利益置于首位,践行真正的人民民主,强调民主并非西方国家的专利,各国有权结合本国国情自主探索民主道路;一些国家企图将西式民主强加给他国,给相关国家带来深重苦难,这些图谋最终都将失败。并表示,阿拉伯国家政党愿同中共加强交流合作,共同致力于建立多元的民主制度,推动构建人类命运共同体。

12月13日,全球140个国家和地区355个政党、社会组织和智库以各种方式联系中联部,发布《关于自主探索民主道路、携手推动共同发展的联合声明》,强调民主是人类政治文明发展的重要成果,发展是人类社会的永恒追求,不存在适用于一切国家的民主制度和发展模式,反对以民主之名干涉他国内政,呼吁以全人类共同价值为指引,推动构建人类命运共同体。12月15日,欧美马克思主义政党领导人在与中国共产党的视频交流中,重申坚定支持《关于自主探索民主道路、携手推动共同发展的联合声明》,赞同实现民主有多种方式,推进民主建设应着眼于不断实现人民对美好生活的向往,反对以民主之名干涉他国内政。12月17日,中国共产党和俄罗斯统一俄罗斯党以视频方式共同举行主题为"坚定走符合国情的发展道路"的中俄执政党特别对话会。统俄党最高委员会主席格雷兹洛夫指出,某些国家近期举办的所谓"民主峰会",实质上是服务其地缘政治目的的"政治闹剧"。

俄中两党将坚定支持对方国家走符合本国国情的发展道路，共同反对离间俄中关系的行为，推动建立更加公正合理的多极世界。会议通过了《中俄执政党特别对话会共识》。

针对西方一些势力煽动对北京冬奥会的所谓"外交抵制"，在12月15日中国共产党-欧美马克思主义政党交流会开始前，澳大利亚共产党全国主席莫利纳对记者表示，任何政治因素都不应该干扰冬奥会。澳大利亚共产党总书记欧文表示，体育运动提供了让全世界人民团结在一起的机会。历史证明，这些所谓对奥运会的"外交抵制"没有意义，自己的国家参与抵制冬奥会，他对自己国家的行为感到很遗憾。丹麦共产党主席赫丁告诉记者，"外交抵制"冬奥会就是新冷战，不应该用政治干扰体育运动，应该警惕美国等个别国家用所谓"外交抵制"来联合所谓自由世界，宣扬冷战思想。[1]

（四）推动政党交往机制化和党的对外工作系统性整体性建设取得新进展

加强政党交往机制化建设，创新运作机制，不断增强党的对外工作系统性、整体性、协同性，完善工作布局，既是党的对外工作的重要内容，也是构建高质量政党伙伴关系网络的必然要求。一年来，党的对外工作高举构建新型政党关系的旗帜，大力加强同世界各国政党的交流合作，拓展全球政党伙伴关系网络，在推进机制化建设、发挥"云技术"优势等方面取得新进展。

第一，政党交往机制化建设迈出新步伐。一方面，中国共产党与世界政党定期沟通的高端平台建设迈出重大步伐。2017年12月3日中国共产党与世界政党高层对话会通过的《北京倡议》明确提出："我们倡议将中国共产党与世界政党高层对话会机制化，使之成为具有广泛代表性和国际影响力的

---

〔1〕《中联部举办中国共产党-欧美马克思主义政党交流会》，https://www.sohu.com/a/509218161_600497。

高端政治对话平台。"[1] 2021年7月6日,中国共产党与世界政党领导人峰会以线上线下结合方式隆重举行,使中国共产党与世界政党对话机制化迈出又一重大步伐。另一方面,中国共产党与一些政党建立正式党际关系或交流机制。中国共产党先后同刚果(金)民主与社会进步联盟、冈比亚国家人民党、土耳其正义与发展党、贝宁进步联盟、贝宁共和阵营、莱索托民主大会党等政党建立正式党际关系;同摩洛哥7个主要政党(公正与发展党、真实性与现代党、独立党、人民运动、人民力量社会主义联盟、宪政联盟、进步与社会主义党)共同建立中摩政党共建"一带一路"交流机制;与土耳其正义与发展党成立两国执政党治国理政交流机制;在"中巴经济走廊政党共商机制"的基础上,与巴基斯坦正义运动党签署《中国共产党同巴基斯坦正义运动党交流合作行动计划(2021—2023年)》;同突尼斯9个主要政党(突尼斯复兴运动、突尼斯之心党、民主潮流、人民运动、祝福突尼斯党、计划运动、变革党、前景党、民主爱国人士统一党等)共同建立中突政党共建"一带一路"交流机制。

第二,进一步丰富"政党+"模式内容,加强党的对外工作的系统性、整体性、协调性。2021年,"政党+"模式在实践中得到进一步丰富发展,呈现出"+地方""+智库""+企业""+民间组织""+媒体""+驻华使节"等多种形式,以及这些形式间两种三种甚至多种相结合的活动形式。5月18日,由中联部与中共云南省委以及越共中央对外部主要负责人,越共老街省委、河江省委、莱州省委、奠边省委领导共同出席的中国云南省与越南西北四省省委书记年度会晤机制第一次会议,丰富了"政党+地方"的模式,使地方党委参与到党的对外工作,推动了与国外地方的合作。6月10日,金砖国家智库合作中方理事会与厦门市人民政府共同主办以"携手共建创新基地

---

[1]《中国共产党与世界政党高层对话会北京倡议》,载《人民日报》,2017年12月04日,第3版。

打造金砖合作典范"为主题的2021金砖国家智库国际研讨会，以落实习近平主席提出的建立金砖国家新工业革命伙伴关系；9月29日，"一带一路"智库合作联盟同保加利亚"一带一路"全国联合会、中国驻保加利亚使馆等共同举办"中国共产党成立100周年暨中国在世界发展中的角色和地位"专题研讨会。通过智库开展党的对外工作，是工作方式的重要创新。此外，中国经济联络中心、中国民间组织国际交流促进会等民间机构相继举办诸如"政党交流与务实合作"中南（非）工商界视频对话会、贯彻落实习近平总书记给老挝中老友好农冰村小学全体师生回信重要精神暨开展"丝路一家亲"行动两周年总结会等，把民间外交融于党的对外工作中，使政党交流体现为民间往来。"政党+"成为使国外政党乐于与中国共产党打交道的有效形式。

第三，充分发挥各国驻华使节的作用，拓展中外政党联系渠道。新冠肺炎疫情以来，特别是2021年以来，中联部专门针对驻华使节安排了许多活动。除了"七一"之前安排多批次驻华使节参观西柏坡等红色纪念地之外，9月8日，中联部还邀请东南亚、南亚十国驻华使节赴广西桂林，参加"从摆脱贫困迈向共同富裕的征程中铸牢中华民族共同体——广西民族地区的生动实践"主题交流活动。中联部工作人员还主动约见或应约会见一些国家到任和离任的驻华大使。驻华使节表示愿意积极推动本国政党与中国共产党密切沟通，加强治国理政经验交流。

第四，通过"云外交""云交流"扩大中国共产党的国际影响力。一年来，通过在线形式与各国政党政要、智库学者举办各种形式的对话会、研讨会、论坛、专访，就庆祝中国共产党成立100周年、双边关系和国际地区热点问题、治国理政经验、减贫扶贫、抗疫防疫等进行交流研讨。2021年7月6日召开的中国共产党与世界政党领导人峰会为全球瞩目和热议，这场"云峰会"充分体现"云外交"的优势。一年来，中联部与伊朗伊斯兰联合党、毛里塔尼亚争取共和联盟、纳米比亚人组党、安哥拉人民解放运动、莫桑比克解放阵线党、厄立特里亚人民民主与正义阵线、津巴布韦非洲民族联盟－爱国阵线、柬埔寨人民党、柬埔寨奉辛比克党、玻利维亚"争取社会主义运动"、蒙古人民党、南苏丹苏丹人民解放运动、巴勒斯坦法塔赫、伊拉克库尔德斯坦民主党，以及也门多个政党举办网络研修班、研讨班，与海湾阿拉伯国家举办智库媒体人士网络研修班，与非洲国家媒体智库和民间组织举办网络研修班。中外通过网络渠道举办的研修班形式新、数量多，既体现了"云交流"的便利性，也充分反映了中国共产党强大的国际影响力和亲和友善的国际形象。

（五）加强对发展中国家青年的工作成为党的对外工作新亮点

青年是国家间长期友好的基础。近年来，中国共产党先后接待多批次国外政党青年干部访华团、举办青年干部研修班和论坛等。2021年，在庆祝中国共产党成立100周年背景下，中国共产党进一步加强了面向青年的工作，特别是面向发展中国家青年举办多项活动，成为党的对外工作的鲜明亮点。

一是面向阿拉伯国家青年，创立"中阿青年政治家论坛"，并举办系列活动。2021年3月30日，论坛以视频会议方式首次举行。来自17个阿拉伯国家的60多个政党和政治组织的领导人及青年政治家、青年代表等参加。会议表示，中阿青年政治家论坛的创立是落实中阿领导人共识的重要举措，将为深化中阿友好合作、推动构建中阿命运共同体发挥积极作用。希望中阿青年政治家积极做中阿传统友谊的继承者、中阿合作的推动者和国际公平正义的维护者，为实现中阿两大民族伟大复兴贡献青春力量。巴勒斯坦民族解放运动中央委员、总理阿什提耶等阿方政党领导人表示，期待与中国共产党加强治党治国经验互鉴，尤其是加强青年政治家之间的友好交往，深化阿中共建"一带一路"等务实合作，共同促进世界和平与发展。同时启动面向阿拉伯国家青年的"我眼中的中国共产党"征文活动。9月27日，由中联部主办的"为了更好的明天"——中国共产党与阿拉伯国家青年"面对面"交流会暨征文颁奖活动以视频方式举行。巴勒斯坦民族解放运动主席、总统阿巴斯、苏丹主权委员会主席布尔汉向会议发来致辞，14个阿拉伯国家的100多名青年政治家和青年代表参加会议。与会阿方青年代表纷纷表示，中国共产党领导中国取得巨大成功，表明西方模式不是走向成功的唯一道路，更不是唯一的发展模式，中国在发展过程中展示了同西方完全不同的思维和行为方式，为阿拉伯国家提供了重要借鉴，也深刻影响了阿拉伯青年对世界和未来的看法。

二是面向拉美国家青年，举办"中拉青春汇"系列对话会。4月27日，系列对话会以视频方式开幕。会议指出，青年是中拉友好的传承者与推动者，希望以青年为纽带，增进中拉相互了解和交流互鉴，开创中拉全面合作伙伴关系新局面。拉美政党常设大会副主席卡菲耶罗表示愿推动拉美政党同中国共产党开展青年交流，携手构建中拉命运共同体。来自巴西、阿根廷、墨西哥、哥伦比亚、秘鲁等10多个拉美国家的政党、政府、智库、媒体、社交网络等各界青年代表250多人线上参加此次对话会。开幕式后一段时期内，相继举办了"中拉青年共话新时代""绽放青春风采，共叙入党故事""社会治理与青年责任"等主题活动，在这些活动中，拉美不同国家政党、智库、媒体界青年与中国各界青年共聚云端，就抗疫合作、青年交流合作、经贸合作、媒体合作以及文化和旅游交流发表了各自观点，特别是中外青年一道学党史、忆初心，既观察到不同政党的组织形式和文化，也加深了彼此了解和友谊。

三是面向非洲青年，举办论坛和主题征文活动。2021年11月24日，第五届中非青年领导人论坛暨十九届六中全会精神对非专题宣介会以视频方式举办。多哥保卫共和联盟总司库、国民议会议长采冈，肯尼亚朱比利党总书记图朱等出席并致辞，来自非洲40多个国家50多个政党和政治组织的200多位政党领导人和青年代表参会。会议指出，青年是中非友好的未来，希望双方青年积极参与中非政党治国理政经验交流，为促进中非友好合作和共同发展贡献智慧和力量。非方表示，愿通过党际交往及非中青年领导人论坛等渠道平台同中国共产党加强交流往来，开创非中伙伴关系的新时代，更好造福各国人民。12月20日，中联部以视频方式举办"深化治国理政经验交流，共创中非合作新时代"主题征文"云颁奖"活动。30多个非洲国家的80多名青年代表参加。加蓬民主党副总书记阿耶努等非方3位获奖代表表示，在中国共产党的领导下，中国走出了一条独特的发展道路，取得巨大成就，值得非洲国家学习借鉴，期待双方青年在经济、人文、抗疫等方面加强交流合作，为构建新时代中非命运共同体作出积极贡献。

四、新的历史起点上党的对外工作的思考和启示

2021年以来党的对外工作围绕党和国家中心工作和核心使命，坚持以服务庆祝中国共产党成立100周年和国家总体外交为主线主旨，切实履行党的使命宗旨，促进中国特色大国外交，不断开拓奋进，取得新成就。总结2021年以来工作和过往历史经验，对新时代党的对外工作提出思考和启示如下：

第一，充分认识国际意识形态斗争的尖锐性、复杂性，继续坚持"超越意识形态差异"，加强政治引领。在"两制并存、资强社弱"的时代，国际反共反社会主义势力对中国的意识形态渗透攻击从未停止，冷战结束以后，这种情况非但没有缓和，反而有所加剧。2020年，中国取得抗击新冠肺炎疫情的巨大成果，彰显了中国制度的显著优势，却遭到以美国为代表的西方国家肆意攻击和抹黑。以美国前国务卿蓬佩奥为首的反华分子毫无根据地指责中国抗疫行动，全面否定中国，故意制造自由主义与共产主义的意识形态对抗，试图拼凑所谓"民主国家"的反华联盟，鼓吹"脱钩"和"新冷战"。[1] 2021年，美国拉拢一些国家搞所谓"世界领导人民主峰会"，捏造

---

[1]《共产主义中国与自由世界的未来》，https://china.usembassy-china.org.cn/zh/communist-china-and-the-free-worlds-future-zh/。

所谓"新疆人权问题",推行"价值观外交",就是蓬佩奥式冷战思维的体现。面对这种蓄意制造意识形态对立的图谋,新时代党的对外工作要继续坚持超越意识形态差异,坚持以人类命运共同体为引领,在构建新型国际关系基础上推动构建新型政党关系,打造新型中国共产党与世界各国政党关系网络,以助力打破其"新冷战"企图。继续通过政党渠道做好国际上涉疆议题、疫情防控等问题的工作,提前谋划围绕台海问题、南海问题的国际舆论斗争。

第二,积极推进构建周边国家命运共同体,加强同发展中国家政党合作。周边国家存在地缘相邻、人文相亲、理念相近的优势,特别是越南、朝鲜、老挝都是共产党执政的社会主义国家,要以"社会主义国家具有战略意义的命运共同体"加强同这些国家的双边关系,化解国家关系中的矛盾分歧;针对美国以"经援外交"对尼泊尔引诱拉拢、破坏中尼关系的图谋,应进一步加强对尼两个共产党以及其他主要政党的工作,以党际关系促进中尼国家关系;通过政党渠道积极推动"一带一路"建设,发展同东南亚、南亚、中亚等地区国家的政党关系;继续探索以适当方式发展同阿富汗的关系。2021年5月19日,中联部当代世界研究中心、中国驻阿富汗使馆与阿富汗阿中友协联合举办"共话百年、共推和平"网络研讨会,这是在阿富汗局势急剧变化的情况下,对稳定中阿关系、稳定西部边疆局势有效方式的积极探索。以"一带一路"建设为抓手,以治国理政经验交流、推进全球和地区治理议程为重点,深化与亚洲、非洲、拉丁美洲国家政党的交流合作,推动更多政党引导本国参与构建人类命运共同体和新型国际关系进程。在同发展中国家党际交流互鉴中,坚持做到不"输入"外国模式,也不"输出"中国模式,不要求别国"复制"中国的做法。庆祝中国共产党成立100周年系列活动成功举办,越来越多国家政党,特别是发展中国家政党希望学习借鉴中国共产党治国理政经验。在此情况下,要鼓励各国政党探索符合自身实际的发展道路,而不是简单照搬中国的做法,警惕西方一些势力借发展中国家政党学习中国经验的名义,鼓吹新的"中国威胁论",干预这些国家的发展进程。

第三,全方位发展与各类政党关系,突出重点,分类推进,讲究策略。继续加强与社会党等西方主流政党的交流沟通,增信释疑。尽管有的政党在意识形态方面对中国抱有偏见,但由于中国党和国家的国际地位和影响力不断上升,其与中国共产党交往的意愿也在不断上升。同时,探索以多种方式同"国际民主联盟"(保守党国际)、"国际自由联盟"(自由党国际)这两个最大的资产阶级政党国际组织接触、联系、交往。以适当方式进一步加强与世界共产党、工人党等左翼政党的交流。这些党与中国共产党意识形态相近,尽管一些党在认识上与中国共产党存在一定分歧,但在涉及中国主权、人权以及抗疫等问题时,总体上对中国共产党是表示理解和支持的,是国际上正义的力量。特别是欧美资本主义国家的共产党,虽然在本国政治中的影响日趋弱化,但在反帝反霸的斗争中,有这些党的声援也是很宝贵的。在总体上坚持不出头、不扛旗原则的同时,有必要积极回应、理性对待一些国家共产党希望中国共产党在世界社会主义运动中发挥更积极作用的呼声。另外,在工作布局上,要进一步加强对青年的工作,特别是同发展中国家青年的交流。

第四,坚持系统思维,健全完善党的对外工作协调机制。国外政党政治的周期轮替容易出现政局不稳、政策不连续的情况,给双边合作造成不利影响。政党外交对于维系双边国家关系具有引领性、基础性、战略性作用,但单纯依靠政党渠道难以全面化解政治风险。要按照党中央要求,探索形成"政府政党相促进、中央地方配合做、官方民间齐动手、精英草根两头抓、热灶冷灶一起烧"的整体联动协调机制。要探索与议会外交的协同机制,在国外,议会既是立法机构、民意机构,又是政党政治的主要平台,把政党外交与议会外交结合起来,有助于通过政党外交将形成的共识、协议转化为对象国的国家意志,化解对象国政党轮替带来的风险。继续举办"中国共产党的故事——习近平新时代中国特色社会主义思想在地方党委的实践"专题宣介会,为中国特色社会主义事业争取更多理解者、支持者和同行者。进一步丰富"政党+"模式,增强党的对外工作整体性、协同性。另外,在"云交流"成为对外工作新常态的情况下,要认识到线上交流存在缺乏现场感和交流互动不充分等不足。如何将线上线下更好地结合,以适当方式弥补线上交流的不充分,是政党交流中面临的具体问题。

第五,进一步加强对党的对外工作理论研究的引领,促进中外学术交流。促进党的对外工作理论中系统性、基础性问题的研究,进一步加强习近平外交思想研究,特别是如何将其运用于工作实践的研究,加强习近平关于党的对外工作重要论述的系统研究。近些年来,随着党的对外工作影响越来越大,国外学者尤其是中国问题专家也开始关注中国共产党的对外工作,并将其与中国政府外交联系起来进行考察,取得了一些有影响的成果。但国外一些学者的研究往往以自己的价值观预设前提,戴着有色眼镜看中国共产党的对外工作。因此,有必要加强对国外学界的引导,把与国外政党基于工作层面的交流会、研讨会,视情况向国内外学界延伸,与学界的研究、研讨结合起来,探索搭建更多中外学术交流的平台。

总之,站在新的历史起点上,党的对外工作要按照党中央要求,切实履行党和国家的任务使命,结合党和国家系列重要时间节点和重大活动,通盘考虑、梯次推进,既整体布局又突出重点,谱写党的对外工作新的亮丽篇章,以更加卓越的表现迎接党的二十大胜利召开。

第十四章
国外政党看中国共产党的百年奋斗历程

赵 超 冯 瑾*

2021年是中国共产党和中国历史上具有里程碑意义的一年。在这一年中，中国共产党迎来了百年华诞，团结带领全国各族人民胜利实现了第一个百年奋斗目标，开启了第二个百年奋斗目标新征程，实现了"十四五"规划的良好开局，隆重召开中共十九届六中全会并审议通过了《中共中央关于党的百年奋斗重大成就和历史经验的决议》（以下简称《决议》）。中国共产党纪念建党百年的系列活动以及对百年奋斗重大成就和历史经验的总结吸引了国际社会的高度关注，特别引发了世界各国政党的广泛热议。本文将从中国共产党的重大成就、历史经验和未来发展前景三个维度出发，梳理国外政党评价和评议中国共产党百年奋斗历程的主要观点。

---

* 赵超、冯瑾，中央党史和文献研究院信息资料馆副研究员。

一、关于中国共产党百年奋斗的重大成就

《决议》在序言部分概括指出:"一百年来,党领导人民浴血奋战、百折不挠,创造了新民主主义革命的伟大成就;自力更生、发愤图强,创造了社会主义革命和建设的伟大成就;解放思想、锐意进取,创造了改革开放和社会主义现代化建设的伟大成就;自信自强、守正创新,创造了新时代中国特色社会主义的伟大成就。党和人民百年奋斗,书写了中华民族几千年历史上最恢宏的史诗。"[1] 国外政党十分认可中国共产党百年来为实现救国、兴国、富国和强国大业所付出的艰辛努力和取得的辉煌成就,积极评价中国共产党在中国国内取得的历史性成就和现阶段成就,同时肯定中国共产党在世界范围内作出的巨大贡献。

(一)中国共产党在不同历史时期取得的伟大成就

大部分政党对中国共产党在各个时期勇担重任、攻坚克难所取得的整体历史性成就给予了高度评价,盛赞中国共产党百年来带领中国人民为争取民族独立、人民解放和实现国家富强、人民幸福付出了艰苦卓绝的努力,令中国实现了翻天覆地的变化。

朝鲜劳动党总书记金正恩在致习近平总书记的贺电中表示,中国共产党的诞生是重大历史性事件,对于改变中华民族命运、推进中国社会主义伟业具有划时代意义。中国共产党浴血奋战,取得了革命胜利,建立了人民当家作主的新中国;经受住各种历史风浪考验,开辟了中国特色社会主义道路,实现了国家富强和人民幸福。中共十八大以来,习近平总书记同志领导中国党和人民,在全面建成小康社会、彻底消除贫困的斗争中取得决定性胜利,

---

[1] 本书编写组:《〈中共中央关于党的百年奋斗重大成就和历史经验的决议〉辅导读本》,北京:人民出版社,2021年版,第15—16页。

第十四章　国外政党看中国共产党的百年奋斗历程

成功抗击全球公共卫生危机，极大提升了综合国力和国际威望。[1]

俄罗斯联邦共产党中央委员会主席、俄罗斯国家杜马共产党党团领导人根纳季·安德烈耶维奇·久加诺夫在俄罗斯《真理报》上发表《奋斗与胜利的光荣之路》一文，回顾了中国共产党的百年成就。他在文中表示："中国共产党在百年历史中走过了奋斗和胜利的光荣之路。正因为有了党，建立统一、独立的中国的宏伟任务才得以完成。中国社会先进阶层的奉献和才华让'以人为本'的基本原则得以实现。通过实践这一原则，中国共产党确立了其作为中国工人阶级和全体劳动人民先锋队的地位。作为中国社会的领导和组织力量，党是有智慧、有效率的社会主义意识形态的领路人，充分表达了人民群众的根本利益，促进了人民间的和睦与相互理解。"[2]

巴西共产党在致中国共产党的贺信中充分肯定了中国共产党百年来为彻底改变中国面貌而作出的努力。贺信称，中国共产党这支政治力量出现后，以其不断地、无私地、英勇地行动，彻底改变了中国，带领中国进入了目前令世界瞩目的人文和物质发展阶段。事实上，如果没有中国共产党，中国就无法挣脱殖民主义的枷锁、击退日本帝国主义的侵略，也不可能赢得解放战争的胜利，从而在1949年宣布成立中华人民共和国。中国共产党的成立为建设有中国特色的社会主义开辟了道路。这是一个颇具创造性的历史进程，中国共产党带领中国人民打破僵化的模式，在本民族历史和文化现实的基础上，走出了一条有本国特色的发展道路。今天的中国蓬勃发展、日新月异，给全世界都留下了深刻的印象，同时也给全世界带去了发展的契机。

英国共产党机关报《晨星报》刊发系列文章，系统阐述了中国共产党的百年奋斗历程，并且客观地分析了改革开放前后一脉相承的历史贡献。文章

---

[1] 宋涛主编：《外国政党政要、各界代表祝贺中国共产党成立100周年贺电（函）汇编》（上），北京：当代世界出版社，2021年，第63页。

[2] Геннадий Зюганов, "Зюганов Г. А. Славный Путь Борьбы и Побед", Правда, 2–5 июля 2021 г.

指出，中国共产党在各个阶段，都根据实际情况创造性地运用和发展马克思主义，始终从维护人民群众的利益出发，捍卫国家主权、追求和平、推动国家繁荣发展。中国共产党的指导思想在改革开放前后两个阶段是保持一致的。中国正在从一个分裂、饱受战争屈辱、落后且极其贫困的国家向统一、和平、先进和日益繁荣的国家持续转变。改革开放前和改革开放后的历史阶段，中国共产党都在其中发挥了不可或缺的作用，为社会主义的发展开辟了道路。[1]

共产党（意大利）总书记马可·里佐撰文表示，近代以来，中国共产党为改变中国命运作出了独一无二的贡献。文章指出，在中国共产党成立之前，中国反抗外国侵略的斗争已经持续了很多年，但是只有中国共产党能够将所有参与斗争的力量团结在工人阶级周围，克服各种严峻挑战，彻底改变中国的命运。[2]

（二）中国共产党进入新时代以来取得的现实成就

大部分政党充分肯定了中国特色社会主义进入新时代以来，中国共产党团结带领中国人民在各个领域取得的显著成就，特别是推动了中国的经济发展和社会进步，改善了广大人民群众的生活水平，全面建成小康社会，历史性地解决了绝对贫困问题，有效控制住新冠肺炎疫情的蔓延，保障了人民群众的健康和安全。

1. 整体而言在各领域成就斐然

一些政党领导人在官方贺信中，比较全面地概括了中国共产党领导下的中国近年来在各领域所取得的非凡成就。

俄罗斯联邦总统普京向习近平总书记发来贺电，充分肯定了中国共产党

---

[1] "A Century of the Communist Party of China: No Great Wall", https://morningstaronline.co.uk/article/f/century-communist-party-china-no-great-wall.
[2] 马可·里佐：《中国共产党为世界和平与发展作出了重要贡献》，载《世界社会主义研究》，2020年第9期，第42—43页。

的现实成就。他在贺电中指出:"中国在经济、社会、科学和科技发展等新领域取得巨大新成就,在解决重大国际问题、应对当代全球性威胁和挑战方面发挥着重要的建设性作用。"他表示,党际交往是俄中全面战略协作伙伴关系的重要组成部分,相信统一俄罗斯党和中国共产党将继续开展建设性对话。[1]

古巴国家主席、古巴共产党第一书记米格尔·迪亚斯-卡内尔致函习近平总书记表示:"中国和中国共产党证明,在维护国家主权与独立、坚持理想与信念的前提下实现可持续发展是可能的。您领导中国共产党取得的伟大成就是几代中国共产党人光荣视野的延续,代表了社会主义与本国特色和时代特征相结合的重大飞跃。在您的领导下,中国共产党坚定不移加强党的自身建设,坚持不懈打击腐败、消除贫困,实现第一个百年奋斗目标,向着实现第二个百年奋斗目标奋勇前进,实行基于推动构建人类命运共同体理念、共建'一带一路'倡议、维护多边主义和国际法准则的外交政策。我们感受到了中国人民对追赶时代潮流、建设社会主义的坚定信心。"[2]

2. 全面建成小康社会

许多政党领导人撰文表达了对中国共产党带领中国人民实现全面建成小康社会目标的支持和敬佩,但他们论述的角度略有不同。一些政党领导人深刻认识到,在中国共产党的有力领导下,中国经济实现持续增长,为人民群众生活水平的提高和改善奠定了坚实的物质基础。

比利时劳动党副主席、研究部主任戴维·佩斯蒂奥指出,改革开放以来,中国经济取得了巨大增长,14亿多中国人的收入、生活和福利水平日益提高。即使受到新冠肺炎疫情影响,中国经济也能够在最初收缩后迅速反

---

[1] "Си Цзиньпину, Председателю Китайской Народной Республики, Генеральному секретарю Центрального комитета Коммунистической партии Китая", http://www.kremlin.ru/events/president/letters/65977.

[2] "Felicita Díaz-Canel a Xi Jinping en Ocasión del Centenario del Partido Comunista de China", *Granma*, 1 de julio de 2021.

弹，利用强大的国有经济力量使自己摆脱衰退，获得持续繁荣。[1]

德国的共产党主席帕特里克·科伯勒在给习近平总书记的贺电中高度赞扬了中国共产党在消除绝对贫困方面取得的巨大成就。他指出："100年来，中国共产党一直在为伟大的人类目标而奋斗。我们谨此向您——习近平同志、贵党中央以及全体党员表示衷心的祝贺。在中华人民共和国，消除贫困是政府行动的核心目标。中国共产党不仅对外宣布了这一目标，而且领导实现了这一目标。消除了绝对贫困，使几亿人摆脱饥饿。这不是乌托邦，而是活生生的人文主义，它体现了社会主义道路的优越性。"[2] 此外，帕特里克·科伯勒还在德国《青年世界报》网站刊发了一篇题为《赞美党》的署名文章，进一步表达其对中国共产党在该领域取得显著成就的肯定。文章指出，中国共产党为世界共产主义运动付出了巨大的牺牲、努力、勇气、汗水和鲜血。我们必须牢记在人口如此之多、地域如此之大、地球上最贫穷的国家之一里建设社会主义所面临的困难。中国曾是世界上最贫穷的国家之一，但她今天战胜了绝对贫困，拥有世界第二大国内生产总值，这清楚地表明了中国共产党的发展成就。[3]

也有一些政党领导人从中国共产党推动社会平等和人类发展的角度理解中国共产党领导中国人民打赢脱贫攻坚战、摆脱绝对贫困的重要意义。葡萄牙共产党党员、葡萄牙科英布拉大学艺术研究与实践实验室主任塞尔吉奥·迪亚斯·布兰科撰文表示，在中国共产党的领导下，中国发生了深层次的社会变革，取得了巨大的社会进步。他指出，根据世界银行的标准，中国的极端贫困率从1981年的88%下降到2020年的零，这样的进步表明中国已经稳步迈向全面建成小康社会的目标。同时，中国共产党正致力于加快发展，改

---

[1] 戴维·佩斯蒂奥：《中国更加自信地走进世界舞台的中央》，载姜辉主编：《共同见证百年大党：百位共产党人的述说》，北京：当代中国出版社，2021年版，第431页。

[2] "100 Jahre Kampf um die großen Menschheitsziele", *unsere Zeit*, 1 Juli 2021.

[3] "Lob der Partei", *Jungle Welt*, 2021.

善人民生活和工作条件，减少不平等，增加社会保障，提高公共服务质量和效率，这不能简单地与经济增长混为一谈。[1]

西班牙共产党主席何塞·路易斯·森特利亚撰文指出，中国共产党积极致力于提高人民生活水平，改善人民生活质量，并取得了巨大成功。其中，人均预期寿命大幅提高，充分说明人民生活质量显著改善。[2]

还有一些政党领导人在马克思主义理论框架内，理解中国共产党带领中国人民摆脱绝对贫困的成就，认为这充分体现了社会主义制度的优越性。

阿根廷共产党中央委员会委员、布宜诺斯艾利斯大学教授及阿韦亚内达国立大学教授马塞洛·法比安·洛迪古斯在阿根廷共产党官网上发表题为《中国共产党百年》的文章，高度赞扬了中国共产党在探索社会主义建设方面所作的努力和取得的成就。他认为，中国共产党始终以马克思主义思想为指导，努力建设社会主义，坚持采取灵活政策，在必要时进行自我纠正，并结合中国社会具体情况积极推动创新，在保障粮食安全，消除极端贫困，扫盲，提高教育、医疗保健和居民住房保障水平等方面取得令人瞩目的成就。同时，中国的经济实力和科学技术也取得巨大进步，使中国成为世界上最大、综合实力最强的发展中国家。中国共产党和中国人民在过去100年中取得的辉煌成就让全世界震惊，赢得了世界的尊重。[3] 此外，他还在解读习近平总书记"七一"讲话的专题文章中特别强调了中国共产党在消除贫困方面取得的成就。他指出，自改革开放以来，中国在短短40多年内就成功使近8亿人口摆脱了贫困，这是一项伟大的壮举。特别是若将中国在消除贫困方面的努力放置于国际环境中考察的话，面对资本主义制度深陷危机，新

---

[1] 塞尔吉奥·迪亚斯·布兰科：《来自欧亚大陆最西端的敬意》，载《光明日报》，2021年5月18日，第12版。

[2] 何塞·路易斯·森特利亚·戈麦斯：《中国共产党百年成就源于始终保持本色》，载《光明日报》，2021年3月31日，第11版。

[3] Marcelo F. Rodríguez, "Centenario del Partido Comunista Chino", https：//pca.org.ar/2021/05/03/centenario-del-partido-comunista-chino/.

自由主义使社会陷入贫困、财富集中、不平等、生存环境恶化等问题的泥沼，中国在解决贫困问题上取得的成就无疑具有更加重要的意义。[1]

古巴共产党党员、古巴驻华大使卡洛斯·米格尔·佩雷拉撰文指出，中国共产党在2020年顺利完成了消除极端贫困的战略目标，这是实现第一个百年奋斗目标的重要组成部分，也是维护国家稳定、民族团结和促进均衡发展这一目标的重要组成部分。中国能够成功消除极端贫困，得益于中国共产党以马克思主义理论为基础的七大支柱，即中国共产党的领导，以人民为中心，中国社会主义制度的政治优势，精准扶贫方略，激发脱贫内生动力，弘扬和衷共济、团结互助的社会价值观，以及坚持实事求是和求真务实的态度。[2]

尼泊尔共产党（联合马列）中央常务委员会委员普拉迪普·库马尔·贾瓦利认为，中国在物质基础设施、人类发展、科学技术、艺术文化等几乎所有社会生活领域都作出了奇迹般的贡献。中国在一段很短的时间内赶上了，甚至在某些方面超越了资本主义400多年所创造的成就，这充分证明了一个事实：社会主义制度是最好的政治制度。[3]

3. 有效控制新冠肺炎疫情

许多政党领导人均提到了中国共产党在抗击新冠肺炎疫情方面取得的成效，高度肯定了中国共产党科学高效的治理水平。

美国工人世界党在美国"工人世界"网站刊发《向中共建党百年敬礼》一文，对中美两种社会制度应对新冠肺炎疫情的优劣表现进行了对比。文章指出："中国成功遏制疫情，并向世界提供新冠疫苗，这是科学、社会和医

---

[1] 马塞洛·法比安·罗德里格斯：《习近平总书记"七一"讲话：一次具有历史意义的讲话》，载《世界社会主义研究》，2021年第8期，第13页。

[2] 卡洛斯·米格尔·佩雷拉：《古巴高度赞扬中国共产党对社会主义事业作出的贡献》，载姜辉主编：《共同见证百年大党：百位共产党人的述说》，北京：当代中国出版社，2021年版，第7页。

[3] 普拉迪普·库马尔·贾瓦利：《中国共产党具有非凡的创造性》，载《世界社会主义研究》，2021年第7期，第64页。

学领域的巨大成就。中国对新冠肺炎疫情的有效控制使得中国成为向世界提供医疗用品和新冠疫苗的重要力量，并且中国不仅在全球共享新冠疫苗，更重要的是，中国正在与世界分享新冠疫苗制造技术。""资本主义私有制为解决危及公共利益的全球问题设置了最大障碍。美国的新冠灾难证实了这一点。民众缺乏免费的国家医疗服务，加上碎片化、竞争营利性质的医疗和制药行业，导致了致命后果。"[1]

俄罗斯联邦共产党中央委员会副主席、俄罗斯国家杜马国际事务委员会第一副主席德米特里·诺维科夫在《真理报》上发表《中国共产党改变中国》的评论文章。文章指出："中国共产党建立了有效的国家治理体系。该治理体系以提高整个社会利益而非某个社会群体的私利为宗旨。成熟的领导使国家能够进行大规模的社会主义建设。新冠肺炎疫情的防治工作，再一次证明了中国共产党领导下国家治理体系的先进性。在全球大多数国家，甚至欧美发达国家都面临严重危机的情况下，中国共产党以基层党组织为战斗堡垒、发动党员、调动群众，带领中国人民打赢了防治新冠肺炎疫情的战役，还为世界其他国家提供了实际的支援，体现出强烈的大国担当意识。"[2]

印度共产党（马克思主义）总书记西塔拉姆·亚秋里在祝贺中国共产党成立100周年的贺电中指出，在全球经济放缓并走向衰退之际，国际金融资本主导的帝国主义及新自由主义全球化无法为此提供任何解决方案，而中国成功地应对和遏制了新冠肺炎大流行，通过实施必要的预防措施重新开放了经济和社会，使经济恢复增长，向世界展现了社会主义制度的优越性。

巴西共产党谴责了西方国家利用新冠肺炎疫情质疑中国国家治理能力的行为，提出中国在应对新冠肺炎疫情方面始终表现出巨大的能力，中国通过

---

[1] Sara Flounders, "Salute on the Communist Party of China's 100th Anniversary", *Workers World*, June 21, 2021.

[2] Д. Г. Новыков, "Коммунистическая Партия Преобразила Китай", *Правда*, 22 марта 2021 г.

有计划、合理地利用经济和卫生资源,有效协调国家力量来克服新冠肺炎疫情的蔓延。[1]

澳大利亚共产党主席维尼·莫利纳谴责了包括澳大利亚政府在内的西方政府将新冠病毒当作抨击中国的政治武器的恶劣行径。他认为,中国始终将保障人民的健康放在首位,采取科学的预防措施控制病毒的传播。中国政府在极短的时间内修建起两所医院,这充分彰显了社会主义国家的制度优势。中国共产党和中国政府在应对新冠肺炎疫情方面所表现出的行动力和透明度为世界树立了杰出的榜样。[2]

(三) 中国共产党对世界发展和人类进步作出的积极贡献

部分政党从国际视角出发赞誉中国共产党百年来在世界舞台上发挥的至关重要的作用,尤其聚焦中国共产党为推动世界经济发展、世界社会主义发展和共产主义运动、国际交往和党际交流作出的积极贡献,以及中国道路、中国方案对其他国家的借鉴意义。

一些政党领导人着眼于经济领域,认为中国共产党的正确领导使中国经济实现了持续繁荣,使中国成为推动世界经济发展的核心力量。

尼泊尔共产党联合主席普拉昌达在撰文探讨中国共产党成立以来的中尼关系时指出,中国的经济发展为世界经济提供动力。中国共产党领导的中国成为世界第二大经济体,也是新冠肺炎疫情暴发以来第一个恢复增长的主要经济体。在中国共产党的坚强领导下,中国完成了从快速发展向高质量发展的转变,踏上了建设社会主义现代化强国的新征程。[3]

捷克和摩拉维亚共产党主席沃伊捷赫·菲利普也充分肯定了中国经济对

---

[1] 李玉才:《近年来国外共产党对中国国家治理的认知与评价》,载《世界社会主义研究》,2021年第7期,第88页。

[2] Vinnie Molina, "CP of Australia, CPA Statement on the Coronavirus", http://www.solidnet.org/article/CP-of-Australia-CPA-Statement-on-the-Coronavirus/.

[3] 普拉昌达:《中尼关系和中国共产党百年历程》,载《世界社会主义研究》,2020年第12期,第26—27页。

世界经济发展产生的推动作用。他撰文称,在中国共产党的领导下,中国经济保持了连续增长,这使得中国成为主要经济体中的领先者。目前中国经济转向高质量发展阶段,这是为中国经济注入新增长动力的关键阶段,对实现中国经济现代化至关重要,也将对世界经济产生重要影响。[1]

另一些政党领导人从意识形态视角出发,认为中国共产党是推动世界社会主义发展和共产主义运动的中坚力量。前德国统一社会党政治局委员、书记处书记埃贡·克伦茨强调中国的成就对资本主义国家构成挑战。他指出,在中国共产党的领导下,中国取得了令人瞩目的历史成就。这充分证明,尽管发生了东欧剧变、苏联解体,但是社会主义并没有被埋葬。相反,中国的政治和经济实力对资本主义列强构成了巨大挑战。社会主义与世界和平息息相关,中国如今凭借人类命运共同体的和平理念已成为抗衡西方黩武主义者的一座堡垒。[2]

捷克和摩拉维亚共产党原副主席瓦茨拉夫·爱克斯纳则阐明了中国共产党追求和平与发展的具体实践对推动世界社会主义发展的意义。他认为,中国共产党庞大的党员群体和合作实体的数量、中国的快速发展,以及中国共产党消除绝对贫困、增进人类福祉、维护世界和平的举措,对世界社会主义作出了巨大贡献。[3]

意大利共产主义理论刊物《二十一世纪马克思主义》的主编安德烈·卡托内侧重于强调中国共产党在马克思主义理论创新发展方面所作的贡献。他明确指出,中国共产党极大地丰富了国际共产主义运动理论,所有指导中国革命和社会主义实践取得胜利的理论,都为丰富和发展马克思主义和社会主

---

[1] 沃伊捷赫·菲利普:《中国共产党引领新时代中国稳步向前》,载《光明日报》,2021年4月14日,第12版。

[2] 埃贡·克伦茨:《中国成为社会主义者的灯塔》,载姜辉主编:《共同见证百年大党:百位共产党人的述说》,北京:当代中国出版社,2021年版,第194—195页。

[3] 瓦茨拉夫·爱克斯纳:《百年征程铸就辉煌中国》,载姜辉主编:《共同见证百年大党:百位共产党人的述说》,北京:当代中国出版社,2021年版,第220页。

义理论作出巨大贡献。[1]

也有一些政党领导人从双边关系或多边关系的角度出发，认为中国共产党是推动国际交往和党际交流的重要力量。孟加拉国总理、人民联盟主席谢赫·哈西娜向习近平总书记致以祝贺，充分肯定了中国共产党在过去几十年里为加强孟中两国关系所付出的不懈努力，希望增进孟加拉国人民联盟和中国共产党之间的互利合作。她回顾了孟加拉国国父谢赫吉布·拉赫曼在1952年和1957年对中国进行的历史性访问，认为这两次访问为拉赫曼与当时的中共领导层交换意见提供了机会。拉赫曼在其著作《新中国1952》中，对中国人民在共产党领导下建设繁荣国家的热情、承诺和信念表示钦佩。哈西娜表示，中国共产党通过其明智的政策和有远见的领导，已经把中国变成了一个确保所有人享有繁荣的现代国家。[2]

意大利共产党全国书记毛罗·阿尔博雷西撰文表示，中国共产党在过去的100年中，对世界和平与发展作出了重大贡献。他认为这具体表现在两个方面：一是中国共产党在战胜西方殖民体系及撼动西方世界长期以来所享有的霸权方面作出了巨大贡献；二是中国共产党提出了完全不同于美国提出的单边的、竞争的和富于侵略性的模式，构建了一个和谐发展的模式，一个以合作、多边主义和共赢为基础的国际关系体系。[3]

英国共产党总书记罗伯特·格里菲斯在参加香港举办的百年大党国际学术研讨会上表示，中国共产党通过组织、举办、参加国际会议，加强了与世界各地共产党的联系，并且无论政党规模如何，中国共产党都能够在平等的

---

[1] 安德烈·卡托内：《中国共产党的百年历程：改变了中国命运，丰富发展了马克思主义》，载姜辉主编：《共同见证百年大党：百位共产党人的述说》，北京：当代中国出版社，2021年版，第351页。

[2] Unb and Dhaka, "Bangladesh, China Should Explore More Avenues", *The Daily Star*, July 2, 2021.

[3] 毛罗·阿尔博雷西：《百年中国共产党的成就具有重要的世界意义》，载《世界社会主义研究》，2020年第12期，第19页。

基础上，给予绝对的尊重。他认为，中国共产党正在更广泛的国际共产主义运动中发挥榜样作用。[1]

哥斯达黎加共产主义政党人民先锋党总书记温贝托·巴尔加斯·卡沃内利在《自由报》网站上发表题为《人民先锋党向中国共产党表示祝贺》的文章，高度赞扬中国共产党在尊重国家主权和互相平等的基础上为争取世界和平所发挥的积极作用。他在文中表示："当今世界需要这样一种国家间关系体系，即充分尊重每个国家都可以在不受外来干涉、非法制裁和军事威胁的情况下谋求发展的权利。我们欢迎中国共产党为将各国人民的这一诉求转化为国际关系新现实而采取的一切行动。""拉美是争取国家主权得到尊重和社会公正发展的艰苦战场。因此请允许我们感谢中国对站在这场斗争最前线的国家古巴、委内瑞拉和尼加拉瓜的支持。"[2]

肯尼亚共产党全国主席姆旺达罗·姆汉加在庆祝中国共产党成立100周年的贺信中，不仅高度评价了中国共产党领导中国发展所取得的成就，还强调了中国共产党对肯尼亚民族解放事业的贡献。他表示，在中国共产党的领导下，中国在经济、文化、科技、外交、军事等方面都取得了巨大成就，从一个贫穷、饥饿、欠发达、被帝国主义统治剥削的国家转变为全面发展的世界大国。100年来，中国共产党为发展共产主义理论和思想体系、为争取民族解放作出了重大贡献。同时，中国共产党为非洲反殖民主义、反种族隔离、反帝国主义的民族解放斗争提供了道义和物质支持，这些斗争使得非洲国家最终获得了民族独立。[3]

土耳其社会解放党成员杰姆·克泽尔切克撰文表示，中国共产党在平等

---

[1]《专家学者盛赞中共为人民谋幸福》，载《大公报》，2021年6月17日，第A1版。

[2] Humberto Vargas Carbonell, "PVP saluda al Partido Comunista de China", *Libertad*, 28 de junio de 2021.

[3] Mwandawiro Mghanga, "Message from the Communist Party of Kenya (CPK) to Communist Party of China (CPC) on 100 Years Anniversary of the Founding of CPC ", https://communistpartyofkenya.org/87-recent-news/224-message-from-the-communist-party-of-kenya-cpk-to-communist-party-of-the-china-cpc-on-100-year-anniversary-of-the-founding-of-cpc.

的基础上积极发展与世界各国社会主义政党和共产主义政党、社会民主主义政党和民主社会主义政党,甚至民族社会主义政党的良好关系,维护了世界社会主义政党及其他进步政党之间的友好交往,促进了世界社会主义政党和共产主义政党之间的经验交流和理论成果共享,为社会主义的发展作出了巨大贡献。[1]

还有一些政党领导人或颇具影响力的党员肯定了在中国共产党的领导下,中国模式和中国方案对世界其他国家的借鉴意义。澳大利亚前总理、曾任澳大利亚工党党魁的陆克文在《华尔街日报》撰文,解读中共十九届六中全会及会上审议通过的历史决议。他表示,《决议》为发展中国家提供了一种新模式,不是所谓的无效民主世界模式,这种模式是以马克思主义为基础的。特别是在全会的新闻发布会上,发言者批评了西方国家的民主模式,将其同中国民众对中国模式的支持进行对比,从而强化了有关"马克思主义正确""东升西降"的政治论述。[2]

越南胡志明国家政治学院(越共中央党校)党建院讲师、哲学院哲学史研究部主任、新闻与宣传学院哲学系主任阮明环认为,中国脱贫攻坚取得巨大成就,这是中国共产党人守初心、担使命的生动体现。中国脱贫攻坚在决战时刻受到了全球性新冠肺炎疫情的影响,但中国仍然如期完成了脱贫任务,这是对中国的一次大考,彰显出中国的政治优势。阮明环还特别强调,习近平精准扶贫思想在世界面对新情况的当下,不仅为中国扶贫工作提供了科学指南,而且为世界的减贫事业提供了有意义的经验。[3]

马来西亚民主进步党主席、总理对华事务特使张庆信表示,中国脱贫攻

---

[1] 杰姆·克泽尔切克:《中国共产党为世界社会主义作出了巨大贡献》,载姜辉主编:《共同见证百年大党:百位共产党人的述说》,北京:当代中国出版社,2021年版,第889页。

[2] Kevin Rudd, "'Xi Jinping Thought' Makes China a Tougher Adversary", *The Wall Street Journal*, November 14, 2021.

[3] 阮明环:《以习近平同志为核心的党中央的精准扶贫思想的实践成就》,载姜辉主编:《共同见证百年大党:百位共产党人的述说》,北京:当代中国出版社,2021年版,第54—55页。

坚战取得全面胜利，为世界各国政党和领导人实现本国人民脱贫愿望树立了典范。[1]

二、关于中国共产党百年奋斗的历史经验

《决议》指出："一百年来，党领导人民进行伟大奋斗，在进取中突破，于挫折中奋起，从总结中提高，积累了宝贵的历史经验。"[2]《决议》将中国共产党百年奋斗的历史经验概括为"十个坚持"，即坚持党的领导、坚持人民至上、坚持理论创新、坚持独立自主、坚持中国道路、坚持胸怀天下、坚持开拓创新、坚持敢于斗争、坚持统一战线、坚持自我革命。国外政党也十分注重分析和总结中国共产党的历史经验，但他们的叙事方式更多是从政党特点的角度进行分析，认为这些特点是中国共产党取得成功的重要原因。

（一）意识形态层面：坚持理论创新、坚持中国道路

部分政党聚焦中国共产党坚持理论创新和坚持中国道路的历史经验。其中一些政党领导人侧重于强调中国共产党始终坚持以马克思主义理论为指导，在实践中不断推进理论的发展和创新。

法国共产党全国书记法比恩·卢塞尔撰文称，中国共产党始终坚持马克思主义的指导方向，并对马克思主义进行思想创新，把马克思主义视为一种不断发展的理论而非教条，用以回答21世纪提出的新问题，这使得马克思主义在当代焕发出生机与活力。[3]

俄罗斯联邦共产党中央委员会副主席诺维科夫在分析中国共产党取得伟

---

[1]《外媒关注：多国政党政要祝贺中国共产党建党百年》，https://baijiahao.baidu.com/s?id=1703801235874258818&wfr=spider&for=pc。

[2] 本书编写组：《〈中共中央关于党的百年奋斗重大成就和历史经验的决议〉辅导读本》，北京：人民出版社，2021年版，第74—79页。

[3] 法比恩·罗塞尔：《在中国共产党的领导下不断走向胜利》，载《世界社会主义研究》，2020年第12期，第21—23页。

大成就的原因时表示,这得益于中国共产党在坚持马克思列宁主义、创造性发展社会主义思想、持续完善社会主义建设的理论与实践、密切关注人民群众的需求等方面所做的系统性工作。在纷繁复杂的背景下,中国共产党基于对本国社会主义发展规律和全球资本主义发展趋势认识的深化,创造性地提出以实现社会主义现代化和中华民族伟大复兴为目标的习近平新时代中国特色社会主义思想,这为人类提供了一条可以共同前行的"路线图",对于整个人类的繁荣作出重要贡献。[1]

原意大利共产党人党国际部书记弗斯科·贾尼尼对习近平总书记的"七一"讲话进行了解读,认为讲话展现了中国共产党积极发展马克思主义理论的努力和成效。他指出,习近平总书记的讲话阐明了马克思主义思想体系的历史中心性和现实性。马克思主义在整个中国革命、建设、改革中尤其是在中国特色社会主义中具有中心地位;同时,为了保持革命思想的活力及反对教条主义,不陷入政治和哲学上的理想主义圈圄,应始终坚持密切联系实际。习近平总书记所表达的思想态度,是以中国特色社会主义的选择和历史的胜利为基础的。这种思想态度是彻底的唯物主义,展现了亚洲科学社会主义不同于西方马克思主义的积极意义。[2]

越南共产党中央理论委员会委员、原胡志明国家政治学院新闻与宣传学院院长张玉南撰文指出,中国共产党始终坚持以马列主义、毛泽东思想、邓小平理论、"三个代表"重要思想、科学发展观、习近平新时代中国特色社会主义思想为指导,坚持不懈创造性地运用马克思列宁主义,吸收借鉴人类一切文明成果,以改革创新为强大动力,推动中国特色社会主义不断向前

---

[1] 德米特里·诺维科夫:《在中国共产党的领导下不断走向胜利》,载《世界社会主义研究》,2021年第3期,第86—96页。

[2] 《论点摘编》,载《马克思主义与现实》,2021年第5期,第194页。

第十四章　国外政党看中国共产党的百年奋斗历程

迈进。[1]

古巴共产党中央委员、中央宗教事务办公室主任、古中议员友好小组主席卡里达·迭戈在"世界马克思主义政党理论研讨会"上发言称，中国共产党成立100周年是伟大的中华民族和全人类历史上至关重要的事件，马克思列宁主义是实现主权发展和人民全面解放的根本性工具，正确运用马列主义需要我们不断在实践中进行理论创新。中国共产党的主要优势之一就是善于不断进行理论创新和调整，在具体历史条件下践行马克思主义，并提出新的范式。

也有一些政党领导人侧重于强调中国共产党始终坚持从中国国情出发，探索了一条符合中国实际的正确道路，形成了中国特色社会主义理论体系。共产党（意大利）国际部部长阿尔贝托·隆巴尔多表示，中国共产党不是"适应"马克思主义，而是"实践"马克思主义，马克思主义之所以能够在距离其诞生地万里之遥的中国发展成为富有生命力的行动指南，就在于中国共产党根据本国历史和政治经济环境对其进行了发展和应用。[2]

前智利共产党中央政治局委员、智利社会学家奥斯卡·阿索卡尔·加西亚在总结苏联共产党失败经验的基础上，高度评价了中国共产党领导中国革命和社会主义建设所取得的成就和经验。他认为，政治是从国家自身的具体情况出发并得以发展的，而不是遵照某种固定的配方或模式。中国的社会主义建设成就得益于中国特色社会主义道路。中国在提高人民福祉方面取得的一系列伟大成就和在应对新冠肺炎疫情中获得的显著成功都堪称世界

---

[1] 张玉南：《坚持建设强有力的执政党——中国改革事业取得成功的决定性因素及其对越南共产党的启示》，载姜辉主编：《共同见证百年大党：百位共产党人的述说》，北京：当代中国出版社，2021年版，第174页。

[2] 阿尔贝托·隆巴尔多：《强大的中国，是世界和平的重要保障》，载《光明日报》，2021年4月2日，第12版。

典范。[1]

瑞士共产党总书记马西米利亚诺·阿伊分析了中国共产党对马克思主义政治经济学的发展创新，强调中国共产党建设社会主义市场经济并取得了巨大成功。他提出，马克思主义政治经济学是中国成功应对当前诸多挑战的工具，它保持了经济活力并实现了现代化。中国共产党成功地在社会主义初级阶段确立了基本经济制度，吸收发展社会主义市场经济的理念，使市场在党和国家的计划和引导下，在资源配置中起决定性作用。[2]

俄罗斯左翼学者、科学院哲学研究所首席研究员弗拉季连·布罗夫高度评价了中国共产党对社会主义市场经济概念的开创性提出和创新性运用。他指出，中华人民共和国成立后，中国共产党人面临着一项极其艰巨的任务，即在一个人口众多、贫穷落后的亚洲国家建设社会主义。在此之前，没有任何一个共产党完成过这般艰难的任务。实践证明，苏联社会主义的建设经验并不完全适用于中国。经过几十年的摸索，中国共产党积累了必备的实践经验和理论经验，最终正确认识到建立中国特色社会主义的必要性，中国特色社会主义理论、改革开放政策应运而生。在中国共产党领导提出社会主义市场经济概念之前，没有任何一个马克思主义经典作家提及过这一概念。这一理念极具创新性，是对马克思主义的伟大贡献。[3]

（二）组织建设层面：坚持自我革命

部分政党从中国共产党坚持自我革命的历史经验出发，扩展探讨了中国共产党在组织建设方面具备的几种能力。

其中一些政党领导人分析指出，中国共产党具有自我革新的纠错能力，

---

[1] 奥斯卡·阿索卡尔·加西亚：《我们都在为社会主义而奋斗》，载《光明日报》，2021年5月26日，第12版。

[2] 马西米利亚诺·阿伊：《中国共产党建党百年是引领未来的历史大事件》，载姜辉主编：《共同见证百年大党：百位共产党人的述说》，北京：当代中国出版社，2021年版，第440页。

[3]《论点摘编》，载《马克思主义与现实》，2021年第5期，第191—192页。

第十四章　国外政党看中国共产党的百年奋斗历程

能够积极应对各种风险和挑战。黎巴嫩共产党总书记汉纳·加里卜认为，中国共产党在历史上经历了无数个重要关口，但在每一次的突破中，中国共产党总能以正确的方式对紧迫的问题作出回应，并进行自我调节、自我革新，这是中国革命、改革和发展得以持续推进的重要保障。[1] 阿根廷解放党主席伊莉娜·桑特斯特万指出，中国向世界展示了如何在短短三四十年间就控制住工业化对环境的负面影响，这充分表明社会主义制度具有资本主义不可比拟的巨大优越性，也证明了中国共产党具备及时修正、纠正和克服困难以实现既定目标的能力。[2] 葡萄牙共产党成员、葡萄牙科英布拉大学艺术研究与实践实验室主任布兰科也认为，中国共产党勇于自我革新、自我批评，以纠正错误、克服困难，这是中国共产党永葆生命力的最显著标志之一。[3]

也有一些政党领导人认为，中国共产党重视规划和制定目标，具备强大的执行能力。前民主德国总理、德国左翼党元老委员会主席汉斯·莫德罗在《新德意志报》上发表文章指出，中国共产党具有持久力和忍耐力，注重着眼于长远的规划，有利于中国的长期稳定，不像资本主义国家政党那样短视。[4] 原意大利共产党人党全国书记奥利维耶罗·迪利贝托指出，在国外共产党人最为关注的经济建设领域，中国共产党坚持制定五年规划，明确经济发展重点，保持国有经济在国民经济中的主导作用和控制力的同时，极大推动了市场的活跃发展。[5]

还有一些政党领导人提出，中国共产党具有很强的灵活性和韧性，能够

---

〔1〕 汉纳·加里卜：《中国共产党具有不断自我革新的品格》，载姜辉主编：《共同见证百年大党：百位共产党人的述说》，北京：当代中国出版社，2021年版，第867页。

〔2〕 伊莉娜·桑特斯特万：《不懈奋斗一百年，铸就世界新灯塔》，载姜辉主编：《共同见证百年大党：百位共产党人的述说》，北京：当代中国出版社，2021年版，第784页。

〔3〕 塞尔吉奥·迪亚斯·布兰科：《来自欧亚大陆最西端的敬意——葡萄牙共产党和中国共产党的深厚友谊》，载《光明日报》，2021年5月18日，第12版。

〔4〕 Hans Modrow, "Kommunismus und Konfuzius", nd, March 29, 2021.

〔5〕 奥利维耶罗·迪利贝托：《坚持马克思主义理论品格是百年中国共产党的重要法宝》，载姜辉主编：《共同见证百年大党：百位共产党人的述说》，北京：当代中国出版社，2021年版，第289页。

长期保持活力。英国共产党总书记格里菲斯撰文表示，中国特色社会主义之所以能够取得巨大成功，离不开中国共产党的一大优势，那就是能够制定并寻求实现长期目标，同时也能灵活调整中短期目标和各项指标。不把理论当作教条，使得中国共产党能够参与国际经济，能够依据外部冲击情况调整政策。[1] 美国工人世界党在《向中共建党百年敬礼》一文中表示，中国共产党历史上最令人钦佩的特点包括：面对新的时代发展改变战略战术的能力；利用社会主义优势进行提前规划的能力；动员中国人民支持政策变化的能力。[2] 古巴共产党中央第一书记迪亚斯-卡内尔在致函习近平总书记时也谈到这一点，他认为中国共产党波澜壮阔的发展历程充分证明，中国共产党坚忍不拔的能力与品格使其不仅能够克服每一个困难与挑战，还能够提出并实现重大目标。[3]

（三）社会基础层面：坚持人民至上

部分政党聚焦中国共产党"坚持人民至上"的历史经验，认为中国共产党拥有坚实的群众基础，得到了广大人民的支持和拥护。

越南共产党中央理论委员会委员、越南社会科学院翰林院原副院长范文德解读习近平总书记"七一"讲话时表示，讲话很好地体现了中国共产党以人民为中心的理念。他指出："中国共产党是历史和人民选择的党，因为它'始终代表最广大人民根本利益，与人民休戚与共、生死相依'。中国共产党坚持以人民为中心，以保障和改善人民生活和发展为最高目标。这也是马克思主义经典作家所理解的社会主义的目标。这就是中国共产党选择马克思主义、使马克思主义中国化的原因。"[4]

---

[1] 罗伯特·格里菲斯：《中国共产党百年发展的成功经验与重要贡献》，载《世界社会主义研究》，2021年第1期，第20页。

[2] Sara Flounders, "Salute on the Communist Party of China's 100th Anniversary", *Workers World*, June 21, 2021.

[3] "Felicita Díaz-Canel a Xi Jinping en Ocasión del Centenario del Partido Comunista de China", *Granma*, 1 de julio de 2021.

[4] 《论点摘编》，载《马克思主义与现实》，2021年第5期，第192页。

第十四章 国外政党看中国共产党的百年奋斗历程

乌克兰共产党中央委员会委员格奥尔吉·克留奇科夫表示,中国共产党始终坚持以人民为中心的发展思想,认为人民群众是历史的创造者,是国家的主人,是社会主义建设的基本依靠力量。中国共产党以人民为中心的发展思想体现在党和国家的所有活动之中,特别体现在经济领域,这符合科学社会主义创始人关于必须发展大工业的论述。[1]

匈牙利工人党主席蒂尔迈尔·久洛指出,中国共产党的历史证明,共产党必须坚持党的领导和以人民为中心。中国共产党最重要的目标就是让人民过上更加美好的生活。尤其在中国进入新时代后,经历了一段面临巨大国际挑战的时期,中国共产党通过推进治理方法现代化、进一步深化改革开放,巩固了中国特色社会主义。这些政策体现了中国共产党对中国人民福祉的关切。

爱尔兰共产党科尔地区负责人格雷厄姆·哈灵顿指出,中国共产党经过艰苦卓绝的斗争,得到了中国人民的衷心拥护,这是中国共产党领导各项事业取得胜利的主要原因。[2]

秘鲁共产党(红色祖国)主席阿尔贝托·莫雷诺·罗哈斯指出,中国共产党始终坚持将群众路线作为党的根本工作路线和生命线,这使得中国共产党有能力领导中国人民在建设社会主义伟大事业的征程上不断取得新成就。[3]

俄罗斯"公正俄罗斯-爱国者-为了真理"党主席米罗诺夫也强调了中国共产党的人民性。他表示,中国共产党是真正的人民的政党,它成功塑造

---

[1] 格奥尔吉·克留奇科夫:《中国共产党对马克思主义的创新性发展》,载姜辉主编:《共同见证百年大党:百位共产党人的述说》,北京:当代中国出版社,2021年版,第30—31页。

[2] 格雷厄姆·哈灵顿:《没有共产党,就没有新中国》,载《光明日报》,2021年5月7日,第12版。

[3] 阿尔贝托·莫雷诺·罗哈斯:《中共为世界社会主义发展作出了重大贡献》,载《光明日报》,2021年4月29日,第12版。

了中华民族的现代面貌。[1]

三、关于中国共产党未来发展前景的展望

《决议》指出:"不忘初心,方得始终。中国共产党立志于中华民族千秋伟业,百年恰是风华正茂。过去一百年,党向人民、向历史交出了一份优异的答卷。现在,党团结带领中国人民又踏上了实现第二个百年奋斗目标新的赶考之路。时代是出卷人,我们是答卷人,人民是阅卷人。我们一定要继续考出好成绩,在新时代新征程上展现新气象新作为。"[2] 这是中国共产党立足百年历史新起点、开启全面建设社会主义现代化国家新征程、继续推进中华民族伟大复兴的政治宣言,也表达了对未来道路的憧憬和信心。国外政党亦对中国共产党的发展前景进行了展望,同时更加关心中国共产党和中国将在未来的世界舞台上扮演怎样的角色。

(一) 中国未来的引领者

不少国外政党领导人都对中国在中国共产党领导下的发展前景表现出了信心和期待。叙利亚复兴党副总书记希拉勒撰文表示,在中国共产党的领导下,中国致力于构建以尊重国际法、维护国际和平与安全、尊重各国人民命运自决权为基础的世界秩序,堪称全世界所有和平爱好者的天然伙伴,中国共产党也必将引领中国取得更大进步和繁荣。[3]

西班牙共产党国际部亚太事务负责人伊希尼奥·波洛对在中国共产党带领下的中国未来发展充满信心。他指出,中国共产党历经艰难,在世界人口

---

[1]《外媒关注:多国政党政要祝贺中国共产党建党百年》,https://baijiahao.baidu.com/s?id=1703801235874258818&wfr=spider&for=pc。
[2] 本书编写组:《〈中共中央关于党的百年奋斗重大成就和历史经验的决议〉辅导读本》,北京:人民出版社,2021年版,第79—80页。
[3] 同[1]。

最多的国家开辟了社会主义道路，带领中国走进世界革命的历史舞台。中国共产党肩负重任，到 2049 年中华人民共和国成立 100 年之时，将把中国建设成为一个富强、民主、文明、和谐、美丽的社会主义现代化国家。中国共产党人乃至全世界共产党人都将为此感到自豪。[1]

孟加拉国共产党主席穆加赫杜勒·伊斯拉姆·赛里姆撰文称，中国共产党在各个历史时期都带领中国人民取得了突出成就，改变了中华民族和中国人民的命运。如今，在习近平同志的领导下，中国共产党正沿着新时代中国特色社会主义道路向前迈进，必将引领中国革命、建设、改革走向辉煌的未来。[2]

（二）人类命运共同体的倡导者

一些政党领导人对中国共产党提出的人类命运共同体理念给予积极评价，认为这是应对国际体系危机、解决全人类共同面临的重大问题的积极探索，为弘扬全人类的共同价值、推动全人类的发展进步提供了有益的方案。

秘鲁共产党（红色祖国）党主席阿尔贝托·莫雷诺·罗哈斯撰文指出，当今世界国际体系正在经历严重危机，集体安全正在走向混乱。全球政治、经济、科技和信息等领域都在发生巨大变化。霸权主义、干预主义、武力使用和财富集中等状况严重违背了各国人民对公正与公平、和平与发展、主权与尊严的诉求。对于人类社会而言，为和平不懈斗争，发展多边主义，拒绝一切形式的霸权主义，毫不妥协地保护生态环境，打造互惠互利的人类未来才应是我们认同与赞赏的共同价值，而中国提出的构建人类命运共同体理念是唯一顺应时代需求的、得以团结世界的解决方案。[3]

---

[1] 伊希尼奥·波洛:《中国共产党走过的一个世纪》，载姜辉主编:《共同见证百年大党：百位共产党人的述说》，北京：当代中国出版社，2021 年版，第 489 页。

[2] 穆加赫杜勒·伊斯拉姆·赛里姆:《中国共产党正沿着新时代中国特色社会主义道路向前迈进》，载姜辉主编:《共同见证百年大党：百位共产党人的述说》，北京：当代中国出版社，2021 年版，第 672 页。

[3] 阿尔贝托·莫雷诺·罗哈斯:《百年征程 百年荣光——中国共产党为社会主义奋斗的光荣之路》，载《世界社会主义研究》，2021 年第 7 期，第 70 页。

德国的共产党主席帕特里克·科伯勒在专访中，客观地评价了人类命运共同体的内涵和意义。他谈到，中国共产党提出推动构建人类命运共同体，在不断提升自身综合国力的基础上，积极致力于促进世界和平、公正和发展，支持塑造多极化国际秩序和构建新型国际关系，倡导不同制度、文化、历史的国家开展平等互利合作，不以损害他国利益为手段，不以威胁人类未来发展为目标。[1]

英国共产党总书记格里菲斯认为，世界正处于帝国主义的新自由主义阶段，资本主义没能解决贫困、周期性危机、社会异化和压迫等长期性问题，取而代之的是全球性金融危机、经济危机和环境危机。中国共产党积极应对这一局面，提出构建人类命运共同体理念，寻求加强国际合作，推动"一带一路"倡议，致力于实现雄心勃勃的碳减排目标，参与医疗和科技领域的合作项目。中国越来越多地向发展中国家提供切实援助，实现互利共赢。中国的这些国际发展政策有助于各国在不依赖资本主义国家投资和市场的情况下实现本国经济和社会发展，对推动世界社会主义复兴具有重要意义。[2]

尼泊尔共产党联合主席普拉昌达也在文章中表示，习近平总书记提出的构建人类命运共同体理念是和谐、平等、可持续的发展模式。构建人类命运共同体为解放全人类和实现共产主义这个共产党的终极目标提供了具体的、可操作的方案。构建人类命运共同体是中国共产党在意识形态方面为世界社会主义运动作出的新贡献。[3]

南非共产党第二副书记克里斯·马特哈科在解读习近平总书记"七一"讲话时，表达了对人类命运共同体理念的认可。他指出："中国的发展模式，

---

[1] 《专访德国共产党主席帕特里克·克贝勒，"中国成就让全世界共产党人自豪"》，https://baijiahao.baidu.com/s?id=1698980853221940623&wfr=spider&for=pc。
[2] 罗伯特·格里菲斯：《中国共产党百年发展的成功经验与重要贡献》，载《世界社会主义研究》，2021年第1期，第20—21页。
[3] 普拉昌达：《中尼关系和中国共产党百年历程》，载《世界社会主义研究》，2021年第1期，第24页。

对世界各地的进步人士和其他寻求实现独立和主权目标的人们而言，是一个重要的研究课题。为构建有利于发展中国家增长和发展的多边和多元化全球体系作出贡献，为真正的世界和平及各国和谐共处作出贡献，是习近平总书记'七一'讲话的核心要义之一。中国将自己定位为伙伴和朋友的角色，致力于在多元化的全球社会中实现可持续的平衡的发展，并为建设一个人人共享发展成果的文明世界作出贡献。"[1]

(三) 世界社会主义运动的推动者

许多左翼政党领导人都表达了对中国共产党为世界社会主义运动作出更大贡献的期待，认为中国共产党代表着未来社会主义运动的发展方向。俄罗斯联邦共产党中央委员会主席久加诺夫表示，中国共产党在不同时期都为推进世界社会主义事业作出突出贡献。当今，中国正在迈向社会进步的新高度，中国共产党的作用也进一步提升。在世界范围内，社会主义的成就在很大程度上取决于中国共产党接下来的成就。[2]

瑞士共产党总书记马西米利亚诺·阿伊认为，中国共产党领导下中国所取得的成就，使社会主义再次展现出了光明前景。尽管中国共产党的经验首先是立足于中国国情的，但对于在世界范围内对理解、研究和发展新时代马克思主义思想同样具有重要意义。[3]

原意大利共产党人党国际部书记弗斯科·贾尼尼指出："习近平总书记在'七一'讲话中作出了共产党在中国和世界历史发展中必要性的伟大论断，认为共产党必将在未来世界革命和社会主义改造中起到先锋队作用。这一伟大论断，不仅给予了像我们这样深处共产主义运动困境中的意大利共产

---

[1]《论点摘编》，载《马克思主义与现实》，2021年第5期，第193—194页。

[2] 根纳季·安德烈耶维奇·久加诺夫：《善于群众和历史学习是中国共产党成功的最重要的秘诀》，载姜辉主编：《共同见证百年大党：百位共产党人的述说》，北京：当代中国出版社，2021年版，第121页。

[3] 马西米利亚诺·阿伊：《中国共产党建党百年是引领未来的历史大事件》，载姜辉主编：《共同见证百年大党：百位共产党人的述说》，北京：当代中国出版社，2021年版，第441页。

党人以巨大勇气,也给予了那些在资本主义文化霸权占主导地位且试图抹去共产主义政治和理论意识的国家进行活动和战斗的共产党人以勇气。"[1]

黎巴嫩共产党总书记加里卜表示,中国共产党推进的改革是以马克思主义或者说科学社会主义理论为基础的伟大实践,展现了其坚持和完善社会主义制度的决心,但西方一些人士曾希望中国的改革最终将中国转变为资本主义国家,当这一希望破灭时,他们便对中国产生了强烈敌意。在此背景下,未来全球社会主义运动的发展前景,在很大程度上取决于中国共产党建设和坚持社会主义的能力。[2]

巴西共产党中央委员埃利亚斯·雅博尔在世界马克思主义政党理论研讨会上发言指出,中国共产党的领导实践表明,以国有经济控制战略性经济领域,同时不断取消对私有部门投资相关领域的限制,可以令中国避开凯恩斯主义引发的大量矛盾,这是中国共产党向全人类展示的社会主义发展的一条可行道路。

四、国外政党相关评论的基本特点

根据国外政党对中国共产党百年奋斗历程的上述观点,结合近年来国外政党政治发展形势和中国内外政策,我们可以发现国外政党对中国共产党的评论呈现出以下几个基本特点:

第一,从评论主体来看,左翼政党和发展中国家政党对中国共产党的评论表现出了相对较高的积极性。这种积极性反映在两个方面:一方面,上述政党参与评论的态度十分积极。从政党的意识形态分类上看,上述观点中绝大部分都是出自左翼政党领导人之口。同时,从国家的发展程度上看,许多

---

[1]《论点摘编》,载《马克思主义与现实》,2021年第5期,第194页。
[2] 汉纳·加里卜:《中国共产党具有不断自我革新的品格》,载《光明日报》,2021年3月27日,第8版。

第十四章　国外政党看中国共产党的百年奋斗历程

发展中国家的政党领导人积极参与评论。由此可见，左翼政党领导人相较右翼等其他类型的政党领导人、发展中国家政党领导人相较西方发达国家政党领导人，具有更加强烈的意愿代表所属政党或个人针对中国共产党百年奋斗历程发表意见。另一方面，上述政党所表达的立场和观点也十分积极。他们更多地从左翼的视角或发展中国家的视角出发，十分明确且坚定地肯定了中国共产党百年奋斗的重大成就和历史经验，并表达了对中国共产党未来发展前景的巨大期待。若进一步深入分析，则左翼政党当中的共产党相对更加积极，发展中国家政党当中同中国长期保持友好关系的国家政党也相对更加积极。

这些政党对中国共产党百年发展历程给予积极评论，其原因是多元的，其中一个至关重要的因素在于，这些政党同中国共产党具有强烈的共情感和同理心。

对于左翼政党而言，在马克思主义理论的指导下，努力探索社会主义的建设道路，这也是他们过去曾经为之奋斗的目标甚至直至今天仍在坚持的方向。他们也曾亲身经历100年来国际共产主义运动的跌宕起伏，因此更能理解中国共产党在这个过程中经历的艰难和困苦。不可否认，在苏联解体和东欧剧变之后，一些左翼政党陷入迷茫，一度对中国特色社会主义道路产生误解，质疑中国共产党走上了修正主义道路。但经过事实的证明和历史的检验，他们当中很大一部分已经转变了看法，认可了中国共产党在探索中国特色社会主义的实践中积累的宝贵经验，肯定了中国共产党对马克思主义理论的发展和创新。左翼政党对中国共产党百年奋斗历程的积极评论充分体现了这种转变，也反映出他们从中国共产党坚持社会主义道路的成功经验中备受鼓舞、看到希望。

对于发展中国家政党而言，推翻殖民主义和封建主义的压迫，改变国家积贫积弱的落后面貌，独立自主地走上现代化发展之路，也是他们近代以来一直努力的方向。他们也曾经亲身经历争取民族独立、人民解放和谋求发展的艰辛，因此更能体会到中国共产党历经百年沧桑取得的辉煌成就来之不易。发展中国家政党对中国共产党百年奋斗历程的积极评价，表达了他们对推动本国独立自主发展的强烈意愿以及借鉴中国共产党成功经验的迫切需求。

第二，从评论内容来看，国外政党看待中国共产党百年奋斗历程的视角与我们自身有同也有异。相同之处在于，国外政党对中国共产党重大成就的评价倾向于探讨党在各个历史阶段发挥的作用和取得的成效。国外政党不仅高度赞扬了中国共产党在新民主主义革命时期、社会主义革命和建设时期、改革开放和社会主义现代化建设新时期所取得的历史性成就，也突出强调了中国特色社会主义进入新时代以来中国共产党治国理政的现实成就，充分肯定了中国共产党在领导国家政治、经济和社会发展等方方面面作出的巨大贡献。这是国外政党通过主动和被动认知相结合的方式了解中国共产党百年历史的结果。一方面，说明中国共产党作为全世界最大的政党，百年来取得的成就有目共睹，受到了包括国外政党在内的全世界的瞩目；另一方面，从侧面验证了对外讲述中国故事和中国共产党故事的效果，说明中国共产党对外传播的信息和释放的信号得到了比较积极的反馈。

不同之处主要表现在两个方面。首先，国外政党在看待中国共产百年奋斗的历史经验时，会受到西方政党政治理论框架和思维模式的影响，更多地对中国共产党百年发展历程中形成的特点进行分析，实际上是在探讨中国共产党取得成功的原因。例如，一些国外政党认为中国共产党具备很强的纠错能力、规划执行能力、灵活性和韧性等，这些表述背后暗含的意思，跟中国共产党所说的"党历经百年沧桑更加充满活力，其奥秘就在于始终坚持真理、修正错误"[1]是具有一定契合性的，但是表述的方式和论述的形式不

---

[1] 本书编写组：《〈中共中央关于党的百年奋斗重大成就和历史经验的决议〉辅导读本》，北京：人民出版社，2021年版，第79页。

尽相同。再如，我们在阐释中国共产党"坚持人民至上"的历史经验时，更倾向于从党的初心和使命角度出发，而国外政党基于西方政党理论，则会从政党的社会基础角度看待民众对政党的支持。但是西方国家左翼政党的认知会兼具这两方面的特点，因为他们从理论上受马克思主义的影响较大，能够从马克思主义唯物史观的基本观点出发理解"人民至上"的经验。同时，他们在实践上长期参与西方选举政治，能够从以选举为中心的思维方式出发理解争取选民群体支持的重要性。

其次，国外政党在评议中国共产党时，往往会突破中国叙事的范畴，将其置于世界视野中进行考量。我们在回顾和总结中国共产党百年历史时，往往会立足于党对自己国家和人民发挥的影响。而国外政党除了考察中国共产党在中国发挥的作用之外，还会更多地联系自身经历思考中国共产党对世界的影响。这一点尤其体现在他们在考察中国共产党百年奋斗的重大成就时会谈到中国共产党对世界的贡献，同时在展望中国共产党的发展前景时也会更多思考中国共产党对未来世界的影响。其中特别需要关注的一类政党是国外共产党，他们的评论尤其呈现这一特点。大多数国家的共产党在东欧剧变、苏联解体后长期陷入困境，苦苦探索新的发展道路，因此在分析中国共产党取得的成就和经验时往往结合对本党的反省和剖析，表达了他们希望借鉴中国共产党成功经验的迫切愿望。与此同时，他们对中国共产党未来前景的展望反映出他们对中国特色社会主义的发展寄予厚望，对中国共产党为世界社会主义运动发展作出更多贡献充满期待。

第三，从评论载体来看，国外政党发表关于中国共产党的评论依托了多元化的形式和渠道。国外政党领导人以多种形式、多种渠道表达了对中国共产党百年奋斗历程的关切：有的通过官方渠道以集体名义向中国共产党致函，也有的仅代表自己表达个人对中国共产党的看法；有的通过撰写长篇文章系统阐述观点，也有的通过接受媒体采访或参加研讨会鲜明亮出立场和态度；有的刊发在中国的报纸杂志上，也有的发布在国外媒体平台上。例如，俄罗斯联邦共产党中央委员会主席久加诺夫 2021 年在俄罗斯境内发表多篇署名文章评价中国共产党百年历程，包括刊登在《真理报》上的《中国共产党成功的最重要秘诀——善于向历史和人民群众学习》[1]《奋斗与胜利的光荣之路》[2] 和刊登在俄罗斯共产党官网上的《中国共产党人开辟通往未来之路》[3]。其中，《中国共产党成功的最重要秘诀——善于向历史和人民群众学习》和《中国共产党人开辟通往未来之路》这两篇文章是他应中方学术刊物和媒体的邀约而作，在中方刊发译文的同时他也将俄文原文发表在俄罗斯媒体平台上，《奋斗与胜利的光荣之路》一文是他代表俄罗斯联邦共产党向习近平总书记发来的贺信。此外，他还接受俄罗斯自由媒体网采访，深入分析了中国共产党取得的五大胜利。[4] 可以说，他是广泛利用中俄平台以多种形式发表对中国共产党看法的代表性人物之一。国外政党针对中国共产党的上述评论，在一定程度上形成了中西方两个舆论场的共振，对西方存在的某些不实言论或者猜忌疑虑起到了回击和澄清的作用。

中国共产党通过加强同国外政党的交流与合作，做好话语体系和叙事角度的转换，以国外政党更容易接受的方式讲好中国故事和中国共产党故事，及时做到释疑解惑，能够在一定程度上发挥正面引导的作用。

---

[1] Геннадий Зюганов, "Важнейший Ключ к Успехам КПК – Умение Учиться у Истории и Народных Масс", *Правда*, 4 марта 2021.

[2] Геннадий Зюганов, "Зюганов Г. А. Славный Путь Борьбы и Побед", *Правда*, 2-5 июля 2021 г.

[3] Геннадий Зюганов, "Коммунисты Китая Открывают Дорогу в Будущее", https://kprf.ru/party-live/cknews/203342.html.

[4] Андрей Полунин, "Геннадий Зюганов: Компартия Китая Добилась Пяти Выдающихся побед", *Свободная Пресса*, 8 июля 2021 г.

后 记

当今世界面临着百年未有之大变局，政党政治深刻影响着各国及世界的发展。在中共中央对外联络部世界政党政治研究所的鼓励和有关各方共同努力下，《世界政党政治发展研究报告（2021—2022）》即将问世，这是国内第一部世界政党政治发展年度研究报告，这是广大学者为之骄傲的事。

本研究成果是集体智慧的结晶。在此，深深感谢负责和参与撰写各地区各章节的各位专家学者，感谢他们在百忙之中参与写作，特别是在几个月内集中攻关，悉心付出，按照组织者的不情之请，在 2021 年 11 月底如期交出初稿，紧接着几个月的反复往返修改，才能有这一研究报告的出版问世。本书各章的作者是：绪言、第一章，周淑真；第二章，郭定平、冯斐斐、张磊；第三章，许利平、周方冶、潘金娥、方芸；第四章，胡仕胜、王世达、王海霞、林一鸣、张书剑、王瑟、徐琴；第五章，沈晓雷、朱泉钢、孟瑾；第六章，袁东振；第七章，马赛；第八章，康晏如、李晓华；第九章，鞠豪；第十章，孙润南；第十一章，郭春梅、孙畅、田京灵、李建钢、王孜、李锴；第十二章，林德山、冯琰、孙涵、范蕴之、王喜祥、王靖雯；第十三章，余科杰、张志超、高壮；第十四章，赵超、冯瑾。全书由周淑真负责统稿。

在课题研究过程中，从选题谋篇布局到定稿出版的各个环节，中共中央对外联络部世界政党研究所及有关部门领导和专家们给予了及时的指导和帮助，在这里特别对金鑫主任、黄依华副主任及寇立研、李海铭等各位领导专家表示衷心感谢。当然，本书仅代表学者个人观点和看法。

世界政党政治发展年度研究报告具有很强的政治性，也有很强的时效性，《世界政党政治发展研究报告（2021—2022）》在3月初交付当代世界出版社后，主体业务编辑部刘娟娟主任全力以赴，夜以继日赶工作，才使得本成果早日敬献于广大读者面前。在这里衷心感谢当代世界出版社的大力支持，并向刘娟娟主任表示深深的谢意。

笔者从事政党研究近40年，在冷战结束后，因为教学和研究的领域扩展到世界各国的政党和政党政治，曾有搜一本全面论证世界各国政党和政党政治发展状况的著作而不得的经历，希望本书能弥补这方面的空白，为研究者提供便利。同时本书在资料全面和评价确切等方面有待提升，诚恳希望有识之士批评指正。

《世界政党政治发展研究报告（2021—2022）》课题组

2022年7月